U0789918

『十三五』国家重点出版物出版规划项目

长江三峡工程文物保护项目报告 乙种第五十九号

重庆市文物局 重庆市水利局 主编

云阳马沱（马粪沱）墓地

郑州市文物考古研究院
云阳县文物保护管理所 编著

科学出版社

内 容 简 介

本书是重庆三峡库区云阳马沱（马粪沱）墓地的考古发掘专题报告。云阳马沱墓地是峡江地区一处非常重要的墓群，延续时间长、随葬器物丰富，从东周时期延续至唐代，为研究峡江地区丧葬制度、文化变迁等提供了重要材料。其中东周至六朝时期墓葬数量最多，墓地区域划分较为明显，墓葬排列有序，随葬器类时代特征明显，对于研究峡江地区东周至六朝时期的文化发展序列及其所反映的社会面貌具有重要价值。该墓地与著名的旧县坪遗址（即汉、晋朐忍县城）旧址关系密切，普遍认为马沱墓地应为其主要墓葬区之一，对旧县坪遗址（朐忍县城旧址）的发掘和研究也具有重要价值。墓葬中出土有长沙铜官窑的青瓷罐，对研究唐代铜官窑瓷器的传播与销卖提供了重要材料。

本书可供考古学、历史学以及相关专业大专院校师生参考、阅读。

图书在版编目（CIP）数据

云阳马沱（马粪沱）墓地 / 郑州市文物考古研究院，云阳县文物保护管理所编著. -- 北京：科学出版社，2025. 9.（长江三峡工程文物保护项目报告）. -- ISBN 978-7-03-082020-4

Ⅰ. K878.85

中国国家版本馆CIP数据核字第2025VC4957号

责任编辑：王光明　郝莎莎 / 责任校对：邹慧卿

责任印制：肖　兴 / 封面设计：陈　敬

科学出版社 出版

北京东黄城根北街 16 号

邮政编码：100717

http://www.sciencep.com

北京中科印刷有限公司印刷

科学出版社发行　各地新华书店经销

*

2025年9月第　一　版　开本：880 × 1230　1/16

2025年9月第一次印刷　印张：31 3/4　插页：58

字数：1 070 000

定价：298.00元

（如有印装质量问题，我社负责调换）

"13th Five-Year Plan" National Key Publications Publishing and Planning Project

Reports on the Cultural Relics Conservation in the Three Gorges Dam Project
B(site report) Vol.59

Cultural Relics and Heritage Bureau of Chongqing
Chongqing Water Resources Bureau

TGCR

Matuo (Mafentuo) Tombs in Yunyang County

Zhengzhou Institute of Cultural Relics and Archaeology
Cultural Relics Administration of Yunyang County

Science Press

长江三峡工程文物保护项目报告

重 庆 库 区 编 委 会

石　强　高　琳　刘　忠　幸　军　王德兵　王川平　程武彦
刘豫川　白九江

重庆市人民政府三峡文物保护专家顾问组

张　柏　谢辰生　吕济民　黄景略　黄克忠　苏东海　徐光冀
刘曙光　夏正楷　庄孔韶　王川平　李　季　张　威　高　星

长江三峡工程文物保护项目报告

乙种第五十九号

《云阳马沱（马粪沱）墓地》

主　编

张建华

副 主 编

周要港　丁大涛

项目承担单位

郑州市文物考古研究院

云阳县文物保护管理所

目　　录

插图目录

插表目录

彩版目录

图版目录

第一章 绪 论

第一节 地理位置与周围环境

马沱墓地位于云阳县长江北岸双江镇马沱村东南1.7千米第十村民组。东距云阳镇（云阳县旧县城，已淹没）、西距双江镇（云阳县新县城）各16千米，云（阳）双（江）公路由墓地中部东西横穿而过，现在马沱村以东部分已经废弃，无法通行；长江主水道紧临其南而过。墓地中心地理坐标为东经108°47′22″，北纬30°56′33″，海拔高程在135～300米之间，最高处海拔高度达到480米（图一；彩版一，1）。

马沱，又名马粪沱，因地形似马而名。沱，一般多指江河中水域较宽阔、可以停船的水湾，常用作地名。马沱上游长江河道（如旧县坪段）十分狭窄，礁石众多，水流湍急；至马沱附近，江面豁然开朗，形成一个较大的洄水湾。丰水季节，江面宽阔，蔚为壮观；枯水季节，逆水而上的下游船只多在此水域暂时停泊等待让行，以方便上游下行船只通过。在四川、重庆、湖北一带长江中上游两岸，带沱字的地名随处可见，如云阳境内即有故陵沱、太公沱、宝塔沱等等，地形大体相同。马沱村所在地区为一相对独立的低山，山脚直伸入长江的部分形似一匹完整的马。当地人甚至可以清晰地说出“马脑壳”“马背脊”“马尾巴”等马体的详细部位，“马沱”因此而得名。

马沱墓地东临小潘家沟，西濒大潘家沟，南抵长江，北依无名低山，成为一个相对独立的地理单元。在云阳境内沿长江两岸，类似马沱这样的地理单元比比皆是，在江中水面上看去像一座座巨大的“金字塔”，整齐有致地排列在江边，大小、形制十分相似。墓地东西两侧的大、小潘家沟实为流入长江的两个溪流，水流淙淙，经年不断。东西两侧地势陡急，多为山崖峭立；中间主体部分相对较缓，呈舌形直抵江边，缓坡、台地递次分布。两沟与分布于其间的三条浅表沟将其纵分为四个单元。自江边往上整个墓地大致被分为几个高程段：第一高程段，自江岸（海拔约120米）向上至海拔140米，为相对较平缓的坡地，地势低缓，呈缓坡状，系山体常年剥蚀、江水冲积而成，土壤较厚，沙质较重，是当地主要的农耕田地，以种植农作物为主；第二高程段，大致在海拔140～160米地带，多为面积相对较大的层层台地，当地称之为“坝子”，整体地势趋陡，系山体风化剥蚀堆积所致，土壤肥沃，土色暗红，黏性较重，也是当地村民主要的耕种农田；第三高程段，160～225米高程，为坡状山地，局部被当地村民改造为小块平地，用以建设住房和活动场所，村民居于此高程段居多。当地村民原多居住于第一高程段，后因三峡工程建设需要，水位上涨，民居逐渐迁至该高程段；第四高程段，海拔225米

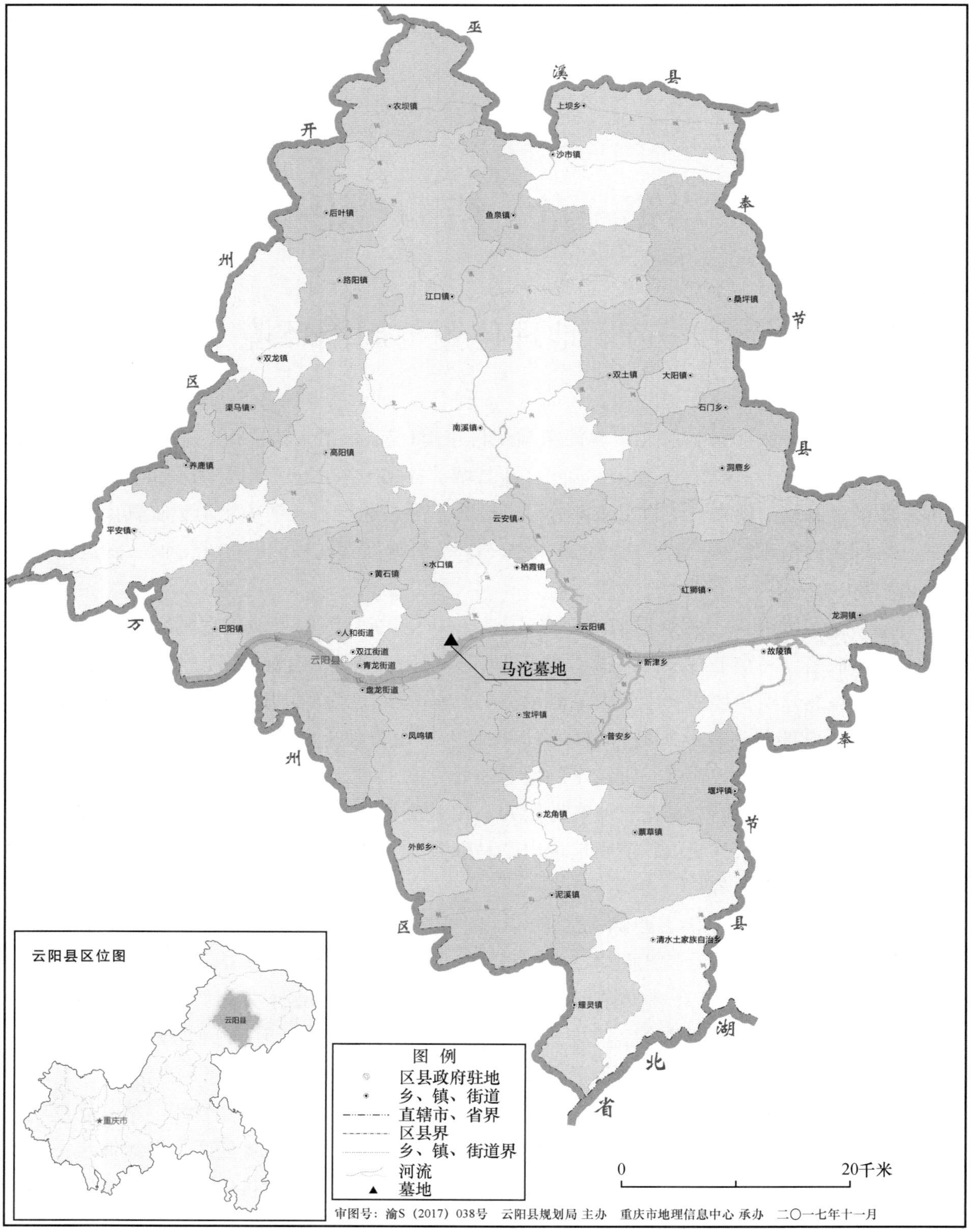

图一　马沱墓地位置示意图

以上，地势更为陡峻，地形由山坡地很快过渡为陡峻的山巅顶部，局部有薄薄覆土，或直接岩石裸露（图二）。

马沱墓地所在区域面向长江，阳光充足，土壤发育相对较好，是现在人们活动和生活的主要区域，墓葬也主要分布于此。马沱墓地西临著名的汉至六朝朐忍县治旧址——旧县坪遗址，两者以大潘家沟为界，东侧以小潘家沟与三坝溪墓地相邻，西南隔江与马岭墓地相望。

第二节　墓葬分布

根据调查，马沱墓地墓葬主要是分布在整个山坡正面呈弧形凸入长江的扇形地域，且主要分布在第一、二高程段的缓坡、台地及海拔300米以下高程的半山腰上，总面积应在30万平方米以上。在第一高程段，土壤发育较好，土层较厚，适宜于墓室（穴）的挖掘，一般为土坑和砖室墓较多；第二、三高程段，由于坡陡崖多，土层较薄，岩层距地表较浅，故岩坑墓较多，亦见部分土坑墓和砖室墓。墓地在库区最终蓄水位（175米水位）以下部分东西长500余米，南北宽400余米，总面积20余万平方米；而在175米蓄水位以上部分至少还有10多万平方米。在田间地头、山坡断崖、村舍民居中，可见有大量的汉至六朝时期的砖和少量陶片、瓷片等。村中的一座废弃建筑马沱张王庙中，其中有一面墙完全是由汉至六朝时的砖垒砌而成，并带有车马图案和几何形图案，部分砖还带有“富贵”等字样图案。墓地中还发现许多墓葬遗迹甚至有被盗痕迹。当地村民在既往生产活动中也时常发现有墓葬及完整陶器、少量钱币等遗物。1987年、1992年和1993年，文物部门和有关科研单位曾对该墓地进行过三次调查和核实，出土有陶罐、陶狗等汉代文物，初步判定此处为一面积较大的汉晋墓葬群，并被列为长江三峡淹没迁建区文物保护工程B级考古发掘项目（即跨年度项目）。

第三节　考古发掘工作经过

马沱墓地考古发掘工作于2001年5月中旬正式开始，前后历经三年，至2003年6月田野工作全部结束，之后又历经三个月的后期整理，至2003年8月全部结束。共计钻探面积21万平方米，发掘面积8300平方米。考古发掘工作大致分为三部分内容，一是钻探；二是田野发掘；三是后期整理。三项工作开始各有早晚，工作内容交叉进行。

一、钻　　探

由于前期掌握的墓地资料均是以调查为依据，墓地内墓葬的分布状况尚未全面清晰了解，故须进行前期钻探，以便为考古发掘工作提供线索。文物钻探也是重庆市文化局三峡文物保护办公室的具体要求和分配的工作内容之一。马沱墓地需要考古钻探20万平方米。

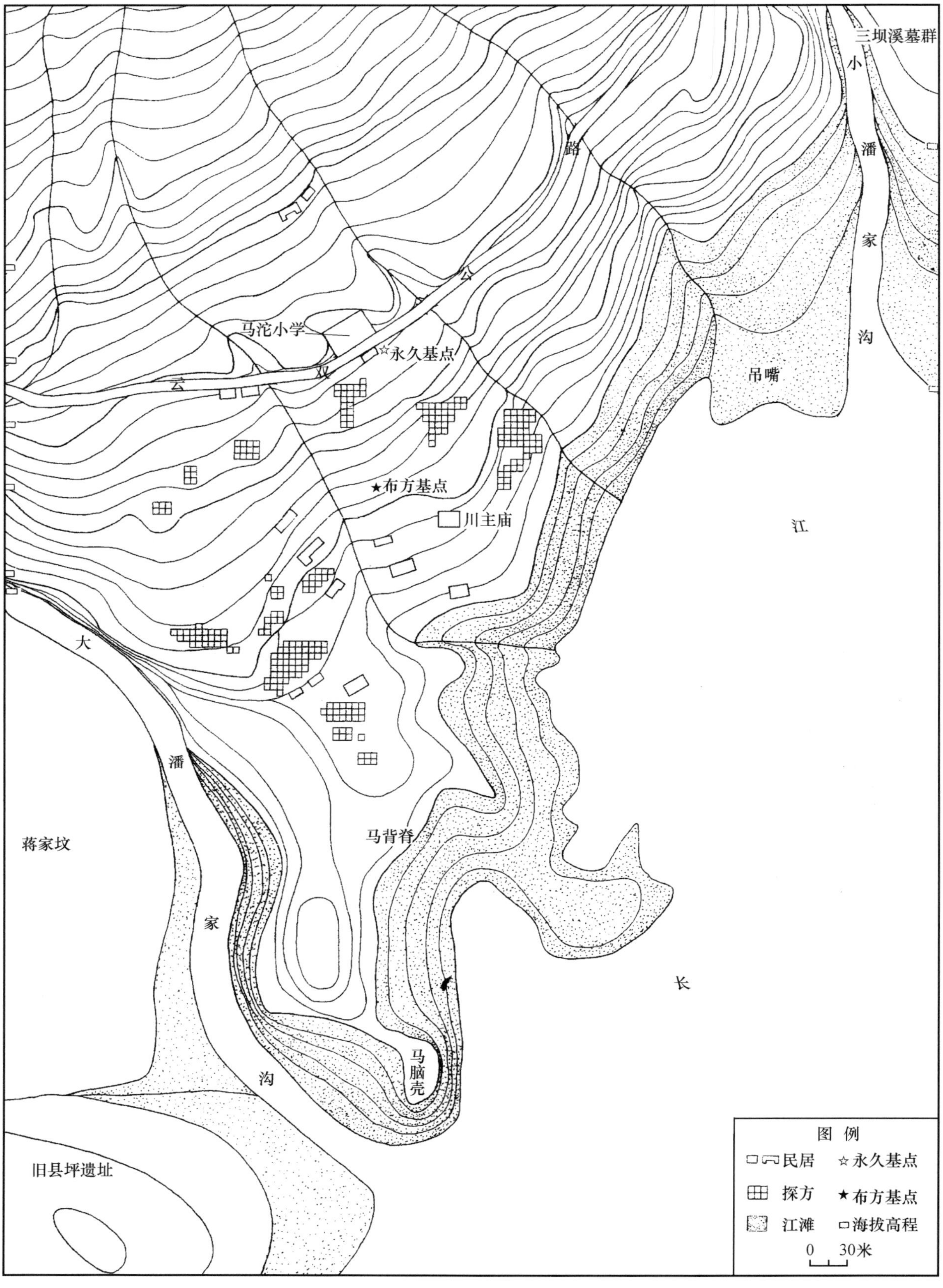

图二　马沱墓地地形与探方分布图

钻探工作采取以普探为主，重点钻探和探沟发掘辅助配合的方法进行。对土层较厚、岩层埋藏较深，适于进行大面积普探的地区，采用“梅花孔”方法布孔钻探，一般以1米见方梅花孔布孔，局部以2米见方梅花孔布孔；对土层普遍较薄、岩层普遍埋藏较浅，不易进行大规模普探的地区，则采用重点钻探，同时配以沟探和与考古发掘跟进钻探方法进行。由于钻探面积较大，不可能一次性进行完毕，故钻探工作分两阶段进行：第一阶段是前期勘探，在发掘工作开始前进行一次专门钻探，并配以调查、试掘等手段，先探明一批墓葬，以便开展考古发掘工作；二是配合考古发掘重点钻探，通过沟探、局部重点钻探等方法跟进考古发掘工作进行钻探，对考古发掘中墓葬分布比较密集的地区，于其周围跟进进行考古钻探工作。

前期钻探工作自2001年5月22日正式开始，至6月28日结束。本次钻探有两大收获。一是通过钻探，确定了一批轮廓较为清楚的墓葬，为下一步考古发掘提供了线索；二是通过调查走访、局部钻探等，基本摸清了墓葬的形制、墓地的分布范围以及墓葬分布与地形、海拔高程等因素之间的联系，初步掌握了墓葬的分布规律，为下一步文物钻探和考古发掘提供了指导。此次钻探面积约3万平方米，共计发现墓葬50余座。通过前期钻探，我们发现马沱墓地墓葬呈片状零散分布。在地域相对开阔、土壤发育较好、土层较厚的平坝台地或较缓的山坡上，墓葬分布较为密集，以山坡的南或东南面最为集中；两侧临近大、小潘家沟的地区和其他地势较为陡峻的地方，墓葬分布较少，或根本没有墓葬分布。

后期考古发掘过程中所进行的跟进勘探随着考古发掘工作进展同时进行，大多集中于海拔较高的第二高程段，局部涉及第三高程段。马沱墓地总计钻探面积约21万平方米，基本覆盖整个墓地175米水位线以下部分。

二、考古发掘

马沱墓地考古发掘工作自2001年至2003年结束，历时三年，前后共进行了三次。因钻探工作的局限，考虑到马沱墓地面积大、墓葬数量多且呈密集式分布，故决定采用坐标法进行将整个墓地分别划入一个完整的坐标系中，以便于记录和后续发掘。考虑到将来三峡水库蓄水后最高水位将达175米，以及175米高程上仍有许多墓葬分布，为便于以后工作，故未按自然地块分区，而是采取统一划分象限的方法，选取将来不被淹没的马沱小学对面、云双公路南缘赵万春家宅院的东南角（高程约185米）作为永久基点，以此点正南方向105米处（基本是墓地拟发掘区的中心点）作为布方基点。以此基点为坐标原点取正南北向、正东西向分别作为Y轴和X轴，分别将整个墓地划分为四个象限，每个象限内分别单独布方，编号为2001YSMT1××××、2001YSMT2××××、2001YSMT3××××、2001YSMT4××××。其中，2001代表年度（以后不同年度发掘时依次顺延），Y代表云阳县，S代表双江镇，M代表马沱墓地，T代表探方，1、2、3、4分别代表四个象限，××××则代表探方号。探方均取磁针方向（正方向），面积一般为5米×5米，以探方西南角为探方坐标基点，东、北各留1米隔梁。探方内的所有遗迹现象（主要是墓葬）由工地统一编号。完整的墓葬编号分别由年度、地点和墓号组成。如2001YSMM1……2001YSM2……2001YSM3……（图三~图五）。

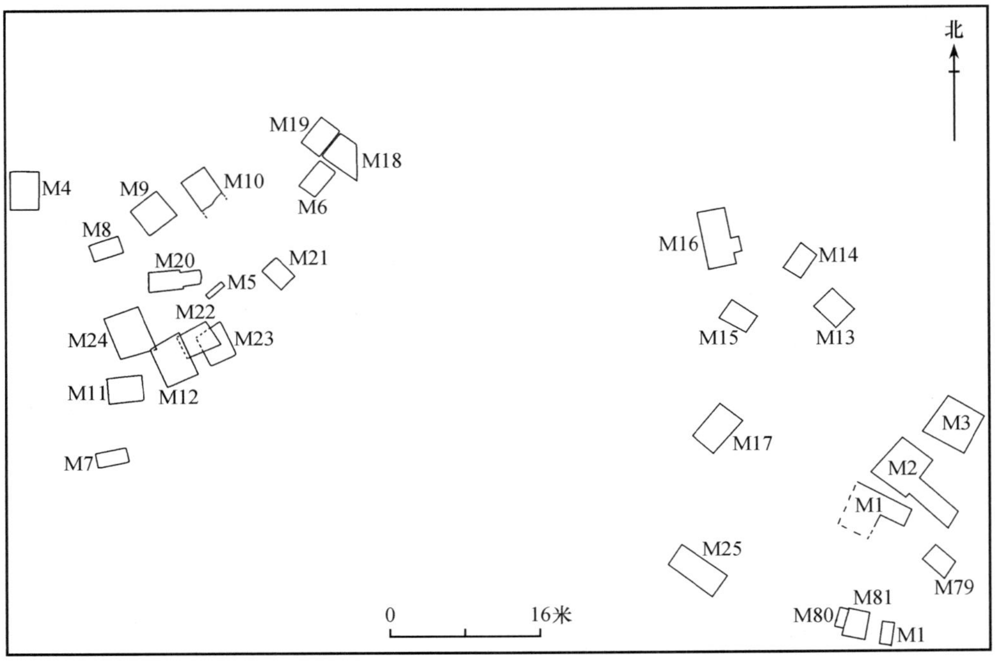

图三　第一象限墓葬分布图

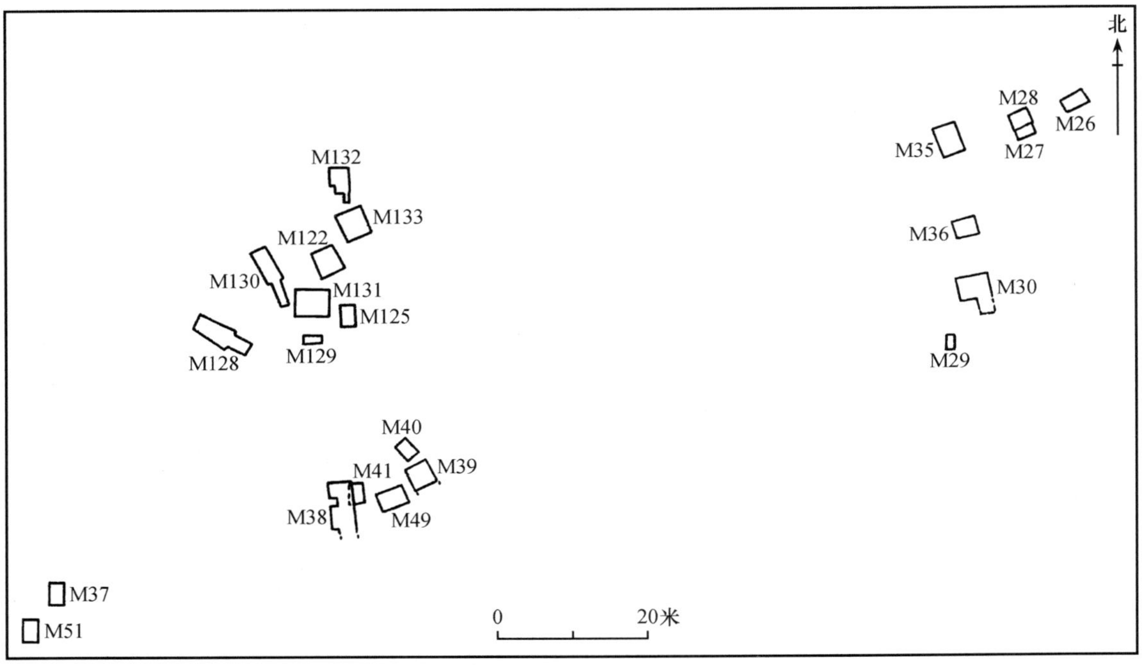

图四　第二象限墓葬分布图

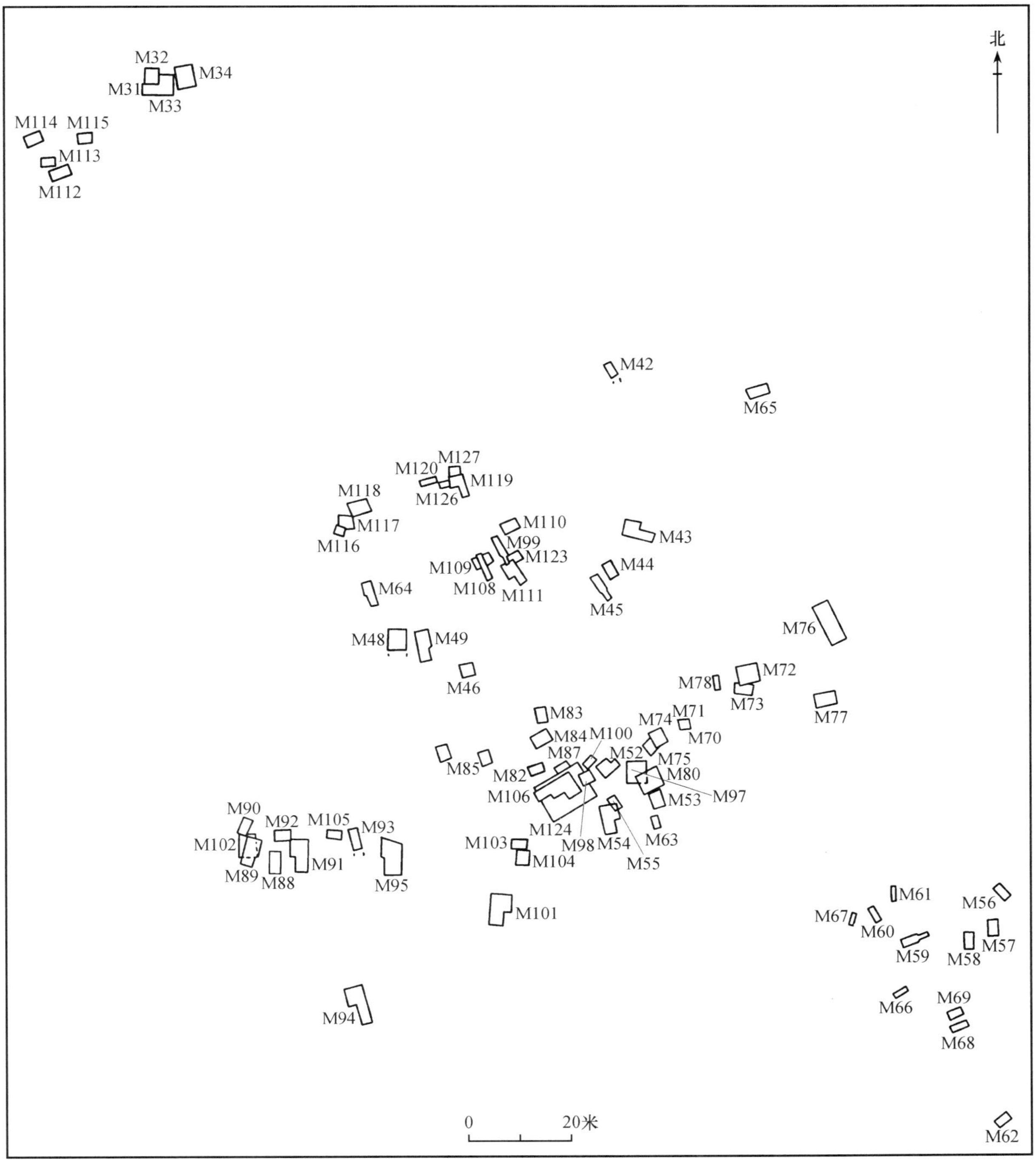

图五 第三象限墓葬分布图

第一次发掘自2001年9月19日起至2002年1月10日止。计划发掘面积2500平方米，实际发掘面积约2600平方米，发掘探方104个（不含扩方面积），清理战国、秦汉及六朝墓葬54座，出土青铜器、铁器、陶器及瓷器等各类器物500余件（不含钱币）。本次发掘探方及墓葬遍及第一、第二、第三象限，发掘地点主要侧重于海拔较低的区域，一般海拔在145米以下，个别地点达到150米左右高程。

第二次发掘自2002年3月24日起至2002年5月29日止。计划发掘面积2500平方米，实际发掘面积约2600平方米（不含扩方面积）。发掘探方104个，清理墓葬27座，出土青铜器、铁器、陶器等器物700余件（不含钱币）。发掘区域主要集中在第一、第三象限，海拔一般在160米以下。

第三次发掘自2003年3月6日起至2003年6月12日止。计划发掘面积3000平方米，实际发掘面积3100平方米（含扩方面积）。发掘探方118个，清理墓葬51座，道路1条。出土各类器物550余件（不含钱币）。

由于发掘工作历时三年，参加人员较多。先后参加工作的人员有：郑州市文物考古研究所（现为郑州市文物考古研究院）张建华、于宏伟、信应君（时为河南省遂平县文管所副所长，后调入郑州市文物考古研究院）、李扬、秦德宁、李浩、高赞岭、冯福庆、秦秀花、李恩圆、王广才、王辉、王晗、郎富海、张吉民、王菊梅、王君、王保成、宫双成、苏里安、张志强等，河南省社会科学院历史与考古研究所王建华、李龙，时为云阳县文管所副所长的程红坤及肖京、湛红雁、孙紫峰、杨迪等先后参加了钻探和考古发掘工作。其间，著名考古学家张忠培先生、徐光冀先生、陈雍先生，原国家文物局文保司副司长宋新潮先生，原中国文物研究所所长吴加安先生，中国历史博物馆考古部郑若葵先生，北京市考古研究所所长赵福生先生，重庆市文化局副局长王川平先生、刘豫川先生，重庆市考古研究所所长邹后曦先生、杨小刚先生，以及郑州市文化局副局长刘河明，郑州市文物事业管理处副处长郭书营，郑州市文物考古研究所所长张松林、副所长王文华、书记陈英等曾分别莅临工地指导工作，湖北省文物考古研究所胡雅丽、宋有志等对发掘工地进行了监理。

三、修复与整理

出土器物的修复工作基本是与发掘工作同时进行，并在年度发掘工作结束后安排专门时间进行了集中修复工作。2001年11月15日，即在发掘工作正式开始2个月后，便开始了出土器物的修复和初步整理工作。至2002年元月初年度发掘工作结束时，共计修复出土器物300余件。

2002年3～12月底，在田野发掘工作进行的同时，于云阳县张飞庙旧址内进行修复，修复工作一直持续到12月底。此次修复各类器物共计900余件。其中，6月下旬至12月底，集中专业人员对2001年、2002年度全部发掘数据和所有出土器物进行了较为系统的整理工作，并完成了两年度出土器物的绘图、制卡及摄影。其间，张忠培先生、徐光冀先生、陈雍先生等一行前往整理工作现场检查、指导工作。

2003年3～8月，在发掘现场重点对当年度出土器物进行了修复，修复器物500余件，并对年度发掘资料后期整理。完成了三个发掘年度出土器物的绘图和摄影工作。至此，发掘工作全部结束。

第二章 东周墓葬

云阳马沱墓地发现的东周墓葬共31座，分布在第一至第三发掘象限内。其中第一象限内有3座、第二象限内有6座、第三象限内有22座。本章集中对这31座东周墓葬的资料逐一报告。

第一节 墓葬资料

一、M13

（一）发掘地点

位于第一象限、T12211内，墓葬所在地为一陡坡。

（二）形制与结构

开口距地表0.4米。长方形竖穴土坑墓，直壁，墓底东南高、西北深。墓口长2.92～3.4、宽2.76～2.84米，墓底长2.86～3.38、宽2.66～2.72米，墓室深0.3～0.94米。方向312°。墓室东部被一椭圆形盗洞盗扰，系发掘前不久所为（图六）。

墓内填土为水锈色花土，较为黏硬。

葬具为木棺，腐朽严重，仅在墓室中部发现有棺灰痕迹。棺痕长1.7、宽1.3米。未见人骨架。

（三）出土遗物

在墓室内西北部发现铜匕首1件。另在盗洞内出土有碎陶片若干，泥质红胎黑皮陶，火候较低，未能修复，可辨器型有豆、壶、敦等。

铜匕首　1件。标本M13∶1，首残。扁茎，直格，斜直刃，中脊，尖锋。残长14厘米（图七）。

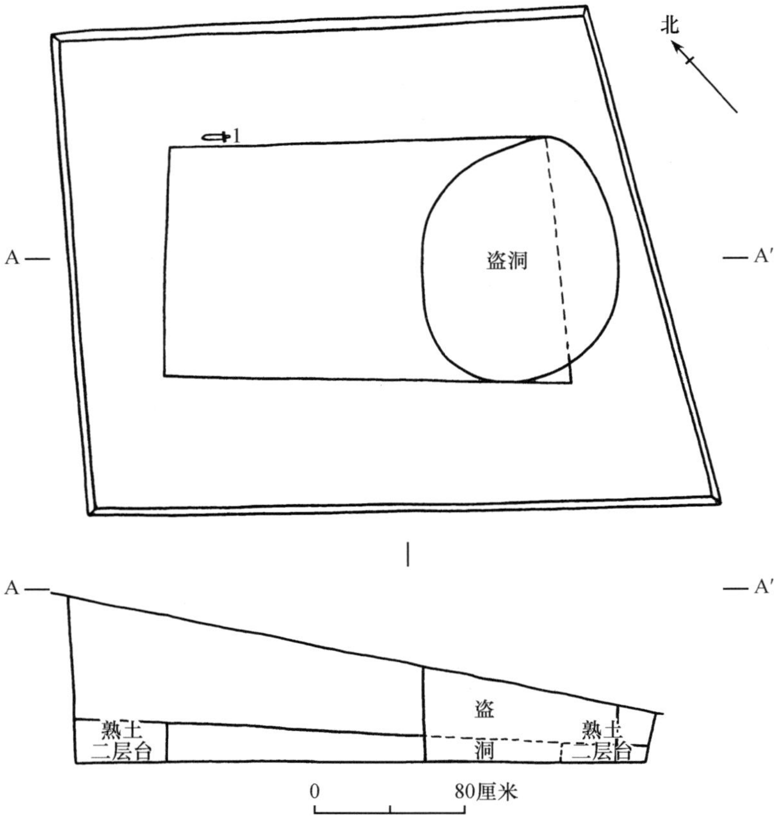

图六　M13平、剖面图
1. 铜兵器

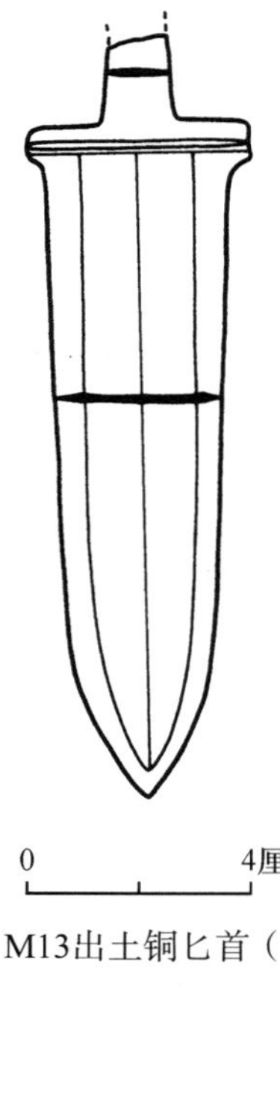

图七　M13出土铜匕首（M13：1）

二、M14

（一）发掘地点

位于第一象限、T12211内。

（二）形制与结构

开口距地表0.4米。长方形竖穴土坑墓，直壁，平底。墓口长3.2～3.4、宽1.92～1.96米，墓底长3.1～3.3、宽1.76米，墓室深1米。方向312°。盗扰严重（图八）。

墓内填土为水锈色花土，较松软。

葬具为木棺，腐朽严重，仅在墓室中部发现有棺灰痕迹。棺痕长2.45、宽1米。未见人骨架。

（三）出土遗物

无。

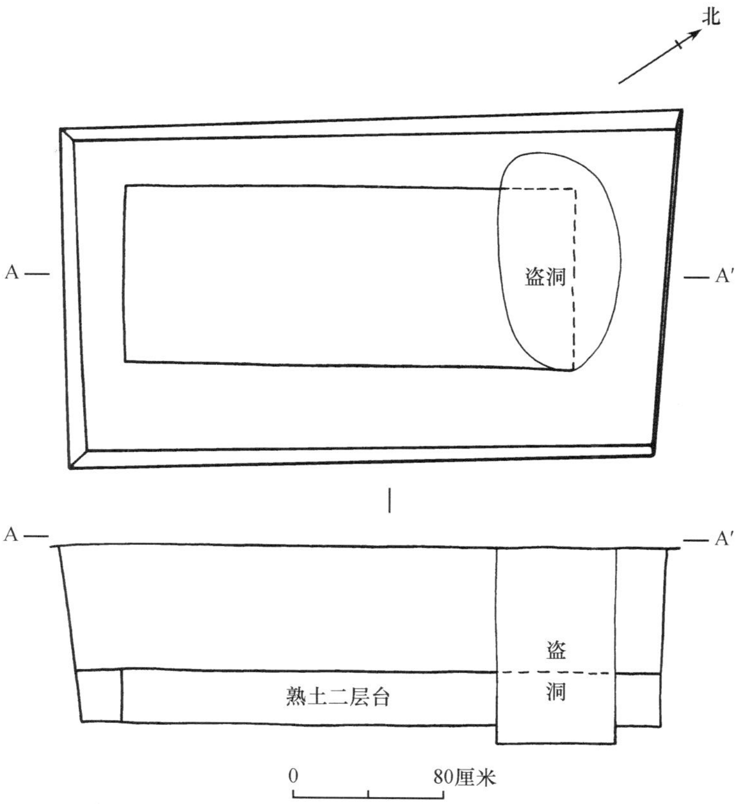

图八 M14平、剖面图

三、M15

（一）发掘地点

位于第一象限、T12011内。

（二）形制与结构

开口距地表0.35米。长方形竖穴土坑墓，直壁，墓底东南浅、西北深。墓口长3.24、宽2.08～2.35米，墓室深0.3～1.3米。方向302°。墓室西北角有不规则圆形盗洞两处（图九）。

墓内填土为黄褐色花土，较松软。

墓室底部有熟土二层台，内有木棺，腐朽严重，棺痕长2.6、宽0.96米。棺痕范围内发现有人骨架1具，朽蚀严重，仅上肢可辨，其余信息不详。

（三）出土遗物

在墓室内北侧椁痕范围内随葬陶器10件，有鼎、壶、豆、敦、器盖等。

鼎　2件。泥质灰陶，火候较低，胎质暗红。子母口，方唇，扁腹较浅，方耳外撇，圜底，三蹄足瘦高，足外侧经刮削。口上原应承盖，器表原施白衣彩绘，脱落较甚。标本M15：5，口径11.5、器高11厘米（图一〇，1）。标本M15：6，口径12、器高10.6厘米（图一〇，2）。

壶　2件。泥质黑皮陶，暗红色陶胎，火候极低。侈口，方唇，束颈，溜肩，鼓腹，平底，极矮圈足。口上承盖，弧顶，子母口。肩部两对称铺首衔环。颈及肩部饰凹弦纹。器表施白衣彩绘，脱落较甚。标本M15：1，颈部残，底径8.8、残高14厘米（图一〇，6）。标本M15：2，口径6.4、底径8.2、通高17.5厘米（图一〇，3）。

豆　4件。泥质灰陶或黑皮陶，胎质暗红，火候极低。直口，方唇，浅弧腹，圜底，细高柄，喇叭形足。器表原似有白衣彩绘，惜已不辨。M15：3，口径11.4、足径6.7、器高11.2厘米（图一〇，5）。M15：7，口径11.2、足径7、器高10.2厘米（图一〇，4）。M15：8，口径11.2足径7、器高10.6厘米（图一〇，7）。M15：9，弧折腹。口径11.4、足径6.8、器高10.8厘米（图一〇，8）。

敦　1件。标本M15：4，仅余半器。泥质黑皮陶，半球腹，方唇，三蹄形纽（足）。口径13.5、残高7厘米（图一〇，10）。

器盖　1件。标本M15：10，泥质黑皮陶，暗红色陶胎。直口，弧腹。推测应为陶豆盖。口径12、器高2.8厘米（图一〇，9）。

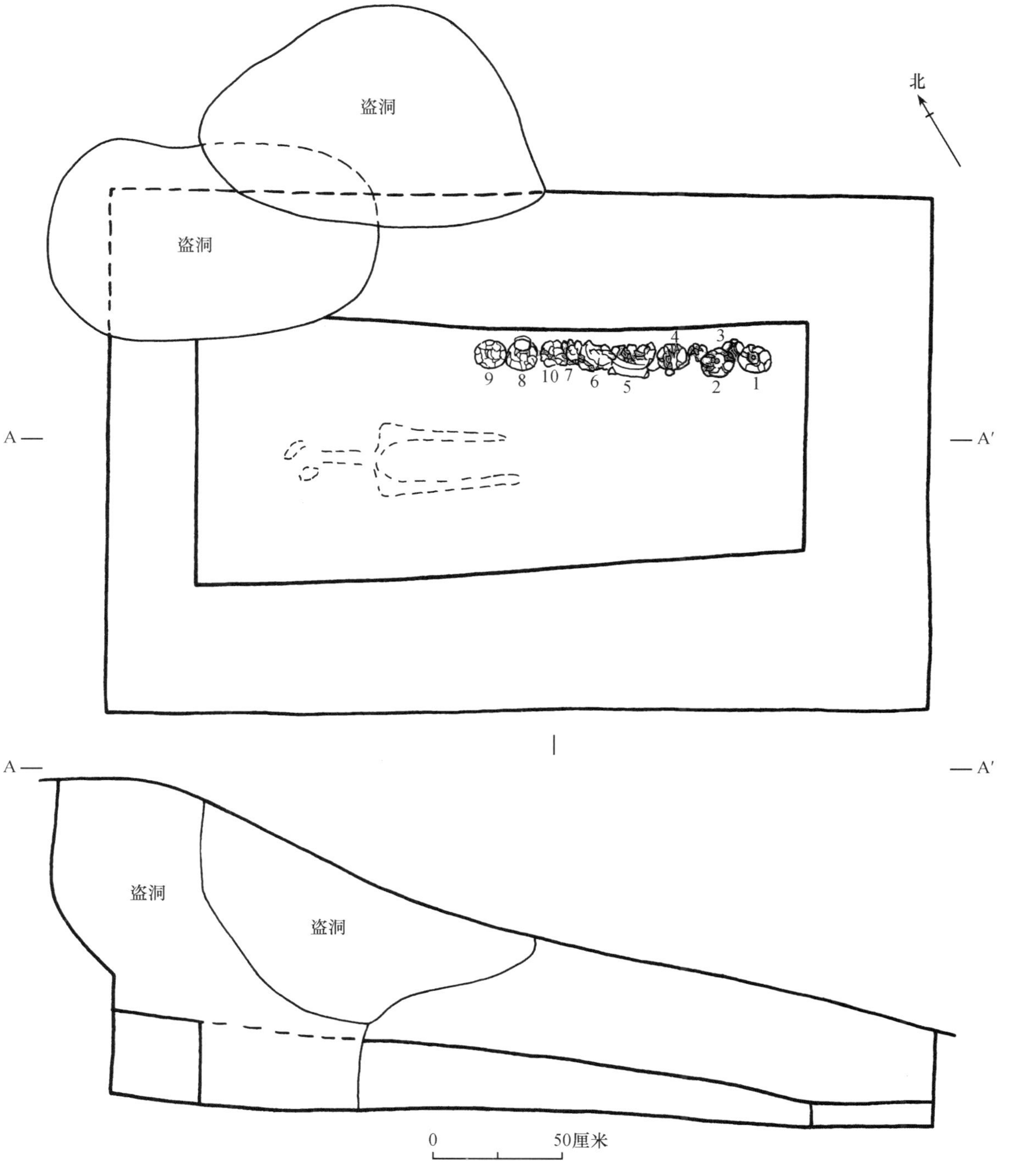

图九 M15平、剖面图

1、2. 陶壶 3、7、8、10. 陶豆 4. 陶敦 5、6. 陶鼎 9. 陶器盖

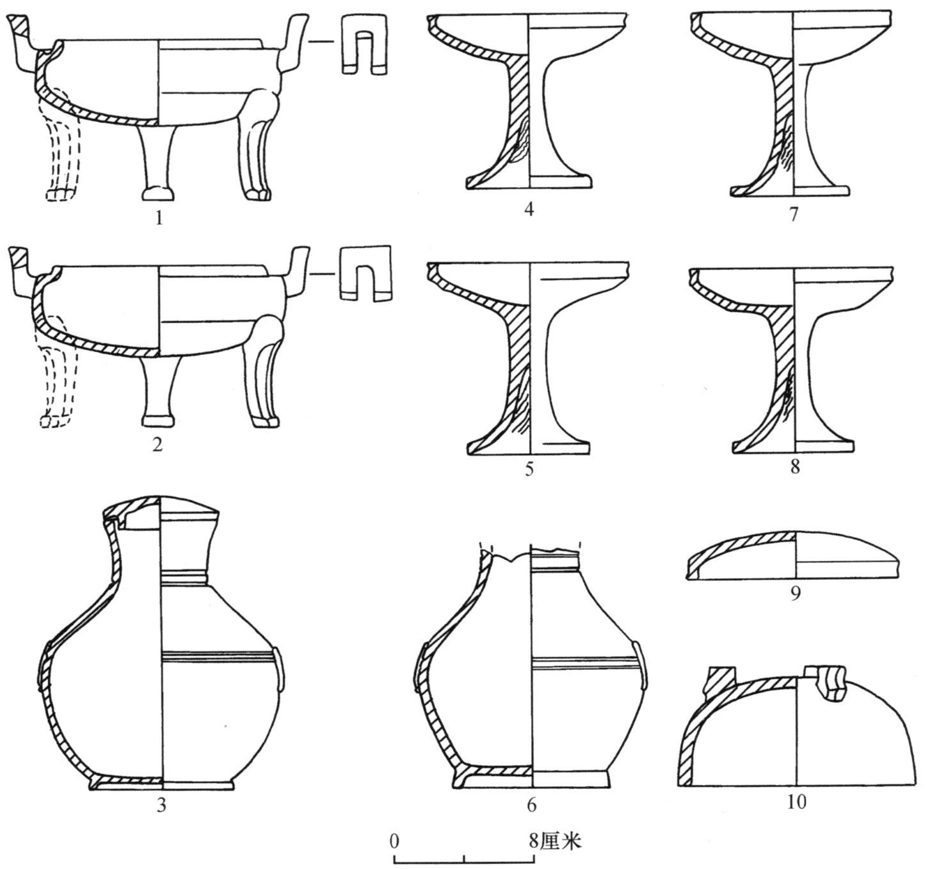

图一〇　M15出土陶器

1、2. 陶鼎（M15：5、M15：6）　3、6. 陶壶（M15：2、M15：1）　4、5、7、8. 陶豆（M15：7、M15：3、M15：8、M15：9）　9. 陶器盖（M15：10）　10. 陶敦（M15：4）

四、M35

（一）发掘地点

位于第二象限、T20616内，墓葬所在地为一陡坡。

（二）形制与结构

开口距地表0.3米。长方形竖穴土坑墓，直壁，平底。墓口长4.3、宽3～3.2米，墓底长4.2、宽3～3.2米，墓室深1.5～2.7米。方向302°。墓室东南角有一处盗洞延伸至墓底（图一一）。

墓内填土为红色水锈黏土，夹杂有碎石块。

墓室底部有熟土二层台，北半部保存较为完整，南半部因盗扰而仅存部分。二层台宽度不一，北端最宽0.8米，其他三面宽0.4～0.5米，高0.4米。

葬具与人骨不详。

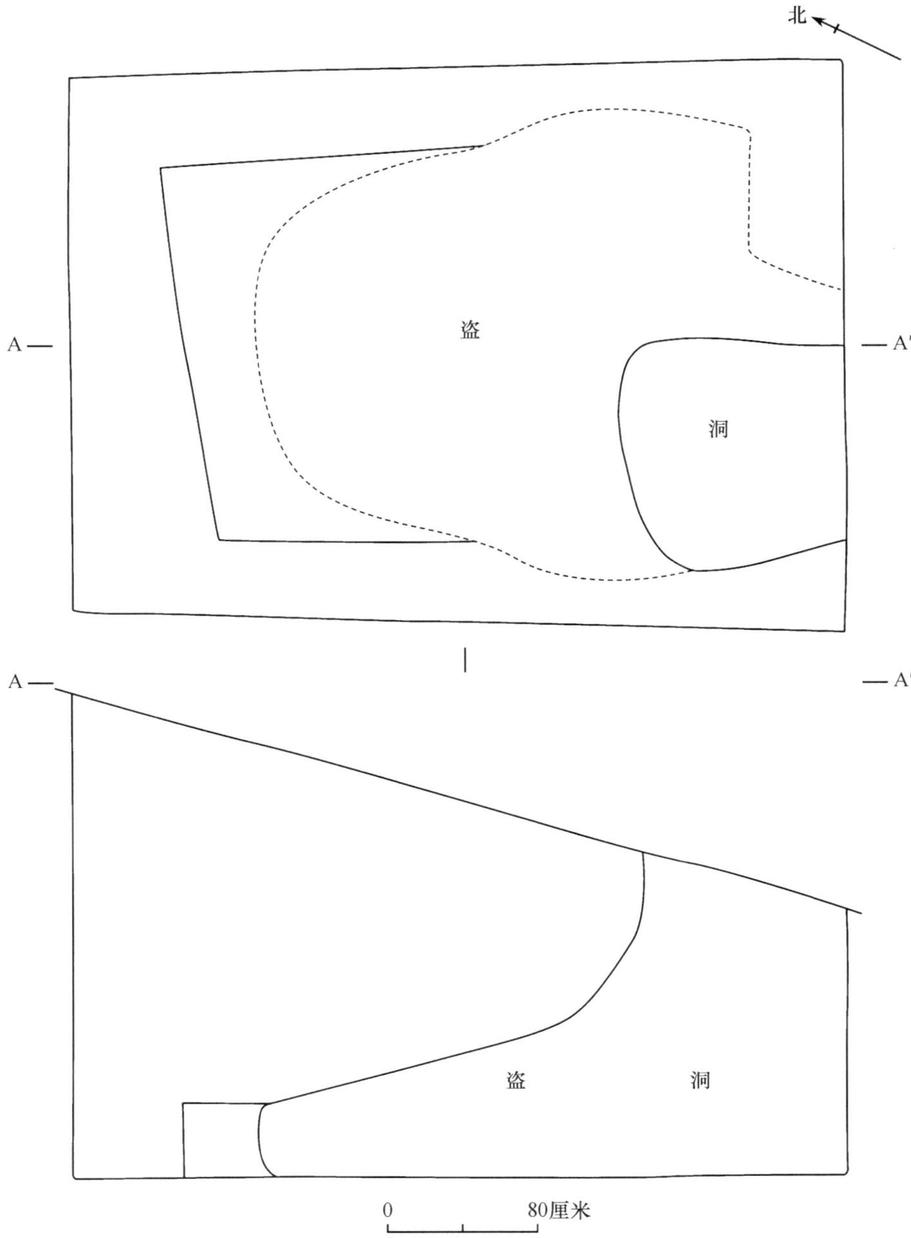

图一一　M35平、剖面图

（三）出土遗物

墓葬盗扰严重，随葬品具体摆放位置不详。仅从盗洞填土中出土残碎陶片修复而得陶器4件。陶器器类有鼎、敦、釜、甑等。

鼎　共发现4件个体，可修复1件。标本M35：1，泥质灰陶，子母口内敛，圆唇，盆形腹，圜底，三蹄足外撇，两直耳斜向外侈，耳为方孔。腹壁饰凸弦纹一周。口径16.5、器高15.3厘米（图一二，1）。

敦　1件。标本M35：3，泥质黑皮陶，暗红色陶胎。圆球体，下接三兽形足，上部承三个形制的兽纽。通体饰黑底红白相间彩绘图案，可辨图案有红彩菱形、白色带状等。口径18.2、器高24.8厘米（图一二，4）。

釜　1件。标本M35：4，泥质灰陶，器形较小。敛口，圆唇，斜溜肩微凹，扁腹，小平底。素面。口径9.3、底径5.4、器高8厘米（图一二，2）。

甑　1件。标本M35：6，泥质灰陶，器形较小。盆形腹，斜折沿，弧腹，平底，底部有扎孔。素面。口径12、底径5.5、器高5.7厘米（图一二，3）。

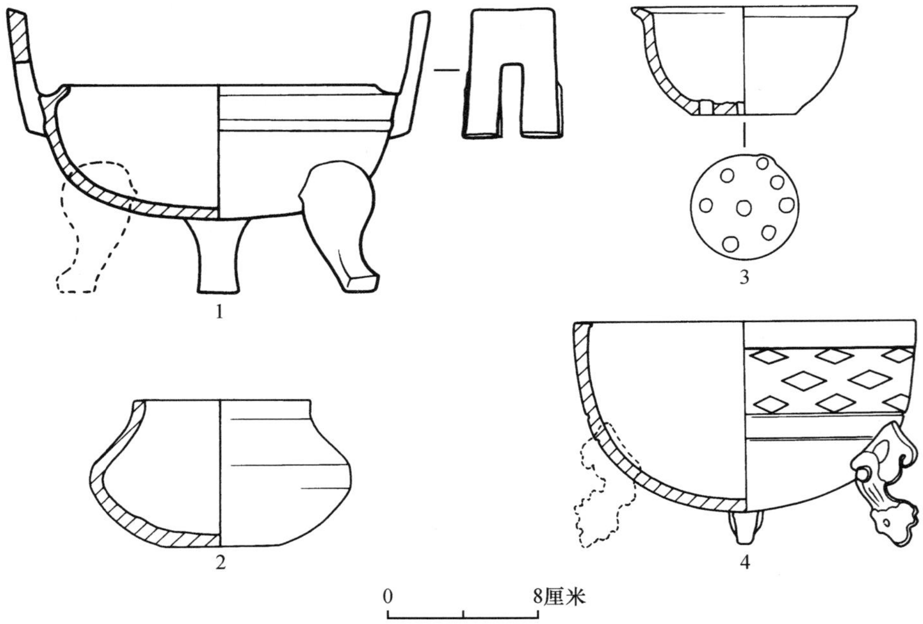

图一二　M35出土陶器

1. 陶鼎（M35：1）　2. 陶釜（M35：4）　3. 陶甑（M35：6）　4. 陶敦（M35：3）

五、M37

（一）发掘地点

位于第二象限、T23004内，墓葬所在地为一陡坡。

（二）形制与结构

开口距地表0.4米。长方形竖穴土坑墓，四壁斜直内收，口部略大，底部略小。墓口长2.6、宽2.1米，墓底长2、宽1.2米，墓室深2.04～2.6米。方向355°。墓室中部有圆形盗洞，直径0.9米，盗洞抵墓底后向南部延伸（图一三）。

墓内填土为黄灰色花土，含有炭粒、料姜石及石块等物。

墓室近底部有生土二层台，宽0.2～0.3米，高1米。

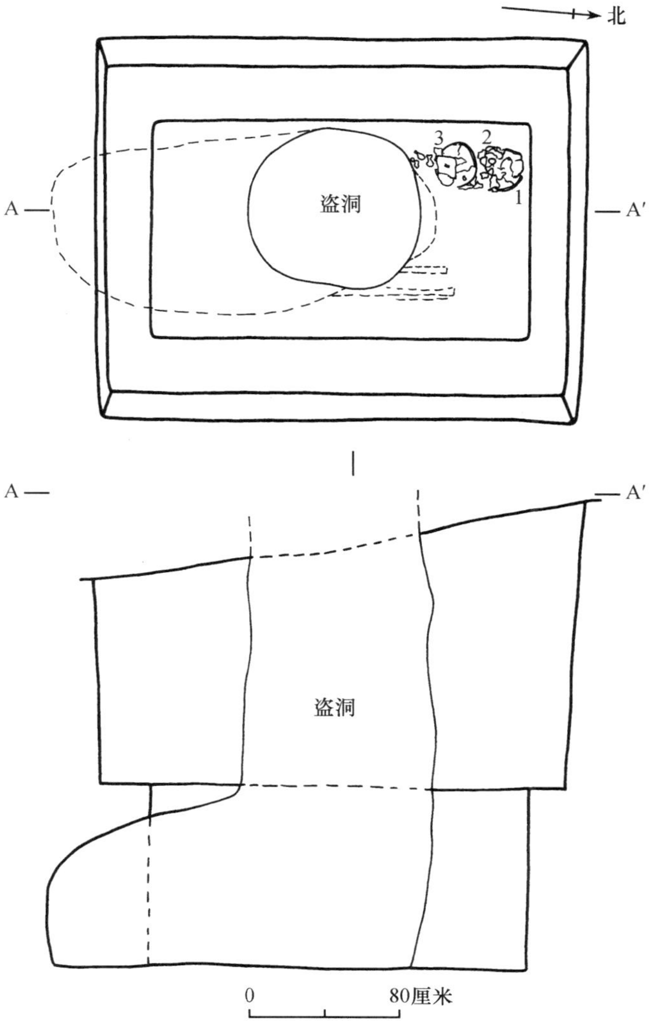

图一三　M37平、剖面图
1. 陶盒　2. 陶豆　3. 陶鼎

葬具不详。

墓室底部偏东发现有残碎人骨骼，仅余下肢骨，朽蚀严重；上肢部分被盗洞破坏，已无存。

（三）出土遗物

墓室西半部近二层台处放置随葬品3件，受盗扰均已残碎严重，未能修复。仅可辨器型为陶鼎、陶盒、陶豆各1件。

六、M41

（一）发掘地点

位于第二象限、T22206与T22207内，墓葬所在地为一陡坡。

（二）形制与结构

开口距地表0.3～0.4米。长方形竖穴土坑墓，平面呈梯形，北宽南窄，直壁，平底。长3.3、宽2.4～2.6米，深1.1～1.8米。方向355°。

墓内填土为灰褐色花土，质地疏松。

葬具应为木棺，腐朽严重，具体不详。墓室底部南北各有一条凹槽横贯东西，宽0.26～0.3米，深0.16米，应为葬具垫木槽痕（图一四；图版一，1）。

墓室中部发现有骨骼痕迹，朽蚀严重，头向北。

（三）出土遗物

墓室内随葬陶器、铜器共28件。墓室东侧放置陶器，骨骼位置放置有剑、矛等铜兵器。陶器可辨器型有鼎、壶、豆、敦、盉、罍等。

陶器　26件。

鼎　4件。形制基本相同。泥质黑皮陶，暗红色陶胎。盆形腹，子母口内敛，直壁弧折，圜底近平；近口部对称双耳外弧撇，腹接三瘦高蹄形足；足根为兽面形，足身为多棱形，断面呈凹字形。盖低平，呈覆盘形浅腹；盖顶中央有桥形纽和圆环。器表原有白衣彩绘，均脱落较甚。器腹一般饰有凸弦纹一周，腹底部残留有抹拭绳纹痕，器盖饰凸弦纹两周。标本M41：1，口径21.2、器高25厘米（图一五，2）。标本M41：6，口径23.8、器高25厘米。标本M41：7，口径23.8、器高27厘米（图一五，3）。

壶形鼎　1件。标本M41：8，腹为壶形。小直口，扁圆腹，圜底近平，三蹄足瘦高。肩部环形立耳，口部承盖。盖为覆盘形，中央有圆形纽。足根呈兽面形，足端呈蹄形，足身断面呈凹字形。器腹中部饰凸弦纹一周，腹底部有抹拭绳纹痕。口径11.8、器高24厘米（图一五，1；图版二，1）。

豆　11件，修复6件。泥质黑皮陶，暗红色陶胎。有带盖壶形和无盖浅腹豆两类，均细高柄。标本M41：13，带盖壶形豆。小口，弧束颈，凹肩，扁腹，圜底，细高柄中空至豆盘底部，喇叭形足。口部上承有盖。器表以朱、黄、白三色装饰图案。颈下部为白色带状图案，肩部以连续朱色折线勾勒成三角图案，上下交错，向上者为朱色，向下者为白色。中腹部以朱色和黄色粗线条分别绘右向连续“>”形带状图案，朱黄相间。柄部下端饰红色粗线图案，足部

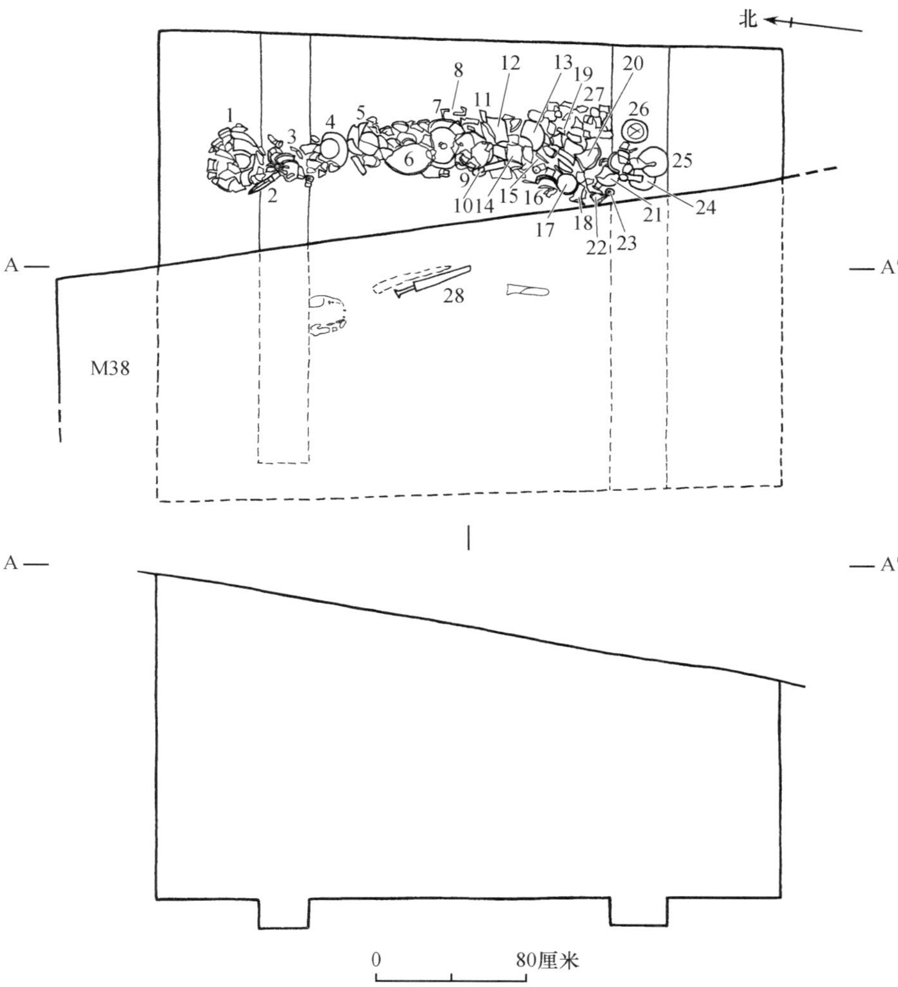

图一四　M41平、剖面图

1、6、7、12. 陶鼎　2. 铜矛　3. 陶浴缶　4. 陶盉　5、19. 陶尊缶　8. 陶壶形鼎　9、16. 陶敦　10、11、13、15、17、18、21、22、24～26. 陶豆　14、20、27. 陶壶　23. 陶璧形器　28. 铜剑

绘黄色云纹带状图案。每两种纹饰图案带间以朱色线条相间隔。盖顶部图案分两部分，内侧圆形区域内绘涡纹，外侧环形区域内绘变形云纹。口径8.5、足径9.5、器高23.7厘米（图一六，4）。标本M41∶21，无盖浅腹豆。敞口，尖唇，浅弧腹，圜底，下接细高柄，柄部中空至柄三分之一处，喇叭形足。豆盘内自内向外划分三个纹饰带，中心为圆形区域，向外分别为环形区域，均饰连续之字形暗纹，唯中央圆形区域内中分为四区。豆盘外壁呈瓦棱状，柄部自上而下等距饰三组凹弦纹带，每组三条凹弦纹。口径16.5、足径11.4、器高24.5厘米（图一六，1；图版二，2）。标本M41∶25，带盖壶形豆，形制与M41∶13相同，唯图案脱落不可辨，仅见各纹饰间的朱色线条。口径8.5、足径9.5、器高23.7厘米。

尊缶　2件。长颈，溜肩，椭圆腹，圜底，矮圈足。盖低平。通体以红黄两色彩绘图案。标本M41∶5，子母口，颈部较直，盖低平。自颈至下腹部装饰图案分为四段，每段之间分别以朱色线条或黄色带状图案相间：颈部装饰云雷纹图案，以朱色细线条勾边、以黄色宽带填色；肩部图案脱落较甚，图案不辨，隐约可辨有变形云雷纹；中腹部以朱色绘勾连雷纹，下腹部绘三角纹及叶形纹，仍以朱线勾边，内以黄色圆点或色块填充。器盖顶部图案分内、外两部

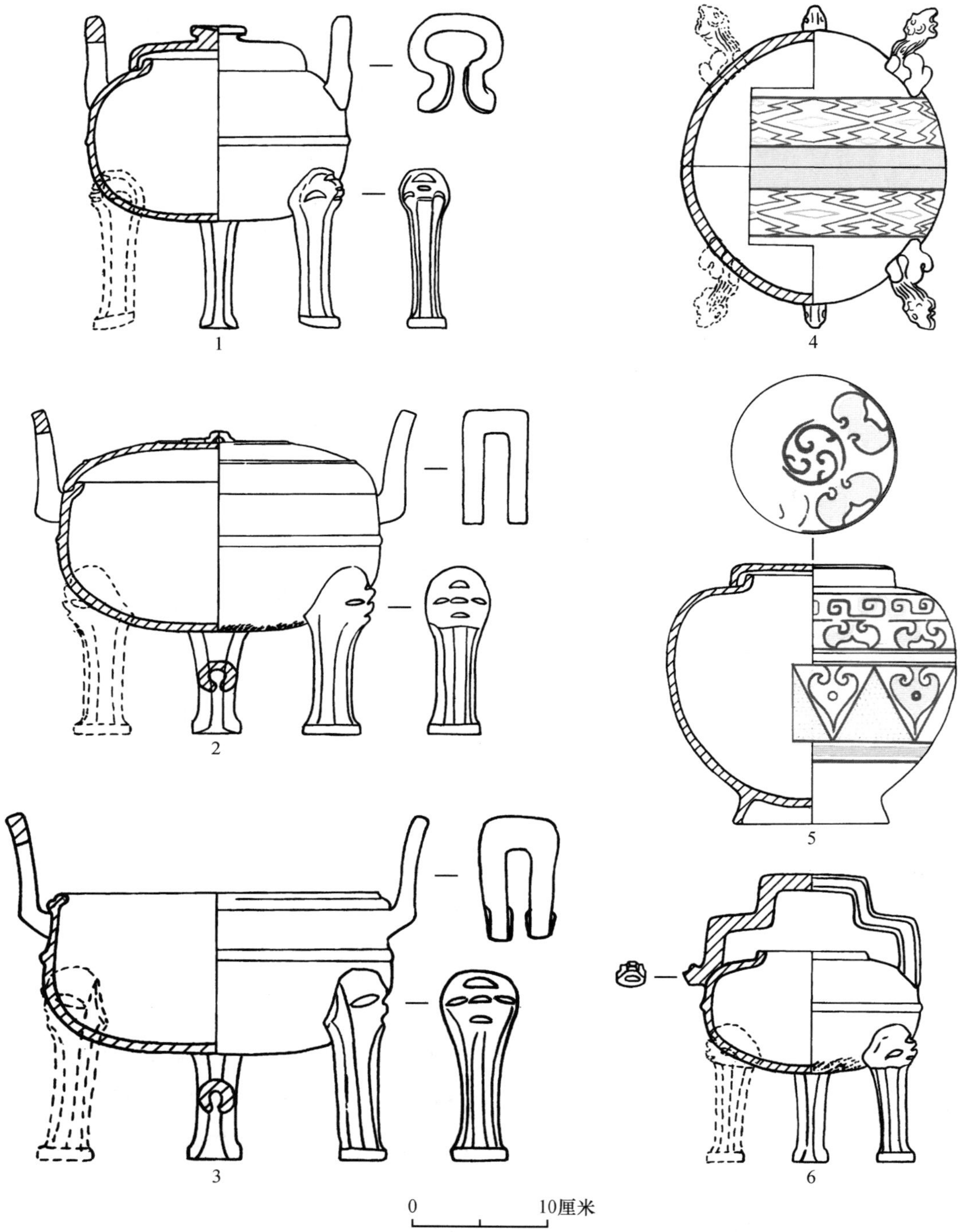

图一五　M41出土陶器（一）

1～3. 陶鼎（M41：8、M41：1、M41：7）　4. 陶敦（M41：16）　5. 陶浴缶（M41：3）　6. 陶盉（M41：4）

图一六　M41出土陶器（二）

1、4. 陶豆（M41：21、M41：13）　2、3. 陶壶（M41：27、M41：14）　5、6. 陶尊缶（M41：5、M41：19）

分，其间以朱色线条分隔。内侧圆形区域内图案脱落较甚，似为云纹；外侧环形区域内装饰类蝙蝠形纹样。口径10.5、足径12.5、器高34厘米（图一六，5；图版二，3）。标本M41：19整体器型与M41：5相同。颈、肩、腹部纹饰脱落，不可明辨，唯颈部隐约可见为云雷纹。盖顶部图案亦分内外两部分，内侧圆形区域内图案已不辨，外侧环形区域内绘四足长尾动物图案，以朱色勾线、内填黄底朱点。口径10.8、足径12.5、器高32.6厘米（图一六，6）。

壶　3件。标本M41：14，长颈弧束，弧顶盖。器壁图案自颈至下腹部分四个部分，每两部分之间分别以带状黄色相间隔，所有图案均以朱线勾边，内填黄色。图案脱落严重，几不可辨。颈部为连续三角纹，上下交错，内饰云纹图案。肩部亦以双朱线勾勒成上下相错三角区域，内饰云纹；中腹部以黄色圆点绘类蝙蝠形纹样；下腹部则以朱线勾勒上下相错的三角区域，内填黄色圆点。盖顶图案以十字中分成四区域，以朱色线条分隔，每区内均饰云纹图案。口径11.4、足径12.6、器高34.3厘米（图一六，3）。标本M41：27与M41：14形制基本相同，盖佚。腹部彩绘图案脱落不辨。口径11.4、足径12.5、器高31.8厘米（图一六，2）。

敦　2件。形制相同。椭球形腹，方唇，龙形三足和三纽。器表以红、黄和白三色彩绘勾连菱形带状图案。标本M41：16，口径19.6、器高24.5厘米（图一五，4；图版二，4）。

盉　1件。标本M41：4，腹为壶形。小直口，扁圆腹，圜底近平，三蹄足瘦高。上有凸形提梁，提梁断面呈方形，一侧有兽首形短流。盖佚。足根呈兽面形，足端呈蹄形，足身断面呈凹字形。器腹中部饰凸弦纹一周，腹底部有抹拭绳纹痕。口径8、器高22.2厘米（图一五，6；图版二，5）。

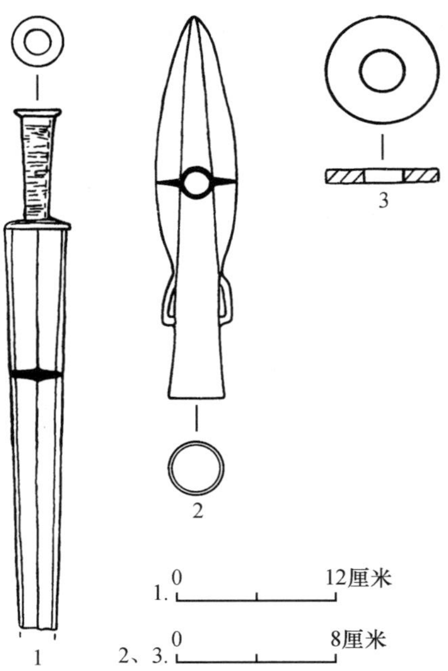

图一七　M41出土器物

1. 铜剑（M41：28）　2. 铜矛（M41：2）　3. 陶璧形器（M41：23）

浴缶　1件。标本M41：3，小直口，鼓肩，圆腹，圜底，圈足；覆盘形器盖。腹部图案大致分两部分，中以黄色块或黄色圆点带状图案相间隔。上部分饰勾连云雷纹和花萼纹。下腹部为向上的三角形和向下的叶形图案，两者相互交错。均以朱线勾边，内填黄色色块或黄色圆点。口径10、足径11.5、器高19.8厘米（图一五，5；图版二，6）。

璧形器　1件。标本M41：23，泥质黑皮陶，圆璧形，中有圆孔。表面磨光，素面。内径2、外径5.6、壁厚0.7厘米（图一七，3）。

铜器　2件。

剑　1件。标本M41：28，通体呈铜绿色。锋残。圆首，圆茎中空无箍，茎与身间有格；剑身为双刃，断面呈菱形。残长40厘米（图一七，1；图版一，3）。

矛　1件。标本M41：2，略锈蚀。完整。通体呈柳叶形。圆骹、圆脊，中空，骹部两侧双纽，脊与叶断面呈翼形。长16.7厘米（图一七，2；图版一，2）。

七、M44

（一）发掘地点

位于第三象限、T31823内。

（二）形制与结构

开口距地表0.3～0.35米。长方形竖穴土坑墓，口大底小，斜壁，平底。墓口长3～3.3、宽1.9米，墓底长2.9～3、宽1.75～1.8米，深1.8～1.9米。方向310°。墓葬东北角被盗洞盗扰（图一八）。

墓室内填土分两层，上层为灰色砂土，下层为黄色黏土夹红色砂土。

葬具腐朽严重，具体不详。

墓室中部发现有人骨痕迹，仅余部分下肢骨及牙齿数枚，头向西北。

图一八　M44平、剖面图

1、3. 陶鼎　2、5. 陶壶　4、10～12. 陶豆　6. 陶浴缶　7、8. 陶敦　9. 陶器盖

（三）出土遗物

墓室东壁处南北向放置随葬品12件，均为陶器，陶器器类有鼎、敦、壶、浴缶、豆、器盖等。

鼎　2件。形制相同。敛口，圆唇，盆形腹，圜底近平；口两方形立耳微外撇；腹接三蹄形足，足直立，足根呈兽面形，足端呈蹄形。盖为低弧顶，覆盘形，盖中央有泥条捏制的桥形纽及圆环。器腹及器盖原施彩绘，脱落殆尽，图案不可辨；器腹中部及盖顶各饰有凸弦纹。标本M44：1，口径16、器高23厘米（图版三，1）。标本M44：3，口径16.2、器高22.8厘米（图一九，1；图版三，2）。

豆　4件。标本M44：4，与标本M44：11形制基本一致。敛口，圆唇，平底；下接中空细高柄，喇叭形圈足。盖为覆钵形，顶低平，上有三方纽。器表施有彩绘。豆盘壁绘以朱、黄二色图案。标本M44：4，口径11.8、足径10、器高22厘米（图一九，7；图版三，3）。标本M44：11，纽为梯形方纽。纹饰不明。口径12、足径9.6、通高22.1厘米（图一九，8）。标本M44：10与标本M44：12形制基本一致，小直口，圆唇，直领，折肩，扁圆腹，圜底。细高柄，柄中空，喇叭形足。盖为低弧顶。通体彩绘，图案不辨。标本M44：10，口径7.8、足径10、器高22.6厘米（图一九，3；图版三，4）。标本M44：12，口径7.8、足径10、器高22.6厘米。

壶　2件。形制相同。侈口，方唇，束颈，弧肩，鼓腹，圜底较低，矮圈足。颈、肩、腹部饰五周凹弦纹，内填红彩。壶身自上而下分为四组图案，均以红彩勾边，内填红、黄彩，间以三周白彩带：颈部为红彩对顶三角纹，内饰红黄彩卷云纹；肩部红彩叶瓣纹填黄点；上腹红彩三角形内填红黄彩垂叶纹、黄彩勾云纹、黄点；下腹红彩菱形内填黄彩三角云雷纹。标本M44：2，口径8.4、足径12.3、器高28.5厘米（图一九，4；图版三，5）。标本M44：5，有盖。器表图案脱落殆尽，几不可辨。口径8、足径12.1、器高30厘米（图一九，5）。

敦　2件。形制相同。方唇，弧腹，拱顶与圜底稍凸。长椭球体，上下扣合，各饰对称龙形三足和纽。器表饰凹弦纹。通体彩绘，但大多脱落不辨。仅在腹部可辨有朱、黄二色彩绘几何形云纹图案等。标本M44：7，腹径18、器高21.2厘米。标本M44：8，腹径18.2、器高22.4厘米（图一九，6）。

浴缶　1件。标本M44：6，小直口，矮领，圆肩，弧腹，平底内凹。器表原施彩绘，但脱落较甚。现可辨图案自肩至下腹可分两部分，肩部残留有朱色线条勾勒的三角形区域，腹部残留有朱、黄彩绘叶形图案。口径7.6、底径9、器高15厘米（图一九，2；图版三，6）。

陶器盖　1件。标本M44：9，弧顶，直口。直径12、高1.5厘米。经修复，其应为陶壶M44：5的器盖（图一九，5）。

图一九　M44出土陶器

1. 陶鼎（M44：3）　2. 陶浴缶（M44：6）　3、7、8. 陶豆（M44：10、M44：4、M44：11）　4、5. 陶壶（M44：2、M44：5、M44：9）　6. 陶敦（M44：8）

八、M53

（一）发掘地点

位于第三象限、T31632与T31633内。

（二）形制与结构

开口距地表0.5米。长方形竖穴土坑墓，直壁，平底。墓口长3.4、宽2.8米，深1.74～2米。方向161°（图二〇）。

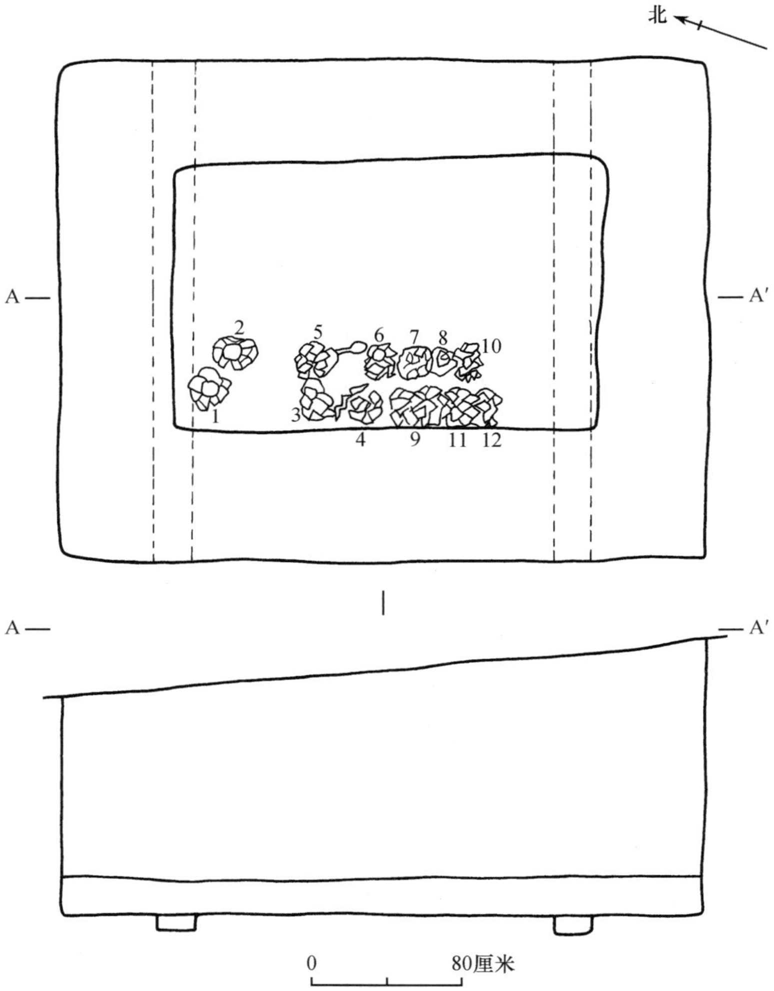

图二〇　M53平、剖面图

1、2. 陶壶　3. 陶盉　4. 陶浴缶　5、9、11、12. 陶鼎　6～8、10. 陶豆

墓内填土为灰褐色花土，质地疏松。

墓室底部四周有熟土二层台，宽0.6～0.8、高0.2米。

葬具应为木棺，腐朽严重，具体信息不详。墓室南北两端各有一条东西向凹槽，应为垫木槽，宽0.2、深0.1米。

墓室内未发现有人骨痕迹。

（三）出土遗物

墓室底部西侧放置陶器。均泥质红胎黑皮陶，火候较低，破损严重。根据发掘状况可辨器型者12件，其中陶鼎4件、陶豆4件、陶壶2件、陶浴缶1件、陶盉1件。由于破损严重，仅修复完成陶盉、陶壶各1件，其余器型无法复原。

壶　2件，修复完成1件。标本M53：1，长颈，溜肩，圆腹，圜底，矮圈足。盖低平。通体以红黄两色彩绘图案，但脱落较甚，多不能辨。口径11.5、底径13.4、器高30厘米（图二一，1）。

盉　1件。标本M53：3，壶形腹。小直口，扁圆腹，圜底，三蹄足瘦高。肩上有凸形提梁，提梁断面呈方形，一侧有兽首形短流。盖佚。足根呈兽面形，足端呈蹄形，足身断面呈凹字形。器腹中部饰凸弦纹一周。口径8.7、器高25.4厘米（图二一，2）。

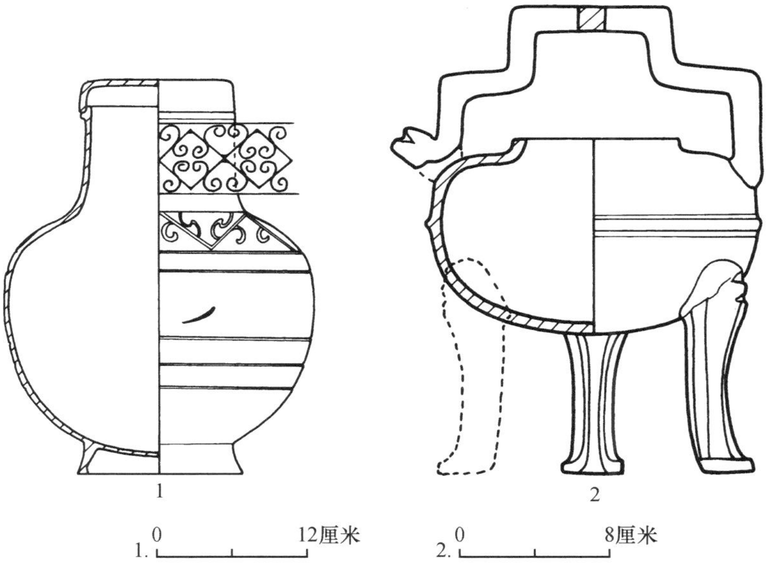

图二一　M53出土陶器

1. 陶壶（M53：1）　2. 陶盉（M53：3）

九、M65

（一）发掘地点

位于第三象限、T31216内。

（二）形制与结构

开口距地表0.3米。长方形竖穴土坑墓，直壁，平底。墓口长2.9、宽1.5米，深0.2～0.4米。方向112°（图二二）。

墓室内填土呈黄褐色，含有大量青灰色土块和少量碎石，质地较松软。

葬具与人骨不详。

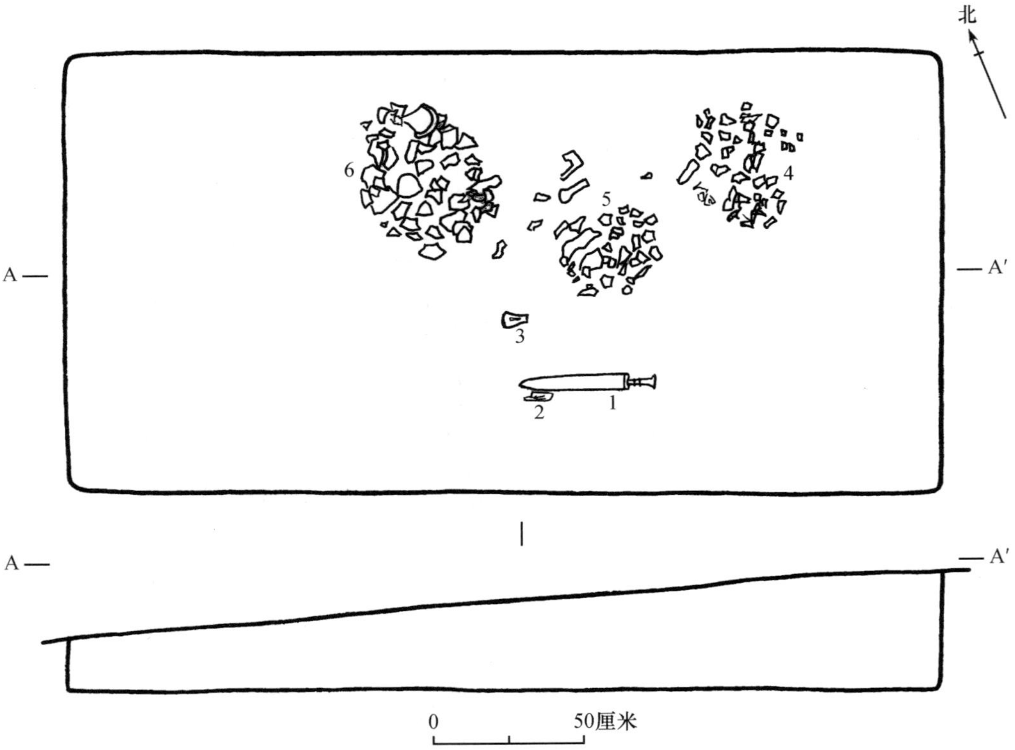

图二二　M65平、剖面图

1. 铜剑　2. 铜削　3. 铜斧　4. 陶壶　5. 陶敦　6. 陶鼎

（三）出土遗物

墓室底部放置陶器、铜器共6件。陶器器型有鼎、敦、壶等；铜器器型有剑、斧、削等。陶器均泥质红胎黑皮陶，器表磨光，并饰彩绘，保存较差，破损严重，仅可修复陶壶1件。

陶壶　1件。标本M65：4，由盖及壶身两部分组成。敞口，方唇，弧束颈，宽肩，弧腹，圜底近平，矮圈足。肩部施对称铺首衔环。盖为弧顶，上有三个兽形长纽。器身通体彩绘，脱落较甚，图案不辨。口径12、底径11.5、器高32.5厘米（图二三，1）。

铜器　3件。

剑　1件。标本M65：1，保存基本完整。有茎有身，圆茎、圆首，双箍，茎身间有格，剑身修长，尖锋，剑身断面呈菱形。通长45厘米（图二三，4；彩版二，1）。

削　1件。标本M65：2，残断，直刃，弧背，刀身上有弧线凸棱纹饰。残长9.2厘米（图二三，2）。

斧　1件。标本M65：3，斧形，直方銎，宽弧刃。器表有破损。高7.5厘米（图二三，3）。

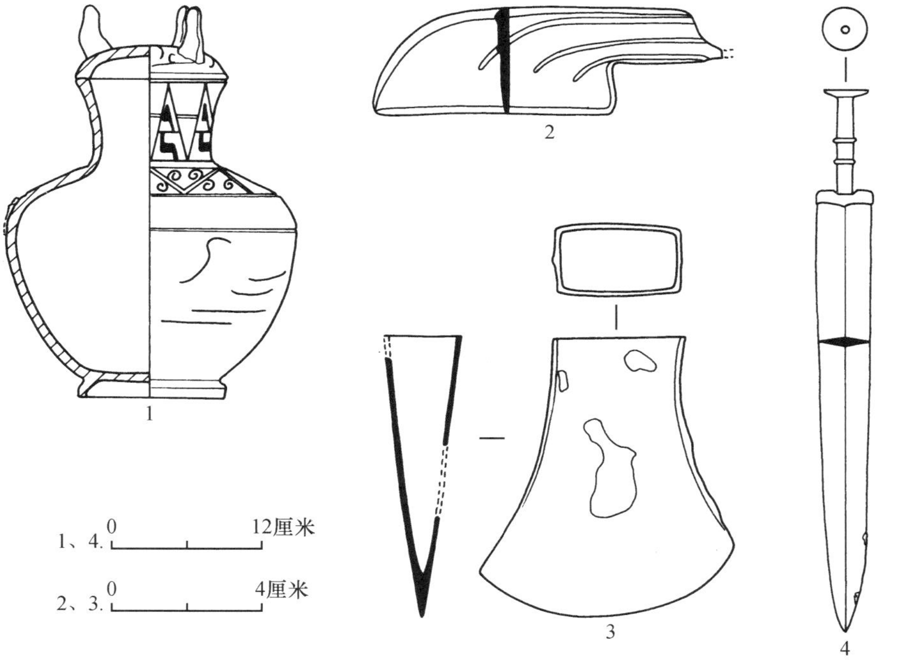

图二三　M65出土器物

1. 陶壶（M65：4）　2. 铜削（M65：2）　3. 铜斧（M65：3）　4. 铜剑（M65：1）

一〇、M71

（一）发掘地点

位于第三象限、T31529内，东侧被M70打破。

（二）形制与结构

开口距地表0.6米。长方形竖穴土坑墓，口大底小，斜壁，平底。南端西侧墓壁有一长方形壁龛。墓口长2.2、宽1.15米，墓底长2.1、宽1.05米，深0.82米。壁龛距墓底高0.8米，龛面宽0.5、进深0.25米，高0.25米。方向155°（图二四；图版四，1）。

墓室内填土灰褐色，黏性较大。

葬具不详。

墓室底部发现人骨架一副，保存基本完整，仰身直肢，头南脚北。

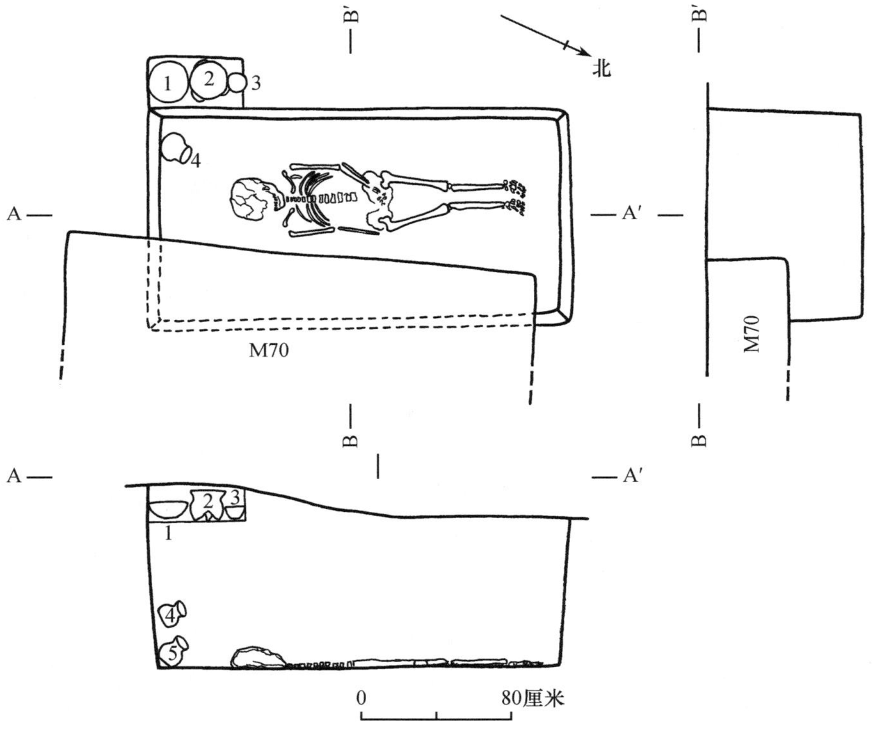

图二四　M71平、剖面图

1、5. 陶豆　2. 陶鬲　3. 陶盂　4. 陶罐

（三）出土遗物

共出土遗物5件。壁龛内放置有陶器4件，在墓底人骨架头端散落陶器1件，似因壁龛坍塌从龛中掉落而致。可辨器型有鬲、盂、豆、罐等。由于埋藏环境及陶质较差，破损严重，仅能够对其中3件进行修复。

鬲　1件。标本M71：2，夹砂灰陶。微侈口，宽折沿，方唇，束颈，弧腹，平裆，柱足较高。通体饰绳纹。口径19、器高20.9厘米（图二五，1；图版四，2）。

豆　2件。标本M71：1，仅余豆盘部分。泥质灰陶，碗形豆。子母口内敛，圆唇，弧腹，圜底，底部有残痕，其下原应接圈足或柄。口上原应有盖，已无存。器表饰凹弦纹两周。口径19、残高9.4厘米（图二五，3）。

罐　1件。标本M71：4，泥质灰陶。侈口，圆唇，长颈弧束，弧肩，弧腹，平底。颈部原施彩绘，均已脱落，图案不辨；肩部饰网格状暗纹。口径11、底径10.5、器高14.4厘米（图二五，2；图版四，3）。

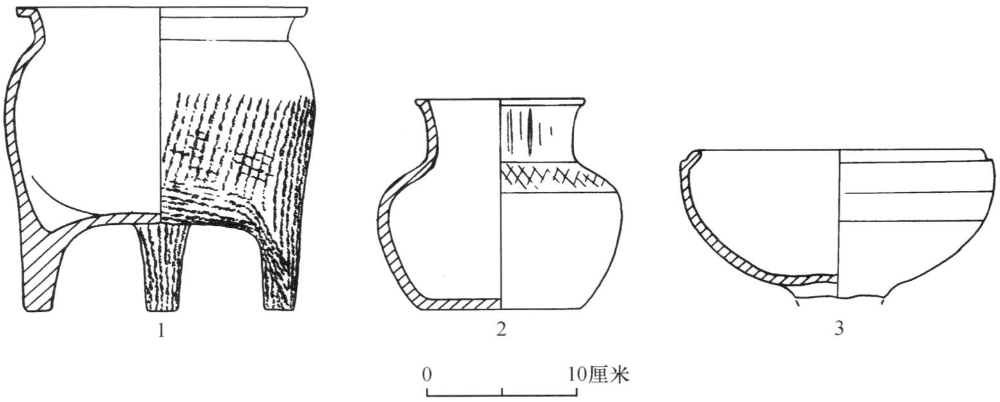

图二五　M71出土陶器

1. 陶鬲（M71：2）　2. 陶罐（M71：4）　3. 陶豆（M71：1）

一一、M75

（一）发掘地点

位于第三象限、T31631内，东侧被M74打破，墓葬所在地为一陡坡。

（二）形制与结构

开口距地表0.4～0.8米。长方形竖穴土坑墓，口大底小，斜壁，平底。墓口长3.4、宽2.6米，墓底长3.16、宽2.3米，深2.7～2.8米。方向50°。

墓内填土上层土质较硬，土色以红褐为主，含有料姜石及砂土等，下层土质疏松，土色五花。

墓室四周有熟土二层台，高0.6米。

葬具为单棺，棺长2.7、宽1.4米。

墓室底部发现人骨架1具，保存较差，已朽成粉末，可辨出头向为东北。

（三）出土遗物

棺内南侧共放置陶器、铜器等随葬品70余件。陶器可辨器型有鼎、豆、壶、敦等；铜器为铜环、铜饰等；另有石璧、玉环等（图二六；图版五，1）。

陶器　72件。

鼎　5件。依腹部形态可分为壶形鼎、盆形鼎两类。

壶形鼎　2件。修复1件（M75：8），腹部呈壶形，泥质灰陶。小口微敛，方唇，弧壁，鼓腹，圜底。肩部饰对称双耳（系泥条捏制粘贴而成），耳正面中部为近三角形孔；下接三蹄形足，外撇较甚。口径11.2、高19.6厘米（图二七，3；图版五，2）。

盆形鼎　3件。修复2件。均泥质灰陶，子母口、方唇；直腹壁微弧，鼎腹呈盆形；口沿下贴附对称两外撇方耳，耳正面有长方形孔；接三蹄形足，足根部堆塑兽面形纹案；腹中部饰凸弦纹一周。标本M75：22，口上承盖，盖上饰两周凸弦纹，中间饰一铺首衔环，周围均匀饰有三梯状纽。底部饰绳纹。口径23.4、器高26.7厘米（图二七，2；图版五，3）。标本M75：29，形同M75：22，盖无存，口径21.5、器高25.4厘米（图二七，1）。

豆　5件。修复4件，均泥质灰陶。标本M75：6，小口方唇，束颈内弧，折肩，折腹，下腹弧收，圜底，中空细高柄，喇叭形圈足。上承盖，弧壁，弧顶。盖及腹、肩部饰红、黄彩带纹。口径9、底径9.2、器高22厘米（图二七，9；图版六，1）。标本M75：7，形制、尺寸与M75：6完全相同，唯彩绘脱落。标本M75：25，棕红胎。子口，圆唇，弧壁，平底，中空细高柄，喇叭形圈足。上承盖，母口，弧壁，弧顶，顶部周围均匀饰三纽。器盖饰红、白彩，腹饰红、黄彩。腹部饰有花纹。口径13、底径9.5、器高17.5厘米（图二七，8；图版六，2）。标本M75：20与标本M75：25形制基本相同。口径13、底径9.5、器高19.7厘米。

壶　6件。修复3件。标本M75：15，泥质灰陶。敞口，圆唇，弧颈，溜肩，弧腹，平底。肩腹饰凹弦纹两周。上承弧顶盖。口径8.8、底径7.5、器高13.1厘米（图二七，10）。标本M75：16与标本M75：21形制、大小一致。微敛口，方唇，弧颈，溜肩，鼓腹，圜底，圈足。颈、肩、腹饰凹弦纹七周，兼饰红、白彩绘（脱落较甚）。口径10.8、底径12.3、器高27.3厘米（图二七，5；图版六，3）。

尊缶　2件。标本M75：24、M75：30，形制、大小一致。泥质灰陶。敛口，方唇，弧颈且较长，溜肩，鼓腹，圜底，矮圈足。上承盖，敞口，方唇，弧壁，弧顶。颈、肩、腹、足饰凹弦纹九周，器表饰有红、白彩，器盖饰凹弦纹两周。口径12.3、底径15.3、器高34.1厘米（图二七，6）。

敦　2件。形制、大小基本相同。泥质黑皮陶，棕红胎。圆球体，下接三兽形足，上部

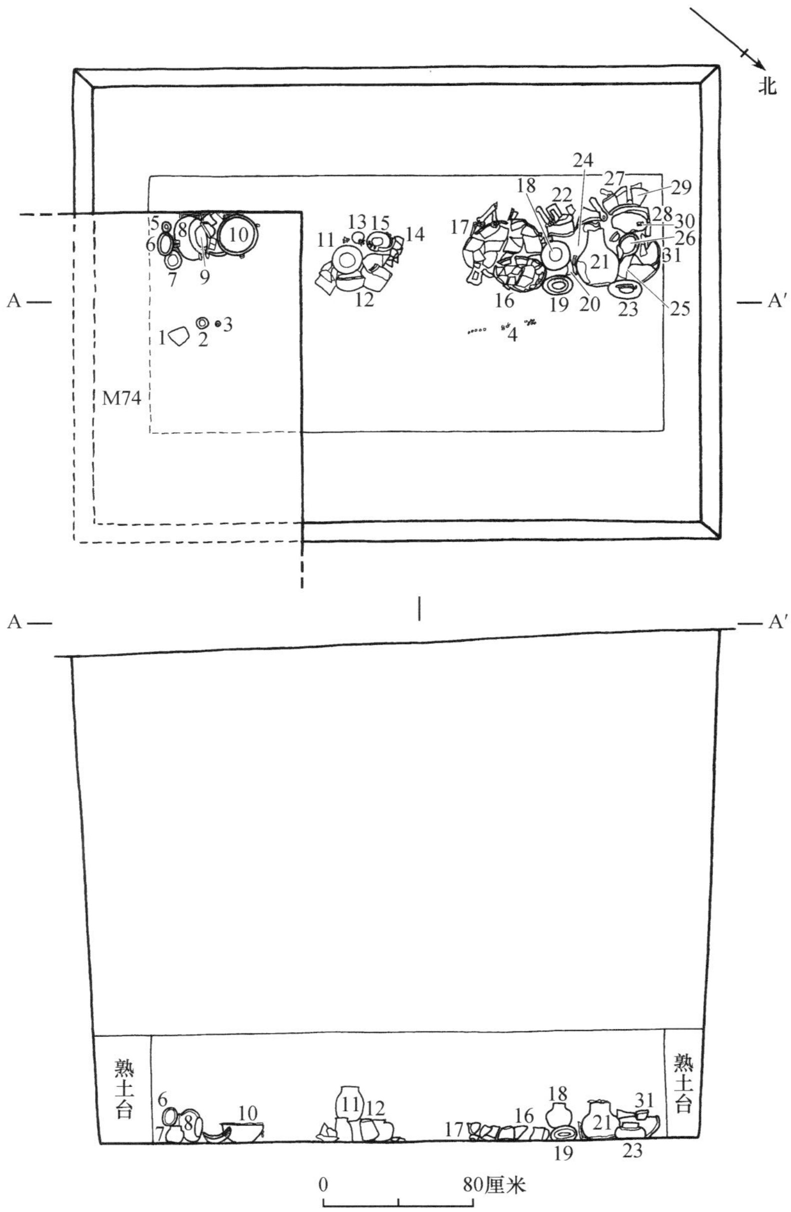

图二六　M75平、剖面图

1. 铜饰件　2. 石璧　3. 水晶环　4、14. 料珠　5、13. 铜环　6、7、20、25、26. 陶豆　8、17、22、27、29. 陶鼎　9、19. 陶器盖　10、28. 陶敦　11. 陶浴缶　12、15、16、18、21、31. 陶壶　23. 盉　24、30. 尊缶

承三个形制的兽纽。器表饰八周凹弦纹和红彩、白彩，但彩绘已脱落。标本M75：10，口径18.5、器高22厘米（图二七，7；图版六，4）。

浴缶　1件。标本M75：11，泥质灰陶。敛口，方唇，弧颈，溜肩，圆鼓腹，圈足。肩、腹饰凹弦纹七周，并饰红、白彩（脱落严重）。口径12、底径15.6、器高22.8厘米（图二七，11；图版六，5）。

盉　1件。标本M75：23，泥质灰陶。敛口，方唇，弧壁，鼓腹，圜底。肩部接山字形提梁，提梁与腹相接处外伸一假流，腹下接堆塑兽面纹外撇三蹄形足。肩、腹饰凹弦纹各一周，腹底饰绳纹。口径9、器高24.6厘米（图二七，4；图版六，6）。

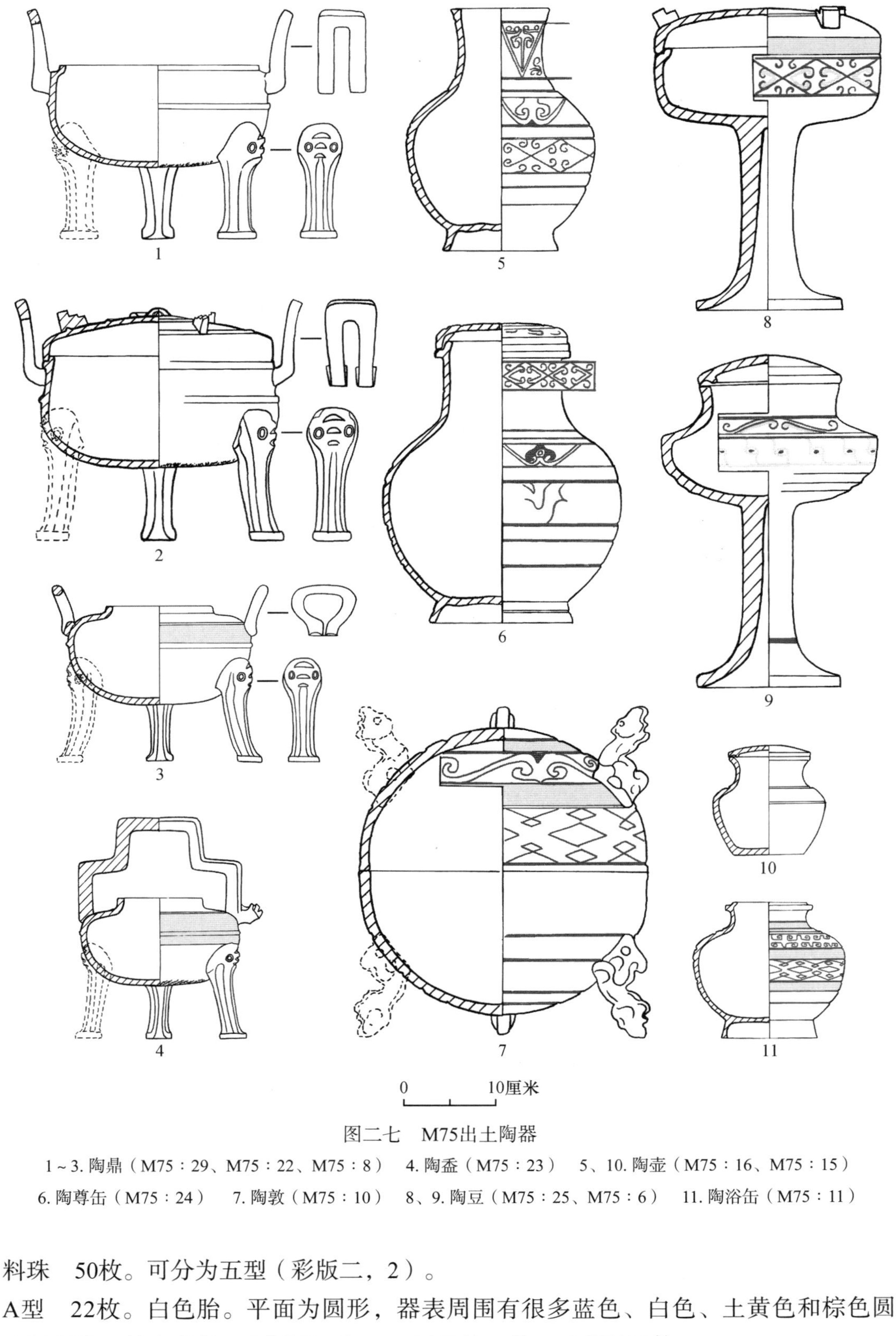

图二七　M75出土陶器

1～3. 陶鼎（M75：29、M75：22、M75：8）　4. 陶盉（M75：23）　5、10. 陶壶（M75：16、M75：15）　6. 陶尊缶（M75：24）　7. 陶敦（M75：10）　8、9. 陶豆（M75：25、M75：6）　11. 陶浴缶（M75：11）

料珠　50枚。可分为五型（彩版二，2）。

A型　22枚。白色胎。平面为圆形，器表周围有很多蓝色、白色、土黄色和棕色圆形凸起，中间有孔。其中直径1.4厘米的8枚，1.2厘米的12枚，1厘米的2枚。

B型　10枚。绿色。平面为圆形，器表周围有较多绿色的圆形凸起，中间有孔。直径0.8～0.9厘米。

C型　2枚。绿色。平面为圆形，侧面为椭圆形，中间带孔，整体呈算盘珠形。直径0.5、高0.3厘米。

D型　14枚，平面为圆形，器表周围有较多白色和绿色的圆形凸起，中间有孔。直径1.1、高0.9厘米。

E型　2枚，平面为圆形，器表周围有较多蓝色、棕色和白色的圆形凸起，中间有孔。直径1、高0.8厘米。

石璧　1件。标本M75：2，破损严重。

水晶环　1件。标本M75：3，黑色玉石。环外壁斜折成棱角。外径3、内径1.3、高0.5厘米（图二八，2）。

铜器　3件。

铜环　2件。形制相同。标本M75：5，纽下挂一圆环。环外径6.1、内径5.2厘米（图二八，1）。

铜饰　1件。标本M75：1，残损严重。

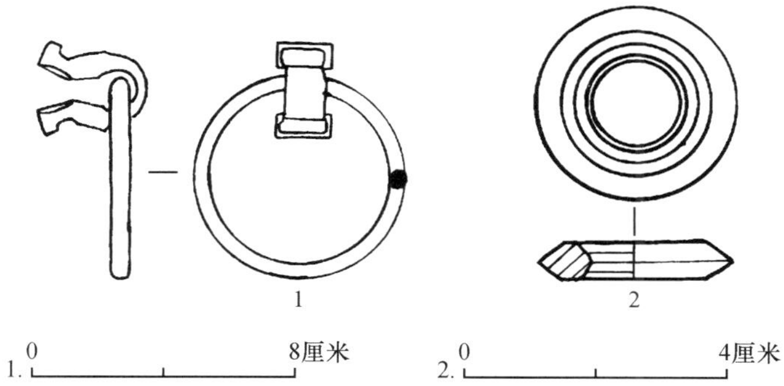

图二八　M75出土器物
1. 铜环（M75：5）　2. 水晶环（M75：3）

一二、M77

（一）发掘地点

位于第三象限、T31028内，墓葬位于一陡坡上。

（二）形制与结构

长方形竖穴土坑墓。开口距地表0.6～0.7米，口大底小，斜壁，平底。墓口长4.5、宽2.6米，墓底长4.1、宽2.4米，深0.8～1.2米。方向75°（图二九）。

墓内填土土质疏松，土色五花，填土内堆积较多石块。

葬具与人骨不详。

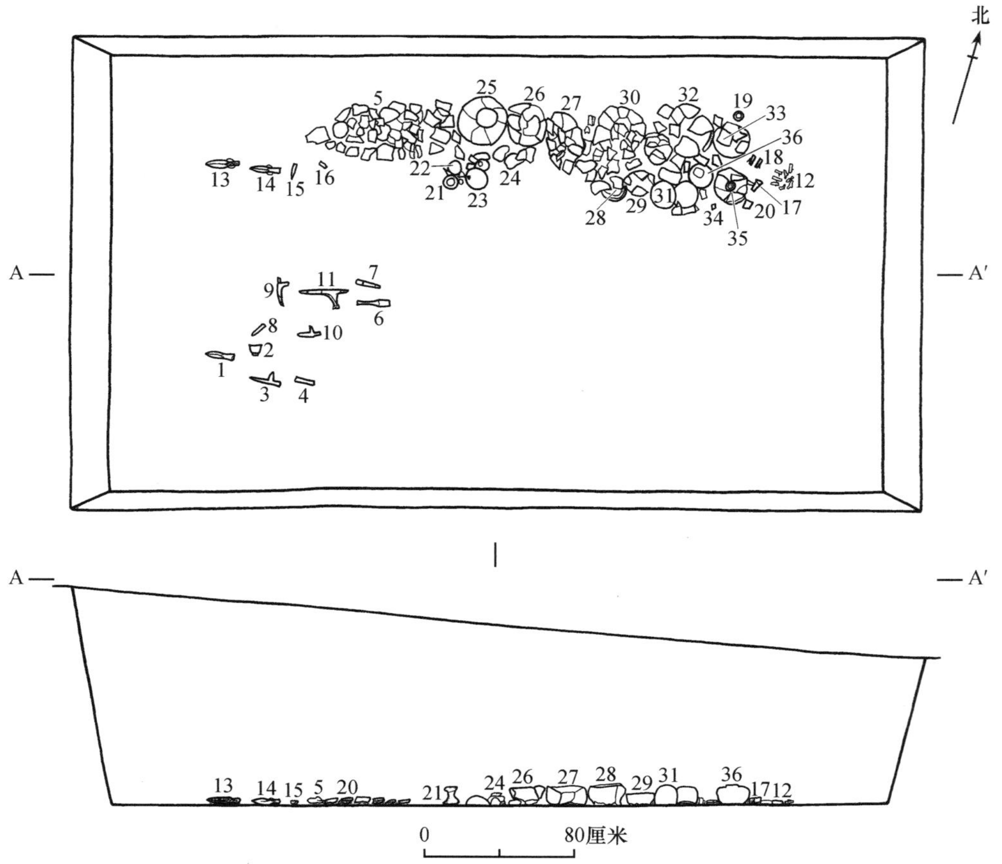

图二九　M77平、剖面图

1、8、13～15. 铜矛　2、34. 铜铃　3、9～11、16. 铜戈　4. 铜矛柄　5、36. 陶壶　6. 铜鐏　7. 铜镦　12、18. 盖弓帽　17. 铜剑柄　19、20. 铜伞箍　21、24、29、33. 陶豆　22、25. 尊缶　23. 陶器盖　26～28、32、35. 陶鼎　30、31. 陶敦

（三）出土遗物

共出土遗物30余件。陶器放置于墓室北部，破损严重；铜器放置于墓室西部。陶器保存状况极差，部分仅可辨别器型，已无法修复，可辨器型有鼎、敦、壶、豆、器盖等。铜器为车马器与兵器，器型有戈、矛、剑、镦、鐏等（图版七，1）。

陶器　修复16件。

鼎　5件。标本M77∶26（图三〇，2）与标本M77∶27（图版七，2）形制、大小相同。泥质灰陶。敛口，圆唇，弧壁，圜底，下接三蹄形足。口沿下贴附对称外撇方耳，耳正面有长方形方孔，口沿下腹部弧内折。腹底饰绳纹，腹中部饰一周凸弦纹，足上端饰兽面纹。口径25、器高28.5厘米。标本M77∶32与标本M77∶35形制、大小相同。泥质灰陶。子口，圆唇。弧壁，圜底，下接三外撇蹄形足。口沿处贴附对称外撇方耳，耳正面有长方形孔。腹中部饰凸弦纹一周，底饰绳纹，足上端堆塑兽面纹。口上承盖，母口，圆唇，弧顶。顶中部饰一衔环铺首，周围饰凸弦纹两周。口径22.8、器高29.4厘米（图三〇，1）。

壶　2件。泥质灰陶。标本M77∶5，敞口，方唇，弧颈，溜肩，鼓腹，圜底，矮圈足。口径12、底径12、器高26.4厘米（图三〇，4）。标本M77∶36，敞口，方唇，弧颈，溜肩，鼓

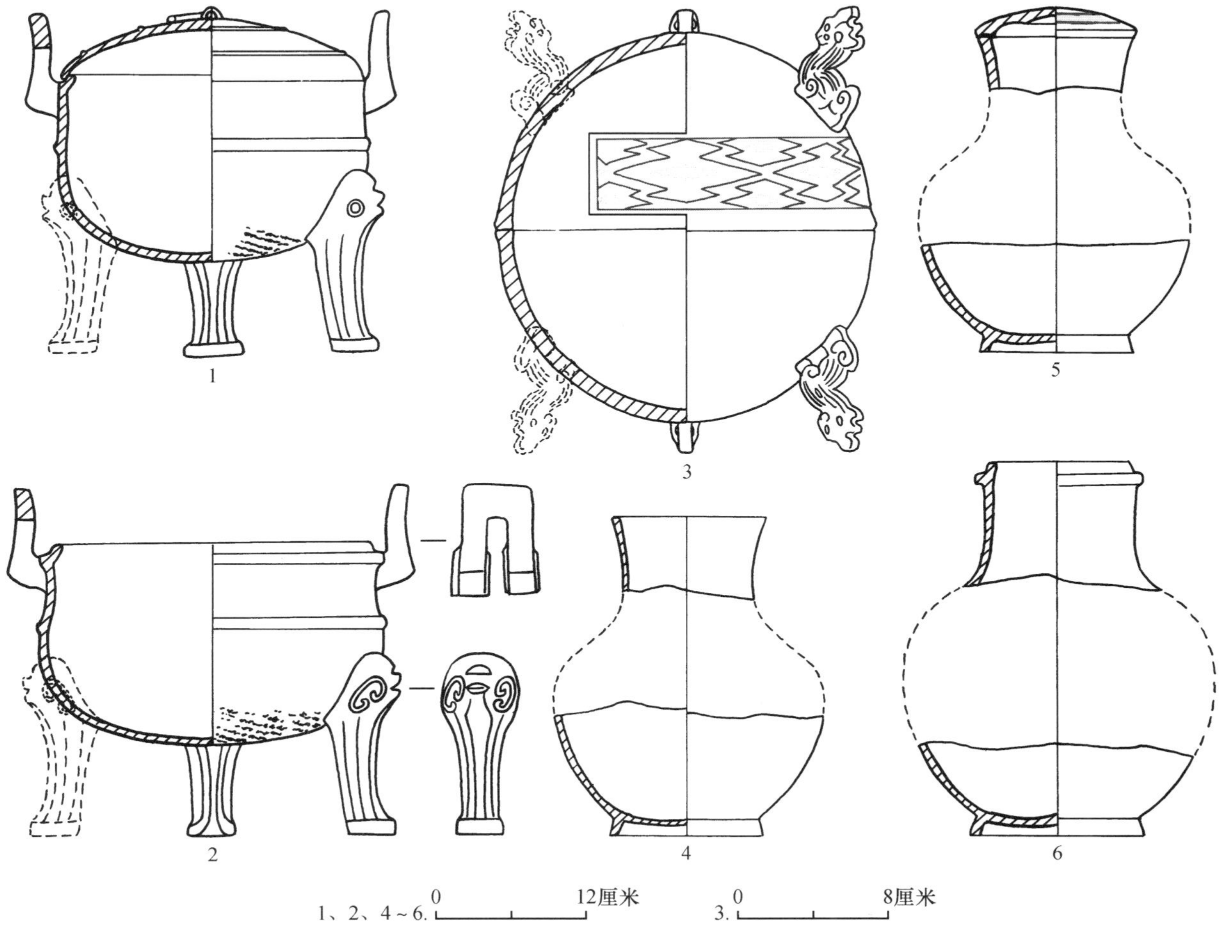

图三〇　M77出土陶器

1、2. 陶鼎（M77：32、M77：26）　3. 陶敦（M77：31）　4、5. 陶壶（M77：5、M77：36）　6. 陶尊缶（M77：22）

腹，圜底，矮圈足。上承盖，弧顶。器盖饰红、白彩，脱落较甚。口径12、底径12、器高28.5厘米（图三〇，5）。

尊缶　2件。标本M77：22、M77：25，形制相同。均泥质灰陶，敛口，圆唇，弧颈较长，溜肩，圆鼓腹，圜底，矮圈足。口沿外侧饰一周凸棱。口径10.8、底径13.8、器高31厘米（图三〇，6）。

敦　2件。形制、大小基本相同，泥质黑皮棕红胎。修复1件。标本M77：31。椭圆球体，上下一致，下接三兽形足，上部承三个同形制的兽纽。器表饰红、黄彩绘，但脱落严重。口径20、器高24.2厘米（图三〇，3；图版七，3）。

豆　4件。破损严重，形制、尺寸不辨。

器盖　1件。破损严重，疑为壶盖。

铜器　20件。

戈　5件。直内戈，长胡，胡上三穿，内上一穿，援身较长，双面刃，尖锋。标本M77：3，通长23、胡长9.9厘米（图三一，1；彩版三，1）。标本M77：11，通长23.4、胡长9.3厘米（图三一，2；彩版三，2）。标本M77：9，形体稍短小，直内，长胡，胡上三穿，内上一穿，援身较短、宽，双面刃，尖锋。通长14.3、胡长8.3厘米（图三一，3）。另有

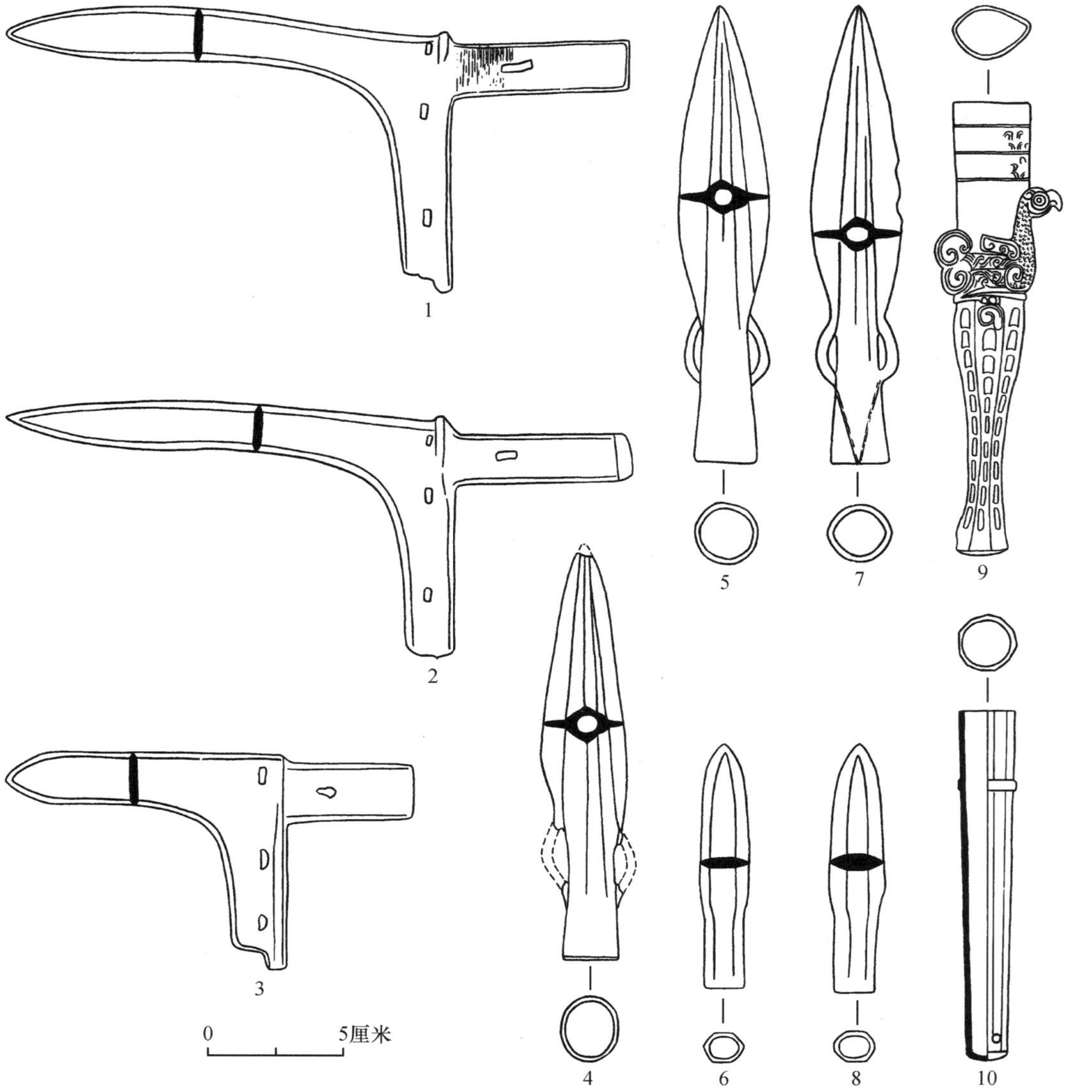

图三一　M77出土铜兵器

1～3. 铜戈（M77：3、M77：11、M77：9）　4～8. 铜矛（M77：1、M77：13、M77：8、M77：14、M77：15）

9. 铜鐏（M77：6）　10. 铜镦（M77：7）

M77：10形制与M77：9相同，唯锋残。

矛　5件。除标本M77：15、M77：8外，其余3件形制相同。短骹，器身修长。柳叶形矛身，中脊凸出，双面弧刃，叶后部斜收，双弓形耳，骹中空与矛身相通。标本M77：1，通长15.5厘米（图三一，4；彩版三，3）。标本M77：13，通长17.4厘米（图三一，5；彩版三，4）。标本M77：14，柳叶形矛身，中脊凸出，双面弧刃，骹中空与矛身相通。通长17.5厘米（图三一，7）。标本M77：15，器身短小，无凸出中脊，无耳，短骹中空。通长9.5厘米（图三一，8）。标本标本M77：8与标本M77：15形体相近，通长9.3厘米（图三一，6）。

另有矛柄1件。标本M77：4，一端残。圆柱形，中空，一端稍粗。长5.9厘米。

剑柄　1件。标本M77：17，稍残。一端稍粗的中空圆柱形，柄上有布纹和木纹。残长5.5厘米（图三二，3）。

镦　1件。标本M77：7，长圆筒形。靠近底端处有一圆孔，另一端处有箍，横剖面为八棱形。长13.3厘米（图三一，10）。

鐏 1件。标本M77：6，一端封闭，一端有口。封闭端一侧体形较细，且器表嵌有绿松石。器身中部饰有错金银鸟兽纹。开口端器表有三周凹槽和不明纹饰。长17.3厘米（图三一，9；彩版三，5）。

铃 2件。标本M77：2，残。形状如钟，扁圆形，体形较小。残高6.5厘米（图三二，1；彩版三，6）。标本M77：34，一端残。顶端有一桥形纽，下部圆筒形。残高2.7厘米（图三二，2）。

伞箍 2件。形制相同，两端均残。圆筒形，上、下对接。器表上、下各有一周圆凸棱，下部有一半圆形纹饰。标本M77：20，直径5、残高5.3厘米（图三二，5）。

盖弓帽 2组，10个。形制一致。呈一端封闭、一端为口的圆筒形，封闭的一端稍细。较粗端有一圆孔和一朝向较细端的钩。器表饰有弦纹、蝉纹和排列规整的圆圈纹。标本M77：18，口径1.2、通长5.5厘米（图三二，4）。

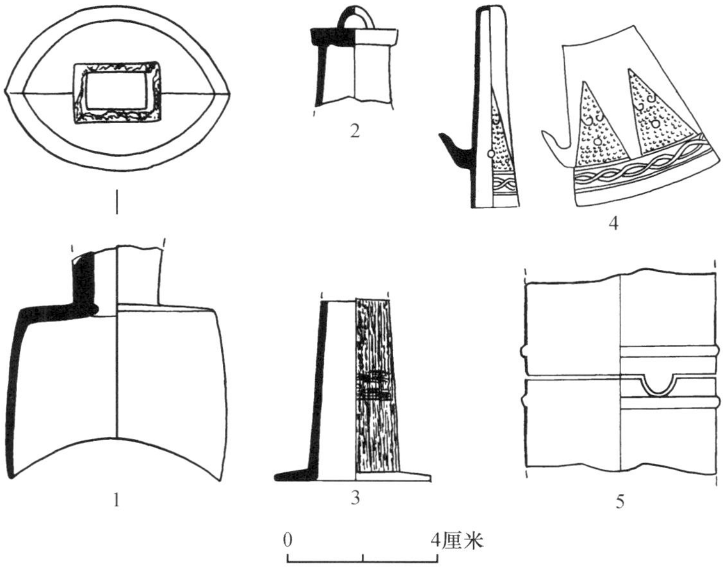

图三二 M77出土铜器

1、2. 铜铃（M77：2、M77：34） 3. 铜剑柄（M77：17） 4. 铜盖弓帽（M77：18） 5. 铜伞箍（M77：20）

一三、M82

（一）发掘地点

位于第三象限、T32131内，即所谓墓地的“马背脊”上。

（二）形制与结构

开口距地表0.6米。长方形竖穴土坑墓，直壁，平底。墓口长3、宽1.5米，墓底长1.76、宽0.9米，深1.3米。方向50°（图三三）。

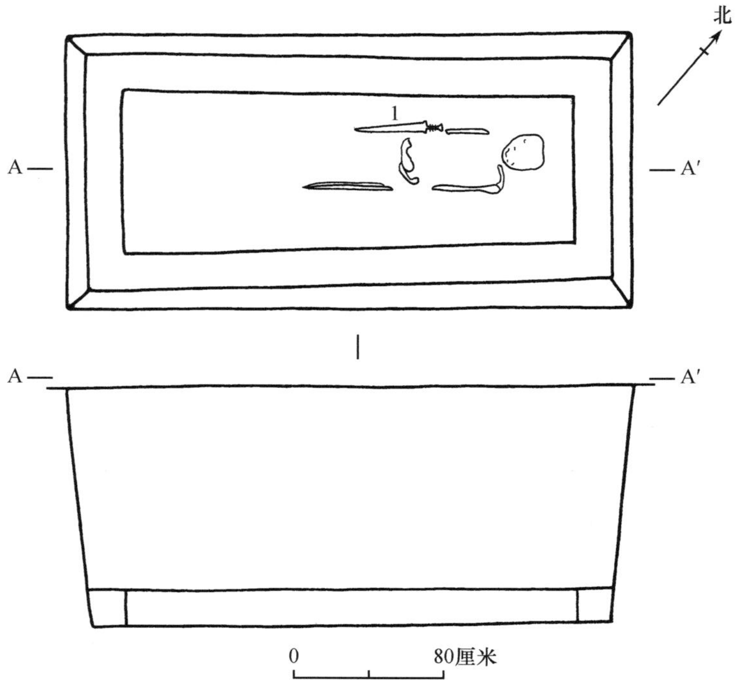

图三三　M82平、剖面图
1. 铜剑

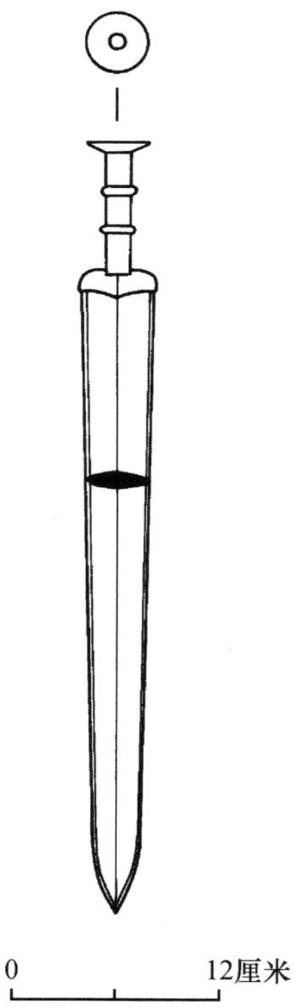

图三四　M82出土铜剑（M82：1）

墓内填土为红褐色花土，土质疏松，含有较多料姜石。墓葬南壁偏东距墓口0.3米处有一石块。

葬具为单棺，腐朽严重。长2.4、宽0.8～0.9、残深0.2米。

墓内发现骨架1具，但保存较差，已朽成粉状，头向东北，方向50°。

（三）出土遗物

棺内靠南壁处出土铜剑1件。

铜剑　1件。标本M82：1，圆首、圆茎中空，剑身修长，断面呈扁菱形，双面刃，尖锋。身与茎间有格。剑身表面残留有明显编织物包裹痕迹。长47.7、剑宽5.2、剑柄长8.4厘米（图三四；彩版四，1）。

一四、M83

（一）发掘地点

位于第三象限、T32129内，即所谓墓地的“马背脊”上。

（二）形制与结构

开口距地表0.6米。长方形竖穴土坑墓，口大底小，斜壁，平底。墓口长3.05、宽2.1米，墓底长2.96、宽2米，深0.6米。方向173°（图三五）。

墓内填土为五花土，土质疏松。

葬具为一椁，腐朽严重。椁平面呈亚字形，长2.3、宽1.55、残深0.6米，棺板厚0.1～0.12米。

骨架1具，保存较差，仅存下肢。葬式仅可辨为直肢。

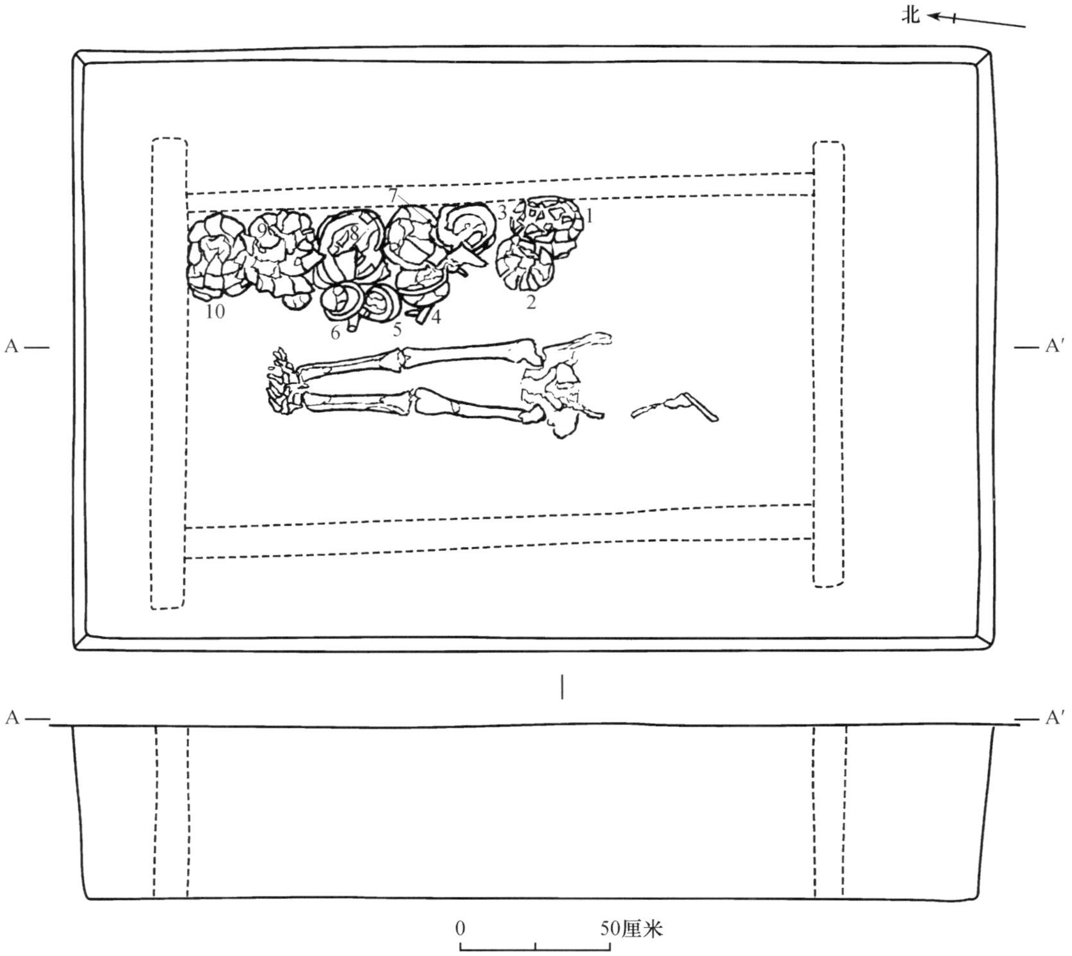

图三五　M83平、剖面图

1、7. 陶敦　2、4～6. 陶豆　3、8. 陶鼎　9、10. 陶壶

（三）出土遗物

墓室左侧出土随葬品10件，均为陶器，破损严重，仅修复5件。可辨器类为鼎、敦、豆、壶等。

鼎　2件。修复1件。泥质黑皮陶，夹心暗红胎。标本M83：3，子口，圆唇，扁圆腹，圜底；下接三蹄形足，蹄形足上端外侧有兽面；腹两侧对称贴附两个方孔方耳，耳端呈羊角状向外弧曲；器盖为平弧顶，母口，顶部周围有对称三纽，中间一纽；鼎腹饰绳纹，彩绘脱落。口径24、器高24.8厘米（图三六，2）。

豆　4件。修复2件。泥质黑皮陶，夹心红胎。标本M83：4，子口，圆唇，弧腹，平底，细高柄，喇叭形圈足。器表饰有彩绘，但已脱落。口径15.3、底径9.5、器高21.9厘米（图三六，3）。标本M83：5，圆唇，侈口，束颈，扁圆鼓腹呈壶形，细高柄，喇叭形圈足。器表彩绘脱落。口径8、底径9.2、器高24厘米（图三六，4）。

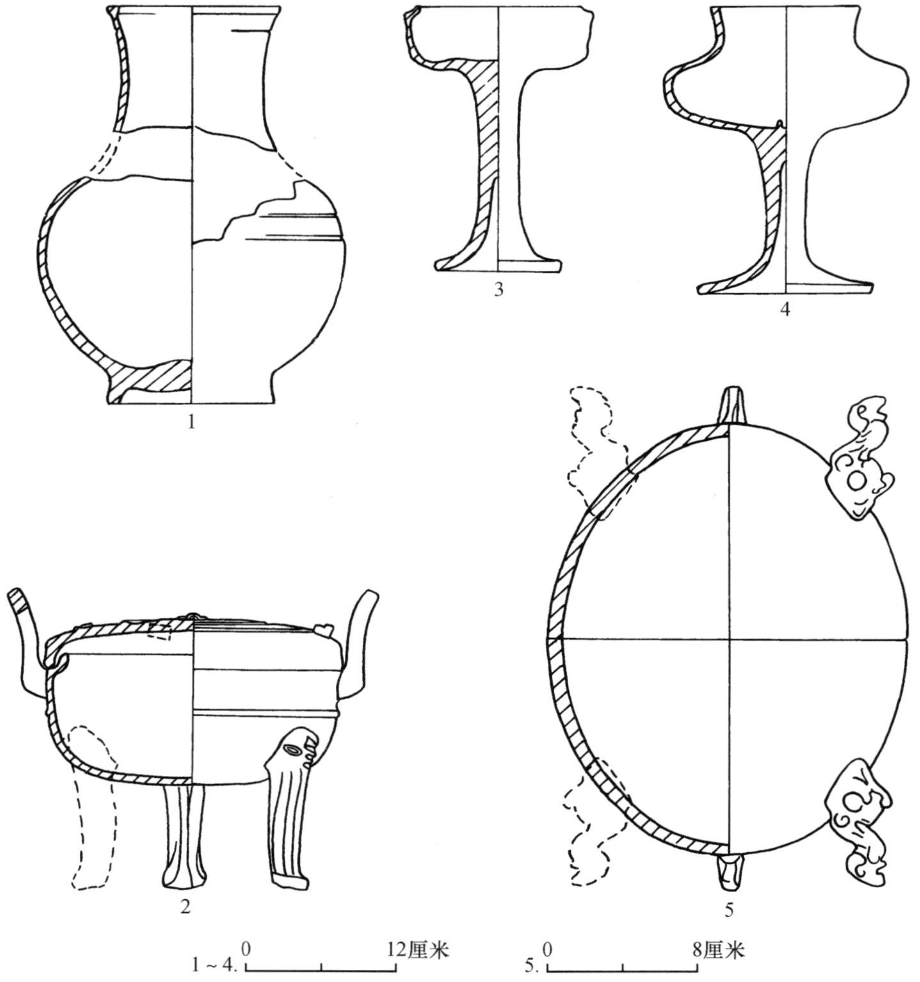

图三六　M83出土陶器

1. 陶壶（M83：10）　2. 陶鼎（M83：3）　3、4. 陶豆（M83：4、M83：5）　5. 陶敦（M83：1）

壶　2件。修复1件。泥质黑皮陶，夹心红胎。标本M83：10，敞口，圆唇，高颈，圆鼓腹，矮圈足，圜底。器表饰有凹弦纹，彩绘脱落。口径16.2、腹径24.4、底径12.7、通高33厘米（图三六，1）。

敦　2件。修复1件。均泥质黑皮陶。标本M83：1，椭圆球体，均分为上、下各半相扣合，下接三兽形足，上部承三个同形制的兽纽。器表有彩绘，脱落不详。口径19.2、器高23.6厘米（图三六，5）。

一五、M84

（一）发掘地点

位于第三象限、T32130与T32030内，即所谓墓地的“马背脊”上，东侧被扰沟打破。

（二）形制与结构

开口距地表0.6米。长方形竖穴土坑墓，口大底小，斜壁，平底。墓口长3.6、宽2.6米，墓底长3.4、宽2.2米，深3.8米。墓室东壁有两处壁龛，宽0.2、高0.46、进深0.26米。方向57°（图三七；图版八，1）。

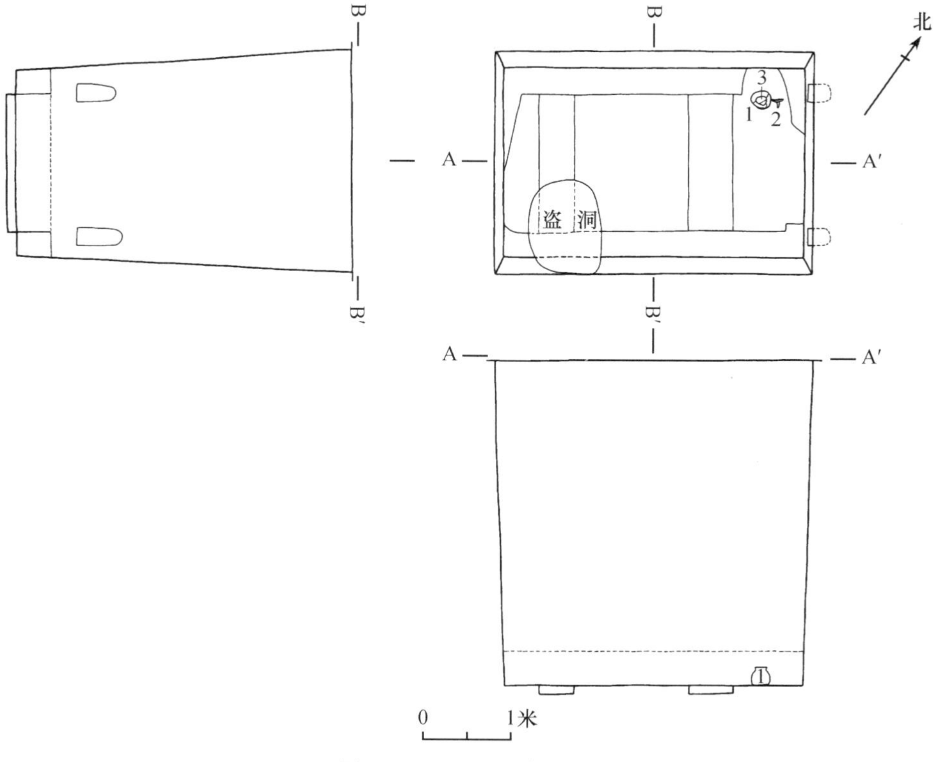

图三七　M84平、剖面图

1. 陶壶　2. 陶豆　3. 陶罐

墓内填土为红褐色五花土，土质疏松。

墓底有两道平行垫木槽，宽0.4 ~ 0.8、深0.1米。葬具为一棺，棺长3、宽1.6米，残深0.4米。扰乱严重，形制不完整。

人骨不详。

（三）出土遗物

由于墓葬盗扰严重，随葬品几乎无存。仅盗洞内出土有陶罐、陶豆、陶壶等残片。棺西北部盗洞出土有陶罐1件，陶豆柄1件。填土中采集铜剑1件。陶器破损严重，除1件陶壶外，其他器类均无法修复。

陶壶　1件。标本M84∶1，泥质黑皮陶，夹心红胎。口、颈部残，圆鼓腹，平底。器表饰多道凹弦纹，彩绘脱落。底径12.5、残高18.9厘米（图三八，1）。

铜剑　1件。标本M84∶4。M84填土中采集，圆首、圆茎中空，剑身修长，断面呈扁菱形，双面刃，尖锋。身与茎间有格。剑长53.5、剑宽3.6、剑柄长9厘米（图三八，2）。

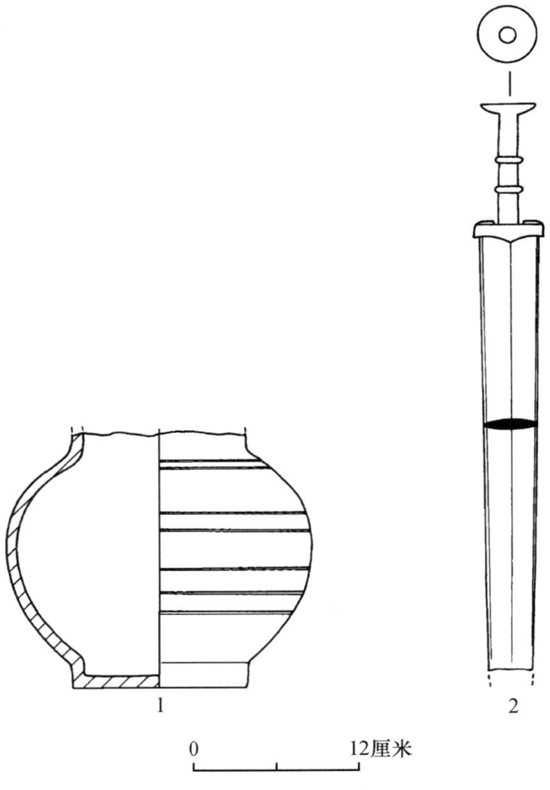

图三八　M84出土器物

1. 陶壶（M84∶1）　2. 铜剑（M84∶4，填土中采集）

一六、M85

（一）发掘地点

位于第三象限、T32330和T32331内，即所谓墓地的“马背脊”上。

（二）形制与结构

开口距地表0.65米。长方形竖穴土坑墓，口大底小，斜壁，平底。墓口长2.8、宽2.1米，墓底长2.6、宽1.85米，深1.3米。方向155°（图三九；图版八，2）。

墓内填土为红褐色五花土，土质疏松。

葬具为一棺，棺长2.4、宽1.2米，残深0.6米。

骨架1具，保存较差，已成粉末，可辨为仰身直肢葬，头向东南。

（三）出土遗物

墓内出土陶器、铜器等随葬品共17件。陶器主要放置在墓主左侧与头部，陶质较差，可辨器类有鬲、罐、盆、豆等，但破损严重，部分未能修复。铜器主要放置于墓主人身上，有剑与矛两类。

陶器　15件。

鬲　2件。标本M85：2，夹砂灰陶。卷沿，圆方唇，束颈，上腹圆鼓，下腹斜收，下有三柱状实足。器表饰竖绳纹，上腹部有两周被抹的痕迹，形成间断绳纹。口径22、器高24.4厘米（图四○，1）。标本M85：4与M85：2形制基本相同。夹砂灰陶。卷沿，圆方唇，束颈，圆鼓腹，下腹内收，下有三柱状实足。腹部和足饰有竖绳纹，且上腹部有一周被抹的痕迹。口径21.6、器高24.6厘米（图四○，2）。

豆　8件。修复3件，标本M85：9、M85：10与M85：12，形制相同。泥质灰陶。侈口，圆唇，浅弧腹，细高柄，喇叭形圈足。素面。标本M85：10，柄部有刮抹痕。口径13、底径8、器高18.6厘米（图四○，7）。M85：12，口径14.8、底径9.5、器高20厘米（图四○，8）。标本M85：16，泥质灰陶。敛口，圆唇，圆弧腹，柄较矮，喇叭形足。口径13.2、底径8.4、器高13.8厘米（图四○，6）。

罐　3件。修复2件，形制基本相同。泥质灰陶。侈口，短折沿，方唇，高领，鼓腹，平底内凹。下腹饰粗绳纹。标本M85：7，口径15、底径10.5、器高24.3厘米（图四○，3）。标本M85：8，口径13.5、底径12、器高24.9厘米（图四○，4）。标本M85：3，器形较小，直口内敛，方唇，唇下壁有孔。口径7.8、底径7.2、高9.2厘米（图四○，9）。

盆　2件。修复1件。标本M85：6，泥质灰陶。大敞口，方唇，折沿，上腹圆鼓，下腹弧

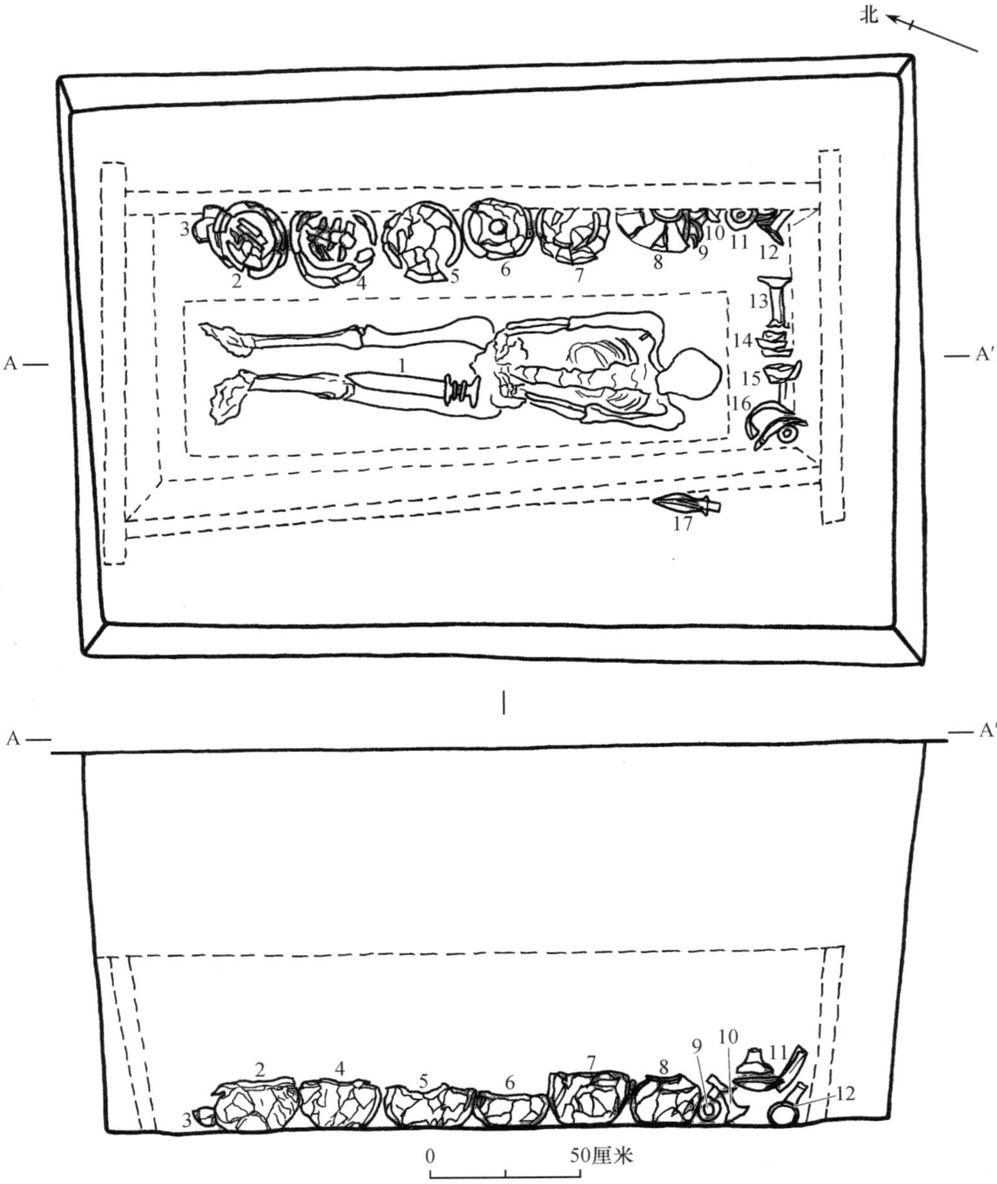

图三九　M85平、剖面图

1. 铜剑　2、4. 陶鬲　3、7、8. 陶罐　5、6. 陶盆　9～16. 陶豆　17. 铜矛

收，平底。素面。口径19.6、底径8.4、器高11厘米（图四〇，5）。

铜器　2件。

剑　1件。标本M85∶1，圆首、圆茎中空，剑身修长，断面呈扁菱形，双面刃，尖锋。身与茎间有格。柄部残留包裹物痕。通长43、剑柄长8.4厘米（图四〇，11；彩版四，2）。

矛　1件。标本M85∶17，短骹宽叶，矛身似柳叶形，弧刃，叶后部斜收，双弓形耳，骹中空与矛身相通，骹与身相连处有圆孔。銎部有不规则孔。通长21.6厘米（图四〇，10；彩版四，5）。

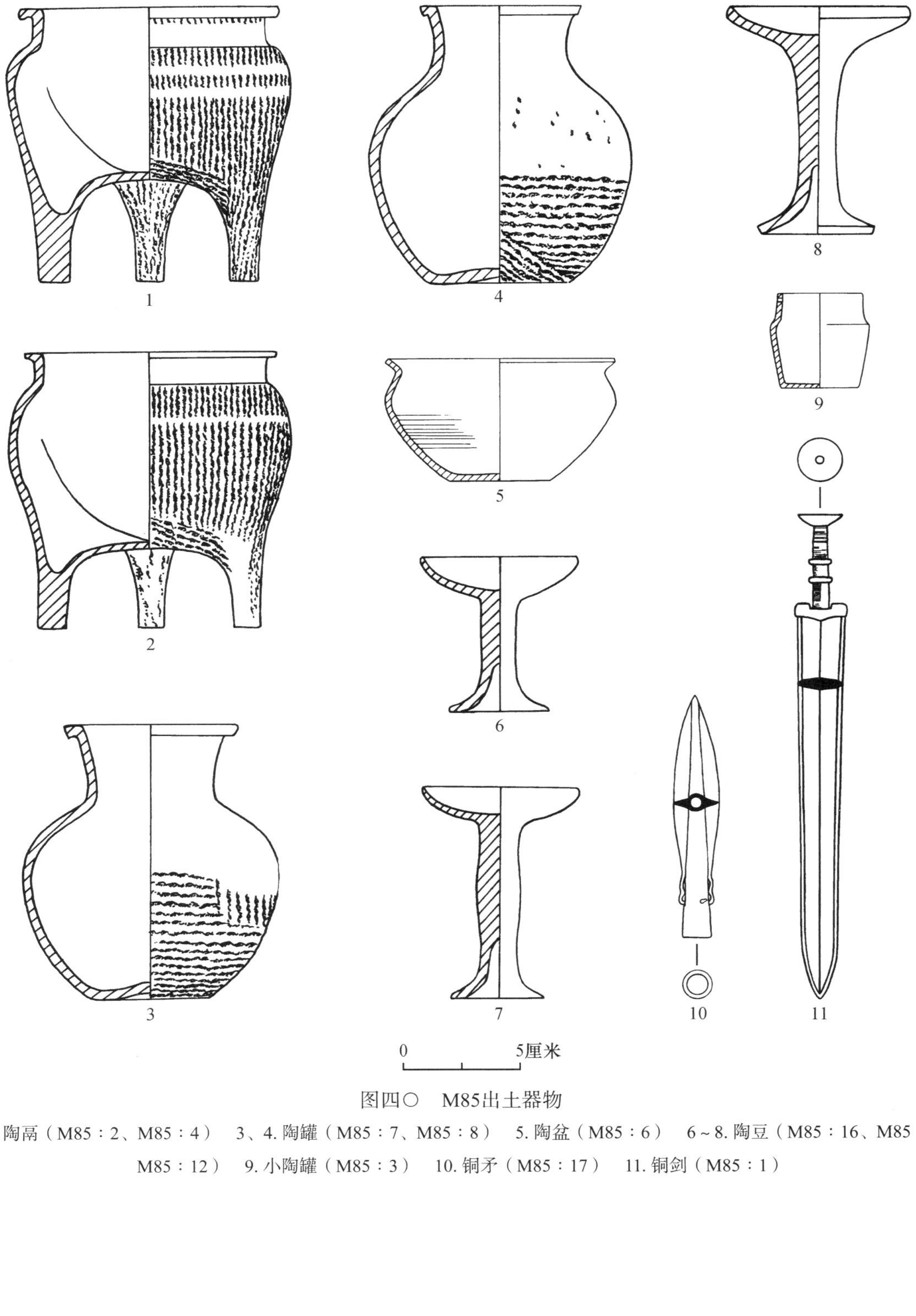

图四〇　M85出土器物

1、2. 陶鬲（M85：2、M85：4）　3、4. 陶罐（M85：7、M85：8）　5. 陶盆（M85：6）　6～8. 陶豆（M85：16、M85：10、M85：12）　9. 小陶罐（M85：3）　10. 铜矛（M85：17）　11. 铜剑（M85：1）

一七、M86

（一）发掘地点

位于第三象限、T32530与T32430内，即所谓墓地的“马背脊”上。

（二）形制与结构

开口距地表0.75米。长方形竖穴土坑墓，口大底小，斜壁，平底。墓口长3.1、宽2.37米，墓底长2.85、宽2.25米，深1.1米。方向343°（图四一；图版九，1）。

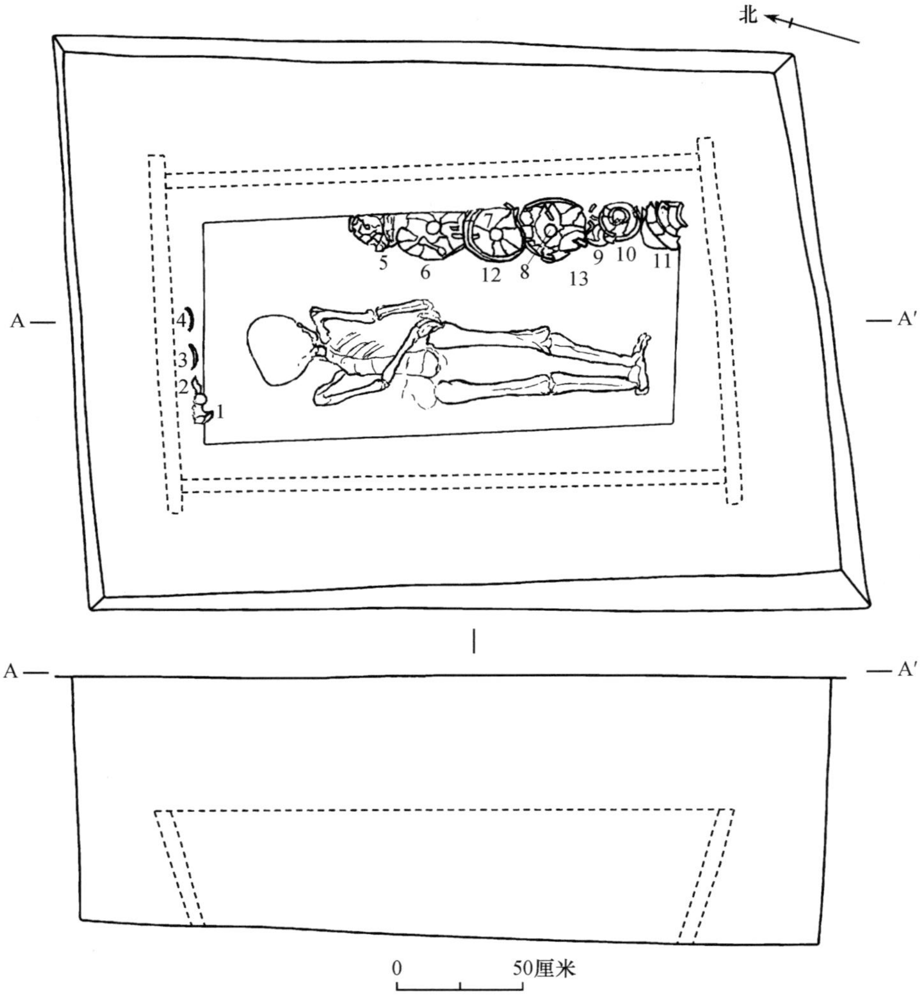

图四一　M86平、剖面图

1～4. 陶豆　5、9、12、13. 陶鼎　6、10、11. 陶壶　7、8. 陶敦

墓内填土为红褐色夹黄灰色五花土，质较硬，结构较紧密。

葬具为一椁。椁平面呈亚字形，长2.3、宽1.4、棺板残厚0.05米，残深0.5米。

棺内放置骨架一具。骨架保存较差，朽成粉末，可辨出为仰身直肢葬，头向西北，面向上。

（三）出土遗物

墓内出土随葬品共13件。均为陶器，主要放置在墓主右侧。陶器材质极差，保存较差，破损严重，一些仅可辨器型，无法修复。陶器器型有鼎、敦、豆、壶。

鼎　4件。破损严重。

豆　4件。修复2件。标本M86：2，壶形豆。泥质灰（灰黑色）陶，夹心红胎。壶形口，颈较高，扁圆腹，圜底，细高柄中空，喇叭形圈足。素面，彩绘脱落。口径8、底径9.3、器高21厘米（图四二，3）。标本M86：3，碗形豆。泥质灰陶。子口，圆唇，弧腹，平底略弧，细高柄中空，喇叭形圈足。素面，彩绘脱落。口径12.5、底径9.5、器高20.2厘米（图四二，2）。

壶　3件。残损严重，仅可辨器型。

敦　2件。标本M86：7，泥质灰陶。圆球体，下接三犀牛兽形足，上部承三个同形制的兽纽。器表素面，饰有彩绘，但已脱落。口径20.3、器高23.6厘米（图四二，1）。

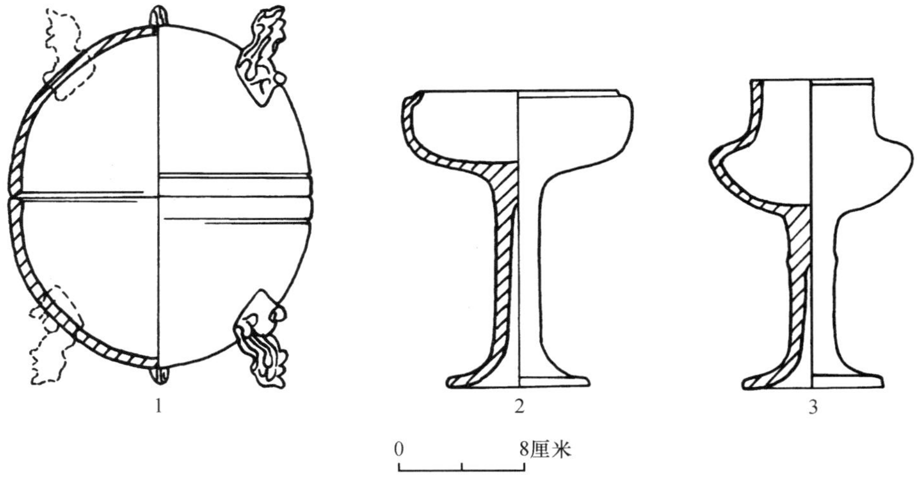

图四二　M86出土陶器

1. 陶敦（M86：7）　2、3. 陶豆（M86：3、M86：2）

一八、M92

（一）发掘地点

位于第三象限、T33134的东北部及T33034的西北角，被M91打破。

（二）形制与结构

开口距地表0.6米。长方形竖穴土坑墓，直壁，平底。长3.8、宽2～2.1米，深0.64～0.8米。方向85°（图四三）。

墓内填土为红褐色五花土，土质较硬，含石块、料姜石颗粒。

墓内仅发现有朽木痕迹，但不太明显，具体结构不详。

骨架不详。

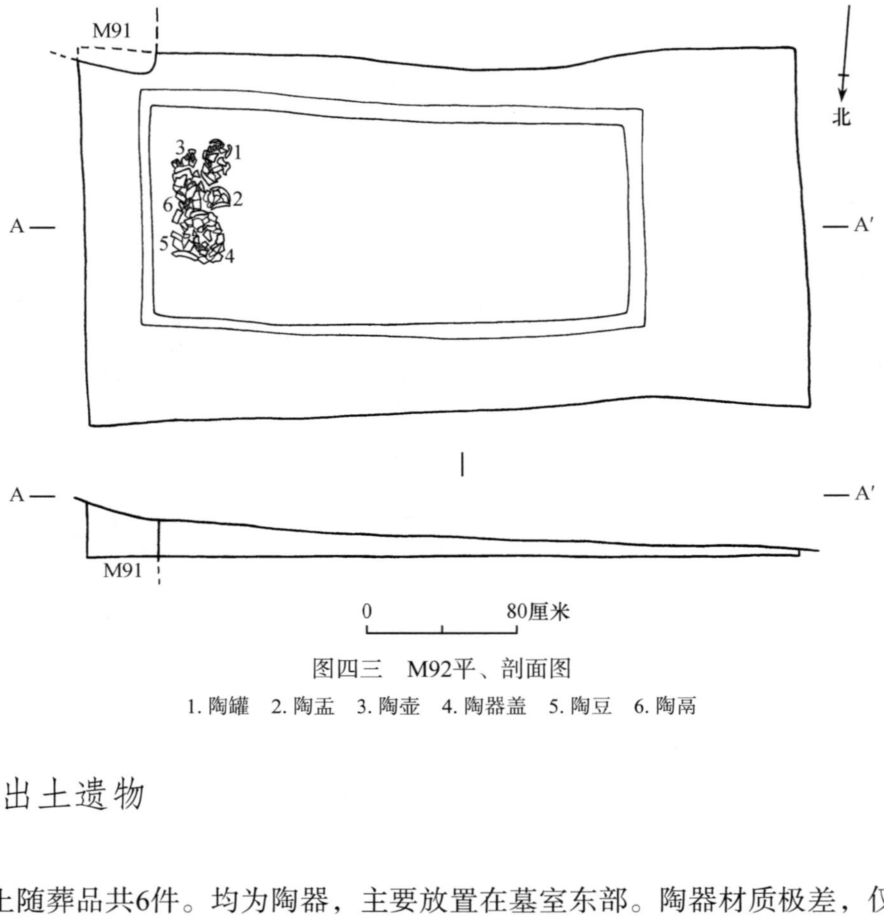

图四三　M92平、剖面图

1. 陶罐　2. 陶盂　3. 陶壶　4. 陶器盖　5. 陶豆　6. 陶鬲

（三）出土遗物

墓内出土随葬品共6件。均为陶器，主要放置在墓室东部。陶器材质极差，仅可辨器型，无法修复。器类有罐、壶、器盖、豆、鬲、盂等。

罐　1件。标本M92：1，破损严重。

壶　1件。标本M92：3，破损严重。

豆　1件。标本M92：5，破损严重。

鬲　1件。标本M92：6，破损严重。

器盖　1件。标本M92：4，破损严重。

盂　1件。标本M92：2，破损严重。

一九、M102

（一）发掘地点

位于第三象限、T33234和T33235内，被M89打破。

（二）形制与结构

开口距地表0.32～0.46米。长方形竖穴土坑墓，口大底小，斜壁，平底。墓口长4.5、宽3.8米，墓底长3.38、宽2.6米，深1.7～2.8米。方向355°（图四四；图版九，2）。

墓内填土为灰褐色五花土，土质较紧密，黏性大，含料姜石、石块、木炭颗粒及少量灰陶残片等物质。

墓室四周有一周生土二层台，宽0.56、高1.7米。

墓底南北各下挖一凹槽。槽长2.46、宽0.22、深0.16米。应为椁下放置垫木之用。

葬具为一棺一椁。但腐朽严重，仅存灰白色灰痕。椁平面呈亚字形，长2.8、宽1.8米；棺长2、宽0.8米。棺位置于椁内东北部，随葬器物放置于棺外椁内西侧。

骨架不详。

（三）出土遗物

墓内出土随葬品共23件。陶器13件，主要放置在椁室西侧，材质极差，破损严重，多数仅可辨器型，提取后无法修复。陶器器型有鼎、浴缶、壶、敦、豆。铜器有10件，均为棺饰。

陶器　13件。

鼎　4件。标本M102：3，泥质黑皮陶。敛口，圆唇，溜肩，扁圆鼓腹呈壶形，圜底较平，下接三个蹄形足。肩部接有梯形提梁，与腹相接处为外伸兽首形。原应有盖。肩部饰细绳纹。足最上端捏塑兽面。口径9、腹径22.4、器高25.8厘米（图四五，2）。

浴缶　1件。标本M102：4，泥质灰陶。敛口，圆唇，斜肩，圆鼓腹，圜底，圈足。器表饰有凹弦纹两周。上部承盖，弧直壁，弧顶较平。口径23.3、底径12.3、器高21.5厘米（图四五，1）。

壶　2件。标本M102：12、M102：13，破损严重。

敦　2件。标本M102：10、M102：11，破损严重。

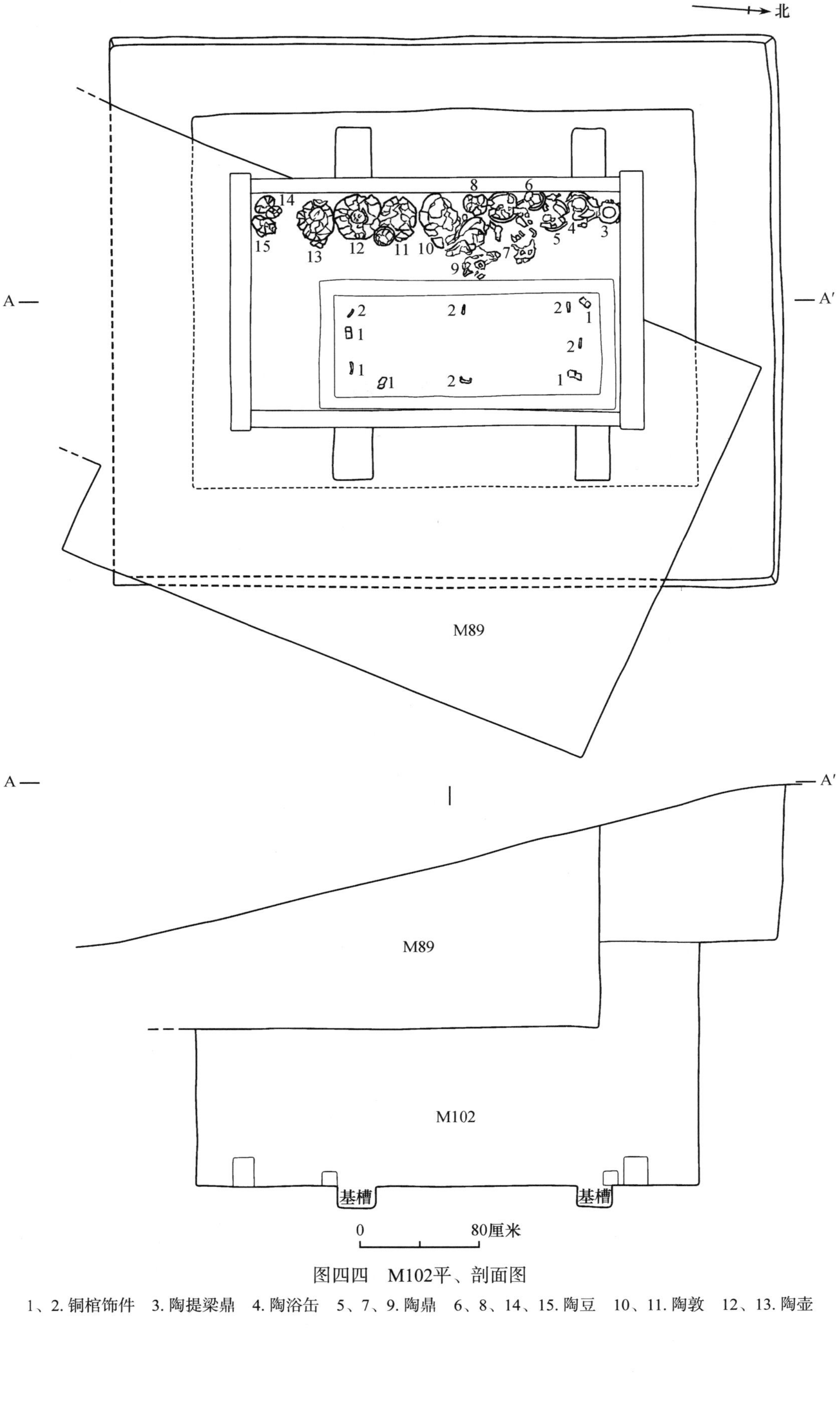

图四四　M102平、剖面图

1、2. 铜棺饰件　3. 陶提梁鼎　4. 陶浴缶　5、7、9. 陶鼎　6、8、14、15. 陶豆　10、11. 陶敦　12、13. 陶壶

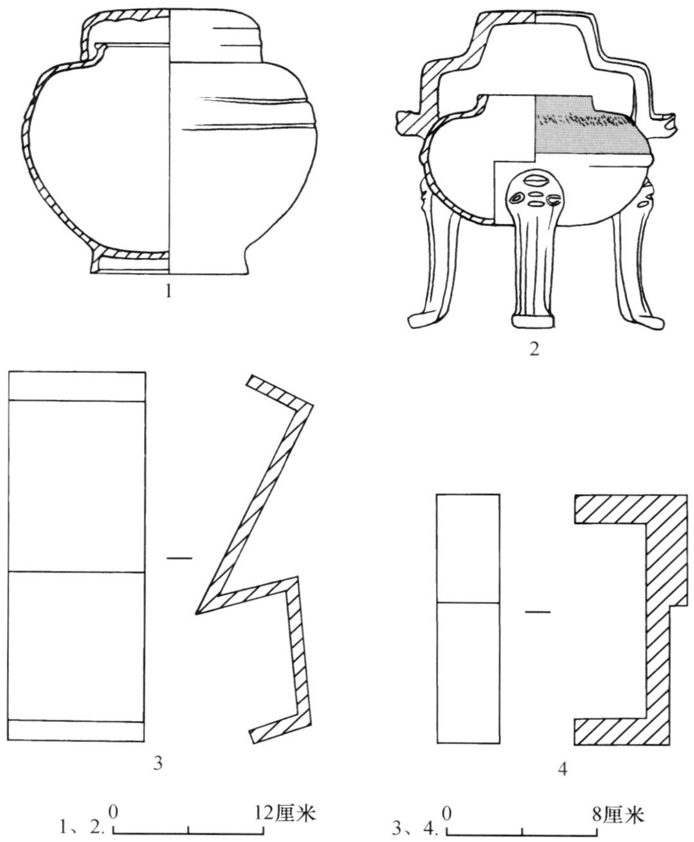

图四五　M102出土器物
1. 陶浴缶（M102：4）　2. 陶鼎（M102：3）　3. 铜饰件（M102：2）　4. 铜棺饰件（M102：1）

豆　4件。标本M102：6、M102：8、M102：14、M102：15，破损严重。

铜器　10件。

棺饰件　6件。形制相同。标本M102：1，“匚”形。长6.75、宽1.65厘米（图四五，4；彩版四，6）。

饰件　4件。形制相同。标本M102：2，“　　”形。长9.8、宽3.6厘米（图四五，3；彩版四，7）。

二〇、M104

（一）发掘地点

位于第三象限、T32234与T32134内。

（二）形制与结构

开口距地表0.7～0.8米。长方形竖穴土坑墓，口大底小，斜壁，平底。墓口长2.6、宽2.6

米，墓底长2.4、宽2.4米，深1.5米。方向183°。早期被盗严重（图四六）。

墓内填土为红褐色花土，土质疏松、较软，含炭粒、烧土颗粒、石块等。

葬具不详。

墓内发现骨架1具，保存较差，可辩为仰身直肢，头向南。

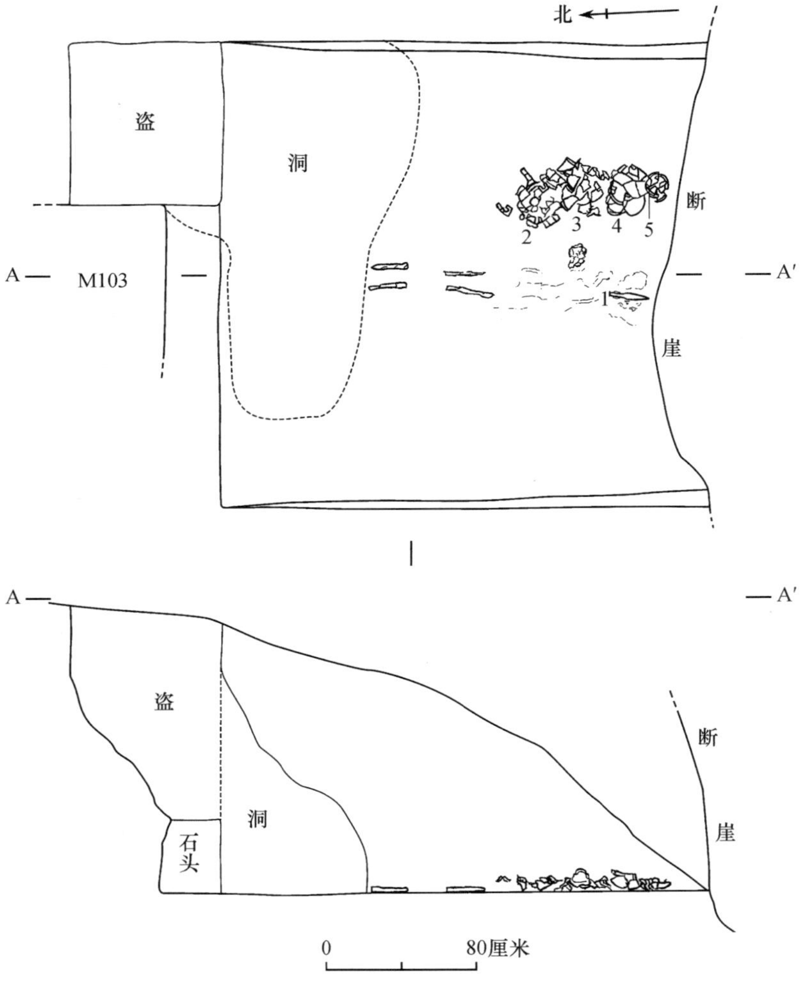

图四六　M104平、剖面图

1. 铜矛　2. 陶鼎　3. 陶壶　4. 陶敦　5. 陶豆

（三）出土遗物

墓内出土陶器、铜器等随葬品共5件。陶器放置在墓主右上部，铜器放置在墓主头部。陶器器型有鼎、敦、豆、壶，铜器为铜矛。

陶器　4件。

鼎　1件。标本M104∶2，泥质黑皮灰陶，施红彩，脱落较甚。子口，圆唇，弧壁，圜底不平，三蹄形足，方耳外撇。上承盖，母口，弧顶，顶部，顶部近平，中部有一周凸棱，外部均匀分布三纽，器纽上端外高内低阶梯状。口径18、器高23.3厘米（图四七，1）。

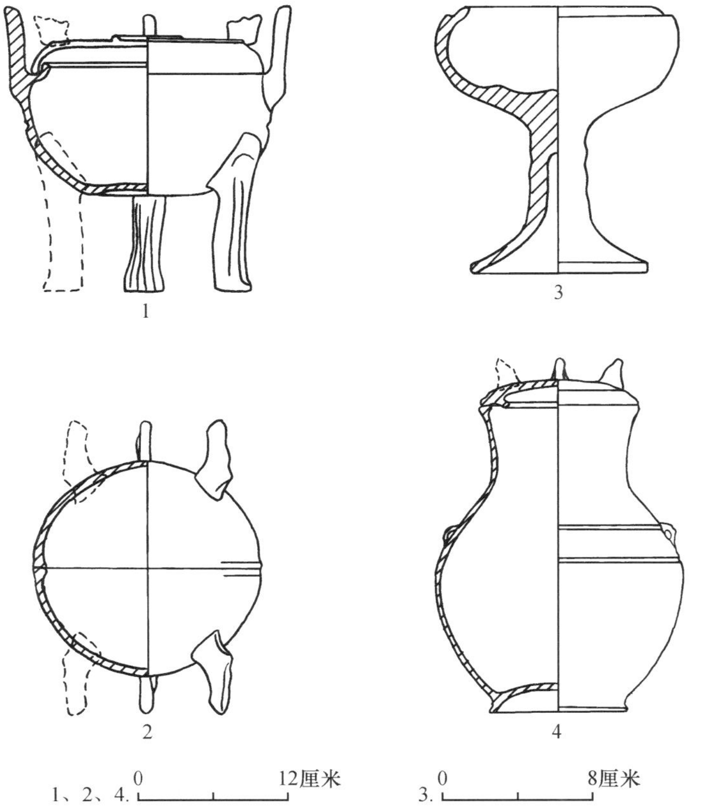

图四七　M104出土陶器

1. 陶鼎（M104：2）　2. 陶敦（M104：4）　3. 陶豆（M104：5）　4. 陶壶（M104：3）

豆　1件。标本M104：5，碗形豆 。泥质黑皮灰陶，施红彩，脱落较甚。敛口，圆唇，弧壁，圜底，柄略矮，喇叭形圈足。口径10.3、底径9、器高14.6厘米（图四七，3）。

壶　1件。标本M104：3，泥质灰陶，施红彩，脱落较甚。母口，圆唇，弧颈，溜肩，鼓腹，凹圜底，矮圈足，肩部有对称桥形鋬。器表中部饰有两周凹弦纹，底部中间饰少量细绳纹。上承盖，母口，弧顶，顶部周围均匀分布有略侧扁锥形足。口径12.3、底径10.4、器高25.3厘米（图四七，4）。

敦　1件。标本M104：4，泥质黑皮灰陶，施红彩，脱落殆尽。器体上下一致，整体呈球形。敞口略内敛，弧壁，圜底，外接三侧扁足（纽），足（纽）内敛较直。直径17.9、器高24厘米（图四七，2）。

铜器　1件。

矛　1件。标本M104：1，长骹窄叶，尖锋斜直刃，中脊凸出，骹部有双弓形耳。銎部有纹饰。通长20.8厘米（图四八）。

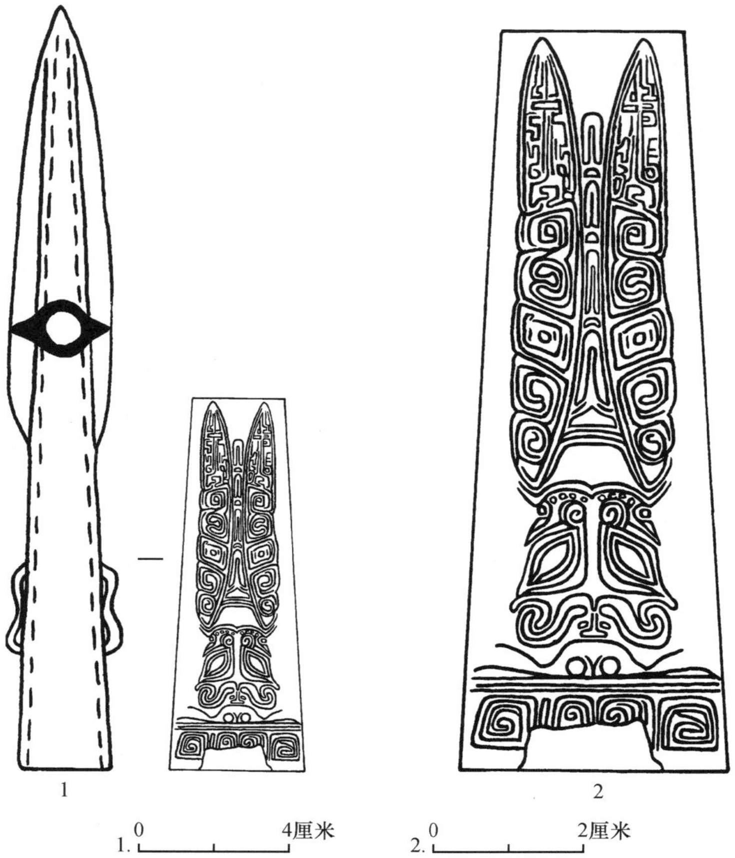

图四八　M104出土铜矛及局部蝉纹（M104：1）

二一、M112

（一）发掘地点

位于第三象限、T34007东南角和T33907西南部。

（二）形制与结构

开口距地表0.8米。长方形竖穴土坑墓，口大底小，斜壁，平底。墓口长3.36、宽2.1～2.2米，墓底长3.18、宽1.9～2米，深1.9米。方向70°。墓室被盗严重（图四九；图版一〇，1）。

墓内填土为绿褐色花土，含石块、料姜石颗粒等。

由于墓葬被盗扰严重，墓内仅发现有木棺残留痕迹和两块垫木。垫木长1.75、宽0.32、残深0.12米。棺长2.6、宽1.3米。

人骨不详。

（三）出土遗物

墓葬盗扰严重，仅在墓室东南部发现铜盘1件。

铜盘　1件。标本M112：1，敞口，折沿，尖唇，斜肩，折腹，平底。口径20.7、底径9.3、器高2.8厘米（图五〇；彩版四，4）。

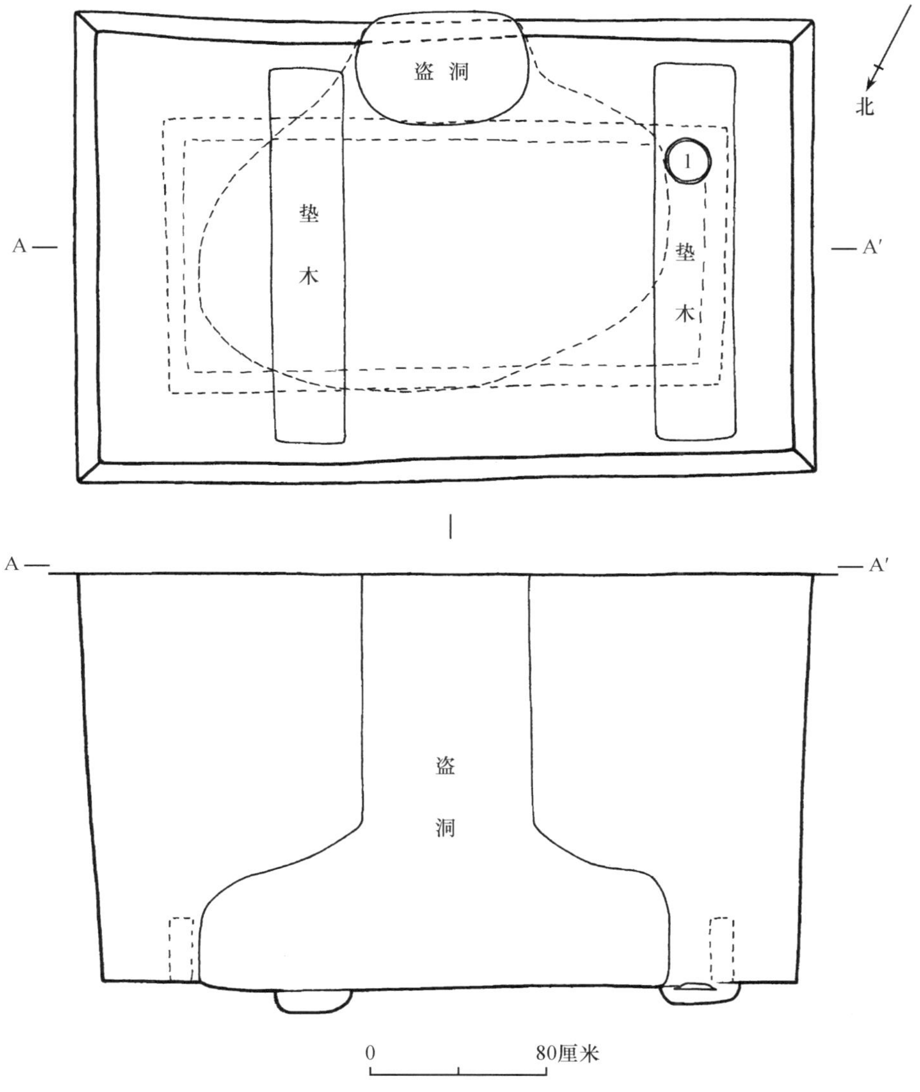

图四九　M112平、剖面图
1. 铜盘

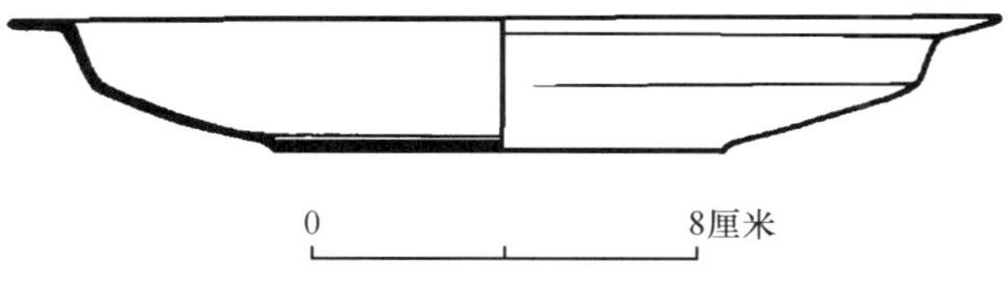

图五〇　M112出土铜盘（M112：1）

二二、M113

（一）发掘地点

位于第三象限、T34007探方内。

（二）形制与结构

开口距地表0.8米。长方形竖穴土坑墓，口大底小，斜壁，平底。墓口长2.66、宽2～2.06米，墓底长2.58、宽1.78～1.83米，深0.6米。方向74°（图五一）。

墓内填土为绿褐色花土，内含石块、料姜石颗粒等。

葬具为木棺。长2.26、宽1～1.24米，残高0.44米。

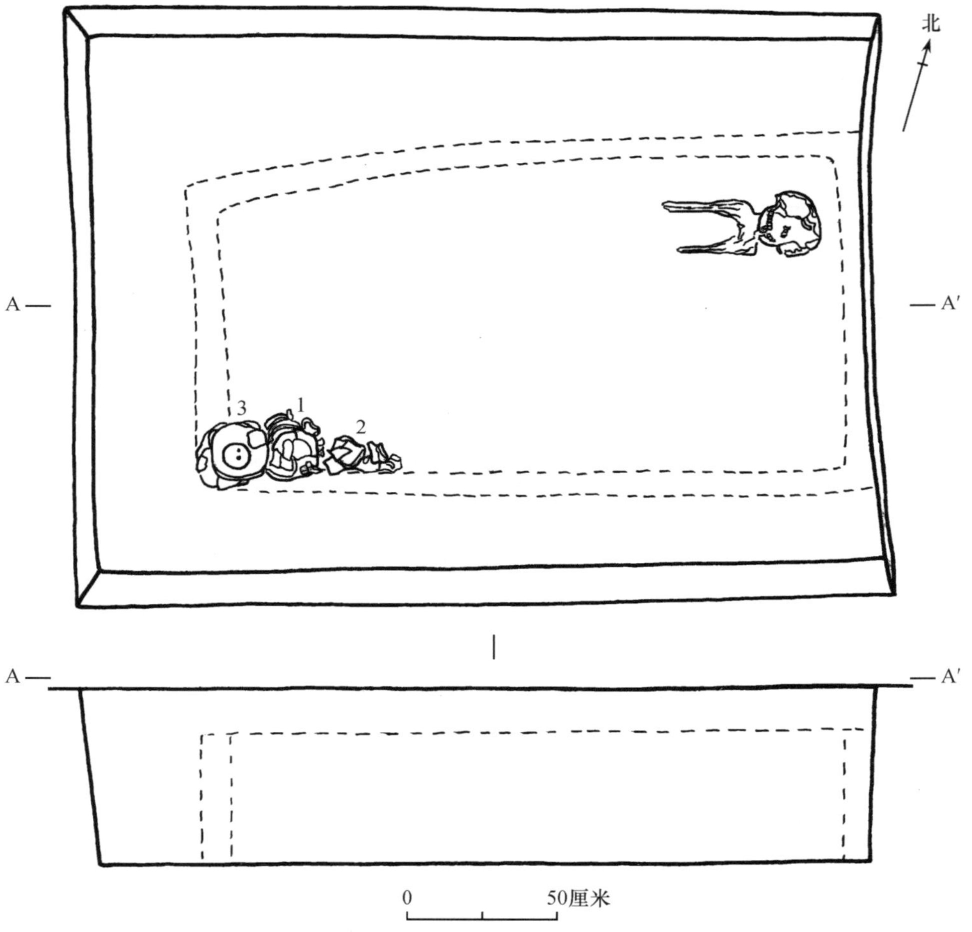

图五一　M113平、剖面图

1. 陶敦　2. 陶壶　3. 陶豆

由于墓葬被盗扰严重，墓内仅发现有木棺残留痕迹和两块垫木。垫木长1.75、宽0.32、残深0.12米。棺长2.6、宽1.3米。

人骨位于棺室北部，头向东，面向上，葬式不详。

（三）出土遗物

墓内出土随葬品3件，均为陶器，位于棺室西南部。陶器器型有敦、壶、豆。

由于埋藏环境等原因，破损严重，仅能辨别出器类，无法进行后期整理与修复。

敦　1件。标本M113：1，破损严重。

壶　1件。标本M113：2，破损严重。

豆　1件。标本M113：3，破损严重。

二三、M115

（一）发掘地点

位于第三象限、T33806探方内。

（二）形制与结构

开口距地表1米。长方形竖穴土坑墓，口大底小，斜壁，平底。墓口长3.3、宽1.94～2.26米，墓底长3.26、宽1.9～2.22米，深0.5米。方向85°（图五二；图版一〇，2）。

墓内填土为褐色泛绿的五花土，土内含石块，料姜石颗粒。

葬具为一棺一椁，腐朽严重，仅存痕迹。椁痕长2.68、宽1.66～2米，残高0.5米。棺痕长2、宽0.42～0.58米，残高0.4米。

棺室内发现人骨1具，朽蚀严重，仅存头部痕迹，可辨出头向东。

（三）出土遗物

墓内出土陶器、石器、骨器、玉器等各类随葬品共26件，放置于椁室东端与西南角。陶器以泥质黑皮陶为主，由于埋藏环境等原因，破损严重，部分仅能辨别出器型，无法进行修复。陶器器型有鼎、敦、豆、壶、盘、簠等；石器器型为石环；玉器器型为玉环。

陶器　17件。

鼎　3件。修复2件。标本M115：7，泥质黑皮灰陶，施有彩绘，脱落较甚。子口，方唇，弧壁，圜底，下接三蹄形足，足端略外撇。口沿外侧对称贴附一对外撇方形耳，耳正面中部有

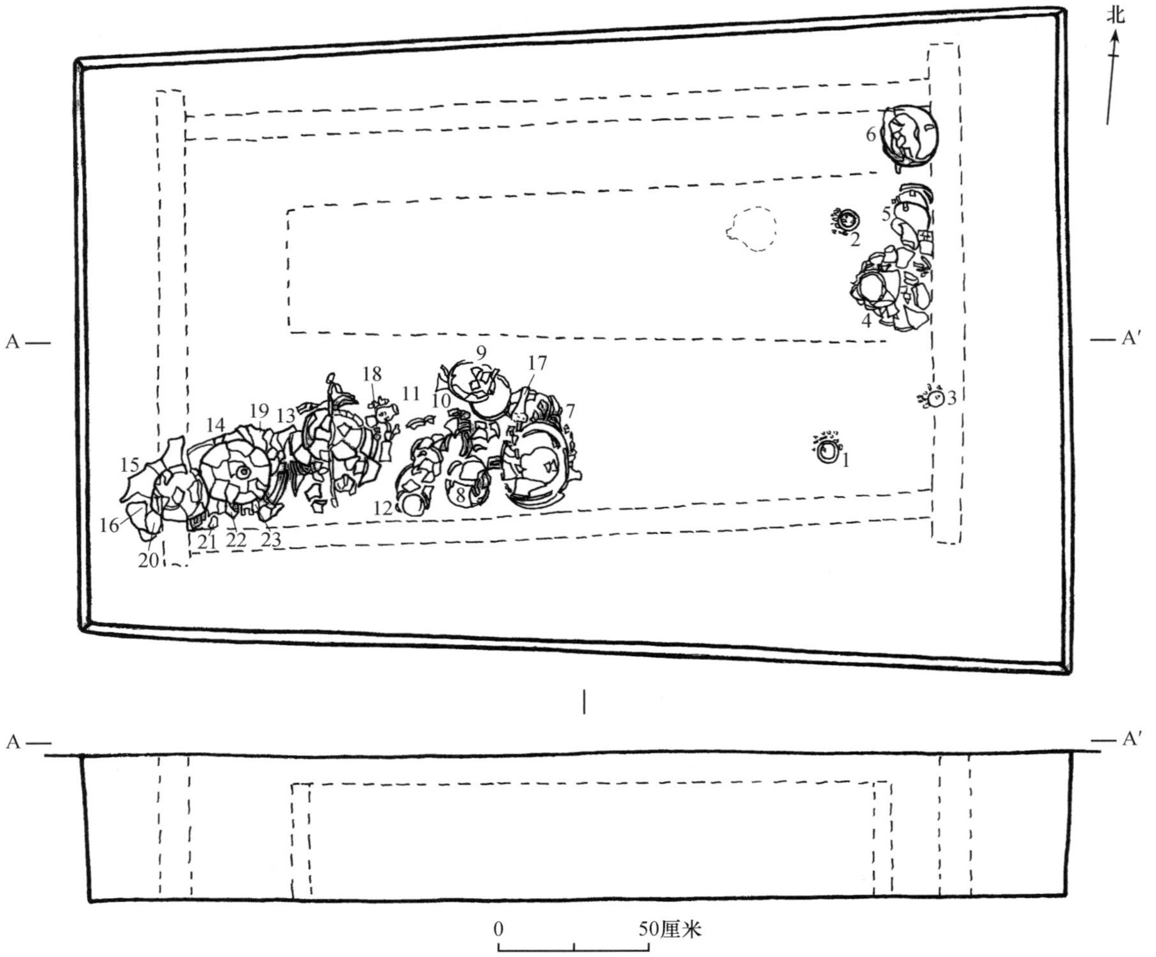

图五二　M115平、剖面图

1～3. 玉、石环　4、10、12. 陶壶　5、6. 陶敦　7、20. 陶鼎　8、13、19. 陶器盖　9、11、17、18. 陶豆　14. 陶盘　15. 陶簋　16. 陶提梁鼎　21. 骨管　22. 琉璃耳珰　23. 琉璃珠管

方孔，器表饰有弦纹数周，足部上方外侧饰有凸点。上承盖，母口，弧顶，顶部中部一纽，周围三纽。盖面上亦有数周弦纹。口径21.6、器高26厘米（图五三，1；图版一一，1）。标本M115：20，泥质黑皮灰陶，施有彩绘，脱落严重。子口，方唇，弧壁，圜底，下接三蹄形足，稍外撇。口沿外侧对称贴附一对外撇方形耳，耳正面中部为方孔，器表饰有弦纹数周，足部上方外侧饰有凸点。上承盖，母口，弧顶，顶部中部一纽，周围三纽。盖面上亦有数周弦纹。口径19.2、器高25厘米（图五三，2）。

豆　4件。破损严重，仅清理出1件。标本M115：9，泥质灰陶。子口，圆唇，弧壁，圜底，底部中间有凸起，细高柄，喇叭形圈足。上承盖，母口，方唇，弧壁，顶部近平，中间有一捉手，周围有四纽。顶中部有一实心桥形纽，周围阴刻四个花纹图案。豆盘及器盖上均饰有凹弦纹。口径12、底径10.6、器高21.6厘米（图五三，6；图版一一，2）。

壶　3件。修复2件。标本M115：4，泥质黑皮灰陶，器表有彩绘，现仅有白彩，余脱落。侈口，斜方唇，弧颈较高，溜肩，弧腹，圜底，圈足。肩部饰对称兽首衔环，颈、肩、腹部均饰有凹弦纹。上承盖，子口，弧壁，顶部周围均匀饰有四纽。口径13、底径13.4、器高35.5

图五三　M115出土陶器

1、2. 陶鼎（M115：7、M115：20）　3. 陶敦（M115：6）　4、5. 陶壶（M115：4、M115：10）　6. 陶豆（M115：9）　7. 陶器盖（M115：19）　8. 陶盘（M115：14）

厘米（图五三，4；图版一一，4）。标本M115：10，泥质黑皮灰陶，器表有彩绘，现仅有白彩，余脱落。母口，斜方唇，弧颈较高，溜肩，圆鼓腹，圜底，圈足。肩部饰对称衔环，颈、肩、腹部均饰有凹弦纹。上承盖，子口，弧壁，顶部周围均匀饰有四纽。口径12.6、底径13.6、器高34.6厘米（图五三，5；图版一一，5）。

敦　2件。修复1件。标本M115：6，泥质黑皮灰陶，器表施有彩绘，但脱落较甚。整体呈圆球状，上、下形制一致，下接三兽形足，上部承三个同形制的兽纽。敛口，方唇，圆弧壁，圜底。口沿外侧和盖沿外侧均饰对称带圆孔器鋬。口径19、器高23.2厘米（图五三，3；图版一一，3）。

盘　1件。标本M115：14，泥质灰陶。敞口，折沿，尖唇，弧折腹，平底。口径20.6、底径6.9、器高5.6厘米（图五三，8；图版一一，6）。

器盖　3件。形制相同。泥质灰陶。方唇，弧折壁。标本M115：19，顶中部饰有一鸟形器纽。鸟，昂首，张嘴，尾巴上翘。器表施有红、白彩绘，但脱落较甚。器表饰有凹弦纹。口径

15.6、通高9厘米（图五三，7）。

簋　1件。破损严重。

石器　1件。

石环　1件。标本M115：2，乳白色带灰色斑块。环壁外侧一周凹槽。外径7.2、内径5.4、宽0.8厘米（图五四，1）。

玉器　2件。

玉环　2件。标本M115：1，水晶质，乳黄色，半透明状。直径7、厚1.35厘米（图五四，3）。标本M115：3，青绿色。器表有纹饰。直径6.3、厚0.21厘米（图五四，2）。

骨器　1件。

骨管　1件。标本M115：21，细管状。长1.5、径0.7厘米（图五四，6）。

琉璃器　5件。

耳珰　1件。标本M115：22，琉璃质，淡黄色，半透明状。长1.6、外径0.8～1、内径0.2厘米（图五四，4）。

珠管　4件。整体呈圆柱形，中空，墨绿色。标本M115：23，长1.98、外径0.7、内径0.4厘米（图五四，5）。

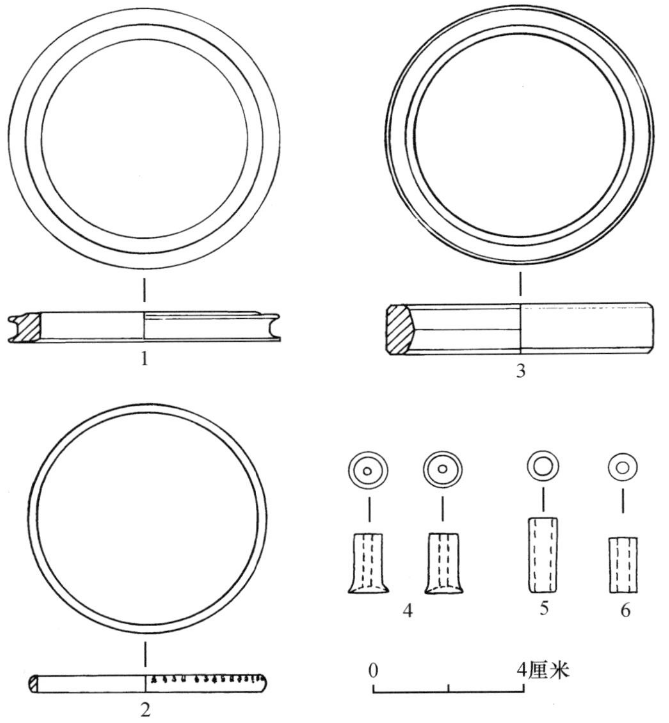

图五四　M115出土器物

1. 石环（M115：2）　2、3. 玉环（M115：3、M115：1）　4. 琉璃耳珰（M115：22）　5. 珠管（M115：23）　6. 骨管（M115：21）

二四、M118

(一)发掘地点

位于第三象限、T32720探方内。

(二)形制与结构

开口距地表1.05~1.25米。长方形竖穴土坑墓,口大底小,斜壁,平底。墓口长3.3、宽2.65~2.8米,墓底长2.9、宽1.9~2.3米,深1.35~1.55米。方向73°(图五五)。

墓内填土为黄灰花土,质较硬,结构较密。

墓底两侧各有一处垫木槽,垫木槽宽0.6、深0.15米。葬具为一棺,腐朽严重,仅存痕迹。棺长2.6、宽1.2~1.6、厚0.06米。

人骨位于棺室中部,为仰身直肢,头向东。

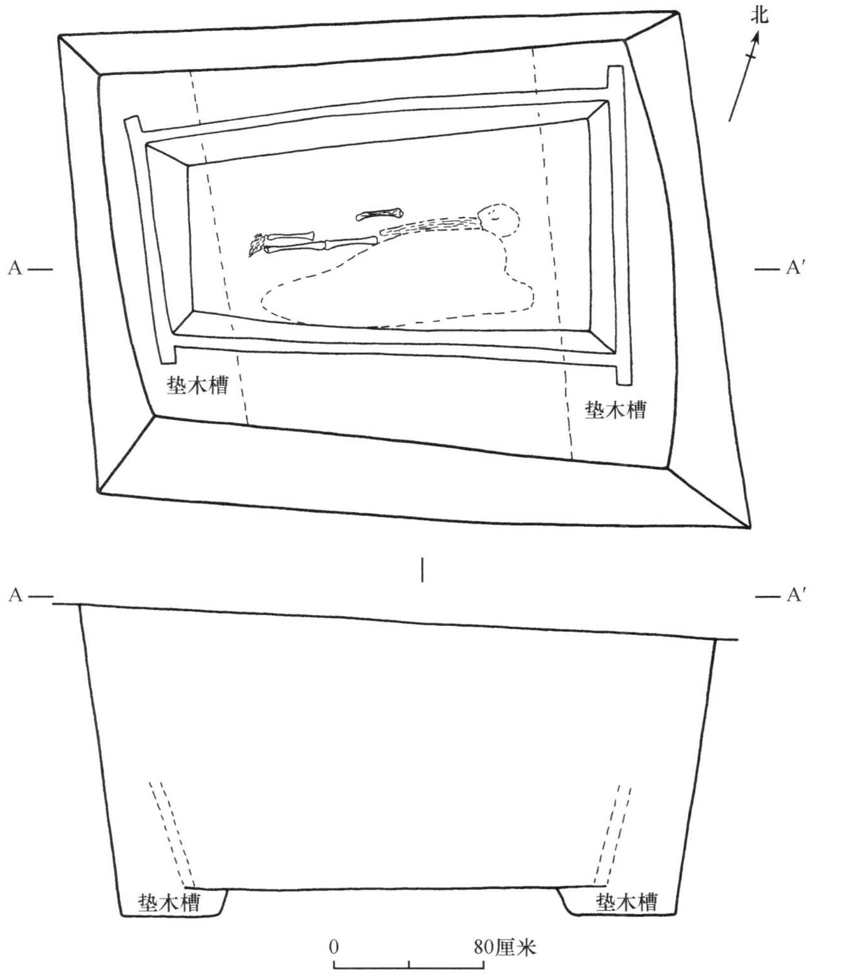

图五五 M118平、剖面图

（三）出土遗物

墓内出土随葬品3件，均为陶器，位于棺室南部。陶器器类有鼎、豆、壶。

由于随葬器陶胎太差，且经过雨水的浸蚀和填土的挤压，导致随葬品成碎块，与填土扰在一起，破损严重，仅能辨别出器型，无法修复。

鼎　1件。标本M118：1，破损严重。

豆　1件。标本M118：2，破损严重。

壶　1件。标本M118：3，破损严重。

二五、M121

（一）发掘地点

位于第三象限、T32821探方内。

（二）形制与结构

开口距地表1.25米。长方形竖穴土坑墓，口大底小，斜壁，平底。墓口长2.6、宽1.6米，墓底长2.3、宽1.4米，深1.35米。方向278°（图五六；图版一二，1）。

墓内填土为红褐色花土，土质较硬，结构密实。

葬具为一棺。棺长2.06、宽0.42～0.6米。

人骨位于墓室中部，骨架保存较差，残存牙齿和骨骼痕迹，可辨为直肢，头向西。

（三）出土遗物

墓内出土随葬品4件，均为陶器，位于墓主头部。陶器器类有罐、鬲、盆、豆。

罐　1件。标本M121：1，泥质灰陶。敞口，圆唇，弧束颈，溜肩，圆鼓腹，平底。口径10、底径9、器高15.5厘米（图五七，3）。

鬲　1件。标本M121：2，夹砂灰陶。敞口，卷沿，圆唇，弧腹，平底，足根处下凹，下接三柱状足。器表满饰粗绳纹，颈部绳纹被抹，腹中部饰有一周弦纹。口径19.8、器高19.5厘米（图五七，1）。

盆　1件。标本M121：3，泥质灰陶。敞口，卷沿，圆唇，溜肩，弧腹，平底，底内部中间凸起。口径22.5、底径9、器高9.8厘米（图五七，2）。

豆　1件。标本M121：4，泥质灰（土灰）陶。敞口，圆唇，弧折腹，圜底近平，细高柄中空，喇叭形圈足。口径13.6、底径8、器高13.9厘米（图五七，4）。

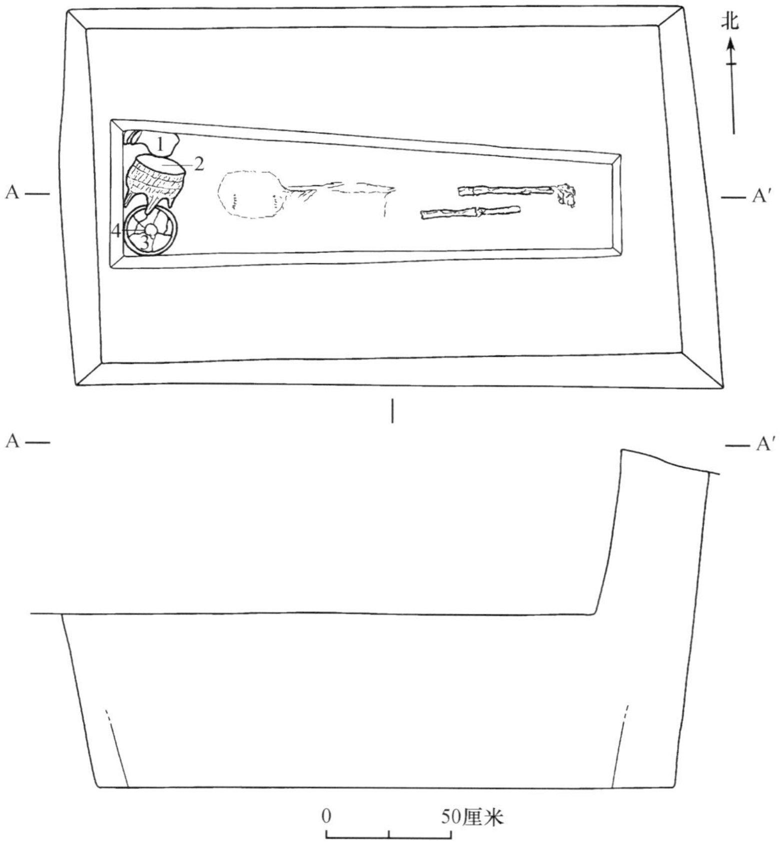

图五六　M121平、剖面图

1. 陶罐　2. 陶鬲　3. 陶盆　4. 陶豆

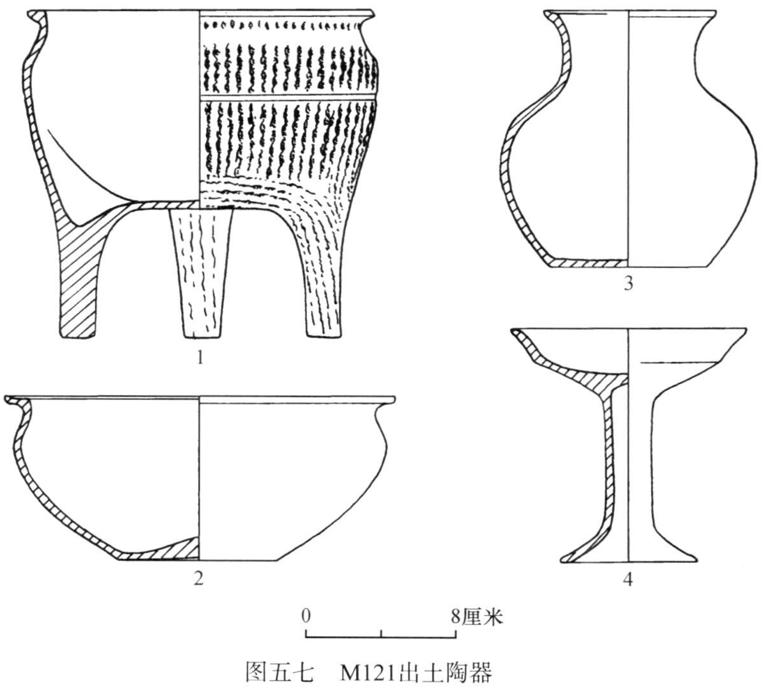

图五七　M121出土陶器

1. 陶鬲（M121：2）　2. 陶盆（M121：3）　3. 陶罐（M121：1）　4. 陶豆（M121：4）

二六、M122

（一）发掘地点

位于第二象限、T22213探方内。

（二）形制与结构

开口距地表0.7米。长方形竖穴土坑墓，口大底小，斜壁，平底。墓口长3.7、宽3～3.3米，墓底长2.56、宽1.63米，深2.9米。方向335°（图五八；图版一二，2）。

墓内填土为红褐花土，质较硬，结构较密，内含石块、料姜石颗粒等。

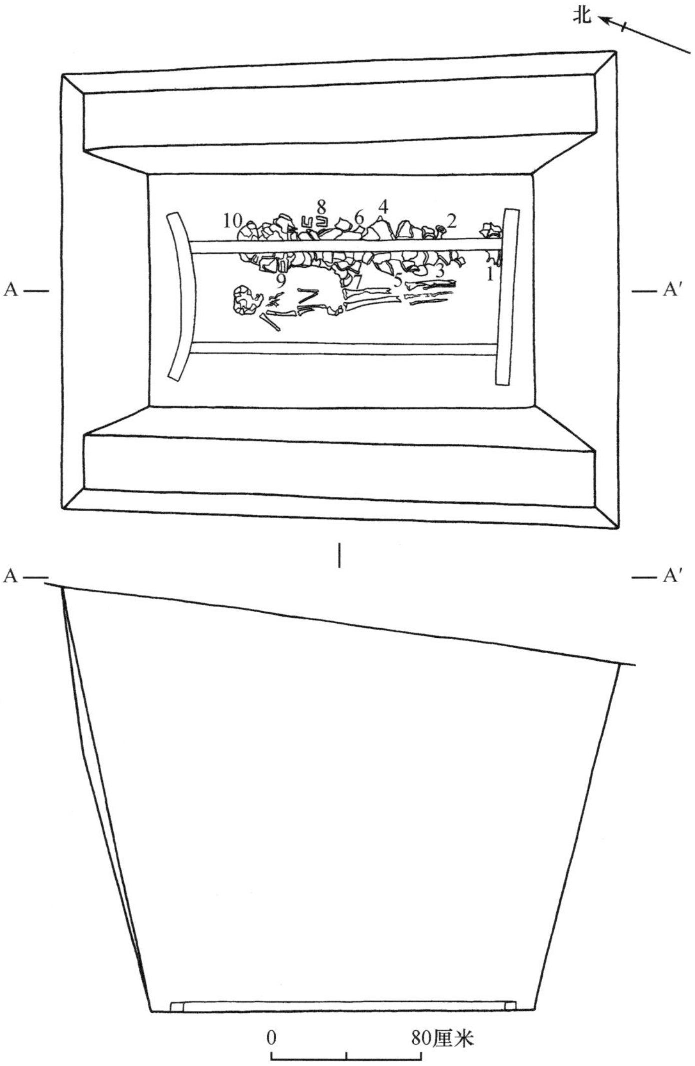

图五八　M122平、剖面图

1～4. 陶豆　5、6. 陶敦　7、10. 陶壶　8、9. 陶鼎

葬具为一棺。棺平面呈亚字形，长2.32、宽1.2、厚0.08米。

人骨保存较差，可辨葬式为仰身直肢，头向北，面向东。

（三）出土遗物

墓内出土随葬品10件，均为陶器，位于墓室东部。由于随葬器陶胎太差，且经过雨水的浸蚀和填土的挤压，导致随葬品成碎块，与填土扰在一起，破损严重，仅能辨别出器型，无法进行后期整理与修复。陶器器型有鼎、敦、豆、壶。

鼎　2件。形制完全一致。泥质夹细砂黑皮灰陶，疑有彩绘，但脱落严重。子口，圆唇，弧壁，圜底，下接带侧棱的三蹄形足且足外侧上部有，口沿处贴附外撇两对称方耳，耳正面有方孔。腹中部有凸棱一周。上承盖，母口，弧壁，弧顶较平，顶部中间有一周凸棱，凸棱外围均匀分布三组，凸棱内中部饰有一衔环。标本M122：8，口径17.4、器高24.9厘米（图五九，1）。

敦　2件。器形相同，泥质黑皮陶，施有彩绘，但脱落。椭圆球体，下接三兽形足，上部

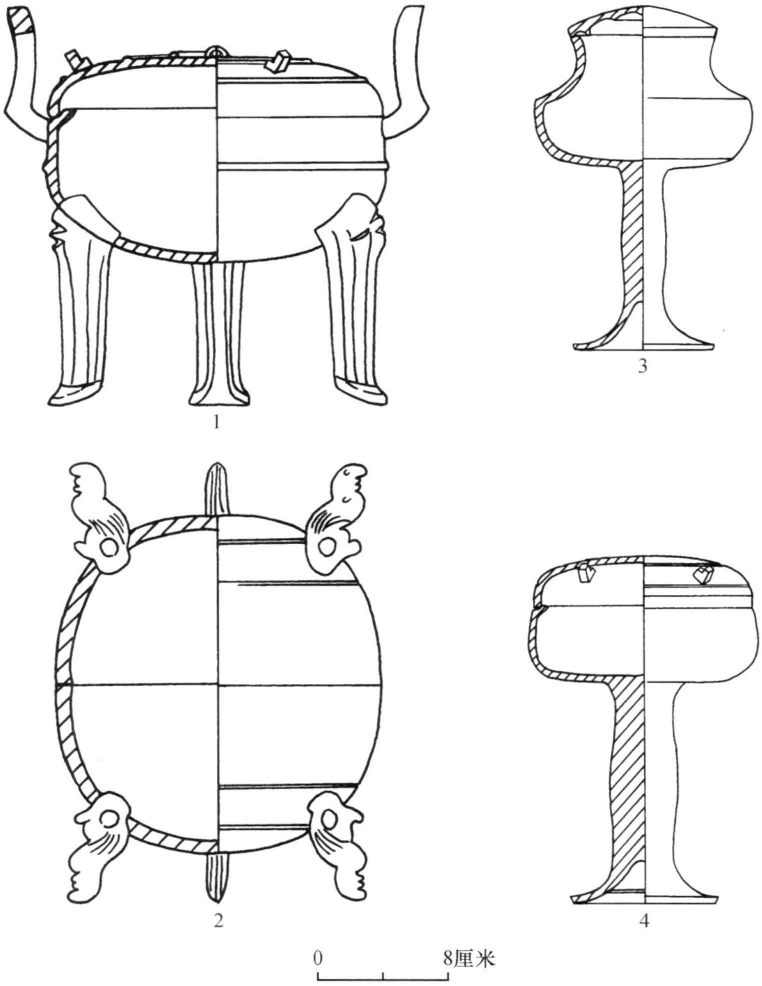

图五九　M122出土陶器

1. 陶鼎（M122：8）　2. 陶敦（M122：5）　3、4. 陶豆（M122：1、M122：4）

承三个同形制的兽形纽。标本M122：5，直径18、高27厘米（图五九，2）。

豆　4件。标本M122：1与标本M122：3形制、大小基本一致，壶形豆，泥质黑皮陶，施有彩绘，脱落较甚。小口，圆唇，束颈，溜肩，扁圆鼓腹，平底，细高柄中部略粗，喇叭形圈足。上承盖，子口，弧顶。标本M122：1，口径8.9、底径8.5、器高19.6厘米（图五九，3）。标本M122：4，泥质黑皮陶，施有彩绘，脱落较甚。子口圆唇，深腹弧壁，圜底近平，高柄，柄中部稍粗，喇叭形圈足。上承盖，母口，弧顶，顶周围均匀分布有三纽。盖上饰弦纹数周。口径12.3、底径8.7、高18.5厘米（图五九，4）。

壶　2件。标本M122：7、9，破损严重，尺寸不明。

二七、M123

（一）发掘地点

位于第三象限、T32222探方内，被M99与M111打破。

（二）形制与结构

开口距地表1米。长方形竖穴土坑墓，口大底小，斜壁，平底。墓口残长2.3、宽1.8米，墓底残长2.2、宽1.6米，深1.1米。方向50°（图六〇）。

墓内填土为红褐色花土，土质较疏松较软，含有石块、料姜石等。

葬具为一棺。棺具腐朽严重，灰痕不清晰，具体尺寸不详。

人骨位于墓室北部，骨架保存较好，仰身直肢，头向东，面向北。

（三）出土遗物

墓内出土陶器、铜器等随葬品共3件。随葬品放置于墓室南侧偏中区域。陶器保存极差，可辨器型为鬲、罐；铜器为带钩。

陶器　2件。

鬲　1件。标本M123：2，泥质灰陶。敞口，卷沿，圆唇，束颈，耸肩，斜弧腹，下接三柱状足。颈部以下饰有弦纹和绳纹。口径24.3、器高25.5厘米（图六一，1）。

罐　1件。标本M123：3，破损严重。

铜器　1件。

带钩　1件。标本M123：1，青铜。鸟形钩，方形扣。鸟身上饰有卷曲纹，扣底饰有兽形纹。长3.3、宽1.55、高1.85厘米（图六一，2）。

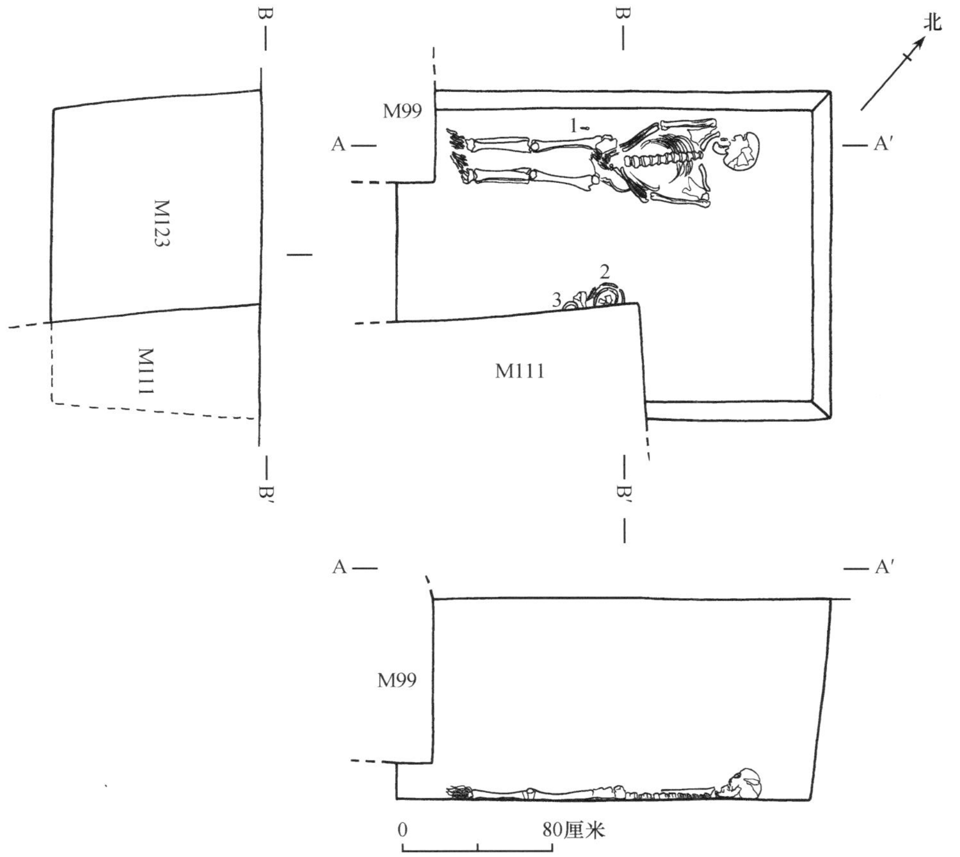

图六〇 M123平、剖面图

1. 铜带钩 2. 陶鬲 3. 陶罐

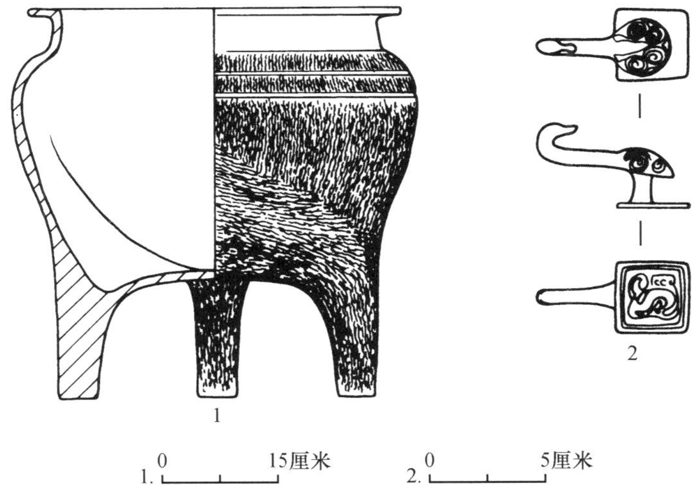

图六一 M123出土器物

1. 陶鬲（M123：2） 2. 铜带钩（M123：1）

二八、M124

（一）发掘地点

位于第三象限、T32031探方内，被M87、M98、M106打破。

（二）形制与结构

开口距地表1米。为带短斜坡墓道的长方形竖穴土坑墓，平面呈甲字形，由墓道与墓室两部分组成。方向64°。墓室、墓道分别被多个墓葬打破，破坏严重。墓室上方有三处盗洞。

墓道位于墓室的东端中部，口大底小，斜破。墓道口残长1.4、宽2.2米，底长1.5、宽1.9米，深2.5～3.4米。

墓室分为上部两层台阶及下部口大底小的墓室两部分。残存墓口长10、宽7.8米，墓底长4.8、宽3.2米，深7米。台阶均为斜壁：第一层台阶垂直高2、宽1米；第二层台阶垂直高1.5、宽0.4～0.6米。墓内填土为黄褐色五花土，经夯打过，土质较硬，含料姜石颗粒、石块等。

葬具为一棺一椁。葬具腐朽严重，灰痕不清晰。椁呈亚字形，长3.8、宽2.8、高1.8米；棺长2、宽1、厚0.1米（图六二；图版一三，1）。

人骨不详。

（三）出土遗物

墓葬被盗扰严重，未见完整器物，但在墓葬填土及盗洞中发现较多器物碎片，经修复可辨别器型的有16件，原放置位置已无法确定。有陶器、铜器。陶器破损较为严重，部分仅能辨识出器型，器型有鼎、簋、器盖、壶等；铜器为伞箍。

陶器　10件。

鼎　5件。仅可修复2件，其余3件破损严重。标本M124：6，泥质黑陶（红胎）。子口内敛，弧壁，圜底，下接三蹄形足，足上端外侧有若干凸起，口沿处贴附对称两外撇方耳，方耳正面有方孔。上腹部饰两周凹弦纹。上承盖，母口，弧顶，顶中部饰有一桥形纽，周围饰有三周凸弦纹和一周凹弦纹。口径36、高40.2厘米（图六三，1；图版一三，2）。标本M124：7，泥质黑皮夹红胎黑陶。敛口，圆唇，弧壁，垂腹，圜底，下接三肥硕蹄形足，足根外侧有若干凸起。口沿处贴附对称两外撇方耳，耳正面有方孔。上腹部饰有一周凸弦纹。口径40.2、高44.5厘米（图六三，2；图版一三，3）。

簋　1件。破损严重。

器盖　2件。破损严重。

陶壶　2件。破损严重。

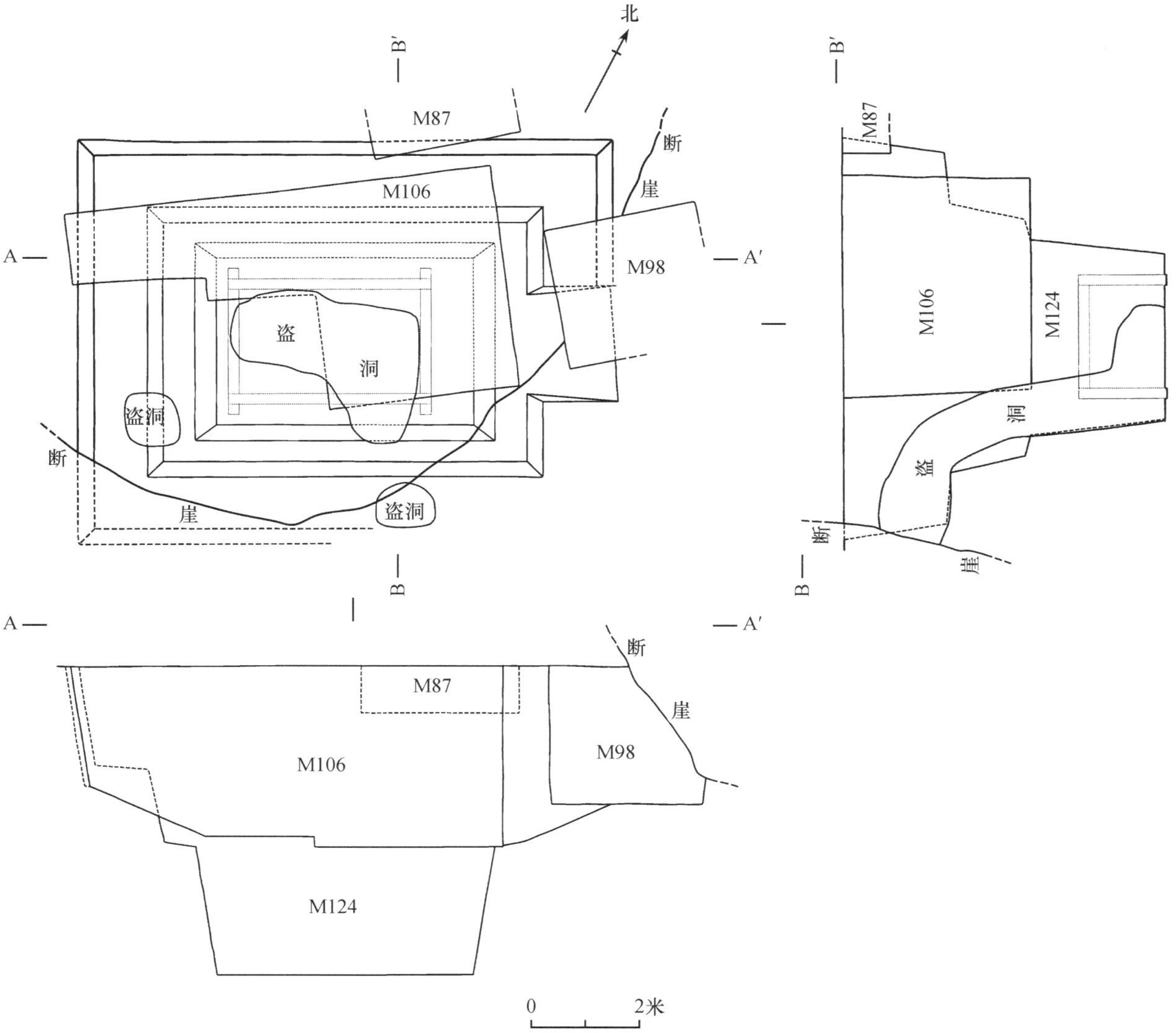

图六二　M124平、剖面图

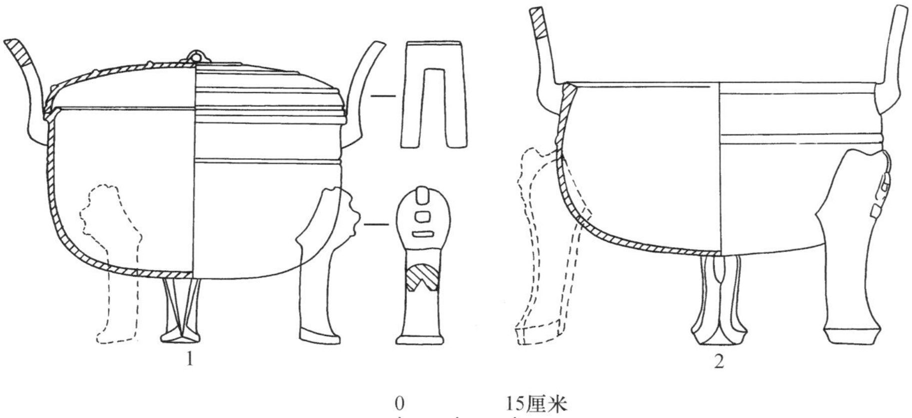

图六三　M124出土陶鼎

1. M124：6　2. M124：7

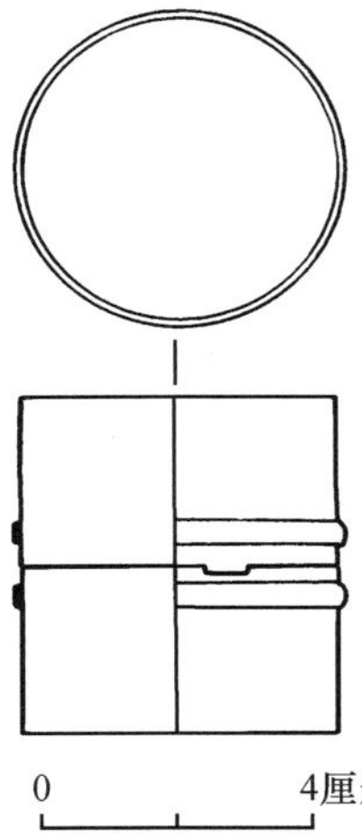

图六四　M124出土铜伞箍（M124∶3）

角器　1件。

鹿角　1件。标本M124∶16，破损严重。

石器　2件。

石珠　1件。粉碎状。

石块　1件。破损严重。器型不详。

铜器　3件。

伞箍　3件。形制、大小相同。榫卯上下扣合，中空圆筒形，中部饰有两周凸弦纹。标本M124∶3，直径4.6、高5厘米（图六四）。

二九、M125

（一）发掘地点

位于第二象限、T22212探方内，地处陡坡上。

（二）形制与结构

开口距地表0.25米。长方形竖穴土坑墓，口大底小，斜壁，平底。墓口长2.8、宽2米，墓底长2.6、宽1.8米，深2.65～3.25米。方向178°（图六五）。

墓内填土为黄褐色五花土，土质较硬，结构疏松，含料姜石颗粒、石块等。

墓底有两道木槽，长1.6、宽0.2米。葬具为一棺一椁，腐朽严重，仅存痕迹。椁长2.16、宽1.3米；棺长1.84、宽0.8米。

人骨位于墓室中部，保存较差。为仰身直肢葬，头向南，面向上。

（三）出土遗物

墓内出土随葬品3件，均为陶器。随葬品放置于椁室西侧。陶器保存极差，可辨器型为罐、敦、豆。

罐　1件。标本M125∶3，泥质灰陶。敞口，圆唇，弧颈，溜肩，圆鼓腹，圜底。颈部以下饰有绳纹。口径12、器高16.5厘米（图六六，1）。

敦　1件。标本M125∶2，泥质黑皮陶。圆球体，下接三足，上接同形制的三器纽。器体上下各饰两道凹弦纹。口径16.5、高15厘米（图六六，2）。

豆　1件。标本M125∶1，破损严重。

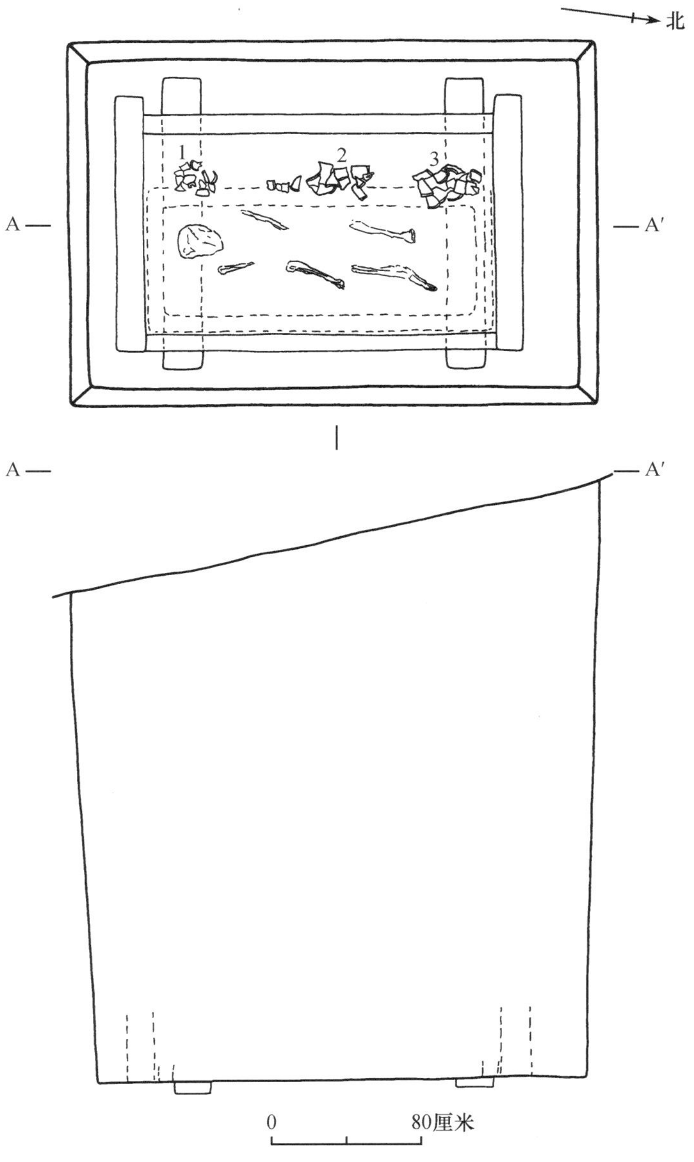

图六五　M125平、剖面图
1. 陶豆　2. 陶敦　3. 陶罐

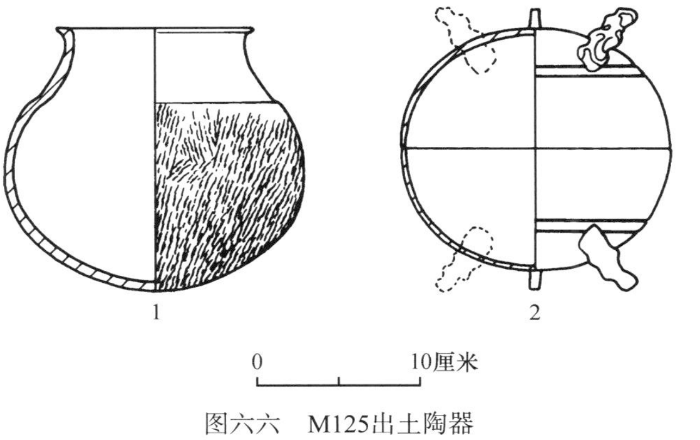

图六六　M125出土陶器
1. 陶罐（M125：3）　2. 陶敦（M125：2）

三〇、M126

（一）发掘地点

位于第三象限、T32520探方内，被M119打破。

（二）形制与结构

开口距地表1.2米。长方形竖穴土坑墓，口大底小，斜壁，平底。墓口残长2.05～2.56、宽1.42米，墓底残长2.02～2.48、宽1.3米，深1.2米。方向265°。

墓内填土为红褐色五花黏土，土质较紧密，含料姜石、草木灰烬及少量陶片等。

葬具为一棺一椁，腐朽严重，仅存痕迹。椁残长2.18、宽1.16米，棺残长1.76、宽0.76米。

人骨位于墓室中部，保存较差。仰身直肢葬，头向西，面向上，双手交叉置于腹部，下肢骨相互交叉（图六七；图版一四，1）。

（三）出土遗物

墓内出土随葬品6件，均为陶器。随葬品放置于椁室东南侧。受埋藏环境影响，陶器保存极差，多数与填土扰在一起，仅可辨出器型。可辨器为鼎、豆、罐、勺。6件陶器中，仅修复完成陶豆1件，其他器物由于保存状况极差，未能修复。

豆　1件。标本M126：4，泥质灰陶。敞口，弧壁，圜底，细高柄，大喇叭形圈足。上承盖，弧顶。口径9.8、底径7、器高12.4厘米（图六八）。

三一、M129

（一）发掘地点

位于第二象限、T22311探方内。

（二）形制与结构

开口距地表0.5米。长方形竖穴土坑墓，口大底小，斜壁，平底。南端西侧墓壁有一长方形壁龛。墓口长2.5、宽1.04～1.22米，墓底长2.25、宽0.84～0.88米，深1.7米。壁龛距墓底高0.76米，龛面宽0.8、进深0.27米，高0.34米。方向275°（图六九；图版一四，3）。

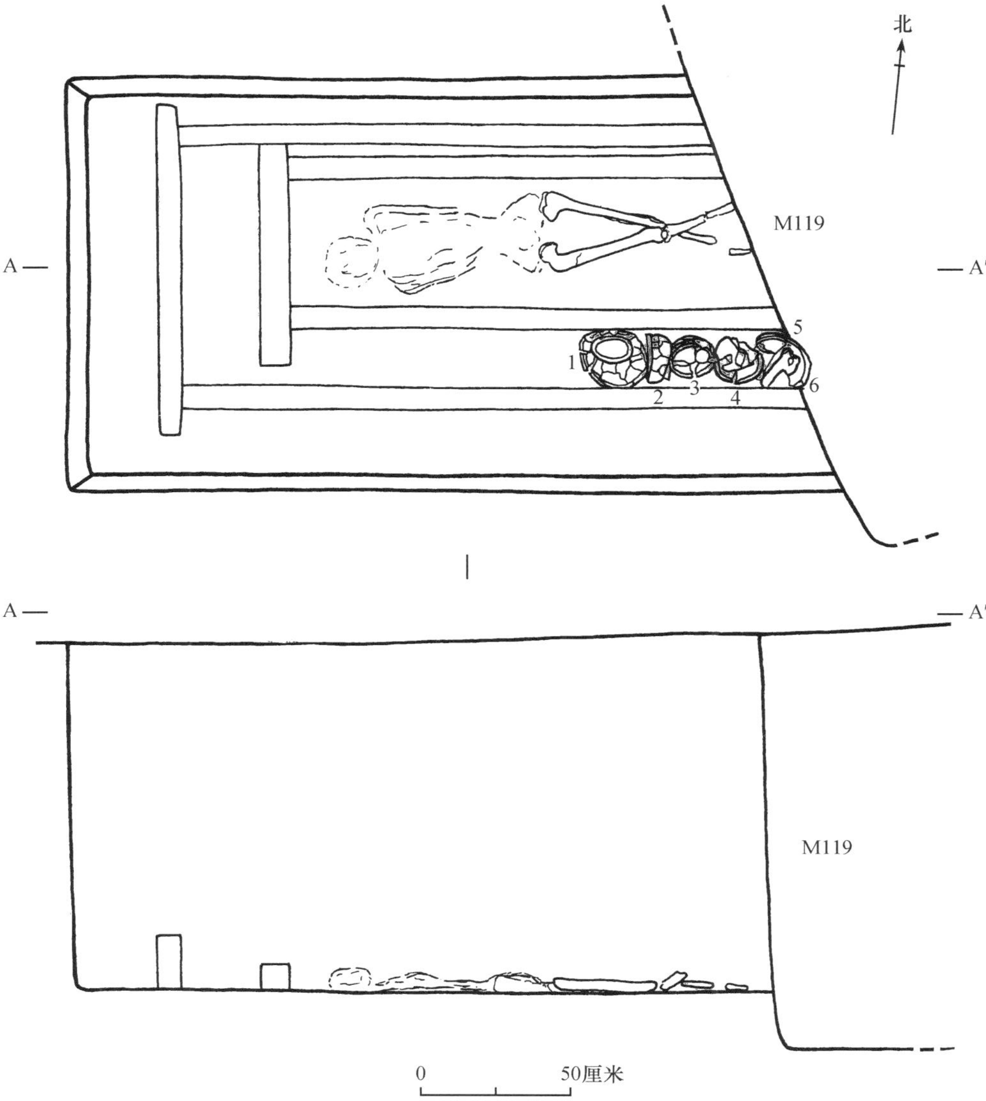

图六七　M126平、剖面图

1. 陶罐　2、6. 陶鼎　3、4. 陶豆　5. 陶勺

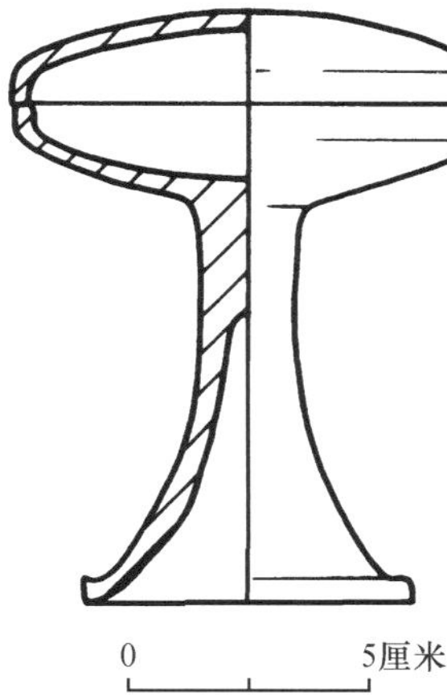

图六八　M126出土陶豆（M126：4）

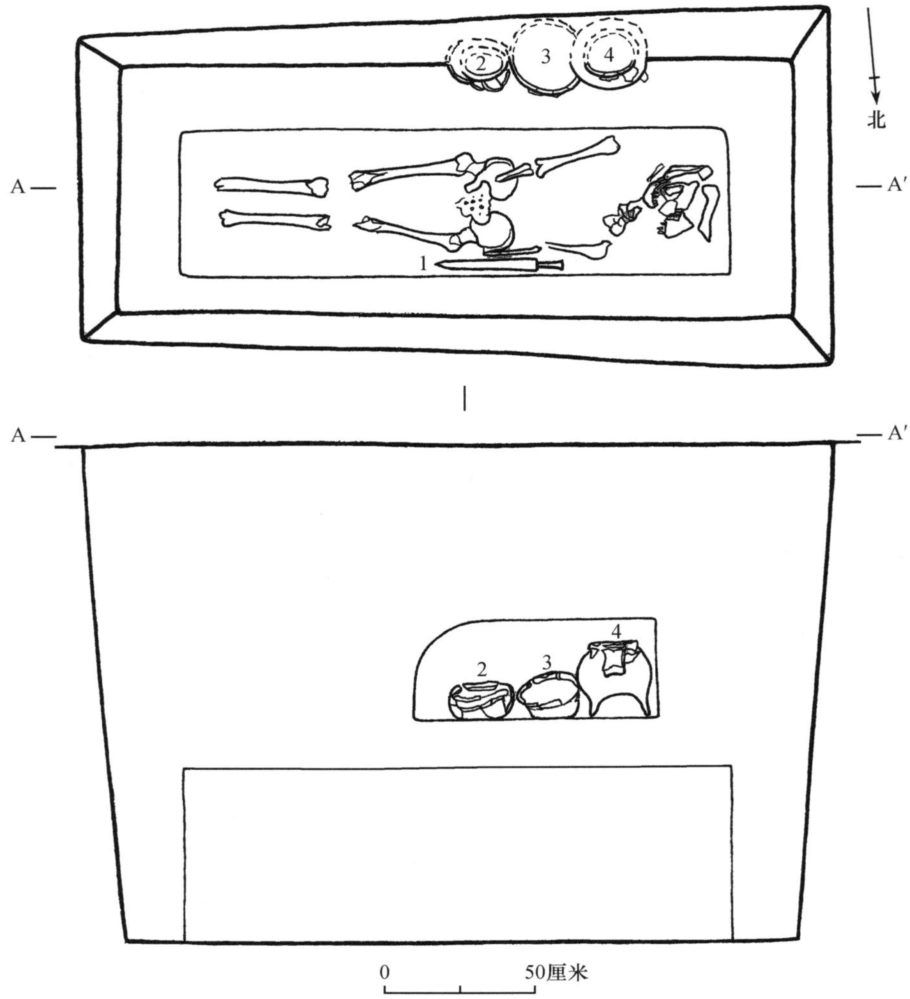

图六九　M129平、剖面图
1. 铜剑　2. 陶罐　3. 陶盂　4. 陶鬲

墓内填土为红褐色花土，土内含料姜石颗粒、碎石块等。

墓室四周有熟土二层台，宽0.2、高0.58米。葬具为一棺，腐朽严重，仅存痕迹。棺长1.85、宽0.48米。

人骨位于棺室内，保存较差。仰身直肢葬，头向西，面向北。

（三）出土遗物

墓内出土陶器、铜器共4件。陶器放置在壁龛内，铜器放置在墓主左侧。陶器受埋藏环境影响，泥质黑皮陶器类破损严重，可辨器型有鬲、罐、盂；铜器为剑。

陶器　3件。仅修复陶鬲1件。

鬲　1件。标本M129：4，夹砂灰陶。敞口，卷沿，尖唇，束颈，溜肩，弧腹，下接三柱状足。颈部以下饰有弦断绳纹与斜绳纹，绳纹及足底。口径21.6、器高23.4厘米（图七〇，1；图版一四，2）。

罐　1件。标本M129：2，破损严重。

盂　1件。标本M129：3，破损严重。

铜器　1件。

剑　1件。标本M129：1，剑身修长，圆首、圆茎中空，剑身断面呈扁菱形，双面刃，尖锋。剑柄侧有透孔，剑身残存有编织物及木纹痕，应为剑鞘或包裹物。剑身长33、剑柄长9、通长42厘米（图七〇，2；彩版四，3）。

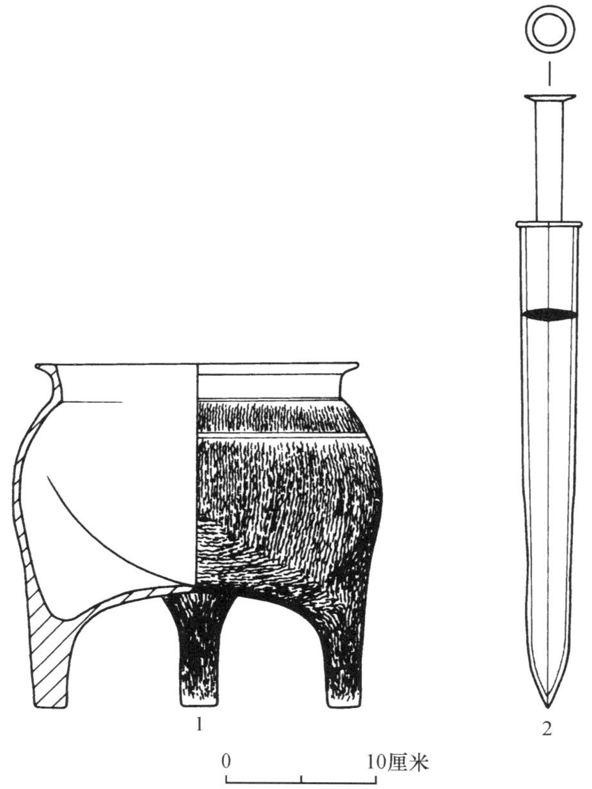

图七〇　M129出土器物

1. 陶鬲（M129：4）　2. 铜剑（M129：1）

第二节　墓葬形制结构

马沱墓地共清理东周墓葬31座，均为中、小型墓，部分墓葬虽遭严重盗扰，但墓葬形制基本清晰可辨。墓葬形制可分带墓道土坑墓与竖穴土坑墓两大类。

一、带墓道土坑墓

此类墓葬仅发现M124一座。整体为带短斜坡墓道的长方形竖穴土坑墓，平面呈甲字形，由墓道与墓室两部分组成。墓道位于墓室的东端中部，口大底小；墓室由上部的两层台阶及下部口大底小的墓室组成。墓葬规模较大，为该墓地发现的等级最高墓葬，但被盗扰严重。

二、竖穴土坑墓

此类墓葬共发现30座。依据有无二层台、有无壁龛可分为三型。

A型　7座。有二层台。修筑二层台是竖穴土坑墓内最常见的墓葬构筑方法，主要作用是更好构建放置葬具的空间，部分二层台及周围会摆放随葬品。在发掘过程中发现，葬具的四壁是与二层台紧密相贴，应是用来承受来自填土的压力。从二层台构建方式上又可分为熟土二层台与生土二层台。

Aa型　5座。设置熟土二层台墓。

熟土二层台是在葬具放置完成后在葬具与墓壁之间的空隙内进行填土构筑的土台。根据墓葬规模不同，二层台宽窄也存在较大区别，整体尺寸宽60～80、高20～58厘米。由于多数墓葬受埋藏环境及盗扰影响，墓室坍塌，熟土二层台的原始高度已很难知晓。

此类墓葬墓室普遍较大，墓室长度多为3～4米，宽度为2～3米。最大者如M53，墓口长3.4、宽2.8米，墓室面积为9.52平方米。此类墓葬墓内随葬品较为丰富，随葬陶器器类以鼎、豆、壶组合为主。墓内填土似经夯打。

Ab型　2座。设置生土二层台墓。

生土二层台是在发掘墓坑时所预留出的二层台，二层台与墓壁连为一体。该墓地内仅发现生土二层台墓葬2座。2座墓葬方向一致，但墓葬规模差别较大，生土二层台的规格差异也较大。如M37墓葬规模较小，二层台宽0.2～0.3、高1米；M102墓葬规模较大，二层台宽0.56、高1.7米。此类墓葬随葬品较为丰富，出土有青铜棺饰，墓葬等级较高。

B型　1座。壁龛墓。墓葬规模较小，属于小型墓。壁龛位于墓主头部，内放置有陶器。陶器中无陶礼器，均为日常生活用器，器型有鬲、豆、罐等。

C型　22座。无二层台。此类墓葬整体规模小于有二层台墓，墓葬规模也存在较大差别，墓室面积多在4～6平方米之间。部分墓葬可能存在二层台，但由于盗扰严重，目前已很难辨识。墓内随葬品数量与等级差别也较大，整体以鼎、豆、壶组合为主，部分墓葬内随葬有戈、矛等铜兵器。

第三节　墓葬分类、墓向与葬式

由于马沱墓地部分墓葬墓口被严重破坏且多数墓葬墓室面积相差不大，故依靠墓室面积去进行墓葬类型划分很难清晰反映出墓葬等级的差别。故本报告采用依照葬具的不同对墓葬进行分类。

一、墓葬分类

按照葬具形制，本报告将东周墓葬分为一棺一椁墓、单椁墓、单棺墓、葬具不明类四类。

（一）一棺一椁墓

5座。葬具形制基本相同，其构筑方式是先在墓底横向放置两根长方形垫木，其上再放置棺椁葬具。椁平面呈井字形。此类墓葬随葬品极为丰富且多为陶礼器，部分墓葬内发现有较多棺饰。如M102墓室面积为17.1平方米，墓内随葬陶礼器数量较多，器型有鼎、罍、壶、敦、豆等，出土有10件铜棺饰。

（二）单椁墓

2座。此类墓葬最初可能存在有内棺的现象，但发掘时经清理未能找到内棺痕迹，故将此类墓葬葬具定为单椁。椁的结构与一棺一椁墓的结构基本一致，椁平面呈亚字形，但椁的尺寸与第一类墓葬相比偏小，墓室面积也较小，2座墓葬墓室面积均为6平方米左右。墓内随葬器物也较第一类墓葬少，墓葬随葬均为陶礼器，器类有鼎、豆、壶、敦四类。

（三）单棺墓

16座。棺具平面为亚字形，在棺木底部多有两条横木，作为支撑。此类墓葬墓室面积相差较大，最大者如M122，墓室面积为12.21平方米；最小者如M129，墓室面积为3.05平方米。但墓室面积整体在4～6平方米之间，小于第二类墓葬。墓内随葬品根据墓室面积的不同差别也较大，墓室规模较大者多随葬有成套的陶礼器与铜兵器，墓室规模较小者仅随葬日常陶器。

（四）葬具不明

8座。此类墓葬多是受埋藏环境或盗扰影响，导致葬具不明，部分仅存棺灰，已无法判断其具体形态。从墓室规模及随葬品器物来看，此类墓葬多应属于单棺墓。如M104墓室面积6.76平方米，墓内随葬有以鼎、豆、壶、敦为核心的陶礼器以及铜兵器，其形制、规模与单棺墓基本一致。

二、墓　　向

竖穴土坑墓的方向主要是依据墓主头向进行判定，部分墓葬墓主头向不确定的则根据墓葬随葬品摆放、葬具等信息综合考虑再进行判定。本书中对每座墓葬的方向均进行记录，并把0～360度每隔90度分为一个区间。

A区间：0～90度；

B区间：91～180度；

C区间：181～270度；

D区间：271～360度。

以此为统计，简表如下（表一）。

表一　马沱墓地东周墓葬方向统计表

方向区间 / 墓葬类型	A	B	C	D	合计
一棺一椁	2	1	1	1	5
单椁	0	1	0	1	2
单棺	7	2	0	7	16
不明	2	2	1	3	8
合计	11	6	2	12	31
百分比（%）	35.48	19.35	6.45	38.71	100

表一数据显示，马沱墓地东周墓葬的方向主要集中在A、D两个区间，两者可占总体的74.19%。其次为B区间，其占总体的19.35%。表明该批墓葬整体墓向多偏南。

三、葬　　式

由于埋藏环境与盗扰原因，墓葬内人骨多保存较差，能够辨明葬式的仅10座，葬式均为仰身直肢。这10座墓葬基本在上述四类墓葬内均有发现，表明葬式并不能体现出该墓地的墓葬等级，应是当时最为普遍流行的一种葬式。

第四节　陶器组合与典型器物型式划分

云阳马沱墓地东周墓葬出土各类遗物350余件，类别包括陶、铜、玉、石、骨、琉璃等。陶器数量最多，共200余件，约占总数的58%。铜器58件，除1件铜盘外，其他器类主要为兵器、棺饰等，兵器器类有矛、戈、剑三类。玉器以玉环为主。石器以石璧为主。琉璃器为耳珰、珠管等。

一、陶器组合

27座墓葬内共出陶容器，器类有鼎、豆、壶、敦、鬲、罐、浴缶等。随葬陶礼器组合以鼎、豆、壶、敦为核心，这也是东周楚墓随葬品的典型特征。经统计，随葬此类组合的有12座，占比44.44%。另有一些墓葬仅随葬四类器物中的其中一到两类，可能是受盗扰影响而形成的，此类墓葬有9座，加上完整组合的12座，随葬上述器类的墓葬比例高达77.78%（表二）。

表二 马沱墓地东周墓葬随葬陶器组合统计表

鼎	壶	豆	敦	浴缶	甗	盉	釜	罐	鬲	盆	盒	合计（座）
★	★	★	★									8
★			★		★		★					1
★		★									★	1
★	★	★	★	★		★						1
★	★	★	★	★								2
★	★	★		★		★						1
★	★	★				★						1
★	★	★										1
		★						★	★			1
	★											1
		★						★	★	★		1
	★	★						★	★		★	1
	★	★	★									1
		★						★	★	★		1
								★	★			2
		★	★					★				1
★										★		1
		★										1

此外，鬲、罐、盆、釜四类日常生活陶器也作为随葬品与陶礼器搭配组合进行随葬。

二、典型器物型式划分

马沱墓地内出土器类较多，主体随葬品材质为陶器与铜器两类，其余器类较少且不具有型式划分意义。故本节针对陶器与铜器进行型式分析研究。

（一）陶器

马沱墓地东周墓葬共出土陶器200余件，其中80余件由于盗扰及埋藏环境影响，仅可辨器型，无法进行分型、分式。以下按照器型对保存较好、器类较多、具有型式划分意义的器物进行型式分析研究。

1. 鼎

共51件，可辨完整器型有29件。根据整体形制不同可分为三型。

A型　8件。足部外撇。根据腹部的演变可分为三式。

Ⅰ式：5件。深腹，下腹略外鼓，圜底。

标本M124：7，泥质黑皮夹红胎黑陶。敛口，圆唇。口沿处贴附对称两外撇方耳，耳正面有方孔。上腹部饰有一周凸弦纹。口径40.2、高44.5厘米（图七一，1）。

Ⅱ式：1件。腹稍浅，弧腹，圜底。

标本M35：1，泥质灰陶。子母口内敛，圆唇。两直耳斜向外侈，耳为方孔。腹壁饰凸弦纹一周。口径16.5、器高15.3厘米（图七一，2）。

Ⅲ式：2件。腹较浅，腹部外鼓，圜底近平。

标本M15：5，泥质灰陶。子母口，方唇。方耳外撇。口径11.5、器高11厘米（图七一，3）。

B型　19件。足部较直。根据腹部演变可分为四式。

Ⅰ式：5件。盆型腹，腹部较深，圜底。

标本M124：6，泥质黑皮陶。口沿处贴附对称两外撇方耳，方耳正面有方孔。上腹部饰两周凹弦纹。上承盖，母口，弧顶，顶中部饰有一桥形纽，周围饰有三周凸弦纹和一周凹弦纹。口径36、高40.2厘米（图七一，4）。

Ⅱ式：3件。腹稍浅，下腹斜弧收，圜底。

标本M115：7，泥质黑皮灰陶。子口，方唇。口沿外侧对称贴附一对外撇方形耳，耳正面中部为方孔，器表饰有弦纹数周，足部上方外侧饰有凸点。上承盖，母口，弧顶，顶部中部一纽，周围三纽。盖面上亦有数周弦纹。口径21.6、器高26厘米（图七一，5）。

Ⅲ式：2件。腹较浅，上腹较直，下腹弧收，圜底。

标本M122：8，泥质夹细砂黑皮灰陶。子口，圆唇。口沿处贴附外撇两对称方耳，耳正面有方孔。腹中部有凸棱一周。上承盖，母口，弧壁，弧顶较平，顶部中间有一周凸棱，凸棱外围均匀分布三纽，凸棱内中部饰有一衔环。口径17.4、器高24.9厘米（图七一，6）。

Ⅳ式：9件。浅腹，腹部微鼓，圜底近平。

标本M44：3，敛口，圆唇。口两方形立耳微外撇；腹接三蹄形足，足直立，足根呈兽面形，足端呈蹄形。盖为低弧顶，覆盘形，盖中央有泥条捏制的桥形纽及圆环。口径16.2、器高22.8厘米（图七一，7）。标本M75：29，敛口，圆唇。口沿处贴附对称两外撇方耳，耳正面有长方形孔，下接上端堆塑兽面纹的三蹄形足。腹中部饰凸弦纹一周。口径21.5、器高25.4厘米。

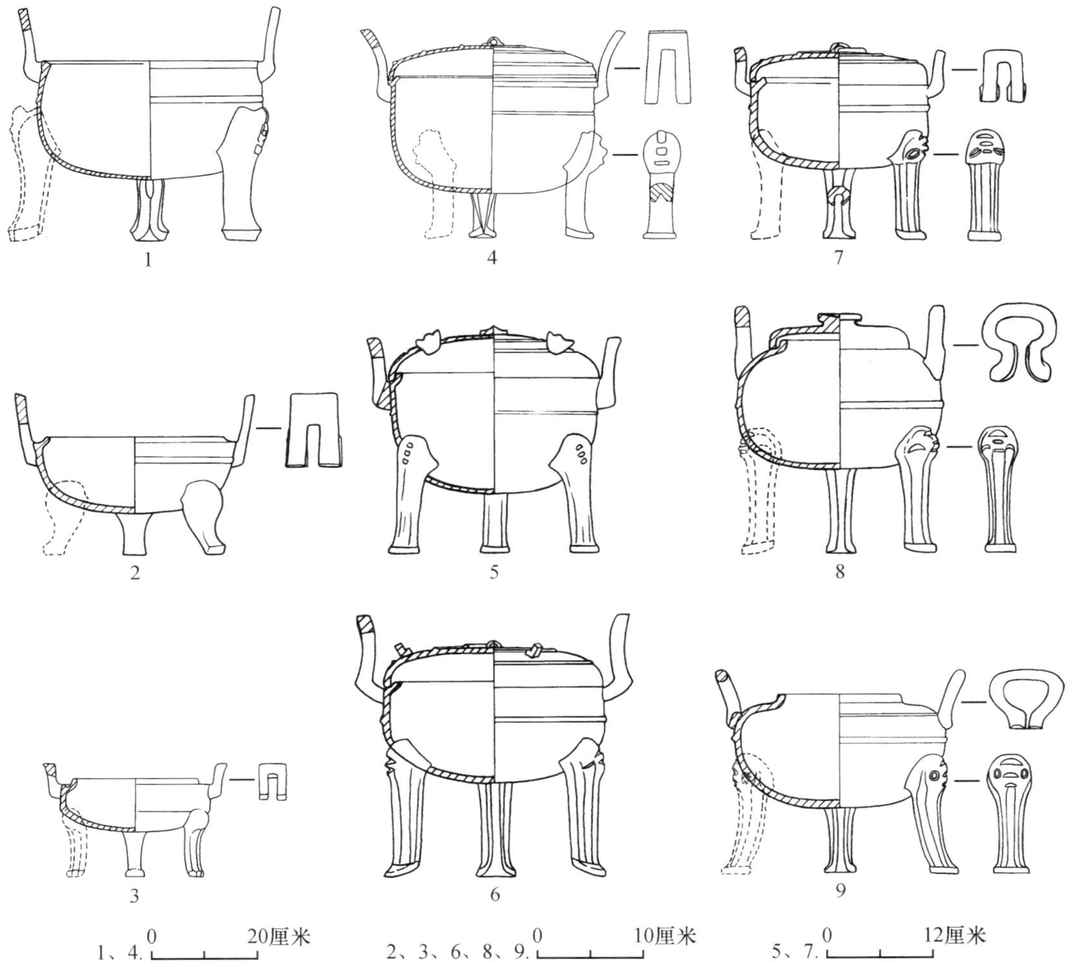

图七一　A型、B型和C型陶鼎

1. A型Ⅰ式（M124：7）　2. A型Ⅱ式（M35：1）　3. A型Ⅲ式（M15：5）　4. B型Ⅰ式（M124：6）　5. B型Ⅱ式（M115：7）　6. B型Ⅲ式（M122：8）　7. B型Ⅳ式（M44：3）　8. C型Ⅰ式（M41：8）　9. C型Ⅱ式（M75：8）

C型　2件。壶型鼎。根据腹部演变可分为两式。

Ⅰ式：1件。腹较深，鼓腹，圜底。

标本M41：8，小直口，三蹄足瘦高。肩部环形立耳，口部承盖。盖为覆盘形，中央有圆形纽。足根呈兽面形，足端呈蹄形，足身断面呈凹字形。器腹中部饰凸弦纹一周，腹底部有抹拭绳纹痕。口径11.8、器高24厘米（图七一，8）。

Ⅱ式：1件。腹较浅，下腹斜弧收，肩部略外鼓，圜底。

标本M75：8，敛口，方唇。顶部呈壶形。肩部饰对称呈近三角圆形耳，耳正面中部为孔，下接外撇较甚的三蹄形足。口径11.2、高19.6厘米（图七一，9）。

2. 豆

共71件，可辨完整器型有34件。根据整体形制不同可分为三型。

A型　11件。壶形豆。根据底部不同可分为两个亚型。

Aa型　2件。平底。

标本M122：1，泥质黑皮陶。母口，圆唇，束颈，溜肩，扁圆鼓腹，细高柄，喇叭形圈足。上承盖，子口，弧顶。口径8.9、底径8.5、器高19.6厘米（图七二，1）。

Ab型　9件。圜底。根据腹部演变可分为三式。

Ⅰ式：2件。斜折肩，但折肩不明显，腹部外鼓。

标本M44：10，小直口，圆唇，直领。细高柄，柄中空，喇叭形足。盖为低弧顶。口径7.8、底径10、器高22.6厘米（图七二，2）。

Ⅱ式：3件。折肩，腹部略直。

标本M75：6，泥质灰陶。小口方唇，束颈内弧，中空细高柄，喇叭形圈足。上承盖，弧

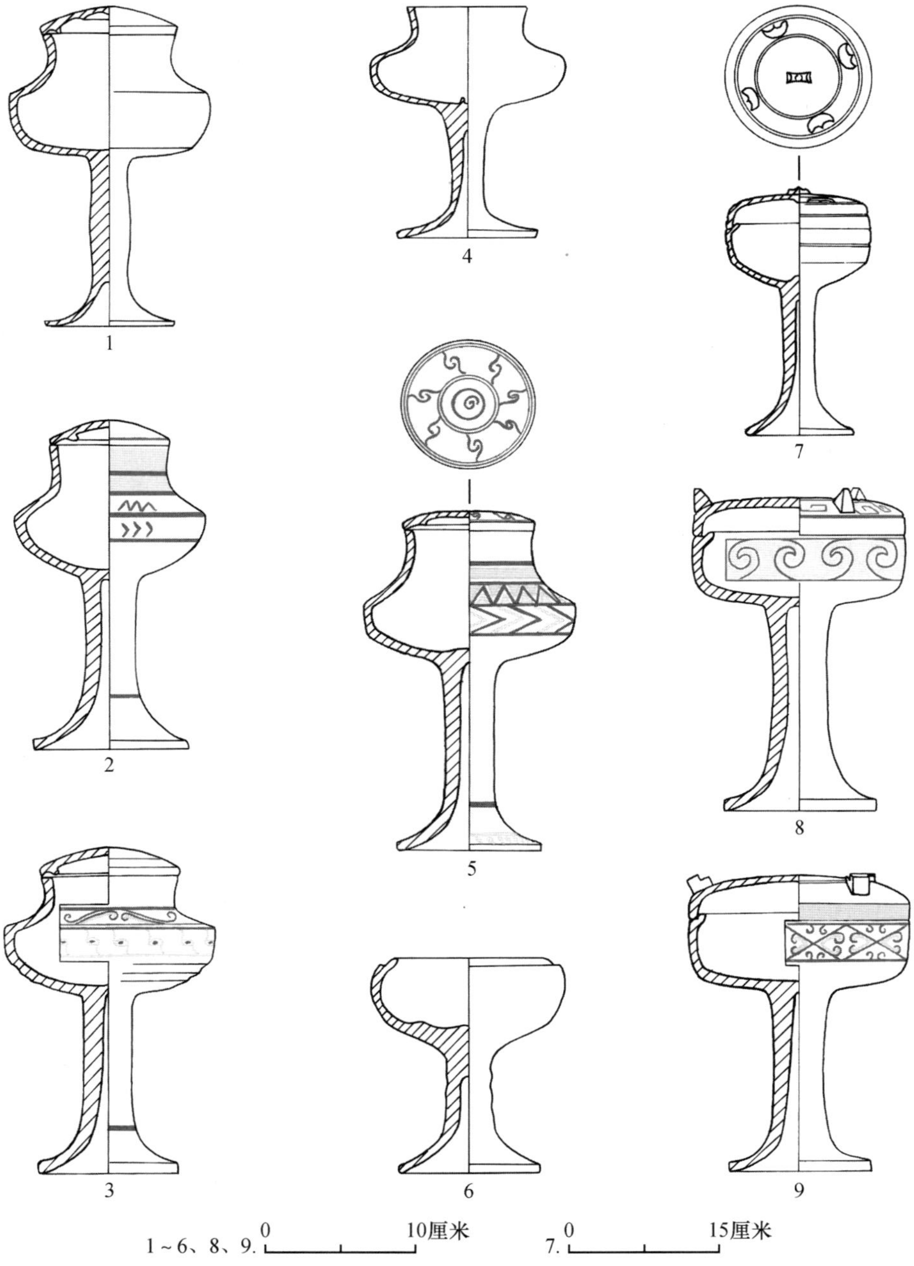

图七二　A型和B型陶豆

1. Aa型（M122：1）　2. Ab型Ⅰ式（M44：10）　3. Ab型Ⅱ式（M75：6）　4、5. Ab型Ⅲ式（M83：5、M41：13）　6. B型Ⅰ式（M104：5）　7. B型Ⅱ式（M115：9）　8、9. B型Ⅲ式（M44：4、M75：25）

壁，弧顶。口径9、底径9.2、器高22厘米（图七二，3）。

Ⅲ式：4件。颈较高，腹部较扁。

标本M41：13，小口，弧束颈，凹肩，细高柄中空至豆盘底部，喇叭形足。口部上承有盖。器表以朱、黄、白三色装饰图案。颈下部为白色带状图案，肩部以连续朱色折线勾勒成三角图案，上下交错，向上者为朱色，向下者为白色。中腹部以朱色和黄色粗线条分别绘右向连续“>”形带状图案，朱、黄相间。柄部下端饰红色粗线图案，足部绘黄色云纹带状图案。每两种纹饰图案带间以朱色线条相间隔。盖顶部图案分两部分，内侧圆形区域内绘涡纹，外侧环形区域内绘变形云纹。口径8.5、足径9.5、器高23.7厘米（图七二，5）。标本M83：5，敞口，圆唇，束颈，细高柄，喇叭形圈足。口径8、底径9.2、器高24厘米（图七二，4）。

B型　12件。碗形豆。根据柄与腹的演变可分为三式。

Ⅰ式：2件。柄较短，腹较深，圜底。

标本M104：5，泥质黑皮灰陶。敛口，圆唇，喇叭形圈足。口径10.3、底径9、器高14.6厘米（图七二，6）。

Ⅱ式：2件。柄较高，腹稍浅，弧腹，圜底。

标本M115：9，泥质灰陶。子口，圆唇，喇叭形圈足。上承盖，母口，方唇，弧壁，顶部近平，顶中部有一实心桥形纽，周围阴刻四个各自独立的花纹。豆盘及器盖上均饰有凹弦纹。口径12、底径10.6、器高21.6厘米（图七二，7）。

Ⅲ式：8件。高柄，浅腹，腹部略弧，平底。

标本M44：4，敛口，圆唇，喇叭形圈足。盖为覆钵形，顶低平，上有三方纽。器表施有彩绘。豆盘壁以朱、黄二色绘图案。口径11.8、足径10、器高22厘米（图七二，8）。标本M75：25，泥质灰陶。子口，圆唇，喇叭形圈足。上承盖，母口，弧壁，弧顶，顶部周围均匀饰三纽。器盖饰红、白彩，腹饰红、黄彩。腹部饰有花纹。口径13、底径9.5、器高17.5厘米（图七二，9）。

C型　11件。浅腹豆。根据腹的不同可分为两个亚型。

Ca型　5件。折腹。根据柄与腹的演变可分为两式。

Ⅰ式：4件。柄较短，从豆盘颈部开始下折，圜底。

标本M15：3，泥质灰陶。直口，方唇，喇叭形足。口径11.4、足径6.7、器高11.2厘米（图七三，1）。

Ⅱ式：1件。柄较高，从豆盘中腹部开始下折，底部近平。

标本M121：4，泥质灰陶。敞口，圆唇，喇叭形圈足。口径13.6、底径8、器高13.9厘米（图七三，2）。

Cb型　6件。斜弧腹。根据柄与口部的演变可分为三式。

Ⅰ式：1件。柄较短，口部略内收，圜底。

标本M126：4，泥质灰陶。敞口，弧壁，大喇叭形圈足。上承盖，弧顶。口径9.8、底径7、器高12.4厘米（图七三，3）。

Ⅱ式：1件。柄稍高，侈口略敛，圜底。

标本M85：16，泥质灰陶。圆唇，圆弧腹，喇叭形足。口径13.2、底径8.4、器高13.8厘米（图七三，4）。

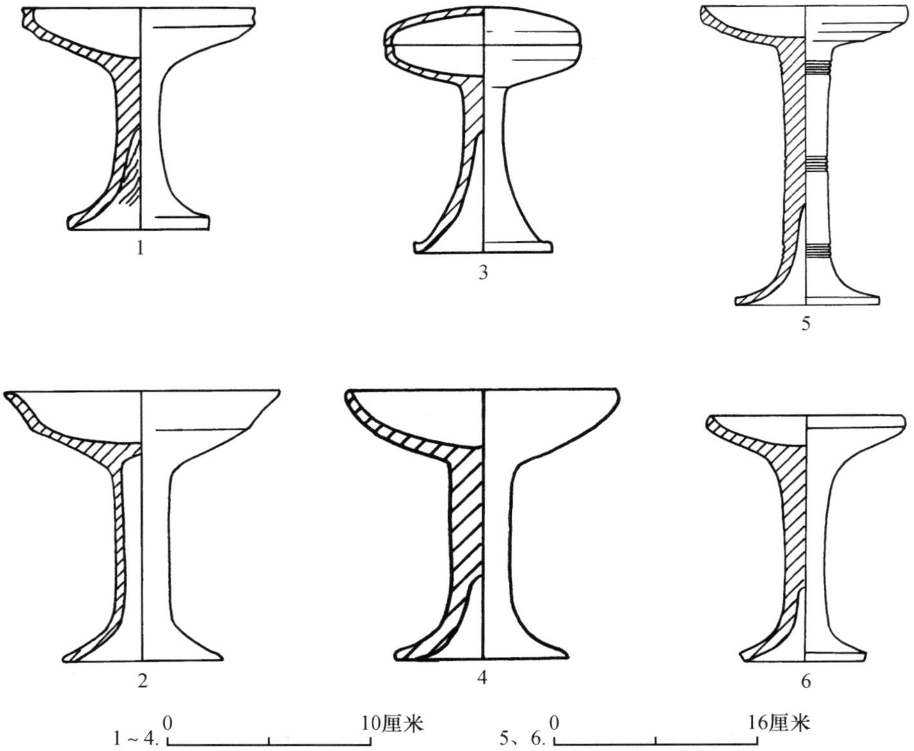

图七三　C型陶豆

1. Ca型Ⅰ式（M15：3）　2. Ca型Ⅱ式（M121：4）　3. Cb型Ⅰ式（M126：4）　4. Cb型Ⅱ式（M85：16）
5、6. Cb型Ⅲ式（M41：21、M85：12）

Ⅲ式：4件。高柄，侈口较甚，浅腹略呈盘状，底部近平。

标本M41：21，尖唇，下接细高柄，柄部中空至柄三分之一处，喇叭形足。口径16.5、足径11.4、器高24.5厘米（图七三，5）。标本M85：12，泥质灰陶。圆唇，喇叭形圈足。素面。口径14.8、底径9.5、器高20厘米（图七三，6）。

3. 壶

共37件，可辨完整器型有23件。根据形态不同可分为两型。

A型　4件。形体略小。

标本M77：36，敞口，方唇，弧颈，溜肩，鼓腹，圜底，矮圈足。上承盖，弧顶。器盖饰红、白彩，脱落较甚。口径12、底径12、器高28.5厘米（图七四，1）。

B型　19件。形体较大。根据腹部不同可分为三式。

Ⅰ式：3件。弧腹，腹部略鼓，整体瘦高。

标本M115：4，泥质黑皮灰陶。母口，斜方唇，弧颈较高，溜肩，弧腹，圜底，圈足。肩部饰对称兽首衔环，颈、肩、腹部均饰有凹弦纹。上承盖，子口，弧壁，顶部周围均匀饰有四纽。口径13、底径13.4、器高35.5厘米（图七四，2）。

Ⅱ式：1件。肩部外鼓明显，弧腹，最大径在肩部。

标本M65：4，敞口，方唇，弧束颈，圜底近平，矮圈足。肩部施对称铺首衔环。盖为弧顶，上有三个兽形长纽。器身通体彩绘。口径12、底径11.5、器高32.5厘米（图七四，3）。

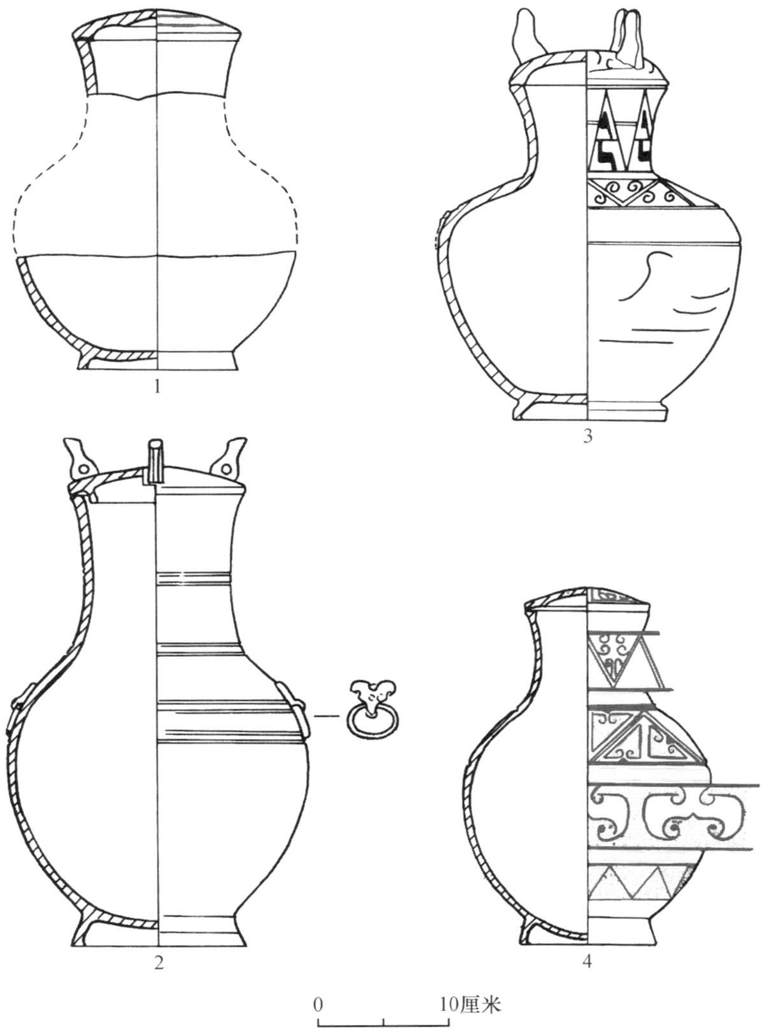

图七四　A型和B型陶壶

1. A型（M77：36）　2. B型Ⅰ式（M115：4）　3. B型Ⅱ式（M65：4）　4. B型Ⅲ式（M41：14）

Ⅲ式：15件。圆鼓腹，腹最大径在中部。

标本M41：14，泥质灰陶。长颈，溜肩，圜底，矮圈足。盖低平。通体以红、黄两色彩绘图案。口径11.4、底径12.6、器高34.3厘米（图七四，4）。标本M53：1，泥质灰陶。长颈，溜肩，圜底，矮圈足。盖低平。通体以红、黄两色彩绘图案。口径11.5、底径13.4、器高30厘米。

4. 敦

共24件，可辨完整器型有16件。根据腹部演变可分为两式。

Ⅰ式：6件。器身整体较圆，口径与器身径基本相等。

标本M104：4，泥质黑皮灰陶，施红彩。敞口略内敛，弧壁，圜底，下接三侧扁足（纽），足（纽）内敛较直。直径17.9、器高24厘米（图七五，1）。

Ⅱ式：10件。器身整体较长，口径小于器身径。

标本M41：9，龙形三足和三纽。器表以红、黄和白三色彩绘勾连菱形带状图案。口径

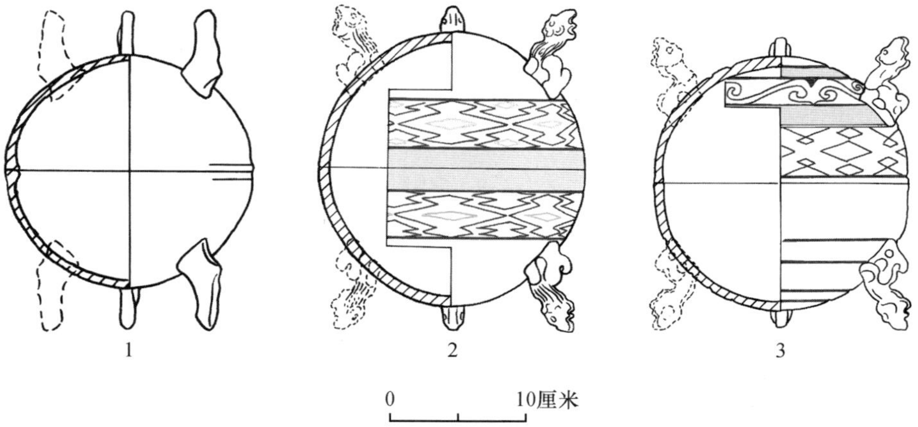

图七五 陶敦

1. Ⅰ式（M104：4） 2、3. Ⅱ式（M41：9、M75：10）

19.6、器高24.5厘米（图七五，2）。标本M75：10，三兽形足与三兽纽。器表饰八周凹弦纹和红彩、白彩。口径18.5、器高22厘米（图七五，3）。

5. 罐

共10件，可辨完整器型有6件。根据整体形制不同可分为两型。

A型 1件。直口，折肩。

标本M85：3，泥质灰陶。方唇，靠近口沿处有两对称的圆孔，斜直腹，平底。口径7.8、底径7.2、器高9.2厘米（图七六，3）。

B型 5件。肩部外鼓。根据肩部演变可分为两式。

Ⅰ式：2件。器型整体略扁，肩部外鼓，弧腹，腹最大径在肩部。

标本M71：4，泥质灰陶。侈口，圆唇，平底。颈部施彩绘，肩部饰网格状暗纹。口径11、底径10.5、器高14.4厘米（图七六，1）。

Ⅱ式：3件。肩部略外鼓，最大腹径下移。

标本M121：1，泥质灰陶。敞口，圆唇，弧颈，平底。口径10、底径9、器高15.5厘米（图七六，2）。

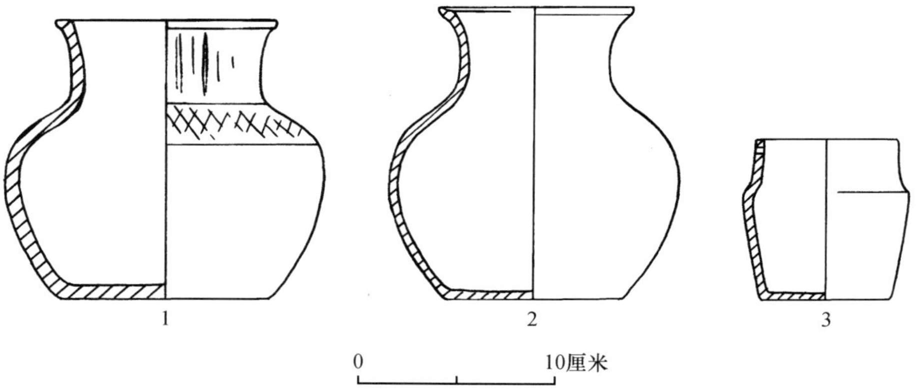

图七六 A型和B型陶罐

1. B型Ⅰ式（M71：4） 2. B型Ⅱ式（M121：1） 3. A型（M85：3）

6. 鬲

共7件，可辨完整器型有6件。根据裆部与肩部演变可分为四式。

Ⅰ式：1件。弧裆，溜肩，柱足较高。

标本M71：2，夹砂灰陶。微侈口，宽折沿，方唇，束颈。通体饰绳纹。口径19、器高20.9厘米（图七七，1）。

Ⅱ式：3件。弧裆，肩部外鼓。

标本M85：2，夹砂灰陶。卷沿，圆方唇，束颈较宽，下腹斜收，下有三柱状实足。器表饰竖绳纹，上腹部有两周被抹的痕迹，形成间断绳纹。口径22、器高24.4厘米（图七七，2）。

Ⅲ式：1件。裆部弧度较小，肩部外弧。

标本M129：4，夹砂灰陶。敞口，卷沿，尖唇，束颈，弧腹，下接三柱状足。颈部以下饰有弦断绳纹与斜绳纹，绳纹及足底。口径21.6、器高23.4厘米（图七七，3）。

Ⅳ式：1件。裆部较平，束颈消失。

标本M121：2，夹砂灰陶。敞口，卷沿，圆唇，弧腹，平底，足处下凹，下接三柱状足。器表满饰粗绳纹，颈部绳纹被抹，腹中部饰有一周弦纹。口径19.8、器高19.5厘米（图七七，4）。

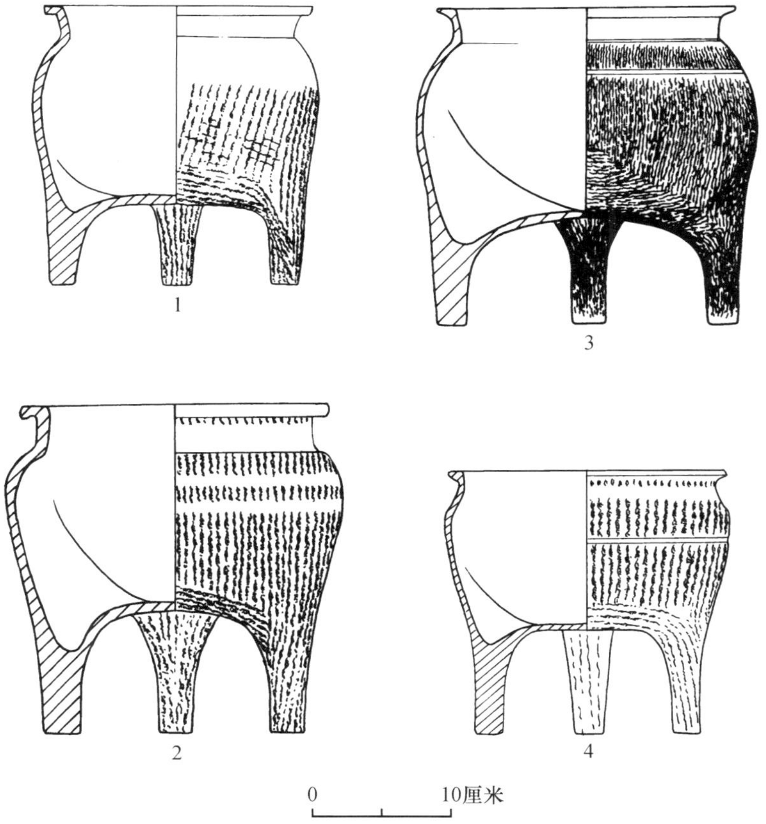

图七七　陶鬲

1. Ⅰ式（M71：2）　2. Ⅱ式（M85：2）　3. Ⅲ式（M129：4）　4. Ⅳ式（M121：2）

7. 浴缶

共5件，可辨完整器型有4件。根据肩部演变可分为三式。

Ⅰ式：2件。广肩，肩部较平，鼓腹。

标本M41：3，小直口，圆腹，圜底，圈足；覆盘形器盖。腹部图案大致分两部分，中以黄色块或黄色圆点带状图案相间隔。上部分饰勾连云雷纹和花萼纹。下腹部为向上的三角形和向下的叶形图案，两者相互交错。均以朱线勾边，内填黄色色块或黄色圆点。口径10、足径11.5、器高19.8厘米（图七八，1）。

Ⅱ式：1件。广肩，肩部外鼓，弧腹。

标本M44：6，小直口，矮领，平底内凹。器表施彩绘。口径7.6、底径9、器高15厘米（图七八，2）。

Ⅲ式：1件。广肩，肩部略斜，弧腹。

标本M75：12，泥质灰陶。敛口，方唇，圈足。肩、腹饰凹弦纹七周，并饰红、白彩。口径12、底径15.6、器高22.8厘米（图七八，3）。

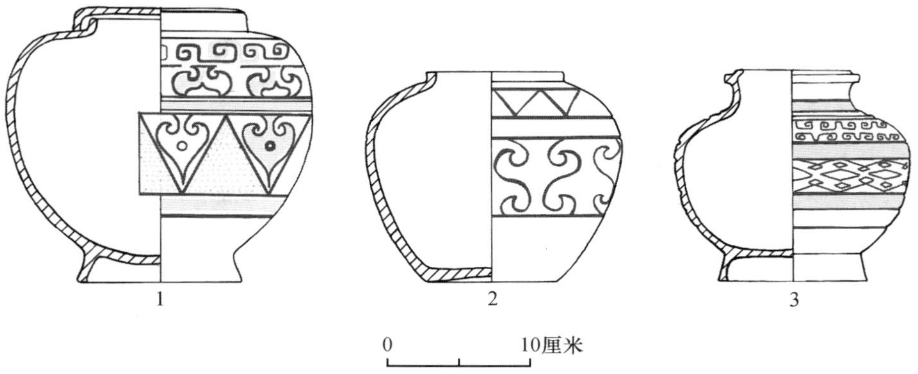

图七八　陶浴缶

1. Ⅰ式（M41：3）　2. Ⅱ式（M44：6）　3. Ⅲ式（M75：12）

（二）铜器

马沱墓地出土铜器共58件，主要分为容器、兵器、车马器、棺饰四类，以兵器与棺饰为主；容器仅铜盘1件；棺饰为棺木上残余，部分形制不清晰；而兵器是最能体现时代特征的器物。故本节对铜兵器的形制进行类型划分。

1. 剑

7件。除1件仅存剑柄，其余6件均保存较好。根据格、茎、首的不同可分为两型。

A型　2件。直茎型。

标本M129：1，圆首、圆茎中空，剑身修长，断面呈扁菱形，双面刃，尖锋。剑柄侧有透孔，剑身残存有编织物及木纹痕，可能为剑鞘或包裹物。通长42厘米（图七九，1）。

B型　4件。凹形格，扁柱状实茎，有双箍。根据器身演变可分为两式。

Ⅰ式：2件。格偏窄，剑身前段收分明显。

标本M85：1，圆首、圆茎中空，剑身修长，断面呈扁菱形，双面刃，尖锋。身与茎间有格。柄部残留包裹物痕。通长43厘米（图七九，2）。

Ⅱ式：2件。格稍宽，剑身无收分。

标本M65：1，圆茎、圆首，双箍，茎身间有格，剑身修长，尖锋，剑身断面呈菱形。通长45厘米（图七九，3）。

2. 戈

5件。其中1件破损严重无法确认形制，其余4件根据整体形制不同可分为两型。

A型　2件。援较宽，较平。

标本M77：9，直内戈，长胡，胡上三穿，内上一穿，双面刃，尖锋。通长30、胡长10.8厘米（图七九，8）。

B型　2件。援长而窄，略弧，内与胡也较A型窄。

标本M77：3，直内戈，长胡，胡上三穿，内上一穿，援身较长，双面刃，尖锋。通长23、胡长9.9厘米（图七九，9）。

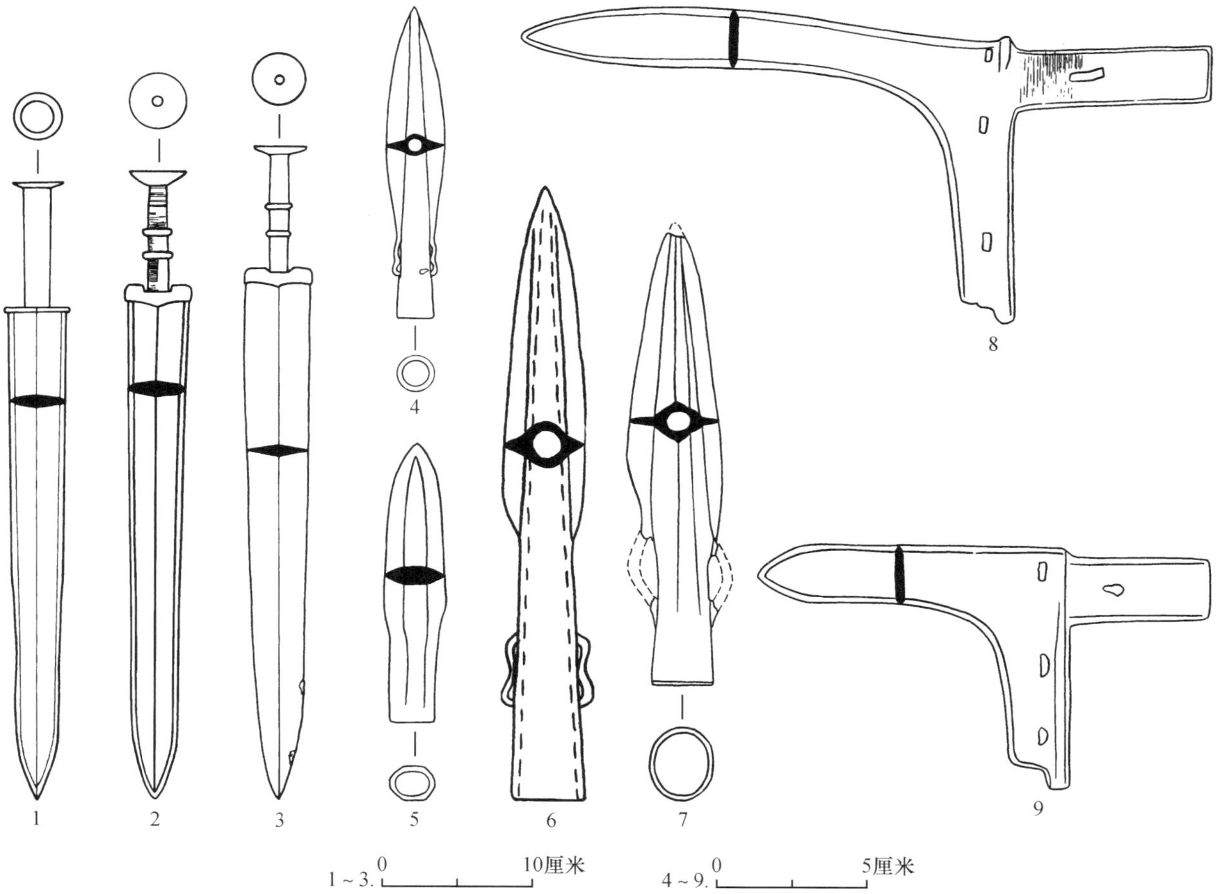

图七九　铜兵器

1. A型铜剑（M129：1）　2. B型Ⅰ式铜剑（M85：1）　3. B型Ⅱ式铜剑（M65：1）　4. A型铜矛（M104：1）　5. B型Ⅰ式铜矛（M77：1）　6. B型Ⅱ式铜矛（M85：17）　7. C型铜矛（M77：15）　8. A型铜戈（M77：9）　9. B型铜戈（M77：3）

3. 矛

9件。其中1件破损严重无法确认形制，1件仅余矛柄，其余7件根据整体形制不同可分为三型。

A型　1件。长铰矛。

标本M104：1，尖锋斜直刃，中脊凸出，骹部有双弓形耳。銎部有纹饰。通长20.8厘米（图七九，4）。

B型　5件。短铰宽叶矛。根据叶的变化可分为两式。

Ⅰ式：4件。叶较宽。

标本M77：1，柳叶形矛身，中脊凸出，双面弧刃，叶后部斜收，双弓形耳，骹中空与矛身相通。通长15.5厘米（图七九，5）。

Ⅱ式：1件。叶略窄。

标本M85：17，矛身似柳叶形，弧刃，叶后部斜收，双弓形耳，骹中空与矛身相通，骹与身相连处有圆孔。銎部有不规则孔。通长21.6厘米（图七九，6）。

C型　1件。短铰无叶矛。

标本M77：15，柳叶形矛身，中脊凸出，双面弧刃，骹中空与矛身相通。通长9.5厘米（图七九，7）。

第五节　墓葬分期与年代推断

马沱墓地清理的31座东周墓葬，未见有明确的纪年材料，故我们仅根据墓葬形制与随葬器物对墓葬分期与年代进行判断。

一、墓葬分期

依据陶器和铜器的形制特征与组合关系的类型学分析，本报告将这批东周墓葬分为三期。

（一）第一期

属于本期墓葬的有M71、M77、M124、M126等4座墓。陶器主要为鼎、豆、壶、敦、鬲、盂、罐等，陶器组合以鼎为核心，鼎、豆、壶、敦组合已经形成。铜器为戈、矛。本期陶器有AⅠ式鼎、BⅠ式鼎、BⅠ式豆、CbⅠ式豆、A型壶、Ⅰ式敦、Ⅰ式鬲、BⅠ式罐、盒等。铜器有BⅠ式矛、C型矛、A型戈、B型戈、铃、车马器等。本期陶器器型特征明显，鼎腹部较深，呈盆形；豆盘较深，柄与第二期相比较短；敦口径略大于或等于器身径，整体略扁近圆；壶整体偏小，素面，彩绘纹饰较少，弧腹，与第二期壶差别较大；鬲弧裆明显，裆部较高；罐整体略扁，肩部外鼓。铜兵器中戈、矛特征也较为清晰，戈有两种类型，一类援、内与胡都较宽，一类较窄，但主体形制相似；矛为短铰宽叶矛。墓葬形制除M124为斜坡墓道土坑墓外，其余均为竖穴土坑墓。

（二）第二期

属于本期墓葬的有M35、M85、M104、M115、M123、M125等6座墓。陶器主要为鼎、豆、壶、敦、鬲、盆、甑等，彩绘陶器较多，陶器组合以鼎、豆、壶、敦为核心。铜剑开始出现，兵器有剑、矛两类。本期陶器有AⅡ式鼎、BⅡ式鼎、BⅠ式豆、BⅡ式豆、CbⅡ式豆、Ⅰ式敦、BⅠ式壶、A型罐、BⅡ式罐、Ⅱ式鬲、盘、盆、甑、釜等。铜器有BⅠ式剑、A型矛、BⅡ式矛等。相比较第一期，本期陶器腹部变浅，器身变高。鼎上腹略直，下腹弧收；豆盘变浅，柄较细高；敦口径小于器身径；壶整体瘦高，器身多数饰有彩绘；鬲仍为弧裆；釜、甑搭配组合出现；罐与第一期相比，肩部略外鼓，最大腹径下移。铜剑剑格偏窄，剑身前段收分明显；矛叶较第一期略窄。墓葬形制均为竖穴土坑墓，部分墓葬出现熟土二层台。葬具主要分为一棺一椁与单棺两类。

（三）第三期

属于本期墓葬的有M13、M15、M41、M44、M53、M65、M75、M83、M84、M86、M102、M121、M122、M129等14座墓。陶器随葬仍延续第二期的以鼎、豆、壶、敦为核心的器物组合，新出现盉、浴缶等器型。本期陶器有AⅢ式鼎、BⅢ式鼎、BⅣ式鼎、CⅠ式鼎、CⅡ式鼎、Aa型豆、Ab型豆、BⅢ式豆、CaⅠ式豆、CaⅡ式豆、CbⅢ式豆、Ⅱ式敦、BⅡ式壶、BⅢ式壶、BⅡ式罐、Ⅲ式鬲、Ⅳ式鬲等。铜器有A型剑、BⅠ式矛、钺、削等。本期陶鼎与第二期相比腹更浅，微外鼓，圜底近平，出现一类壶形鼎；豆盘更浅，出现一类扁腹壶形豆，豆柄较高；敦器身更为修长；壶腹部圆鼓，腹最大径在中部，器身饰以繁缛彩绘纹饰；鬲裆部较平；盉、浴缶等陶礼器开始出现。铜钺作为兵器与剑组合出现。墓葬形制均为竖穴土坑墓，墓内修筑二层台现象较多。葬具主要为一棺一椁、单椁、单棺三类，且以单棺者居多，平面多呈亚字形，部分葬具底部有垫木。

二、年代推断

马沱墓地清理共清理31座东周墓葬，由于其中7座未随葬器物而无法进行分期，本报告只对参加分期的24座墓葬进行年代推断。根据随葬的鼎、豆、敦、壶组合及器物特征可判断其为典型的楚式墓葬。

第一期墓葬内已开始出现以鼎、豆、敦、壶为核心的陶礼器组合。其墓内出土的典型器物中，AⅠ式鼎与当阳赵家湖[①]战国墓随葬的DⅢ式鼎（JM42：9）、当阳岱家山[②]战国墓随葬的CⅠ式鼎（M164：3）形制相似；BⅠ式鼎与当阳赵家湖战国墓随葬的DⅢ式鼎（YM4：9）形制相似；BⅠ式豆与当阳赵家湖战国墓随葬的CⅡ式豆（JM97：4）、江陵九店[③]战国墓随葬的BⅡ式豆（M510：1）形制相似；CbⅠ式豆与当阳赵家湖战国墓随葬的BⅠ式豆（LM3：1）形制相似；A型壶与当阳岱家山战国墓随葬的EⅡ式壶（M124：2）形制相似；Ⅰ式敦与当阳岱家山战国墓随葬的Ⅲ式敦（JM239：1）形制相似；Ⅰ式鬲与当阳赵家湖战国墓随葬的DⅢ式鬲（LM15：3）形制相似；BⅠ式罐与江陵九店战国墓随葬的Ⅰ式罐（M89：1）形制相似。经对比梳理，赵家湖M164、LM3、LM15年代为春秋晚期，而岱家山M124与江陵九店M89、M510年代均为战国早期。综合分析，该期墓葬年代应为春秋晚期至战国早期。

第二期6座墓葬内陶器组合主要以鼎、豆、壶、敦为核心。其墓内整体典型器型形制多延续第一期，BⅡ式鼎与当阳赵家湖战国墓随葬的AaⅣ式鼎（M167：1）形制相似；BⅡ式豆与江陵九店战国墓随葬的A型盖豆（M23：18）形制相似；CbⅡ式豆与当阳赵家湖战国墓随葬的BⅡ式豆（JM42：7）形制相似；BⅠ式壶与当阳岱家山战国墓随葬的BⅠ式壶（M153：4）形制相似。当阳岱家山M153年代为战国中期，当阳赵家湖JM42年代为战国早期偏晚，故该期年代应为战国中期。

第三期13座墓葬内陶器组合仍以鼎、豆、壶、敦为核心，彩绘陶器较多。AⅢ式鼎与当阳赵家湖战国墓随葬的EⅣ式鼎（JM135：3）、当阳岱家山战国墓随葬的BaⅤ式鼎（M139：3）形制相似；BⅣ式鼎与云阳李家坝[④]战国墓随葬陶鼎（M33：2）、益阳罗家嘴[⑤]战国墓随葬的AⅠ式鼎（M81：5）相似；C型鼎与江陵九店战国墓随葬的Ⅱ式鼎（M612：2）形制相似；Ab型豆与万州大坪[⑥]战国墓随葬的Ⅶ式豆（M115：2）形制相似；CbⅢ式豆与云阳李家坝战国墓随葬的AⅢ式豆（M18：1）形制相似；Ⅱ式敦与当阳赵家湖战国墓随葬的Ⅴ式敦（JM202：3）形制相似；BⅡ式壶与当阳赵家湖战国墓随葬的AⅡ式壶（JM229：6）形制相似；M13铜匕与当阳赵家湖战国墓随葬的Ⅱ式匕（JM152：2）形制相似，铜剑形制也与墓葬所出的战国晚期剑形制相似。当阳赵家湖JM135、JM152、JM202、益阳罗家嘴M81、江陵九店M612等几座墓葬均为战国晚期，部分为战国晚期早段，据此推断该期墓葬时代应为战国晚期。

---

① 湖北宜昌地区博物馆等：《当阳赵家湖楚墓》，文物出版社，1992年。下文关于赵家湖楚墓资料均出自本书。

② 湖北省宜昌博物馆：《当阳岱家山楚汉墓》，科学出版社，2006年。下文关于岱家山楚墓资料均出自本书。

③ 湖北省文物考古研究所：《江陵九店东周墓》，科学出版社，1995年。下文关于江陵九店楚墓资料均出自本书。

④ 四川大学文化历史文化学院考古系等：《云阳李家坝东周墓地发掘报告》，《重庆库区考古报告集》（1997卷），科学出版社，2001年。

⑤ 湖南省文物考古研究所：《益阳罗家嘴楚汉墓葬》，科学出版社，2016年。

⑥ 益阳市文物管理处等：《万州大坪墓群2001年度发掘简报》，《重庆库区考古报告集》（2001卷），科学出版社，2007年。

第三章 汉代墓葬

云阳马沱墓地发现的汉代墓葬共78座，分布在第一至第三发掘象限内。其中第一象限内有21座、第二象限内有13座、第三象限内有44座。本章集中对这78座汉代墓葬的资料逐一报告。

第一节 墓葬资料

一、M1

（一）发掘地点

位于第一象限、T12304内，墓室上部破坏严重。

（二）形制与结构

墓葬原始开口距地表深度不详。长方形竖穴土坑墓，直壁，平底。长2.44、宽1.2米，残深0.16米。方向27°（图八〇；图版一五，1）。

墓内填土为黄褐色花土，土质较软，结构疏松，含少量料姜石颗粒、少量汉代泥质灰陶片。

葬具不详。

人骨1具，腐朽严重，仅存部分骨架，具体信息不详；未见铜陵葬具痕迹。

（三）出土遗物

在墓室东南部发现陶器、铜器共5件。陶器以泥质灰陶为主，保存较差，部分仅可辨器型，无法进行修复，可辨器型有壶、釜、罐、甑；铜器为铜鍪。

陶器 4件。

壶 1件。标本M1：2，泥质灰陶，轮制。口及颈均残。溜肩，扁圆腹，下腹弧收，平底，喇叭形圈足微内收。肩部饰凹弦纹。足径14.4、残高14厘米（图八一，3）。

罐　1件。标本M1：5，泥质灰陶，侈口，卷沿，圆唇，鼓肩，弧腹，大平底。肩部饰凹弦纹两周。口径9.5、底径11.5、高10.5厘米（图八一，1；图版一五，2）。

釜　1件。标本M1：4，夹细砂灰陶，轮制。侈口，平沿，圆方唇，束颈，折肩，弧腹，圜底。肩部饰凹弦纹，腹部拍印绳纹。口径14.5、高15.2厘米（图八一，2；图版一五，3）。

甑　1件。标本M1：1，泥质灰陶。破损严重、未能修复。

铜器　1件。

鍪　1件。标本M1：3，侈口，斜折沿，弧束颈，折肩，弧腹、凸圜底近平，折肩处有对称饰两圆环耳，腹饰一道凸棱。口径14、高14.4厘米（图八一，4；彩版五，1）。

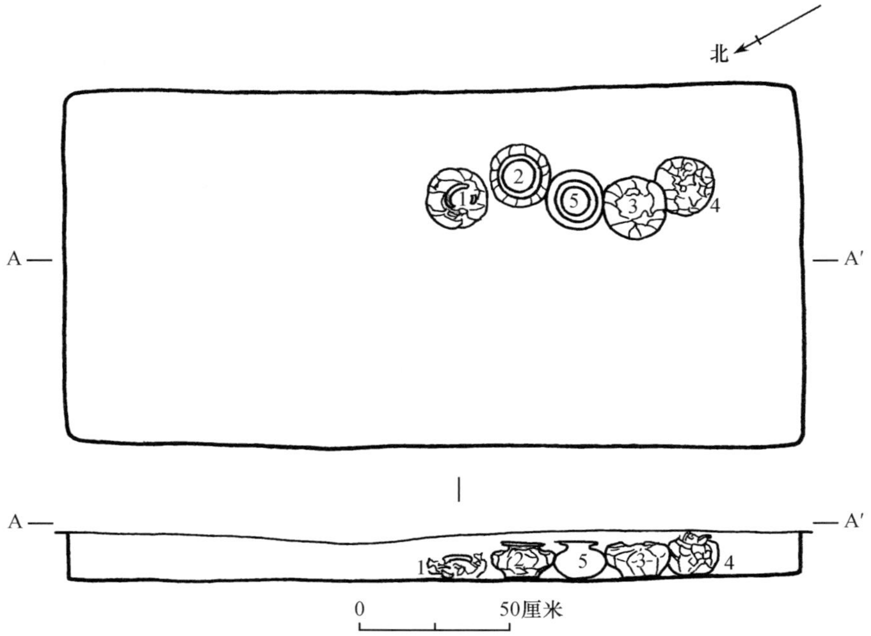

图八〇　M1平、剖面图
1. 陶甑　2. 陶壶　3. 铜鍪　4. 陶釜　5. 陶罐

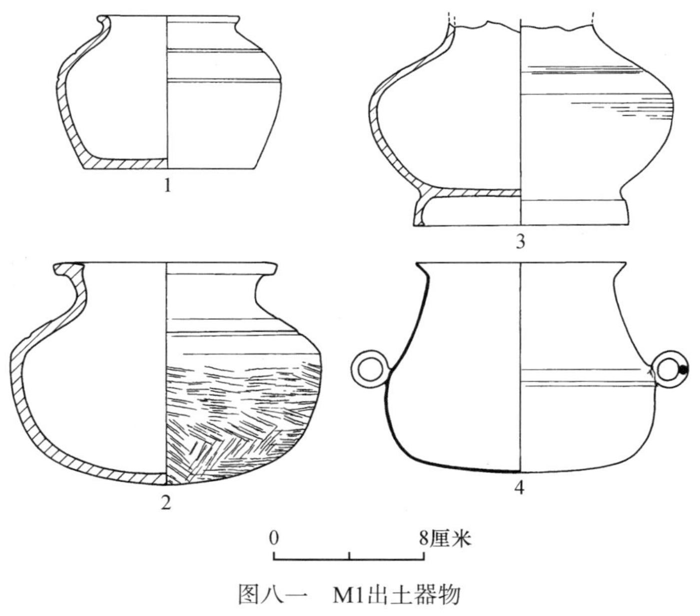

图八一　M1出土器物
1. 陶罐（M1：5）　2. 陶釜（M1：4）　3. 陶壶（M1：2）　4. 铜鍪（M1：3）

二、M2

（一）发掘地点

位于第一象限，T12408、T12407、T12308、T12307内，其北面接陡坡，南临江湾，北高南低。

（二）形制与结构

为长方形墓道竖穴土坑墓，由墓道和墓室两部分组成。方向148°。墓葬遭严重盗扰，墓室东北角、西北角各有一盗洞，分别延伸至墓室底部；墓道近墓室处另有一圆形盗洞，直抵墓门口底部（图八二；彩版五，2）。

墓道位于墓室南端西侧，长方形斜坡墓道。墓道口长5、宽1.6～1.75米，墓底长4.8、宽1.7米，深1.2～2.8米。墓道填土为黄褐色花土，土质较软，结构较疏松，含石块、料姜石颗粒、蜗牛壳、田螺壳等，并见蚌壳残片及植物根系等，未见陶片。

墓室为长方形竖穴土坑。因地处坡地和重力作用的挤压，整体形制已有所改变，现状已不甚规整，四壁向内弧，底部略向外张，四周残存生土二层台。墓室口部长5、宽4米，墓底长4.6、宽3.4米，深3～3.6米。墓室内填土为夯土，夯层0.15～0.25米，未见夯窝，可能为平夯。夯土多为黄灰色花土，含料姜石颗粒、石块等，部分区域土质较软，结构疏松，见有极少的泥质灰陶碎片等。

墓底生土二层台宽0.2～0.3米，高0.4米。

葬具具体信息不详，根据墓底周围的朽木痕迹，尚可判断其葬具应为一椁一棺。

墓室中部发现有人骨架痕迹，因被扰乱严重，具体信息不可辨，只能根据残余牙齿及部分骨骼痕迹判断为单人葬，头向东北。

（三）出土遗物

该墓葬规模较大，随葬器物较多，墓室内到时处见有随葬品。尽管历经数次被盗且部分器物无法起取或破碎严重而不辨其形，可辨器物仍超过200件，另出土钱币900余枚。随葬器物包括铜器、金银器、铁器、陶器、釉陶器、石质器、漆器等不同质地类别，种类涉及生活用具、生产工具、兵器、车马器、模型礼器等。

釉陶器　18件。

鼎　2件。泥质红陶。子口微敛，圆唇，扁圆腹，平底；下接三蹄状足；腹两侧对称贴附两个方孔方耳，耳端向外弧撇；器盖为弧顶，母口，顶部有对称三穿孔尖状纽。器腹、器盖通体施绿釉，内壁通施酱红色釉；足外侧亦施绿色釉，足端及足内侧面均饰酱红色釉；绿色釉脱

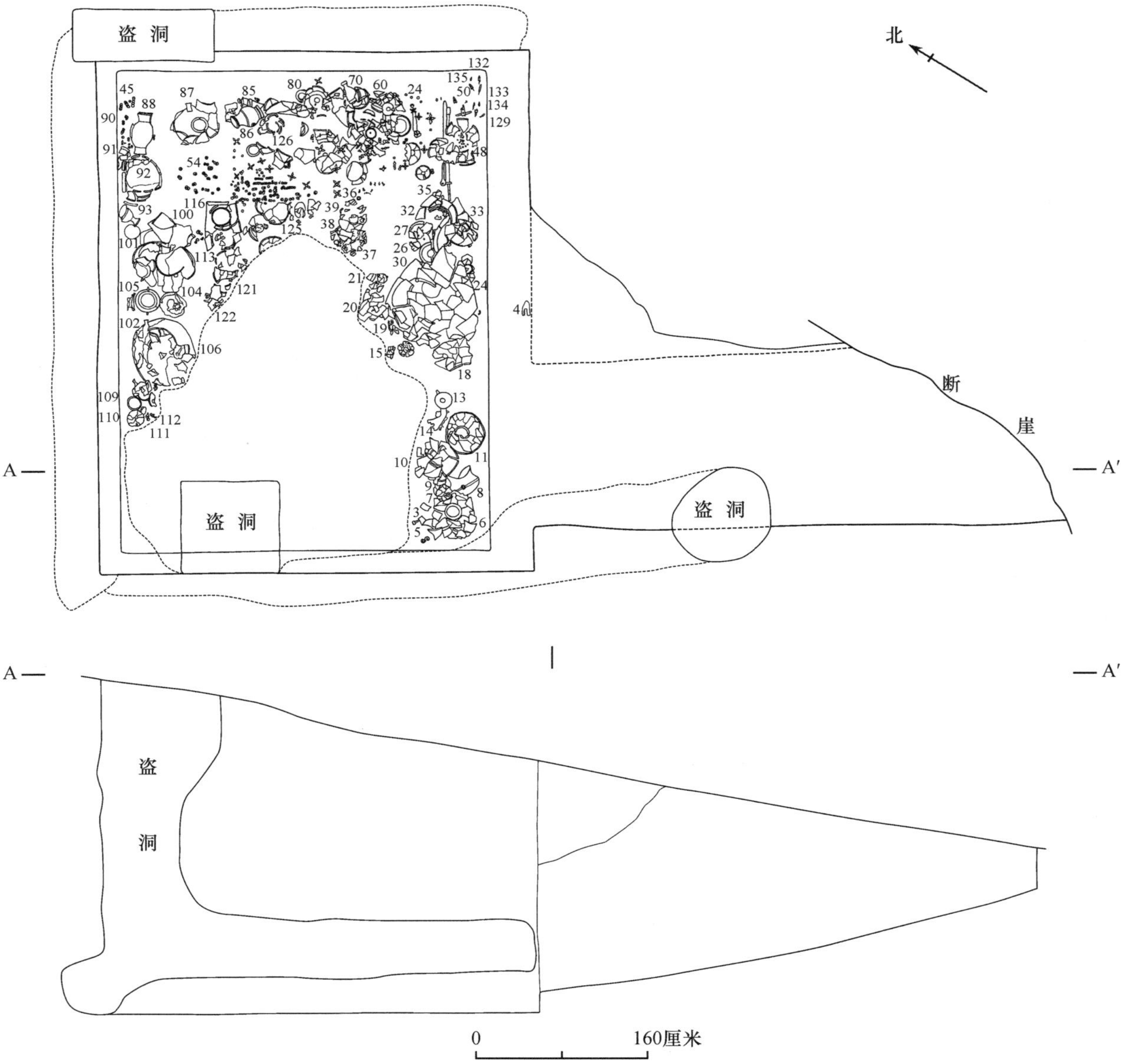

图八二　M2平、剖面图

1、41、42. 陶饰件　2、3、7、36、41. 陶钵　4. 铁锸　5、17. 陶灯　6、11、18、20、22、33、39、65、66、69、87、105、121、126. 陶罐　8、74. 铜釜　9、27、29. 陶鼎　10、28、32、64. 陶壶　12 ~ 14、19、25、26、30、44、55 ~ 57. 铜饰件　15、21、85. 釉陶卮　16、81. 釉陶博山炉　23. 釉陶釜　24. 铜泡钉　31、108. 釉陶鼎　34、100. 陶瓮　35、93、94、106. 铜车軎　37、38、58、68、77、82、124、125、136. 陶盆　40、48、116、122. 陶甑　43. 铜盖弓帽　45、46、95、96. 铜环　47、76、79、109. 陶仓　49. 铜弩机　50、51、131 ~ 135. 铜镞　52、62. 铁刀　53. 铁剑　54. 铜钱　59. 磨光陶片　60、70、71、86. 釉陶壶　61. 釉陶鍪　63. 石圭　67、78. 陶盒　72. 釉陶甑　73、83、99. 釉陶盆　75. 铜镜　80、110、137. 陶器盖　84、115、117、120、138. 陶釜　88. 铜钫　89. 漆卮　90、96. 铜车轙　91. 釉陶盆　92. 铜盘　97. 铜辖　98、123. 陶豆　101、102. 铁釜　103. 铜鍪　104. 铜蒜头壶　107. 铜洗　111 ~ 114. 陶器盖纽　118. 陶勺　119. 陶灶　127. 牙齿　128. 漆器　129、130. 铁镞

（因器物破碎严重且被遮挡，图中序号不全）

釉较甚，而酱色釉均釉色均匀且不脱釉。盖顶饰多道凹弦纹，类似瓦棱状，腹部饰一周凸弦纹。标本M2：31，口径14、底径11、高19厘米（图八三，1）。标本M2：108，口径17.2、底径12、高20.2厘米（图八三，2；彩版六，1）。

盒　3件。泥质红陶，子母口上下扣合。器表施绿色釉或姜黄色釉，器内壁施酱色釉。标本M2：99，子母口，圆唇，弧折腹，圜底，矮圈足。腹壁饰多道凹弦纹。器盖为弧腹，近平顶，圆形捉手。口径16.6、足径9.9、高19.6厘米（图八三，3）。标本M2：83，仅余盒盖。母口，方唇，弧腹，近平顶，上接圈足形捉手。饰多道凹弦纹。口径21.2、高9.8厘米（图八三，4）。标本M2：73，仅余盖，顶已残。口径15.8厘米。

壶　4件。泥质红陶。盘口，方唇，束颈，溜肩，圆鼓腹，平底、矮圈足。标本M2：60，仅存壶盖，低弧顶，子口，圆唇。器表施酱色釉。口径9.4、高3.2厘米（图八三，7）。标本M2：70，口部类似蒜头壶，高圈足。器表施绿釉，内壁及底部施酱色釉，施釉不匀，有滴釉现象。颈部有凸弦纹一周，足部饰凹弦纹两周。口径4.7、底径9.5、高21.2厘米（图八三，5；彩版六，3）。标本M2：71，圈足极矮且外撇，盖顶部中央饰乳凸状纽和柿蒂纹，周围另附三兽形立纽。口径15.6、底径15.6、高41.1厘米（图八三，8）。标本M2：86，高圈足。肩部对称贴附二铺首衔环；盖低平，子母口，盖顶中央有乳状纽。器表施釉不匀，内壁及壶底施酱色釉。肩、腹及圈足部有凹弦纹数周。口径11、底径11.4、高27.7厘米（图八三，9；彩版六，2）。

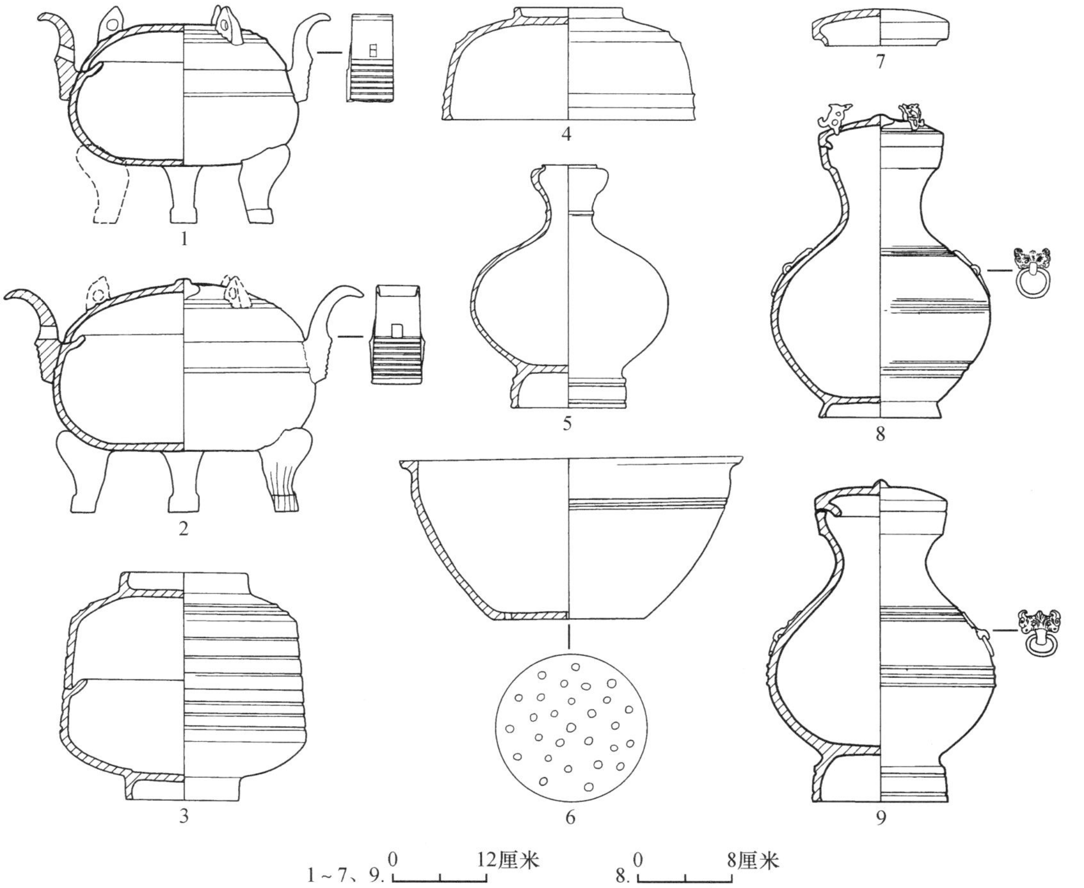

图八三　M2出土釉陶器（一）

1、2. 釉陶鼎（M2：31、M2：108）　3、4. 釉陶盒（M2：99、M2：83）　5、7～9. 釉陶壶（M2：70、M2：60、M2：71、M2：86）　6. 釉陶甑（M2：72）

鍪　1件。标本M2∶61，泥质红陶，器表施绿釉，内为半釉，底无釉。器形似铜鍪，侈口，圆唇，束颈，溜肩，弧折腹，圜底近平，肩腹相交处对称贴附两个环形立耳。腹部饰凹弦纹数周。口径9.6、高9.5厘米（图八四，5）。

釜　1件。标本M2∶23，泥质红陶，器表施浅绿色釉，内壁施酱色釉。直口，方唇，圆肩，鼓腹，下腹弧收，小平底。肩部贴附二对称横向泥条，似为横耳；另肩部竖向贴饰四道泥条装饰。器表多见有轮修痕迹。口径14.3、底径9、高13.3厘米（图八四，2；彩版六，4）。

甑　1件。标本M2∶72，泥质红陶，器表施绿釉，器内壁施酱色釉。平折沿，厚方唇，深弧腹，平底。底部有圆孔25个。腹部近沿处饰凹弦纹数周。口径28.5、底径12.3、高14厘米（图八三，6；彩版六，5、6）。

图八四　M2出土釉陶器（二）

1、3. 釉陶博山炉（M2∶16、M2∶81）　2. 釉陶釜（M2∶23）　4. 釉陶盆（M2∶91）　5. 釉陶鍪（M2∶61）　6～8. 釉陶卮（M2∶15、M2∶21、M2∶85）

盆 1件。标本M2：91，泥质红陶胎，器表施绿釉，内壁施酱色釉。折沿上翘，弧折腹，平底微内凹，极矮圈足。沿下及腹中部饰凹弦纹。口径29.4、底径11、高6厘米（图八四，4）。

博山炉 2件。泥质红陶胎，器表施绿色釉，内壁施酱色釉。由炉身与盖两部分组成。标本M2：16，喇叭形高柄豆形炉身，下为喇叭形足，细柄，上接扁方形腹炉斗，敛口，圆唇，近平底。圈足与柄中空直抵斗底部。盖为圆锥形博山盖，以母口与斗相接，以高浮雕手法表现出博山形制。底足径12、斗径10.5、高23.8厘米（图八四，1）。标本M2：81，炉座为盘形，中有立柱，上承炉斗，炉斗上承盖。底盘身敞口，斜折沿，平底，底部中空与立柱相通。炉斗为子母口圆唇，方形腹，圜底。盖为圆锥形博山盖，下以母口与炉斗相接，盖壁雕刻出山峦、云气等。底部盘径19.5、底径9.8、炉斗口径9.2、高19厘米（图八四，3）。

卮 3件。泥质红胎，器表满施绿釉（底部及足内壁不施釉），器内壁一般施酱色釉。整体形制似鋬耳的三足筒形杯。直口，方唇，直腹，平底，底外接三矮蹄足，上腹接单鋬耳。标本M2：15，腹部外饰凹弦纹数周。口径10.2、底径9.5、高11厘米（图八四，6）。标本M2：21，内壁未施釉。素面。口径11、底径10.5、高12.6厘米（图八四，7）。标本M2：85，腹壁饰三组凹弦纹。口径11.4、底径10.5、高14.2厘米（图八四，8）。

陶器 69件。

鼎 3件。泥质灰陶，形制基本相同。子母口，方唇，圆腹，圜底，下接三长蹄足，足端外撇较甚，腹部贴附两对称扁方U形耳，耳斜直外侈；盖为母口，弧顶近平，上附三个对称乳状纽。腹部多饰有凸弦纹一道。标本M2：9，口径18.6、高23厘米（图八五，1）。标本M2：27，耳残。口径17.5、高21.7厘米（图八五，4）。标本M2：29，口径16.8、高21厘米（图八五，2）。

盒 2件。标本M2：67，泥质黑皮陶，红胎，火候较低。子母口，方唇，深弧腹，圜底，喇叭形圈足，器盖与器腹形态基本相同，整体器形饱满。口径17、足径8.2、高21厘米（图八六，11）。标本M2：78，泥质灰陶。子母口，圆方唇，球形腹，圜底，喇叭形矮小圈足，盖与腹形制基本相同。口径18.8、足径7.4、高18.2厘米（图八六，12；图版一六，1）。

壶 4件。泥质红陶。盘口，束颈，方唇，溜肩，鼓腹，矮圈足；肩部对称贴附铺首衔环；盖底平，其上有三孔，应插放有纽；肩、腹部饰凹弦纹数周。标本M2：10，口径16.5、底径19.2、高41.5厘米（图八五，3）。标本M2：28，口径13.8、底径8.3、高31.5厘米（图八五，5）。标本M2：32，破损严重。标本M2：64，口径17、底径18、高34.5厘米（图八五，6）。

罐 14件，修复13件。修复后陶罐根据形态不同可分为圜底罐、折肩折腹平底罐与弧肩弧腹罐三类。

圜底罐 5件。泥质灰陶。小口，圆唇，平折沿，矮领，广肩，扁圆腹，腹部饰绳纹，肩腹相交处饰凹弦纹。标本M2：6，口径14.7、高22.8厘米（图八六，1）。标本M2：11，口径15、高24.7厘米（图八六，2；图版一六，2）。标本M2：66，口径15.3、高24厘米（图八六，3）。标本M2：87，斜肩。口径15.3、高27.7厘米（图八六，4；图版一六，3）。M2：105，口径14.5、高16.4厘米（图八六，5）。

折肩折腹平底罐 5件。泥质灰陶。小口，厚方唇，矮领，折肩折腹，平底。标本M2：20，领较矮。折肩处饰刻划纹一周，中腹偏下部遗有绳纹痕，经刮抹。口径14.5、底径

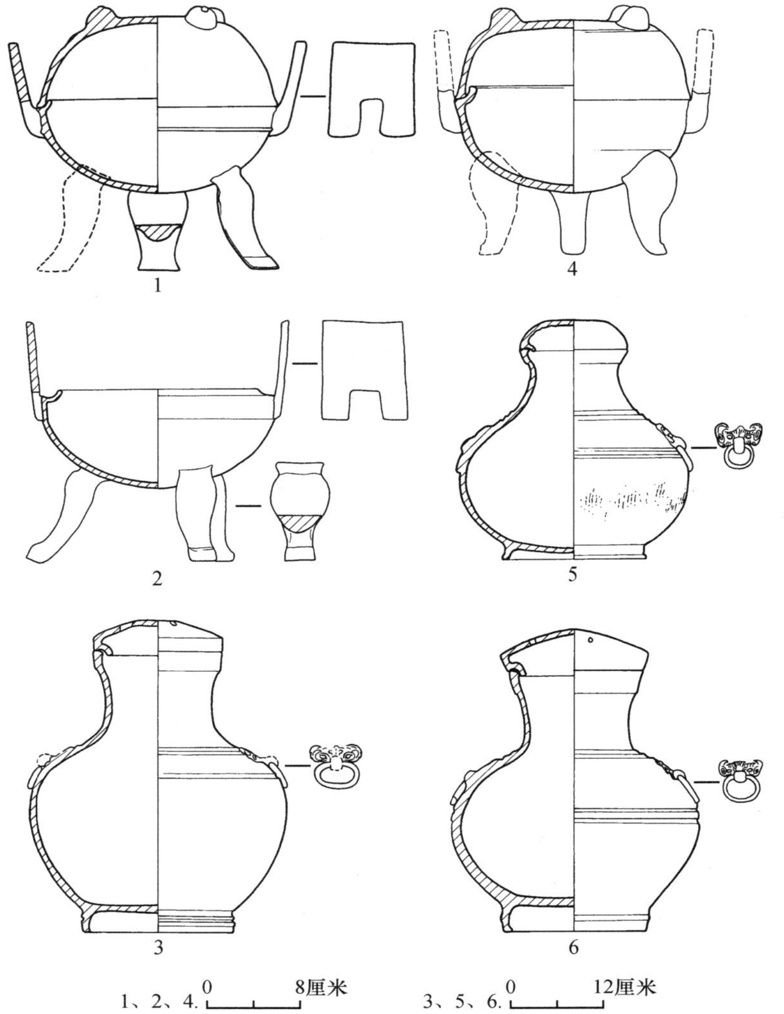

图八五　M2出土陶器（一）

1、2、4. 陶鼎（M2：9、M2：29、M2：27）　3、5、6. 陶壶（M2：10、M2：28、M2：64）

16.5、高14.6厘米（图八六，6）。标本M2：22，领稍高。中腹部原应饰有绳纹，似后经擦抹。口径13.2、底径14、高15.3厘米（图八六，7）。标本M2：69，口径14、底径16.5、高15.2厘米（图八六，10）。标本M2：121，肩部较窄。肩腹部饰凹弦纹数周。口径15、底径13.5、高14.6厘米（图八六，9；图版一六，4）。标本M2：126，领稍高。折肩处饰一周刻划纹，折腹处饰绳纹，似被抹擦。口径13、底径14、高18厘米（图八六，8；图版一六，5）。

弧肩弧腹罐　3件。小口，圆唇，弧肩，弧腹，平底。标本M2：33，泥质灰陶。口径7、底径5、高8.1厘米（图八七，1）。标本M2：39，泥质灰陶。肩部饰凹弦纹数周。口径11、底径13.5、高13.7厘米（图八七，2；图版一六，6）。标本M2：65，夹砂灰陶。腹部饰绳纹与凹弦纹。口径12、底径13、高15.2厘米（图八七，3）。

盆　9件。泥质灰陶。标本M2：37，平折沿，折腹，平底。素面。口径27.7、底径11、高6.8厘米（图八七，9）。标本M2：38，斜折沿，折腹，小平底。素面。口径27.8、底径10、高7.6厘米（图八七，8）。标本M2：58，宽平折沿，尖圆唇，深弧腹，平底。腹部饰有绳纹，但经抹压。口径20.7、底径10、高9厘米（图八七，4）。标本M2： 68，平折沿，弧腹，平底。

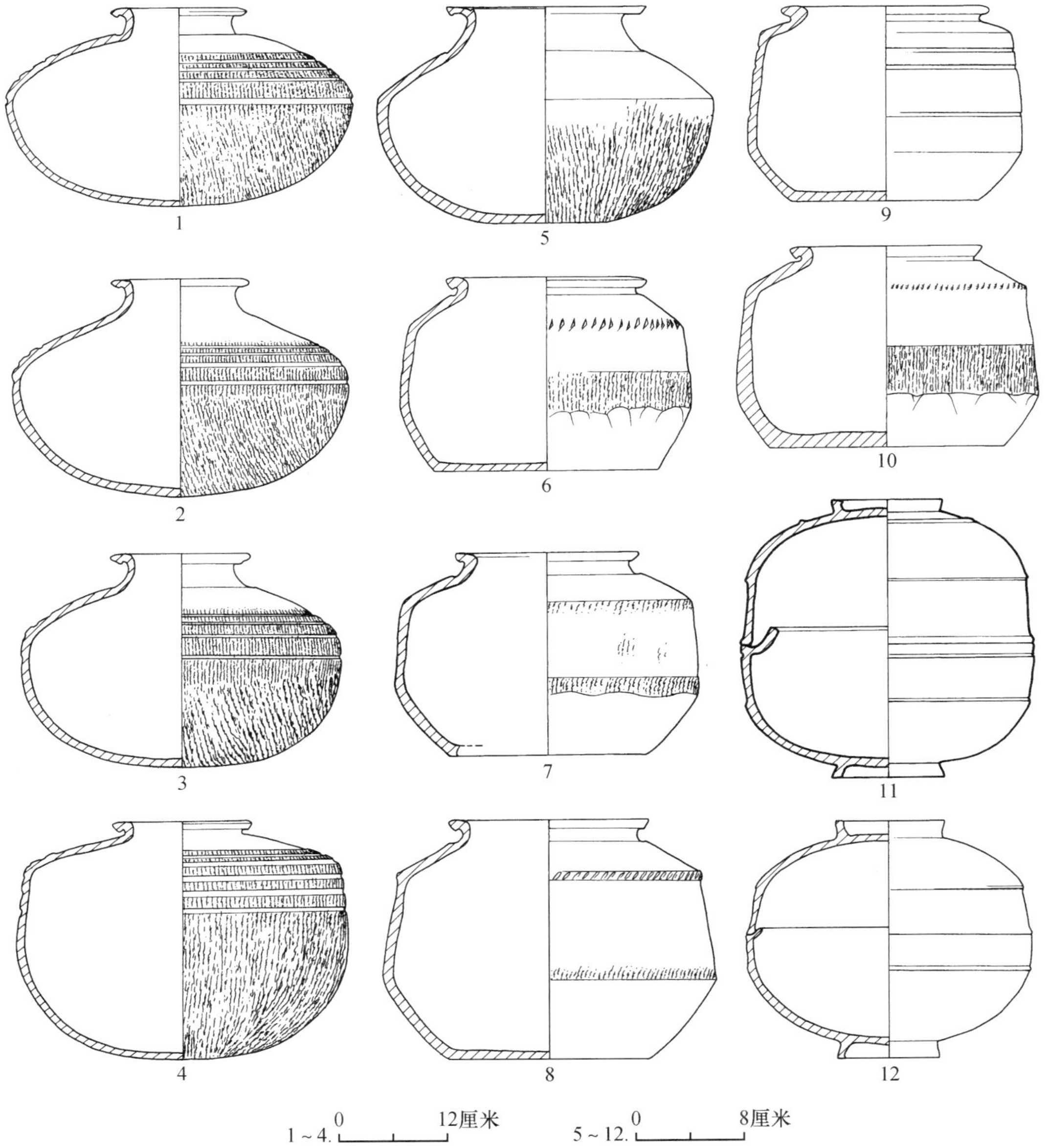

图八六　M2出土陶器（二）

1～5. 陶圜底罐（M2：6、M2：11、M2：66、M2：87、M2：105）　6～10. 陶折肩折腹平底罐（M2：20、M2：22、M2：126、M2：121、M2：69）　11、12. 陶盒（M2：67、M2：78）

素面。口径33.5、底径14.5、高14.5厘米（图八七，6）。标本M2：77，折沿近平，折腹，小平底。素面。口径28、底径10、高7厘米（图八七，10；图版一七，1）。标本M2：82，宽平折沿，折腹，上腹束勒，下腹弧收，小平底，假圈足。素面。口径27、底径11、高7.5厘米（图八七，11）。标本M2：124，平折沿，弧折腹，小平底，假圈足。素面。口径27、底径11、高6.5厘米（图八七，5）。标本M2：136，泥质黑皮陶，棕褐色胎质。平折沿，折腹，下腹弧收，近平底。素面。口径29、底径12.8、高7厘米（图八七，7）。

釜　5件。泥质或夹砂陶。直领，方唇，折肩或弧折肩，扁腹，下腹斜弧收，平底。标本M2：84，胎质灰褐色，外似为黑皮陶。折肩处对称贴附泥环，并饰刻划纹一周。口径12.5、底径13.5、高14厘米（图八七，15）。标本M2：115，微侈口，肩部饰凹弦纹两周，领及腹部

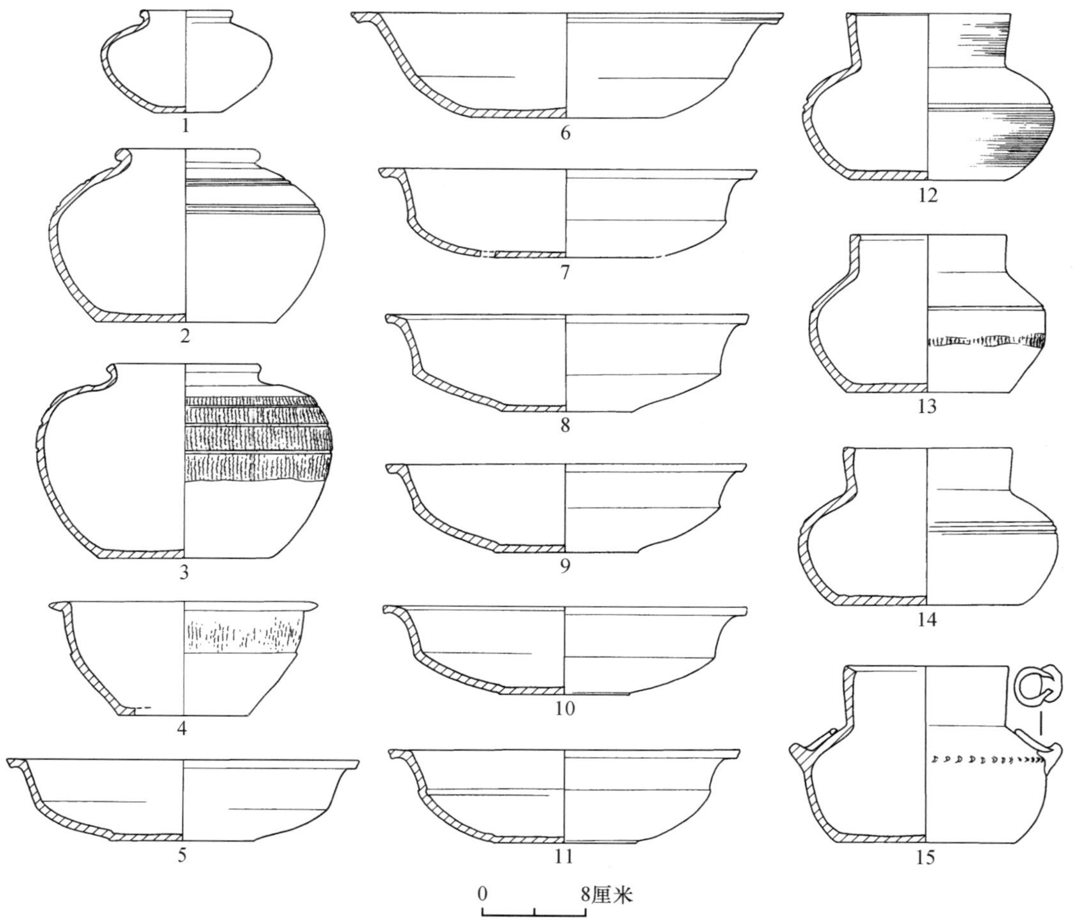

图八七　M2出土陶器（三）

1～3. 陶弧肩弧腹罐（M2：33、M2：39、M2：65）　4～11. 陶盆（M2：58、M2：124、M2：68、M2：136、M2：38、M2：37、M2：77、M2：82）　12～15. 陶釜（M2：115、M2：117、M2：120、M2：84）

有轮修痕。口径12.6、底径12、高13.2厘米（图八七，12）。标本M2：117，直口，口缘微内勾，折肩折腹，肩腹相交处饰凹弦纹一周，下腹部有绳纹被擦抹痕迹。口径12、底径12.4、高12.5厘米（图八七，13）。标本M2：120，肩腹相交处饰凹弦纹二周。口径12.8、底径14、高12.4厘米（图八七，14；图版一七，2）。标本M2：138，夹砂灰陶。侈口，折沿，溜肩。器表饰绳纹。口径18、残高8.8厘米。

甑　4件。泥质灰陶。窄折沿，弧腹，底部有孔眼。标本M2：40，器形略小。敛口，平底微内凹。底部有17个圆孔。素面。口径16.5、底径7、高6.2厘米（图八八，4）。标本M2：48，平折沿，敛口，凹圜底，底部有30个圆孔。腹部有绳纹抹擦痕。口径35.1、底径12、高20.5厘米（图八八，5）。标本M2：116，微敛口，平折沿，平底。底部有10个圆孔。素面。口径17.5、底径6、高7.6厘米（图八八，1）。标本M2：122，敛口，平底。底部有22个圆孔。素面。口径21、底径10、高9.7厘米（图八八，6）。

灶　1件。标本M2：119，泥质灰陶，长方体形。灶面上有两个圆形灶孔，灶孔中间有一近菱形孔，侧面对应灶孔有两火口，灶面上一侧有挡火墙。素面。长42、宽17、高15.5厘米（图八八，7；图版一七，3）。

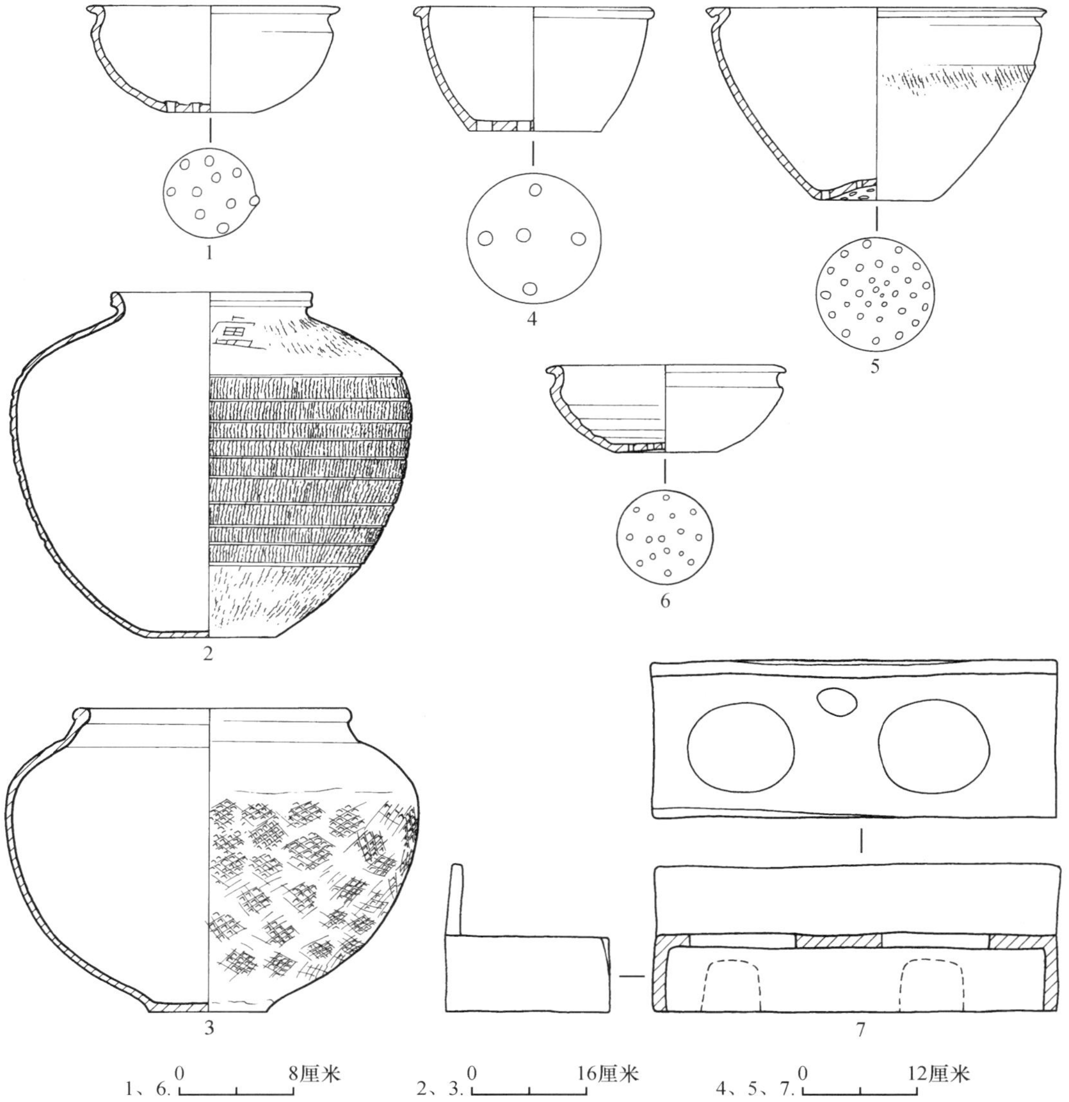

图八八　M2出土陶器（四）

1、4～6. 陶甑（M2：116、M2：40、M2：48、M2：122）　2、3. 陶瓮（M2：34、M2：100）　7. 陶灶（M2：119）

瓮　2件。泥质灰陶。小口，圆唇，鼓肩，深弧腹，小平底。标本M2：34，矮领，圆唇。肩及腹部遍饰竖向绳纹。腹部间饰凹弦纹数周。肩部刻划一“廬”字。口径27.5、底径18、高49.2厘米（图八八，2）。标本M2：100，敛口。腹部拍印有绳纹及方格纹。口径37.5、底径16.5、高43.5厘米（图八八，3；图版一七，4）。

钵　5件。泥质灰陶。敞口，圆唇，平底。素面。标本M2：2，折腹明显，腹部反弧收。口径18.5、底径6、高6.2厘米（图八九，7）。标本M2：3，弧腹。口径18、底径7、高6.4厘米（图八九，8）。标本M2：7，折腹，腹壁斜直。口径20.5、底径5、高7.6厘米。标本M2：36，折腹明显。口径13.5、底径5.5、高4.4厘米（图八九，11）。标本M2：41，折腹，上腹反收，下腹弧鼓。口径16.4、底径6、高6.5厘米（图八九，4）。

豆　2件。泥质灰陶。喇叭形圈足，深弧腹，敞口，方唇，弧盖。素面。标本M2：98，柄较矮。口径15.4、底径10.2、高14.3厘米（图八九，1；图版一七，5）。标本M2：123，柄较

图八九　M2出土陶器（五）

1、2. 陶豆（M2：98、M2：123）　3、13. 陶灯（M2：17、M2：5）　4、7、8、11. 陶钵（M2：41、M2：2、M2：3、M2：36）　5、6. 陶仓（M2：47、M2：76）　9. 陶勺（M2：118）　10. 磨光陶片（M2：59）　12. 陶器盖（M2：137）

高。口径16、底径10、高15.9厘米（图八九，2）。

灯　2件。标本M2：17，泥质灰陶。喇叭形足，细长柄，浅盘，折腹。素面。口径12、足径7.8、高8.8厘米（图八九，3）。标本M2：5，仅余足柄部。泥质红陶。喇叭形足，细柄。足径7.9、残高4.4厘米（图八九，13）。

仓　4件。泥质灰陶，形制基本相同。筒形腹，子母口，方唇，腹壁略弧，平底。覆盘式平顶盖。腹壁一般饰多道凹弦纹。口径一般为12、高一般为16厘米。标本M2：47，口径11.5、底径11.7、高16.2厘米（图八九，5；图版一七，6）。标本M2：76，口径12、底径13、高16厘米（图八九，6）。

器盖　3件。标本M2：137，泥质灰陶。敞口，圆唇，内弧腹，平底。素面。口径9.2、底径5、高2.4厘米（图八九，12）。

勺　1件。标本M2：118，泥质灰陶。椭圆形勺身，曲柄，柄尾弯勾。宽10.4厘米（图八九，9）。

磨光陶片　1件。标本M2：59，系用泥质灰陶片磨制而成的圆饼。素面。直径2.8、厚0.8厘米（图八九，10）。

陶饰件　3件。标本M2：1、M2：41、M2：42。

陶器盖纽　4件。标本M2：111～M2：114。均为陶器上装饰附件或陶器器盖上的盖纽，不再单独描述。

铜器　122件。

钫　1件。标本M2：88，胎质较薄。口、腹、足分范合铸。侈口，方唇，束颈，溜肩，弧腹，平底，方形圈足外撇；腹部两侧对称贴铸铺首衔环。素面。口径12.3、底径14、高36.2厘米（图九〇，1；彩版七，1、2）。

鍪　1件。标本M2：103，侈口，束颈，折肩，弧折腹，圜底近平；两侧对称立环耳。耳下腹壁饰凸弦纹两道。底残。口径17、环耳内径1.8厘米（图九〇，5）。

釜　2件。标本M2：8，侈口，斜折沿，束颈，折肩，弧腹，圜底；立环耳。耳下饰凸弦纹一道。出土时底部有烟炱痕，内盛有鱼骨。口径22、高15.2厘米；环耳内径3厘米（图九〇，3）。另有标本M2：74，破损严重。

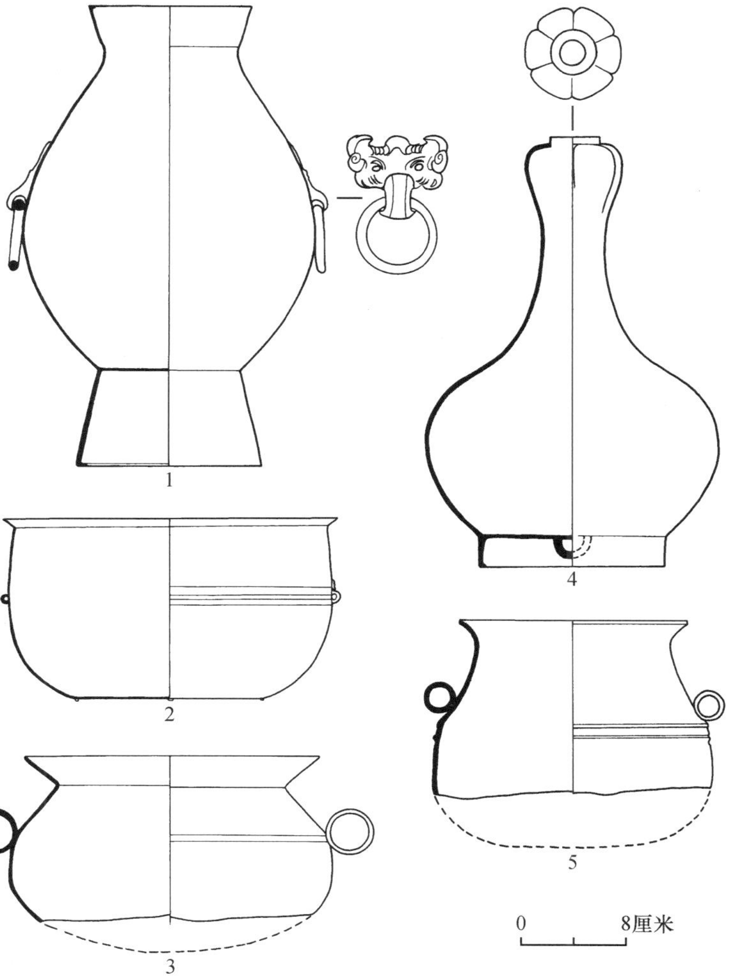

图九〇　M2出土铜器

1. 铜钫（M2：88）　2. 铜洗（M2：107）　3. 铜釜（M2：8）　4. 铜蒜头壶（M2：104）　5. 铜鍪（M2：103）

蒜头壶　1件。标本M2：104，小直口，六瓣蒜头状，长细颈，溜肩，鼓腹，平底，圈足；底部下有半环状纽。素面。口径37、底径14、高33.4厘米（图九〇，4；彩版七，3、4）。

洗　1件。标本M2：107，侈口，斜折沿，深弧腹，平底；两侧有对称铺首衔环，耳已无存。底部边缘微凸，似极矮圈足，腹中部横贯一条凸棱。口径24、底径14、高14厘米（图九〇，2）。

盘　1件。标本M2：92，残碎太甚，未能修复。

弩机　1件。标本M2：49，由弩桴、望山、悬刀、钩心、牙及键等部件组成，较为完整。长11.8、高16.4厘米（图九一，8）。

镞　7件。均仅余镞部，杆部已无存，发掘时可以看出应为木质或竹质杆。形态多样，可分为中脊起棱的两翼镞和三角锥状、三棱状的三翼镞等形态。

中脊起棱两翼镞　4件。均双翼，尖锋，双面弧刃，圆方形断面短铤。标本M2：50，圆方形铤。长7.4、翼宽2厘米（图九一，3）。标本M2：51，菱形铤。长6.8、翼宽2.2厘米（图九一，4）。标本M2：131，一翼残，锋钝，铤断面呈圆方形。长8.4、翼宽2厘米（图九一，1）。标本M2：135，一翼残，尖锋，后锋斜深，翼与中脊表面有两道弯曲凸起，圆方铤。长7.4、翼宽2厘米（图九一，2）。

三棱锥状脊三翼镞　1件。标本M2：132，铤残。中脊为三叉形，中有圆孔腔，尖锋，三弧翼，后锋弧钝。残长4.3、翼宽1.9厘米（图九一，5）。

三棱状三翼镞　2件。尖锋，三翼，弧刃，短铤，铤断面呈六边圆形。标本M2：134，长3、翼宽1厘米（图九一，6）。

指环　4件，仅修复2件。圆环状，一侧有稍宽扁平面。标本M2：45，直径2.2厘米（图九一，11）。标本M2：95，表面鎏金。直径2.1厘米（图九一，19）。

车軎　4件。圆筒形，外端略细，内端略粗；内端有键孔，长条扁方形辖。标本M2：93，外端直径1.9、内端直径3.3、长3.3厘米（图九一，20）。标本M2：94，内端略残。外端直径1.8、内端直径2.8、残长3厘米（图九一，9）。

辖　1件。标本M2：97，类似一环形铆钉。长1.9厘米（图九一，13）。

衡末　3件。圆筒形，中有凸起的箍。标本M2：35-2，直径1.4、长1.7厘米（图九一，10）。标本M2：35-3，直径1.4、长3.3厘米（图九一，14）。

衔镳　1组。标本M2：19，中为衔，衔两端环中贯镳。镳为镂空卷云纹S形。衔宽13.2、镳长15.2厘米（图九二，2）。

车轙　2件。标本M2：90，环形，由U形与一长条组成。高1、宽1.6厘米（图九一，15）。标本M2：96，倒U形。高2.3、宽2.9厘米（图九一，12）。

盖弓帽　25件。形制尺寸均相同，整体为细筒形，顶端为圆帽形，中有尖状斜凸。标本M2：43，长2.8、直径0.4厘米（图九一，17）。

铜泡钉　46件。帽端扁平，下接扁圆钉。标本M2：24，帽径2.3、长1.5厘米（图九一，7）。

铜乳钉　9件。形似铜泡钉，唯帽端凸起较甚。标本M2：30，帽径1.8、长1.9厘米（图九一，16）。

铜饰件　9件。形制、尺寸均相同。鎏金，四瓣柿蒂形，中有圆孔。应为装饰配件。标本

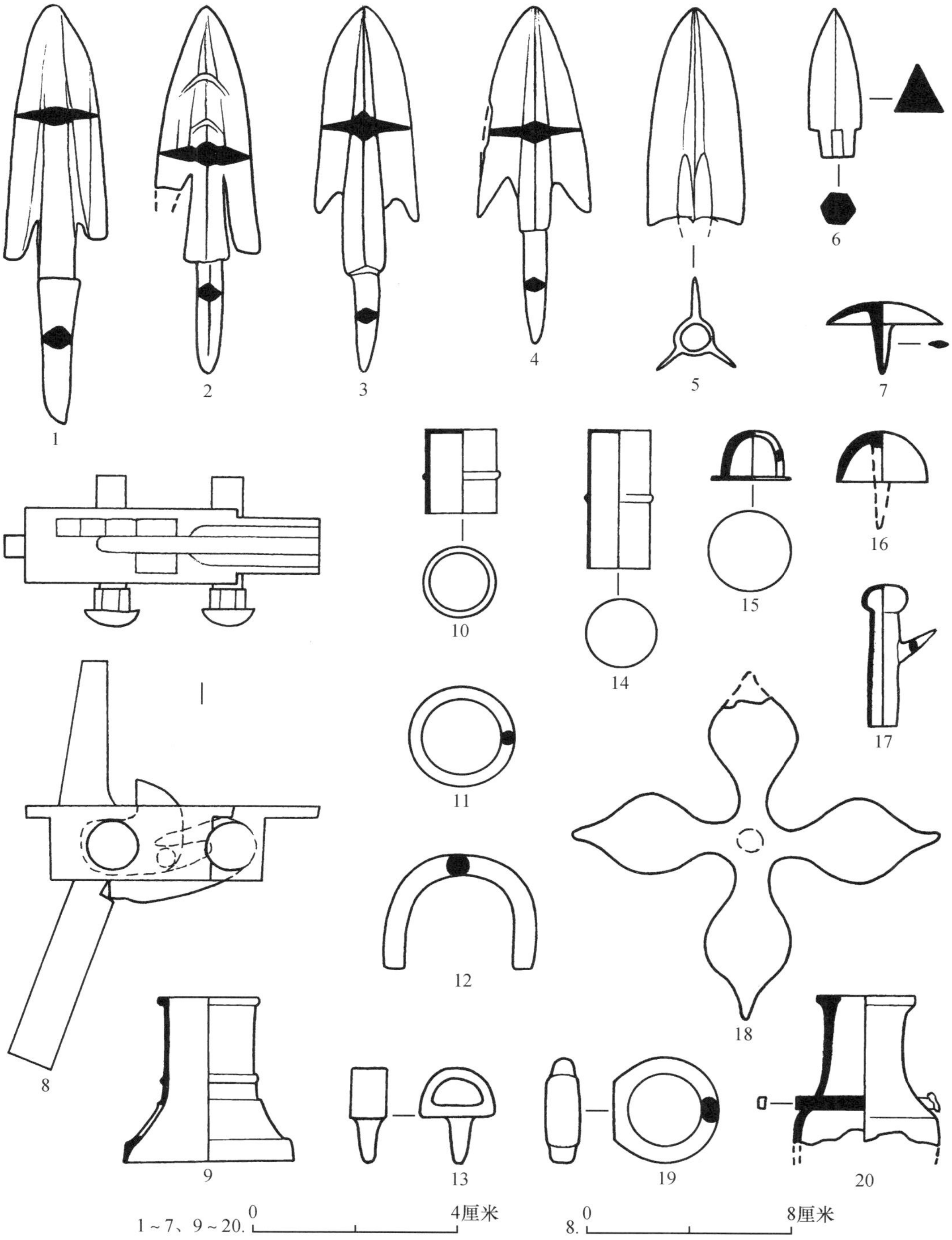

图九一　M2出土铜兵器、车马器及饰品

1～6. 铜镞（M2：131、M2：135、M2：50、M2：51、M2：132、M2：134）　7. 铜泡钉（M2：24）　8. 铜弩机（M2：49）　9、20. 铜车軎（M2：94、M2：93）　10、14. 铜衡末（M2：35-2、M2：35-3）　11、19. 铜指环（M2：45、M2：95）　12、15. 铜车轙（M2：96、M2：90）　13. 铜辖（M2：97）　16. 铜乳钉（M2：30）　17. 铜盖弓帽（M2：43）　18. 铜饰件（M2：44）

M2：44，花径7.1、孔径0.4厘米（图九一，18）。

龙首形铜饰2组。一般以两端呈龙首形的弧形器、璧形器和两端贯通的壶形器为一组共出。具体组合方式、真实用途不明。标本M2：12-1，较完整。长37、宽3.4～6.8厘米，璧形器直径20.2、厚度仅0.1厘米（图九二，1）。标本M2：12-2，仅余部分龙首形器。残长19.6厘米。

另外，墓葬内发现有铜镜碎片，形状、尺寸不明。

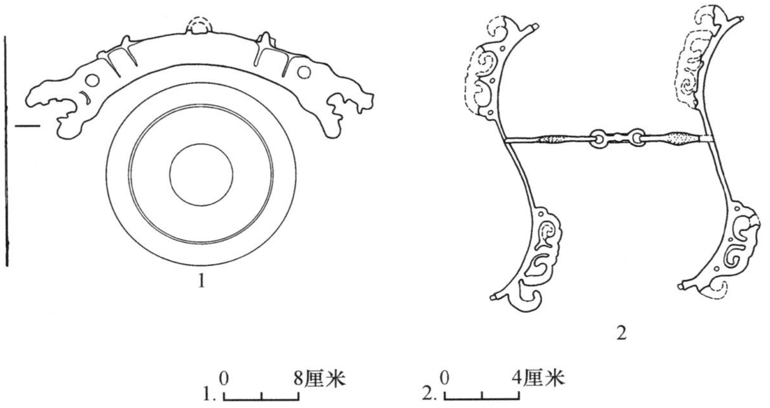

图九二　M2出土铜衔镳和铜龙首形饰

1. 铜龙首形饰（M2：12-1）　2. 铜衔镳（M2：19）

漆器　2件。

漆卮　1件。标本M2：89，未能复原，仅余铜鋬耳，形制与陶卮鋬耳相同。长4.5厘米（图九三，5）。

另外，墓内随葬有木质漆器1件，标本M2：128，已锈蚀严重不辨器型，仅可见漆皮，尺寸不详。

铁器　8件。

釜　2件。标本M2：101、M2：102，均锈蚀严重，呈粉末状，形状已无法辨认。

刀　2件。标本M2：52，环首刀，长刀身，弧背，单面刃。根据刀身残留包裹物和铜标来看，原应有木质刀鞘。长76.5厘米（图九三，2）。标本M2：62，残存柄部，环首。残长12.7厘米（图九三，3）。

剑　1件。标本M2：53，首残。剑身长直，双面刃，短茎，铜格。残长85.5厘米（图九三，1）。

镞　2件。标本M2：129，仅余铤部。圆铤，扁圆关。残长8.5厘米（图九三，7）。标本M2：130，较为完整。方铤，圆锥形镞身，尖锋。长3.8厘米（图九三，6）。

锸　1件。标本M2：4，农耕翻土工具，通体呈凹字形，前端舌状凸刃。长15.6厘米（图九三，4）。

石器　1件。

圭形器　1件。标本M2：63，残。长方形黑色石片，磨制规整，中部有一横向凹槽。长15.7、宽6、厚0.3厘米（图九三，8）。

发现人牙齿1枚，标本M2：127，应为墓主人牙齿。

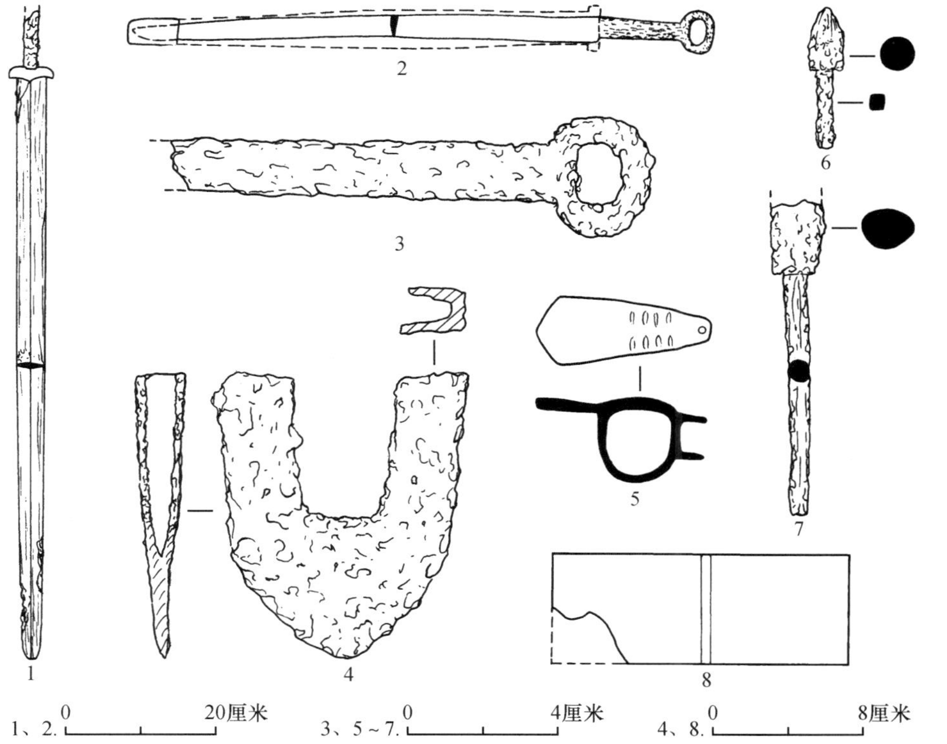

图九三 M2出土器物

1. 铁剑（M2：53） 2、3. 铁刀（M2：52、M2：62） 4. 铁锸（M2：4） 5. 漆卮铜錾耳（M2：89） 6、7. 铁镞（M2：130、M2：129） 8. 石圭形器（M2：63）

铜钱 908枚。

可辨五铢钱858枚，锈蚀严重、不可辨者50枚。直径均25毫米左右。可分为郡国五铢、三官五铢、宣帝五铢、昭帝五铢四类。

三、M3

（一）发掘地点

位于第一象限、T12509内，西与M2相邻。

（二）形制与结构

开口距地表深0.35～0.4米。长方形竖穴土坑墓。因地处缓坡，长期受重力挤压，墓葬平面及四壁均已变形，形制不甚规整。长4.7～4.85、宽4.05米，深1.4～1.85米。方向155°。在墓室西北部有盗洞两处（图九四；图版一八，1）。

墓内填土为黄褐色五花土，土质较软，结构较疏松，含炭粒、料姜石颗粒、石块等。

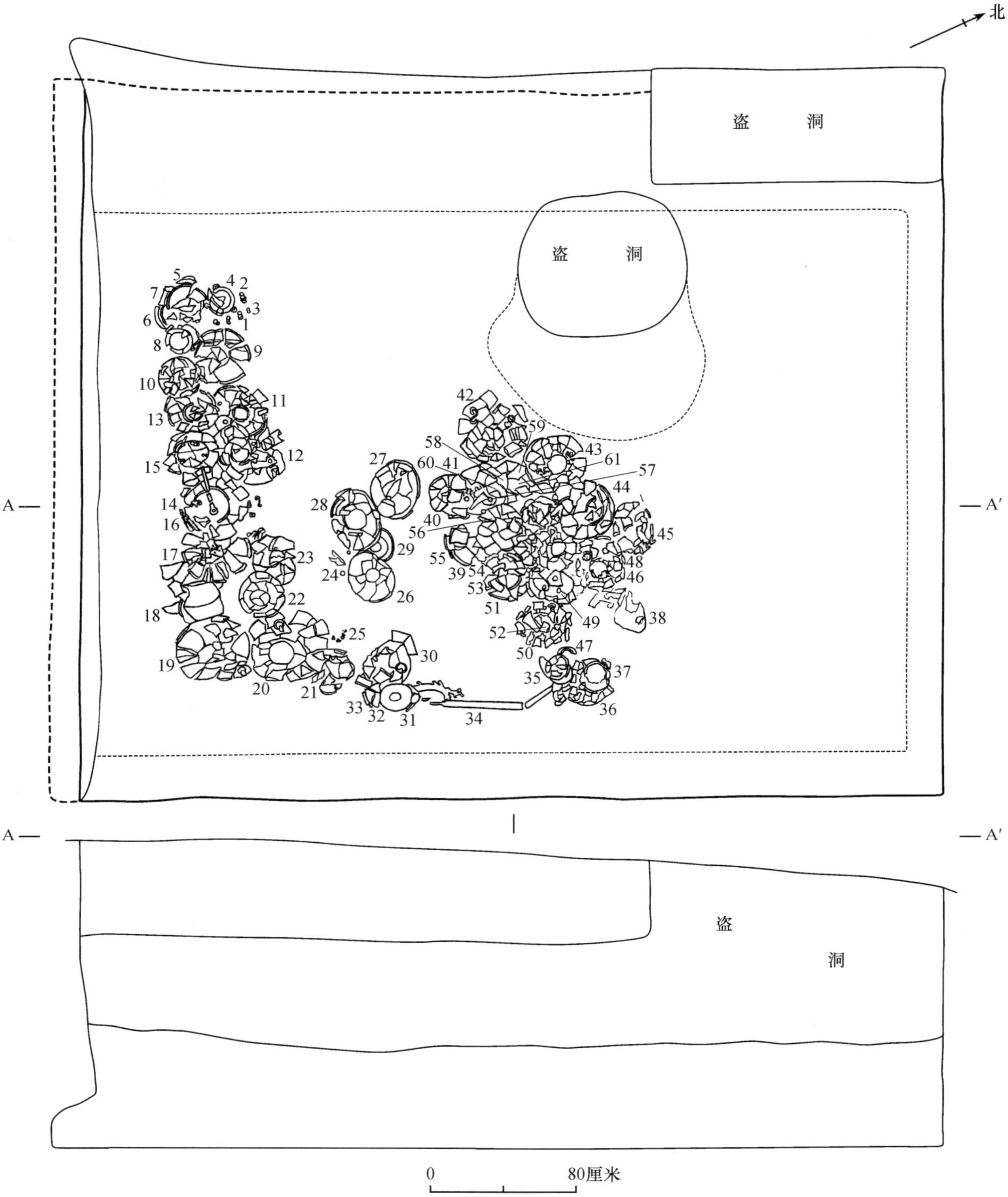

图九四　M3平、剖面图

1. 铜印章　2. 铜带钩　3. 铜钱　4、7、8、22、53. 陶仓　5、6、60、61. 陶钵　9、36、59. 陶盆　10、13、21、44. 陶罐　11、12、49、54. 陶鼎　14. 铁刀　15、16、37、47、56. 陶釜　17、18、50、58. 陶甑　19、20、42、43、46、48. 陶壶　23、52. 陶豆　24. 铜乳钉　25. 牙齿　26、27. 铜盘　28、32、33、35. 铜釜　29、39、40. 陶盒　30. 铜钫　31. 铜饰件　34. 铁剑　38、55. 铜洗　41、51. 陶器盖　45、57. 陶勺

在墓葬底部西端发现有熟土二层台，宽0.65、残高0.6米。

在墓葬底部四壁内发现有椁木痕迹，因朽蚀严重，已呈灰状，椁板厚度0.2米，残存高0.6米。

在墓底东部发现有人骨架和牙齿，单人葬，骨架朽蚀严重，葬式不详。

（三）出土遗物

墓底椁室内东、南、北三面均有随葬品分布，出土陶器、铜器、铁器等各类随葬器物59件，钱币76枚。陶器受埋藏环境及后期盗扰，保存极差，部分仅可辨器型，无法提取。陶器器型有鼎、壶、豆、仓、釜等；铜器被盗扰损坏严重，可辨器型有釜、钫、洗、盘、饰品等。

陶器　44件。

鼎　4件。均泥质灰陶。子母口，上承有盖，器形扁圆，方形立耳外撇。标本M3：12，子口内敛，圆唇，折腹，上腹斜直，下腹弧收，圜底。近腹底处下接三蹄足；口部对称外贴附方形附耳，外侈较甚；弧顶盖，顶部接倒圈足形捉手，外附三乳状纽。器表盖及腹部遍饰白地红色彩绘，图案已不辨；耳下腹部饰凸弦纹，并经彩色描绘；耳部所绘图案隐约可辨似为兽面形。口径20.5、高25厘米（图九五，2；图版一八，3）。标本M3：11，形制和器表装饰与标本M3：12基本相同。口径20、高25厘米（图九五，1；图版一八，2）。标本M3：49，子母口，方唇，弧腹，圜底，腹底接三蹄状足；长方形附耳，近直微侈。弧顶盖，顶部饰三个乳状纽。耳下腹部饰凸弦纹一周。器物通体白衣红色彩绘，图案不辨。口径18、高20.8厘米（图九五，

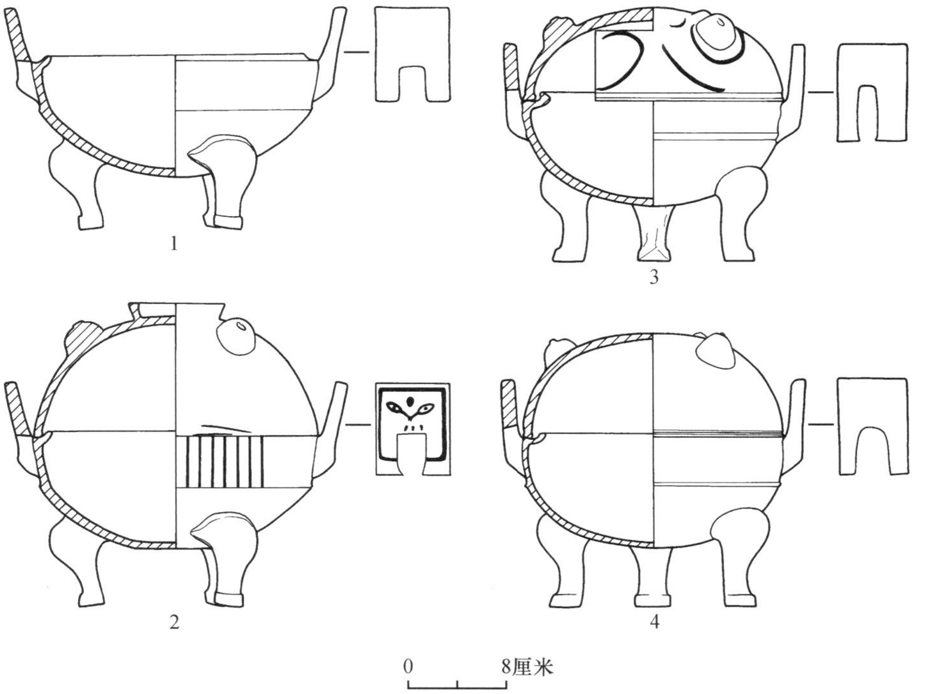

图九五　M3出土陶鼎

1. M3：11　2. M3：12　3. M3：49　4. M3：54

3）。标本M3：54，形制与标本M3：49接近，唯器形更浑圆。口径17.2、高22.4厘米（图九五，4；图版一九，1）。

盒　3件。泥质灰陶。子母口扣合，折肩折腹，直壁深腹，盖、腹基本等高。腹部平底接极矮圈足，盖平顶接圈足形捉手。器表施白衣红、黑彩绘图案，器表饰凹弦纹数周。标本M3：29，器形略显瘦高。口径17、足径7.7、高19.7厘米（图九六，6）。标本M3：39，器形略扁矮。口径16.5、足径10.5、高17.5厘米（图九六，3；图版一九，2）。标本M3：40，盖佚，仅存盒弄腹。子母口，圆方唇，直壁，圜底近平，圈足。白衣彩绘，器表饰凹弦纹。口径16.5、底径13、残高10厘米（图九六，7；图版一九，3）。

壶　6件，其中1件陶壶残碎严重。泥质灰陶，厚方唇，短束颈，圈足，足与腹分制。标本M3：19，弧束颈，鼓肩，深弧腹，平底，矮圈足；肩部贴饰铺首衔环；盖为子母口，与壶口相扣接，弧顶，顶部饰三S形立纽。肩部、腹部饰多道凹弦纹，圈足部饰凸弦纹一道；器表似通体饰白衣，隐约可见有红、黑色彩绘。口径15、足径19、高41厘米（图九六，4；图版一九，4）。标本M3：42，弧肩圆腹，圜底，圈足；肩部贴饰铺首衔环。盖为子母口弧顶，顶部饰三个S形立纽。器表通体施白衣和红、黑色彩绘，脱落较甚，图案不辨；肩、腹部饰多道凹弦纹，足部饰凸弦纹数周。口径14.5、足径22.6、高31.8厘米（图九六，5；图版一九，5）。标本M3：43，盘口外侈，束颈甚，鼓肩，扁圆腹，圜底，圈足。泥条贴饰铺首衔环。肩腹部饰凹弦纹数周，足部饰凸弦纹两周。未见白衣或彩绘。口径14.7、足径22、高30.6厘米

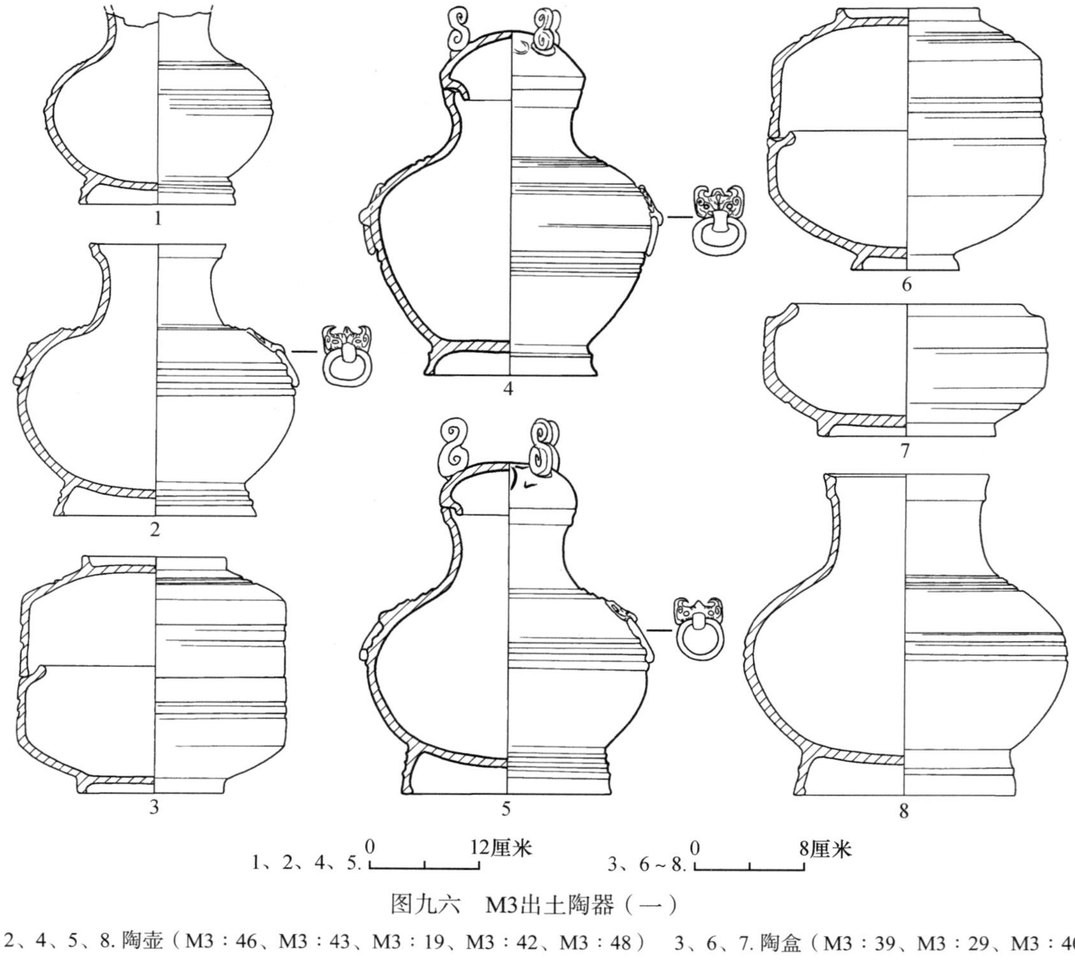

图九六　M3出土陶器（一）

1、2、4、5、8. 陶壶（M3：46、M3：43、M3：19、M3：42、M3：48）　3、6、7. 陶盒（M3：39、M3：29、M3：40）

（图九六，2；图版一九，6）。标本M3：46，颈部残，束颈，圆肩，弧腹，圜底，圈足。肩腹部饰凹弦纹数道，足部饰凸弦纹两周。通体原施白衣彩绘，脱落较甚。足底16.8、残高21.7厘米（图九六，1）。标本M3：48，器形扁圆，弧束颈，弧肩弧腹，圜底，圈足。肩腹部饰凹弦纹数周，圈足部饰凸弦纹一周。未见白衣彩绘。口径12、底径16、高24厘米（图九六，8）。

仓　5件。泥质灰陶。筒形腹，子母口，直壁，平底，其上应承有平顶盖；口部多对称饰有两贯耳或横耳。腹部多饰有凹弦纹数周。标本M3：7，横耳，仓壁口部、中腹部和近底部分别饰凹弦纹一道。口径17.5、底径18.5、高20.4厘米（图九七，1）。标本M3：8，上承平顶盖，横耳。口部饰一道、腹中部饰三道凹弦纹。口径10.3、底径13.5、高15.8厘米（图九七，2）。标本M3：22，横耳，腹略外弧，外壁上、中、下各饰凹弦纹一道。口径10.4、底径13、高15厘米（图九七，3）。标本M3：53，贯耳，口部及近底部各饰凹弦纹一道。口径10.8、底径12.2、高16厘米（图九七，4）。

豆　2件。泥质灰陶。近直口，弧腹，圜底，细柄，喇叭形覆盘式圈足；盖弧腹，顶部近平。通体施白衣、红黑色彩绘。标本M3：23，口径17.3、足径14.3、高22.3厘米（图九七，9）。标本M3：52，破损严重。

釜　4件。夹细砂灰陶。近直口，短颈，扁圆鼓腹，平底。贴饰捏制横耳圆环。肩腹部饰

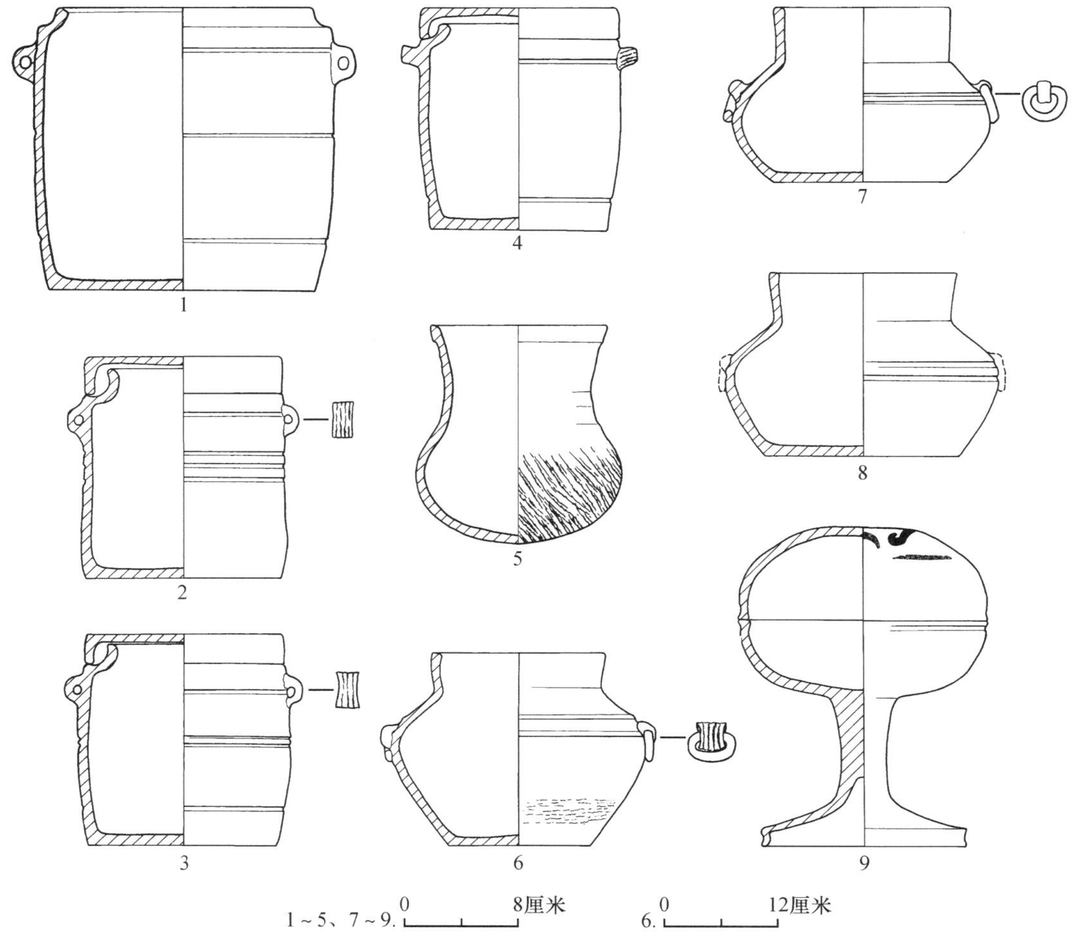

图九七　M3出土陶器（二）

1～4. 陶仓（M3：7、M3：8、M3：22、M3：53）　5. 陶巴式釜（M3：56）　6～8. 陶釜（M3：15、M3：37、M3：47）

9. 陶豆（M3：23）

凹弦纹数周。标本M3∶15，器表施白衣，下腹部饰横向绳纹。口径17.7、底径14.5、高20.3厘米（图九七，6）。标本M3∶37，口径12.2、底径12、高12.7厘米（图九七，7；图版二〇，2）。标本M3∶47，耳残。口径13、底径13.5、高13厘米（图九七，8）。

巴式釜　1件。标本M3∶56，夹砂灰陶。侈口，长颈弧束，深腹外鼓，圜底。下腹部饰粗绳纹。口径12.3、高15.5厘米（图九七，5；图版二〇，1）。

甑　4件。夹砂灰陶。标本M3∶17，敞口，平沿，圆唇，深弧腹，平底，底部镂若干圆孔。腹部饰凹弦纹。口径28、底径12.5、高16.6厘米（图九八，1；图版二〇，3）。标本M3∶50，敛口，斜折沿，尖圆唇，折腹，下腹弧收，小平底，圆形镂孔。口径19、底径5、高9.7厘米（图九八，2）。标本M3∶18、M3∶58，破损严重。

盆　3件。泥质灰陶。大口，平折沿，深弧腹，平底。标本M3∶9，直口，厚方唇。素

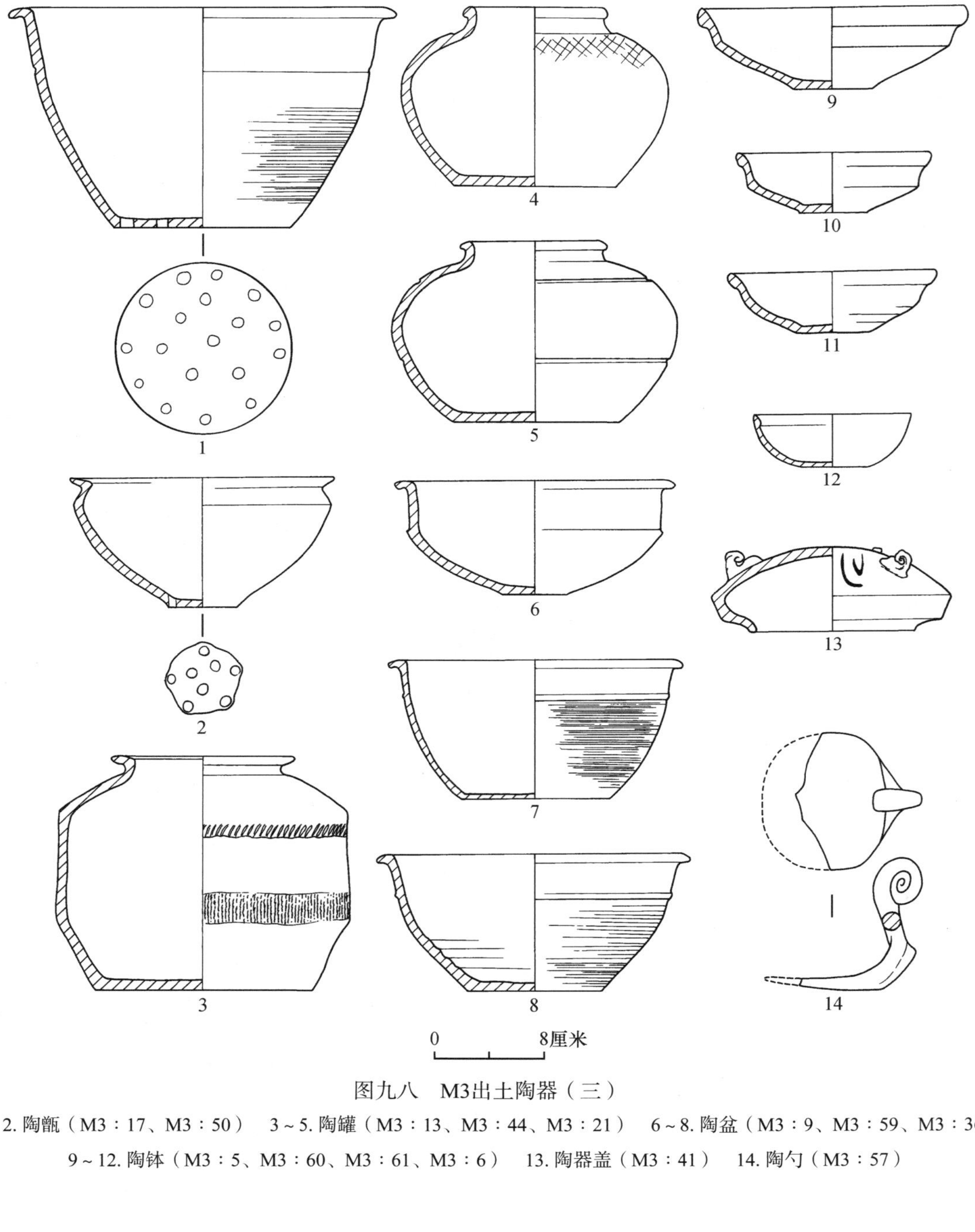

图九八　M3出土陶器（三）

1、2. 陶甑（M3∶17、M3∶50）　3～5. 陶罐（M3∶13、M3∶44、M3∶21）　6～8. 陶盆（M3∶9、M3∶59、M3∶36）　9～12. 陶钵（M3∶5、M3∶60、M3∶61、M3∶6）　13. 陶器盖（M3∶41）　14. 陶勺（M3∶57）

面。口径20、底径4.5、高8.6厘米（图九八，6；图版二〇，6）。标本M3：36，沿下腹壁饰凸弦纹一周，下腹饰细密弦纹，疑为轮修所致。口径22.5、底径9.5、高10厘米（图九八，8）。标本M3：59，口径21.6、底径10.6、高10.4厘米（图九八，7）。

罐 4件。泥质灰陶。小口，圆唇，矮领，鼓腹，平底。标本M3：13，口径13、底径15.5、高17.2厘米（图九八，3；图版二〇，4）。标本M3：21，圆肩，肩及下腹部各饰凹弦纹一道。口径10.5、底径12、高13.5厘米（图九八，5；图版二〇，5）。标本M3：44，圆肩，肩部饰暗纹网格纹。口径10.4、底径11.5、高13.4厘米（图九八，4）。标本M3：10，破损严重。

钵 4件。泥质灰陶。敞口，厚圆唇，折腹或弧腹，小平底。素面。标本M3：5，口径19.5、底径5.5、高6厘米（图九八，9）。标本M3：6，敞口，尖圆唇，平底。口径11.5、底径5、高4厘米（图九八，12）。破损严重。标本M3：60，口径14、底径5、高4.4厘米（图九八，10）。标本M3：61，口径15、底径5、高4.4厘米（图九八，11）。

勺 2件。泥质灰陶。手制。圆铲形身，圆柄，柄端卷曲。标本M3：57，长11、高9.6厘米（图九八，14）。

器盖 2件。标本M3：41，泥质灰陶。弧形顶，其上有三个卷云纹纽。高6.4厘米（图九八，13）。

铜器 13件。

釜 4件。仅1件可以修复。标本M3：28，小直口，方唇，鼓肩弧腹，小平底。素面。自肩至底部四面对称内凹，将整个釜腹分为四个部分，呈四瓣形。合范模铸。口径8.4、底径4、高12.5厘米（图九九，2；彩版七，5）。标本M3：32、M3：33、M3：35，锈蚀、变形严重，无法修复，形制尺寸不详。

钫 1件。标本M3：30，出土时已变形。斜直领，方形侈口，方唇平沿内勾，束颈，溜肩鼓腹，下腹弧收，平底，方圈足外侈。鼓腹处对饰对称两铺首衔环。口部有贴补痕迹，应在原使用过程中已进行过修补。铸造方法应是四壁分铸，后粘接而成，铺首系事先模制而成，等钫体完成后另行焊贴而成。口边长12、足边长14、高36厘米（图九九，1；彩版七，6）。

洗 2件。标本M3：38、55，均已朽为粉末状，仅能辨为洗，尺寸已不能详核。

盘 2件。标本M3：26、27，均已朽为粉末状。

带钩 1件。标本M3：2，朽蚀严重，通体大致呈勺形，鸟首形钩，柱状圆顶形扣，钩部断面呈圆形，下面呈扁平勺状。通长10.3、最窄处直径0.5、下部最宽处1.2厘米（图九九，3）。

印章 1枚。标本3：1，锈蚀严重，字不可辨。

乳钉 1枚。标本M3：24，锈蚀严重。

饰件 1件。标本M3：31，锈蚀严重。

铁器 2件。

刀 1件。标本M3：14，朽蚀严重，尖部残。环首，单面刃。残长26厘米（图九九，4）。

剑 1件。标本M3：34，朽蚀严重。首残，扁圆茎，青铜格；茎部原应有包裹物。长条形剑身，剑身断面呈菱形，双面刃，剑身由格至锋部渐窄，近锋部急内收变窄；剑身现可见残留朽蚀木质物纹理痕和织物遗痕，推测原应有相关材质所做剑鞘。残长83厘米（图九九，5）。

铜钱 76枚。

均为五铢。直径在25毫米左右。可分为郡国五铢、三官五铢、昭帝五铢、宣帝五铢四类。

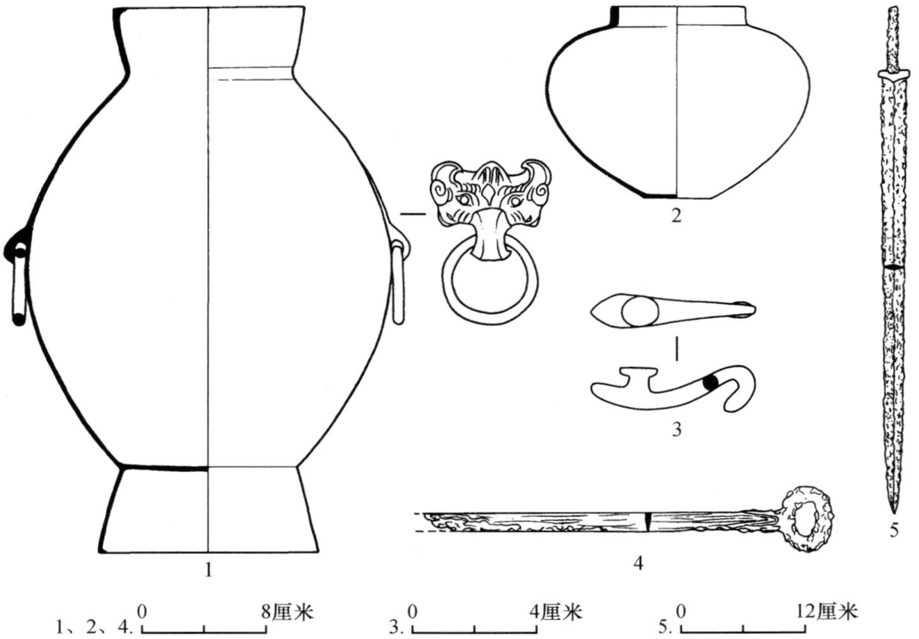

图九九　M3出土铜器和铁器

1. 铜钫（M3：30）　2. 铜釜（M3：28）　3. 铜带钩（M3：2）　4. 铁刀（M3：14）　5. 铁剑（M3：34）

四、M4

（一）发掘地点

位于第一象限、T10714内，其地处陡坡上。

（二）形制与结构

开口距地表深0.3米。长方形石坑竖穴墓，平面呈长方形，口大底小，四壁稍斜收。因所处地势为一北高南低的陡坡，墓葬依地势开凿，故墓口落差较大，但底部较平坦。墓口长3.9、宽2.8米，墓底长3.6、宽2.48米，深1.1～2.3米。方向3°。墓葬北端有一直径0.8米圆形盗洞（图一〇〇；图版二一，1）。

填土黄褐色黏土与红色黏土相杂。

葬具与人骨不详。

（三）出土遗物

墓室内出土随葬品5件，均为陶器。受盗扰及埋藏环境影响，破损较为严重。可辨器型有鼎、壶、勺、料珠。

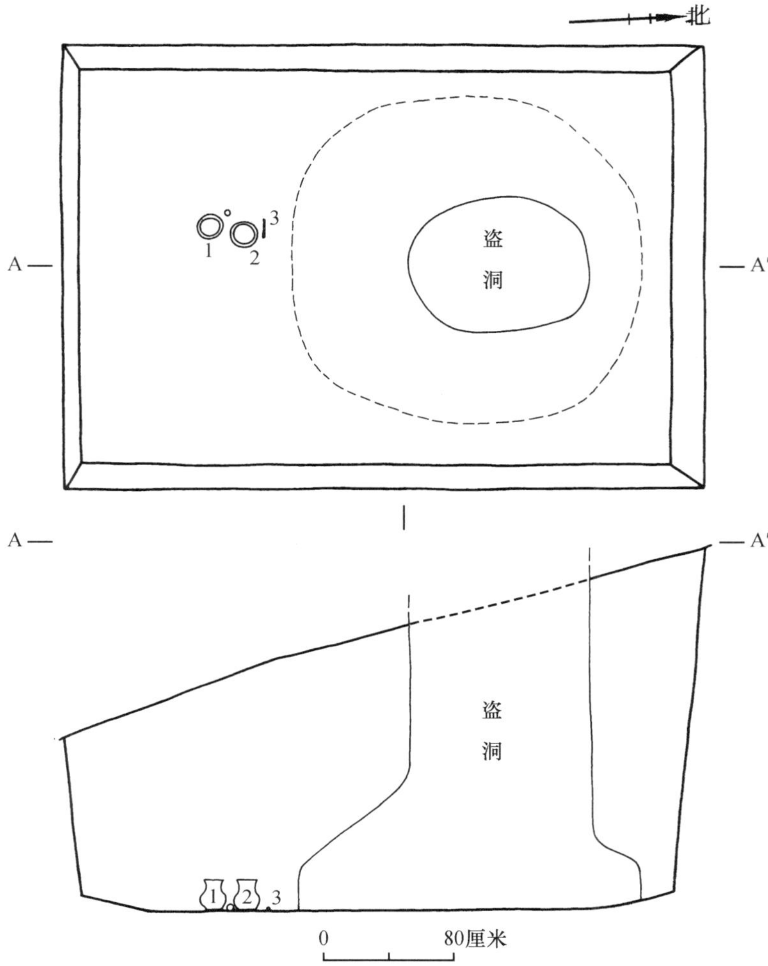

图一〇〇　M4平、剖面图
1、2. 陶壶　3. 陶匏勺

鼎　1件。泥质黑皮陶，红褐色胎质。破损严重，未修复。

壶　2件。泥质黑皮陶，红褐色胎质。侈口，长弧颈微束，溜肩，鼓腹，平底，喇叭形矮圈足。肩部对称贴附两个圆环。器表施有白色陶衣，肩部饰凹弦纹二至三周。标本M4：1，口径11.2、底径10.2、高21.7厘米（图一〇一，1；图版二一，2）。标本M4：2，口径11.7、底径10.5、高22.4厘米（图一〇一，2；图版二一，3）。

勺　1件。标本M4：3，泥质灰褐陶。长圆柄，圆形勺腹。素面。口径2.6、通长16厘米（图一〇一，3）。

料珠　1件。标本M4：4，泥质黑皮陶，红褐色胎。算珠形，中有圆孔，外略弧。表面以小圆点錾刻成连续的双菱形图案，并錾以较大的圆窝点缀其中及两侧，并均以白色颜料填充，组成连续图案。珠径2.4、孔径1.0、珠厚2.3厘米（图一〇一，4）。

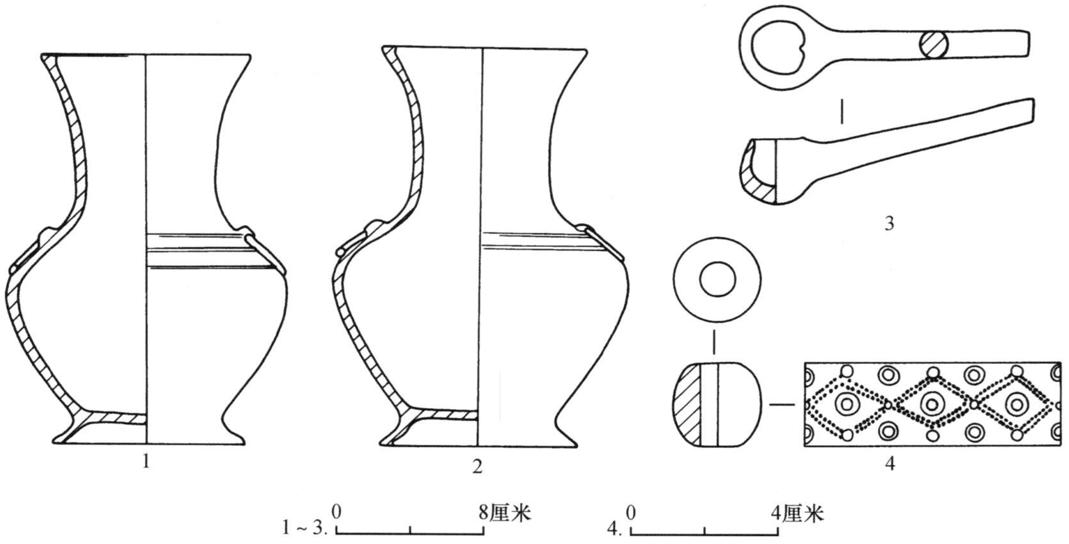

图一〇一　M4出土器物

1、2. 陶壶（M4：1、M4：2）　3. 陶匏勺（M4：3）　4. 料珠（M4：4）

五、M5

（一）发掘地点

位于第一象限、T11112内，墓室上部破坏严重。

（二）形制与结构

开口距地表深度不详。长方形竖穴土坑墓，四壁不甚规整，底部平坦。长2.3、宽0.55、残深0.4米。方向241°（图一〇二）。

墓室内填土为黏性五花土。

葬具不详。

人骨1具。仰身直肢葬，头向西南，已呈粉状。

（三）出土遗物

墓室内出土随葬品3件，位于墓主脚端，有漆器与陶器两类，漆器腐朽严重，器型不可辨；陶器可辨器型为罐。

罐　2件。泥质灰陶。小口，方唇，束颈，溜肩，圆折腹，圜底。饰绳纹。标本M5：1，口径12、底径6、高12.1厘米（图一〇三，1）。标本M5：2，口径15、高16.2厘米（图一〇三，2）。

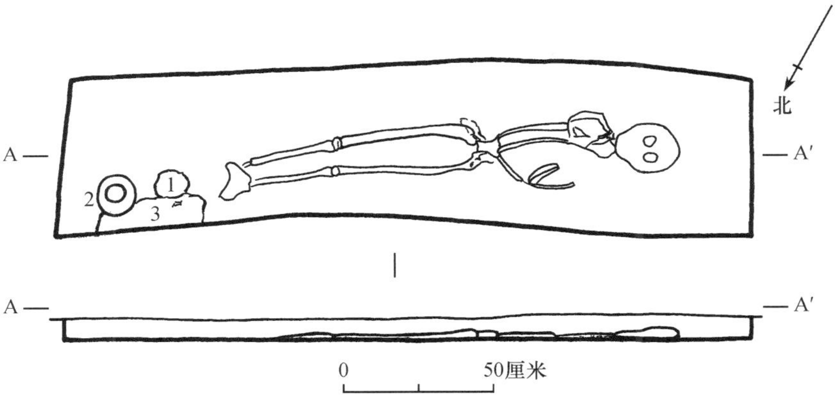

图一〇二　M5平、剖面图

1、2. 陶罐　3. 漆器

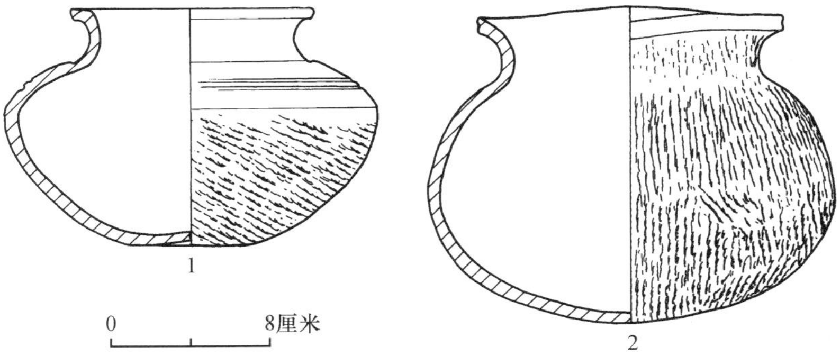

图一〇三　M5出土陶罐

1. M5∶1　2. M5∶2

六、M6

（一）发掘地点

位于第一象限、T11318内，地处陡坡上。

（二）形制与结构

开口距地表0.3米。长方形竖穴土坑墓，直壁，平底。长3.48、宽2.25～2.3米，深0.34～0.7米。方向50°。墓室中部有一椭圆形盗洞，直径0.5～0.8米，整个墓室中西部均被扰乱（图一〇四；彩版八，1）。

墓室内填土分两部分，中部填土为灰黄色五花土，土质疏松，分布范围在墓室的东南部、距北壁、西壁50厘米范围以内；其外为青黑土，较纯净。

在墓底东西两端发现有南北向横槽两道，应为椁下放置垫木所致，槽长1.8、宽0.3米。

葬具与人骨不详。

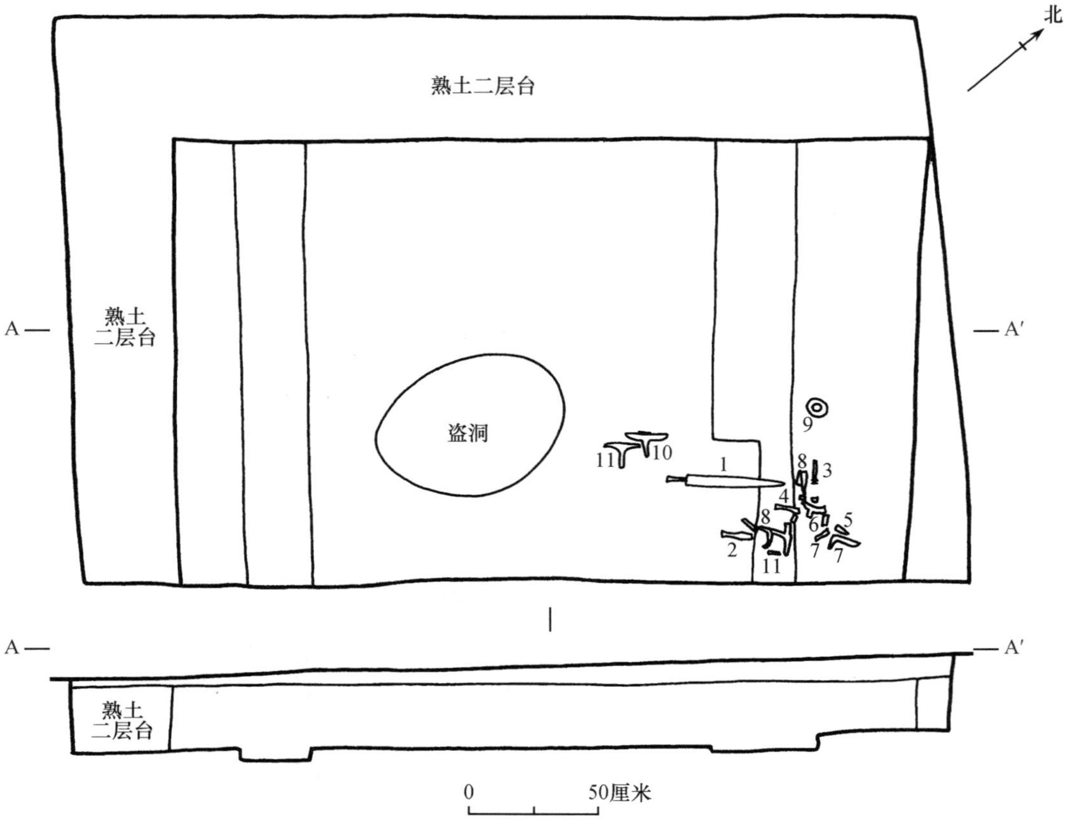

图一〇四　M6平、剖面图
1. 铜剑　2～4. 铜矛　5～8、10、11. 铜戈　9. 铅器

（三）出土遗物

墓室内经过盗扰，盗洞内发现有残碎的陶片，墓室东南部放置有铜兵器。墓内现存器物共11件，其中10件为青铜兵器，1件为铅器（彩版八，2）。

铜器　10件。

剑　1件。标本M6：1，圆首、圆茎中空，剑身修长，断面呈扁菱形，双面刃，尖锋。身与茎间有格。通长47.2厘米（图一〇五，1；彩版九，1）。

戈　6件。均直内戈。长胡，有阑；胡上三穿，内上一穿；援身中脊凸出，双面刃，尖锋。根据援的长短可分为两大类。

短援戈　2件，形体粗壮，援短而宽，中胡三穿。标本M6：5，长20.5厘米（图一〇五，6；彩版一〇，3）。标本M6：6，阑突出。长20.5厘米（图一〇五，5；彩版一〇，4）。

长援戈　4件，援长而窄，长胡三穿，阑凸出，刃部弧度较大，直内上翘。标本M6：7，长28.7厘米（图一〇五，9；彩版一〇，5）。标本M6：8，长28.3厘米（图一〇五，8；彩版一〇，6）。标本M6：11，内残。残长19.2厘米（图一〇五，11；彩版一〇，2）。标本M6：10，内残。残长19厘米（图一〇五，10；彩版一〇，1）。

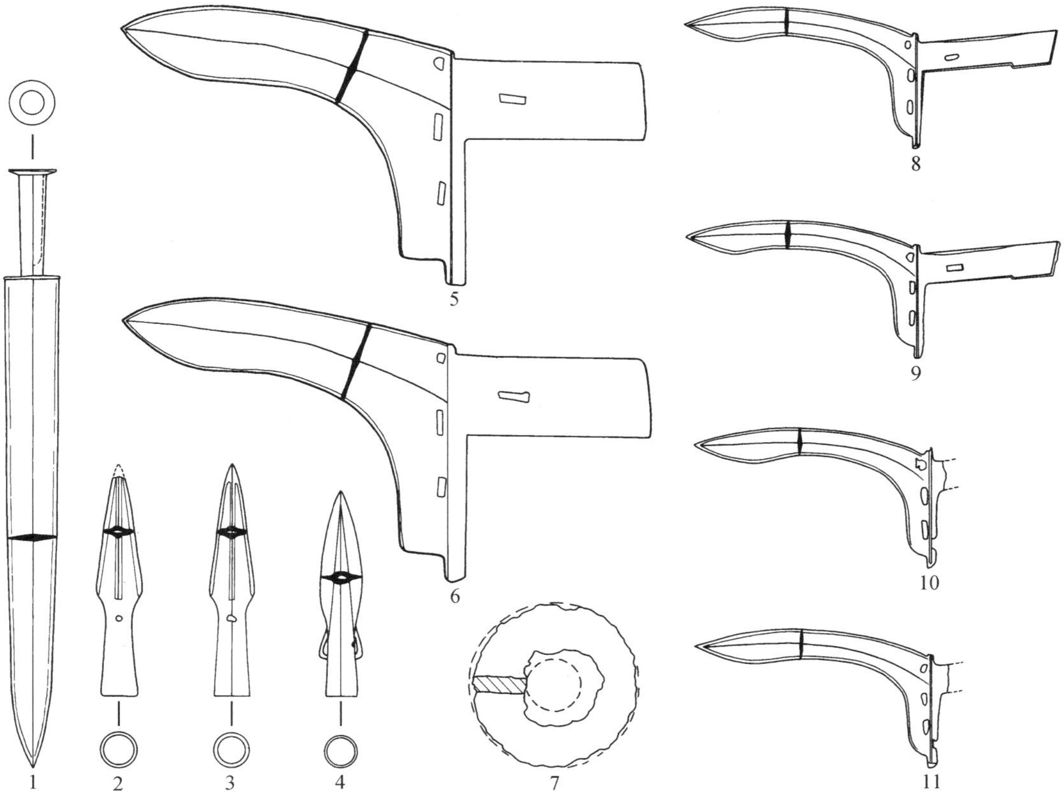

图一〇五　M6出土器物

1. 铜剑（M6∶1）　2～4. 铜矛（M6∶4、M6∶2、M6∶3）　5、6、8～11. 铜戈（M6∶6、M6∶5、M6∶8、M6∶7、M6∶10、M6∶11）　7. 铅器（M6∶9）

矛　3件。根据形态不同可分为长骹窄叶与短骹宽叶。

长骹窄叶矛　2件。尖锋斜直刃，中脊凸出，骹部无耳，骹与身相连处有圆孔。标本M6∶2，长18.2厘米（图一〇五，3；彩版九，2）。标本M6∶4，残长17.5厘米（图一〇五，2；彩版九，3）。

短骹宽叶矛　1件。标本M6∶3，矛身似柳叶形，弧刃，叶后部斜收，双弓形耳，骹中空与矛身相通。长16.3厘米（图一〇五，4）。

铅器　1件。标本M6∶9，已残并变形，现状似一璧形器。外径6.5、内径2.1、厚0.65厘米（图一〇五，7）。

七、M7

（一）发掘地点

位于第一象限、T10908内。

（二）形制与结构

开口距地表0.7～0.9米。长方形竖穴土坑墓，直壁，平底。长3.1、宽1.7～1.86米，深0.9～1.1米。方向260°。墓室东北角有一盗洞，盗洞由墓口直抵墓底随葬品放置处（图版二二，1）。

墓室内填土为红褐色五花土，质地较黏。

葬具为单棺，仅余棺灰痕。棺痕长2.45、宽1～1.1米。在东部棺下，有一南北向的长方形凹槽，宽0.15、深0.1米。推测棺下原应有垫木之类（图一〇六；图版二二，2）。

人骨不详。

（三）出土遗物

随葬品放置于墓室东南角，出土陶器、铜器、铁器等随葬品共28件。陶器器型有鼎、盒、壶、罐、豆、勺等；铜器器型有鍪、勺、剑等；铁器为铁剑。

陶器　14件。

鼎　2件。泥质灰陶，白衣红彩。子母口，扁圆腹，凸圜底，三蹄足微外侈，方耳外撇。盖为母口，弧顶，顶部三兽形纽。腹部耳下饰凸弦纹一周。标本M7：13，口径14.8、高13.8厘米（图一〇七，1）。标本M7：15，口径15、高13.4厘米（图一〇七，2；图版二三，1）。

盒　2件。泥质灰陶。扁方形腹，子母口。喇叭形圈足、圆形捉手。器表施白衣。盖及腹部均饰多道凹弦纹。标本M7：21，口径17.6、足径10、高13.6厘米（图一〇七，7；图版二三，2）。标本M7：23，口径15、足径10、高12.8厘米（图一〇七，8；图版二三，3）。

壶　2件。泥质灰陶。微侈口，长束颈，溜肩，弧腹，近平底，喇叭形矮圈足；弧顶盖。颈、肩外各饰凹弦纹一周。标本M7：11，肩部上耸，上承有盖。口径9、底径10.6、高18.6厘米（图一〇七，5）。标本M7：17，盖佚。肩下溜较甚，腹部扁圆。口径8.8、底径10、高16厘米（图一〇七，6；图版二三，4）。

罐　2件。夹细砂灰陶。小口、方唇，平折沿，短束颈，扁圆腹，圜底。肩部饰凹弦纹，腹部及颈部多饰绳纹。标本M7：14，肩腹部弧折，肩部斜直微弧鼓。口径13.2、高15厘米（图一〇七，3；图版二三，5）。标本M7：16，弧肩，腹部饱满。口径14.5、高15.3厘米（图一〇七，4；图版二三，6）。

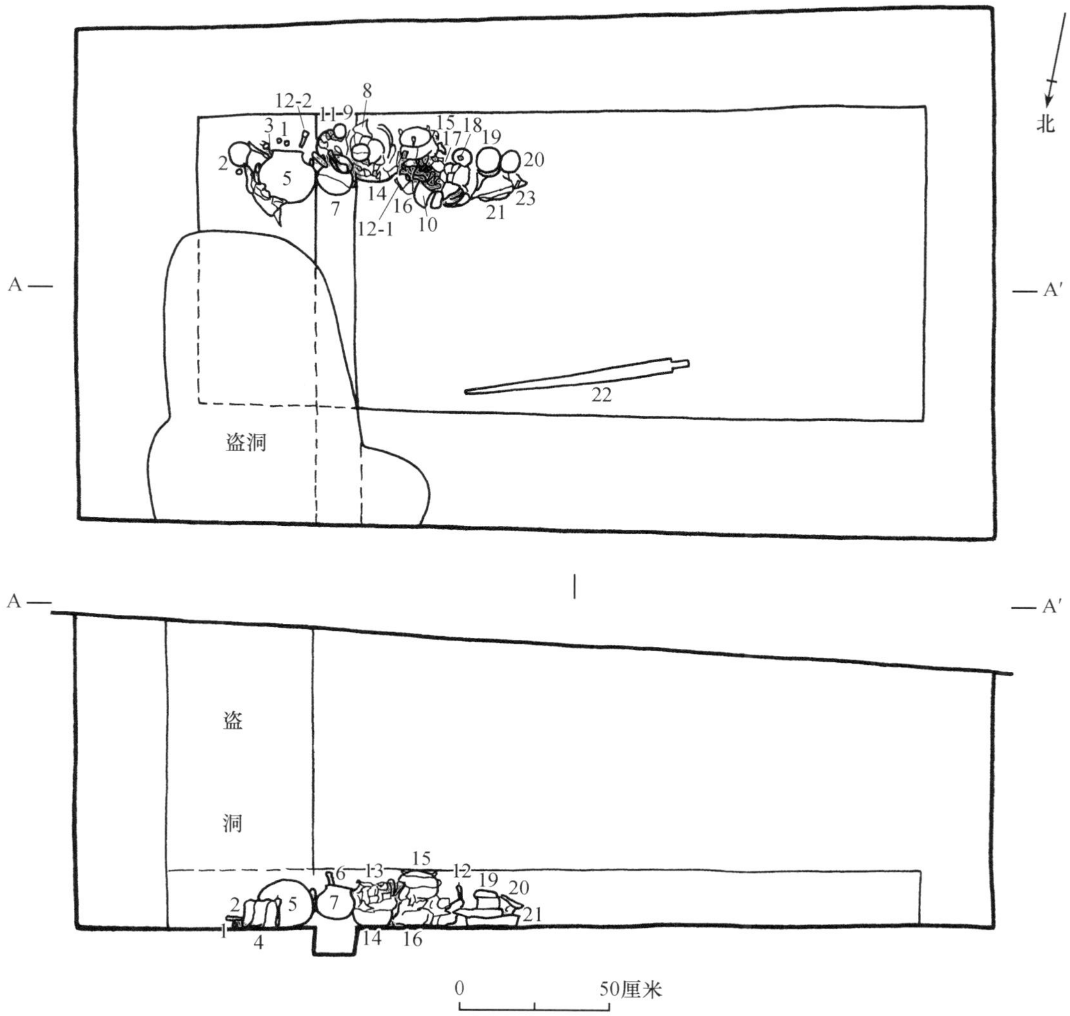

图一〇六　M7平、剖面图

1. 铜泡钉　2. 铜镜　3. 铜鋬耳　4. 铜洗　5、7. 铜鍪　6. 铜勺　8. 铜带钩　9. 铜箍件　10、12-1、12-2. 陶勺　11、17. 陶壶　13、15. 陶鼎　14、16. 陶罐　18、20. 陶豆　19. 陶豆盖　21、23. 陶盒　22. 铁剑

豆　2件。泥质灰陶。豆盘为平口，方唇，直壁，斜弧腹，圜底；喇叭形豆柄。盖为直壁弧顶。器表多饰有白衣。标本M7：18，口径9.5、足径6、高9.4厘米（图一〇七，9）。标本M7：20，口径9.2、足径5.2、高8.4厘米（图一〇七，10）。

陶豆盖　1件。标本M7：19，破损严重。

勺　3件。泥质褐陶。手工捏制。近圆形勺腹，锥形柄。柄断面近圆形。标本M7：10，径6.8、高7.6厘米（图一〇七，11）。标本M7：12-1，内径2、外径3.4、通长8.2厘米（图一〇七，12）。标本M7：12-2，内径2、外径4、通长8厘米（图一〇七，13）。

铜器　13件。

鍪　2件。侈口，方唇，束颈，折肩，凸圜底。折肩处两侧对称立耳，耳径一大一小。肩腹部饰凸弦纹。标本M7：5，弧折腹，耳部饰绹索纹。口径14.5、高15厘米（图一〇八，1；彩版九，4）。标本M7：7，扁弧腹和筒形把手，把中空，与鍪腹不通，断面为半月形。一耳立于把上，耳素面。口径10.6、高10.2厘米（图一〇八，2；彩版九，5）。

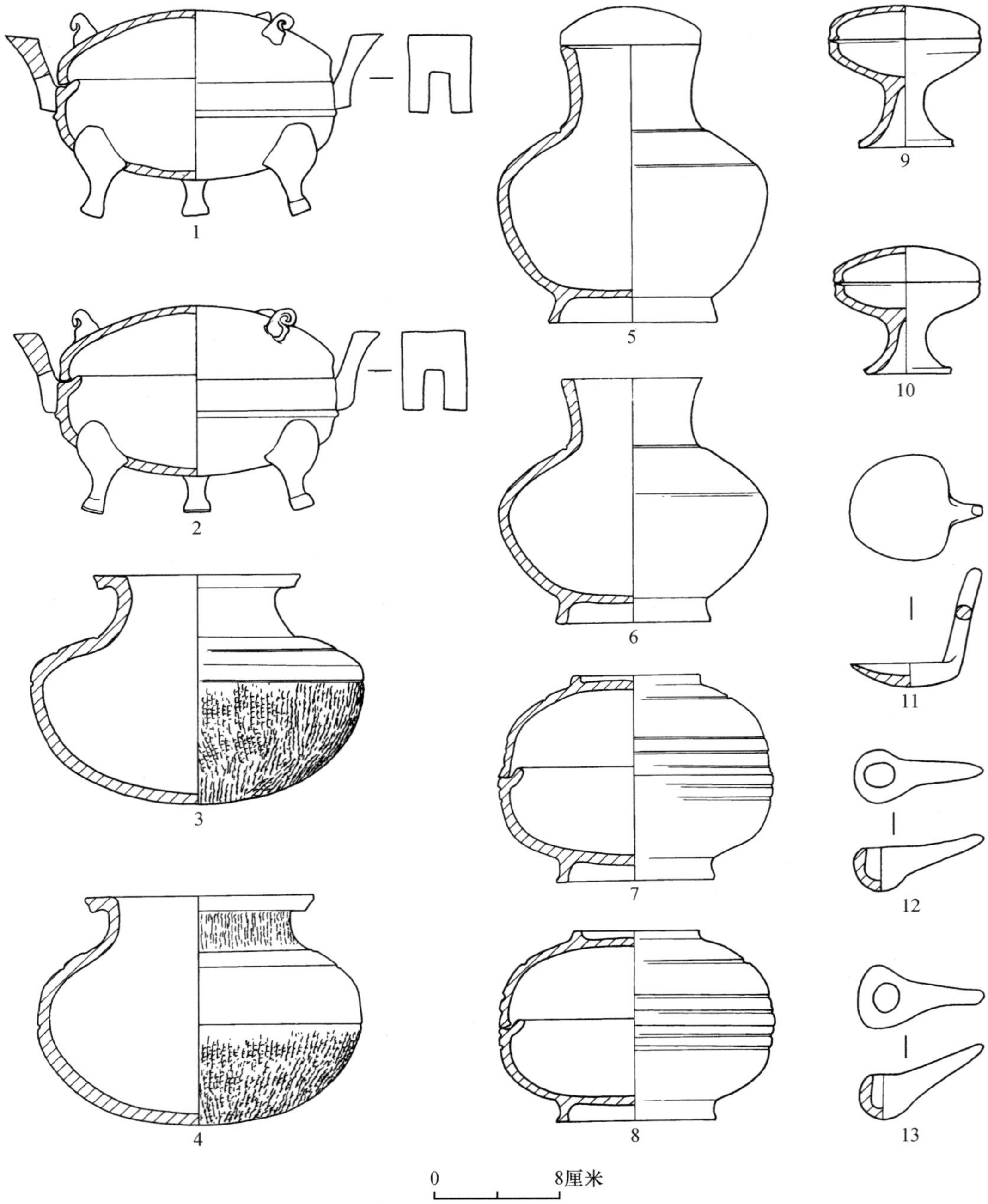

图一〇七　M7出土陶器

1、2. 陶鼎（M7：13、M7：15）　3、4. 陶罐（M7：14、M7：16）　5、6. 陶壶（M7：11、M7：17）　7、8. 陶盒（M7：21、M7：23）　9、10. 陶豆（M7：18、M7：20）　11～13. 陶勺（M7：10、M7：12-1、M7：12-2）

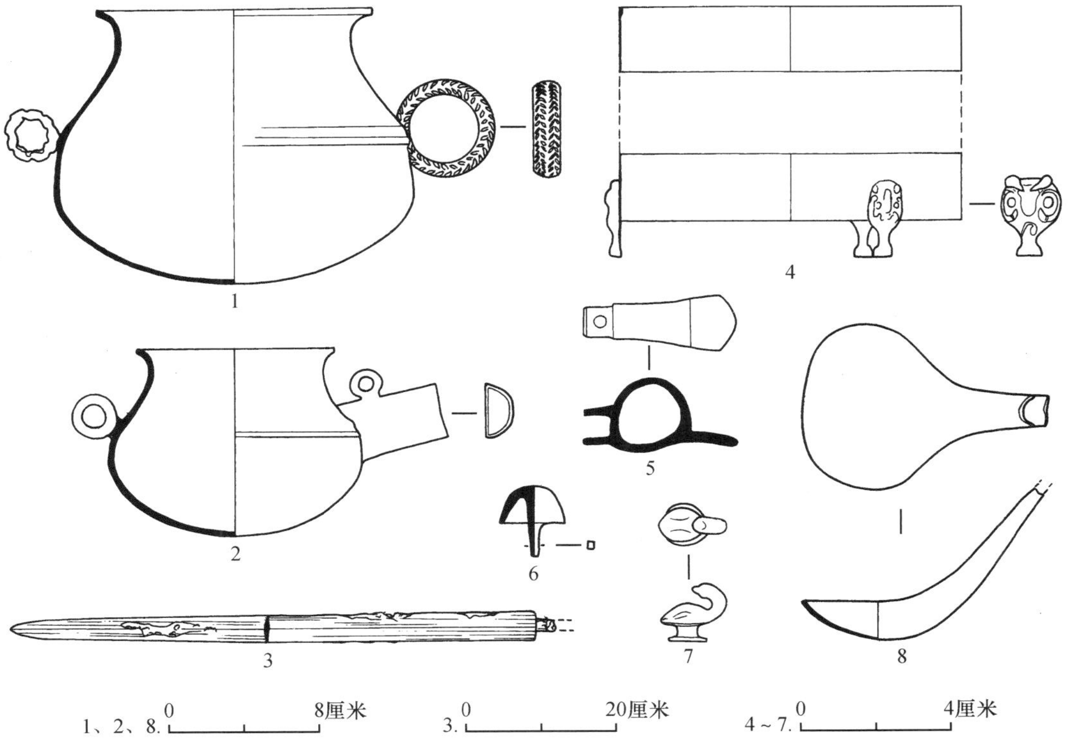

图一〇八　M7出土铜器和铁器

1、2. 铜鍪（M7：5、M7：7）　3. 铁剑（M7：22）　4. 铜箍（M7：9）　5. 铜鋬耳（M7：3）　6. 铜泡钉（M7：1）　7. 铜带钩（M7：8）　8. 铜勺（M7：6）

勺　1件。标本M7：6，柄大部残，仅余勺腹及柄稍许。扁圆形浅腹，凹槽形细柄。腹径8、深2厘米（图一〇八，8）。

铜鋬耳　1件。标本M7：3，推测应为漆卮鋬。形似陶卮鋬耳，鎏金，脱落较甚。长8厘米（图一〇八，5）。

镜　1件。标本M7：2，四乳蟠虺纹镜。卷缘，三弦纽，对称四乳，云纹地。纹饰分内、外两区。

带钩　1件。标本M7：8，短身钩，兽头钩和身，圆扣较大。长1.7、高1.5厘米（图一〇八，7）。

铜箍件　1件。圆箍形，其一箍下承三矮蹄足。鎏金。推测应为卮等漆（或木）器的口或底部的构件等。标本M7：9，箍径9、宽1.8、蹄足高2.2厘米（图一〇八，4）。

铜泡钉　5件。圆形钉帽，锥形钉身。标本M7：1，直径1.75、长1.9厘米（图一〇八，6）。

洗　1件。标本M7：4，窄折沿，弧腹。因残碎较甚，形制、尺寸不辨。

铁器　1件。

剑　1件。标本M7：22，茎部残，剑身尚完整。锈蚀严重。残长71.5厘米（图一〇八，3）。

八、M8

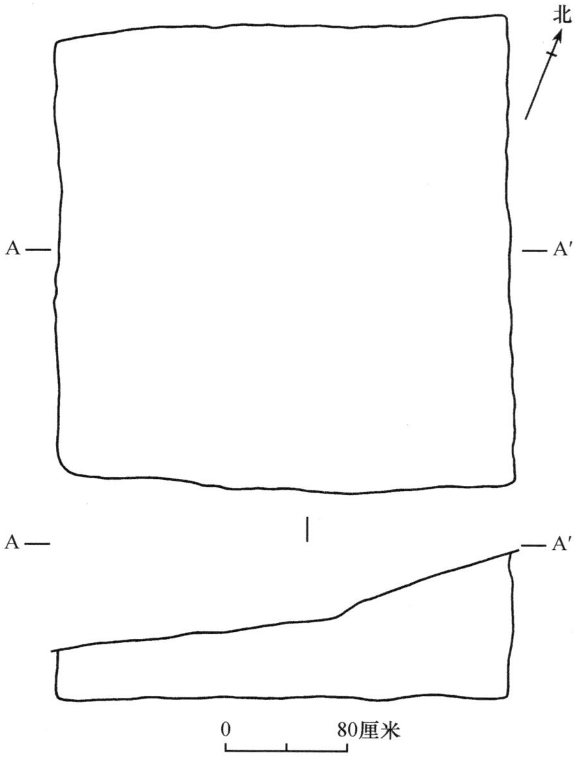

图一〇九　M8平、剖面图

（一）发掘地点

位于第一象限、T10912内，地处一处陡坡上。

（二）形制与结构

开口距地表0.26～0.48米。长方形竖穴土坑墓，直壁，平底。墓葬依地势开凿，墓口落差较大。长3.1～3.2、宽2.9～3米，深0.36～1米。方向158°。墓室内遍经盗扰（图一〇九）。

墓室内填土为红褐色五花土，质地较硬。

葬具与人骨不详。

（三）出土遗物

墓葬盗扰严重，在墓室经盗扰的填土中发现有陶器及零星铜器残片，仅极小碎片，形制尺寸多已不能辨。能分辨类别的有铜镜（缘）、泡钉（帽）、小型饰件及铜钱（大泉五十）。陶器能够后期复原的有3件，器型有仓、罐。

陶仓　2件。泥质灰陶。子母口，方唇，筒腹直壁，下腹弧收，平底。腹部饰二道凹弦纹。标本M8：10，上承盖，盖平顶，壁斜直。口径15、底径13、高18.4厘米（图一一〇，1）。标本M8：12，口径15、底径13.2、高19.4厘米（图一一〇，2）。

陶罐　1件。标本M8：5，泥质灰陶。小口，平折沿，尖唇，折肩折腹，平底。上腹部饰凹弦纹数周。折腹处饰压印绹索纹。口径12.4、底径14、高17.8厘米（图一一〇，3）。

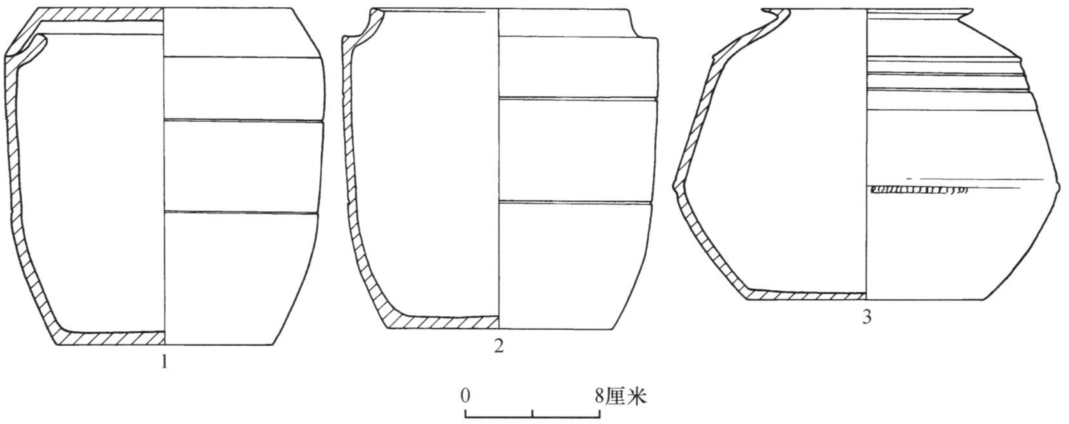

图一一〇　M8出土陶器

1、2. 陶仓（M8：10、M8：12）　3. 陶罐（M8：5）

九、M9

（一）发掘地点

位于第一象限、T10913内，地处一处陡坡上。

（二）形制与结构

开口距地表0.3米。长方形砖室墓，因盗扰破坏严重，墓顶已不详，壁砖及底砖均已被拆除无存，但能从现场辨出四壁及部分底部原有的砖痕。南半部因临近断崖而被破坏，长度不详。残长2.7～3.36、宽3.4米，深0.4～0.9米。方向140°。墓室内盗扰极其严重（图一一一）。

墓室内填土为红褐色五花土，质地较黏。

葬具与人骨不详。

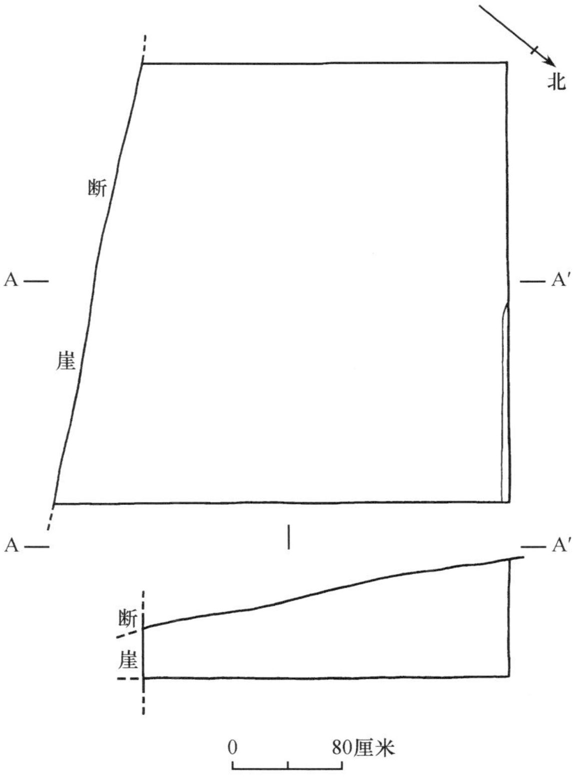

图一一一　M9平、剖面图

（三）出土遗物

仅在填土中发现有零星陶器残片，器型判断为罐、仓等。

一〇、M10

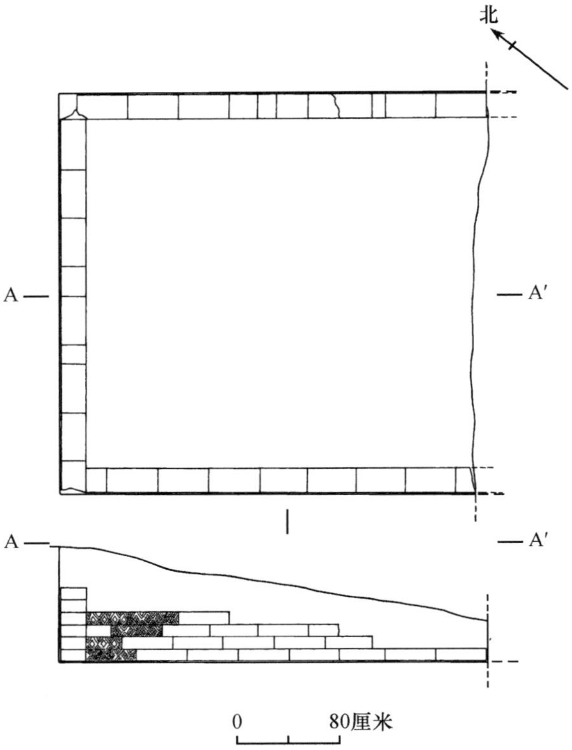

图一一二　M10平、剖面图

（一）发掘地点

位于第一象限、T11114内，地处一处陡坡上。

（二）形制与结构

开口距地表0.34米。长方形砖室墓，破坏严重，墓顶无存，东、西两壁壁砖保留三至四层，北壁砖保存较完整，底砖已全部无存，但尚看出原来铺砖痕迹。南半部因紧邻断崖而无存，长度不详。墓室残长3.36、宽3.26米，深0.34～0.92米。砖长0.4、宽0.2、厚0.1米。方向137°。墓室内盗扰极其严重（图一一二）。

墓室内填土为青黄色五花土，质地较黏。

葬具与人骨不详。

（三）出土遗物

无。

一一、M11

（一）发掘地点

位于第一象限、T10910内。

（二）形制与结构

开口距地表0.3米。长方形竖穴土坑墓，直壁，平底。长3.3、宽2.6米，深1.9～2米。方向255°。墓葬平面有盗洞三个，判断其在近期经三次盗扰（图一一三）。

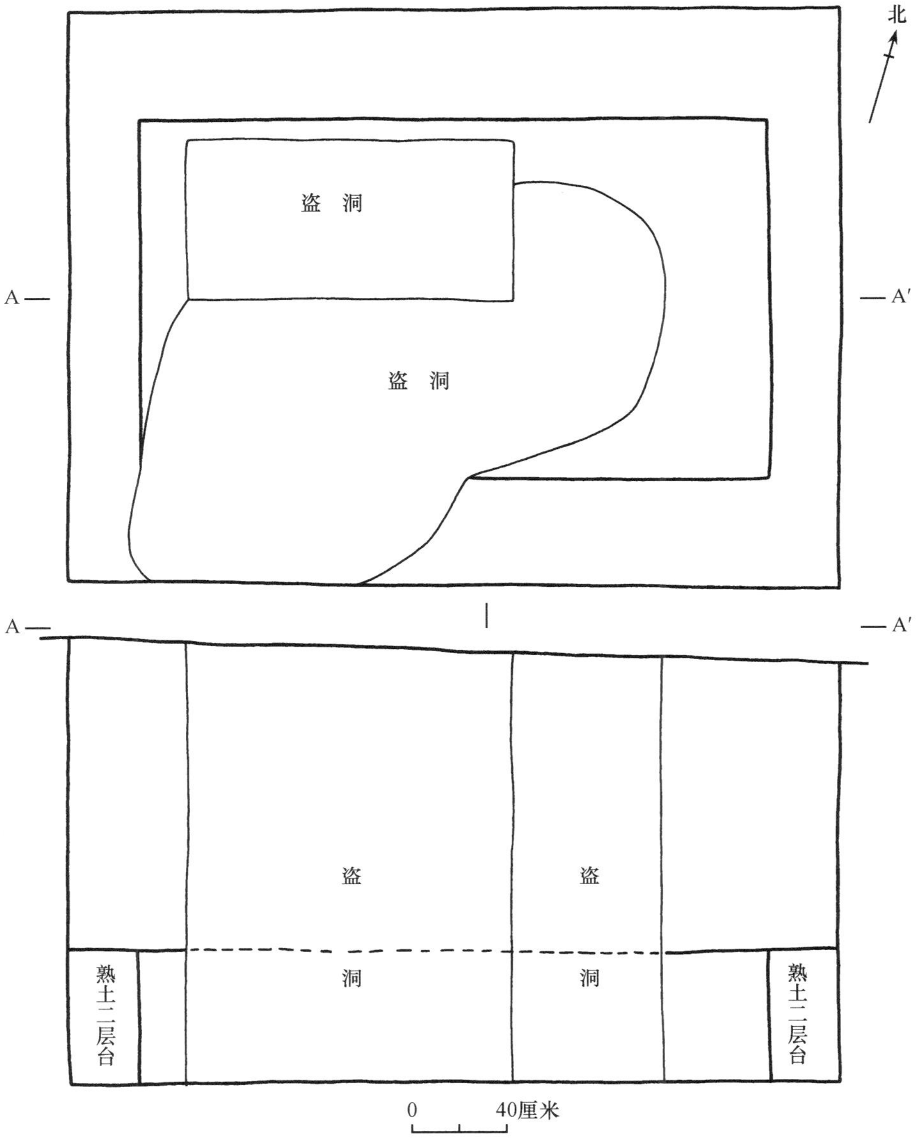

图一一三　M11平、剖面图

墓室内填土为红褐色五花土，质地较硬。

墓室底部有熟土二层台，宽0.3、高0.6米。

葬具为单椁，腐朽严重，长2.7、宽1.6米。

人骨不详。

（三）出土遗物

墓葬盗扰严重，随葬品摆放位置不详，在墓室填土内共发现随葬品10件，有陶器、铜器、石器三类。陶器器型有鼎、盒、壶、罐、盆、器盖；铜器为泡钉；石器为石斧。

陶器　7件。

鼎　2件。泥质灰陶。子母口，圆唇，盆形腹，圜底近平，直方耳微外侈。标本M11：1，足部残损。口上承盖，盖弧顶。器表多有黑衣红色彩绘。口径17.2、残高12.5厘米（图一一四，1）。标本M11：7，仅余鼎盖，母口，弧腹弧顶，顶部饰三乳凸状纽。素面。径21.4、高6.5厘米（图一一四，6）。

盒　1件。标本M11：5，泥质灰陶，仅余盒盖。直口，弧壁，近平顶，圈足形捉手。器表通体黑衣红、白色彩绘。圈足形捉手内以双红线勾划双十字纹饰。口径20、高8.7厘米（图一一四，4）。

壶　1件。标本M11：2，泥质灰陶。盘形口，方唇，束颈，圆肩圆腹，圜底，矮圈足。肩腹部两侧贴附对称衔环铺首。器表施白衣红彩图案，颈部尚存白衣红彩的连续折线图案。肩及腹部密饰凹弦纹数周。口径14.5、底径17.8、高31.5厘米（图一一四，2）。

罐　1件。标本M11：3，泥质灰陶。小口，平折沿，矮领，折肩折腹，平底。折肩部饰刻划纹一周。口径13、底径14、高14.5厘米（图一一四，3）。

盆　1件。标本M11：4，泥质灰陶。大口，平折沿，弧腹，小平底。素面。口径20.5、底径8、高7.4厘米（图一一四，7）。

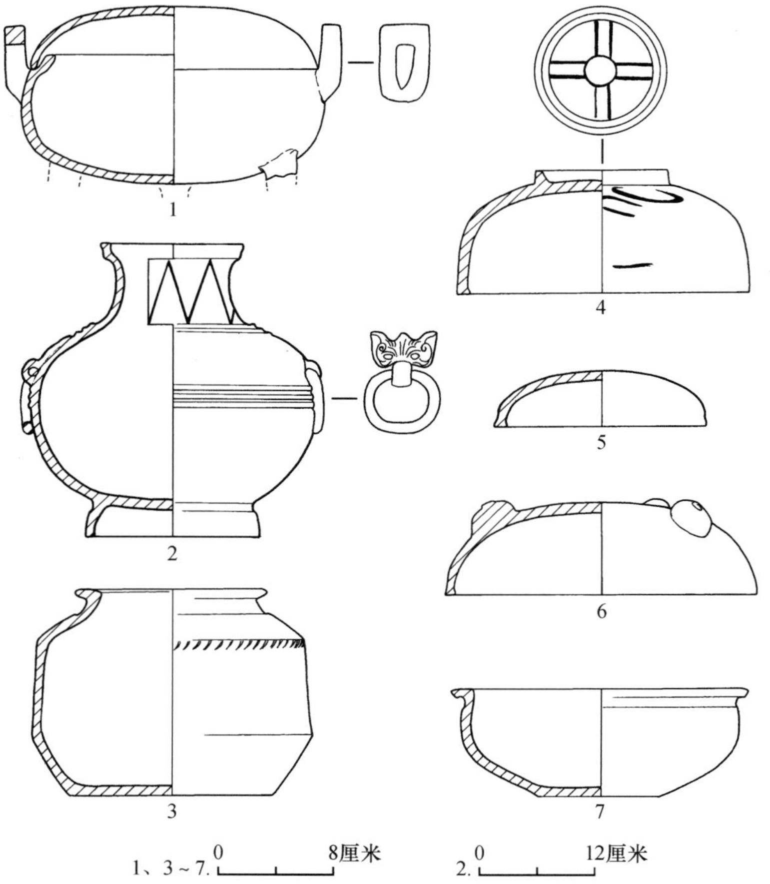

图一一四　M11出土陶器

1. 陶鼎（M11：1）　2. 陶壶（M11：2）　3. 陶罐（M11：3）　4. 陶盒盖（M11：5）　5. 陶器盖（M11：6）　6. 陶鼎盖（M11：7）　7. 陶盆（M11：4）

器盖　1件。标本M11：6，泥质灰陶。敞口，弧腹，素面。口径14.5、高4厘米。根据形制、大小分析，应为陶豆盖（图一一四，5）。

铜器　2件。

铜泡钉　2件。形制大小相同。圆形平顶帽，尖状钉身。标本M11：8，帽径1、高1厘米。

石器　1件。

石斧　1件。标本M11：9，青石质。长圆形，形制规整，系人为加工所致，并有使用痕迹。长12.5厘米（图一一五）。

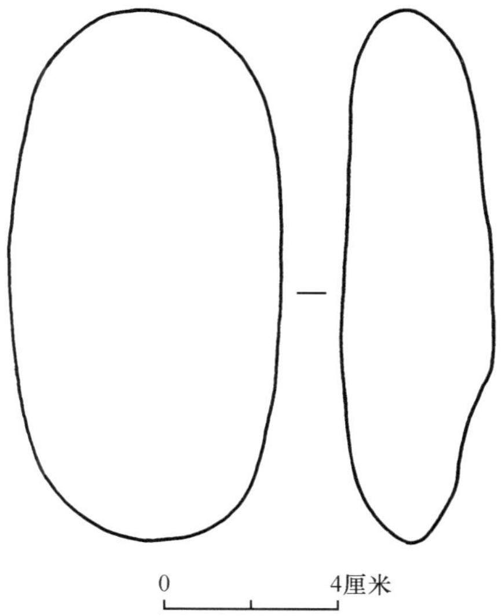

图一一五　M11出土石斧（M11：9）

一二、M12

（一）发掘地点

位于第一象限、T11010内，打破M22、M24，墓葬所在地为一相对独立的台地，东、南、西三面为断崖。

（二）形制与结构

长方形竖穴土坑墓，开口距地表0.35～0.4米。直壁，平底。墓葬依地势开凿，墓口落差较大。长4.7～4.86、宽3.56～3.64米，深0.8～1.7米。方向235°。在墓内西北部和东北部各有一个近期的盗洞（图一一六；图版二四，1）。

墓室内填土为黄色五花土，较为黏硬，经过夯打。因被盗扰，局部中含有椁板灰。

葬具为一椁一棺。从朽蚀痕迹分析，椁长4.1、宽3.4、高1.5米，椁板宽0.1～0.16、厚0.16米。棺位于墓室内中部略偏南，呈东西向，棺长1.88、宽0.8米。在墓圹四角各有一块体形较大的石板，在东北壁的中部亦放置有同样石板一块，石板较为平整、大小也相近，应系有意放置，推测应与椁的放置有关。

人骨不详。

（三）出土遗物

发掘时墓圹内随葬品主要集中在东、中部棺周围或棺平面范围内，西部较少，可能与西部经盗扰有关。根据发掘现场随葬品分布情况判断，这些随葬品原应系放置在棺椁之间，部分亦

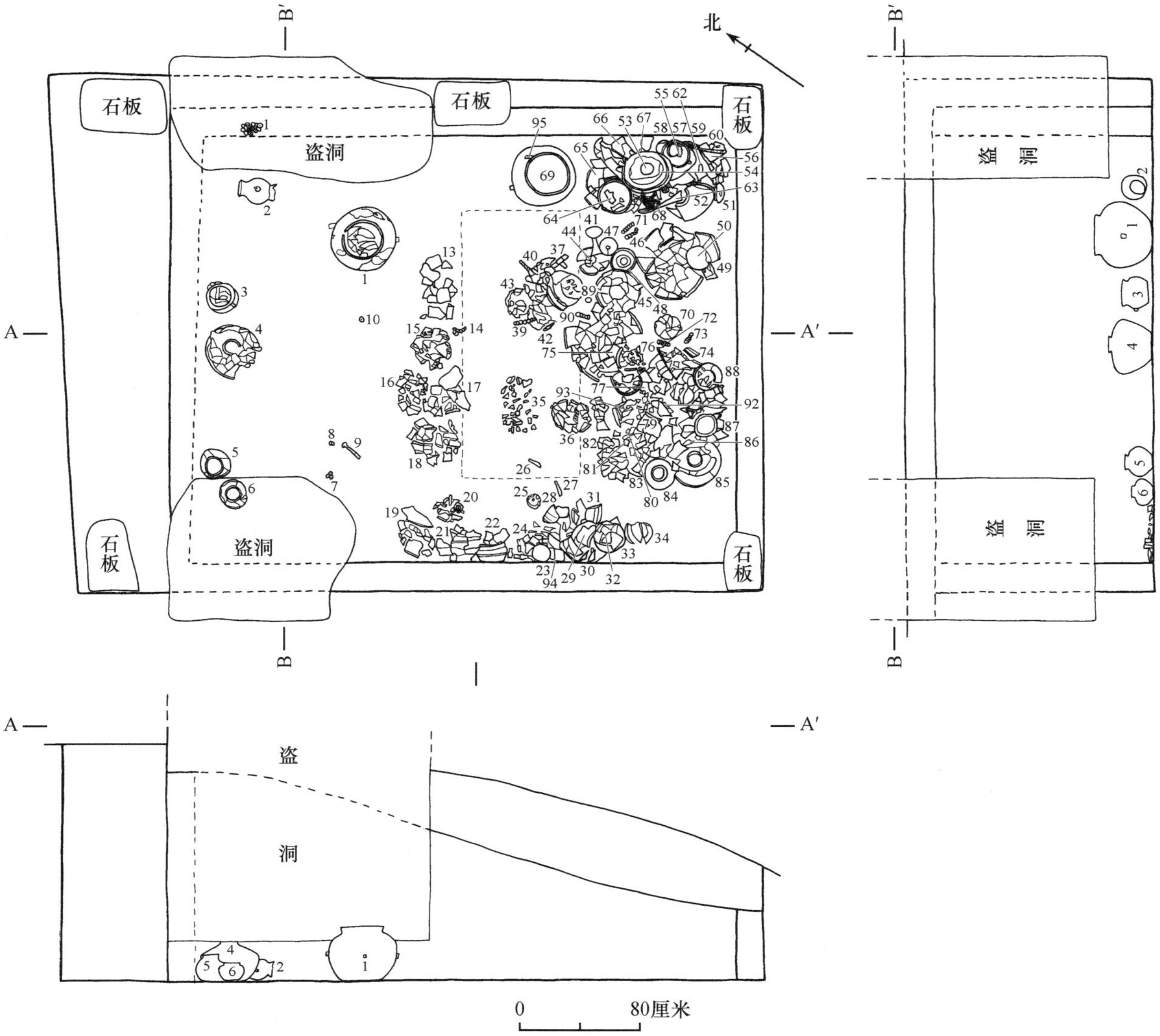

图一一六　M12平、剖面图

1、7、8、14、39、48、71～73、89、90. 铜钱　2. 铜壶　3、91. 铜鍪　4～6、15、28、29、33、45、52、61、78、79、81、84、85、87、92. 陶罐　9. 铁削　10. 铜泡钉　11、69. 铁釜　12、49、63. 陶甑　13、16～18、21～23、74、80、86、93. 陶仓　19、24、30、75、76. 陶盆　20. 釉陶卮　25、51、58. 釉陶器盖　26、27. 铜鎏金耳杯鋬手　31、34、57、66、70、82、88. 陶钵　32. 釉陶博山炉盖　35、36、43、44. 釉陶盒　37. 釉陶勺　38、64. 铜洗　40、67. 釉陶魁　41、65. 釉陶灯　42. 釉陶盆　46、60. 釉陶盂　47、80. 釉陶博山炉　50. 铜量　53、59. 釉陶簋　54. 铜釜　55、56. 釉陶壶　62、68. 釉陶鼎　94. 铁扒钉　95. 铁挂钩

可能在椁顶板之上。年久时长，椁板坍塌后，部分椁板之上器物塌落在棺平面范围之内。由于盗扰严重，故墓葬北半部残存遗物极少，所存随葬品多集中在东南部。

M12出土器物十分丰富，虽被盗严重，仅已修复和能辨出器型的器物已多达80件，还有被盗扰破坏及墓内残留的大量无法修复的残碎器物等。主要有釉陶器、陶器、铜器、铁器、漆器等。釉陶器可辨有鼎、盒、壶、釜、魁等；陶器可辨器型有罐、豆、钵、盆、甑等；铜器器型有壶、洗、鍪、泡钉、器耳（耳杯）等。

釉陶器　24件。

鼎　2件。泥质红陶，器表饰酱红色釉，内壁及腹底无釉。器腹敛口，圆唇，扁垂腹，圜底近平，三兽面蹄形足；两弧方耳外弧撇，耳中央有一小圆孔；口上承盖，盖弧顶，上有三尖乳状纽。器腹中部饰凸弦纹一周，盖上有浅浮雕式图案，有柿蒂纹、山林和奇禽异兽等，外缘部饰三角形纹饰。标本M12：62，口径16、高19.5厘米（图一一七，1；彩版一一，1、2）。标本M12：68，口径16、高19.8厘米（图一一七，2；彩版一一，3、4）。

盒　4件。泥质红陶，器表施酱红色透明釉，内壁及底无釉。标本M12：36，敛口，圆唇，折腹，圜底，矮圈足。腹饰两组凸弦纹。口径10.5、底径18.2、高15.6厘米（图一一八，1；彩版一二，3）。标本M12：44，泥质红陶，器表施酱红色透明釉，局部脱釉。口径19、顶径10.5、足径11.5、高16厘米（图一一八，2）。标本M12：43与M12：44形制尺寸完全相同。

壶　2件。泥质红陶，外施酱色透明釉。盘口，弧束颈，溜肩，圆腹，腹两侧饰对称铺首衔环，圜底，圈足。口上承盖，顶低弧。壶肩部及盖顶部均有浅浮雕图案。标本M12：55，肩部装饰内容有山川、树木、珍禽异兽、星斗等图案，盖顶模印有柿蒂、星斗、飞鸟等图案。口径15.8、底径17.5、高40.8厘米（图一一九；彩版一一，5）。标本M12：56，肩部亦模印有星斗、山川、林木、珍禽异兽等图案，盖顶印有柿蒂、花草及动物图案。口径15.8、底径16.8、高38厘米（图一二〇；彩版一一，6）。

盂　2件。仿铜鍪形。泥质红陶，酱红色釉，底未施釉。敞口，卷折沿，弧束颈，溜肩，肩部有对称两泥条形纽，折腹，平底。肩部饰凹弦纹。标本M12：46，口径18.5、底径10、高12厘米（图一一八，4；彩版一二，1）。标本M12：60，口径18.2、底径10、高11厘米（图一一八，5；彩版一二，2）。

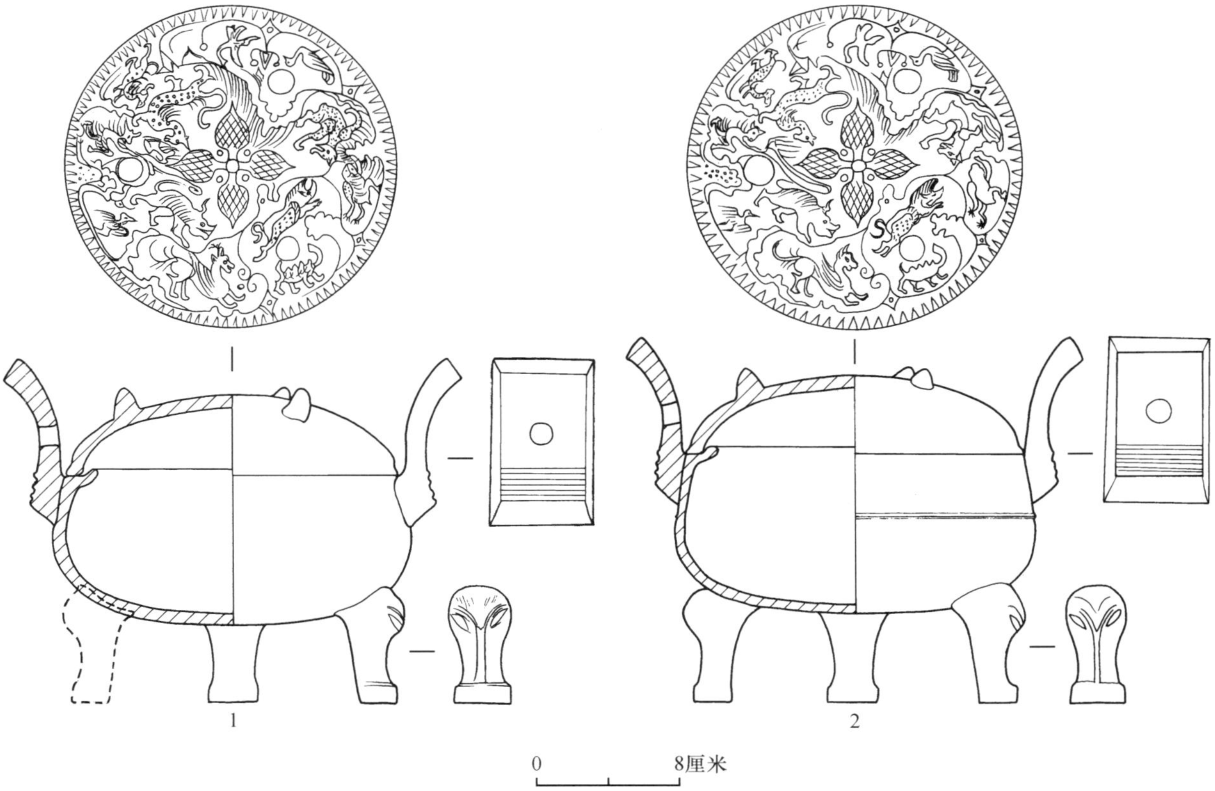

图一一七　M12出土釉陶鼎

1. M12：62　2. M12：68

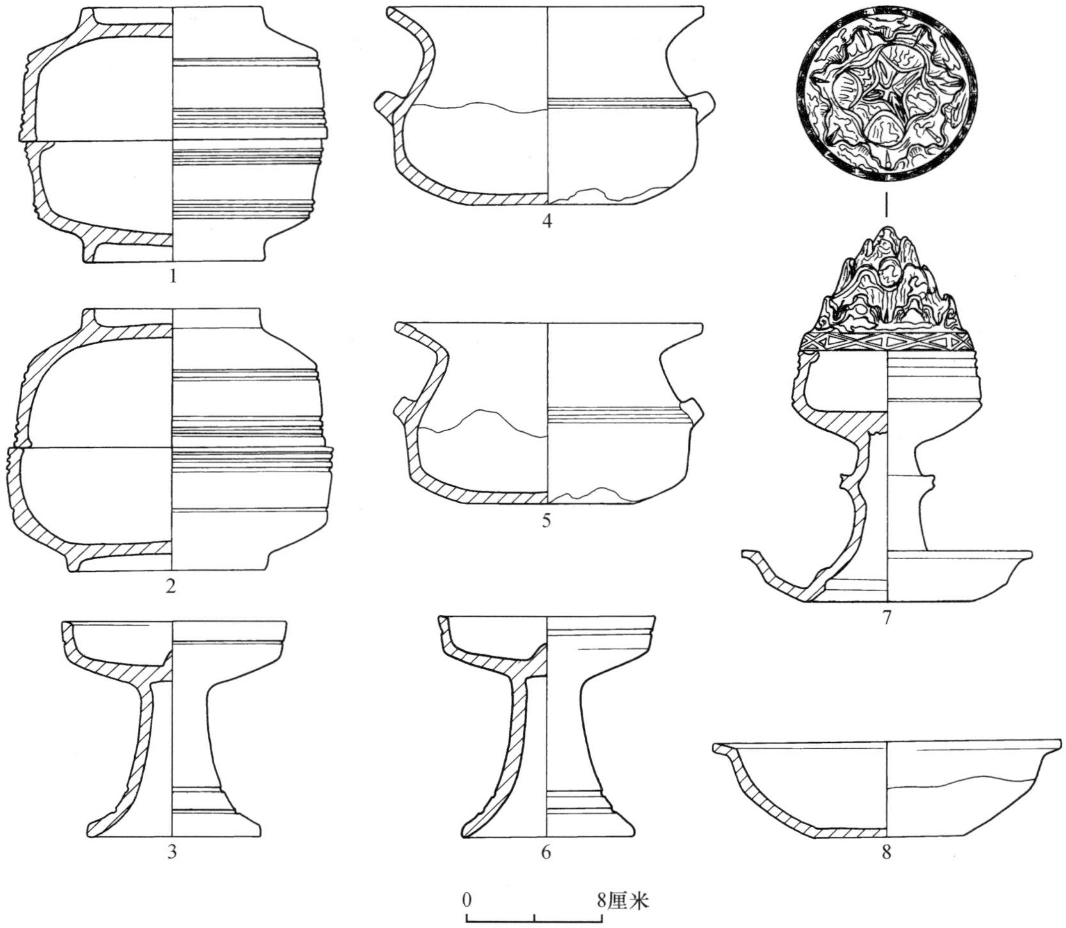

图一一八　M12出土釉陶器（一）

1、2. 釉陶盒（M12∶36、M12∶44）　3、6. 釉陶灯（M12∶41、M12∶65）　4、5. 釉陶盂（M12∶46、M12∶60）
7. 釉陶博山炉（M12∶47）　8. 釉陶盆（M12∶42）

盆　1件。标本M12∶42，泥质红陶胎，器内壁及上腹部施暗绿色釉，下腹及底无釉。大口，方唇，斜折沿，弧折腹，平底。口径20.5、底径9、高5.7厘米（图一一八，8；彩版一二，4）。

博山炉　2件。泥质红陶，满施绿色釉。盖与炉腹呈子母口相扣合，其上博山似群峰耸立，釉色稍浅；腹部釉色稍暗，敛口，扁方腹，平底，下接中空细柄，底为盘形座。标本M12∶47，口径8、底座盘径17.2、高22.7厘米（图一一八，7；彩版一二，5）。

灯　2件。泥质红陶，淡绿色釉。浅腹盘，直口，方唇，平底，中有锥状凸出，下接粗柄喇叭形座，柄中空至盘底。盘及底座上饰凹弦纹。标本M12∶41，釉质较差，残，釉色黄绿。口径13、底径10、高13厘米（图一一八，3）。标本M12∶65，釉质较好，色暗绿。口径12.8、底径10、高13.5厘米（图一一八，6；彩版一二，6）。

魁　2件。泥质红陶，除圈足底部外均施釉。直口，方唇，圜底近平，矮圈足，兽首形把手。标本M12∶40，内外施淡绿色釉，釉质差，脱落较甚。口部饰凹弦纹一周。口径21.5、底径14.2、高11厘米（图一二一，1；彩版一三，1）。标本M12∶67，暗绿色釉，釉质较好。口部饰凹弦纹一周。口径21、底径13.7、高9.4厘米（图一二一，2；彩版一三，2）。

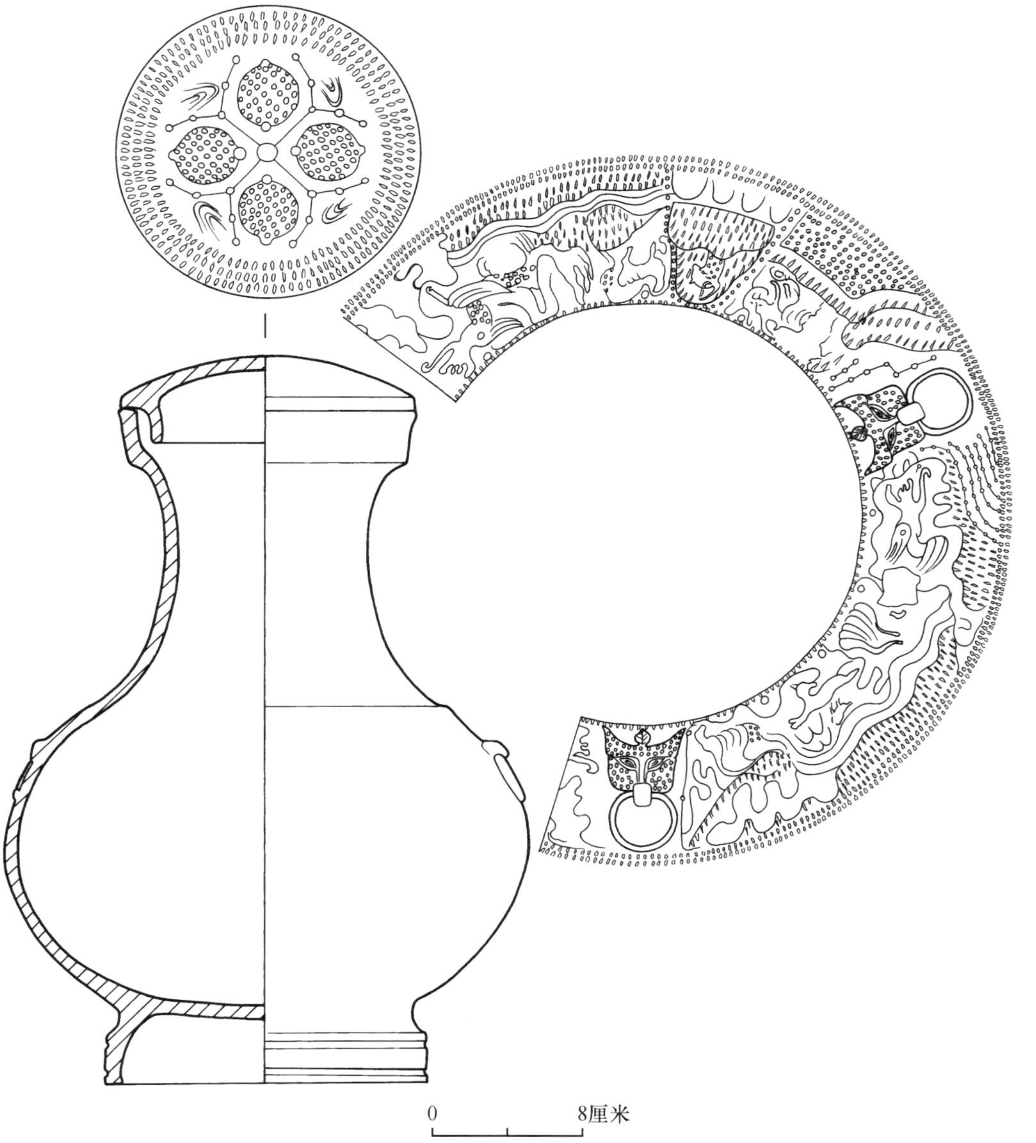

图一一九 M12出土釉陶壶（M12：55）

篮 2件。泥质红陶，器表满釉，釉质较好，几无脱釉。盆形腹，平折沿，沿下束勒，方唇，弧腹，圜底近平，矮圈足。腹部及圈足部分饰凹弦纹。标本M12：53，釉色较暗。口径30、底径17、高16.5厘米（图一二一，7；彩版一三，3）。标本M12：59，釉色泛黄。口径29.5、底径16.5、高16.7厘米（图一二一，6；彩版一三，4）。

卮 1件。标本M12：20，泥质红陶，外施绿色釉，内无釉。直口直腹，平底，下接三矮蹄足，腹上部有一方形环状把手。器腹饰凹弦纹数周。口径9、底径9.2、高11.4厘米（图一二一，5；彩版一三，5）。

器盖 3件。标本M12：25，泥质红陶，淡绿色釉。直口，圆唇，弧顶。顶部饰有凹弦纹。口径9.8、高2.9厘米（图一二一，4）。

勺 1件。标本M12：37，泥质红陶，内外施绿釉。圆腹，圜底，长柄弯曲。通长21厘米（图一二一，3；彩版一三，6）。

图一二〇　M12出土釉陶壶（M12：56）

陶器　43件。

盆　5件。根据形态不同可分为大口深腹盆与浅腹盆两类。

大口深腹盆　3件，修复2件。泥质灰陶。大口，外卷沿，圆唇，深腹斜直或微曲，平底。素面。标本M12：75，口径23.5、底径13.3、高11.3厘米（图一二二，1；图版二四，2）。标本M12：76，内壁有凹弦纹，疑似轮修痕。口径22.5、底径13、高11厘米（图一二二，7）。

浅腹盆　2件。泥质灰陶。侈口，厚方唇，平折沿，平底。标本M12：19，折腹，壁斜直。口径29、底径14、高7.8厘米（图一二二，3）。标本M12：24，浅腹弧折。沿下有一宽凹槽，器底划有不规则的圆形和井字形暗纹。口径23、底径8.5、高7厘米（图一二二，2；图版二五，1）。

甑　3件。泥质灰陶。标本M12：12，器形似深腹盆。外卷沿下垂，厚圆唇，斜直腹，平底，底部饰扎孔，孔径较大。素面。口径37、底径17、高21.3厘米（图一二二，4；图版

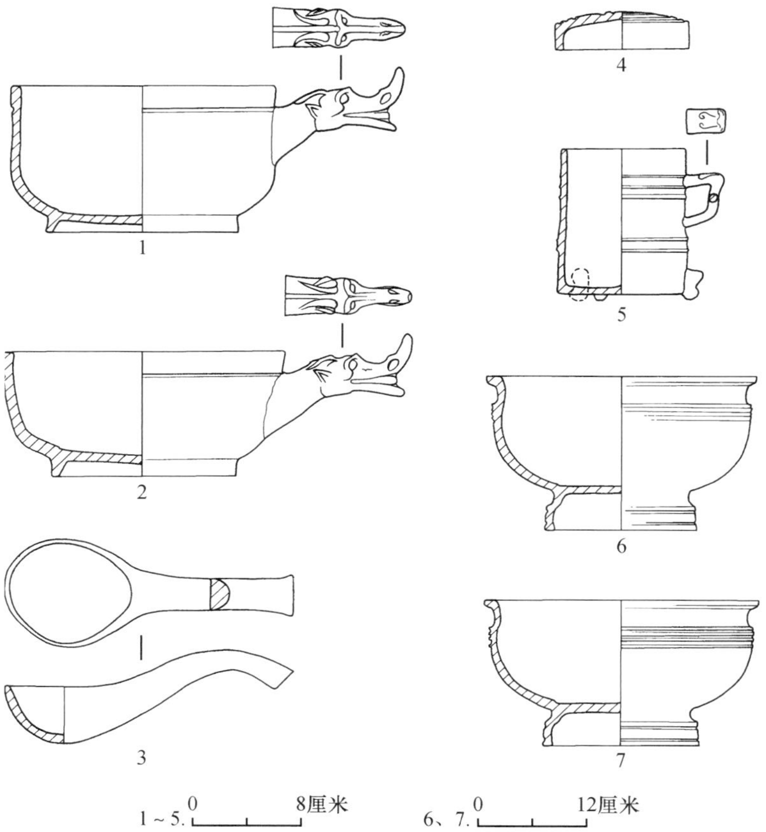

图一二一　M12出土釉陶器（二）

1、2. 釉陶魁（M12：40、M12：67）　3. 釉陶勺（M12：37）　4. 釉陶器盖（M12：25）　5. 釉陶卮（M12：20）
6、7. 釉陶簋（M12：59、M12：53）

二四，3）。标本M12：49，敞口内敛，折沿下垂，圆唇，沿下束勒，深弧腹，平底上凹，底有密集细孔。腹部饰有一周凹弦纹。腹中部有一圆孔。口径38、底径15、高19厘米（图一二二，5；图版二五，2）。标本M12：63，敞口，折沿下垂，圆唇，沿下束颈，深弧腹，平底内凹，底有密集细小扎孔。器腹饰有绳纹，大部分被抹去。口径38、底径15、高19厘米（图一二二，6；图版二五，3、4）。

罐　17件。泥质灰陶。标本M12：4，卷沿，束颈，鼓腹，圜底。口径13.2、高22.5厘米（图一二三，1）。标本M12：5，卷沿，折肩，折腹，腹壁斜直，平底。器表饰凹弦纹。口径12.6、底径14、高13.8厘米（图一二三，10）。标本M12：6，小口，卷沿较宽，矮束颈，斜肩微弧，锐折腹，圜底。肩部饰凹弦纹，腹部饰绳纹。口径11.5、高12.8厘米（图一二三，7）。标本M12：15，敛口，矮领，折肩，折腹，腹壁斜直，平底。肩部饰凹弦纹，腹部模印菱形田字纹图案。口径13.2、底径13、高15厘米（图一二三，12；图版二六，1）。标本M12：28，敛口，折肩，折腹，腹壁斜直，平底。素面。口径10.4、底径12、高12.1厘米（图一二三，9）。标本M12：29，折沿，圆唇，矮束颈，斜弧肩，扁圆折腹。圜底。素面。口径14、高24厘米（图一二三，2）。标本M12：33，敛口，矮束颈，斜肩微弧，弧折腹，下腹弧收，平底，整体形状扁矮。肩部饰指压波浪纹。口径11、底径9、高12厘米（图一二三，8）。标本M12：45，口部微侈，鼓肩，深弧腹，平底。肩、腹部饰绳纹和凹弦纹。肩部有一月牙形凹

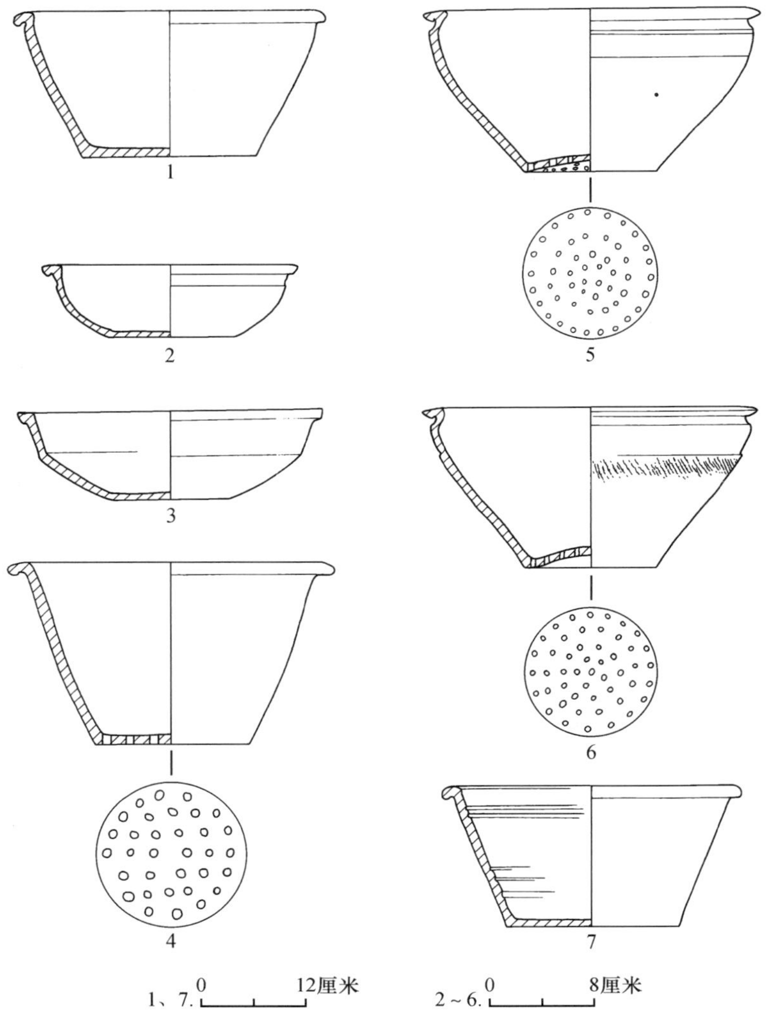

图一二二　M12出土陶器（一）

1～3、7. 陶盆（M12：75、M12：24、M12：19、M12：76）　4～6. 陶甑（M12：12、M12：49、M12：63）

痕。口径19.8、底径20、高23.8厘米（图一二四，1；图版二五，5）。标本M12：52，折沿，圆唇，矮束颈，斜弧肩，扁圆折腹，圜底。口径13.2、高22.5厘米（图一二三，3；图版二五，6）。标本M12：78，敛口，圆唇，矮领，斜肩，下腹斜直急收，小平底。器表饰杂乱绳纹，多有抹痕。口径18.6、底径12.6、高22.5厘米（图一二四，4；图版二六，2）。标本M12：79，敛口，折肩，折腹，腹壁斜直，平底。肩部饰凹弦纹，腹部模印菱形田字纹图案。口径13.3、底径14、高15.3厘米（图一二三，11）。标本M12：81，小口微侈，鼓肩，深弧腹，平底。腹部饰弦纹。口径19、底径20、高24.8厘米（图一二四，5；图版二六，3）。标本M12：84，卷沿较宽，圆唇，矮束颈，斜肩微弧，锐折腹，圜底。腹部饰绳纹。口径12.8、高13.5厘米（图一二三，6）。标本M12：85，折沿，圆唇，矮束颈，斜弧肩，扁圆折腹，圜底，腹部稍扁，肩部有小口。肩上部有刻划文字（或符号）。口径14.4、高21厘米（图一二三，4；图版二六，4）。标本M12：87，折沿，圆唇，矮束颈，斜弧肩，扁圆折腹，圜底。肩部多饰网格状暗纹与凹弦纹、间断绳纹，腹至底部饰绳纹间凹弦纹组合。口径13、高22.8厘米（图一二三，5；图版二六，5）。标本M12：92，口部微侈，圆唇，几无领，鼓肩深弧腹，平底。器身绳纹经

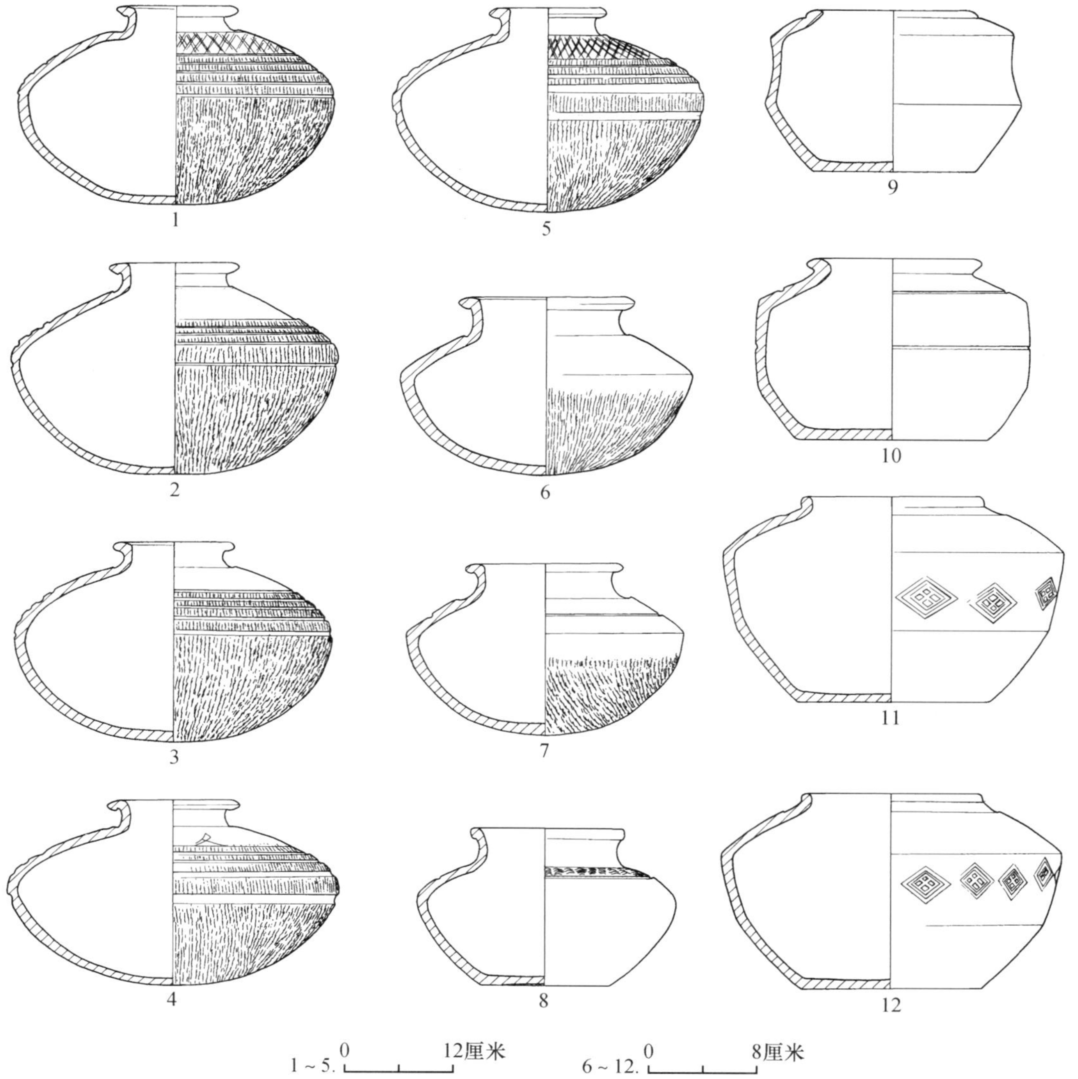

图一二三　M12出土陶罐

1. M12：4　2. M12：29　3. M12：52　4. M12：85　5. M12：87　6. M12：84　7. M12：6　8. M12：33　9. M12：28　10. M12：5　11. M12：79　12. M12：15

抹拭，印痕较浅。口径18.6、底径18.6、高25.5厘米（图一二四，2；图版二六，6）。

钵　7件。泥质灰陶。敞口，圆唇，弧腹，平底。素面。标本M12：31，口径22、底径6.5、高7.7厘米（图一二四，6）。标本M12：34，口径15.7、底径6、高4.5厘米（图一二四，11）。标本M12：57，口径17.5、底径6.5、高6厘米（图一二四，3）。标本M12：66，口径17、底径7.5、高6.5厘米（图一二四，9）。标本M12：70，口径15.8、底径6、高4.2厘米（图一二四，7）。标本M12：82，口径15、底径5.4、高3.8厘米（图一二四，10）。标本M12：88，口径17、底径5、高5厘米（图一二四，8）。

仓　11件。泥质灰陶。子母口内敛，筒形腹，直壁或微弧壁，平底。腹部饰一至三道凹弦纹。标本M12：13，形体略瘦高，壁微弧。口径11.2、底径13、高16.7厘米（图一二五，1；图版二七，4）。标本M12：16，口径12.5、底径10.5、高13.7厘米（图一二五，2；图版二七，2）。标本M12：17，弧腹，口上承盖，盖弧鼓，平顶。口径15.2、底径14、高23厘米（图

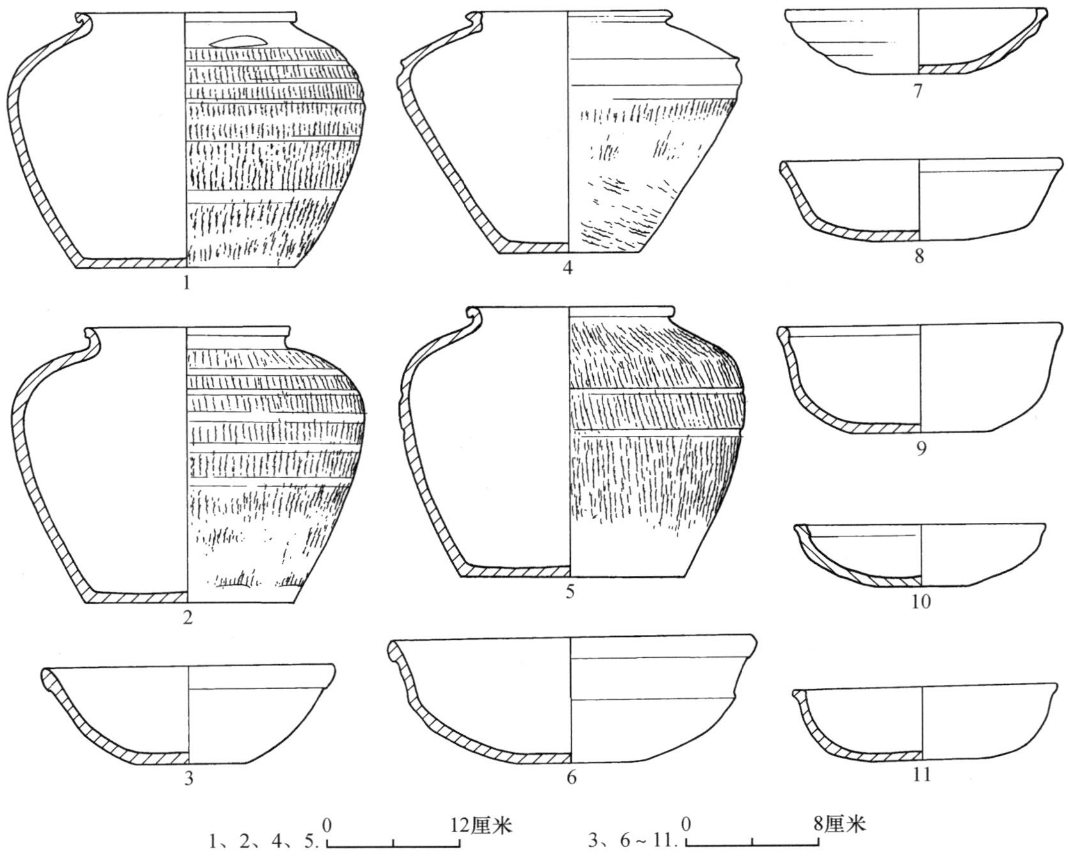

图一二四　M12出土陶器（二）

1、2、4、5. 陶罐（M12：45、M12：92、M12：78、M12：81）　3、6～11. 陶钵（M12：57、M12：31、M12：70、M12：88、M12：66、M12：82、M12：34）

一二五，11）。标本M12：18，尖圆唇。口径20、底径18.5、高21.6厘米（图一二五，3）。标本M12：21，厚圆唇。口径11.5、底径12.5、高16.4厘米（图一二五，4）。标本M12：22，口径较大，微弧腹。口径13.3、底径13、高17.5厘米（图一二五，5；图版二七，1）。标本M12：23，形体较矮。腹壁饰凹弦纹，近底部有刮痕。口径12、底径12、高14厘米（图一二五，6）。标本M12：74，腹弧鼓，素面。下腹部有抹痕。口径13.2、底径13、高19.3厘米（图一二五，10；图版二七，3）。标本M12：80，方唇。口径12.5、底径10.5、高15厘米（图一二五，7）。标本M12：86，口径11.5、底径13、高17厘米（图一二五，8；图版二七，5）。标本M12：93，形体瘦高。尖圆唇，直壁。口径11、底径14、高27.5厘米（图一二五，9；图版二七，6）。

铜器　10件。

壶　1件。标本M12：2，杯形口，弧束颈，溜肩，圆鼓腹，对称两铺首衔环，平底，矮圈足。器表鎏金。肩、腹部饰凸弦纹数周。口径11.3、底径12、高23.5厘米（图一二六，1；彩版一四，1）。

洗　2件。修复1件。标本M12：64，斜折沿，直口，深腹，平底。施对称衔环铺首（环失）。腹部饰凸弦纹数周。口径23.8、底径12.5、高13.5厘米（图一二六，6；彩版一四，2）。

鍪　2件。侈口，折沿，两圆环耳，垂腹。标本M12：91，斜折沿，斜溜肩，圜底近平。

图一二五　M12出土陶仓

1. M12：13　2. M12：16　3. M12：18　4. M12：21　5. M12：22　6. M12：23　7. M12：80　8. M12：86　9. M12：93　10. M12：74　11. M12：17

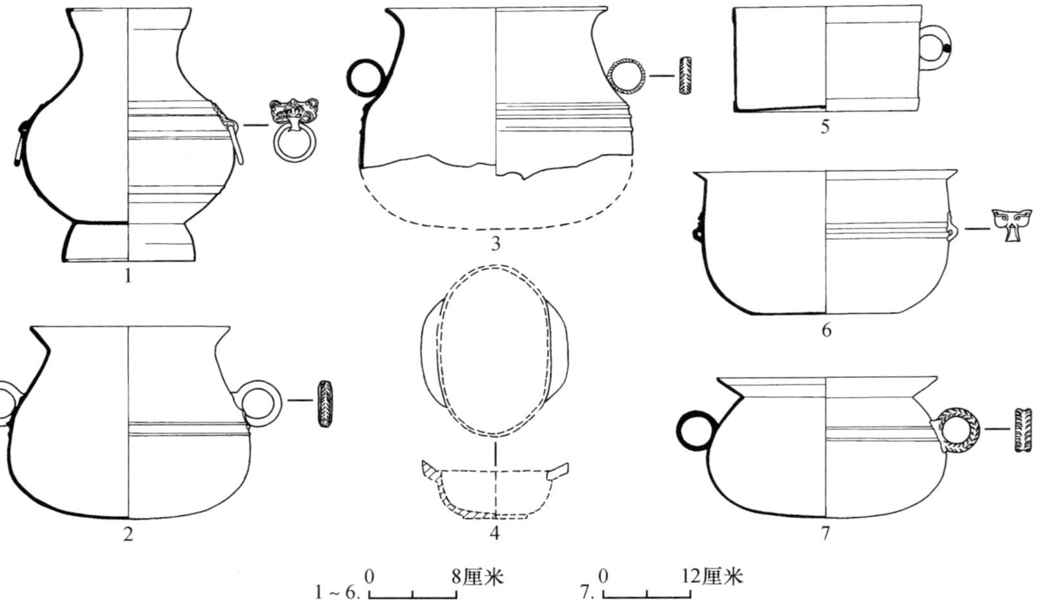

图一二六　M12出土铜器

1. 铜壶（M12：2）　2、3. 铜鍪（M12：91、M12：3）　4. 铜鎏金耳杯錾手（漆耳杯，M12：27）　5. 铜量（M12：50）　6. 铜洗（M12：64）　7. 铜釜（M12：54）

两环耳饰绹索纹，腹部饰凸弦纹三周。口径18、高18厘米（图一二六，2；彩版一四，3）。标本M12：3，弧折沿，束颈，垂腹，平底。耳部饰绹索纹，腹部饰凸弦纹三周。口径22、残高15厘米（图一二六，3）。

釜　1件。标本M12：54，侈口，斜折沿，溜肩，扁垂腹，两圆环耳，圜底。腹部饰凸弦纹两周，耳饰绹索纹。口径29.5、高19.3厘米（图一二六，7；彩版一四，4）。

量　1件。标本M12：50，直口直腹，平底，环形把手。素面。口径17、底径16.5、高9.7厘米（图一二六，5；彩版一四，5）。

泡钉　1件。标本M12：10，残，鎏金。球形钉帽，锥形钉身。径1.9、残高1.6厘米。

铜鎏金耳杯錾手（漆耳杯部件）　2件。判断应为漆耳杯两侧残留的鎏金铜耳，杯未能修复。标本M12：27，耳上翘，弧腹，平底，假圈足。长8、宽6.6，高2.6厘米（图一二六，4）。

铁器　6件。

釜　2件。均锈蚀严重。小口，高领，鼓肩，斜弧腹，小平底，两宽环耳。标本M12：11，口径29、底径14、高34.5厘米（图一二七，1）。标本M12：69，口径30、底径10、高33.5厘米（图一二七，2；彩版一四，6）。

削　1件。标本M12：9，短身，断面呈楔形，环首。长19.7厘米（图一二七，3）。

钩　3件。呈S形，体宽扁。标本M12：95-1，断面呈楔形。长12.3、宽2.5厘米（图一二七，4）。标本M12：95-2，断面呈扁条形。长12、宽2.4厘米（图一二七，5）。标本M12：95-3，断面呈楔形。长12.2、宽3厘米。

铜钱　共161枚。有五铢8枚、大布黄千20枚、货泉106枚、大泉五十27枚。

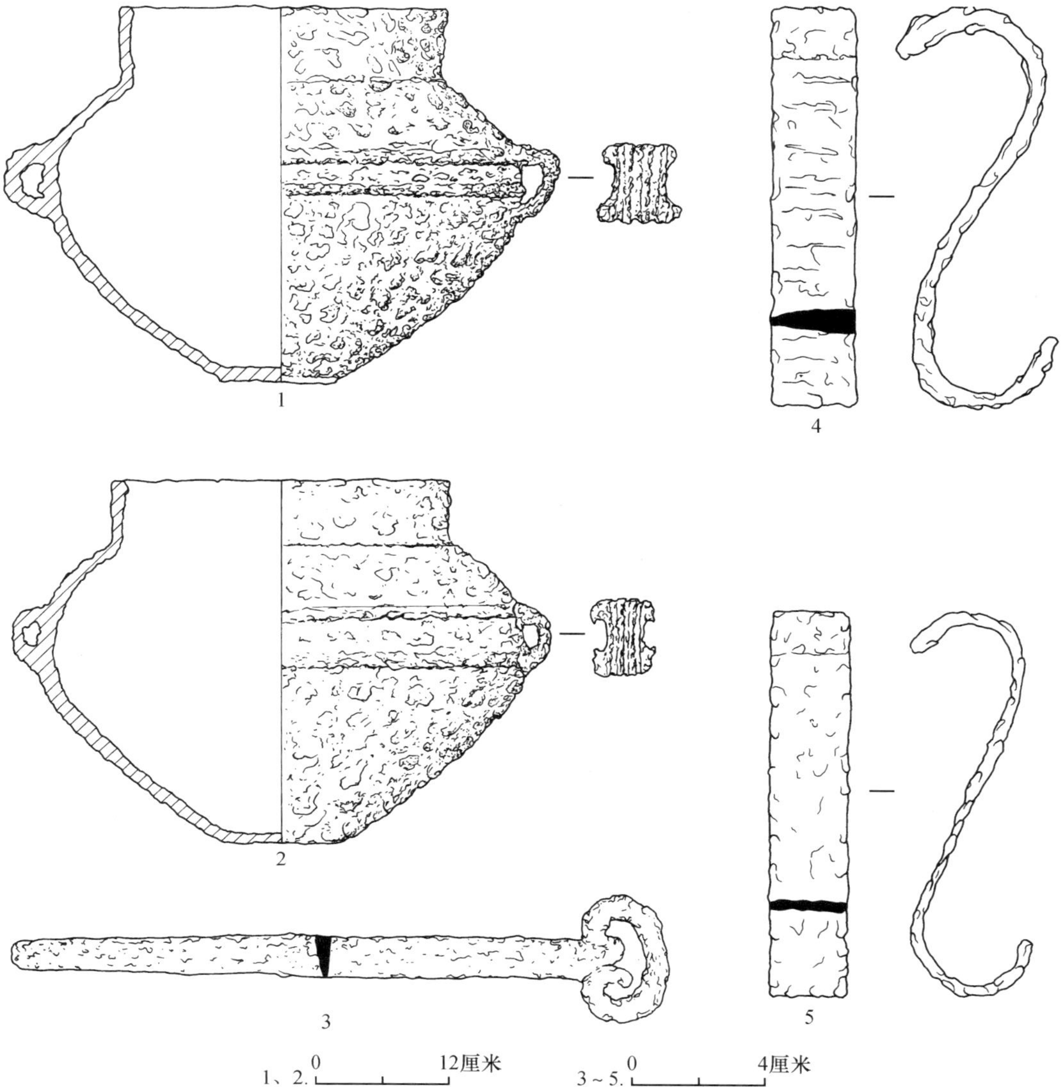

图一二七 M12出土铁器

1、2. 铁釜（M12∶11、M12∶69） 3. 铁削（M12∶9） 4、5. 铁钩（M12∶95-1、M12∶95-2）

一三、M16

（一）发掘地点

位于第一象限、T12012内。

（二）形制与结构

开口距地表0.4米。长方形砖室墓，由墓道和墓室两部分组成。方向75°。因破坏严重，顶及墓室上半部已无存，仅余墓室底部。墓葬平面有盗洞三个，系近期盗扰（图一二八）。

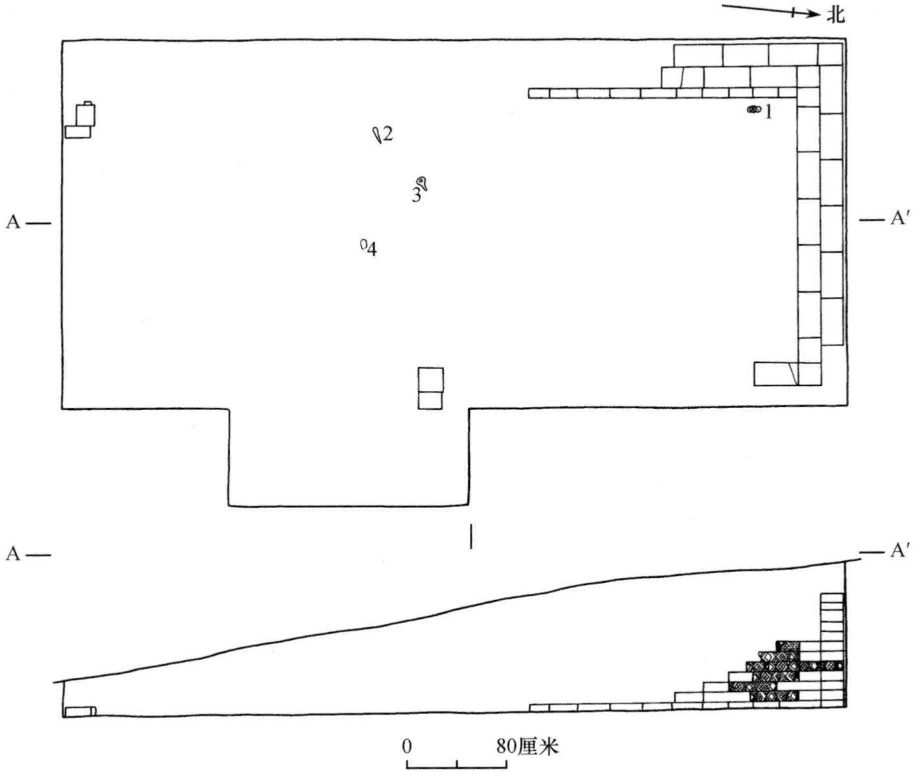

图一二八　M16平、剖面图

1. 铜钱　2. 陶鼎足　3. 陶异形器（勺）　4. 陶俑头

墓道位于墓室东壁南端，平面呈长方形，直壁，平底。残长0.8、宽1.9、深0.3米。

墓室与墓道呈垂直相交，即为横室墓。墓室为长方形，长6.4、宽3米，残深0.3～1.2米。因地势北高南低，故墓室保存高度为北高南低。墓室原四壁及底部砌砖，发掘时仅在北壁及东北、西北角处保留较完整砖壁，南壁、西壁及东壁大部分砖已无存，仅在墓门处残留部分底部地砖。砖长39、宽18、厚9厘米。砖侧面一般模印有菱形回字和田字图案。

墓室内填土为红褐色五花土，质地松软，填土中含有乱砖。

葬具与人骨不详。

（三）随葬器物

墓葬破坏严重，仅在墓室中南部零星发现有五铢钱币、陶俑头残片、陶鼎足碎片等。具体信息不详。

一四、M17

（一）发掘地点

位于第一象限、T11909内。

（二）形制与结构

开口距地表0.2～0.46米。长方形土坑竖穴墓，四壁规整，底部平坦。长4.08、宽2.7～2.95米，深1.2～1.3米。方向40°。墓葬遭严重扰乱（图一二九）。

墓室内填土为红褐色五花土，含有红色土块。

葬具与人骨不详。

（三）随葬器物

墓葬破坏严重，仅在填土中发现有陶片，可辨器型有罐、壶、豆等，仅可修复陶豆1件。其他信息不详。

陶豆 1件。标本M17：1，泥质灰陶。直口，方唇，浅盘，平底，细高柄，喇叭形圈足。盖与豆盘形制相同。口径11.2、足径8.4、高12.5厘米（图一三〇）。

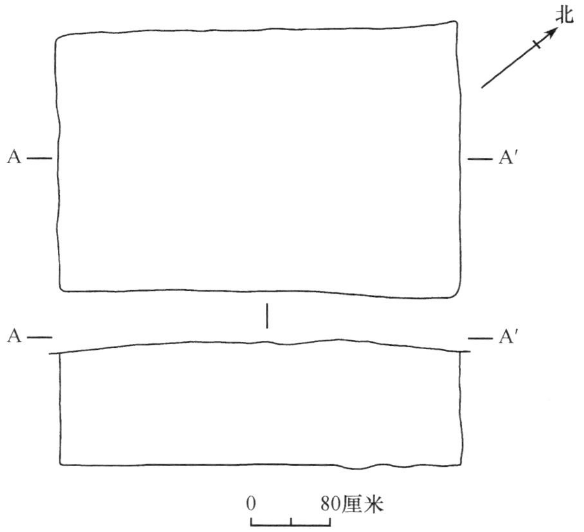

图一二九 M17平、剖面图

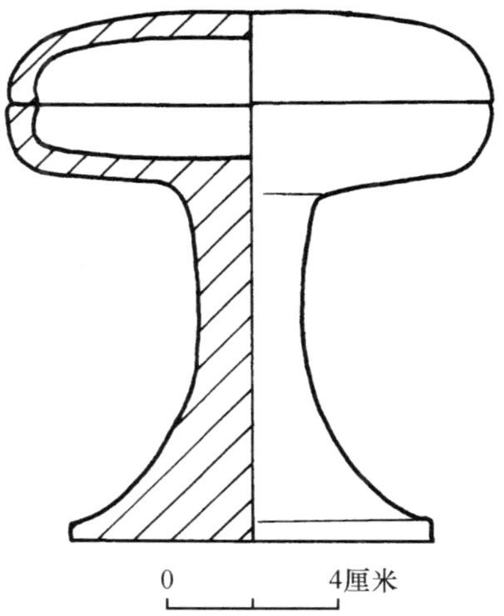

图一三〇 M17随葬陶豆（M17：1）

一五、M20

（一）发掘地点

位于第一象限、T11012内。

（二）形制与结构

开口距地表深度不详。长方形洞室墓。由墓道、封门及墓室三部分组成。方向83°。墓室及墓道部分均有盗洞遗存（图一三一）。

墓道位于墓室东端，长方形斜坡墓道，直壁，斜底。长3.75、宽1.7米，深0.6～1米。

封门位于墓道西侧，墓壁两侧各有一外伸凹槽，宽0.25、深0.2、残高0.8米。较为规整，应为墓门封堵之用。

墓室位于墓道西端，平面呈长方形。顶部遭盗扰破坏已坍塌，形状已难辨。底部倾斜，西端深，东端浅。墓室长3.25、宽1.7～1.75米，深1.2～1.4米。

墓室内填土为红褐色五花土，含有红色土块。

葬具与人骨不详。

（三）随葬器物

墓葬破坏严重，盗洞及墓室、墓道填土中出土有残碎陶片，可辨器型有鼎足、陶壶等。泥质灰陶，均未能修复。另出土残墓砖若干，侧面印有同心菱形纹等。

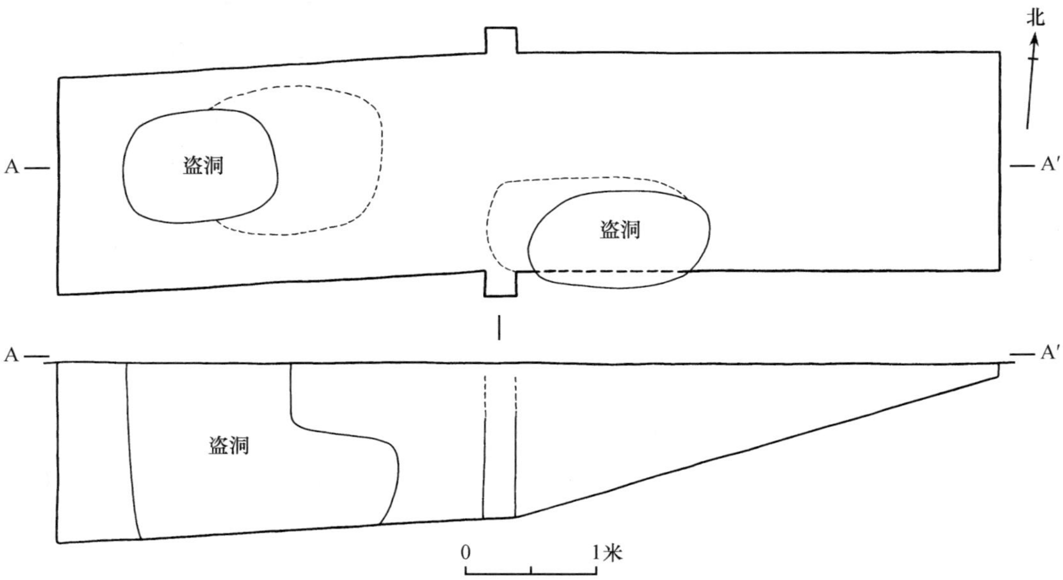

图一三一　M20平、剖面图

一六、M22

（一）发掘地点

位于第一象限、T11010内，被M12打破，向下打破M23。

（二）形制与结构

开口距地表深0.4～0.6米。长方形竖穴土坑墓，直壁，平底。墓葬依地势开凿，墓口落差较大。长2.86～2.98、宽2.6～2.7米，深0.4～1.2米。方向215°。墓室东部有1个圆形盗洞，盗扰严重。

墓室北壁和南北中间部分各有一排圆形柱洞，明显将墓室分割为南、北两个区域。柱洞共发现5个，排列情况如下：北壁自西北角向东等距离排列有3个柱洞，柱洞均位于墓室北壁外；中部自西向壁向东现存有2个柱洞，推测原应为一排3个柱洞，只因最东1个柱洞被盗洞破坏而无存。两排柱洞自然围成一个独立区域，其内发现有残余木灰痕，应为椁痕，长2～2.05、宽0.86～0.96米。除在北壁发现1件铁器外，未发现其他器物。相反，在中间一排柱洞以南至南壁中间的区域，则发现有放置整齐的随葬陶器。根据柱洞排列及现场发掘情况判断：墓室北部应为葬具放置区，南部为随葬器物区。

柱洞多为圆形，个别为圆方形。分别介绍如下：ZD1，圆形，位于墓室中部。口径0.22～0.26米，深0.28米（墓室底部向下，图一三二，Ⅰ）。ZD2，圆形，位于墓室西壁中部，距D1约0.96米。口径0.2米，深0.48米（墓底部向下，图一三二，Ⅱ）。ZD3，圆形，墓室西北角，距D2约1.26米。口径0.16米，深1.1米（自墓口向下，以下同，图一三二，Ⅲ）。ZD4，圆形，墓室北壁外中部，距ZD3约1米。口径0.22米，深1.1米（图一三二，Ⅳ）。ZD5，口圆形，下部为方形。位于墓室北壁外近东北角处，距ZD4约0.96米。口径0.3米，深1.5米（图一三二，Ⅴ）。所有柱洞内可见明显灰白色木灰烬，土质松软。

至于木柱的作用，尚无可信结论，但根据墓地所处地形等因素，仅作推测如下：一是保护墓室不受坡地挤压损坏而作挡土之用。因墓地位于坡地，几乎所有的墓葬均被自上而下的重力作用挤压，墓壁（尤其是处于上方的北壁）多向下滑动，墓葬多变形严重，并破坏墓葬内结构，故在上方（北壁）、下方（墓室中间）加立一排木柱，可以抵挡或减轻坡地下滑，进而起到保护墓室作用。二是应与葬具有关，有可能是在建造椁室的过程中采用的一种加固方法。

因墓葬形制规模不是很大，所以在墓顶立柱构筑墓上建筑物的可能性不大。

因盗扰及朽蚀严重，葬具已不可辨，推测应为一棺一椁。

人骨不详。

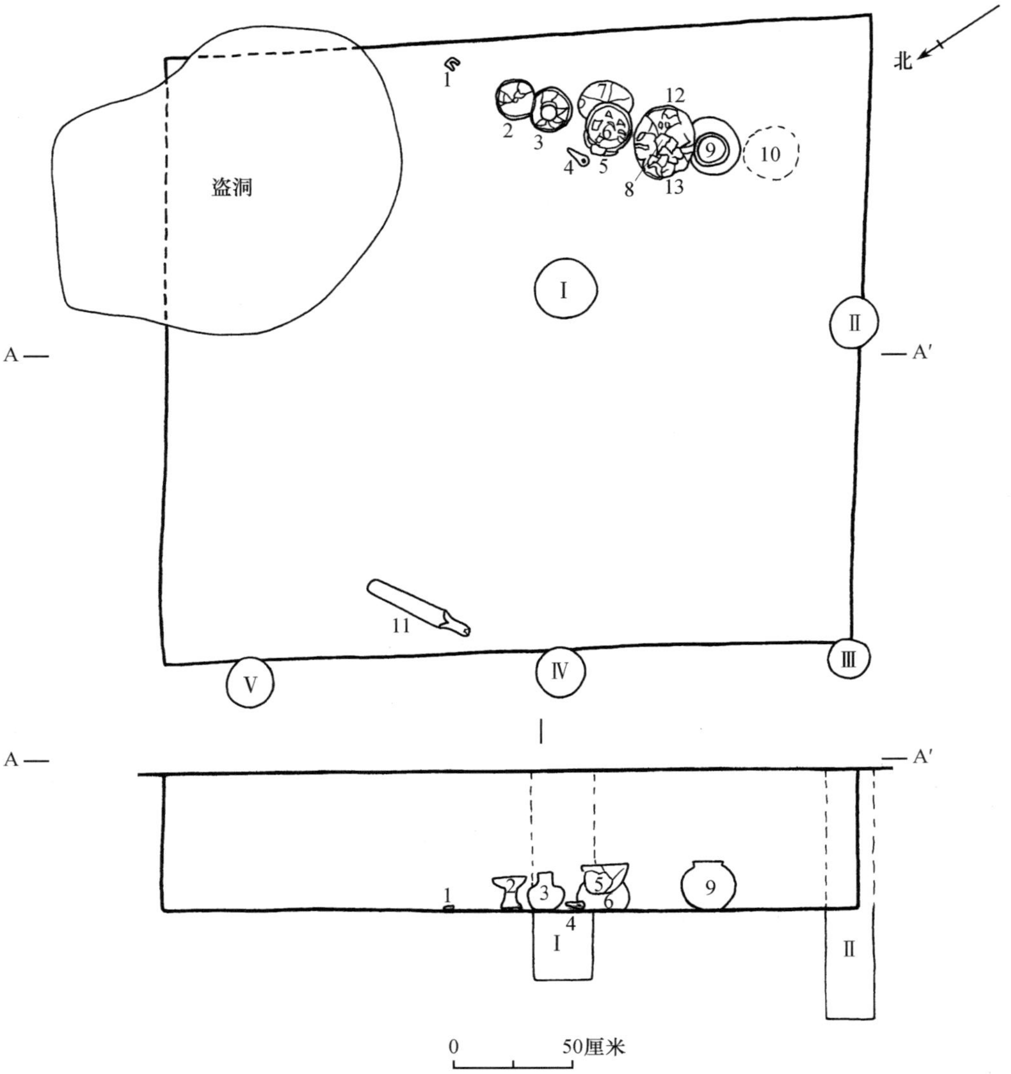

图一三二　M22平、剖面图

1. 陶鼎耳　2. 陶豆　3. 陶壶　4、5. 陶勺　6. 陶盒　7. 铁釜　8. 陶鼎　9、13. 陶罐　10. 漆器　11. 铁铲　12. 陶钵

（三）随葬器物

墓内共发现随葬品12件，放置于墓室南部，有陶器、铁器和漆器三类。陶器受埋藏环境与盗扰影响，破坏较为严重，部分已与填土扰在一起，可辨陶器器类有鼎、盒、壶、罐、钵、勺等。铁器为釜、铲。

陶器　9件。修复8件。

鼎　1件。标本M22：8，泥质灰陶。子母口，方唇，扁圆腹，圜底近平。三蹄足，直方耳。盖弧顶，顶部三个方形乳凸纽。通体素面。口径16.4、高15厘米（图一三三，1）。

盒　1件。标本M22：6，泥质灰陶。由盖和腹组成，子母口扣合，圆唇，折腹，圜底，喇叭形矮圈足。盖形制与腹相同。盖及腹各饰二道凹弦纹。口径16、圈足径9.5、高14厘米（图一三三，9）。

壶　1件。标本M22：3，泥质灰陶。微盘口，厚方唇，弧束颈，溜肩，弧腹，平底，矮圈足，肩部贴附对称衔环。盖为子母口，微弧顶。壶肩及腹部各饰凹弦纹一周。口径8.6、底径9.5、高17.3厘米（图一三三，2）。

罐　2件。泥质灰陶。小口，宽平沿，束颈，斜肩弧鼓，深弧腹，圜底或圜底近平。肩部饰凹弦纹，腹部上饰凹弦纹，下饰竖向绳纹。标本M22：9，圜底，口径12.8、高16.3厘米（图一三三，4）。标本M22：13，圜底近平。口径14、底径8、高15.8厘米（图一三三，5）。

钵　1件。标本M22：12，泥质灰陶。敞口，厚圆唇，深弧腹，小平底。素面。口径16、底径6、高6.4厘米（图一三三，3）。

勺　2件。标本M22：4，泥质褐陶。圆柄，球形斗。素面。斗口径1.6、腹径3.3、通长8厘米（图一三三，7）。标本M22：5，泥质灰陶。柄残。圆形浅勺腹，细柄。腹径5、残高4.5厘米（图一三三，8）。

豆　1件。标本M22：2，残损严重，无法修复。

铁器　2件。

釜　1件。标本M22：7，朽蚀严重。

铲　1件。标本M22：11，朽蚀。长条形身，上平下弧，中间厚两侧薄，前端平刃；扁圆銎。宽6、通长40.5厘米（图一三三，6）。

另外，在随葬器物中发现有一圆形漆皮区，应为漆器，判断应为盒之类器物，未能修复。

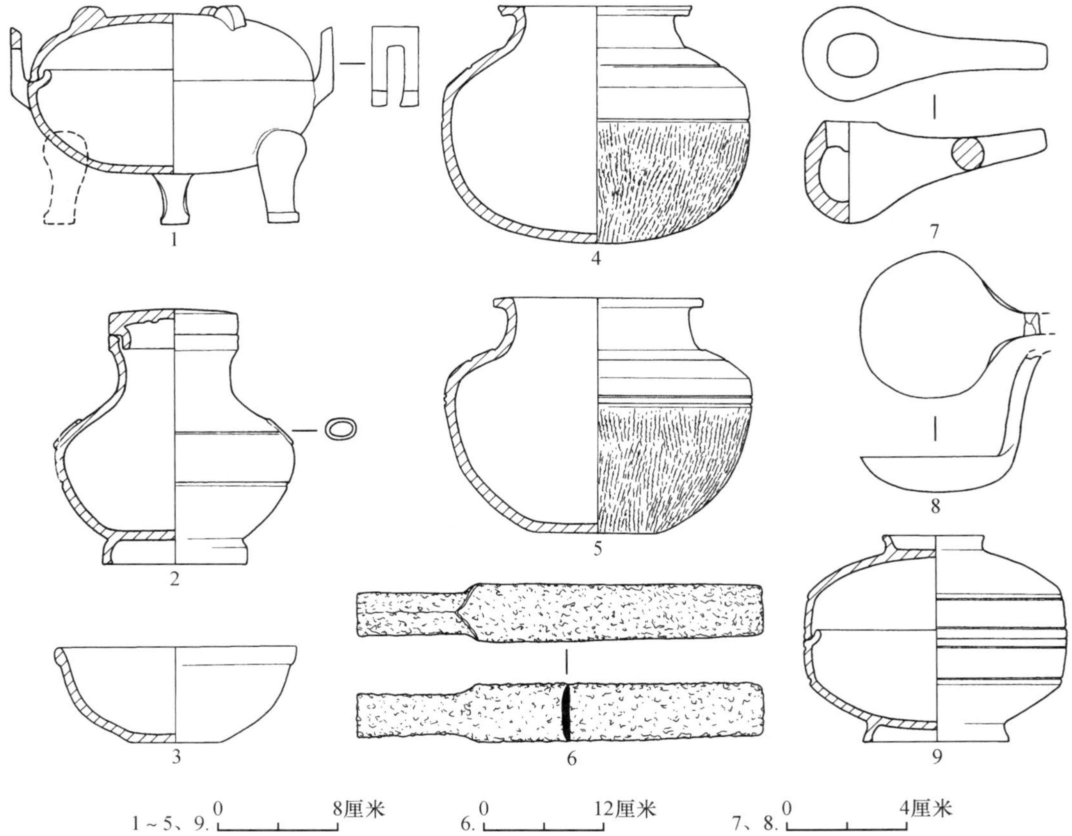

图一三三　M22出土陶器和铁器

1. 陶鼎（M22：8）　2. 陶壶（M22：3）　3. 陶钵（M22：12）　4、5. 陶罐（M22：9、M22：13）　6. 铁铲（M22：11）　7、8. 陶勺（M22：4、M22：5）　9. 陶盒（M22：6）

一七、M23

（一）发掘地点

位于第一象限、T11110内，被M22打破。

（二）形制与结构

开口距地表0.35～0.6米。长方形土坑竖穴墓，直壁，底部平坦。长3.6～4.2、宽2.62～3.2米，深0.8～2米。方向340°。该墓被盗扰严重（图一三四）。

墓室西北部紧靠西壁并列放置有3块石块，形状规整，显系人为有意放置，功用不明。

墓室内填土为红褐色五花土。

葬具与人骨不详。

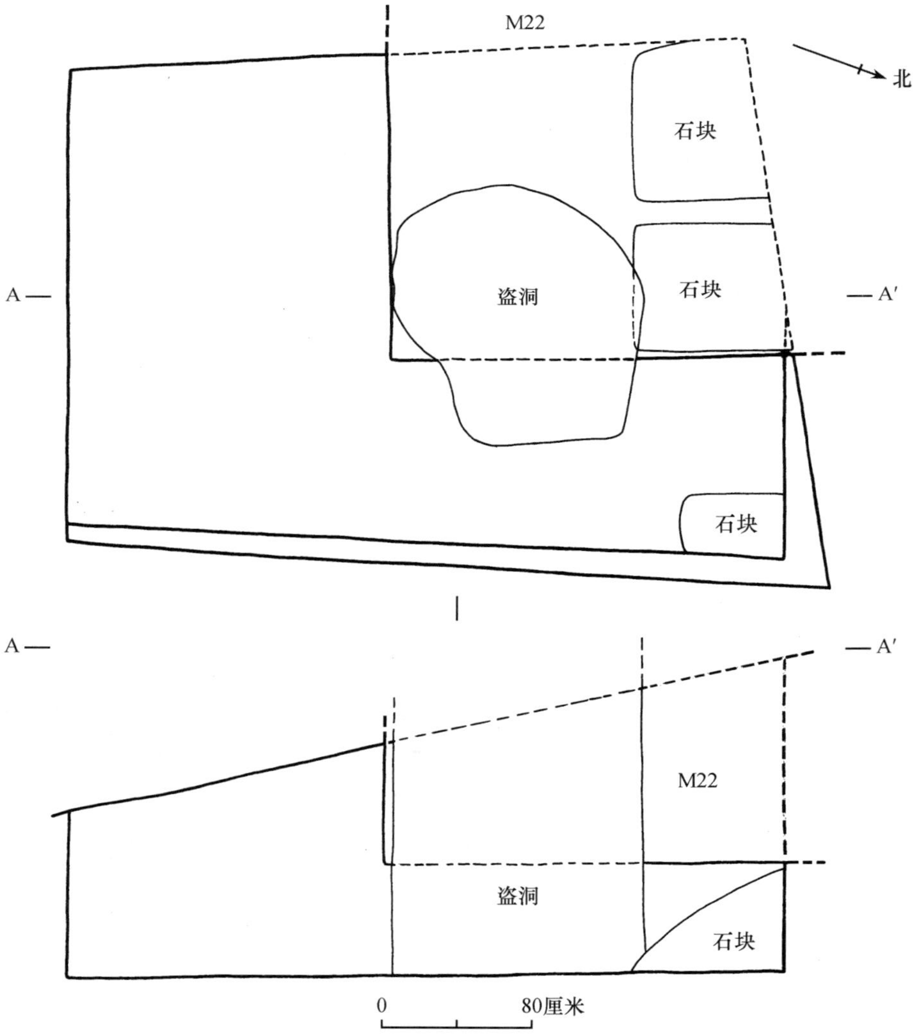

图一三四　M23平、剖面图

（三）随葬器物

墓葬破坏严重，仅在盗洞内出土有陶片若干，均泥质灰陶，可辨器型有陶豆。具体信息不详。

一八、M24

（一）发掘地点

位于第一象限、T10911内，被M12打破。

（二）形制与结构

开口距地表0.5～0.7米。长方形土坑竖穴墓，直壁，平底。长4.6～4.8、宽4.1米，深2.6米。方向80°。在墓室中部有一盗洞，由东北至西南延伸，整个墓室中部及棺西半部被扰乱殆尽（图一三五；图版二八，1）。

墓室内填土为红褐色五花土。

墓室内有二层台，台宽0.3～0.58米。

二层台内为椁室，长4.1、宽3米。发掘时在东半部发现椁板痕，其深度距墓口深0.9、距墓底高1.7米处。椁板厚度0.1米，宽0.16～0.2米。在椁室的四角处分别发现有圆形柱洞，柱洞附近还可见柱状灰白色木质朽蚀物，疑为木柱倾斜倒伏后朽蚀所致。柱洞情况分别如下：ZD1，椁室东北角。圆形，直径0.2米，残深0.5米。ZD2，柱子室西北角。圆形，直径0.2米，残深0.3米。ZD3，椁室西南角。圆形，直径0.22米，残深0.85米。ZD4，椁室东南角，圆形，直径0.3米，残深0.6米。椁室南部发现有棺痕，现存棺痕长1.6、宽0.86米。

人骨1具，骨架已朽蚀成粉末状，但能看出大致轮廓，头向东。

（三）随葬器物

由于盗扰与埋藏环境影响，墓葬内随葬器物破碎严重，主要放置在墓室北部，出土陶器、铜器、铁器等各类器物共65件。陶器器型有鼎、壶、盒、钫、罐、瓮、甑、盆等；铜器器型有鐏、弩机等；铁器器型有戟、剑等。另有五铢钱币若干。

陶器　46件。

鼎　4件。修复2件。泥质灰陶。子母口，方唇，圆腹，圜底，矮蹄足，厚方耳微外撇；盖弧顶，上有三方形乳凸。标本M24：11，器形浑圆，圜底近平。器表通体残存有姜黄色陶衣，可见有零星红色彩绘图案。腹部耳下饰凸弦纹。口径17、高20.8厘米（图一三六，2；图版

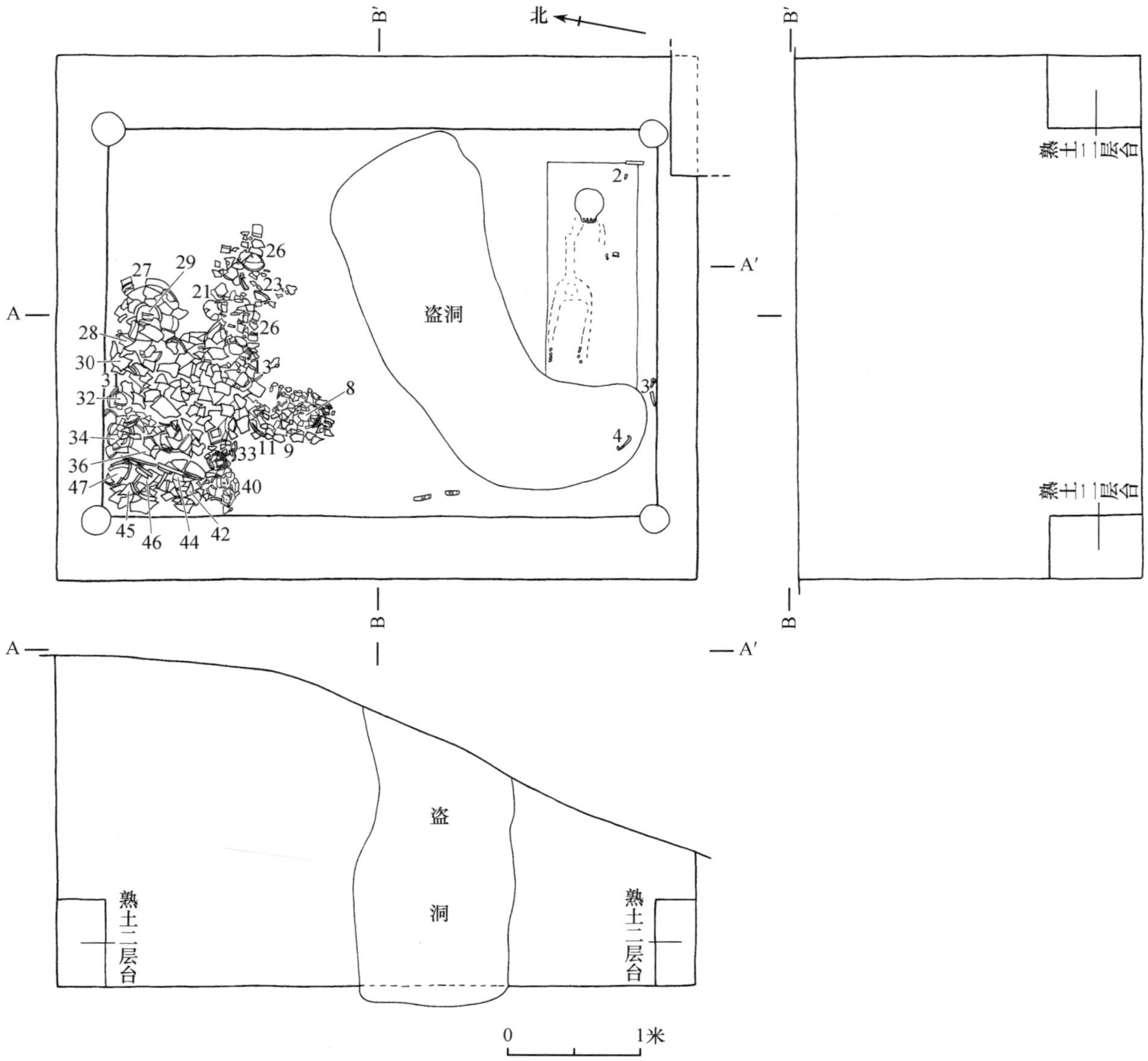

图一三五　M24平、剖面图

1、4. 铁棺钉　2. 铁剑　3. 铁刀　5、51. 铜泡钉　6、7. 铜鐏　8、15、38、39、41. 陶壶　9. 陶勺　10、33、47、55. 陶盆　11、12、23、40. 陶鼎　13、14、16、24、27、28、30、32、34～37、43、46、54. 陶仓　17、21、25、26、31、42. 陶罐　18、44. 陶豆　19、29、45. 陶瓮　20. 陶器盖　22. 陶钫　48. 铁戟　49、50. 铜弩机　52. 铜指环　53. 铜扣　56. 陶甑　57. 陶盒　58、59. 陶钵（因器物破碎严重且被遮挡，图中序号不全）

二八，2）。标本M24：12，通体呈球形，深腹外弧鼓；盖较高。素面。口径17.2、高22.3厘米（图一三六，1；图版二八，3）。

盒　1件。标本M24：57，仅余盒盖。泥质浅灰陶。近直口，方唇，弧腹，平底，极矮圈足形捉手。口部饰凹弦纹一周，腹部饰细密弦纹。口径19.2、残高6.6厘米（图一三六，3）。

壶　5件。泥质灰陶。标本M24：8，盘口束颈，颈较粗，鼓肩，圆腹，圜底，矮圈足。肩部对称贴附两衔环。口径13、底径15、高22厘米（图一三六，4；图版二九，1）。标本M24：15，盘形口，束颈，弧肩，扁圆腹，平底。肩部对称两衔环。盖为子母口，弧顶，顶部有方形乳状纽。口径13、底径14、高22.5厘米（图一三六，5；图版二九，2）。

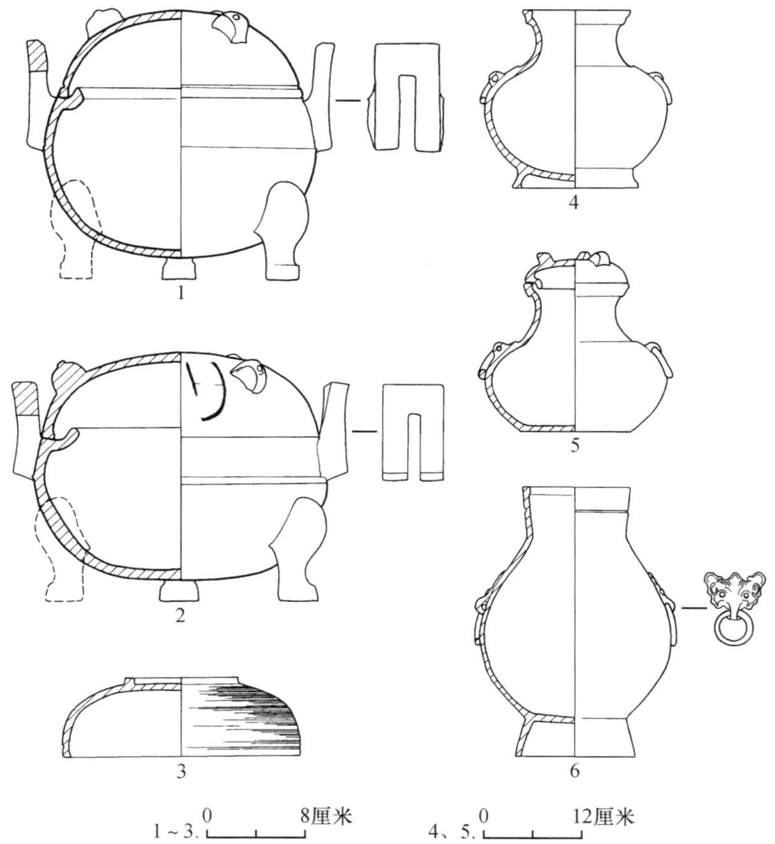

图一三六　M24出土陶器（一）
1、2. 陶鼎（M24：12、M24：11）　3. 陶盒盖（M24：57）　4、5. 陶壶（M24：8、M24：15）　6. 陶钫（M24：22）

钫　1件。标本M24：22，泥质灰陶。近直口微侈，厚唇，短颈，溜肩，鼓腹，平底，方足外撇。肩部两侧贴饰对称铺首衔环。口径12.5、底径14、高33.6厘米（图一三六，6；图版二九，3）。

罐　6件。标本M24：17、M24：21、M24：25三件形制相近。泥质灰陶，小口微侈，圆唇，矮领，鼓肩，圆腹，平底。肩部饰细密弦纹。标本M24：17，口径10、底径11.3、高13厘米（图一三七，1；图版二九，4）。标本M24：21，肩部压印有网格状暗纹，内壁细密凹痕。口径10、底径12、高12.2厘米（图一三七，2；图版二九，5）。标本M24：25，口径9.6、底径11、高12.2厘米（图一三七，3；图版二九，6）。标本M24：29，泥质灰陶。口部变形，小口，平折沿，束颈，溜肩，扁圆腹，圜底。肩部饰凹弦纹和绳纹组合，腹部饰绳纹。口径18、高26厘米（图一三七，6；图版三〇，1）。标本M24：42，泥质灰陶。口部残，折肩，折腹，平底。上腹部饰多道凹弦纹。底径12.5、残高13.6厘米（图一三七，4）。

瓮　3件。只修复1件。标本M24：19，泥质灰陶。小口，平折沿，束颈，折肩，肩部斜直，垂腹，圜底。肩及上腹部饰凹弦纹与绳纹组合，下腹及底部饰绳纹。口径22.5、高34厘米（图一三七，5；图版三〇，2）。

甑　1件。标本M24：56，泥质灰陶。大口微敛，卷沿，厚方唇，斜弧腹，凹圜底，底部扎孔。器壁有绳纹抹压痕。口径35、底径11.5、高18.6厘米（图一三七，7；图版三〇，3、4）。

盆　4件。泥质灰陶。大口，弧腹或弧折腹。平底。标本M24：10，敞口，平折沿，厚方

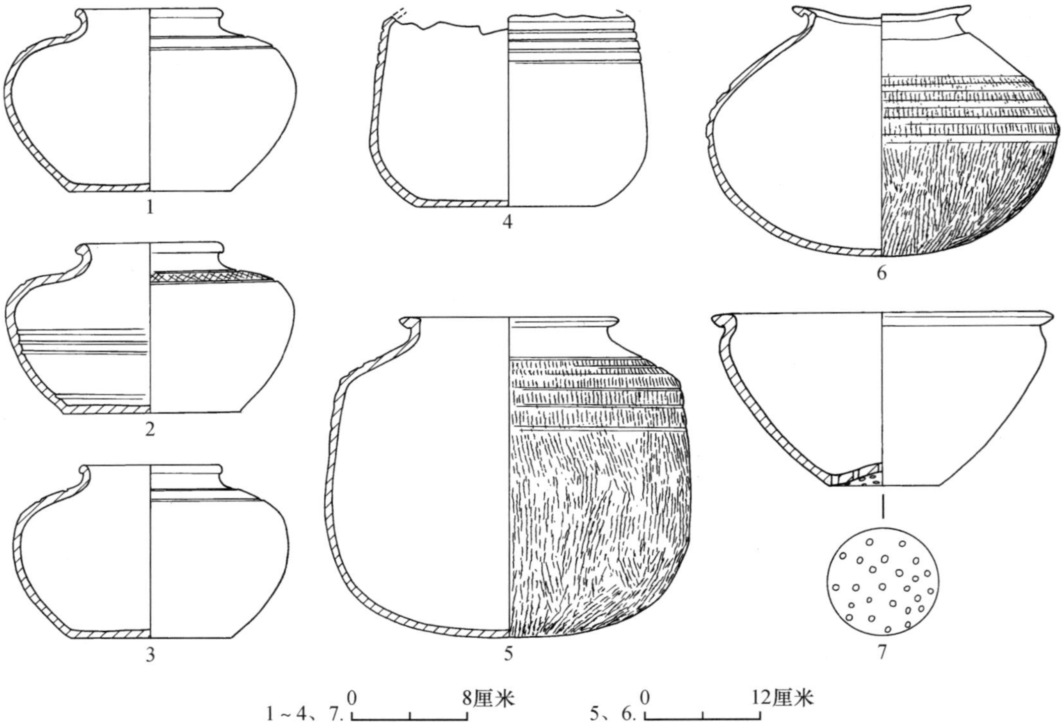

图一三七　M24出土陶器（二）

1～4、6. 陶罐（M24：17、M24：21、M24：25、M24：42、M24：29）　5. 陶瓮（M24：19）　7. 陶甑（M24：56）

唇，上腹弧收，下腹弧鼓。素面。口径29、底径13.2、高9.2厘米（图一三八，1；图版三〇，5）。标本M24：33，大口微敛，卷沿，厚方唇，鼓腹弧收。素面。口径23.4、底径10.6、高9厘米（图一三八，4；图版三〇，6）。标本M24：47，大口微敛，卷折沿，厚方唇，弧腹。腹部沿下及近底部各饰一周附加堆纹。口径24、底径12.5、高9.2厘米（图一三八，3；图版三一，1）。标本M24：55，泥质灰陶。敞口，斜折沿，厚方唇，折腹。素面。口径29、底径9.6、高7.2厘米（图一三八，2）。

钵　2件。泥质灰陶。标本M24：58，大口，圆唇，上腹弧收，下腹弧鼓，平底。口径18、底径6、高7.6厘米（图一三八，5）。标本M24：59，大敞口，厚圆唇，弧折腹，小平底。素面。口径16、底径6、高5.2厘米（图一三八，6）。

豆　2件。泥质灰陶，碗形豆盘。标本M24：18，敞口，圆唇，弧腹，圜底，柄稍高，柄中部有凸棱，下接喇叭形圈足。素面。口径15.4、足径11.5、高11.4厘米（图一三八，10；图版三一，2）。标本M24：44，大口，圆唇，弧腹，圜底近平，柄粗矮，喇叭形座。素面。口径14.4、足径9、高9厘米（图一三八，9）。

仓　15件。泥质灰陶，通体呈细筒状，子母口，仓壁竖直，深腹，平底。器盖为弧顶，顶部一般有圆形乳状纽。腹部多饰有细密弦纹。11件陶仓制作方法相同，形制尺寸几乎完全相同。其尺寸一般为口径12、底径15、高31厘米。对其中5件进行介绍。标本M24：24，口径12.9、底径15.3、高31厘米（图版三一，3）。标本M24：27，盖无纽。口径12、底径15、高31.2厘米（图一三八，7）。标本M24：28，口径11.5、底径14.6、高31.2厘米（图一三八，12）。标本M24：30，口径11.7、底径15.6、高30.9厘米（图一三八，13）。标本M24：29，口径11.6、底径14.8、高31.5厘米（图一三八，14）。

图一三八　M24出土陶器（三）

1～4. 陶盆（M24：10、M24：55、M24：47、M24：33）　5、6. 陶钵（M24：58、M24：59）　7、12～14. 陶仓（M24：27、M24：28、M24：30、M24：29）　8. 陶勺（M24：9）　9、10. 陶豆（M24：44、M24：18）　11. 陶器盖（M24：20）

器盖　1件。标本M24：20，泥质灰陶。盘形，直口，直壁，平顶。口径19.8、高3厘米（图一三八，11）。

勺　1件。标本M24：9，泥质灰褐陶。半圆形浅腹，细柄，柄残。径8.4、残高4厘米（图一三八，8）。

铜器　14件。

弩机构件　2件。标本M24：49，有望山（牙）、钩心和悬刀，廓已无存（图版三一，5）。

鐏　2件。筒状，一端封闭，一端有口，近方形。中间有箍状凸起。鐏系套用于矛等长兵器木柄末端的一种构件，用于保护木柄末端不受损坏。标本M24：6，口径3.1、长11.3、壁厚0.2厘米（图版三一，4左）。标本M24：7，口径3.2、长11.2、壁厚0.2厘米（图一三九，1；图版三一，4右）。

扣　1件。形制相同。圆形，面高鼓，中有横格。扣面为一兽面。标本M24：53，直径1.4、高0.8厘米（图一三九，3）。

指环　1件。标本M24：52，断面为圆形。环径1.8、断面直径0.25厘米（图一三九，2）。

泡钉　8件。形制相同。锥形钉身，球形钉帽。标本M24：51，直径1.8、高1.5厘米（图一三九，4）。

铁器　5件。

戟　1件。通体呈横T形。上端有似矛的刺，一侧有似戈的戟，中间有竖向的銎，銎为青铜质，与铁质刺和戟连接，与戟身为一体。在銎旁刺身有长方形穿，与銎配合以便于固定木柄与戟身，现銎上仍残留有清晰的缚扎痕迹。标本M24：48，青铜銎，銎径3.6、戟长45.6厘米（图一三九，5；图版三一，6）。

剑　1件。标本M24：2，残存部分剑身。朽蚀严重。双刃。残长12.5、宽2.00厘米（图一三九，6）。

刀　1件。标本M24：3，环首，短身，单刃，直背。长22、宽1～1.6厘米（图一三九，7）。

棺钉　2枚。标本M24：1、M24：4，位于墓底棺椁位置，锈蚀严重，从位置和锈蚀痕迹判断，是棺钉之类，但形状和尺寸不明。

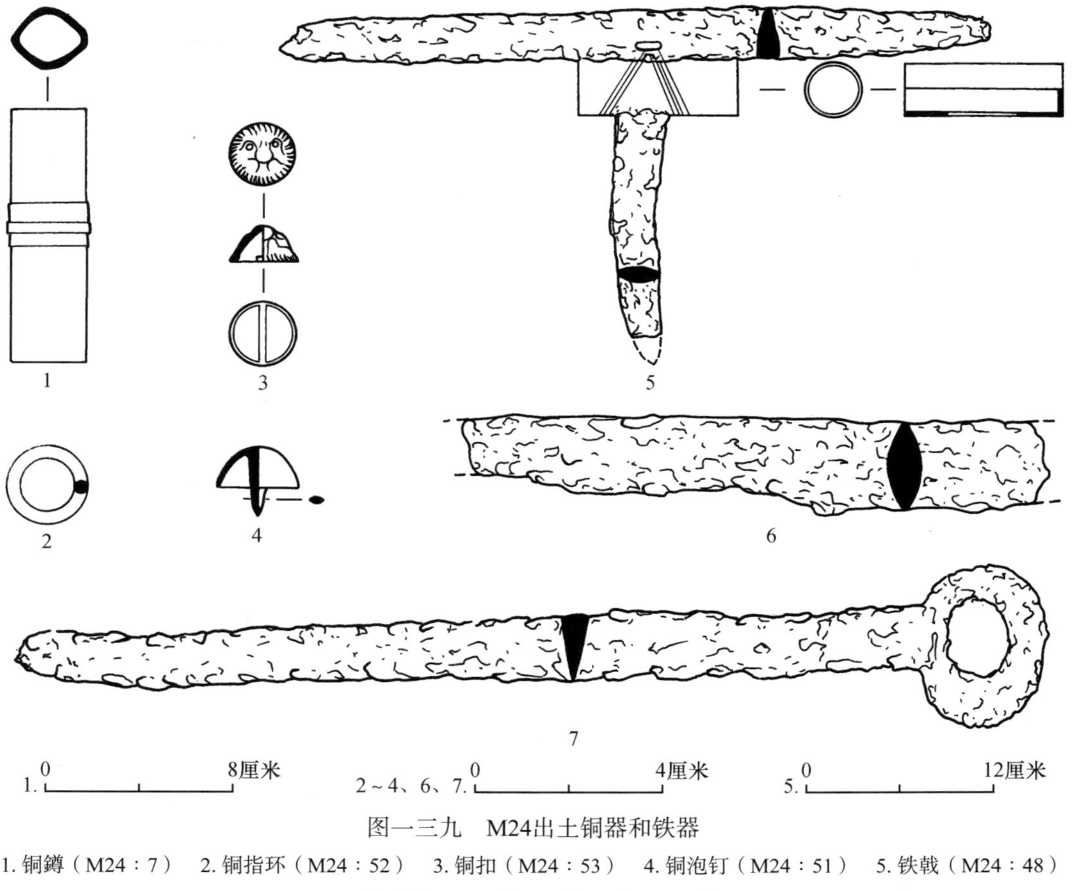

图一三九　M24出土铜器和铁器

1. 铜鐏（M24：7）　2. 铜指环（M24：52）　3. 铜扣（M24：53）　4. 铜泡钉（M24：51）　5. 铁戟（M24：48）
6. 铁剑（M24：2）　7. 铁刀（M24：3）

一九、M26

（一）发掘地点

位于第二象限、T20317内。

（二）形制与结构

开口距地表0.25米。长方形土坑竖穴墓，斜壁，平底。墓口长3.5、宽2.1米，墓底长3.3、宽1.9米，深1.4～1.5米。方向235°。墓室东北部有一盗洞直抵墓室底部（图一四〇）。

墓室内填土为水锈土夹杂红黏土颗粒。

墓室底部有熟土二层台，宽度0.3～0.36米，高0.3米。

葬具为一椁，仅存椁痕，长2.8、宽1.3米。

人骨不详。

（三）随葬器物

墓葬破坏严重，仅在盗洞内出土有陶片若干，可辨器型有鼎、器盖、壶、罐等。具体随葬信息不详。

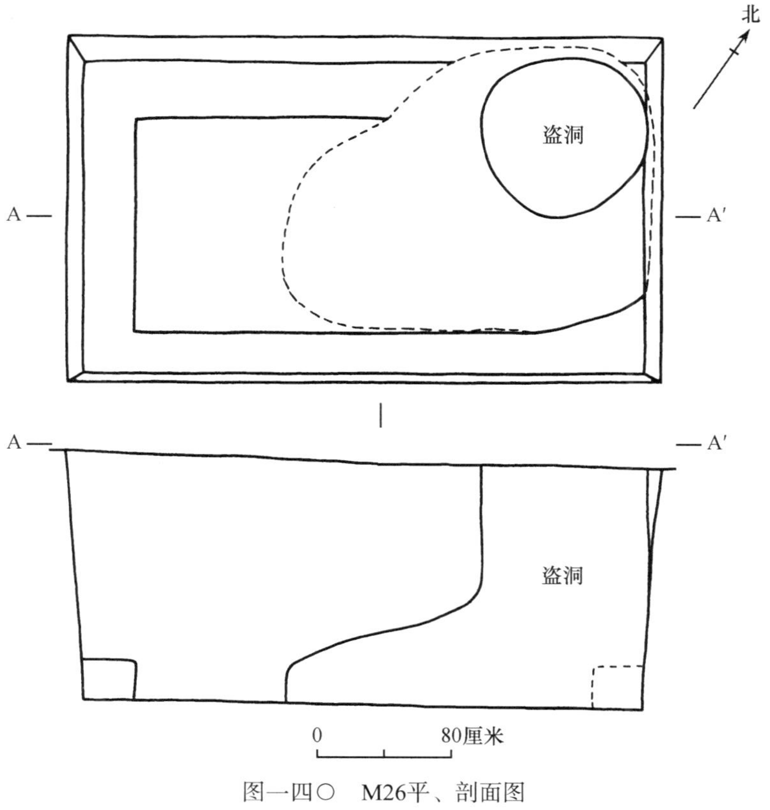

图一四〇　M26平、剖面图

二〇、M27

（一）发掘地点

位于第二象限、T20417内，打破M28。

（二）形制与结构

开口距地表0.2米。长方形岩坑竖穴墓，斜壁，平底。墓口长2.7、宽1.8米，墓底长2.6、宽1.8米，深0.8～0.9米。方向75°。墓室东北部有一盗洞直抵墓室底部（图一四一）。

墓室内填土为水锈土夹杂红黏土颗粒，土质黏硬。

盗扰严重，葬具与人骨不详。

（三）随葬器物

盗扰严重，无随葬品。

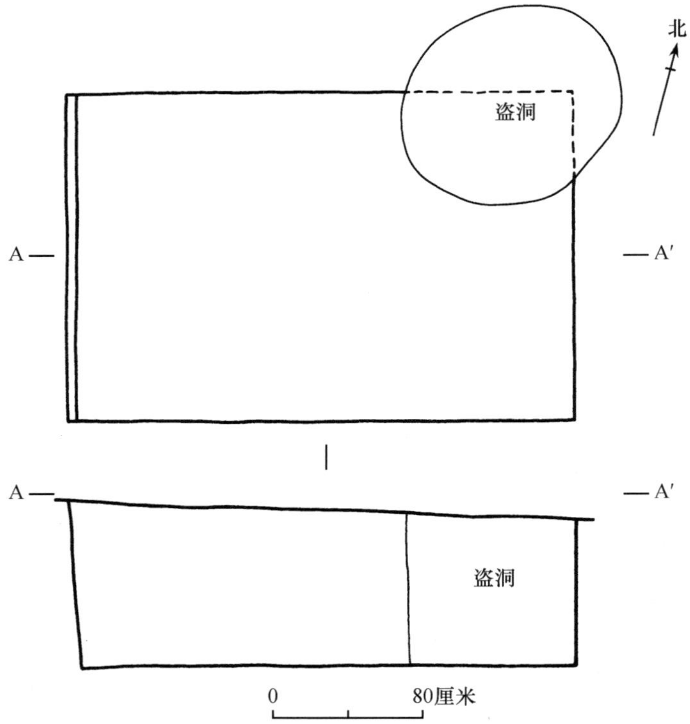

图一四一　M27平、剖面图

二一、M28

（一）发掘地点

位于第二象限、T20417内，被M27打破。

（二）形制与结构

开口距地表0.2米。长方形竖穴墓，上部土坑，下部为岩坑，直壁，平底。长3.2、宽2～2.1米，深1.8～1.9米。方向75°。墓室南部有盗洞，盗洞呈椭圆形，直径1.1～1.2米，深抵墓底（图一四二）。

墓室内填土为水锈土与红黏土。

盗扰严重，葬具与人骨不详。

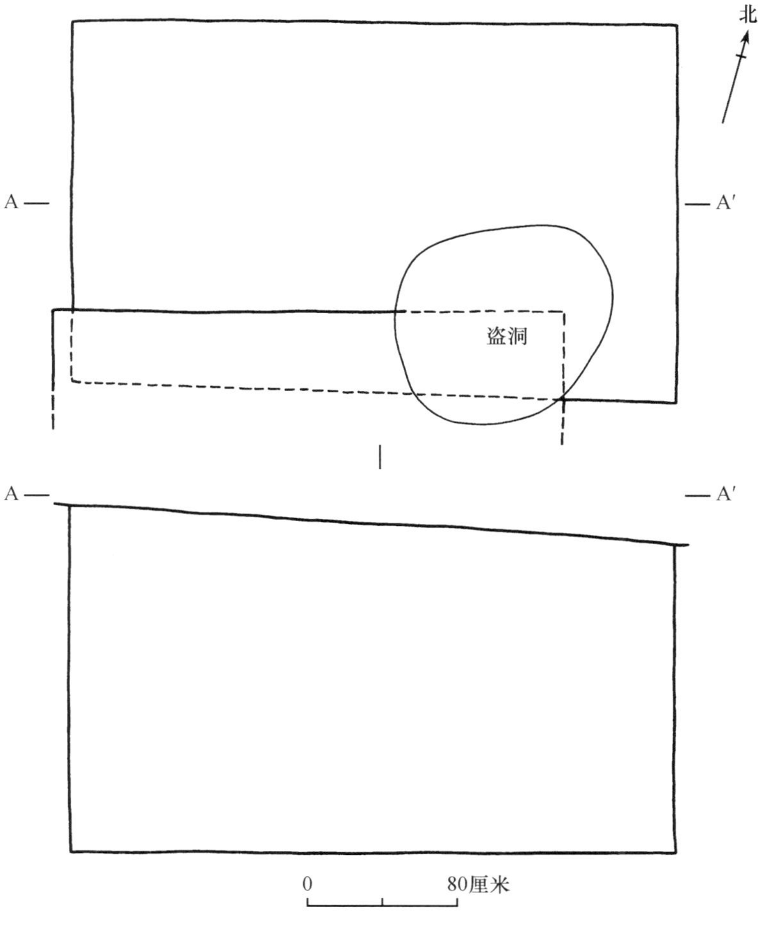

图一四二　M28平、剖面图

（三）随葬器物

墓室被严重盗扰，墓室内未见出土器物，仅在盗洞内出土有陶片和残碎铜钱，可辨器型有陶器盖、钵、勺等，铜钱为半两。经拼对，仅完成复原陶器4件。

器盖　1件。标本M28：1，泥质灰陶。弧形顶。口径11、高2.8厘米（图一四三，3）。

钵　1件。标本M28：2，泥质灰陶。侈口，折腹，下腹斜收，平底。口径13.2、底径4.8、高5厘米（图一四三，1）。

勺　2件。形制一致。椭圆形勺身，勺柄斜向上呈45°。标本M28：3，长7、高4.3厘米（图一四三，4）。标本M28：4，长7.4、高3.6厘米（图一四三，2）。

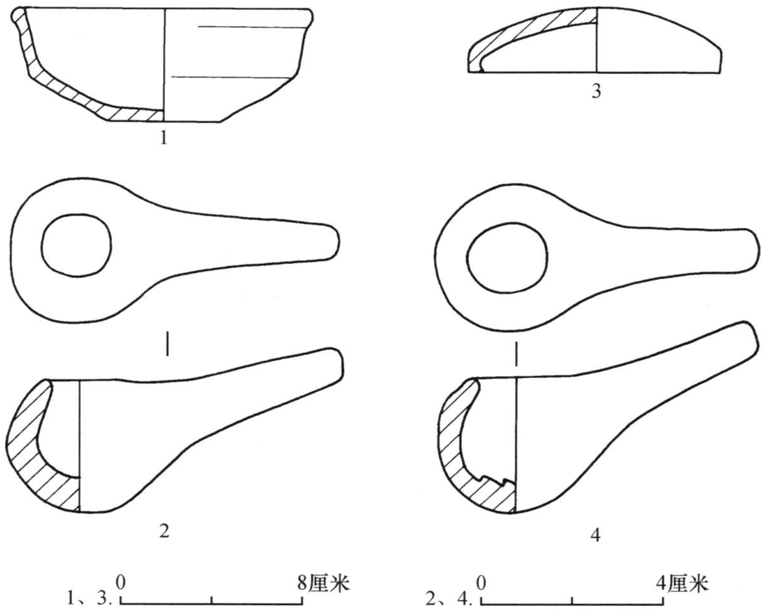

图一四三　M28出土陶器

1. 陶钵（M28：2）　2、4. 陶勺（M28：4、M28：3）　3. 陶器盖（M28：1）

二二、M30

（一）发掘地点

位于第二象限、T20612内。

（二）形制与结构

开口距地表0.8米。长方形墓道砖室墓，由墓道、甬道和墓室三部分组成。方向163°（图一四四）。

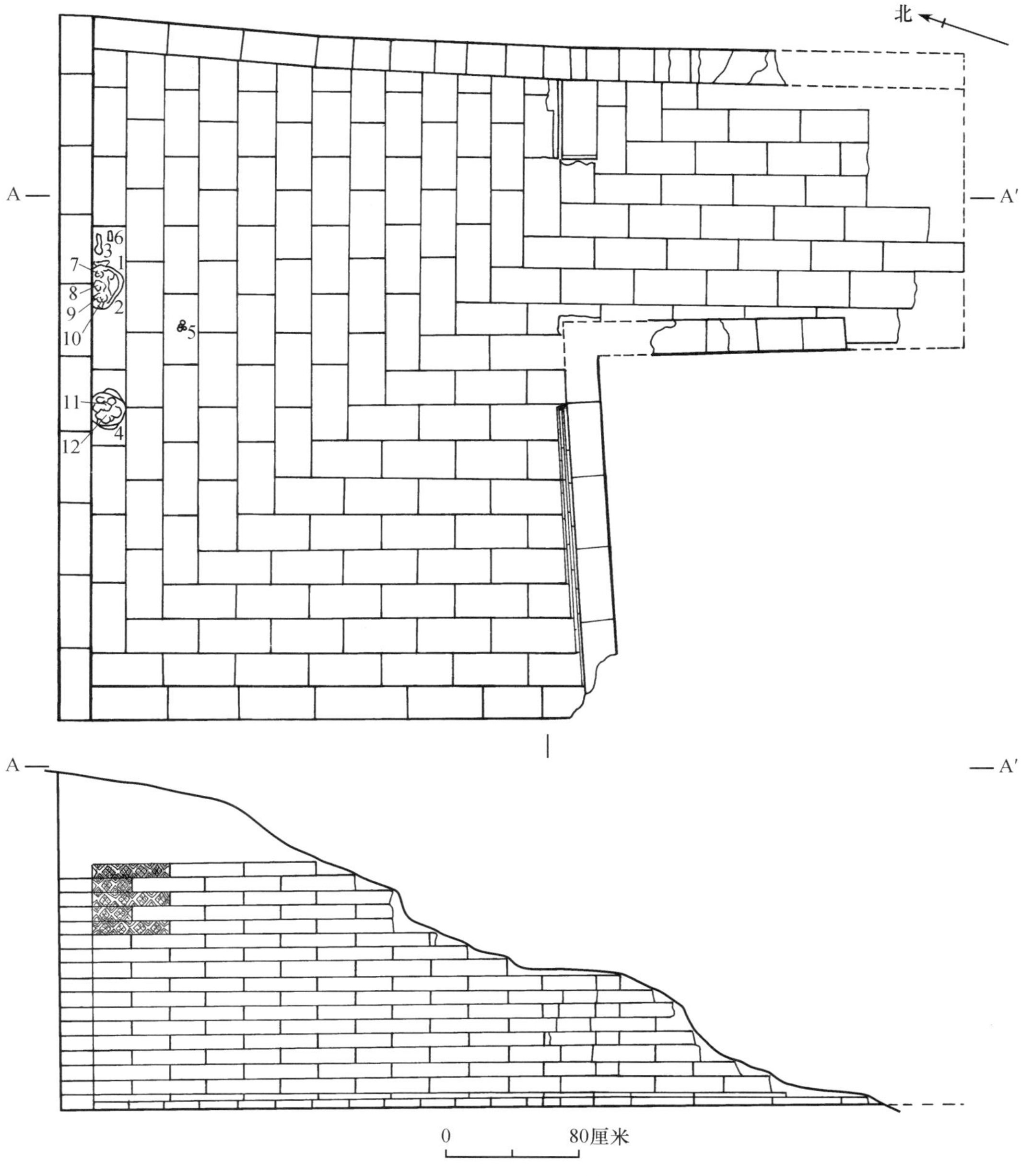

图一四四 M30平、剖面图

1. 陶仓 2. 釉陶博山炉盖 3. 釉陶勺 4. 陶钵 5. 铜钱 6. 铁棺钩 7. 釉陶灯 8. 釉陶卮 9. 釉陶壶 10. 釉陶魁 11. 釉陶鼎盖 12. 铁刀

墓道位于墓室南端、偏于墓室东侧，现存长度0.4、宽1.8米，深1.06米。

甬道紧接于墓道之北，顶已无存，壁及底部为平砖铺砌。残长2.4、宽1.5米，深1.06～1.3米。

墓室位于甬道之北，地势猛然陡耸。平面呈长方形，东西向横室，顶部无存。墓室长4.36、宽3.1米，深3.3米。四壁及底部均为平砖铺砌，较为规整，局部因挤压略有变形。在甬道与墓室相接处自东壁向西有一横向砖墙，残长0.5、高0.7米。墓砖规格为长0.42、宽0.21、厚0.09米。

墓室内填土为黄褐色黏土。

盗扰严重，墓内见有铁质棺钩，未见葬具及人骨。

（三）随葬器物

墓葬盗扰破坏严重，仅在墓室西北部发现有釉陶器、陶器、铁器等13件随葬品，铜钱1枚保存较差。釉陶器可辨器型有壶、鼎、魁、卮、博山炉等；陶器器型为仓；铁器为刀、棺钩。

釉陶器　8件。

壶　1件。标本M30：9-1，泥质红陶，浅绿色釉。颈部残。束颈，圆肩，鼓腹，圜底，喇叭形高圈足。肩部对称贴附铺首衔环。颈肩、腹、足部饰多道凹弦纹。足径20.5、残高24厘米（图一四五，3）。

壶盖　1件。标本M30：9-2，泥质红陶，器表施酱色釉。子母口，圆唇，直壁，弧顶。顶部有三乳状尖纽。口径12、高4厘米（图一四五，2）。

鼎盖　1件。标本M30：11，泥质红陶，器表施酱黄釉。敞口，方唇，弧顶。素面。口径19.7、高5.2厘米（图一四五，9）。

魁　1件。标本M30：10，泥质红陶，酱色釉，釉色浅淡，脱落较甚。直口微敛，方唇，弧腹，平底，六棱形把手。腹部饰一周凹弦纹。口径18.4、底径13、高6.5厘米（图一四五，4）。

卮　1件。标本M30：8，泥质红陶，酱色釉，釉色极淡，釉极薄。杯形腹，直口，直壁，平底，口部有半环形耳。外壁上、下各饰有凹弦纹。口径12、底径10.5、高10厘米（图一四五，6）。

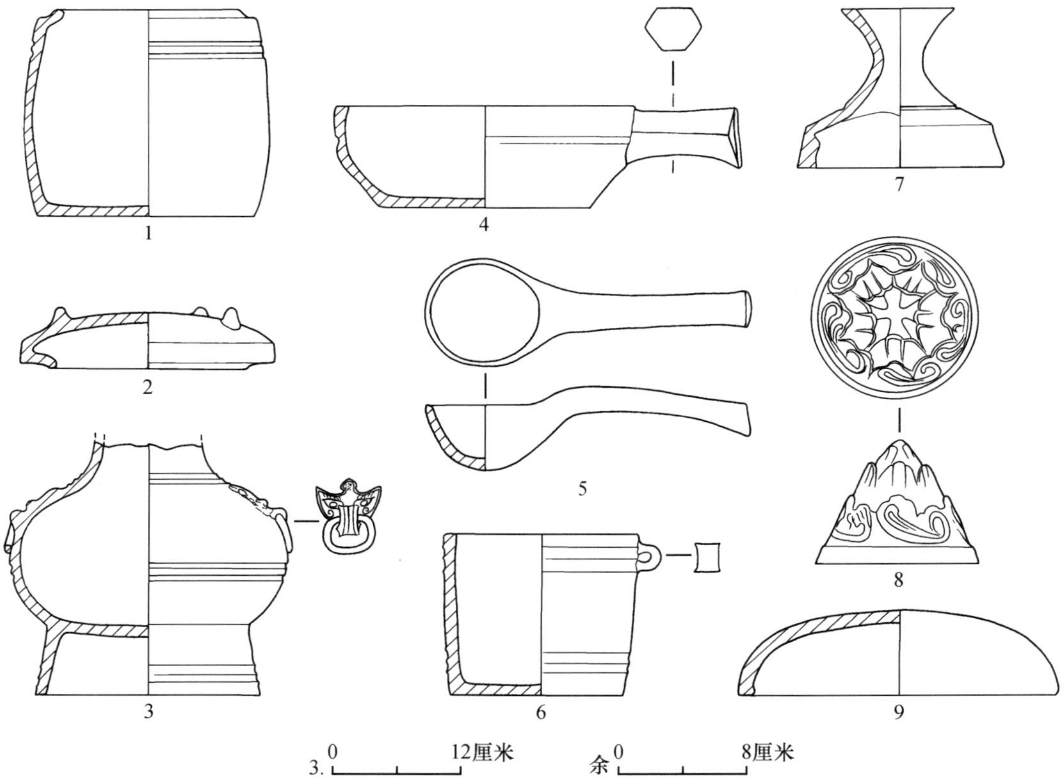

图一四五　M30出土陶器和釉陶器

1. 陶仓（M30：1）　2. 釉陶壶盖（M30：9-2）　3. 釉陶壶（M30：9-1）　4. 釉陶魁（M30：10）　5. 釉陶勺（M30：3）　6. 釉陶卮（M30：8）　7. 釉陶灯（M30：7）　8. 釉陶博山炉盖（M30：2）　9. 釉陶鼎盖（M30：11）

博山炉盖　1件。标本M30：2，泥质红陶，器表施墨绿色釉，釉质较厚。圆锥形体，喇叭形口，表面堆塑山峦及云水图案。口径10、高7.5厘米（图一四五，8）。

灯　1件。标本M30：7，泥质红陶，器表施酱色釉，釉质较薄，脱釉较甚。通体呈豆形，盘形腹，斜直壁，折腹，圜底近平，束腰柄，下为小喇叭形圈足。口径12.7、足径7、高10.2厘米（图一四五，7）。

勺　1件。标本M30：3，泥质红陶，器表施酱色釉，釉质较薄，脱釉较甚。圆形勺腹，细长弯柄，柄断面为半圆形。长20.5厘米（图一四五，5）。

陶器　2件。

仓　1件。标本M30：1，泥质灰陶。敛口，圆唇，深腹微外弧，平底。近口部饰凹弦纹两周。口径11.2、底径13、高13.2厘米（图一四五，1）。

陶钵　1件。标本M30：4，破碎严重，无法修复，仅从口沿等部位可辨为钵。

铁器　3件。

刀　1件。标本M30：12，残存刀身一段。单面刃。残长28、宽5厘米（图一四六，1）。

棺钩　2件。均呈S形，锈蚀严重。标本M30：6-1，长13、宽2.5厘米（图一四六，2）。标本M30：6-2，长15.8、宽1.8厘米（图一四六，3）。

铜钱　1枚。残碎，锈蚀严重。

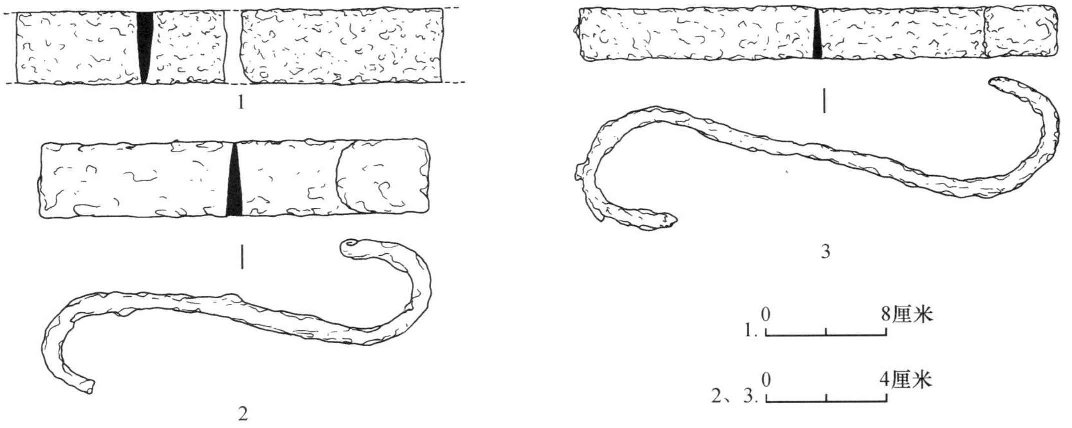

图一四六　M30出土铁器

1. 铁刀（M30：12）　2、3. 铁棺钩（M30：6-1、M30：6-2）

二三、M31

（一）发掘地点

位于第三象限、T33603内，打破M33。

（二）形制与结构

开口距地表0.4米。长方形竖穴土坑墓，直壁，平底。长4、宽1.9～2米，深1.7米。方向88°

（图一四七）。

墓内填土为黄灰色花土，质地疏松，含炭粒、料姜石颗粒、石块及砖块等。

墓底四周各留有宽0.3～0.4、高0.6米的熟土二层台。

葬具为一棺，腐朽严重，仅存棺痕，长2、宽1米。

人骨1具，已朽成粉末状，仰身直肢，头向东，性别不辨。

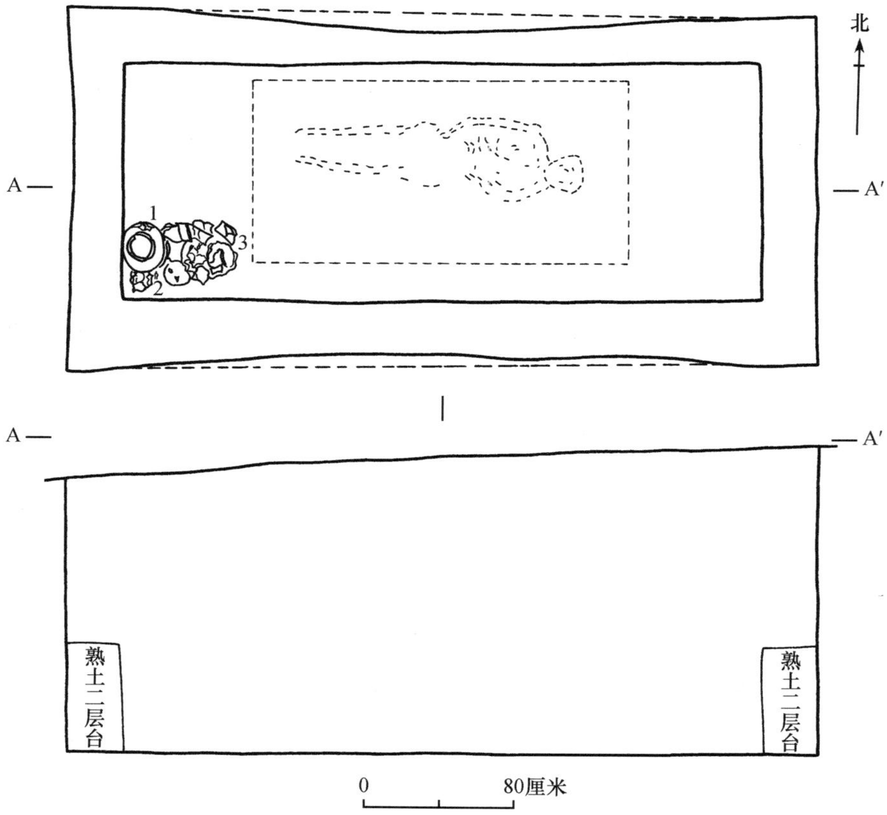

图一四七　M31平、剖面图

1. 陶罐　2. 陶豆　3. 陶钫

（三）随葬器物

在墓底西部棺外二层台内放置有3件随葬品，均为陶器，器型有罐、豆、钫三类。

罐　1件。标本M31：1，泥质灰陶。小口，宽平沿，厚方唇，束颈，鼓肩，扁圆腹，圜底微内凹。颈部及下腹部饰绳纹，颈部绳纹被抹拭。口径14.5、高16.5厘米（图一四八，1）。

豆　1件。标本M31：2，泥质灰陶。直口，圆方唇，浅盘，弧腹，圜底。细柄，喇叭形足。素面。口径9.8、足径8.4、高9.95厘米（图一四八，2）。

钫　1件。标本M31：3，泥质灰陶。素面。破碎严重。

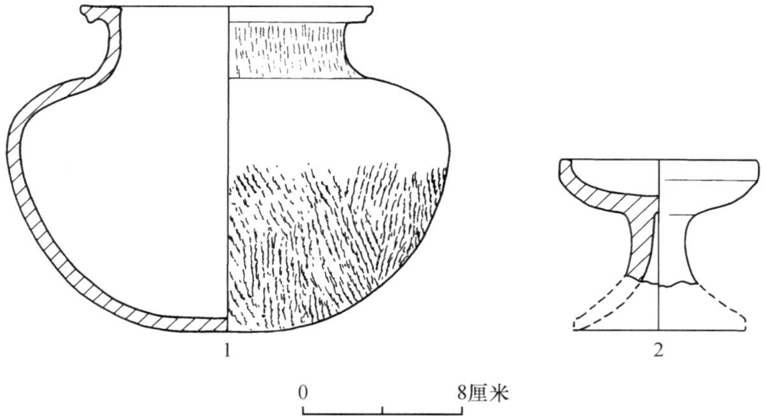

图一四八　M31出土陶器

1. 陶罐（M31：1）　2. 陶豆（M31：2）

二四、M32

（一）发掘地点

位于第三象限、T33603内，打破M33。

（二）形制与结构

开口距地表0.4～0.5米。方形土坑竖穴墓。上部为土坑，下部为岩坑，四壁斜直内收，平底。墓口长3.2、宽3米，墓底长2.3、宽2米，深1.42～1.5米。方向92°（图一四九）。

墓室内填土为黄褐色五花土，含有炭粒、料姜石颗粒、小石块等，土质较软，结构疏松。

墓室四周有熟土二层台，墓室以二层台为界分上、下两部分。自墓口至0.8米处见二层台，四壁各内收0.1米。二层台在南北两侧各宽0.4米、东西两侧各宽0.16米。

葬具为一棺一椁，朽蚀严重，形制不辨。

人骨保存较差，具体信息不详。

（三）随葬器物

随葬品放置于墓室北半部，出土陶、铜、铁各类随葬品34件，半两钱49枚。陶器以泥质灰陶为主，受埋藏环境影响，保存较差，可辨器型有鼎、盒、壶、豆等；铜器可辨器型为釜、镜、泡钉；铁器可辨器型为削、剑。

陶器　25件。

鼎　3件。泥质灰陶。扁圆腹，子母口，圆唇，口上承盖，圜底，三蹄足；方耳方孔，斜直略外撇。盖为弧顶，上有三圆方形乳状纽。耳下腹部饰凸弦纹一周，个别器表有彩绘。标本

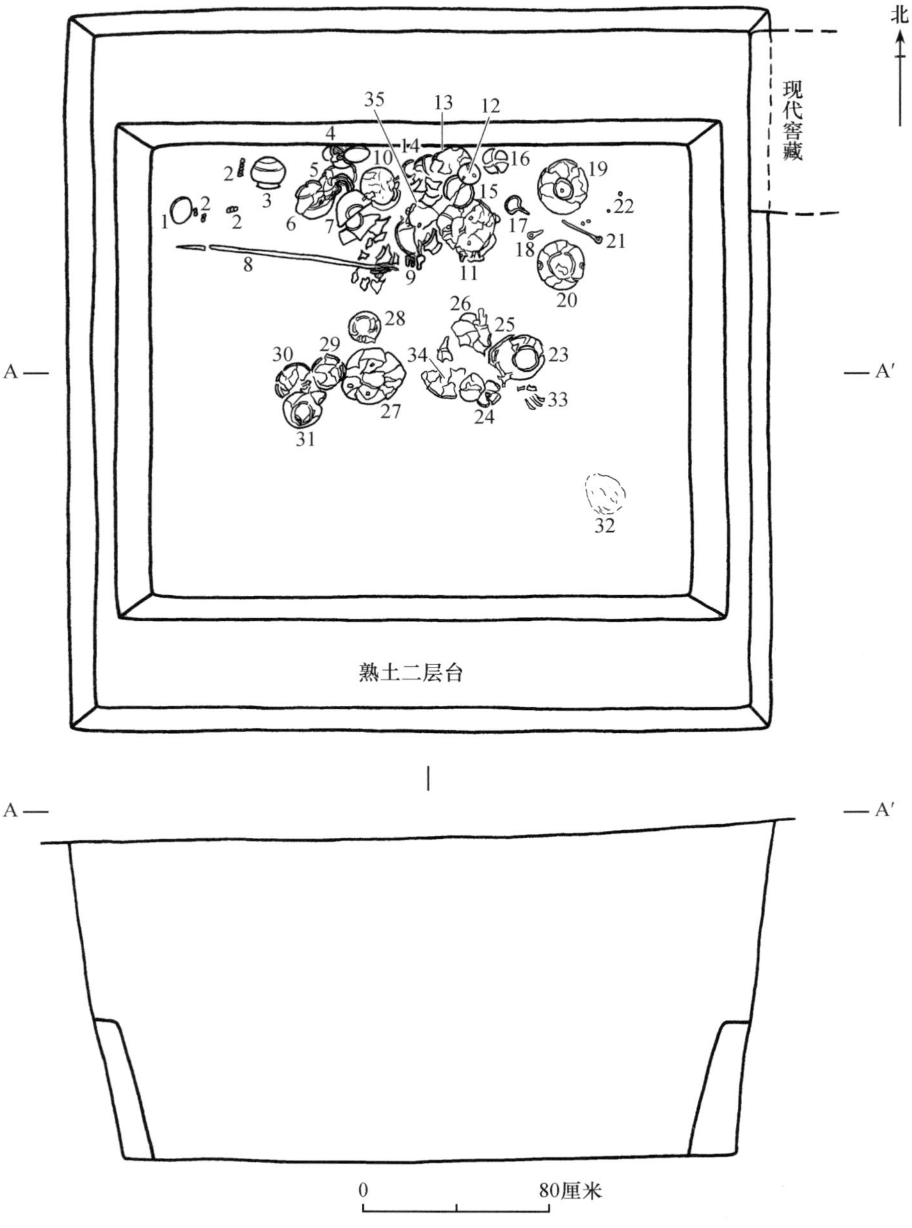

图一四九　M32平、剖面图

1. 陶器盖　2. 铜钱　3、25、28. 陶罐　4、15、24. 陶豆　5. 铜洗　6、12、20. 陶壶　7、19、23. 陶盒　8. 铁剑　9、11、27. 陶鼎　10. 铜釜　13、31. 陶釜　14、17、26. 陶勺　16. 铜镜　18. 陶匏勺　21. 铁削　22. 铜泡钉　29、34. 陶盆　30、35. 陶甑　32. 头骨　33. 肋骨

M32：9，三蹄足较矮，外撇较甚，足粗壮。器表原施有彩绘，现仅见红、黑两种颜色，图案已不可辨。口径17.2、高16.9厘米（图一五〇，1；图版三二，1）。标本M32：11，素面。口径16、高16.8厘米（图一五〇，2）。标本M32：27，器腹较扁，两耳外撇较甚，三蹄足瘦高并直立。口径16.5、高17厘米（图一五〇，3；图版三二，2）。

盒　3件。泥质灰陶。扁方形盒腹，子母口，圆唇，腹壁弧折，圜底，喇叭形低矮圈足。盒盖形制与盒腹基本相同，唯为母口，方唇。器表在近口部及弧折处多饰有凹弦纹，器表多施白底红色彩绘，图案因脱落大多不辨。标本M32：7，口径16.2、底径7.4、高14.2厘米

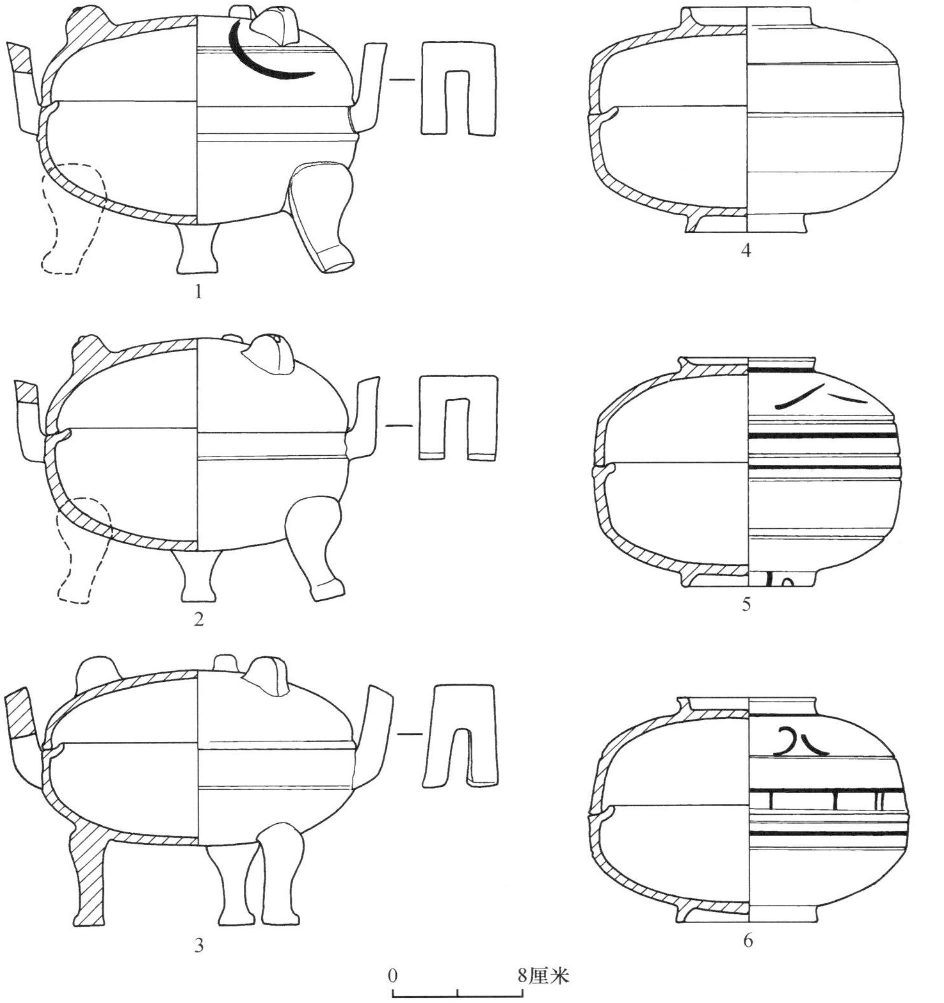

图一五〇　M32出土陶器（一）
1～3. 陶鼎（M32：9、M32：11、M32：27）　4～6. 陶盒（M32：7、M32：19、M32：23）

（图一五〇，4；图版三二，3）。标本M32：19，器形较丰满，形体较高。口径17、底径7.8、高14.5厘米（图一五〇，5）。标本M32：23，器表施白衣彩绘，现可见有红彩状图案。口径17、底径8.4、高14.2厘米（图一五〇，6；图版三二，4）。

壶　3件。泥质灰陶。直口或微盘口。标本M32：6，方唇，束颈，溜肩，盖顶部有三个S形立纽。纽为泥条捏制，下部为锥状，插入盖顶部三个圆孔内。器肩部饰有凹弦纹数周。口径8.4、底径10.5、高18.4厘米（图一五一，2）。标本M32：12，器盖低平。素面。口径8.2、底径11.5、高18.6厘米（图一五一，3；图版三二，5）。标本M32：20，盘口较明显，束颈较甚，溜肩较甚，腹最大径下移。盖顶无纽。素面。口径10.2、底径8.4、高15厘米（图一五一，1）。

豆　3件。标本M32：4，泥质灰陶。直口，方唇，折腹，圜底，细柄中空，覆盘形柄豆座。盖弧顶。器盖施白衣红色彩绘。口径11.4、足径8、高9.2厘米（图一五一，7）。标本M32：15，泥质灰褐陶。侈口，圆方唇，斜弧腹，圜底。矮柄，喇叭形豆座。盖低弧。素面。口径10、底径7、高9.2厘米（图一五一，8）。标本M32：24，泥质灰陶。微侈口，折

图一五一　M32出土陶器（二）

1～3. 陶壶（M32：20、M32：6、M32：12）　4～6. 陶罐（M32：3、M32：25、M32：28）　7～9. 陶豆（M32：4、M32：15、M32：24）　10、11. 陶盆（M32：34、M32：29）

腹、圜底，柄较粗，喇叭形豆座。素面。口径10.5、底径9、高8.4厘米（图一五一，9；图版三二，6）。

罐　3件。泥质灰陶。小口，宽折沿，束颈，矮领束颈，折肩折腹，微垂腹，平底。器表饰绳纹，多经抹拭。标本M32：3，口径12.4、底径10.5、高13.6厘米（图一五一，4）。标本M32：25，口径12.8、底径11.5、高16.1厘米（图一五一，5；图版三三，1）。标本M32：28，口径12.4、底径11、高14.5厘米（图一五一，6；图版三三，2）。

甑　2件。泥质灰陶。宽折沿，敛口，厚方唇，沿下束勒，深弧腹，小平底，底部扎孔。标本M32：30，下腹部饰凹弦纹一周。口径14.7、底径5、高6.8厘米（图一五二，2）。标本M32：35，素面。口径15.5、底径5.2、高6.4厘米（图一五二，1）。

盆　2件。泥质灰陶。敛口，宽折沿，厚圆唇，腹弧鼓，圜底。素面。标本M32：29，口

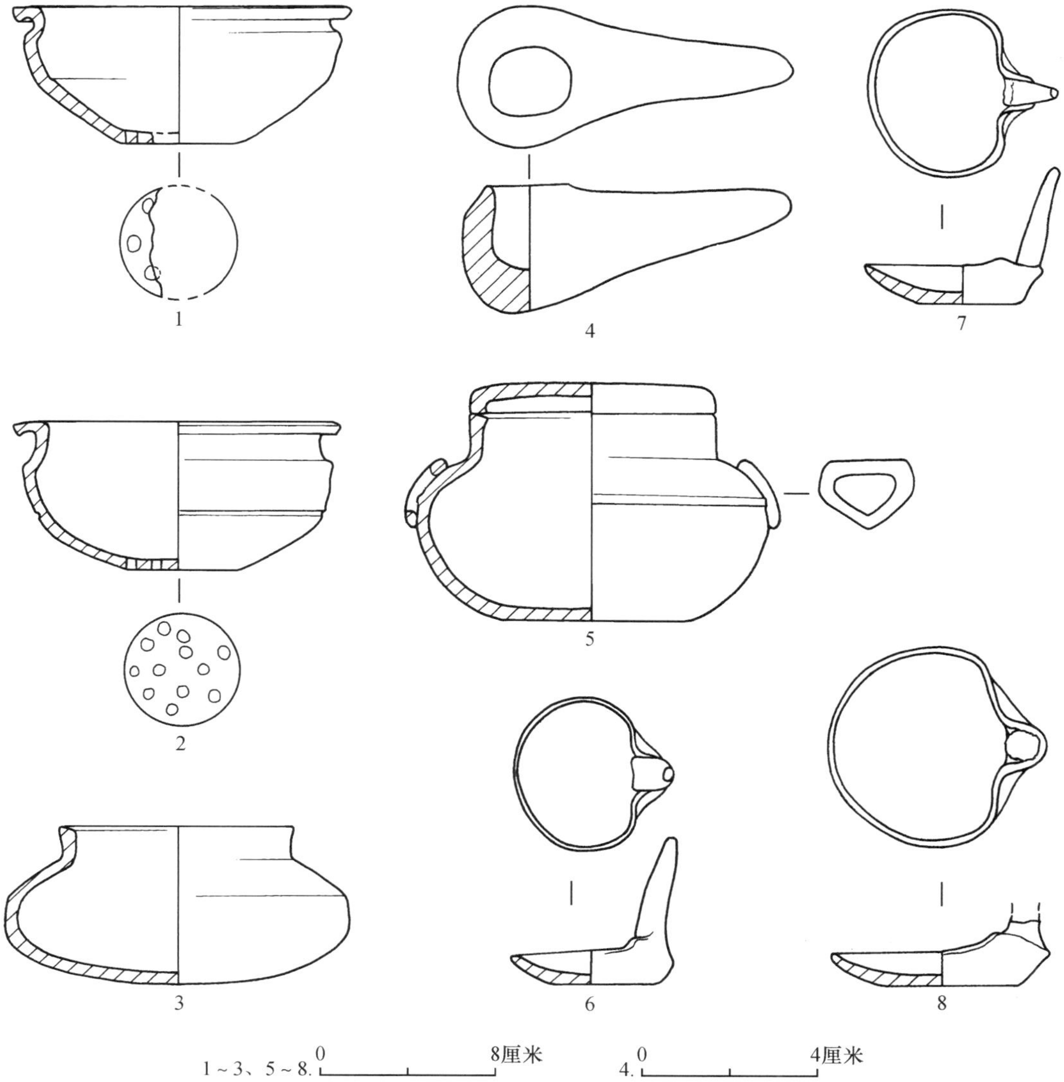

图一五二　M32出土陶器（三）

1、2. 陶甑（M32：35、M32：30）　3、5. 陶釜（M32：13、M32：31）　4. 陶匏勺（M32：18）　6～8. 陶勺（M32：14、M32：26、M32：17）

径15.2、高5.6厘米（图一五一，11）。标本M32：34，口径15.4、高6.4厘米（图一五一，10；图版三三，3）。

釜　2件。泥质灰陶。直口，矮领，溜肩，扁腹。标本M32：13，圜底，形体较小。口径10.5、高7.5厘米（图一五二，3；图版三三，4）。标本M32：31，平底。肩部有对称三角形泥环。中腹部有凸弦纹一周。口径11、底径8、高11.2厘米（图一五二，5；图版三三，5）。

勺　3件。泥质灰陶。扁圆腹，小口，底部外平内圜，尾部捏收流状，内接细长锥形柄斜直上立。素面。标本M32：14，口径7.2、高7厘米（图一五二，6）。标本M32：17，口径5、残高1.5厘米（图一五二，8）。标本M32：26，口径8、高6.4厘米（图一五二，7）。

匏勺　1件。标本M32：18，泥质灰陶。烟斗形腹，圆唇，壁较厚，实柄。径鋬2、长7.6厘米（图一五二，4）。

铜器　7件。

泡钉　4件。形制相同。圆形深腹钉帽，锥形钉身。素面。标本M32：22，帽径1.6、长1.5厘米（图一五三，2）。

铜镜　1件。标本M32：16，修复。三弦桥纽，圆形纽座，丘垄状缘。内区二周细弦纹与一周绹纹，外区两周绹纹间羽纹地，等距饰三个叶形纹与三菱格纹，遍饰蟠龙纹。直径18.8、厚0.8厘米（图版三三，6）。

铜釜　1件。标本M32：10，侈口，束颈，弧折腹，底残。左右对称一大一小两圆环耳。折腹处饰三道弦纹。口径12、残高10厘米（图一五三，1）。

铜洗　1件。标本M32：5，锈蚀严重，呈粉末状，仅从锈蚀粉末的范围形状及残存的口沿残片判断应为铜洗。

铁器　2件。

削　1件。标本M32：21，刀身残断，锈蚀严重。环首，直背，直刃。残长19.7、刀身宽1.2厘米（图一五三，4）。

剑　1件。标本M32：8，茎、身均残断。剑身细长，中脊处内凹；茎部有铜质剑格。剑身宽3、残长80厘米（图一五三，3）。

铜钱　49枚。

均为半两，以四铢半两为主，直径23毫米左右。

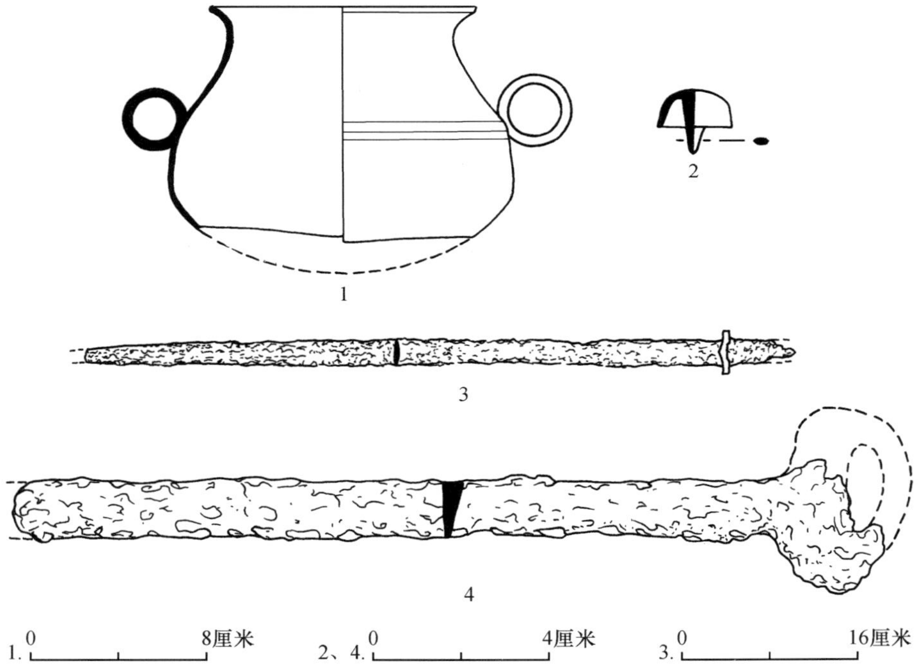

图一五三　M32出土铜器和铁器

1. 铜釜（M32：10）　2. 铜泡钉（M32：22）　3. 铁剑（M32：8）　4. 铁削（M32：21）

二五、M33

（一）发掘地点

位于第三象限、T33530内，被M31、M32打破。

（二）形制与结构

开口距地表0.4米。长方形竖穴土坑墓，直壁，墓室北半部较浅，南半部稍深。其原因应是墓穴在挖建时北部遇到成片的石头，无法继续下挖，故将墓室缩小或改建至南半部，实际墓室底部宽度为2.5米，但墓口部分南、北两部分为一整体。墓口长3.8、宽4.5米，墓底长3.8、宽2.5米，深1.76米。方向92°（图一五四）。

墓室内填土为黄褐色五花土。

墓室内四周有熟土二层台，东、北两面二层台宽0.6米，南侧宽0.2米，西侧被M31、M32破坏而宽度不明，高0.78米。

葬具为一棺一椁，但由于腐朽严重，具体信息不详。

人骨1具，位于墓室中部，腐朽严重，仰身直肢，头向东。

（三）随葬器物

随葬品放置于墓室北半部，出土陶、铜、铁各类随葬品14件。陶器为泥质黑皮陶，暗红色胎质，火候较低，受埋藏环境影响，保存极差，与泥土扰在一起，大多无法进行后期修复，可辨器型有鼎、盒、壶、豆等，基本是成对出土；铜器器型为剑、镞；铁器为锄。

陶器　9件。仅修复陶釜1件。

陶釜　1件，标本M33：7，直口，矮领，溜肩，扁腹。形体较小。口径10、高7.5厘米（图一五五，5）。

铜器　4件。

剑　1件。标本M33：2，基本完整，通体绿锈。圆首，短茎。茎部双箍，茎、身间有格。剑身修长，尖锋，凹丛。长53.80厘米（图一五五，1；彩版一五，2）。

镞　3件。1件较完整，另2件仅余箭镞部分，均为三翼镞。标本M33：3，保存有完整的镞和杆部。远端中空，后接细长圆形箭杆。长16.3厘米（图一五五，2；彩版一五，1）。标本M33：4，残长7厘米（图一五五，4；彩版一五，3左）。标本M33：5，残长6.6厘米（图一五五，3；彩版一五，3右）。

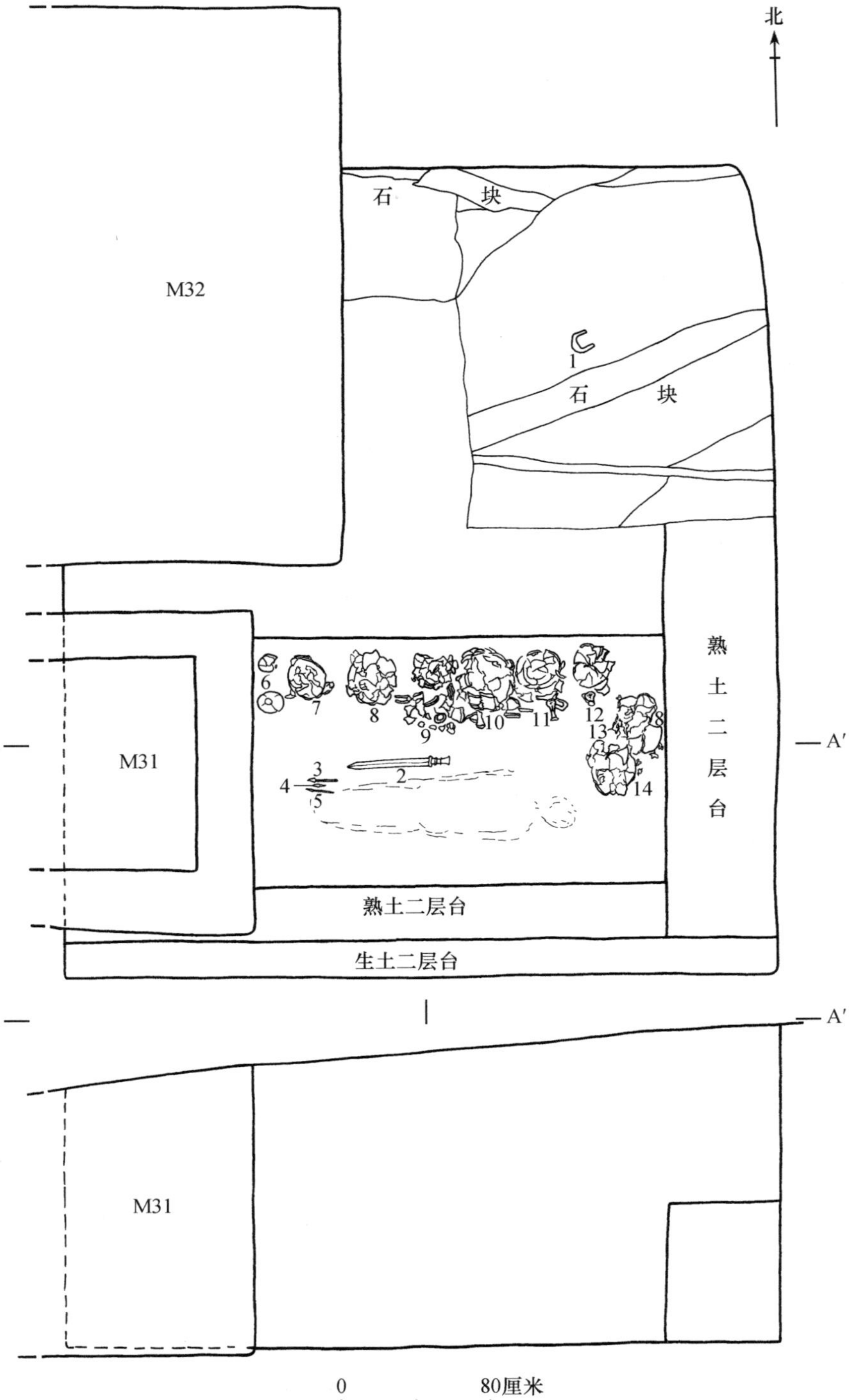

图一五四　M33平、剖面图

1. 铁锄　2. 铜剑　3～5. 铜箭镞　6. 陶豆　7. 陶釜　8. 陶壶　9～12. 陶鼎　13、14. 陶盒

铁器　1件。

锄　1件。标本M33：1，出土于北部。通体呈凹字形，前端舌状凸刃。长10.8、宽13.5厘米（图一五五，6；彩版一五，4）。

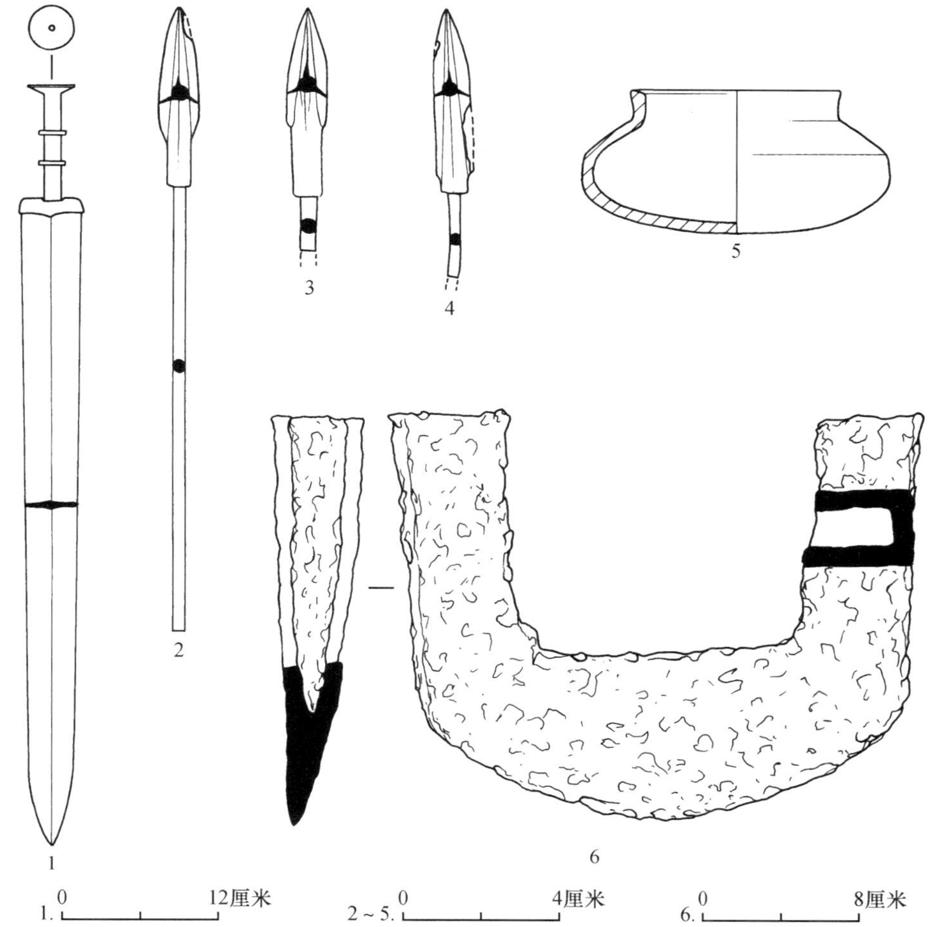

图一五五　M33出土器物

1. 铜剑（M33：2）　2～4. 铜镞（M33：3、M33：5、M33：4）　5. 陶釜（M33：7）　6. 铁锄（M33：1）

二六、M34

（一）发掘地点

位于第三象限、T33503内。

（二）形制与结构

开口距地表0.15～0.6米。长方形竖穴土坑墓，斜壁，平底。墓口长4.1、宽2.5～2.65米，墓底长4、宽2.4～2.55米，深0.6～0.8米。方向165°（图一五六；图版三四，1）。

墓室内填土为黄褐色五花土，土质松软，含石块、炭粒及细砂等包含物。

葬具不详。

人骨1具，仅存人头骨及部分下肢，推断为俯身直肢葬，头向南。

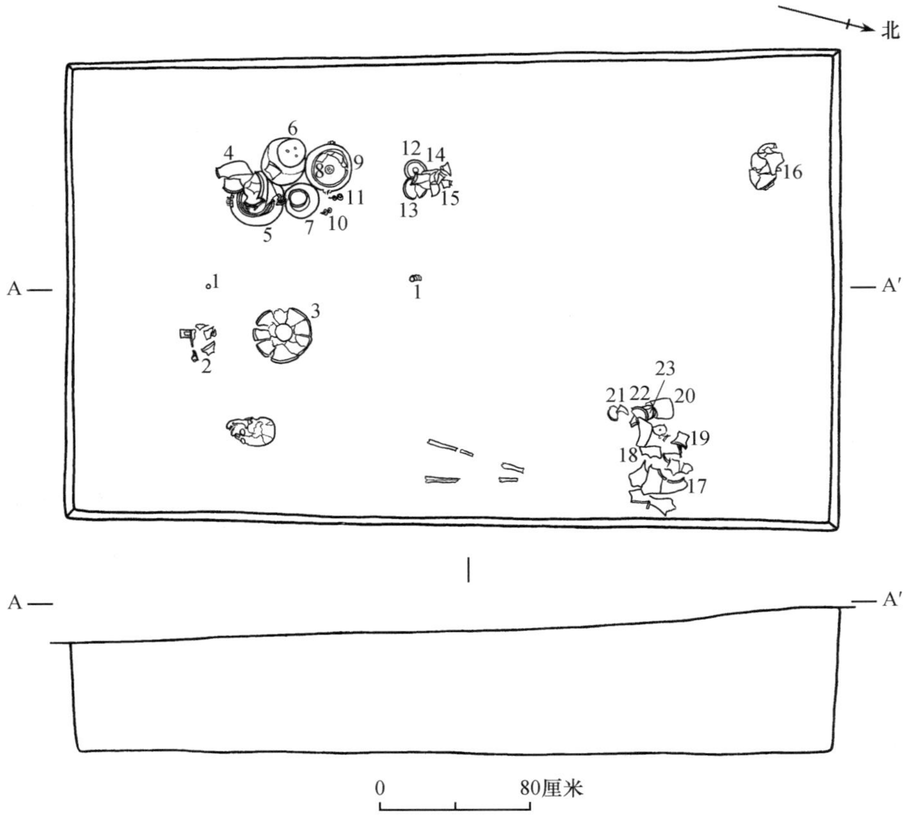

图一五六　M34平、剖面图

1. 铜钱　2. 陶鼎　3. 陶器盖　4、8. 陶甑　5～7. 陶壶　9. 陶釜　10. 盖纽　11～13. 陶钵　14、15、18、22. 陶仓　16. 陶盒　17、19. 陶罐　20、21. 陶仓盖　23. 陶盆

（三）随葬器物

随葬品放置于墓室东南部，随葬陶器22件、铜钱7枚。陶器陶质为泥质灰陶，部分保存极差，可辨器型有鼎、盒、壶、釜、盆、甑等。

陶器　22件。

鼎　1件。标本M34：2，泥质灰陶。破损严重，未修复。

盒　1件。标本M34：16，泥质灰陶。器身为子母口，圆唇，弧折腹，折腹处有凸棱，圜底，喇叭形极矮圈足。盖形制与腹相同，弧腹。器表通体施有白衣红彩，图案不明。口径18.6、底径8、高18.3厘米（图一五七，3）。

壶　3件。泥质灰陶。微盘口，束颈，圆肩，弧腹，平底。标本M34：5，圆肩外鼓，高圈足。肩部对称贴附铺首衔环。器表似敷饰白衣，肩及腹部各饰多道凹弦纹。口径16.8、足径19.5、高35.2厘米（图一五七，5）。标本M34：6，圆肩外鼓，矮圈足。肩部对称贴附铺首衔环。盖为子母口，圆唇，直壁，高弧顶，顶部饰对称三个圆孔。器表似敷饰白衣，肩及腹部各饰多道凹弦纹。口径15、足径17、高34.5厘米（图一五七，2；图版三四，2）。标本M34：7，器型略小。鼓腹，下腹弧收，矮圈足。盖为子母口，方唇，直壁，弧顶，盖顶部有三个对称圆孔。通体施白衣，盖部残留有红色彩绘，肩部饰网状暗纹。口径13、底径13.8、高25厘米（图

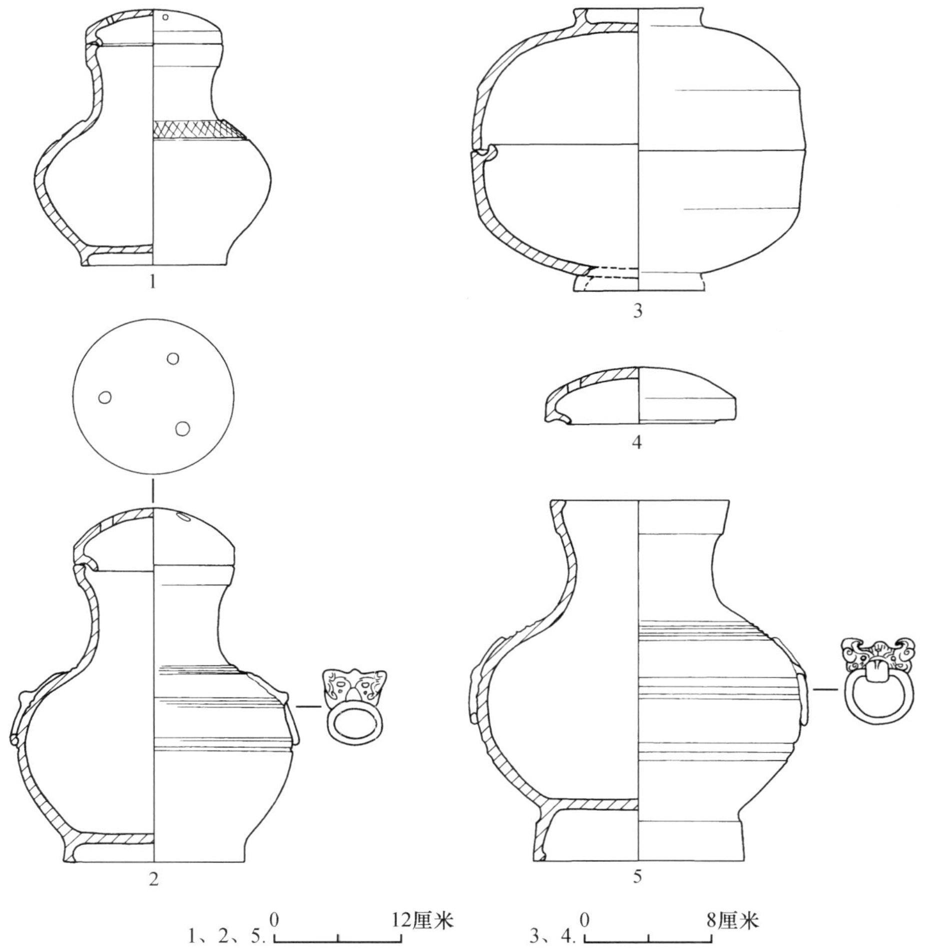

图一五七 M34出土陶器（一）

1、2、5. 陶壶（M34：7、M34：6、M34：5） 3. 陶盒（M34：16） 4. 陶器盖（M34：3）

一五七，1）。

器盖 1件。标本M34：3，泥质灰陶。子母口，圆方唇，直壁，弧顶，顶部有三个对称圆孔，似为插接纽饰件之用。口径9、高3.5厘米（图一五七，4）。

盖纽 1件。标本M34：10，应为陶器器盖M34：3上的盖纽，不再单独描述。

釜 1件。标本M34：9，泥质灰陶，陶色青灰。侈口，斜直领，溜肩，弧腹，平底。肩部两侧贴附双耳和衔环。器壁耳上、下各饰凸弦纹一周，下腹部有细密凹弦纹，应为轮修痕迹。口径18.2、底径16、高18.5厘米（图一五八，7；图版三四，3）。

甑 2件。泥质灰陶。标本M34：4，大口内敛，折沿下垂，沿下束勒，深弧腹，小平底。底部有扎孔。素面。口径21.2、底径5、高10.5厘米（图一五八，2；图版三五，3、4）。标本M34：8，敞口，卷沿，厚方唇，盆形深弧腹，下腹斜收，平底，底部有圆孔。器表似通体施白衣，腹部有细密弦纹，应为轮修痕。上腹部有凹弦纹一周。口径28.5、底径14、高17.1厘米（图一五八，1；图版三五，5、6）。

盆 1件。标本M34：23，泥质灰陶，青灰色。敞口，平折沿，厚方唇，折腹，上下腹壁斜直，小平底。素面。口径24、底径9、高7.7厘米（图一五八，5；图版三五，1）。

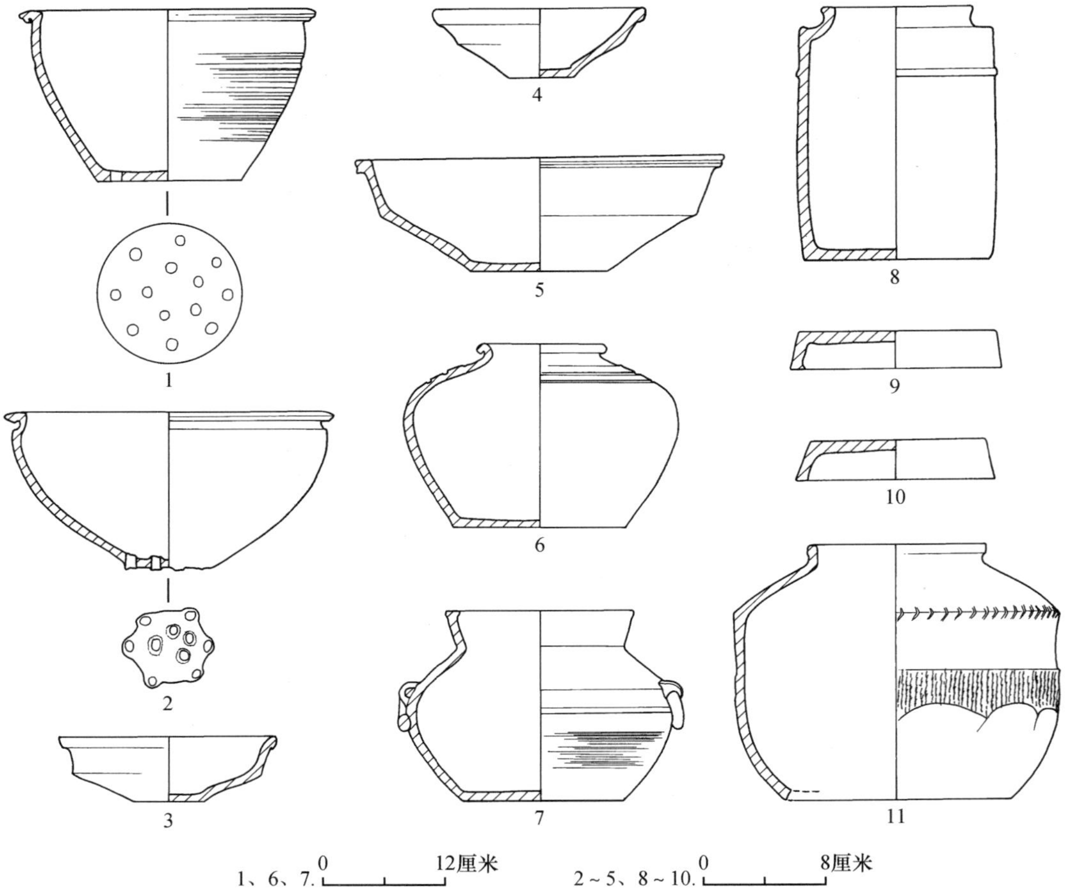

图一五八　M34出土陶器（二）

1、2. 陶甑（M34：8、M34：4）　3、4. 陶钵（M34：12、M34：13）　5. 陶盆（M34：23）　6、11. 陶罐（M34：19、M34：17）　7. 陶釜（M34：9）　8. 陶仓（M34：14）　9、10. 陶仓盖（M34：20、M34：21）

罐　2件。标本M34：17，泥质灰陶。小直口，圆唇，斜折肩，深腹弧收，底部残（判断应为平底）。折肩处凸棱刻划凹痕，似附加堆纹或绹索纹样。下腹部饰竖向绳纹，但近底部经抹拭。口径11.5、残高17.2厘米（图一五八，11）。标本M34：19，泥质灰陶，陶色暗灰。小口，圆唇，卷沿，广肩，鼓腹，下腹弧收，平底。肩部凹弦纹数周。口径12.3、底径16.5、高18.3厘米（图一五八，6）。

钵　3件。泥质灰陶。敞口，厚圆唇，折腹，小平底。素面。标本M34：12，口径14、底径5、高4.4厘米（图一五八，3）。标本M34：13，口径14、底径4、高4.5厘米（图一五八，4）。

仓　4件。泥质灰陶。形制基本相同。子母口内敛，方唇，细筒形腹，直壁，平底。标本M34：14，上腹部饰凸弦纹一周。口径9.6、底径12.2，高17厘米（图一五八，8；图版三五，2）。

仓盖　2件。泥质灰陶。形制基本相同，呈覆盘形，侈口，斜直壁，平顶。素面。标本M34：20，口径13.7、顶径12.8、高2.3厘米（图一五八，9）。标本M34：21，口径13、顶径11.2、高2.5厘米（图一五八，10）。

钱币　7枚。

1枚郡国五铢，2枚昭帝五铢，4枚宣帝五铢，直径均在25毫米左右。

二七、M36

（一）发掘地点

位于第二象限、T20614内，墓葬所在地为一陡坡。

（二）形制与结构

开口距地表1.3米。长方形竖穴土坑墓。直壁，平底。长3、宽2～2.6米，深0.7～1.1米。方向72°。早期遭到严重扰乱（图一五九）。

墓室内填土为红褐色黏土，含砂石较多。

葬具与人骨不详。

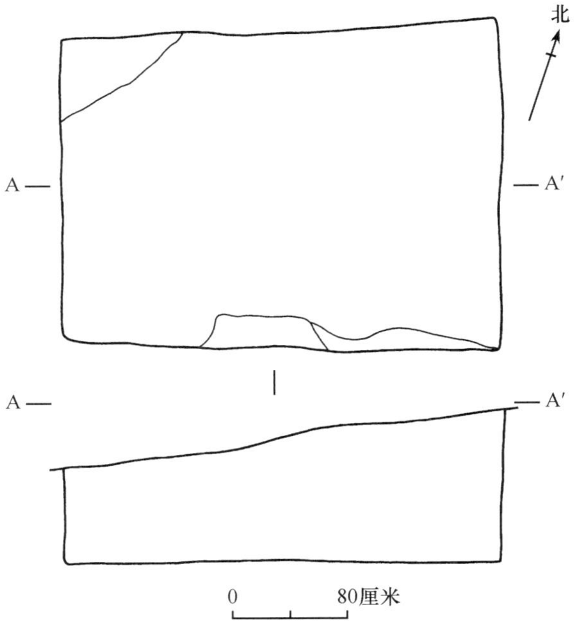

图一五九　M36平、剖面图

（三）随葬器物

墓内未见完整器物，仅在填土中发现有陶片若干。均为泥质灰陶，可辨有鼎、罐等腹片。

二八、M38

（一）发掘地点

位于第二象限、T22206内，打破M41。

（二）形制与结构

开口距地表1米。长方形砖室墓，由墓道、前甬道、前室、后甬道与后室五部分组成。方向160°（图一六〇）。

墓道位于墓室南部，由于紧邻断崖，破坏严重，具体信息不详。

前甬道位于墓道北侧，残长0.6、宽1米，残高0.4～0.8米。墓壁及底均以条形砖铺砌而成，部分底砖保存较完整，两壁仅见原来所砌砖痕。

前室近方形，长3.2、宽3.36米，深0.9米。底砖大部分保存完好，多为子母砖铺地，两砖

图一六〇　M38平、剖面图

1、3、7、22. 陶仓　2、29. 博山炉盖　4. 陶豆　5、45、64～67. 陶罐　6、42、71. 陶甑　8、9、11. 陶勺　10、14～16、18、69. 釉陶盂　12、53. 釉陶壶　13、35. 釉陶盒　17、49、56. 陶盒　19、28、47. 釉陶灯　20、23. 釉陶盆　21、34、41、46. 陶盘　24、40. 陶盆　25、26、48、50. 陶钵　27、38、43. 釉陶博山炉　30、61～63. 陶釜　31. 陶碗　32、59. 陶杯　33、39. 陶器盖　36、37. 釉陶器盖　44. 陶匜　51、52. 陶壶　54. 陶卮　55. 釉陶鼎　57、58. 陶鼎　60、70. 釉陶杯　68. 琉璃耳珰

之间以榫卯结构相扣连；四壁砖为普通条形砖砌成，保存三至十一层不等。前室中部南北向铺有东西两列砖，对应后甬道，似为棺床。

后甬道位于前后室之间，平面呈长方形，长1.4、宽1.8米，深1.2米。以条砖砌壁、铺底，与前室相连处内侧加砌一砖，略变窄。

后室近方形，长3.14、宽3.18米，深1.6米。除北壁外，其余三壁砌砖保存六至九层不等，底部铺砖保存完整，后室墓壁及墓底铺砖均为普通条形砖。

墓砖尺寸：条形砖长0.44、宽0.22、厚0.1米，子母砖长0.42、宽0.21、厚0.1米。

根据现场发掘情况分析，墓葬应为挖圹砌砖而建，墓圹一般比砖室宽0.05米左右，其间以土和碎砖块填充。

墓室内填土为黄褐色花土。

葬具与人骨不详。

（三）随葬器物

随葬品主要放置于后室，出土有釉陶器、陶器、琉璃等各类器物75件。釉陶器器型有盒、壶、鼎、盆、盂等；陶器器型有鼎、壶、罐、盘、甑、钵等；琉璃器为耳珰。

釉陶器　28件。

鼎　1件。标本M38：55，泥质红陶，盖及腹部外壁淡施薄釉，腹底及足部无釉。敛口，圆方唇，钵形腹，子母口，斜侈耳，弧腹，底部近平。方孔方耳外撇。三蹄足弯曲呈S形，瘦高外侈。盖为浅腹覆钵形，敞口，小平顶。下腹部饰凹弦纹。口径17、高16.9厘米（图一六一，4；彩版一六，1）。

盒　2件。泥质红陶。标本M38：13，姜黄色釉。子母口内敛，圆方唇，直壁微弧，下腹弧收，圜底。喇叭形矮圈足。盖形制与器身基本相同，唯母口方唇。盖及腹直壁饰凹弦纹多道。口径16、底径8.5、高17.5厘米（图一六一，6；图版三六，1）。标本M38：35，盖及腹上部施釉，釉色由姜黄色到棕红色不匀，腹底部及内壁无釉。器形扁矮。器身为子母口内敛，圆唇，折腹，圜底。三矮足外撇。盖形制与腹同，唯为母口。腹部饰凹弦纹。口径16.4、高6.5厘米（图一六一，5；彩版一六，2）。

壶　2件。泥质红陶。盘口，方唇，长束颈，圆腹或扁圆腹，圈足。肩部对称二铺首衔环。标本M38：12，器表通施棕褐色釉，至下腹、圈足部分渐变为绿色。腹部扁圆，圜底近平。高圈足近直。口上呈盖，子母口，圆唇，直壁，弧顶，顶部有三尖状纽。口径14、足径16.5、高36.6厘米（图一六一，2；图版三六，2）。标本M38：53，器表通施暗绿色釉，圈足无釉，颈口部脱釉严重。盘口发达，口部外侈，束颈较甚，斜肩，扁折腹，下腹斜直，平底，喇叭形圈足外撇。口径13.5、足径14、高25.6厘米（图一六一，1；彩版一六，3）。

盆　2件。泥质红陶。标本M38：20，盆腹内外壁原施酱色釉，但脱落较甚。斜折沿，厚圆唇，弧折腹，平底。口径16.4、底径6、高6厘米（图一六一，10）。标本M38：23，盆腹内外满施酱色釉。平折沿，敞口，厚方唇，深弧腹，小平底。腹外壁饰凹弦纹数周。口径12.2、底径7、高6.8厘米（图一六一，11；彩版一六，4）。

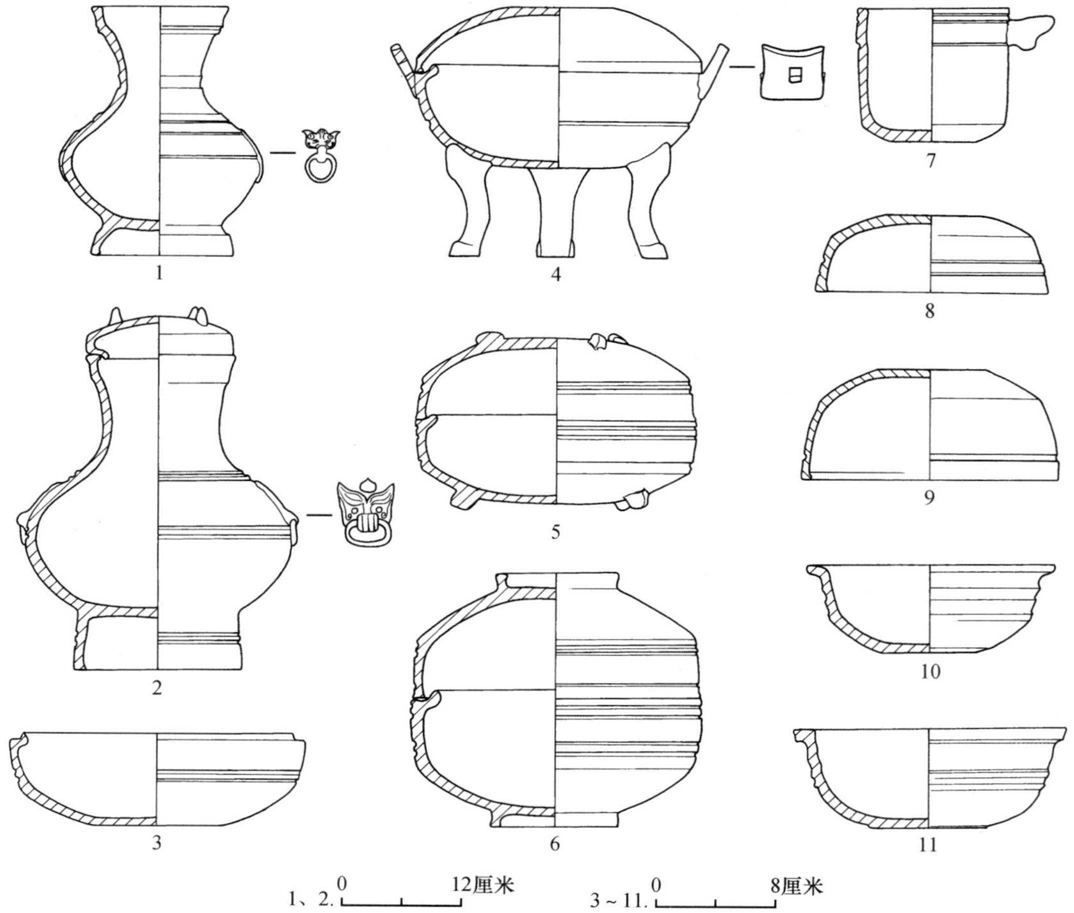

图一六一　M38出土釉陶器和陶器

1、2. 釉陶壶（M38：53、M38：12）　3、8、9. 陶盒（M38：56、M38：49、M38：17）　4. 釉陶鼎（M38：55）　5、6. 釉陶盒（M38：35、M38：13）　7. 釉陶杯（M38：70）　10、11. 釉陶盆（M38：20、M38：23）

盂　6件。泥质红陶。侈口，束颈，平底。标本M38：10，外翻沿，扁腹。两侧对称盲耳。素胎，腹部饰凹弦纹两周。口径11、底径5、高8.6厘米（图一六二，1）。标本M38：14，器表施酱色釉，近底部无釉。折肩，盆形腹，肩部有两对称盲耳。腹壁饰凹弦纹数周。口径13.5、底径6、高8.8厘米（图一六二，2）。标本M38：15，器表上部施绿色釉。折肩，弧腹。口径8.5、底径4.8、高6.7厘米（图一六二，5）。标本M38：16，器表上部施绿色釉。器形稍扁。折肩，弧腹。素面。口径8.8、底径5、高6.5厘米（图一六三，6）。标本M38：18，器形稍大。折肩，斜弧腹。肩部两圆孔形耳。腹部饰凹弦纹两周。口径12.5、底径13.8、高8.8厘米（图一六二，3）。标本M38：69，炉腹内壁遍施绿釉。斜折沿，盆形浅腹。下接三足（残）。口径12、底径8、残高5厘米（图一六二，4）。

杯　2件。标本M38：70，外施淡黄色薄釉，脱落较甚，内壁无釉。直口，方唇，直腹，近底部折腹斜收，小平底。近口部外饰凹弦纹。口径10、底径5、高9.2厘米（图一六一，7；彩版一六，5）。标本M38：60，泥质红陶，内外壁施酱色釉。器形较小，直口，斜直壁，平底。外壁上下各饰凹弦纹一周。口径8、底径5.3、高6.7厘米（图一六二，7）。

博山炉　3件。泥质红陶，器表施酱色釉。子母口内敛，弧腹圜底，矮柄较粗，喇叭圈

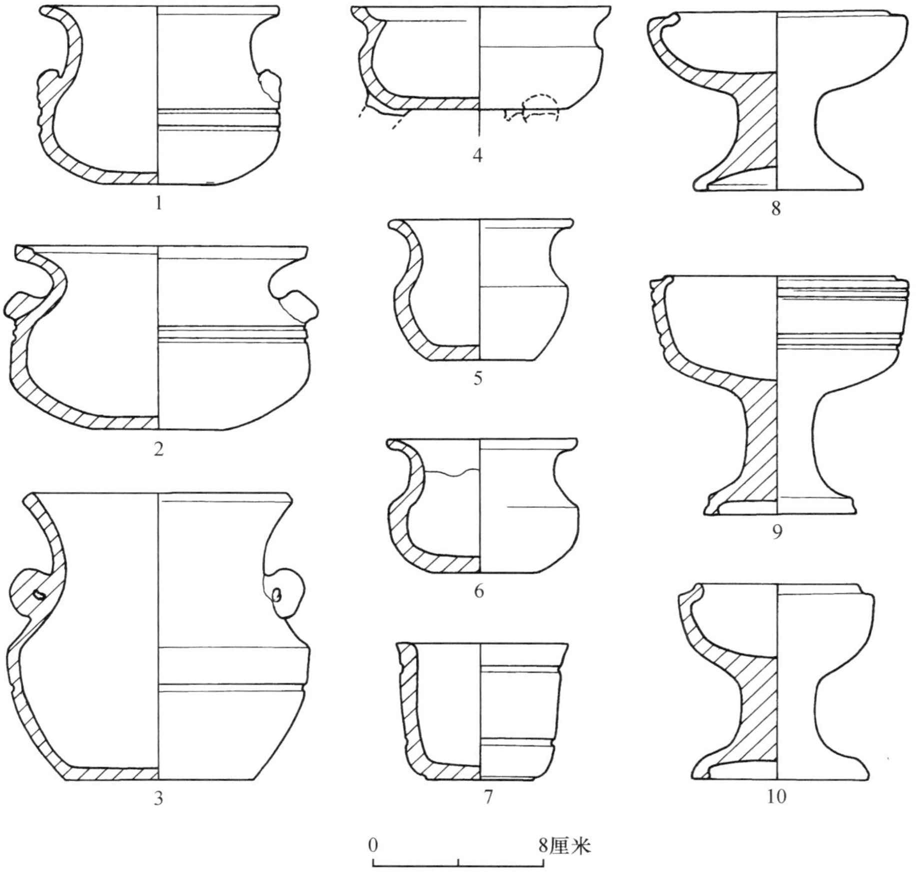

图一六二　M38出土釉陶器（一）

1～6. 釉陶盂（M38：10、M38：14、M38：18、M38：69、M38：15、M38：16）　7. 釉陶杯（M38：60）

8～10. 釉陶博山炉（M38：27、M38：38、M38：43）

足。标本M38：27，盘腹直径较大，略扁。柄粗。素面。口径12、足径8、高8.6厘米（图一六二，8）。标本M38：38，器形更高，深腹，细柄。腹部饰凹弦纹数周。口径12、足径7.2、高1.4厘米（图一六二，9；彩版一六，6）。标本M38：43，腹稍深，器形瘦高。素面。口径9.2、足径8.2、高9.5厘米（图一六二，10）。

博山炉盖　2件。泥质红陶，胎质细腻，素胎或施酱色釉。半椭球体，盖体呈花瓣状开片，一般为三瓣或四瓣状，并刻划斜向网格装饰纹。标本M38：2，器表施酱色釉，釉质较好。形似鸟形，侈口，方唇，弧壁，鸟首纽，眼睛、喙清晰可辨。器表呈四花瓣形裂片，遍饰斜向方格网纹。下部饰宽条凹弦纹和小半圆花萼形裂片。口径9、高9.9厘米（图一六三，4）。标本M38：29，侈口，方唇，弧壁，顶部正中为短柱状纽。器体呈三花瓣状裂片，裂片上满饰网格纹。口径12.4、高8.8厘米（图一六三，1）。

灯　3件。泥质红陶。标本M38：19，直口，厚方唇，平底，短柄，大喇叭形圈足。口径9.5、足径12.5、高10.5厘米（图一六三，8）。标本M38：28，器表满施酱色釉，盘内壁施釉。盘形折腹，微侈口，圜底近平，短柄，下接钵形圈足。口径11.2、足径11、高9厘米（图一六三，7）。标本M38：47，器表施绿釉。敛口，尖圆唇，浅腹，短柄，大喇叭形圈足。口径8.5、足径9、高6.5厘米（图一六三，6）。

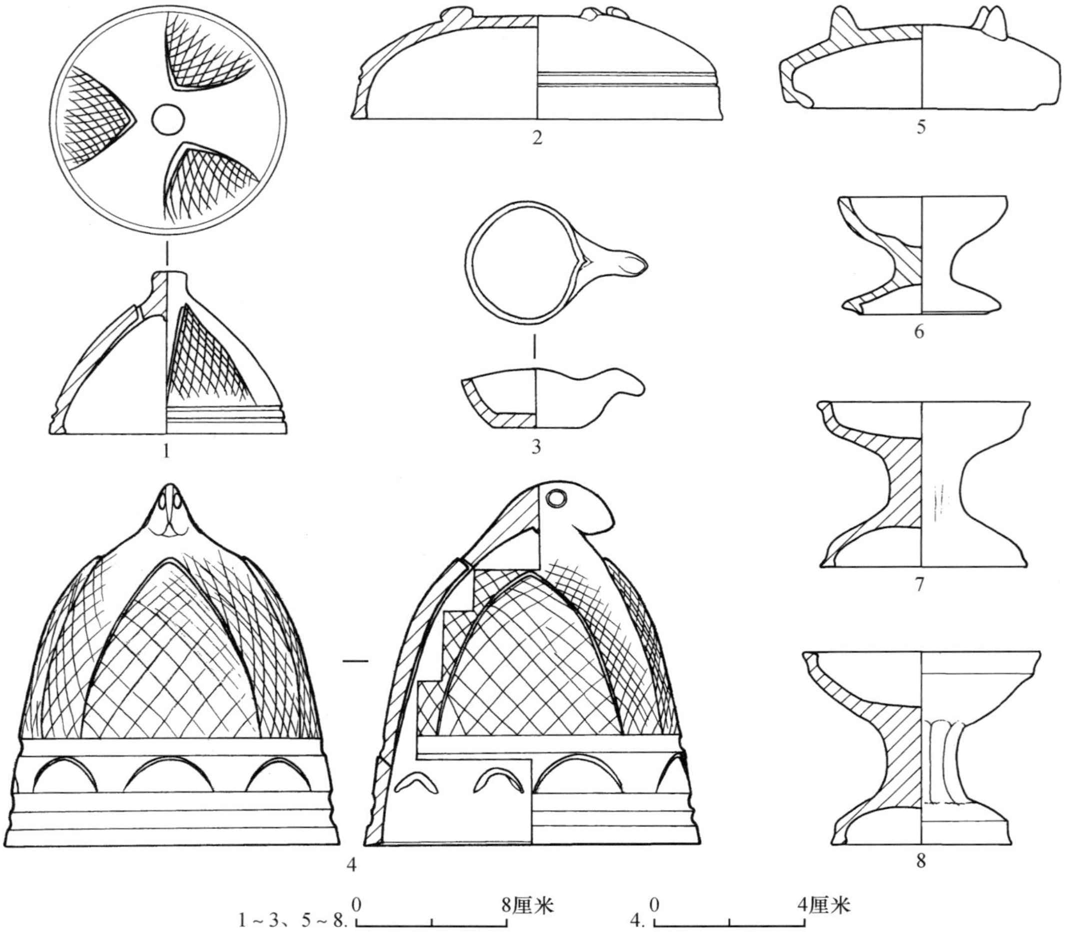

图一六三　M38出土釉陶器（二）

1、4. 釉陶博山炉盖（M38：29、M38：2）　2、5. 釉陶器盖（M38：37、M38：36）　3. 釉陶勺（M38：8）
6～8. 釉陶灯（M38：47、M38：28、M38：19）

勺　3件。标本M38：8，泥质红陶，内施酱红釉。圆形勺身，勺柄略弯曲。长9.6、高3.2厘米（图一六三，3）。

器盖　2件。泥质红陶，表面施酱釉。弧顶。标本M38：36，敛口，上有三处卷云纹装饰。口径11.4、高5.6厘米（图一六三，5）。标本M38：37，微侈口，上饰三处近钩形装饰。口径19.3、高6厘米（图一六三，2）。

陶器　45件。

陶盒　3件。标本M38：17，仅余盖。微侈口，深腹弧折，平顶。近口部饰凹弦纹。口径17、高7.5厘米（图一六一，9）。标本M38：49，仅余盖。内外壁施酱色釉。近直口，弧直壁，折腹，小平底。器表饰凹弦纹。口径15.4、高5.2厘米（图一六一，8）。标本M38：56，盖佚，仅余器身。子母口内敛，浅腹弧折，平底。腹壁饰凹弦纹。口径17.8、底径8、高6.4厘米（图一六一，3）。

鼎　2件。泥质红陶，含砂量大。钵形腹，子母口，斜侈耳，弧腹，蹄形足。标本M38：57，平底。对称环耳外撇。中蹄足矮壮。腹部饰凹弦纹一周。口径17.5、底径6.2、高13.8厘米（图一六四，2）。标本M38：58，圆唇，圜底。三足呈S形外侈。口部两环耳外撇。

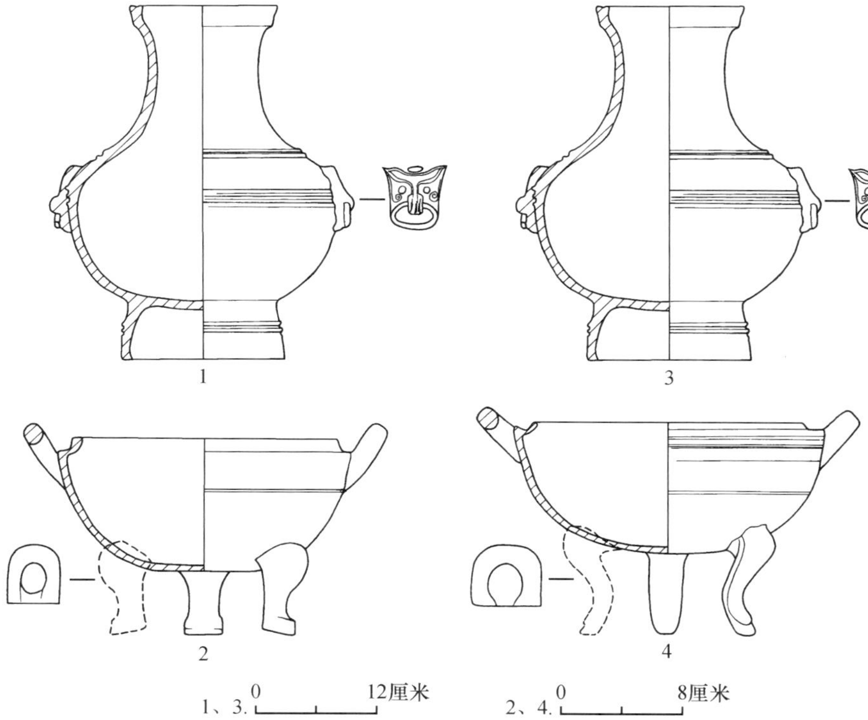

图一六四　M38出土陶器（一）

1、3. 陶壶（M38：51、M38：52）　2、4. 陶鼎（M38：57、M38：58）

腹部自口部向下分饰凹弦纹数周。口径17.6、高14.2厘米（图一六四，4；图版三六，3）。

壶　2件。泥质红陶。盘口，方唇，长束颈，圆腹或扁圆腹，圈足。肩部对称二铺首衔环。器表肩、腹、足部多饰凹弦纹。标本M38：51，溜肩，圆鼓腹，器型丰满。口径14.4、足径16、高36.4厘米（图一六四，1）。标本M38：52，素胎，呈土黄色。斜溜肩，扁腹，圜底。口上有盖，盖为子母口，方唇，直壁，弧顶，顶部有三尖状纽。口径13.5、足径15.6、高35.7厘米（图一六四，3；图版三六，4）。

罐　6件。除1件为泥质红陶外，余5件均为泥质灰陶，含砂量较大。标本M38：5，平折沿，直口，矮束颈，斜肩微鼓，半圆腹，圜底。下腹饰竖向绳纹。胎壁较厚。口径11.2、高13.2厘米（图一六五，5）。标本M38：45，平折沿，圆唇，矮束颈，溜肩，折腹，圜底。下腹饰绳纹。口径11.2、高13.6厘米（图一六五，3）。标本M38：64，小口，平折沿，细束颈，斜肩近平微鼓，折腹，下腹圆鼓弧收，圜底。颈部饰凸弦纹，下腹部满饰竖向、斜向绳纹。口径11、高13.6厘米（图一六五，4）。标本M38：65，小口，平折沿，细束颈，斜肩近平微鼓，折腹，下腹圆鼓弧收，圜底。颈部饰凸弦纹，下腹部满饰竖向、斜向绳纹。口径11.6、高12.7厘米（图一六五，2；图版三六，5）。标本M38：66，平折沿，尖圆满唇，束颈，溜肩更甚，肩部微鼓，折腹，圜底。下腹饰竖向绳纹。口径11、高15厘米（图一六五，1）。标本M38：67，泥质红陶。小口，卷沿，圆唇，斜肩，折腹，平底。素面。口径11、底径11、高14.9厘米（图一六五，6；图版三六，6）。

盘　4件。泥质红陶。敞口，浅腹，平底。标本M38：21，斜沿微卷，弧腹。素面。口径15.5、底径7、高4.4厘米（图一六六，4）。标本M38：34，平折沿，弧腹。素面。口径12.2、

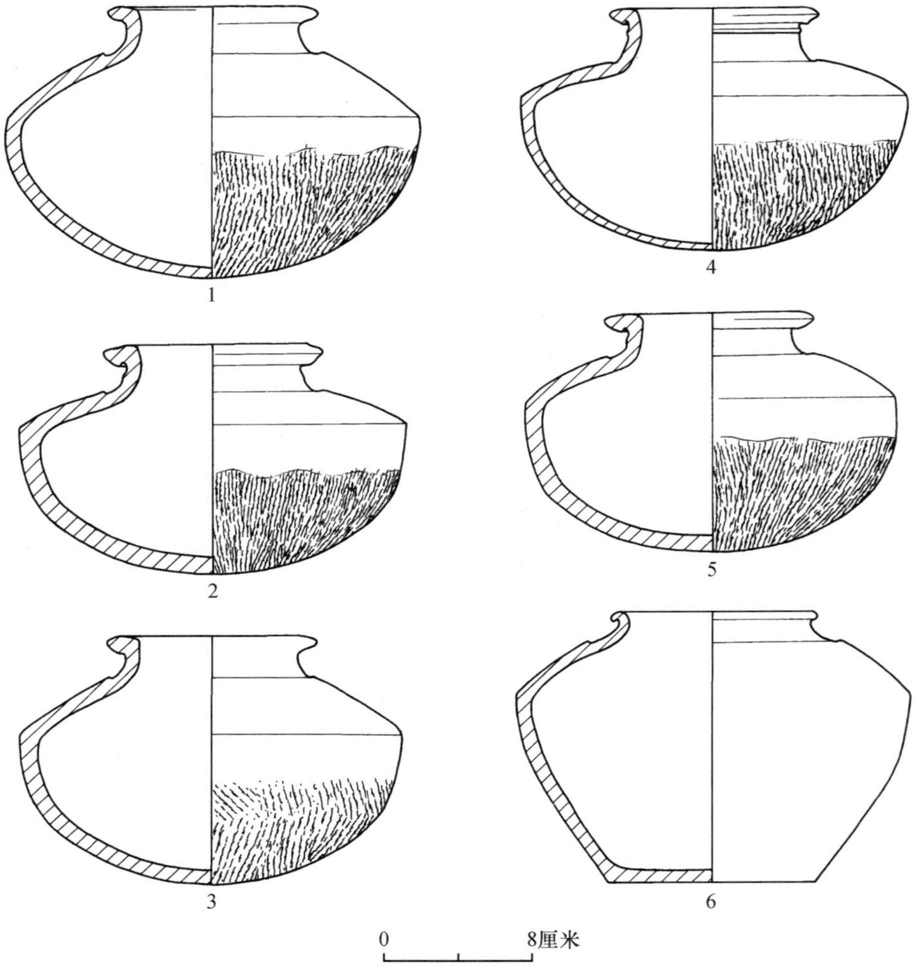

图一六五　M38出土陶罐

1. M38：66　2. M38：65　3. M38：45　4. M38：64　5. M38：5　6. M38：67

底径4.5、高2.4厘米（图一六六，3）。标本M38：41，敞口，斜沿，折腹。素面。口径16、底径5、高4.5厘米（图一六六，5）。标本M38：46，宽平折沿，折腹。素面。口径21、底径8、高5.2厘米（图一六六，6）。

盆　2件。泥质红陶。深腹。标本M38：24，近直口，平折沿，折腹，平底。腹部饰凹弦纹。口径17.5、底径7、高8厘米（图一六六，8）。标本M38：40，敞口，圆唇，唇缘内勾，深弧腹，小平底。腹部有凹痕数周。口径18.3、底径7、高7.6厘米（图一六六，9）。

甑　3件。泥质红陶。敞口，窄折沿，盆形腹，平底，底部镂孔。素面。标本M38：71，弧腹。底部对称六孔。器表有凹痕。口径12.6、底径5、高5厘米（图一六六，1）。标本M38：6，弧腹，底部中心对称分布五孔。口径10.8、底径5.6、高4.2厘米（图一六六，2）。标本M38：42，厚圆唇。上腹部束勒。口径17.5、底径6.5、高6.8厘米（图一六六，7）。

仓　4件。泥质灰陶。筒形腹，子母口内敛，深腹，直壁或弧鼓。平底。腹壁口部或中部饰凹弦纹。标本M38：1，方唇，斜直壁微弧。胎较厚。口部饰凹弦纹两周，中腹部饰凹弦纹一周。口径12.8、底径13、高16.4厘米（图一六六，13）。标本M38：3，腹中部饰凹弦纹一周，下腹部有刮削痕。口径10.2、底径10.2、高13.3厘米（图一六六，12）。标本M38：7，腹

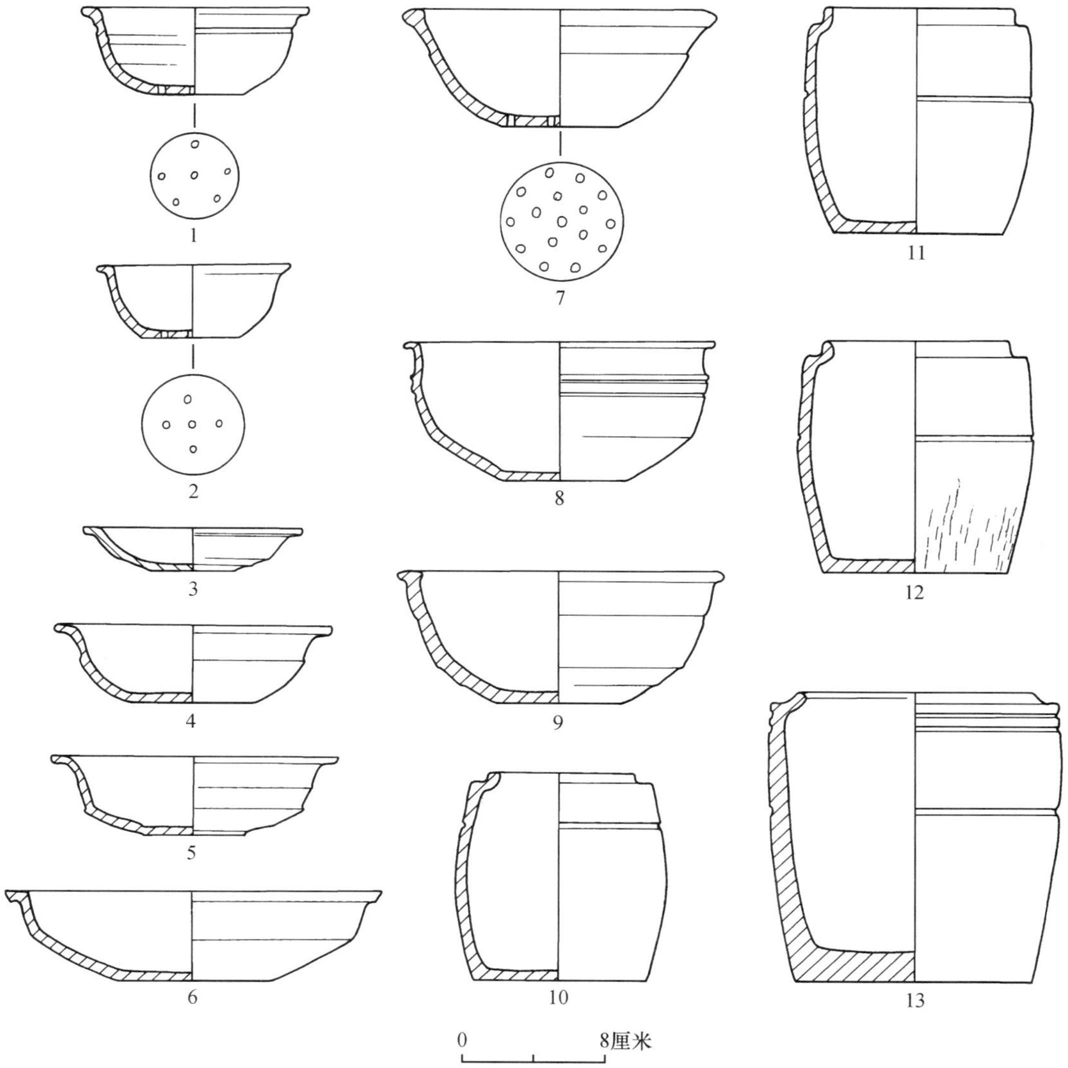

图一六六　M38出土陶器（二）

1、2、7. 陶甑（M38：71、M38：6、M38：42）　3～6. 陶盘（M38：34、M38：21、M38：41、M38：46）
8、9. 陶盆（M38：24、M38：40）　10～13. 陶仓（M38：22、M38：7、M38：3、M38：1）

中部凹弦纹一周。口径10.2、底径9.2、高13厘米（图一六六，11）。标本M38：22，上腹部饰凹弦纹一周。口径8、底径9.5、高12厘米（图一六六，10）。

钵　4件。泥质灰陶。敞口，弧腹，平底。素面。标本M38：25，口径17、底径6、高7.2厘米（图一六七，1）。标本M38：26，口径16.5、底径6、高6.8厘米（图一六七，2）。标本M38：48，口径16.8、底径7、高6.8厘米（图一六七，3）。标本M38：50，口径16.5、底径6、高6.8厘米（图一六七，4）。

碗　1件。标本M38：31，土黄色陶胎。侈口，圆唇，弧腹，平底。磨光，素面。口径11、底径6.8、高4.6厘米（图一六七，5）。

卮　1件。标本M38：54，泥质红陶。直口，方唇，直腹，近底部折腹斜收，小平底。上腹壁外接把手，腹部饰凹弦纹数周。口径11、底径6、高9厘米（图一六七，6）。

匜　1件。标本M38：44，泥质红陶。钵形腹，敞口，方唇，平底，流口呈扁锥状。素

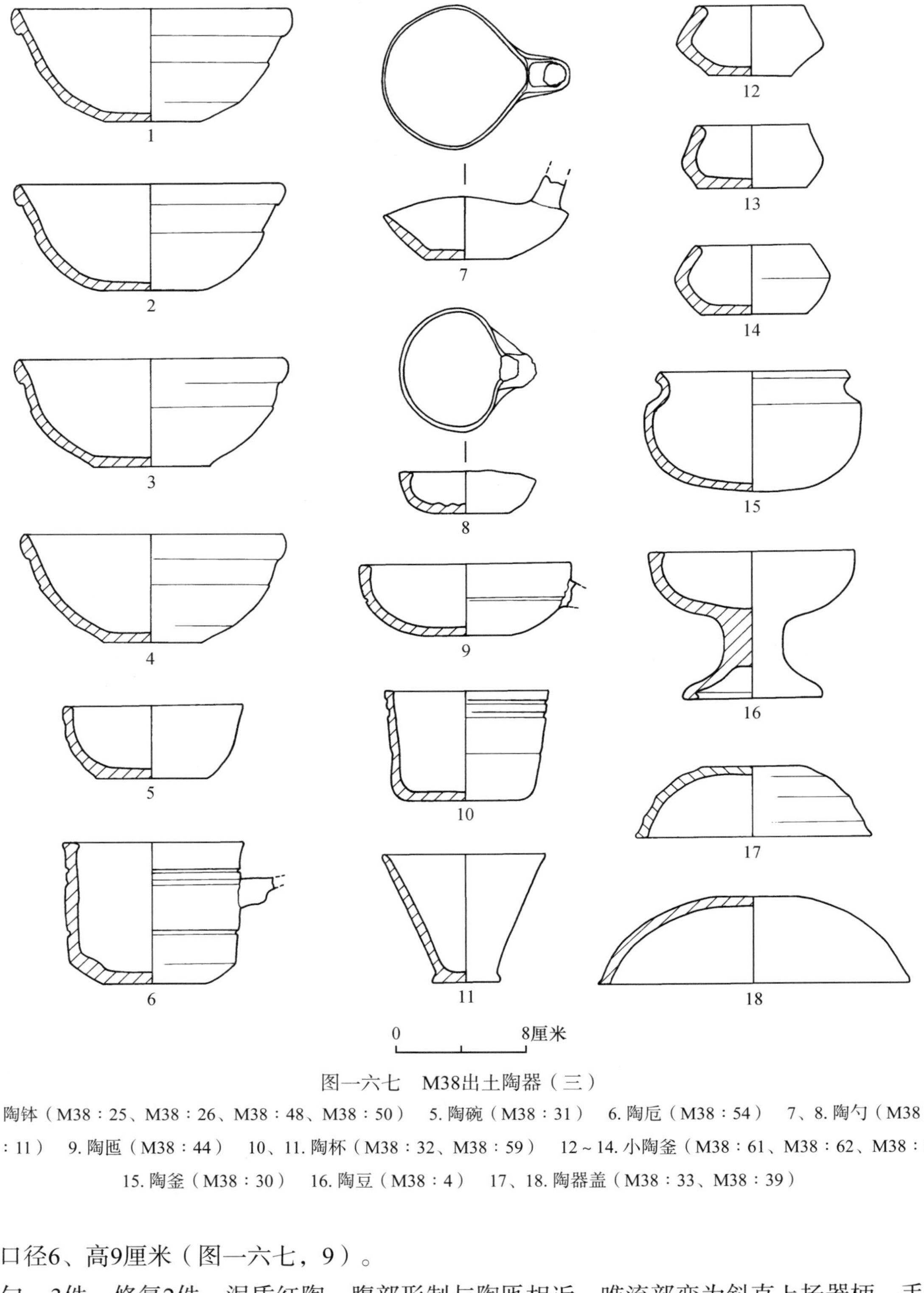

图一六七　M38出土陶器（三）

1～4. 陶钵（M38：25、M38：26、M38：48、M38：50）　5. 陶碗（M38：31）　6. 陶卮（M38：54）　7、8. 陶勺（M38：9、M38：11）　9. 陶匜（M38：44）　10、11. 陶杯（M38：32、M38：59）　12～14. 小陶釜（M38：61、M38：62、M38：63）　15. 陶釜（M38：30）　16. 陶豆（M38：4）　17、18. 陶器盖（M38：33、M38：39）

面。口径6、高9厘米（图一六七，9）。

勺　3件。修复2件。泥质红陶。腹部形制与陶匜相近，唯流部变为斜直上扬器柄，手工捏制。素面。标本M38：9，敞口，斜直腹壁，平底。后部接斜直柄，柄残。腹径11厘米（图一六七，7）。标本M38：11，钵形腹，近直口微侈，平底，细柄残。腹径8厘米（图一六七，8）。

杯　2件。泥质红陶。器形较小，直口，斜直壁，平底。标本M38：32，陶色偏暗，口部饰凹弦纹数周。口径10、底径7.5、高7厘米（图一六七，10）。标本M38：59，敞口，圆唇，斜直壁，小平底，素面。口径9.9、底径4.2、高8.1厘米（图一六七，11）。

釜　1件。标本M38∶30，夹细砂红陶。侈口，方唇，束颈，扁圆形弧腹，圜底。素面。口径16、高7.5厘米（图一六七，15）。

小釜　3件。泥质红陶。器形较小，敛口，圆方唇，扁折腹，平底。素面。标本M38∶61，口径6.5、底径5、高4.4厘米（图一六七，12）。标本M38∶62，口径6.7、底径6.7、高4厘米（图一六七，13）。标本M38∶63，口径7、底径6.5、高4.5厘米（图一六七，14）。

豆　1件。标本M38∶4，泥质红陶。钵形豆盘，近直口微敛，圜底，矮柄，小喇叭形圈足。素面。口径12.5、底径8.5、高9.2厘米（图一六七，16）。

器盖　2件。泥质红陶。侈口，弧腹，平顶。标本M38∶33，口径14.5、高4.5厘米（图一六七，17）。标本M38∶39，口径19、高5.5厘米（图一六七，18）。

琉璃器　2件。

耳珰　2件。深蓝色，半透明状，束腰管状，两端呈喇叭形，中有圆孔上下贯穿。标本M38∶68-1，顶端径0.9、底端径1.4、长2厘米（图一六八，1）。标本M38∶68-2，顶端径0.8、底端径1.3、长1.8厘米（图一六八，2）。

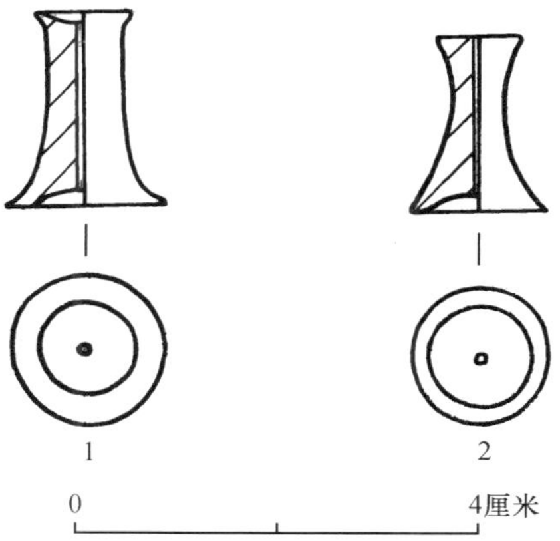

图一六八　M38出土琉璃耳珰
1. M38∶68-1　2. M38∶68-2

二九、M39

（一）发掘地点

位于第二象限、T22207内，墓葬南临断崖。

（二）形制与结构

开口距地表0.35米。长方形竖穴土坑墓。直壁，平底。残长3.15、宽3.1米，深0.6米。方向139°（图一六九）。

墓底用条砖铺地，砖长0.4、宽0.2、厚0.1米。

墓室内填土为红褐色黏土。

葬具与人骨不详。

（三）随葬器物

墓葬南临断崖，故南半部遭破坏无存，随葬品仅余陶仓2件。

陶仓　2件。泥质灰陶。子母口内敛，圆方唇，折肩，弧腹，平底。腹部自肩至底分饰凹弦纹。标本M39：1，口径13.2、底径14.3、高18.4厘米（图一七〇，1）。标本M39：2，口径13.3、底径14.5、高20.2厘米（图一七〇，2）。

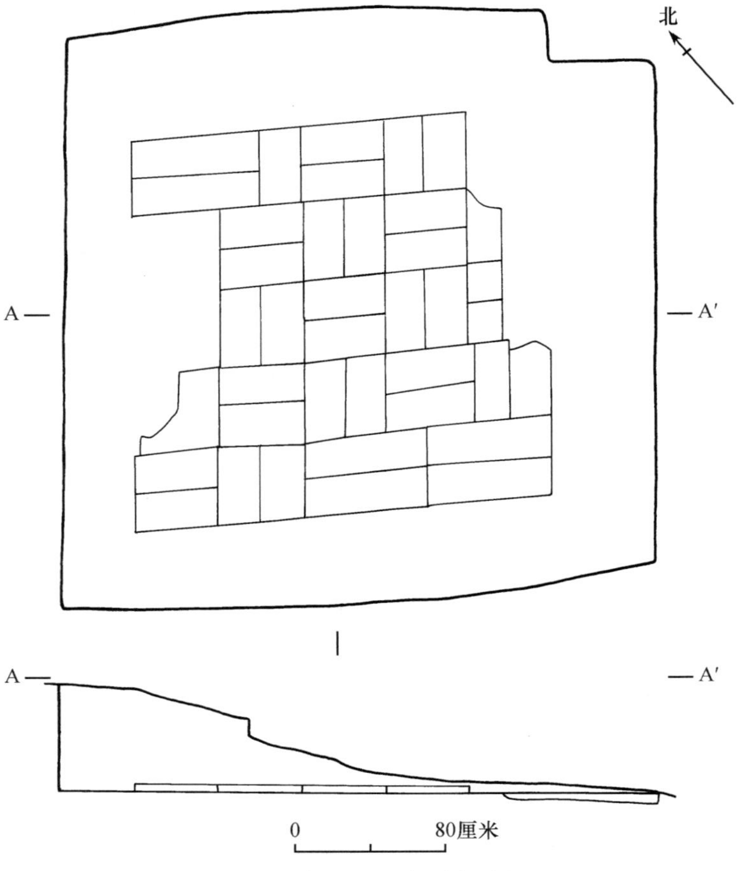

图一六九　M39平、剖面图

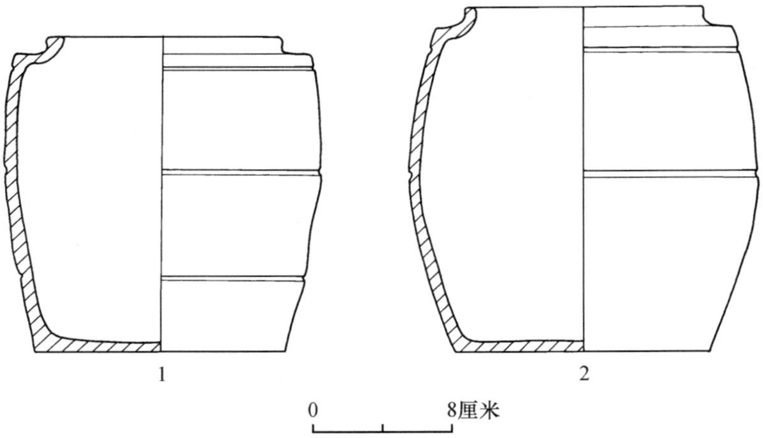

图一七〇　M39出土陶仓

1. M39：1　2. M39：2

三〇、M40

（一）发掘地点

位于第二象限、T22108内，墓葬南临断崖。

（二）形制与结构

开口距地表0.4～0.5米。长方形竖穴土坑墓，直壁，平底。由于墓葬南侧临近断崖，故南部边缘保存不完整。残长3.3、宽2.2米，深0.7～0.8米。方向65°（图一七一；图版三七，1）。

墓室内填土为红褐色五花土，较疏松。

葬具不详。

人骨1具，位于墓室中部，保存极差，仅见轮廓，头东脚西。

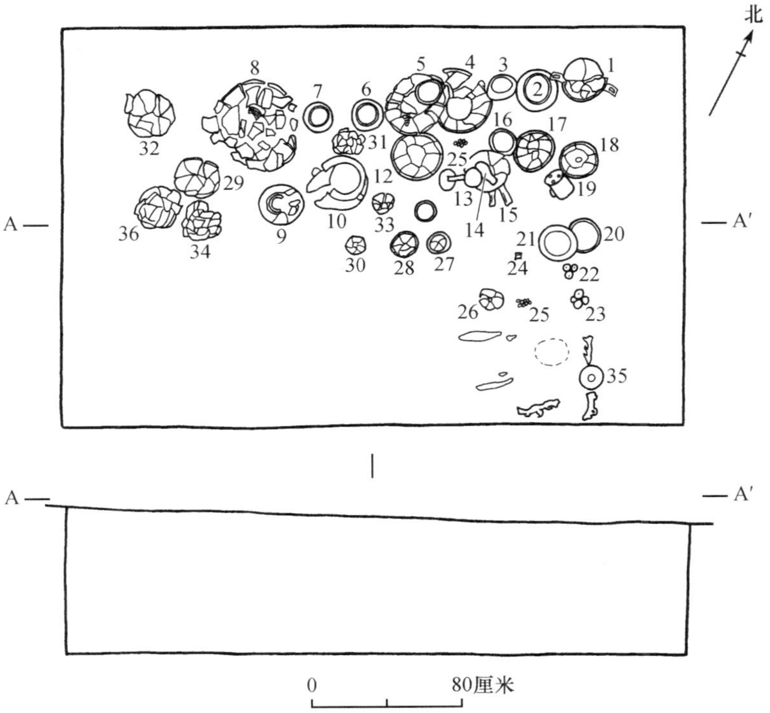

图一七一　M40平、剖面图

1. 釉陶鼎　2. 陶釜　3、6、7、27～29、31、32、34、36. 陶仓　4. 釉陶盘　5. 陶壶　8. 陶洗　9. 陶罐　10. 铜釜　11. 釉陶博山炉盖　12、17. 陶盘　13. 釉陶灯　14. 陶勺　15. 釉陶魁　16. 陶器盖　18、21. 釉陶盒　19. 釉陶卮　20. 陶甑　22、23. 铜泡钉　24. 铜杈　25. 铜钱　26、30、33. 陶钵　35. 铜棺饰件

（三）随葬器物

随葬品放置于墓室北部与东部，出土釉陶器、陶器、铜器共40件、钱币80枚。釉陶器可辨器型有鼎、盒、盘、魁、卮、豆等；陶器可辨器型有壶、盆、釜、甑、盘、仓等；铜器可辨器型有釜、杈、棺饰等。

釉陶器　8件。

鼎　1件。标本M40：1，泥质红陶，淡黄色薄釉。通体由盖和腹两部分组成。器腹为子母口内敛，方唇，半圆腹，圜底；口外侧贴附对称双耳，外弧撇较甚，耳上长方形穿孔；腹底接直立三蹄足。盖为穹顶，近口部斜直，盖顶有三个竖棱形泥条纽。器型规整。素面。口径15.5、高16.3厘米（图一七二，1；彩版一七，1）。

盒　2件。修复1件。标本M40：18，泥质红陶，淡黄色薄釉。腹部为子母口内敛，方唇，折腹弧收，圜底，矮圈足。盖部形态与腹相同，唯为母口。器腹中部饰凹弦纹一周。口径15、底径10.5、高14.5厘米（图一七二，3；彩版一七，2）。

盘　1件。标本M40：4，泥质红陶胎，淡红色薄釉。敞口，斜折沿，折腹，平底。圈足微高，似假圈足。素面。口径26.6、底径13.5、高5.7厘米（图一七二，2；彩版一七，3）。

魁　1件。标本M40：15，泥质红陶，淡黄色釉，脱釉较甚。直口，圆方唇，深弧腹，矮圈足，圆棱形弧状长柄。近口部饰凹弦纹一周。口径18.5、底径11.2、高10.3厘米（图一七二，

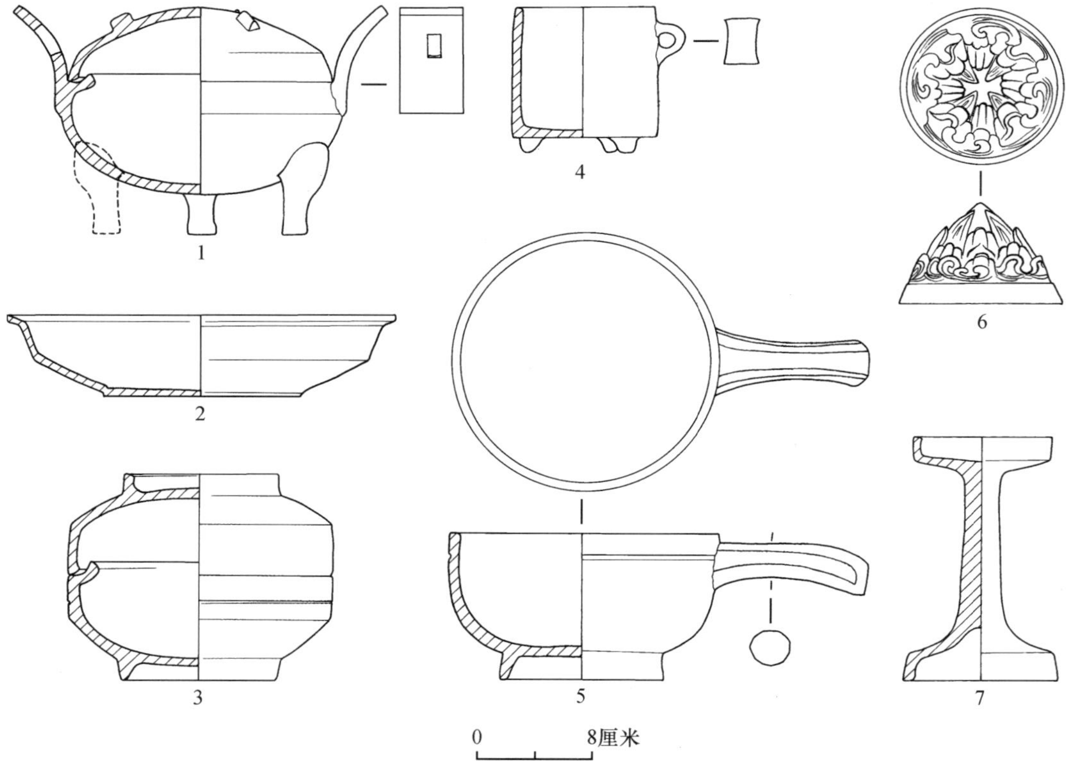

图一七二　M40出土釉陶器

1. 釉陶鼎（M40：1）　2. 釉陶盘（M40：4）　3. 釉陶盒（M40：18）　4. 釉陶卮（M40：19）　5. 釉陶魁（M40：15）　6. 釉陶博山炉盖（M40：11）　7. 釉陶灯（M40：13）

5；彩版一七，4）。

卮　1件。标本M40：19，泥质红陶，器表施淡黄色薄釉，局部为淡绿色。直口，圆唇，杯形直腹，平底，下接三乳状矮足。近口部贴附一宽扁耳。素面。口径9.5、底径9.8、高10.7厘米（图一七二，4；彩版一七，5）。

灯　1件。标本M40：13，泥质红陶，酱色薄釉，脱落较甚。由盘、柄和圈足三部分组成。盘为直口直壁，方唇，平底。柄细长，上细下略粗。圈足呈喇叭形，半通柄下部。口径9.6、足径10.7、高17.2厘米（图一七二，7；彩版一七，6）。

博山炉盖　1件。标本M40：11，泥质红陶。圆锥形体，器表堆塑云气团绕山峦图案。口径11、高7.2厘米（图一七二，6）。

陶器　22件。

壶　1件。标本M40：5，泥质灰陶。微盘口，方唇，弧束颈，溜肩，圆腹，圜底，喇叭形高圈足。肩部饰铺首衔环。盖为子母口，圆方唇，弧顶，顶部三个乳状尖纽。肩及腹部饰凹弦纹数周，器表原施有彩绘。口径14.5、底径17.5、高39.3厘米（图一七三，1；图版三七，2）。

洗　1件。标本M40：8，泥质灰陶。大口微敛，侈口斜折沿，方唇，深弧腹，平底。腹

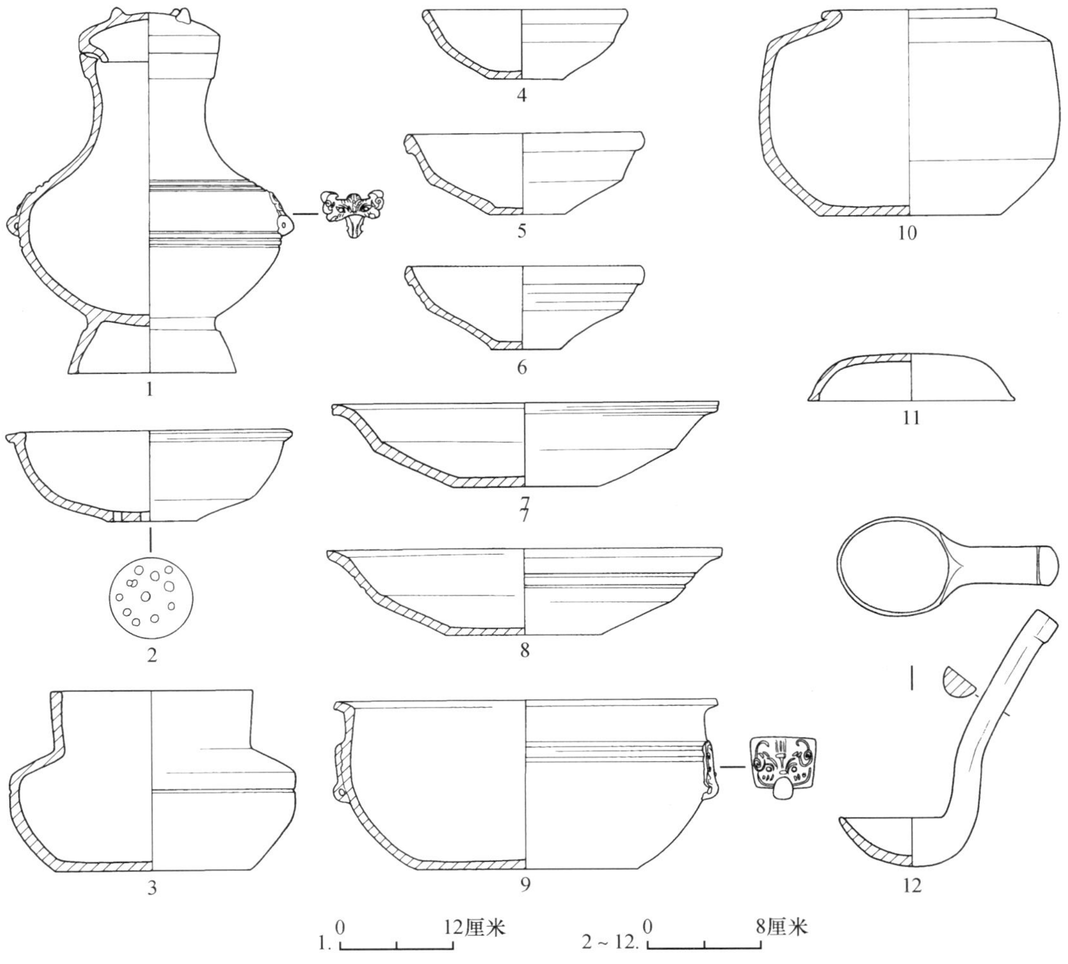

图一七三　M40出土陶器

1. 陶壶（M40：5）　2. 陶甑（M40：20）　3. 陶釜（M40：2）　4～6. 陶钵（M40：30、M40：26、M40：33）　7、8. 陶盘（M40：17、M40：12）　9. 陶洗（M40：8）　10. 陶罐（M40：9）　11. 陶器盖（M40：16）　12. 陶勺（M40：14）

部两侧对称铺首衔环。上腹部饰凹弦纹数周。口径27、底径15、高12.2厘米（图一七三，9；图版三七，3）。

釜　1件。标本M40：2，泥质黑皮陶，暗红色陶。直口长颈，折肩，弧折腹，平底。上腹部饰凹弦纹一周。口径14、底径13.6、高13厘米（图一七三，3；图版三八，1）。

甑　1件。标本M40：20，泥质褐陶，含砂量较大。平折沿，圆方唇，浅弧腹，小平底。底部不规则扎孔。素面。口径20、底径6、高6.5厘米（图一七三，2；图版三八，2）。

盘　2件。泥质灰黑陶。敞口，斜折沿，折腹，平底。圈足微高，似假圈足。素面。标本M40：12，上腹饰凹弦纹两周。口径27.6、底径10.5、高6.2厘米（图一七三，8）。标本M40：17，口径27、底径10、高6厘米（图一七三，7；图版三八，3）。

钵　3件。泥质灰陶。敞口，厚圆唇，弧折腹，小平底。素面。标本M40：26，口径16.6、底径5、高6厘米（图一七三，5）。标本M40：30，折腹不明显。口径14、底径5、高14厘米（图一七三，4）。标本M40：33，口径16.5、底径5、高6.2厘米（图一七三，6）。

仓　10件。泥质灰陶。子母口微敛，折肩，筒形，深弧腹，上腹略外鼓，平底。器表饰凹弦纹。标本M40：3，口径11.5、底径13、高15.4厘米（图一七四，9）。标本M40：6，口径14、底径14.6、高18.3厘米（图一七四，3；图版三八，4）。标本M40：7，口径13、底径13、

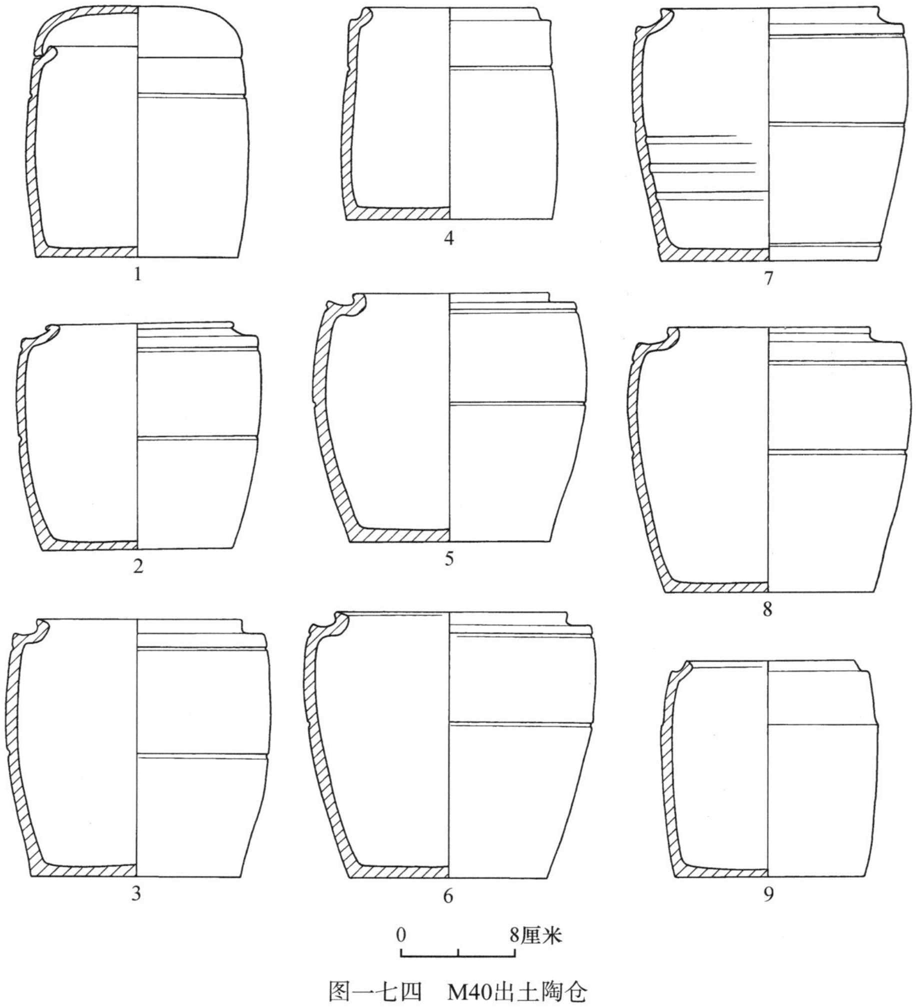

图一七四　M40出土陶仓

1. M40：36　2. M40：7　3. M40：6　4. M40：27　5. M40：28　6. M40：29　7. M40：31　8. M40：32　9. M40：3

高16.4厘米（图一七四，2）。标本M40：27，口径12、底径15.3、高14.2厘米（图一七四，4）。标本M40：28，口径13.5、底径14、高18厘米（图一七四，5）。标本M40：29，口径15.8、底径13.5、高19厘米（图一七四，6）。标本M40：31，口径15、底径15、高18厘米（图一七四，7）。标本M40：32，口径14、底径14.5、高19厘米（图一七四，8）。标本M40：34，口径14、底径15.6、高19.6厘米。标本M40：36，盖为覆钵形，弧顶近平。口径12.5、底径14.2、高18厘米（图一七四，1；图版三八，5）。

罐　1件。标本M40：9，泥质灰陶。敛口，平折沿，圆方唇，折肩，折腹，腹部微垂，平底。素面。口径12、底径13、高15厘米（图一七三，10；图版三八，6）。

勺　1件。标本M40：14，泥质灰陶，表面似有一层白衣。圆腹，类唇，半圆形细长柄。口径7.8、长18.4厘米（图一七三，12）。

器盖　1件。标本M40：16，泥质灰陶。敞口微内敛，弧顶。口径14.5、高3.4厘米（图一七三，11）。

铜器　10件。

釜　1件。标本M40：10，已变形。敛口，斜折沿，圆唇，溜肩，扁圆腹，圜底近平。肩部两侧对称索纹环耳。耳腹部饰凸弦纹两周。口径29.5、高18.8厘米（图一七五，1）。

权　1件。标本M40：24，极似现代秤砣。六棱体，上小下大，顶部有耳。底边长1.6、高3.6厘米（图一七五，4）。

棺饰　1件（组）。标本M40：35，由圆形铜璧和龙首形铜饰组成。均为薄片状鎏金饰。璧内外无郭，肉上有凸棱一周。外径13.6、内径4.6、厚0.1厘米。龙首形饰件为两端龙首，

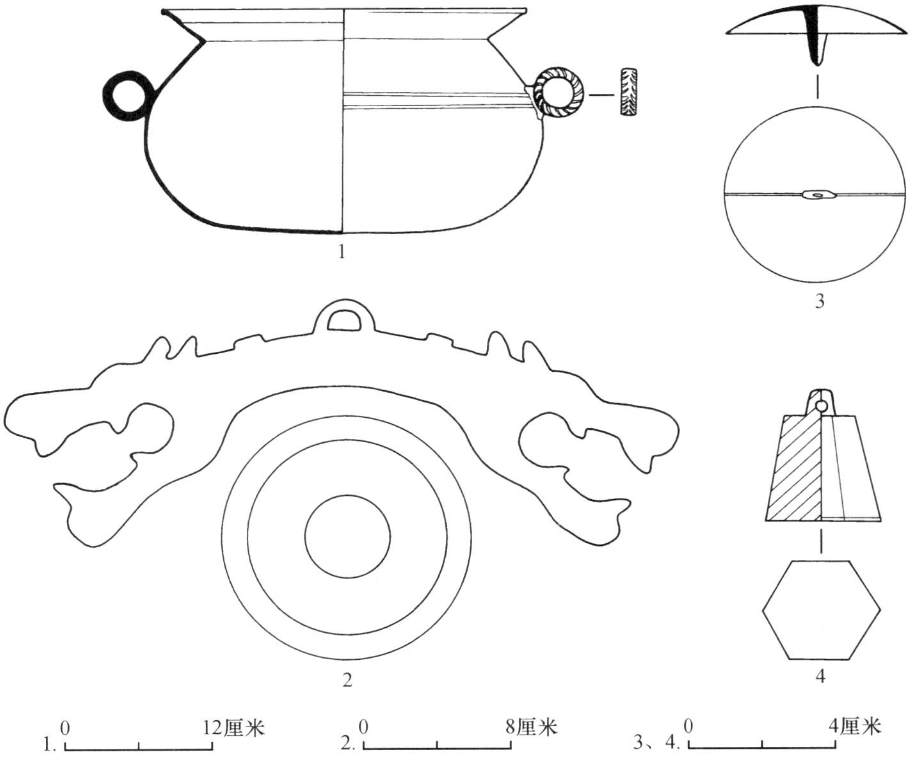

图一七五　M40出土铜器

1. 铜釜（M40：10）　2. 铜棺饰（M40：35）　3. 铜泡钉（M40：22）　4. 铜权（M40：24）

大张龙口，龙齿毕露，中以短身相连，上侧有半圆形环。通长36.5、宽4.8、厚0.1厘米（图一七五，2；彩版一五，5）。

泡钉　7件。圆形钉帽，弧顶，锥形钉身，通体鎏金。形制相同，大小不一，直径3～5厘米不等（彩版一五，5）。标本M40：22，直径5、高1.7厘米（图一七五，3）。

钱币　80枚。均为五铢钱。其中可辨25枚为郡国五铢、13枚宣帝五铢、21枚西汉晚期五铢、14枚昭帝五铢、7枚上林三官五铢。

三一、M43

（一）发掘地点

位于第三象限、T31722内，墓葬南临断崖。

（二）形制与结构

开口距地表0.5米。长方形斜坡墓道砖室墓，由墓道、墓门、甬道和墓室四部分组成。方向95°（图一七六；图版三九，1、2）。

墓道位于甬道东部，长方形斜坡墓道，东侧被断崖打破。残长1.2、宽1.5米，深1～1.8米。

墓门位于墓道与甬道相接处，拱形，券顶，在第八层砖处起券。墓门封堵方法是自岩石底向上0.5米高度以黏土修筑而成，有分层迹象，厚薄不均；上部以单砖横砌三层，厚0.3米；最上部以立砖和黏土进行填封。墓门宽1.4、高1.32米。

甬道位于墓道与墓室之间，平面呈长方形，拱券顶。长3、宽1.4米，深2米，券顶净高1.2米。甬道两壁及券顶均为砖砌，底部为红色岩石底，仅在西端近墓室入口处铺砖，与墓室底砖连为一体，同时自东西两壁内侧分别向上砌有四层砖，呈半隔断式砖墙。两壁为条形砖单砖平砌，砖长0.4、宽0.2、厚0.1米；甬道拱券基本保存完好，券顶砖为楔形子母砖，前榫后卯，榫卯相扣，每6块砖组成一个弧形券顶；券顶中央及券顶两侧砖斜度、尺寸各不相同，长度0.4～0.6米不等。

墓室位于甬道西部，平面近方形，长3.2、宽3.4米，深2.1米。墓室四壁均为砖砌，底部铺砖，与甬道北端底砖相连成一体。墓室券顶东半部坍塌，西半部保存尚好。拱券为南北向，东西向起券，与甬道起券方向相反。券顶以9块楔形子母口砖扣合成弧形顶，墓室拱券两端直抵墓室南北两壁，东壁自第十一层砖、高1.1米处起券，西壁自第十二层砖、高1.2米处起券；南北两壁为以单砖平砌而成的两堵砖墙。

葬具与人骨不详。

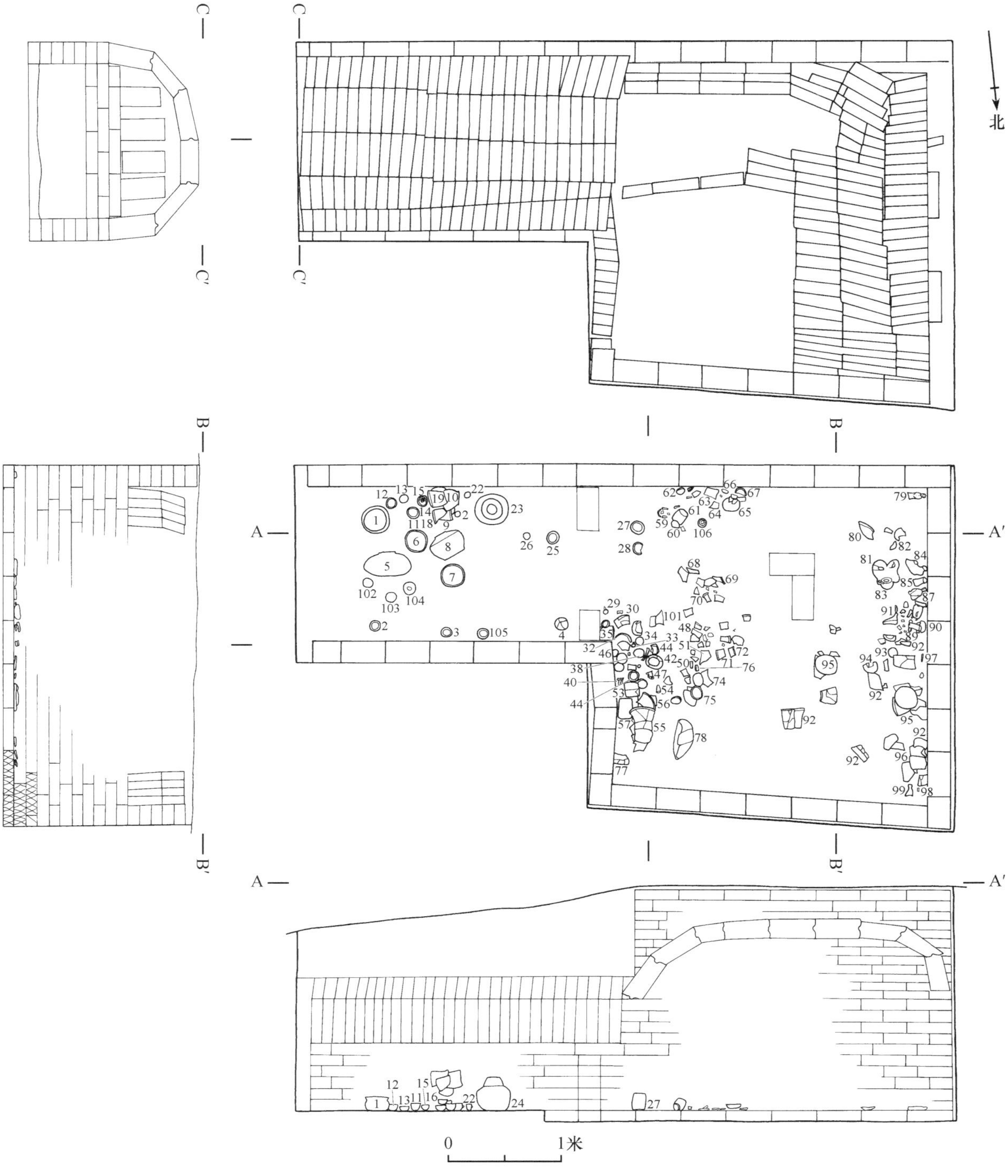

图一七六　M43平、剖面图

1. 铜釜　2、41、93. 釉陶豆　3、21、49. 釉陶杯　4、6、7、11、15、16、18～20、23、34、52、59、63、64. 陶钵　5、8、24、68、102. 陶罐　9、10、72、78. 陶甑　12、13、17、69、74、80. 陶壶　14、88. 匏勺　22. 陶杯　25、26、28、36、67、104. 陶器盖　27、31、35、39、43、48、53、57、58、60～62、71、98. 陶仓　29、33、75、90、105. 釉陶匜　30、42、51、66. 釉陶盂　32、44、70. 釉陶盘　37. 陶釜　38. 铜指环　40、77、96. 釉陶魁　45、76、84、85、87、99. 陶俑　46、54. 釉陶博山炉盖　47、91. 陶（鸡）俑　50、55、92. 釉陶壶　56. 陶瓮　65. 釉陶壶盖　73. 釉陶洗　79. 陶（立）俑　81. 陶（听琴）俑　82. 陶（女立）俑　83. 陶（男立）俑　86. 陶俑（狗）　89. 陶（跪）俑　94. 陶盘　95. 陶盆　97. 石圭　100. 铜钱　101. 铜帽饰　103. 釉陶勺　106. 银手镯

（三）随葬器物

在甬道内中部、墓室内东西两侧放置有随葬品，出土釉陶器、陶器、铜器、银器等共计107件，另出土钱币83枚。釉陶器可辨器型有壶、鍪、洗、魁、勺、博山炉、盘、卮、豆等；陶器可辨器型有鍪、釜、盆、甑、罐、人物俑、动物俑等；铜器可辨器型有洗、扳指等；银器可辨器型为镯子；石器可辨器型为圭。

釉陶器　29件。

壶　3件，壶盖1件。泥质红陶，壁通施施酱黄色釉，釉质厚而均匀，内壁及圈足内不施釉。盘口，束颈，扁圆腹，喇叭形斜直壁高圈足。肩部两侧对称铺首衔环。肩腹部饰多道凹弦纹。标本M43：50，圜底。口径14.7、足径15、高32.7厘米（图一七七，4）。标本M43：55，平底。盖为弧顶，对称三乳状纽。盖顶饰以对称四叶形纹为主题的纹案。口径17.5、足径18、

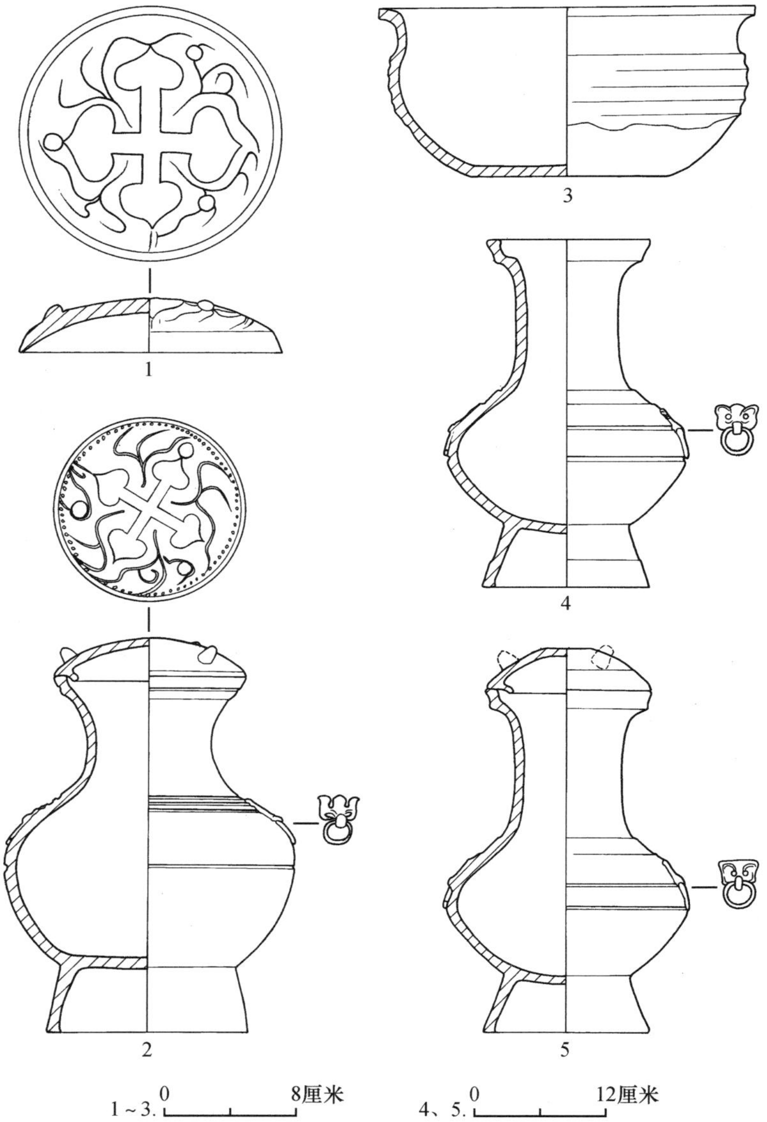

图一七七　M43出土釉陶器（一）

1. 釉陶壶盖（M43：65）　2、4、5. 釉陶壶（M43：55、M43：50、M43：92）　3. 釉陶洗（M43：73）

高36.6厘米（图一七七，2；彩版一八，1、2）。标本M43：65，仅存壶盖，形制、图案与标本M43：55盖相同。口径16、高3.5厘米（图一七七，1）。标本M43：92，器形与标本M43：50基本相同，但底部近平，盖为弧壁平顶，类似覆斗形，盖顶有三对称尖乳状纽。口径15、足径15.2、高35.6厘米（图一七七，5；彩版一八，3）。

盂 4件。泥质红陶，酱黄色釉。侈口，束颈，扁弧腹，平底。上腹部饰凹弦纹，器内壁及底部无釉。标本M43：30，斜折沿，折肩明显。口沿内侧及腹部饰凹弦纹。口径15.5、底径8、高9.6厘米（图一七八，1；图版四〇，1）。标本M43：42，斜折沿，肩部两侧对称盲耳。沿内侧近口部及耳下腹部饰凹弦纹数周。口径16、底径11、高11厘米（图一七八，4）。标本M43：51，口径16、底径9、高11.2厘米（图一七八，2）。标本M43：66，泥质红陶，酱红色釉。侈口，方唇，束颈，鼓腹，平底。颈部有两个桥形耳，器身饰弦纹。口径15.5、底径15、高13厘米（图一七八，3；图版四〇，2）。

洗 1件。标本M43：73，泥质红陶，酱黄色釉，器外壁下部及底未施釉。侈口，方唇，矮颈微束，弧鼓腹，平底。腹部饰多道宽凹弦纹，似瓦棱纹。口径22.7、底径12、高10.7厘米（图一七七，3）。

魁 3件。修复1件。标本M43：40，泥质红陶，内外施酱黄色釉，外壁釉不及底。大口，圆方唇，弧腹，平底。一侧接龙形把手。上腹部饰凹弦纹一周。口径17.4、底径9.2、高7.4厘米（图一七九，5；彩版一八，4）。

杯 3件。泥质红陶。杯形腹，直壁，平底。器表一般饰凹弦纹两道。标本M43：3，器表施酱黄色釉。口径10、底径8、高8厘米（图一七九，1）。标本M43：49，酱黄釉。口径10.4、

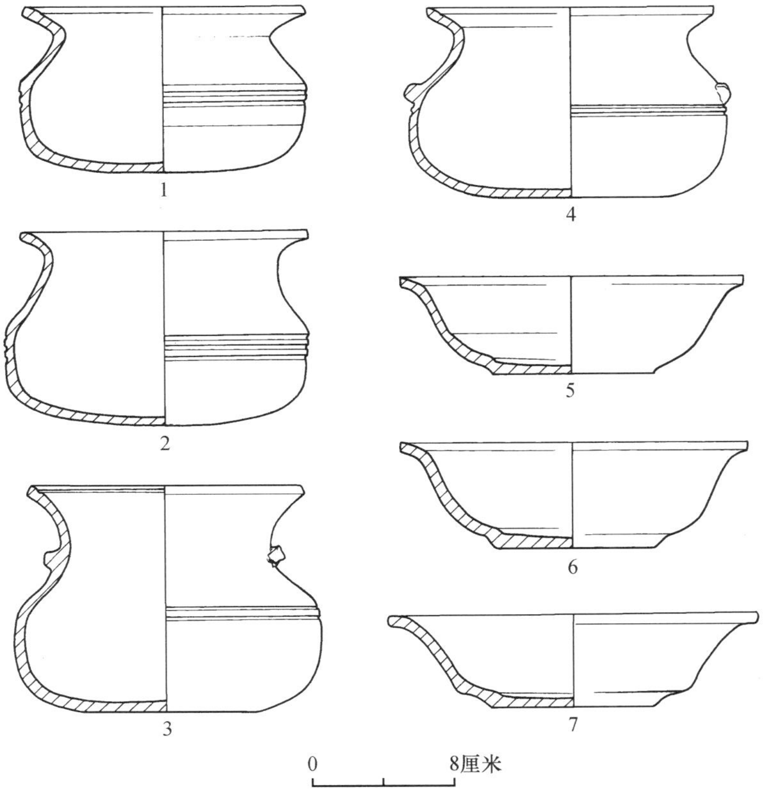

图一七八　M43出土釉陶器（二）

1～4. 釉陶盂（M43：30、M43：51、M43：66、M43：42）　5～7. 釉陶盘（M43：32、M43：44、M43：70）

底径7.8、高7.5厘米（图一七九，2）。标本M43：21，酱色釉脱落较甚。一侧有泥条捏制短鋬耳。口径6.2、底径3.8、高5.1厘米（图一七九，6）。

盘　3件。泥质红陶，内施酱色釉，外无釉。敞口，折沿，方唇，弧腹，平底。素面。标本M43：32，口径19、底径9、高5.5厘米（图一七八，5；图版四〇，3）。标本M43：44，口径19.5、底径9、高6.1厘米（图一七八，6）。标本M43：70，口径20.7、底径9、高5.2厘米（图一七八，7）。

匏勺　2件。泥质红陶，内施酱色釉，外无釉。圆斗形腹，半圆形长柄。素面。标本M43：14，柄残。口径5.7、残长9.2厘米（图一七九，13）。

图一七九　M43出土釉陶器（三）

1、2、6. 釉陶杯（M43：3、M43：49、M43：21）　3、4、7、8. 釉陶匜（M43：75、M43：90、M43：105、M43：29）　5. 釉陶魁（M43：40）　9. 釉陶勺（M43：103）　10～12. 釉陶豆（M43：2、M43：93、M43：41）　13. 釉陶匏勺（M43：14）　14、15. 釉陶博山炉盖（M43：46、M43：54）

勺 1件。标本M43：103，泥质红陶，酱色釉。钵形腹，敛口，圆唇，弧腹，平底，一侧有斜直锥形柄。素面。口径4.5、底径4、高4.2厘米（图一七九，9）。

匜 5件。泥质红陶，酱黄色薄釉，脱落较甚。钵形腹，敛口，圆唇，弧腹，平底，一侧有流口。素面。标本M43：29，口径5.5、底径5.3、高2.4厘米（图一七九，8）。标本M43：105，口径4.5、底径4.3、高2.5厘米（图一七九，7）。标本M43：75，近口部一侧有鸟首形把手。腹部饰凹弦纹一周。口径9.2、底径5、高4.1厘米（图一七九，3）。标本M43：90，近口部一侧有鸟首形把手。腹部饰凹弦纹一周。口径9.5、底径5、高4.4厘米（图一七九，4）。

豆 3件。泥质红陶，器表饰酱色釉。标本M43：2，由腹和圈足组成。器形较小。盏形腹，直口，圆唇，圜底。下接束腰细柄、喇叭形圈足。素面。口径5.5、足径9.6、高8.5厘米（图一七九，10）。标本M43：41，豆形，形制较大，瘦高。由腹和柄两部分组成。盘形腹，直口，圆方唇，平底。下接粗壮灯柄，中空，下端微张呈喇叭形圈足。近足端部饰凹弦纹一周。口径10.5、足径10.2、高16.6厘米（图一七九，12）。标本M43：93，器形与标本M43：2相同。口径10、足径9.5、高8.8厘米（图一七九，11）。

博山炉盖 2件。仅发现器盖，炉身无存。泥质红陶，器表施釉。圆锥形体，表面堆塑山形浮雕图案。标本M43：46，酱色釉。脱釉较甚。直径9.8、高6.4厘米（图一七九，14）。标本M43：54，绿釉。直径9.8、高7厘米（图一七九，15）。

陶器 71件。

罐 4件。修复2件。泥质灰陶。标本M43：8，小直口，圆唇，唇部加厚。溜肩，圆鼓腹，平底。素面。口径11.3、底径11、高16.4厘米（图一八〇，1；图版四〇，4）。标本M43：24，小口，圆唇，矮束颈，斜直肩，折腹，平底。肩部饰凹弦纹二周。口径11.5、底径14.5、高19厘米（图一八〇，2；图版四〇，5）。

小口圜底罐 1件。标本M43：5，泥质灰陶。小直口，矮领，鼓肩，扁圆腹，圜底。肩下部饰凹弦纹，下部饰竖向间断绳纹，腹部饰方格纹。口径9.5、高19.8厘米（图一八〇，3；图版四〇，6）。

仓 14件。泥质灰陶。除标本M43：31外，其余13件形制相同，均为敛口，圆唇，子母口，筒形弧腹，平底。口上承盖，弧壁，顶部近平。部分器物盖佚失。器腹中部一般饰有凹弦纹一周。口径、底径一般在10厘米，高一般为17.5厘米。标本M43：31，直口，圆方唇，折肩，弧腹微鼓，平底。素面。口径14、底径17.5、高25厘米（图一八〇，6；图版四一，1）。标本M43：39，口径10、底径9.8、高18厘米（图一八〇，12）。标本M43：58，口径9.5、底径10.2、高17.5厘米（图一八〇，4）。标本M43：98，口径9.6、底径10、高17.1厘米（图一八〇，5）。

小壶 6件。修复2件。泥质红陶。体形较小，明器。外翻沿，圆唇，束颈，折肩，扁腹，小平底。素面。标本M43：12，口径6.8、底径4.7、高5.6厘米（图一八〇，10）。标本M43：13，口径7、底径5、高5.5厘米（图一八〇，9）。

釜 1件。标本M43：37，泥质红陶。侈口，圆唇，斜折沿，扁腹，小平底。沿上对称双半环耳。素面。口径9、底径5、高6.8厘米（图一八〇，11）。

甑 4件，修复2件。泥质灰陶。大口微敛，圆唇，深弧腹，底部有孔。标本M43：9，口部束勒，平底。底部钻孔若干。上腹部有一周刻划纹，经抹拭。口径43、底径13、高22.7厘米

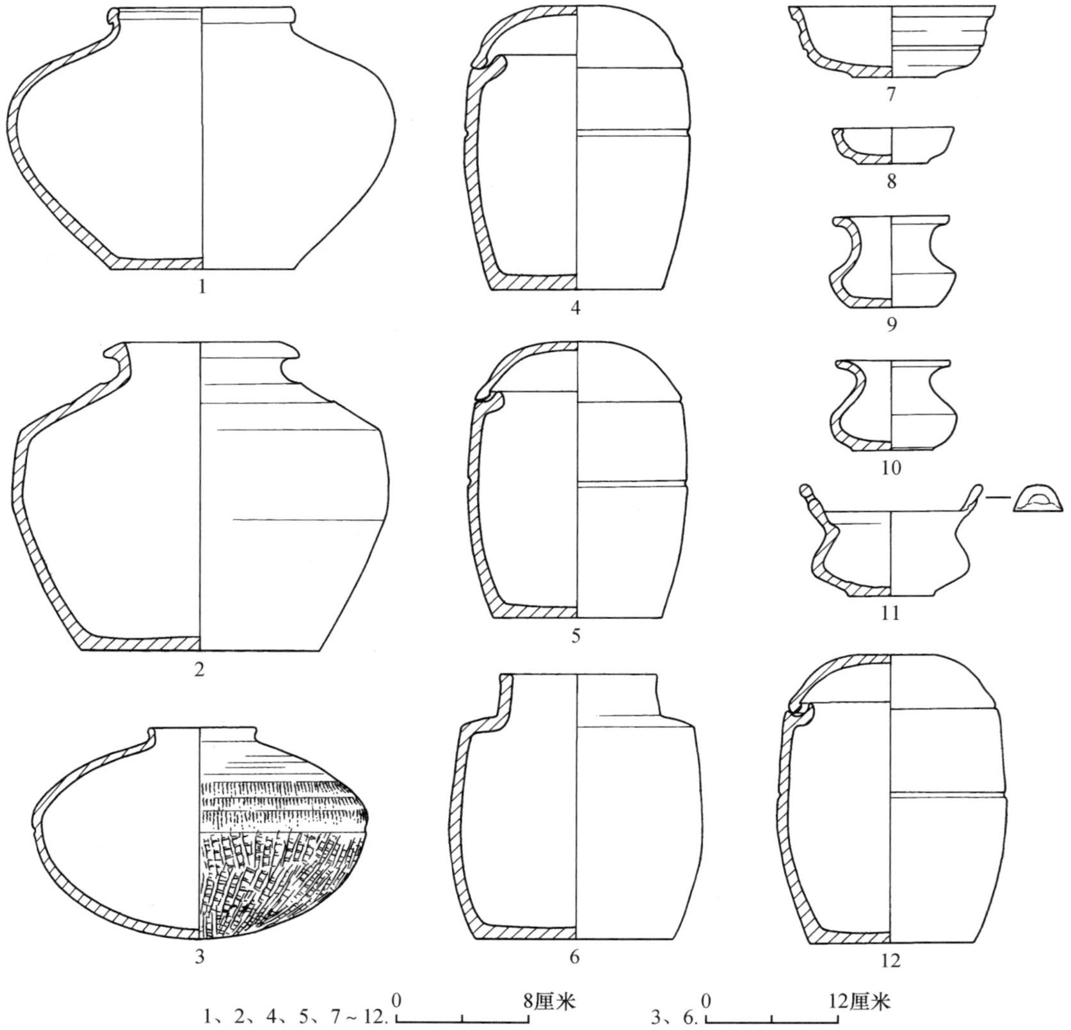

图一八〇　M43出土陶器（一）

1、2. 陶罐（M43：8、M43：24）　3. 陶小口圜底罐（M43：5）　4～6、12. 陶仓（M43：58、M43：98、M43：31、M43：39）　7、8. 陶钵（M43：19、M43：34）　9、10. 陶小壶（M43：13、M43：12）　11. 陶釜（M43：37）

（图一八一，1）。标本M43：78，窄折沿，凹圜底。底部有扎孔。上腹部饰凹弦纹数周。口径39.5、底径15、高16.5厘米（图一八一，2；图版四一，3、4）。

盆　1件。标本M43：95，泥质灰陶。大口，厚圆唇，深弧腹，平底。素面。口径34.4、底径17、高19.6厘米（图一八一，9；图版四一，2）。

钵　17件。泥质红陶。器形较小，制作粗糙，似为明器。敞口，弧腹，小平底，类假圈足。标本M43：4，折沿近平，尖圆唇，微垂腹。素面。口径12、底径5、高3.4厘米（图一八一，4）。标本M43：11，外翻沿，方唇。腹部饰凹弦纹二周。口径11.8、底径5、高4.1厘米（图一八一，6）。标本M43：18，斜沿，圆唇，微垂腹。腹部饰凹弦纹两周。口径12.6、底径5、高4.6厘米（图一八一，5）。泥质红陶。侈口，方唇，弧腹，小平底，假圈足。标本M43：19，腹部饰凹弦纹二周。口径12.5、底径5、高4.3厘米（图一八〇，7）。标本M43：34，素面。口径7.4、底径4.2、高2.2厘米（图一八〇，8）。泥质灰陶。敛口，圆唇，弧腹，平底。标本M43：6，上腹部饰凹弦纹一周。口径16.2、底径6、高6.4厘米（图一八一，

3）。标本M43：7，上腹部饰凹弦纹一周。口径16、底径9.2、高6.3厘米（图一八一，7；图版四一，5）。标本M43：15，口径11.8、底径5、高4.6厘米（图一八一，11）。标本M43：16，口径11.8、底径5、高4.2厘米（图一八一，12）。标本M43：20，口径11.8、底径6、高3.4厘米（图一八一，14）。标本M43：23，口径17、底径10、高6.9厘米（图一八一，8；图版四一，6）。标本M43：63，口径11.5、底径4.5、高4厘米（图一八一，13）。标本M43：64，口径12.5、底径4.5、高4.5厘米（图一八一，10）。

杯 1件。标本M43：22，泥质红陶。直口微侈，直壁，小圈足。一侧有泥条捏制短鋬耳。口径6.1、底径2.5、高4.7厘米（图一八一，15）。

器盖 6件，仅修复1件。标本M43：25，泥质红陶。覆钵形，顶部有三个对称镂孔，中央有乳状凸起。素面。口径8.7、高4厘米（图一八一，16）。

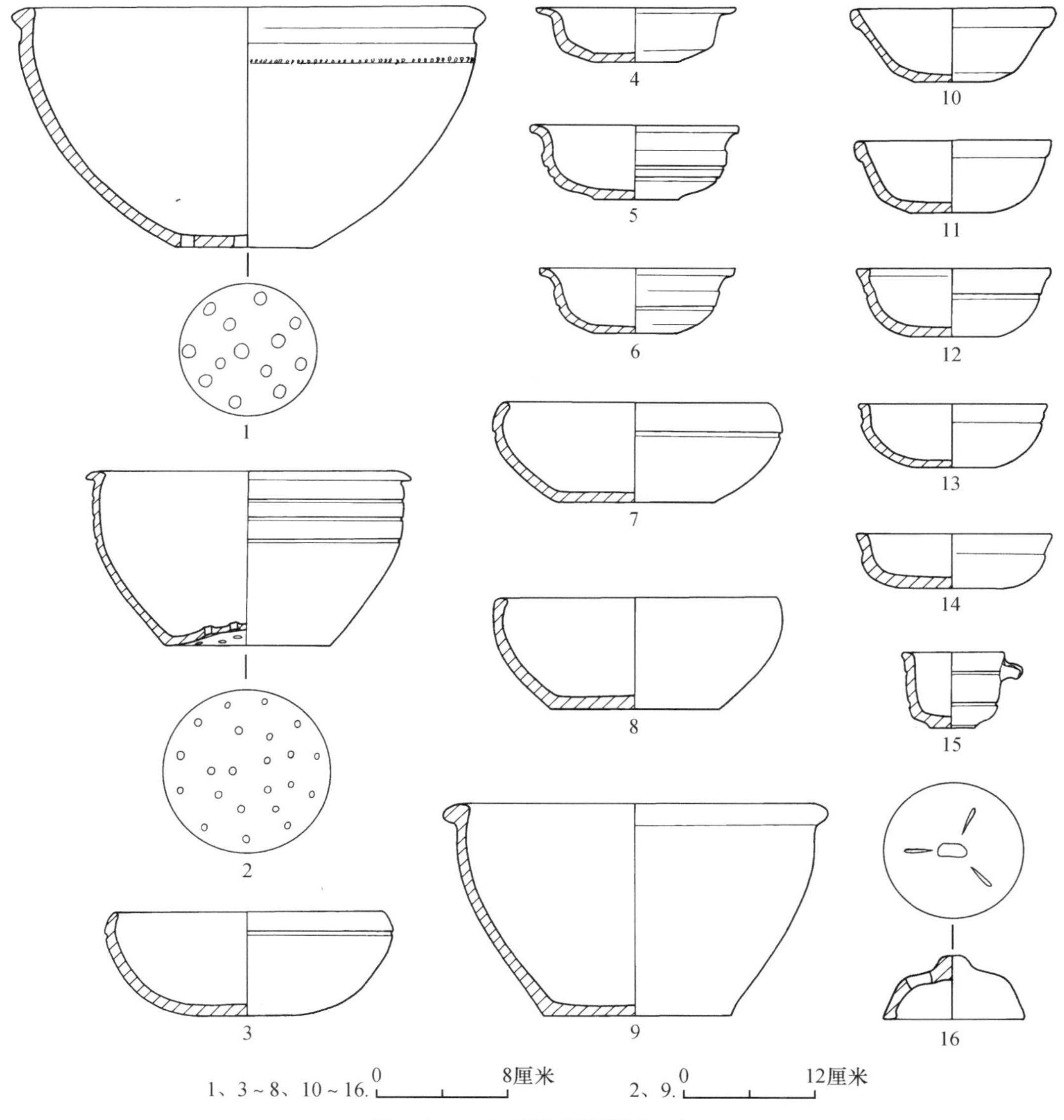

图一八一 M43出土陶器（二）

1、2. 陶甑（M43：9、M43：78） 3～8、10～14. 陶钵（M43：6、M43：4、M43：18、M43：11、M43：7、M43：23、M43：64、M43：15、M43：16、M43：63、M43：20） 9. 陶盆（M43：95） 15. 陶杯（M43：22） 16. 陶器盖（M43：25）

陶俑　14件。分为人物俑与动物俑，合范模制。

男立俑　1件。标本M43：79，泥质红陶。头戴圆帽，交领左衽宽袖及地长袍，双手似持圆物于胸前，身体微后仰。高21厘米（图一八二，1；彩版一九，1）。

女立俑　1件。标本M43：82，泥质红陶。山形髻，交领左衽宽袖及地长袍，束腰。两手相交于胸前。高20.8厘米（图一八二，2；彩版一九，2）。

说唱俑　1件。标本M43：84，泥质红陶。头戴进贤帽，右衽宽袖长袍，跪坐，左手抚于左膝前乐器上，似为鼓，右手上扬紧握，作说唱状。高22厘米（图一八三，1；彩版一九，3）。

抚耳俑　1件。标本M43：81，泥质红陶。山形髻，右衽长袍，跪坐。左手抚耳，身体微左倾。高18.4厘米（图一八三，2；彩版一九，4）。

驾驭俑　1件。标本M43：89，泥质灰陶。戴平巾帻，右衽长袍，束腰，跪坐，双臂屈伸前指作驾驶状。高19.4厘米（图一八四；彩版二〇，1）。

另发现有陶俑6件，分别为标本M43：45、M43：76、M43：84、M43：85、M43：87、

图一八二　M43出土陶俑（一）

1. 男立俑（M43：79）　2. 女立俑（M43：82）

0 8厘米

图一八三 M43出土陶俑（二）

1. 说唱俑（M43：84） 2. 抚耳俑（M43：81）

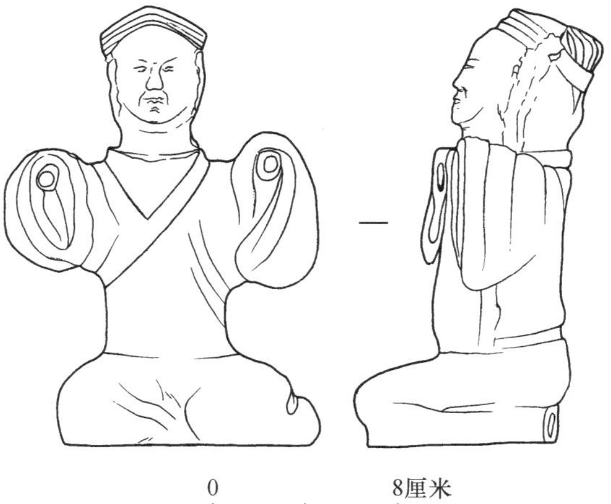

0 8厘米

图一八四 M43出土陶驾驭俑（M43：89）

M43：99，破损严重，无法修复。

陶狗 1件。标本M43：86，泥质红陶。耸耳，长嘴，露齿，前腿直立，后腿微曲，卷尾；兜肚系拴环，颈间系铃。长34、高21厘米（图一八五，3；彩版二〇，2）。

陶鸡 2件。标本M43：91，泥质红陶。鸡俑，昂首，尖嘴，长尾，双腿直立。羽毛清晰可见。长23.3、高19厘米（图一八五，2；彩版二〇，3）。标本M43：47，子母鸡俑。泥质灰

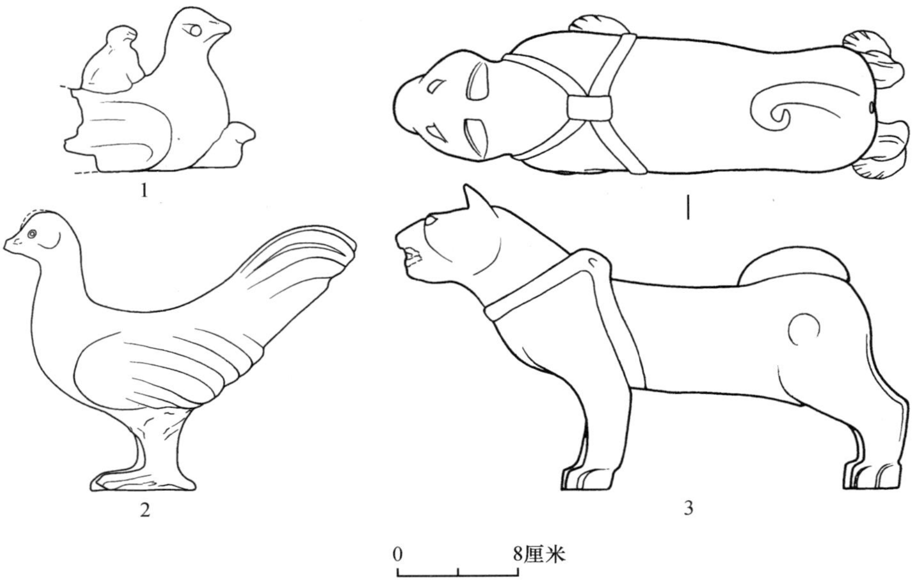

图一八五　M43出土陶狗和陶鸡

1. 陶子母鸡（M43：47）　2. 陶鸡（M43：91）　3. 陶狗（M43：86）

陶，尾残。昂首蹲伏状，背负一小鸡，前侧腹下一小鸡。残长11.4、高11厘米（图一八五，1；彩版二〇，4）。

陶盘　1件。标本M43：94，破碎严重，无法修复。

陶瓮　1件。标本M43：56，泥质灰陶，仅余口沿残片，无法修复，器型、形状、尺寸不辨。

铜器　3件。

釜　1件。标本M43：1，侈口，尖唇，折沿，鼓腹，平底。腹部左右对称铺首衔环。中腹部饰凹弦纹数周。口径24.8、底径14、高12.4厘米（图一八六，5；彩版二〇，5）。

帽饰　1件。标本M43：101，圆筒形，一侧封堵。中部有凸棱。直径1.2、长2.7厘米（图一八六，1）。

指环　1件。标本M43：38，圆环形。直径2、宽0.9厘米（图一八六，2）。

银器　3件。

银镯　3件。形制相同，断面呈圆形。标本M43：106-1，直径7、断面直径0.4厘米（图一八六，4）。标本M43：106-2，直径6.2、断面直径0.3厘米（图一八六，6）。标本M43：106-3，直径6.3、断面直径0.3厘米（图一八六，7）。

石器　1件。

圭　1件。标本M43：97，褐色砂石，磨制光滑。长方形扁条状。长9.8、宽4.5、厚0.4厘米（图一八六，3）。

铜钱　83枚。

半两2枚，五铢80枚。其中磨郭五铢25枚，剪轮五铢23枚，五铢32枚；货泉1枚。

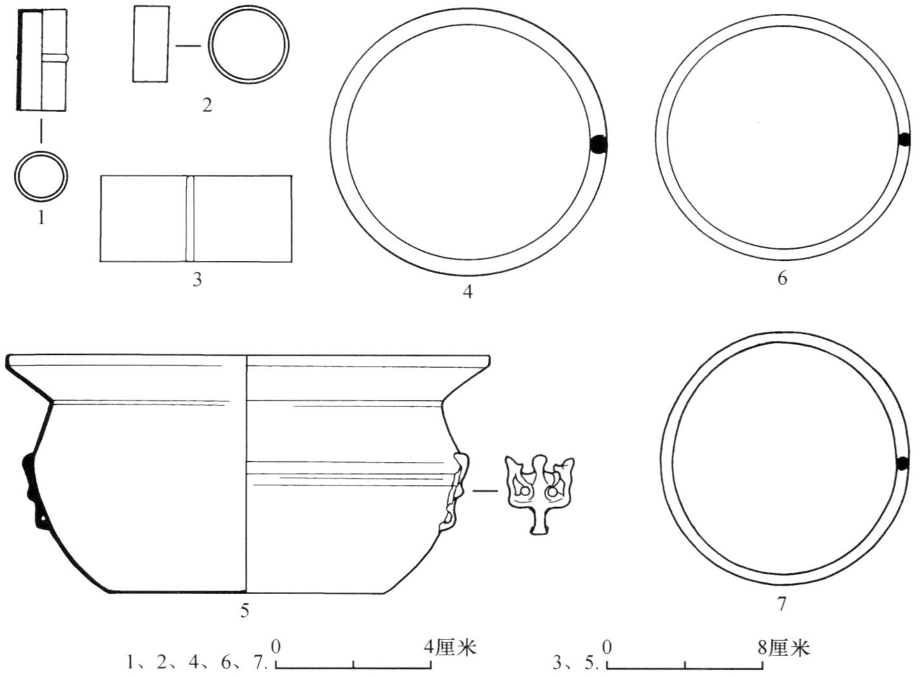

图一八六　M43出土器物

1. 铜帽饰（M43：101）　2. 铜指环（M43：38）　3. 石圭（M43：97）　4、6、7. 银镯（M43：106-1、M43：106-2、M43：106-3）　5. 铜釜（M43：1）

三二、M46

（一）发掘地点

位于第三象限、T32327内。

（二）形制与结构

开口距地表0.5米。因破坏较严重，顶部无存，南半部破坏殆尽，仅余墓室后半部分，其形制已不可辨。现存墓室平面呈长方形，顶部无存，仅余东、北、西三壁砖六层。因地处断崖处受重力挤压，北壁向室内倾倒。墓室底部亦为条砖铺地。墓室残长2.4～3.06、宽2.28～2.4米，深0.7米。方向355°。墓室北部被盗扰，一方形盗洞由地表向下打破墓底，直入生土（图一八七）。

墓葬四壁用砖为子母砖，榫卯相扣，砖侧面模印重菱纹加田字纹图案，砖长0.42、宽0.21、厚0.1米。地砖则为普通条形砖，无纹饰图案，砖长0.42、宽0.18、厚0.05米。北半部为横向平铺，南部为竖向平铺。

葬具与人骨不详。

（三）随葬器物

因盗扰严重，仅在填土内发现陶鼎、陶豆残片，具体信息不详。在填土内发现石圭1件。

圭形石片　1件。标本M46：1，灰黑色石质，残断。扁平条状。残长12.5、宽4.4、厚0.8厘米（图一八八）。

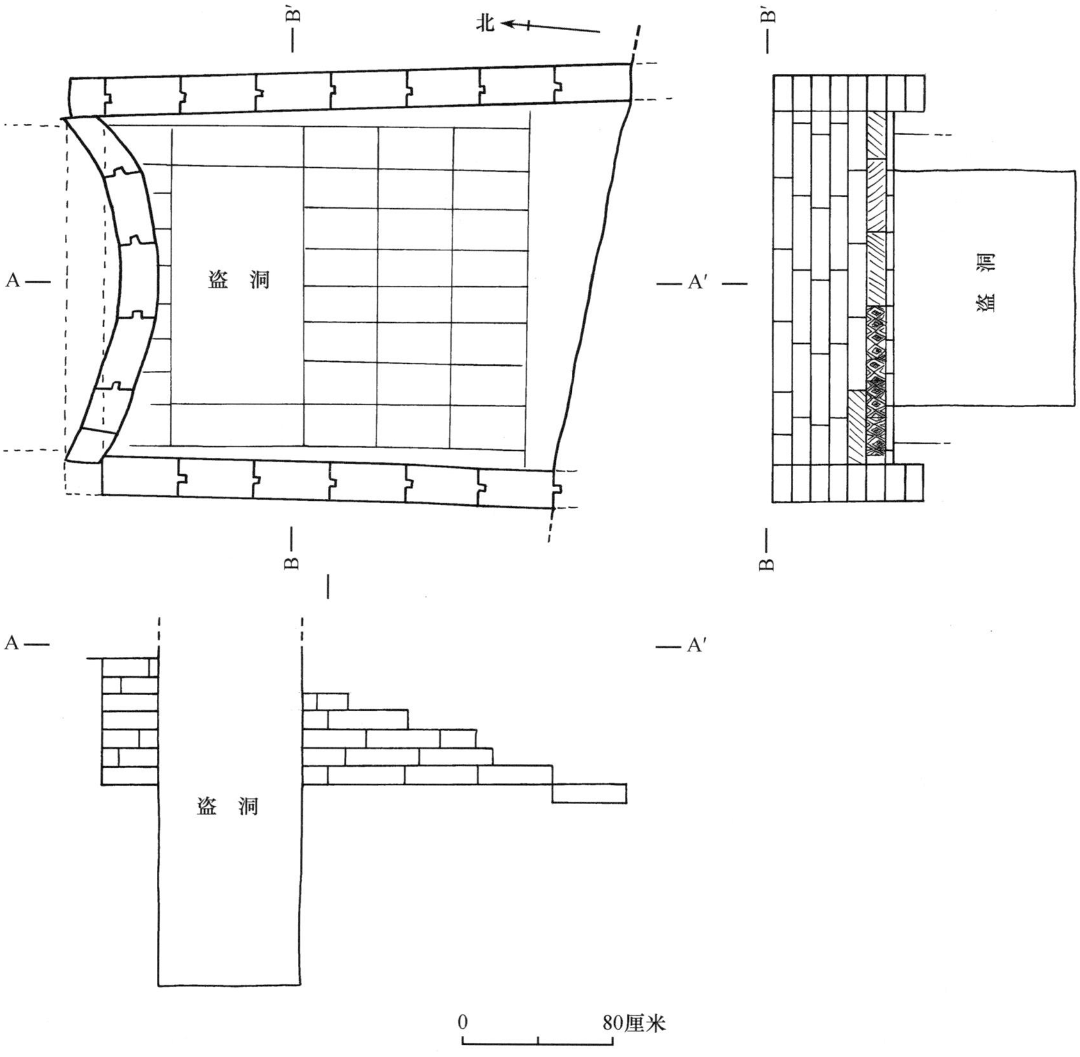

图一八七　M46平、剖面图

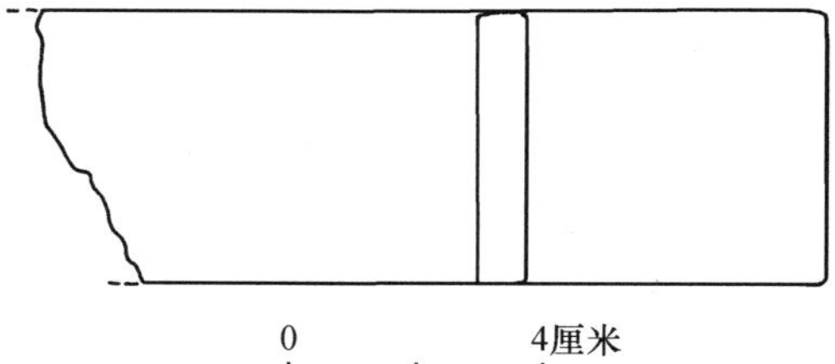

图一八八　M46出土圭形石片（M46：1）

三三、M47

（一）发掘地点

位于第三象限、T32526内，墓葬南临断崖。

（二）形制与结构

开口距地表0.3米。砖券洞室墓，现存形制由甬道和墓室两部分组成，因南部紧邻断崖，甬道南端已被破坏，有无墓道已不清楚。方向160°（图一八九）。

甬道平面呈长方形，长3、宽2米，深1.54米。顶部已无存，两壁及底部以子母砖或条砖砌铺。

墓室平面呈长方形，拱顶。长3.36～4、宽3.4～3.5米，深1.54米。西壁与甬道西壁成一直线，东部凸出，与甬道成刀把形。墓室顶南部坍塌，由北部现存墓顶结构来看，其拱顶由九块子母砖榫卯相扣构成拱券；四壁及底部则由单砖平砌、平铺。因受重力挤压，墓室略有变形，

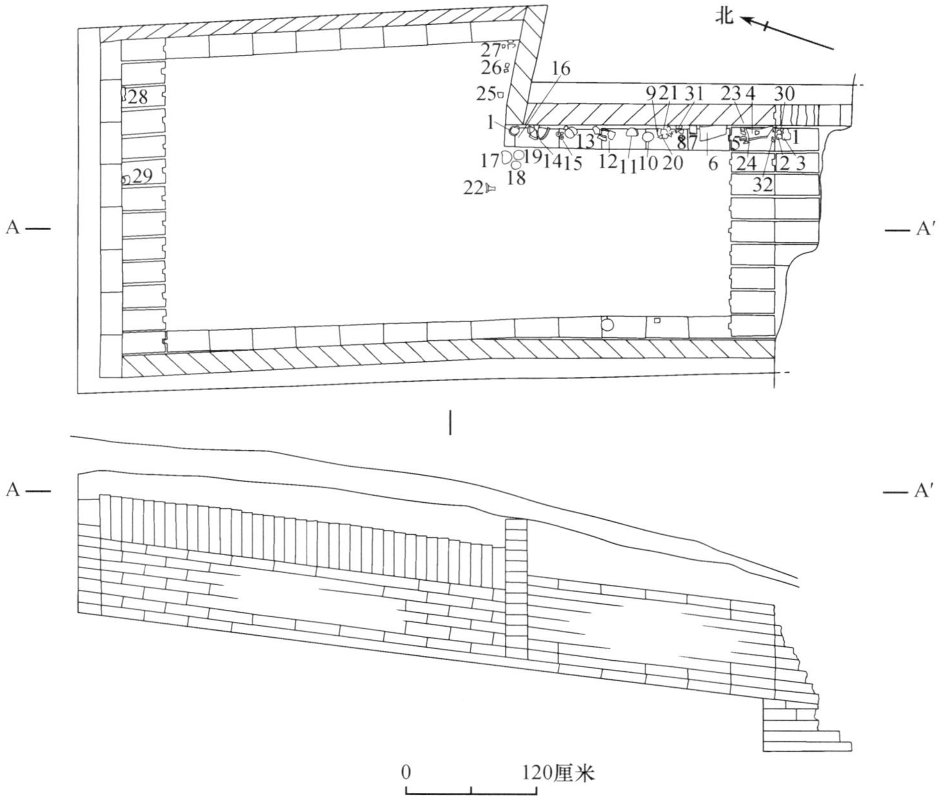

图一八九 M47平、剖面图

1. 镇墓兽 2、3、7、23、24、30. 陶俑 4、29. 陶盆 5、8、16、26、27. 陶仓 6. 陶灶 9、12. 陶罐 10、17、21. 釉陶器盖 11、13、18、19. 陶钵 14. 陶甑 15. 铜钱 20. 陶豆 22、25. 釉陶杯 28. 陶鸡 31. 釉陶釜 32. 簪形器

墓葬用砖分为两类：一类为子母砖，每两砖之间纵向榫卯相接，多用于拱券、铺地及局部墓壁；另一类为普通条形砖，多用于墓壁，少部分用于墓底铺砌。砖纵侧面一般有模印纹案，多为重菱形加菱形田字纹组合。砖长0.4、宽0.2、厚0.1米。

墓室内填土为红褐色黏土。

葬具与人骨不详。

（三）随葬器物

由于墓葬被盗扰严重，仅在甬道周边发现有随葬品31件，铜钱5枚，器类有釉陶器、陶器、铜器等，摆放较乱，受埋藏环境与盗扰影响，保存较差。釉陶器可辨器型有釜、杯；陶器可辨器型有罐、豆、仓、钵、人物俑、动物俑、镇墓兽等；铜器可辨器型有簪。

釉陶器　6件。

壶盖　3件。修复2件。根据形制推测应为釉陶壶盖。泥质红陶胎，酱黄色釉。敞口，弧腹，平顶，顶中央有直立圆环纽。器表自口至顶有四条凸折，形似瓦棱纹。标本M47：10，釉色稍重，顶部圆纽残半。口径14.5、高5.7厘米（图一九○，11）。标本M47：17，釉色稍浅，淡黄色。顶部圆环纽。口径16、高6.8厘米（图一九○，12）。

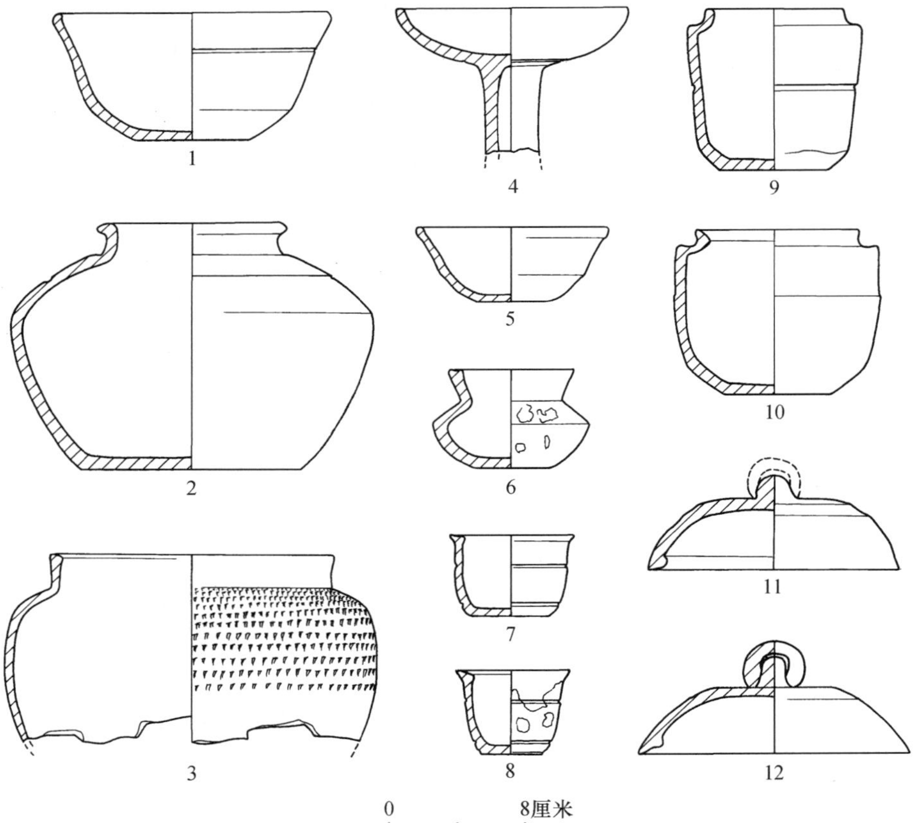

图一九○　M47出土陶器和釉陶器

1、5. 陶钵（M47：11、M47：18）　2、3. 陶罐（M47：9、M47：12）　4. 陶豆（M47：20）　6. 釉陶釜（M47：31）　7、8. 釉陶杯（M47：22、M47：25）　9、10. 陶仓（M47：5、M47：8）　11、12. 釉陶壶盖（M47：10、M47：17）

釜　1件。标本M47：31，器形较小。泥质红陶，酱色釉，釉层脱落较甚。侈口，方唇，斜领，折肩，扁腹，平底。素面。口径7.2、底径4.2、高6厘米（图一九〇，6）。

杯　2件。泥质红陶，器表施酱色釉，釉色较淡。直口，微弧腹，小平底。腹部一般饰凹弦纹两周。标本M47：22，口径7.2、底径4.5、高4.8厘米（图一九〇，7）。标本M47：25，口径6.7、底径3.6、高5厘米（图一九〇，8）。

陶器　24件。

罐　2件。泥质灰陶。标本M47：9，直口，束颈，圆唇，斜弧肩，弧折腹，平底。肩部凹弦纹一周。口径11、底径12.8、高15厘米（图一九〇，2）。标本M47：12，直口，方唇，矮领，窄肩，圆弧腹，下腹及底部残。器表满饰戳印纹。口径16.5、残高11.2厘米（图一九〇，3）。

豆　1件。标本M47：20，仅余腹及部分豆柄。泥质灰陶。敞口，圆唇，浅弧腹，圜底，细柄中空。下端残。素面。口径13.6、残高8.8厘米（图一九〇，4）。

仓　5件。修复2件。泥质灰陶。敛口，子母口，筒形腹，近底部弧余收，小平底。腹中部饰凹弦纹一周。标本M47：5，腹壁斜直。口径8、底径6.2、高9.8厘米（图一九〇，9）。标本M47：8，弧腹。口径9.4、底径6、高10厘米（图一九〇，10）。

钵　4件。修复2件。泥质灰陶。敞口，圆唇，斜直腹弧收，平底。标本M47：11，腹部凹弦纹一周。口径16.2、底径6.5、高7.8厘米（图一九〇，1）。标本M47：18，素面。口径11.2、底径4.2、高4.4厘米（图一九〇，5）。

陶俑　8件。分为人物俑、动物俑及镇墓兽三类。

武士俑　1件。标本M47：3，泥质红陶。头戴纶巾，巾系于额前；交领右衽深衣，宽袖，腰中束；双腿叉立，双手握于胸前，左臂携抱环首长剑。高21.7厘米（图一九一，1；彩版二一，1）。

顶罐俑　1件。标本M47：30，泥质深灰陶。交领右衽长衣及地，似半蹲踞状。头顶圆罐，左手上扬相扶，右手下垂，长袖及膝。高20厘米（图一九一，3；彩版二一，2）。

吹奏俑　1件。标本M47：7，泥质灰陶。戴帻帽，着深衣，窄袖，束腰。跽坐，双手持埙于口部，作吹奏状，两腮圆鼓。高15.8厘米（图一九三；彩版二一，3）。

跪坐俑　2件。标本M47：23，泥质灰陶。头戴巾帻，身着宽袖长衣。双腿跪坐，双手相持于胸前，头微上扬。高23厘米（图一九一，4；彩版二一，4）。

抚耳俑　1件。标本M47：24，泥质灰陶。头戴巾帻，右衽长袍及地。跪坐姿，左手抚于左膝之上，右手上扬于耳边作倾听状。高17.3厘米（图一九一，2；彩版二一，5）。

鸡　1件。标本M47：28，泥质灰陶。昂首，高冠，尾残，立姿。腹侧面刻划出羽翅形状。长14.4、高17厘米（图一九二，1；彩版二一，6）。

镇墓兽　1件。标本M47：1，泥质灰陶。蹲踞状，前腿直立，后腿蹲坐，头顶有犄角残断，张嘴鼓目，口吐长舌。高21厘米（图一九二，2）。

陶盆　2件。标本M47：4、M47：29，仅余口沿残片，可辨器型为陶盆，但形状、尺寸不明。

陶灶　1件。标本M47：6，仅发现陶灶平面残片，器型不辨。

陶甑　1件。标本M47：14，仅余陶甑底部残片，有镂孔，器物形制与尺寸不辨。

图一九一　M47出土陶俑（一）
1. 武士俑（M47：3）　2. 抚耳俑（M47：24）　3. 顶罐俑（M47：30）　4. 跪坐俑（M47：23）

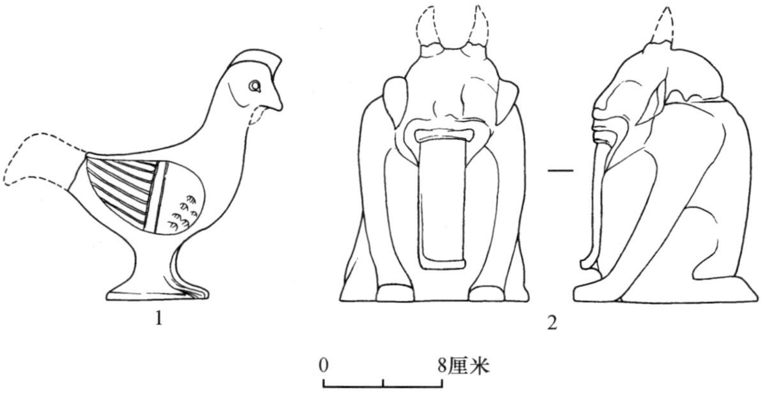

图一九二　M47出土陶俑（二）
1. 陶鸡（M47：28）　2. 陶镇墓兽（M47：1）

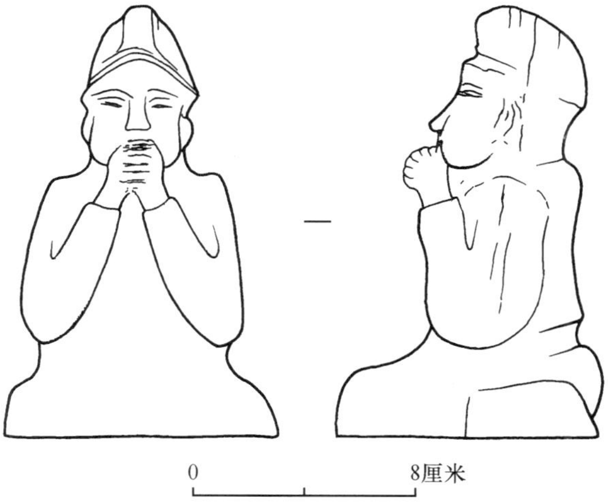

图一九三　M47出土陶吹奏俑（M47：7）

铜器　1件。

簪形器　1件。标本M47：32，青铜质，呈圆锥形，残断。直径0.4～0.7、残长6.5厘米。

铜钱　5枚。

均为五铢钱。

三四、M48

（一）发掘地点

位于第三象限、T32626内。

（二）形制与结构

开口距地表深0.5米。砖室墓，因遭严重破坏，现仅存墓室北半部分，其原始结构已不可辨。因墓葬地处坡地，长期受重力挤压，墓葬变形严重，墓室北壁坍塌，东西两壁向外歪，其原始形态亦不明。根据发掘现场情况分析判断，墓室应为长方形，北端稍宽，南端稍窄，长4.2、宽3.2～3.6米，深0.78米。方向190°（图一九四）。

墓室东、西、北三壁均为条形砖砌，顶部坍塌，券砖大多塌落至墓室内，因此上层多为乱砖，下层为黏硬的五花土。墓室底部铺榫卯结构子母砖，但因挤压，多已不相连，较为松散。壁砖侧面模印有菱形图案。砖长0.4、宽0.2、厚0.1米。

葬具与人骨不详。

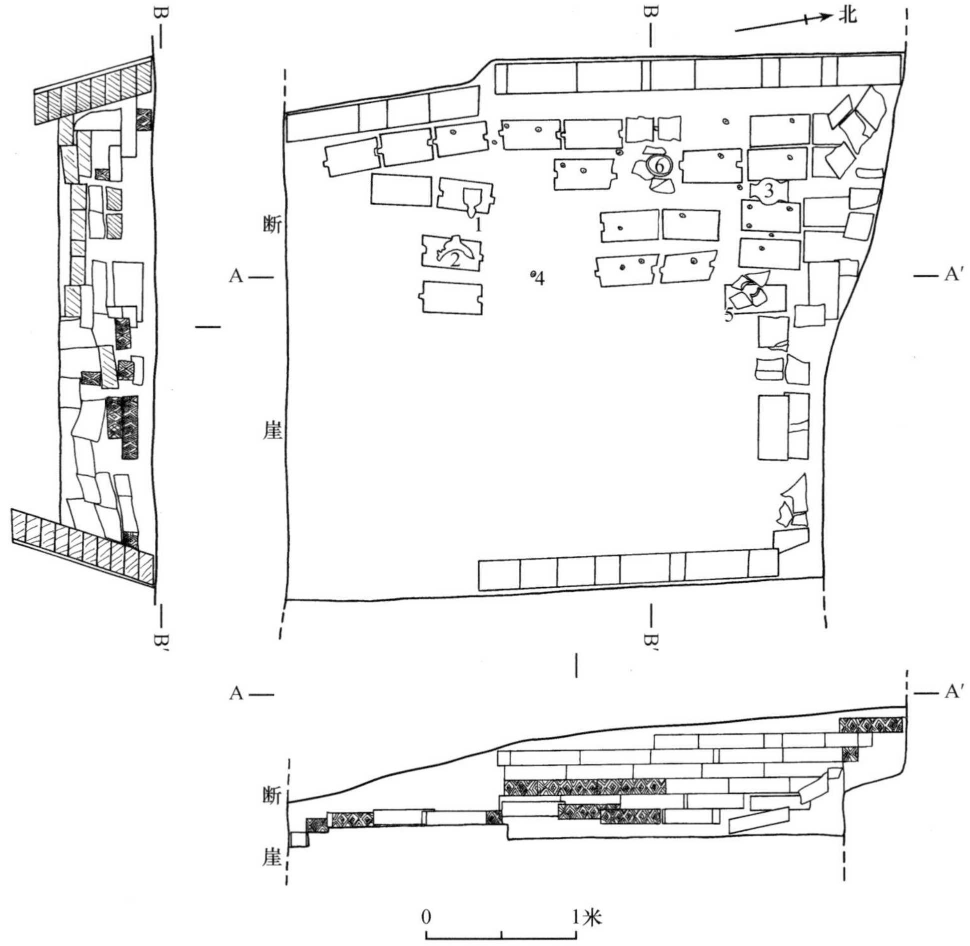

图一九四　M48平、剖面图

1. 陶俑　2. 陶鸡　3、6. 釉陶壶　4. 铜钱　5. 陶罐　7. 陶盘

（三）随葬器物

由于墓葬被盗扰严重，仅在填土内发现随葬品6件，铜钱41枚，器类有釉陶器、陶器，受埋藏环境与盗扰影响，保存较差。釉陶器可辨器型有壶，陶器可辨器型有罐、盘、人物俑、动物俑等。

釉陶器　2件。

壶　2件。泥质红陶，器表施绿釉或酱色釉。标本M48：3，仅在肩部施绿釉，腹及足部无釉。侈口，弧束颈，折肩，肩部下凹，下腹弧收，平底，高圈足，足壁斜直外撇。肩腹及足部各饰凹弦纹。口径13.4、足径15.2、高22.9厘米（图一九五，1）。标本M48：6，酱色釉，脱落殆尽。盘口，弧束颈，鼓肩，圆腹，圜底，高圈足近直。中腹部对称贴附铺首衔环。肩、腹及足部饰凹弦纹。口径14.5、足径15.3、高36厘米（图一九五，3）。

陶器　4件。

罐　1件。标本M48：5，泥质灰陶。敛口，外卷沿，圆唇，圆肩圆腹，平底。肩部饰凹弦纹及索纹一周。口径15.4、底径11.2、高13.8厘米（图一九五，2）。

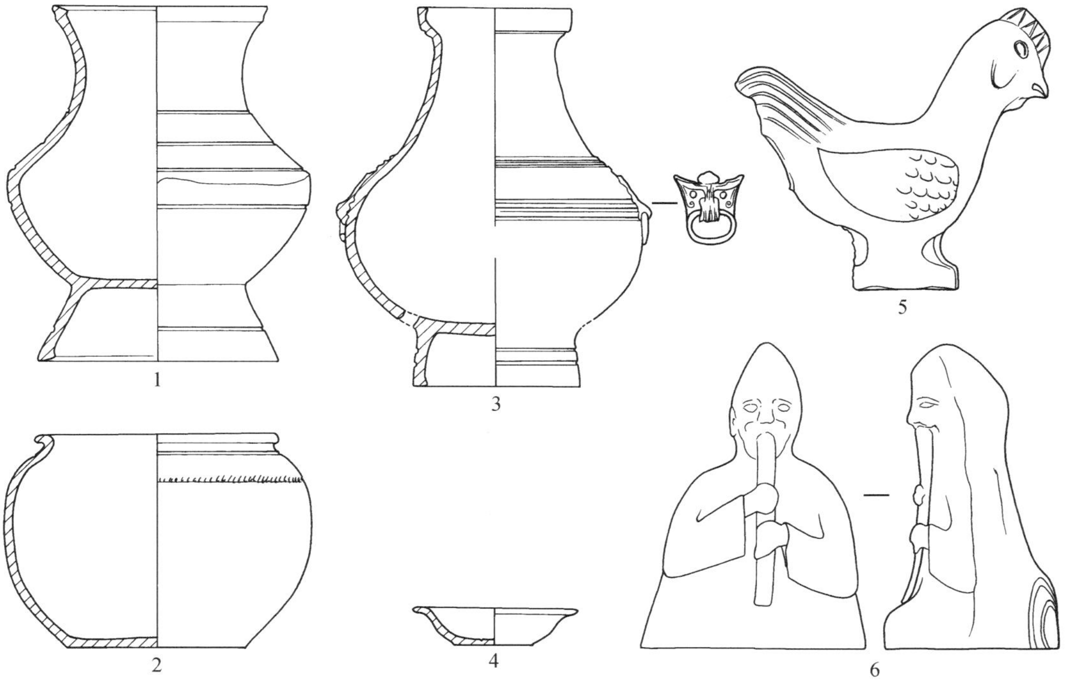

图一九五　M48出土陶器和釉陶器

1、3. 釉陶壶（M48：3、M48：6）　2. 陶罐（M48：5）　4. 陶盘（M48：7）　5. 陶鸡（M48：2）　6. 吹箫陶俑（M48：1）

盘　1件。标本M48：7，泥质红陶。平折沿，砂圆唇，曲腹，平底。素面。口径10.4、底径4.8、高2.3厘米（图一九五，4）。

吹箫陶俑　1件。标本M48：1，泥质红陶。戴帻帽，着深衣，窄袖，束腰。跽坐，双手持箫于口部，作吹奏状。高19.8厘米（图一九五，6）。

鸡　1件。标本M48：2，泥质灰陶。站立状，昂首，高冠，翘尾。腹、尾及冠部刻划羽毛及冠。长19.8、高19.3厘米（图一九五，5）。

铜钱　41枚。

均五铢钱，年代跨越较长，从西汉早期延续至东汉时期。

三五、M49

（一）发掘地点

位于第二象限、T22106内。

（二）形制与结构

开口距地表0.2米。长方形竖穴土坑墓。直壁，平底。长3.9、宽2.7～3米，深1.4米。方向

78°（图一九六；图版四二，1）。

墓室内填土呈红褐色，土质疏松。

葬具与人骨不详。

（三）随葬器物

在墓室四周及中部发现有大量随葬器物，但受埋藏环境影响，残碎严重，出土釉陶器、陶器、铁器、石器等共计54件。釉陶器可辨器型有盂、灯、博山炉；陶器可辨器型有盘、耳杯、圜底罐、仓、钵等；铜器可辨器型有矛；铁器可辨器类为刀；石器可辨器为圭。

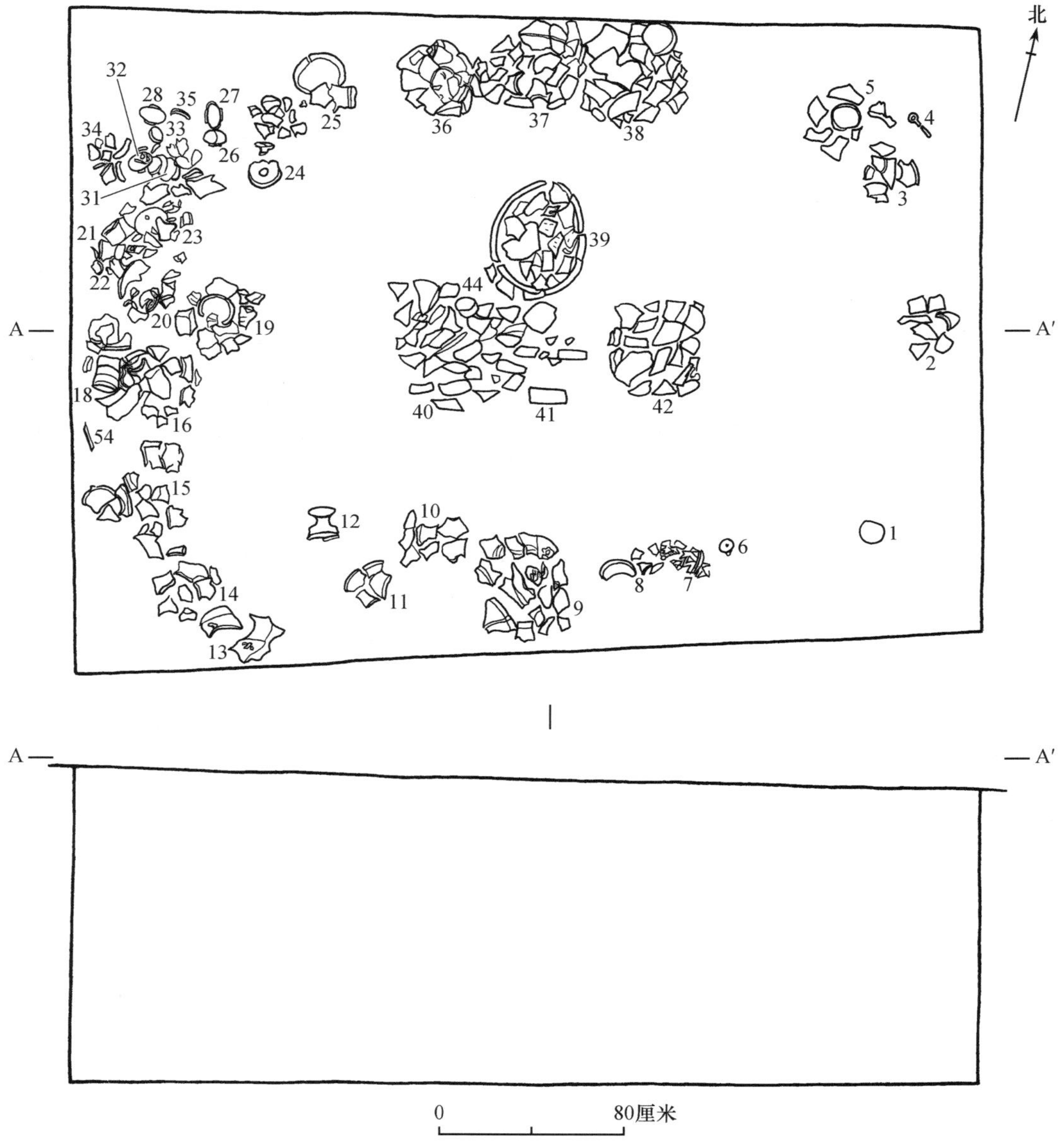

图一九六　M49平、剖面图

1、11. 陶豆　2、8、15、18、40、42～44、51. 陶仓　3、20、47～49、52、53. 陶钵　4. 铁刀　5、21. 陶罐　6. 铜泡钉　7、23. 陶器盖　9. 釉陶壶　10. 釉陶豆　12. 釉陶博山炉　13、14、45. 釉陶盂　16、25. 陶壶　17. 釉陶瓮　19、36～38. 陶瓮　22、26～35. 陶耳杯　24. 釉陶灯　39. 陶甑　41. 石圭　46. 陶盘　50. 陶钵　54. 铜矛（因器物破碎严重且被遮挡，图中序号不全）

釉陶器　8件。

盂　3件。泥质红陶。侈口，束颈，扁腹，圜底。标本M49：13，器表施黄色釉。圆方唇，颈肩部对称贴附两个铺首。下腹部饰凹弦纹一周。口径15.2、高13厘米（图一九七，1；图版四二，2）。标本M49：45，斜折沿。颈肩交接部对称贴附索纹环耳两个。器表施淡黄色釉。沿内侧及腹部饰凹弦纹一周。口径15.2、高12.8厘米（图一九七，2）。

灯　1件。标本M49：24，泥质红陶，酱黄色釉。浅盘，直口，方唇，平底，细柄，下接覆钵形圈足。口径10.4、足径11.5、高15.5厘米（图一九七，5）。

壶　1件。标本M49：9，破损严重，未修复。

豆　1件。标本M49：10，破损严重，未修复。

瓮　1件。标本M49：17，破损严重，未修复。

博山炉　1件。标本M49：12，泥质红陶，酱黄色釉。有炉身和盖两部分以子母口扣合而成。炉身敛口，圆唇，扁方腹，圜底近平，下接短细柄，大喇叭形圈足。炉盘壁上镂空，呈弯月形，并刻划弦饰。盖为盝形，顶部有圆形平顶捉手，下部镂空成两排上下对称的三角形，中上部等距开裂成四瓣形，瓣间竖向镂三圆孔，瓣上刻划网格纹。口径10.2、足径12、高23厘米（图一九七，6；图版四二，3）。

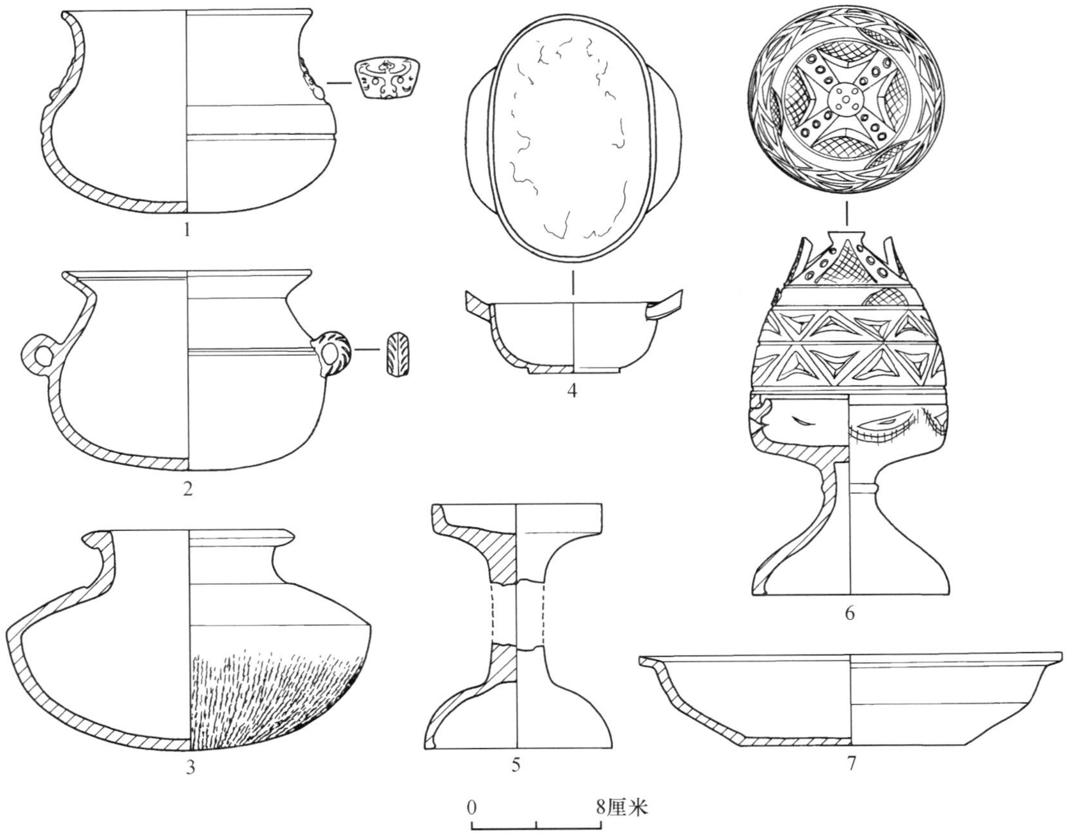

图一九七　M49出土陶器和釉陶器

1、2. 釉陶盂（M49：13、M49：45）　3. 陶圜底罐（M49：5）　4. 陶耳杯（M49：32）　5. 釉陶灯（M49：24）　6. 釉陶博山炉（M49：12）　7. 陶盘（M49：46）

陶器　41件。

盘　1件。标本M49：46，泥质灰陶。敞口，斜折沿，方唇，弧折腹，平底。素面。口径26、底径14、高5.8厘米（图一九七，7）。

耳杯　11件。泥质灰陶。椭圆形腹，两厚方耳略上翘，杯口在同一平面上。杯内多有红色彩绘图案，现已不辨其形。形制有大小两种，大者长至16厘米、宽至10厘米；小者长至11厘米、短宽为8厘米左右。标本M49：32，器表内隐约可见彩绘图案。口长15.9、宽10.3厘米，底长9.2、宽5.5厘米，高4.4厘米（图一九七，4）。标本M49：22、M49：26、M49：27、M49：28、M49：29、M49：30、M49：31，形制、大小完全相同。口长11.3、宽7.8厘米，底长7.2、宽4.3厘米，高3.4厘米（图一九九，1；图版四三，1）。

圜底罐　2件。标本M49：5，泥质灰陶。小口，矮领、束颈，窄折沿，尖圆唇，扁折腹，圜底。下腹部饰竖向绳纹。口径13、高14厘米（图一九七，3；图版四三，2）。

瓮　4件。泥质灰陶。小口，矮领，斜肩微鼓，球形腹，圜底。肩腹部多饰有暗纹网格纹、凹弦纹、绳纹等。标本M49：36，口径12.2、高22.5厘米（图一九八，1；图版四三，3）。标本M49：37，口径10.8、高21厘米（图一九八，2）。

仓　9件，修复7件。泥质灰陶。子母口，圆唇，筒形腹，平底。中腹以上一般饰凹弦纹两周。依据高与腹径之比例关系，大致可分为瘦高形和宽胖形两类。标本M49：2，体形瘦高，出土时上承有盖。盖为覆钵形，弧顶。素面。口径10.7、底径11、高16.5厘米（图一九八，7；图版四三，4左）。标本M49：8，体形宽胖。口径12、底径12、高14.4厘米（图一九八，8）。标本M49：15，体型瘦高。腹饰三道凹弦纹。口径10、底径12、高14.8厘米（图一九八，6）。标本M49：18，体型瘦高。腹饰三道凹弦纹。口径8.5、底径10、高15.6厘米（图一九八，4；图版四三，4右）。标本M49：40，体形宽胖。上腹部刻划字形符号。口径14.5、底径15.8、高19厘米（图一九八，3；图版四三，5左）。标本M49：42，体形瘦高。腹饰三道凹弦纹。口径11、底径11.4、高13.8厘米（图一九八，5；图版四三，5右）。标本M49：51，体形宽胖。口径13.5、底径13.5、高12.7厘米（图一九八，9）。

钵　7件。泥质灰陶。敞口，厚圆唇，平底。标本M49：3，敞口，厚尖唇，弧腹，平底。口径17、底径5.5、高6厘米（图一九九，3）。标本M49：20，上腹部内束。口径14、底径5.5、高5.1厘米（图一九九，5）。标本M49：47，弧腹微折，下腹饰凹弦纹一周。口径15.2、底径5、高5.1厘米（图一九九，4）。标本M49：48，弧腹。口径14、底径6、高4.8厘米（图一九九，6）。标本M49：49，弧腹。口径12.5、底径4.6、高4.2厘米（图一九九，2）。标本M49：52，弧腹。腹部凹痕一周。口径16、底径6、高6.3厘米（图一九九，8）。标本M49：53，折腹明显。口径14、底径5、高5厘米（图一九九，7）。

豆　2件。标本M49：1、M49：11，破损严重，未修复。

器盖　2件。标本M49：7、M49：23，破损严重，未修复。

壶　2件。标本M49：16、M49：25，仅余口沿碎片，无法修复，形状、尺寸不明。

甑　1件。标本M49：39，仅余陶甑底部残片，有镂孔，器物形制与尺寸不明。

铜器　3件。

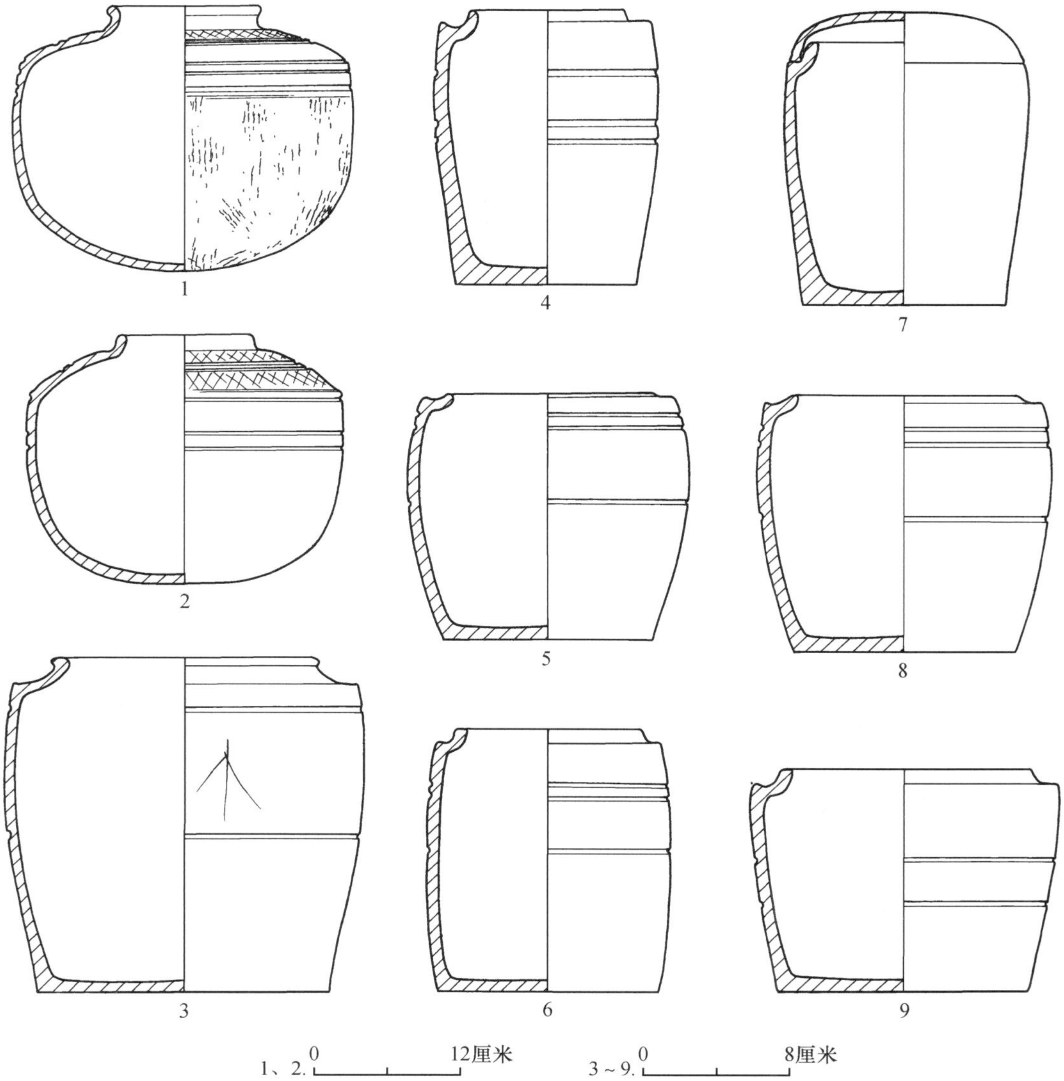

图一九八　M49出土陶器（一）

1、2. 陶瓮（M49：36、M49：37）　3～9. 陶仓（M49：40、M49：18、M49：42、M49：15、M49：2、M49：8、M49：51）

矛　1件。标本M49：54，圆骹，中空，窄叶，尾部残，圆脊，钝锋。骹部残留有布纹痕。长27.6厘米（图二〇〇，1）。

泡钉　2件。均残，形制相同。弧形钉帽，扁锥形钉身。标本M49：6，直径6厘米，高2.9厘米（图二〇〇，2）。

铁器　1件。

刀　1件。标本M49：4，朽蚀严重，余后半部。环首，窄身，平背。残长11.7厘米（图二〇〇，3）。

石器　1件。

石圭　1件。标本M49：41，砂石质。扁长方形石片，断面呈梯形。长13.6、宽5.3、厚0.8厘米（图二〇〇，4）。

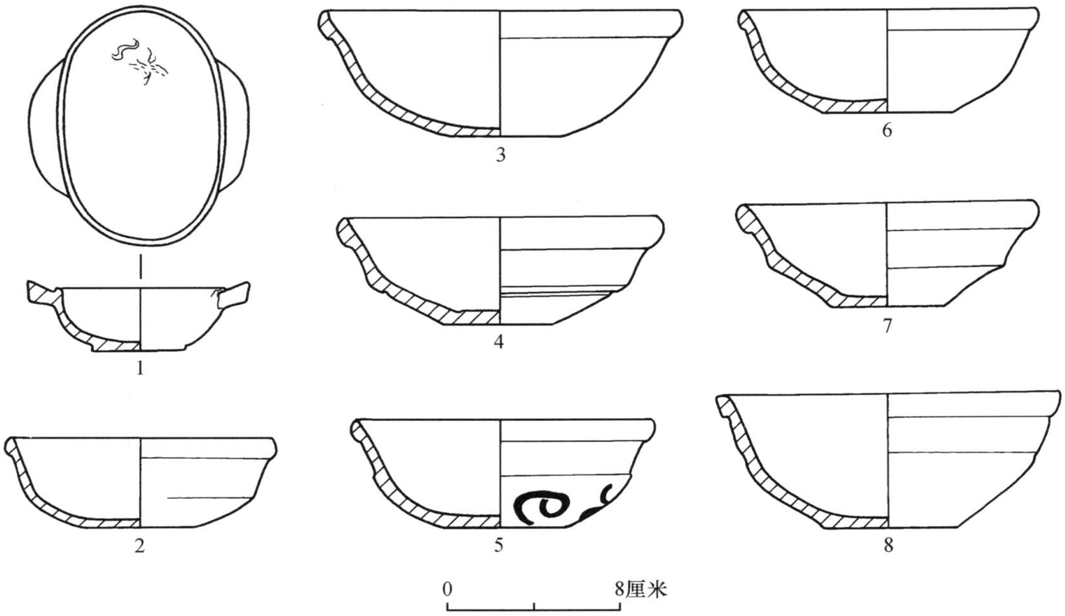

图一九九　M49出土陶器（二）

1. 陶耳杯（M49：31）　2～8. 陶钵（M49：49、M49：3、M49：47、M49：20、M49：48、M49：53、M49：52）

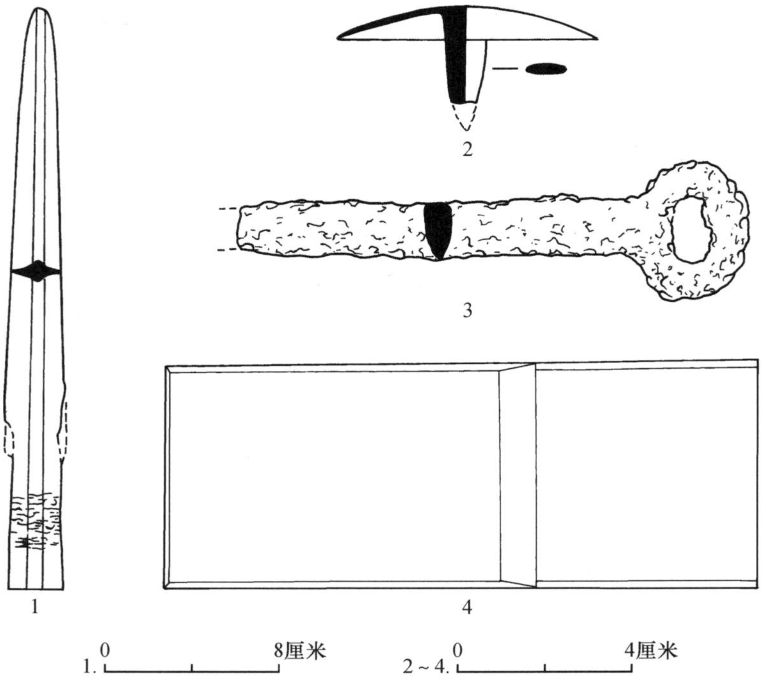

图二〇〇　M49出土器物

1. 铜矛（M49：54）　2. 铜泡钉（M49：6）　3. 铁刀（M49：4）　4. 石圭（M49：41）

三六、M50

（一）发掘地点

位于第三象限、T31731内。

（二）形制与结构

开口距地表深0.9米。长方形竖穴土坑墓，直壁，平底。该墓后期破坏极其严重，仅余底部四五十厘米深度，其上全为扰土。墓室长3.9、宽2.7～3米，残深0.4～0.5米。方向159°（图二〇一；图版四四，1）。

墓室内填土呈红褐色花土，土质疏松。

葬具与人骨不详。

（三）随葬器物

在墓室北部与西南部发现有大量随葬品，但受埋藏环境影响，残碎极其严重，部分陶器已无法修复，出土釉陶器、陶器、铜器、铁器等共计105件，铜钱63枚。釉陶器可辨器型有鼎、盒、壶、盂、盆、杯、博山炉等；陶器可辨器型有罐、瓮、仓、钵、甑等；铜器为饰品等；铁器可辨器型为削、锸。

釉陶器 32件。

鼎 2件。泥质红陶，器表施酱色釉，釉色较匀，釉质较好；内壁、外底部及足内侧未施釉。标本M50：16，子母口，圆唇，盆形腹，圜底，蹄形足。口部附双耳，耳呈方孔长方形，弧折外侈，耳下环腹有一周裙状凸棱。下腹部饰凹弦纹一周，耳部下方有竖向刻划纹。口径16.5、高18.6厘米（图二〇二，1；彩版二二，1）。标本M50：31，子母口，圆方唇，扁圆腹，圜底，下接三足斜直外撇。足面浮雕状凸起，类兽面形。腹中部外贴双耳斜直外侈，耳为半透方孔。腹中部饰凹弦纹一周，耳面方孔四周饰斜向方格纹等纹饰。器盖为弧顶，盖面浅浮雕有四叶纹和山峰云气等纹案。口径16.4、高14.4厘米（图二〇二，2；彩版二二，2）。

盒 2件。泥质红陶，器表施釉，内壁及圈足内未施釉。腹为平口，直壁，折腹，圜底，矮圈足。近口部多饰凸弦纹数周。标本M50：38，仅余盖。弧顶。口径19、高8.2厘米（图二〇三，5；图版四四，3）。标本M50：47，器形扁矮，折腹明显。口径18.2、底径10.1、高12.3厘米（图二〇三，6；彩版二二，3）。

壶 4件。泥质红陶，器壁施釉，内壁及圈足内底部无釉。盘口，束颈，溜肩，扁圆腹，圜底近平，矮圈足。肩部贴附铺首衔环。肩、中腹及圈足壁饰凹弦纹数周。标本M50：3，酱色釉。微垂腹。口径14.6、足径15.5、高32.9厘米（图二〇二，5；彩版二二，5）。标本

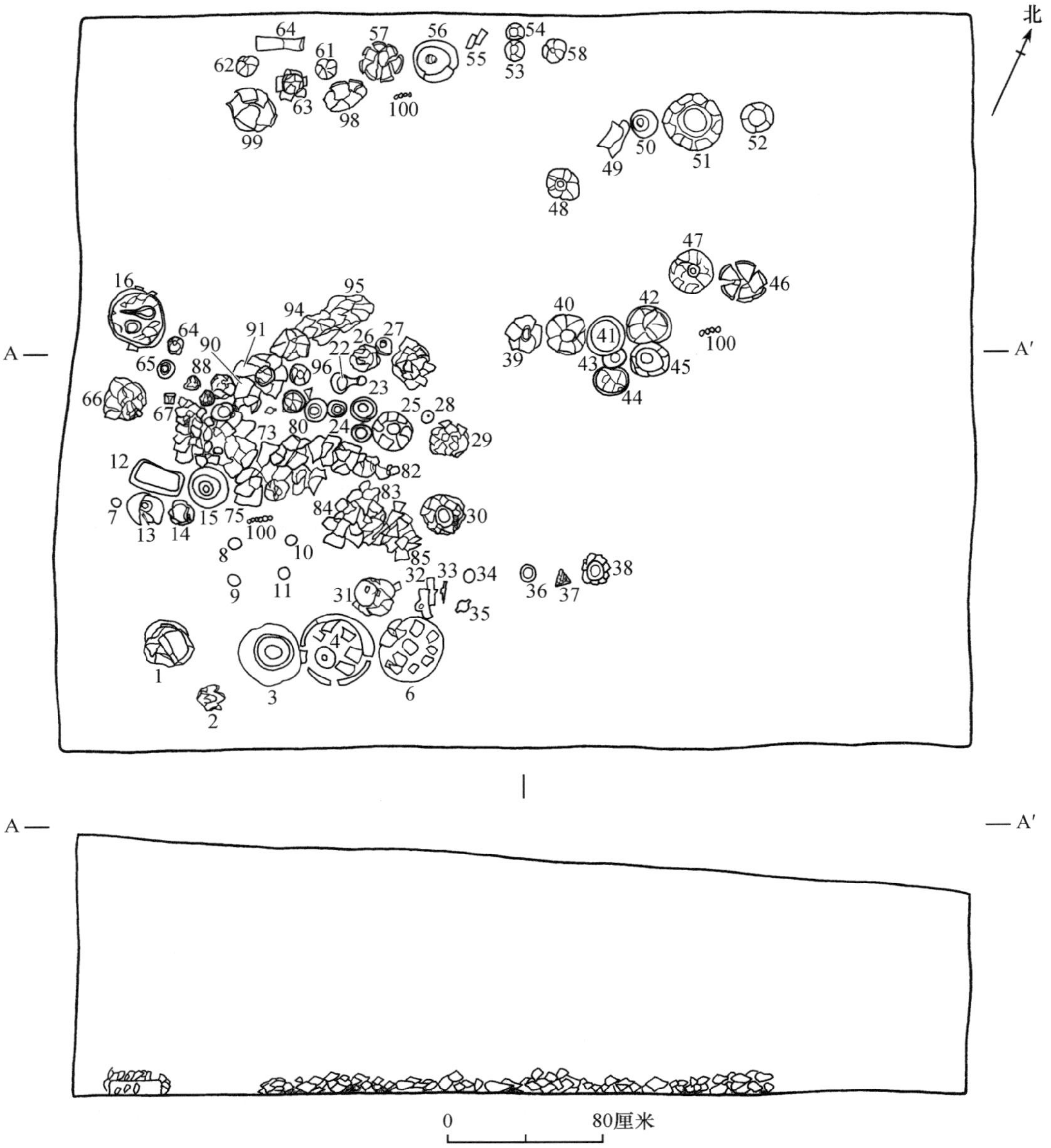

图二〇一　M50平、剖面图

1、29、51. 陶瓮　2. 铜片　3、6、45、56. 釉陶壶　4. 陶甑　5、22、64、65、101. 釉陶灯　7 ~ 11、28、34. 铜泡钉　12. 陶灶　13 ~ 15、68 ~ 70、72 ~ 75、77 ~ 86、90、91、93 ~ 95、98、99. 陶仓　16、31. 釉陶鼎　17、63. 釉陶卮　18. 釉陶勺　19、32、33、35. 铜饰件　20、105、106. 陶釜　21、102. 釉陶盂　23、25 ~ 27、30、39、50、52. 陶罐　24、42、43. 釉陶盆　36. 釉陶匜　37、87、88. 釉陶博山炉盖　38. 釉陶盒盖　40、41. 陶盒　44、53、54、58、71、76、89、92. 陶钵　46、57. 釉陶盘　47. 釉陶盒　48. 釉陶博山炉　49、55、59. 铁刀　60. 铁锸　61. 釉陶器盖　62、67. 釉陶杯　66. 釉陶魁　96、97. 陶碗　100. 铜钱　107. 铁棺钩

图二〇二　M50出土釉陶器（一）

1、2. 釉陶鼎（M50：16、M50：31）　3～6. 釉陶壶（M50：56、M50：45、M50：3、M50：6）

M50：6，墨绿色釉，颈细长近直。口上承盖，盖为平顶，面呈瓦棱状，上有三个尖状乳形纽。口径13.5、足径15.5、高36.9厘米（图二〇二，6；图版四五，6）。标本M50：45，酱色釉，釉层较薄。口径13.5、足径16.4、高27厘米（图二〇二，4）。标本M50：56，腹部残，仅余颈、肩部。酱紫色釉，釉色不匀，局部为酱黑色釉。口径13、残高17.5厘米（图二〇二，3）。

盂　2件。标本M50：21，泥质红陶，酱色釉，内外均施釉，釉不及底。侈口，折沿，方唇，垂腹，小平底。素面。口　径10.2、底径5、高5.2厘米（图二〇四，1）。标本M50：102，泥质红陶，外施墨绿色釉，内壁及底部无釉。侈口，方唇，束颈，折肩，折腹，凸圜底，肩部对称二方形立耳。腹壁饰凹弦纹数周。口径13.6、高12.3厘米（图二〇三，7；图版四五，1）。

盘　2件。泥质红陶，酱色釉或墨绿釉。敞口，厚方唇，折腹，小平底。素面。标本M50：46，宽折沿。墨绿釉，釉色不均。口径22.5、底径9、高5厘米（图二〇三，1）。标本

M50：57，酱色釉，内外施釉，唯外底部无釉。窄折沿。口径22.9、底径10.6、高5.3厘米（图二〇三，2；图版四五，2）。

盆　3件。泥质红陶。标本M50：24，器形较小。酱色釉。敞口，窄沿，圆唇，弧腹，平底。上腹部有一凸痕。口径11.7、底径5、高5.4厘米（图二〇四，2）。标本M50：42，器形较大。墨绿色釉，外壁半釉。近直口，宽折沿，方唇，深弧腹微垂，小平底。两侧对称贴附铺首衔环，腹部饰凹弦纹数周。口径24、底径11.5、高10厘米（图二〇三，3；图版四五，3）。标本M50：43，酱釉。敞口，平折沿，斜弧腹，平底。腹中部有凸痕一周。口径12.8、底径5、高4厘米（图二〇四，3）。

杯　2件。泥质红陶，酱色釉。标本M50：62，方唇，直口，直壁，下腹弧收，小平底。上腹壁有凹痕。口径10.4、底径5、高5厘米（图二〇四，8）。标本M50：67，侈口，斜直壁，平底。近口部饰凹弦纹二周。口径6.7，底径4.5、高6.2厘米（图二〇四，7）。

魁　1件。标本M50：66，泥质红陶，酱色釉。侈口，窄沿，圆唇，直壁，弧腹，小平底，龙首形把手。上腹饰凹弦纹数周。口径22、底径12.5、高10.2厘米（图二〇三，4；图版四五，4）。

卮　2件。泥质红陶。杯形腹，一侧有鋬耳。标本M50：17，酱釉。菱形鋬耳，底部有三兽足，足底与器底平。上、下腹腔各饰凹弦纹三周。口径8、底径8.6、高10.3厘米（图二〇四，4）。标本M50：63，墨绿色釉。圆形鋬耳。上、下腹壁各饰凹弦纹两周。口径、底径均9.8、高11.5厘米（图二〇四，5）。

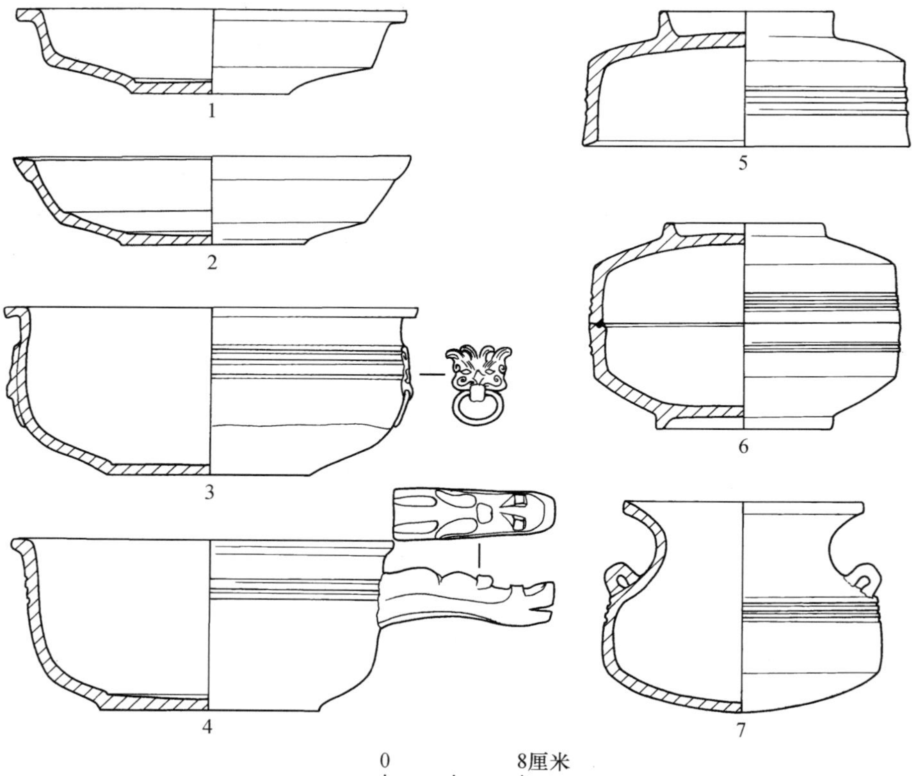

图二〇三　M50出土釉陶器（二）

1、2. 釉陶盘（M50：46、M50：57）　3. 釉陶盆（M50：42）　4. 釉陶魁（M50：66）　5、6. 釉陶盒（M50：38、M50：47）　7. 釉陶盂（M50：102）

匜　1件。标本M50：36，泥质红陶，酱色釉。器形较小，钵形斗腹，敛口，圆唇，弧腹，平底，鸟首形把手。口径9.2、底径5、高4.4厘米（图二〇四，6）。

灯　5件。泥质红陶。标本M50：5，细柄豆形。通体饰墨绿色釉。浅腹盘，直口，直壁，平底，束腰柄，下为喇叭形座。柄中部及足面上饰凹弦纹。口径11、足径10.5、高14.2厘米（图二〇四，10）。标本M50：22，酱色釉。浅腹形盘，直口，直壁，平底，细长柄，下接覆钵形圈足。口径11.2、足径12.5、高15.2厘米（图二〇四，12；彩版二二，4）。标本M50：64，酱色釉。哑铃形，钵形腹，敞口，弧腹，圜底，束腰，下接大喇叭形圈足。口径9.5、足径9.8、高10.4厘米（图二〇四，11；图版四四，2）。标本M50：65，酱色釉。壶形盘，小直口，圆唇，扁折腹，圜底，束腰，下接大喇叭形圈足。口径6、足径10.2、高8.8厘米（图二〇四，9；图版四五，5）。标本M50：101，仅存柄部。高18.8厘米（图二〇四，13）。

博山炉　4件。一件为炉体，三件为炉盖。泥质红陶。标本M50：37，墨绿色釉。圆锥形

图二〇四　M50出土釉陶器（三）

1. 釉陶盂（M50：21）　2、3. 釉陶盆（M50：24、M50：43）　4、5. 釉陶卮（M50：17、M50：63）　6. 釉陶匜（M50：36）　7、8. 釉陶杯（M50：67、M50：62）　9～13. 釉陶灯（M50：65、M50：5、M50：64、M50：22、M50：101）

体，口部加厚，上面分别堆塑群山、云气图案。直径10.5、高8.2厘米（图二〇五，3）。标本M50：48，酱色釉。由腹、中柱和盘三部分组成。腹为圆盒状，敛口，圆方唇，近直壁，平底；腹下接中柱，柱中空，中部凸箍，柱底部与盘相连；盘为浅腹，宽平折沿。口上原应有盖，已佚。腹及柱中部饰凹弦纹数周。口径11.5、盘口径18、底径10、高15厘米（图二〇五，5）。标本M50：88，仅余炉盖。酱色釉。圆锥形，下部近口处饰连续菱形图案，器表堆塑山峦云气图案。口径9.8、高7厘米（图二〇五，4）。

勺　1件。标本M50：18，酱色釉，泥质红陶。圆形勺腹，三棱形长弧柄。腹径7.6、通长20.8厘米（图二〇五，2；彩版二二，6）。

器盖　1件。标本M50：61，泥质红胎，酱色釉，器表满釉，内无釉。直口，直壁，弧顶。顶部饰凹弦纹数周。口径10.5、高2.7厘米（图二〇五，1）。

陶器　55件。

罐　5件。修复3件。泥质灰陶。小口，厚圆唇，矮领，广肩，斜腹微弧。大平底。肩部一般饰凹弦纹。标本M50：23，下腹部有斜向宽条刮抹痕。口径10、底径14、高15厘米（图二〇六，1；图版四六，1）。标本M50：25，肩腹部圆鼓。肩部饰斜向暗纹。口径11.6、底径16、高16.6厘米（图二〇六，2；图版四六，2）。标本M50：26，肩部弧鼓。口径10.5、底径15、

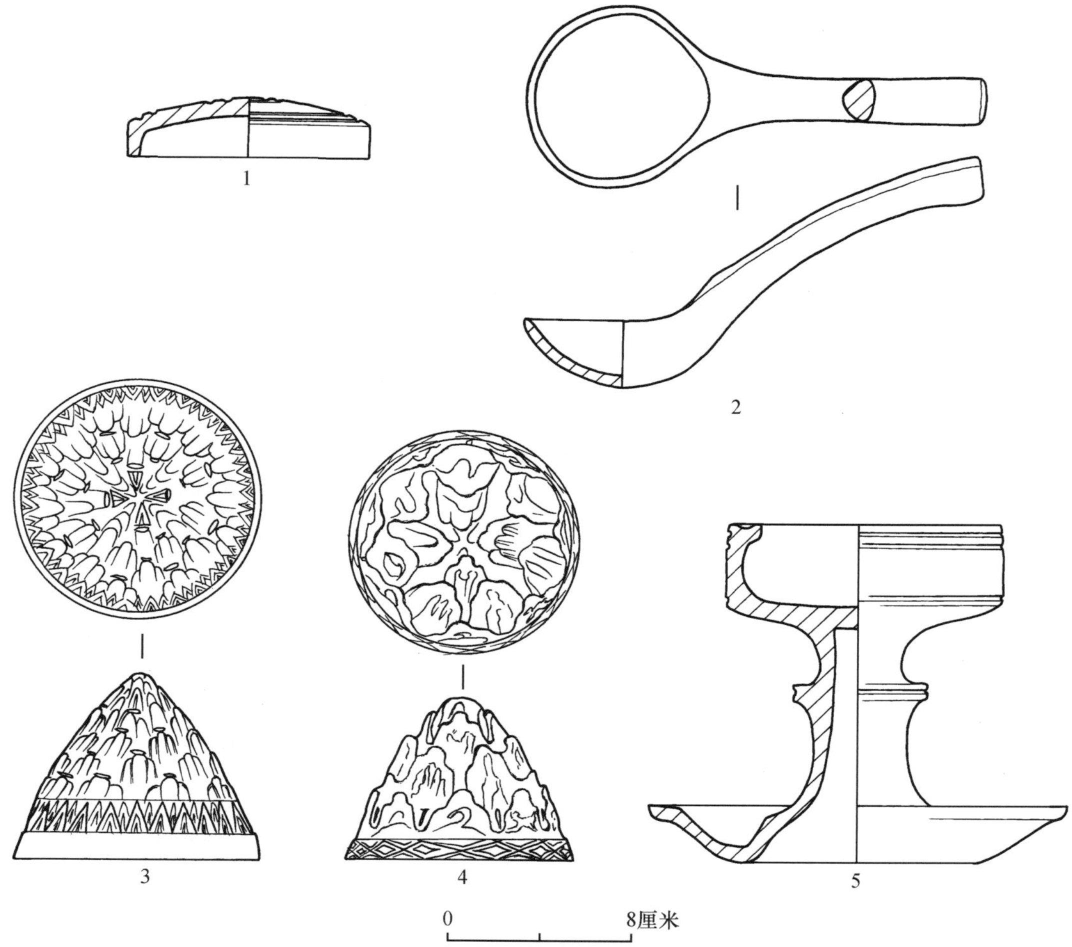

图二〇五　M50出土釉陶器（四）

1. 釉陶器盖（M50：61）　2. 釉陶勺（M50：18）　3、4. 釉陶博山炉盖（M50：37、M50：88）　5. 釉陶博山炉（M50：48）

高17厘米（图二〇六，3）。

圜底罐　3件。泥质灰陶。尖圆唇，矮领，扁圆腹，圜底。下腹部满饰竖向绳纹。标本M50：27与标本M50：50形制、大小完全相同。折肩，肩部较高。口径12.5、高14.1厘米（图二〇六，5；图版四六，3）。标本M50：39，溜肩。口径12.5、高14.5厘米（图二〇六，4；图版四六，4）。

瓮　3件。泥质灰陶。小口，厚圆唇，折肩，深腹，圜底。肩部多饰网状暗纹，个别饰凹弦纹。腹部一般饰凹弦纹。标本M50：1，腹部弧折。口径13、高21厘米（图二〇六，7；图版四六，5）。标本M50：29，腹较深，肩部饰凹弦纹数周。口径12.2、高11.7厘米（图二〇六，8）。标本M50：51，与标本M50：1形制、大小完全相同。肩部饰网格状暗纹和凹弦纹数周，腹部饰凹弦纹两周。口径14、高23.1厘米（图二〇六，9；图版四六，6）。

仓　27件。泥质灰陶。敛口，圆唇，筒形腹，平底。器壁饰凹弦纹。标本M50：13，近直口，腹壁微弧。口径14.2、底径14.8、高18.8厘米（图二〇六，6；图版四七，1左）。标本M50：14，中腹外鼓。口径7.6、底径9.2、高11.5厘米（图二〇七，1）。标本M50：68，近直壁。口上承盖，盖弧腹，近平顶。口径10、底径13、高20厘米（图二〇七，3；图版四八，3中）。标本M50：69，口径10.6、底径12.4、高19.4厘米（图二〇七，7）。标本M50：70，

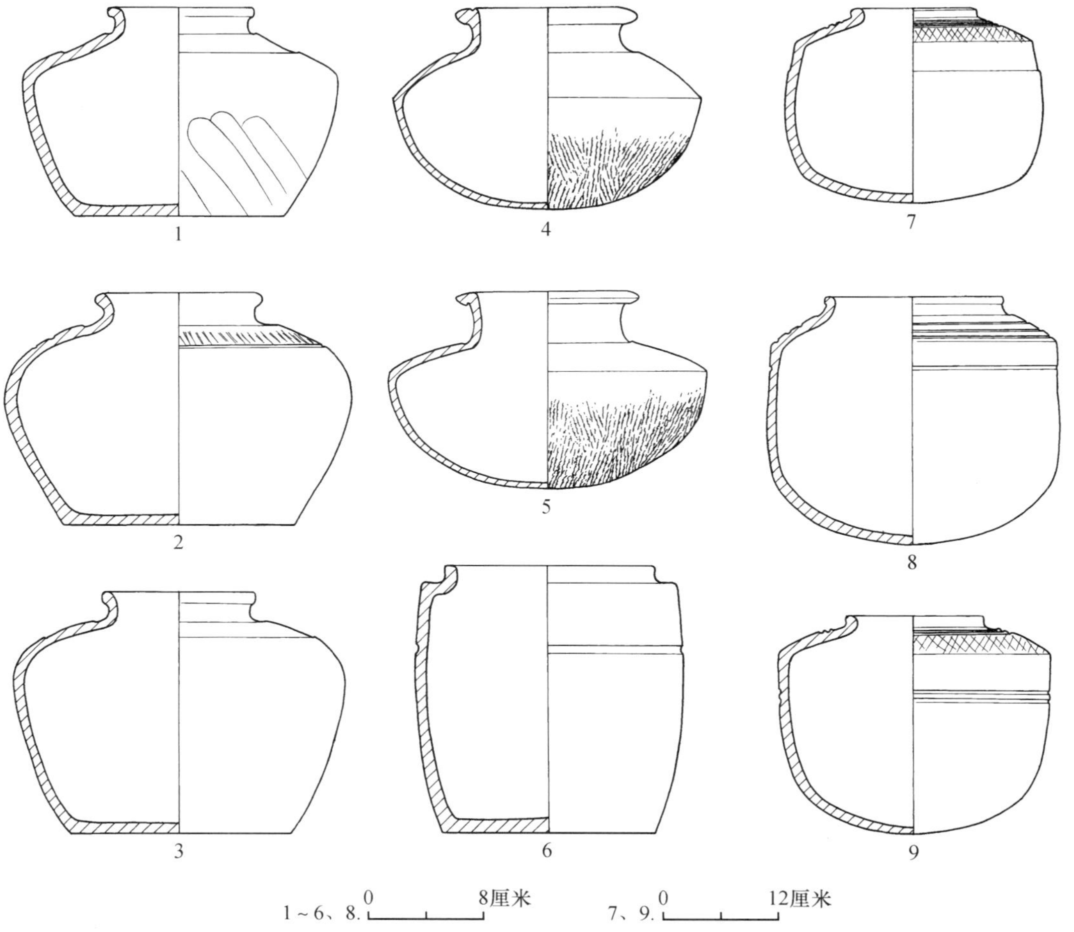

图二〇六　M50出土陶器（一）

1～3. 陶罐（M50：23、M50：25、M50：26）　4、5. 陶圜底罐（M50：39、M50：50）　6. 陶仓（M50：13）

7～9. 陶瓮（M50：1、M50：29、M50：51）

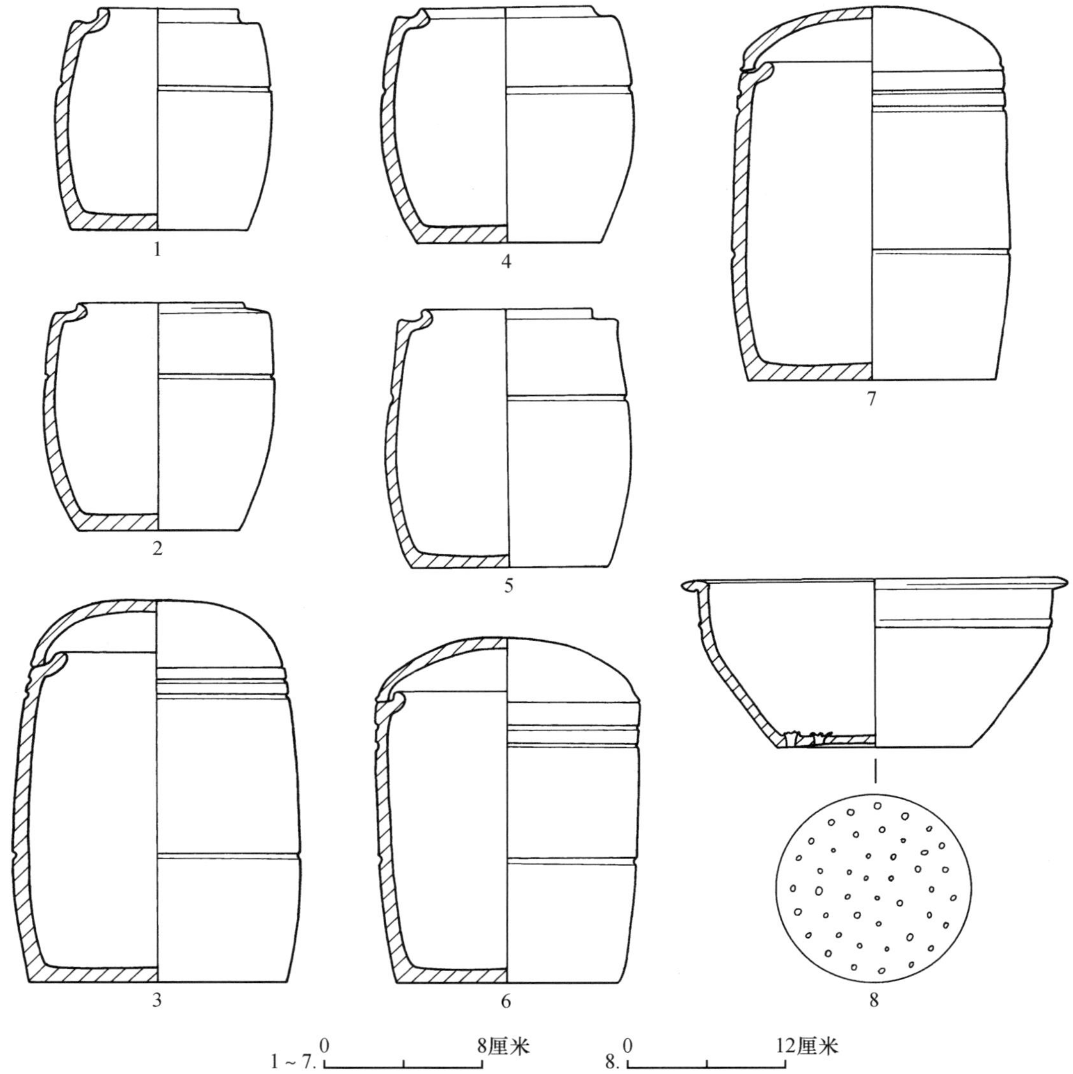

图二〇七　M50出土陶器（二）

1～7. 陶仓（M50：14、M50：75、M50：68、M50：73、M50：74、M50：93、M50：69）　8. 陶甑（M50：4）

斜折肩。口径12.2、底径15、高15.1厘米（图二〇八，1；图版四七，2中）。标本M50：72，肩部较宽。腹中部有三角形刻划符号。口径15、底径14、高18厘米（图二〇八，2）。标本M50：73，腹壁较弧。口径8.5、底径9、高12.3厘米（图二〇七，4）。标本M50：74，上壁近直，下腹微鼓。口径8.5、底径9.8、高13.5厘米（图二〇七，5；图版四八，2中）。标本M50：75，微弧腹。口径8.4、底径8、高12厘米（图二〇七，2；图版四八，2右）。标本M50：79，肩部较宽。口径14.2、底径13.5、高19.6厘米（图二〇八，6）。标本M50：80，肩部较宽。口径13.8、底径15.2、高19.5厘米（图二〇八，4；图版四七，1中）。标本M50：81形制与标本M50：68近同。口径10.5、底径12、高20厘米（图版四八，3右）。标本M50：82，口上承盖，盖为弧腹，平顶。口径12.2、底径14.5、高17.3厘米（图二〇八，8；图版四七，2左）。标本M50：83，弧腹。盖为弧顶近平钵形。口径15、底径14.4、高21.3厘米（图二〇八，9；图版四七，3中）。标本M50：85，上宽下窄。口径14、底径15、高18.2厘米（图二〇八，5；图版四七，1右）。标本M50：90，筒形。近直壁微外弧，平顶。口径18、底

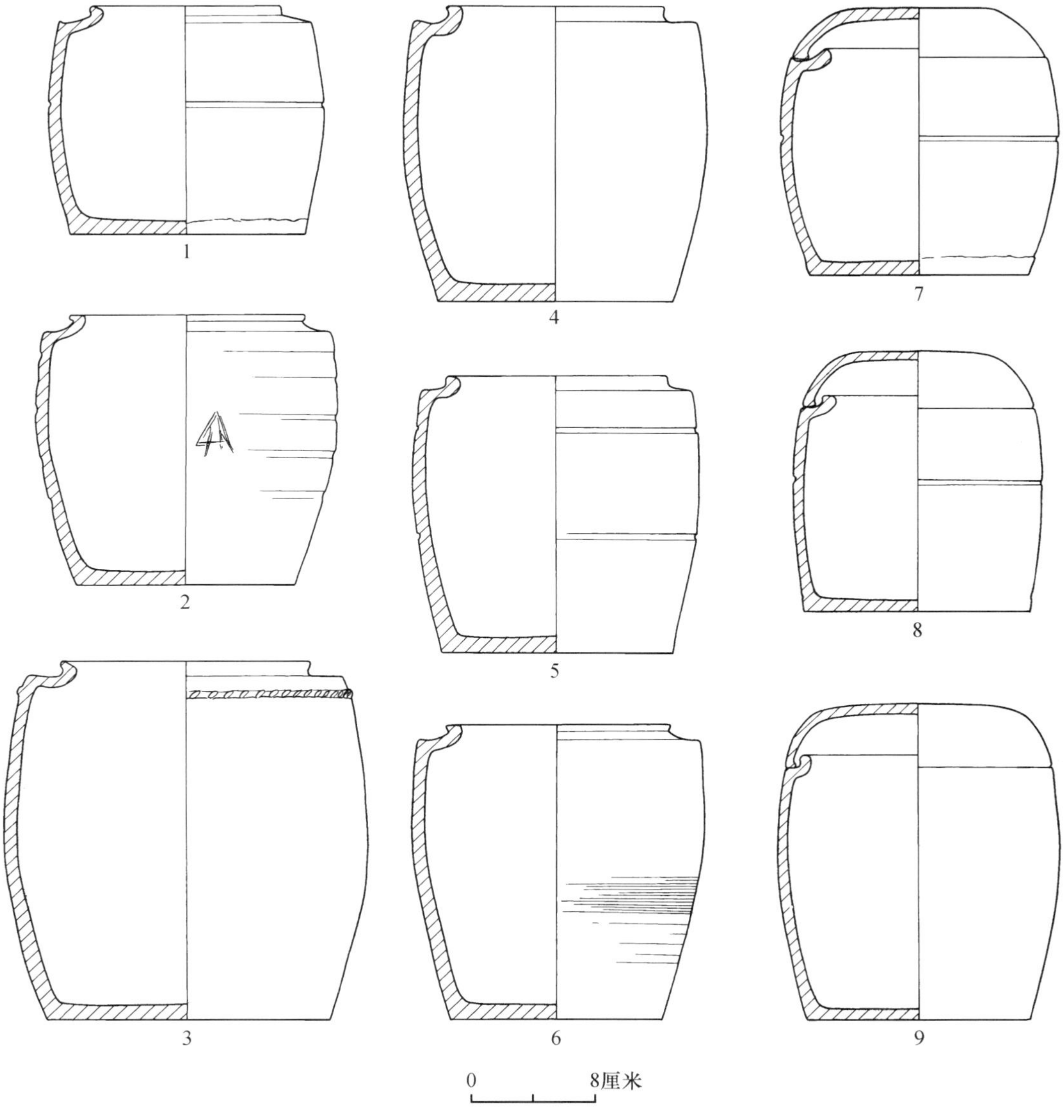

图二〇八　M50出土陶仓

1. M50：70　2. M50：72　3. M50：91　4. M50：80　5. M50：85　6. M50：79　7. M50：94　8. M50：82　9. M50：83

径17.8、高28.3厘米（图版四七，3左）。标本M50：91，肩部较宽，弧腹微鼓。口径16、底径18、高23.8厘米（图二〇八，3；图版四八，1左）。M50：93，口径11、底径11、高18.2厘米（图二〇七，6）。标本M50：94，器形矮胖。弧腹。上承弧腹平顶钵形盖。口径12、底径14、高17.7厘米（图二〇八，7；图版四七，3右）。标本M50：95，口径12.2、底径15、高18厘米（图版四七，2右）。标本M50：98，近直壁，整体。口径9、底径9.2、高17厘米（图版四八，2左）。标本M50：99，近直壁。口上承弧顶盖近平。口径10、底径13、高18厘米（图版四八，3左）。

钵　8件。泥质灰陶。有弧腹和弧折腹两类。大敞口，唇部外卷呈厚圆唇，小平底。标本M50：44、M50：52、M50：71、M50：89、M50：92均为弧腹类钵。通体近盆形。素面。标本M50：44，弧腹，平底。口径16.2、底径5.5、高6.2厘米（图二〇九，2）。标本M50：53，弧折腹，小平底。素面。口径17、底径5、高6.4厘米（图二〇九，1）。

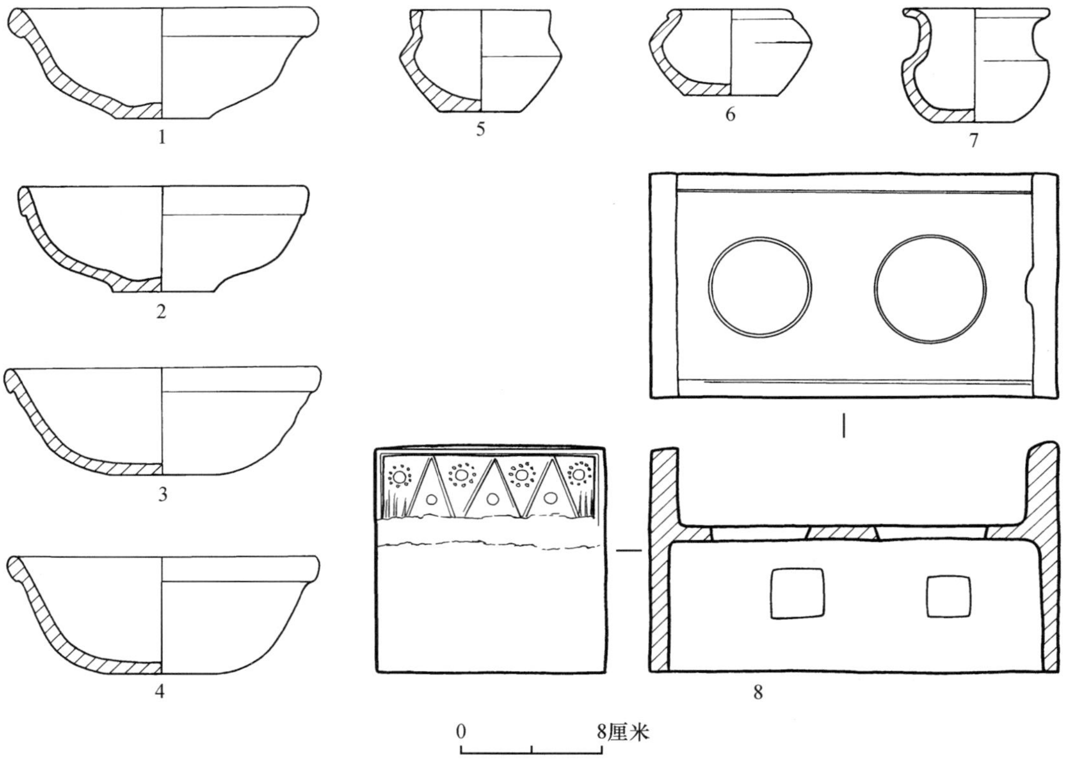

图二〇九　M50出土陶器（三）

1、2. 陶钵（M50：53、M50：44）　3、4. 陶碗（M50：97、M50：96）　5～7. 陶釜（M50：106、M50：105、M50：20）　8. 陶灶（M50：12）

甑　1件。标本M50：4，泥质灰陶。大口，外卷沿，尖唇，腹部弧折，大平底，底部细密扎孔。上腹部饰凸棱一周。口径29、底径14.5、高13厘米（图二〇七，8；图版四九，1、2）。

灶　1件。标本M50：12，泥质灰陶。长方形灶体，双圆形灶位，方形火眼，两端有挡火墙。挡火墙内面模印图案。长23、宽13、高13.5厘米（图二〇九，8；图版四九，3）。

釜　3件。泥质红陶。标本M50：20，形似陶鍪，无耳。侈口，圆唇，束颈，折肩，弧腹，平底。素面。口径8、底径4.5、高6.5厘米（图二〇九，7；图版四九，4）。标本M50：105，近直口，方唇，折肩，斜腹，平底。素面。口径7.6、底径4.5、高6厘米（图二〇九，6）。标本M50：106，敛口，厚圆唇，折肩，斜直腹，平底。素面。口径7、底径5.3、高5厘米（图二〇九，5）。

碗　2件。泥质灰陶。侈口，方唇，弧腹，平底。标本M50：96，口径17.5、底径6、高6.8厘米（图二〇九，4）。标本M50：97，口径17.5、底径6、高6.2厘米（图二〇九，3）。

陶盒　2件。标本M50：40、M50：41，破碎严重，无法修复。

铜器　13件，均为棺饰件。青铜质地，鎏金。

泡钉　7件。形制相同，均弧形圆帽，扁锥形钉身，唯大小不一，直径1.9～5.4、钉长1～2.7厘米不等。标本M50：28，直径2.5、钉长1.5厘米（图二一〇，4；图版四九，5）。标本M50：34，直径1.9、钉长1厘米（图二一〇，5）。

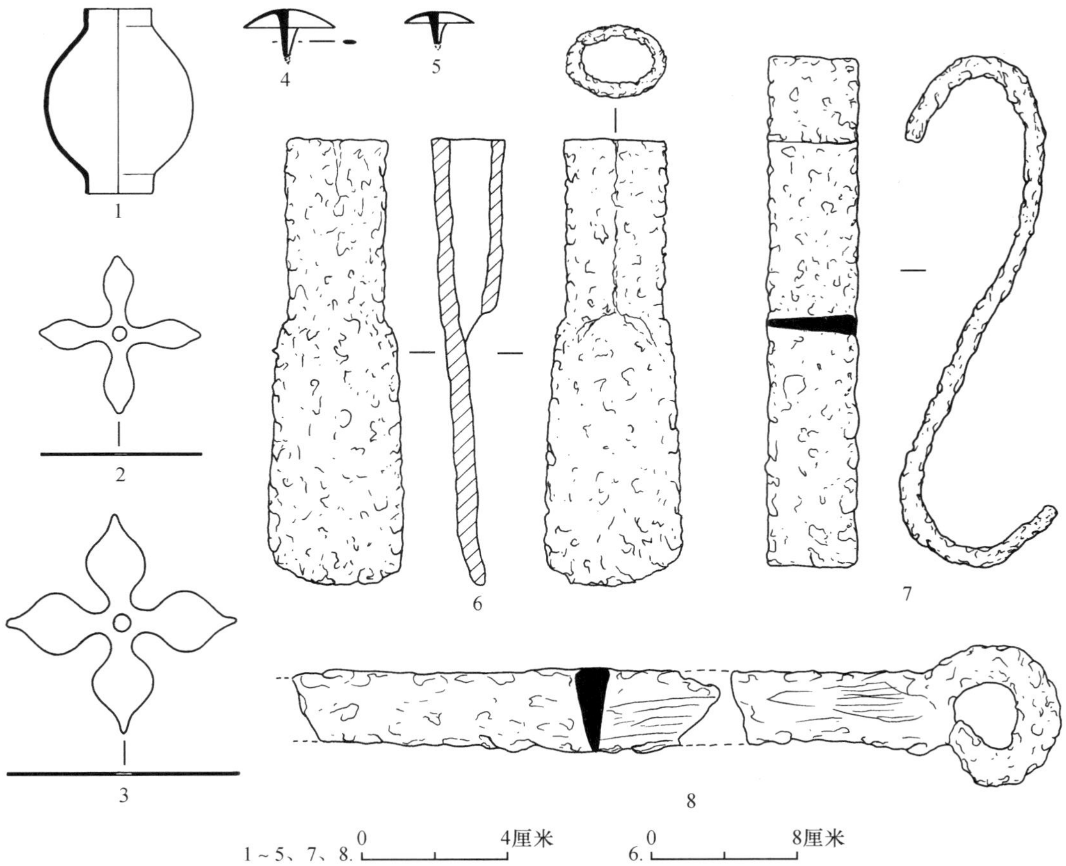

图二一〇　M50出土铜器和铁器

1. 壶形铜饰（M50：19）　2、3. 四叶形铜饰（M50：2-1、M50：2-2）　4、5. 铜泡钉（M50：28、M50：34）　6. 铁锸（M50：60）　7. 铁棺钩（M50：107）　8. 铁刀（M50：59）

四叶形饰件　2件。自中心圆孔向四周延伸出四柿叶形。叶片较薄。标本M50：2-1，叶径4.4、孔径0.4、厚0.08厘米（图二一〇，2）。标本M50：2-2，形体稍大。叶径6.2、孔径0.4、厚0.01厘米（图二一〇，3）。

壶形饰件　4件。形制、大小完全相同。通体呈壶形，两端对称，中空贯通。中鼓腹，两端箍束。标本M50：19，孔径1.8、腹径4、长5.2厘米（图二一〇，1；图版四九，5）。

铁器　5件。

刀　3件。环首，直背，直刃。标本M50：59，残长20.6厘米（图二一〇，8）。

锸　1件。标本M50：60，扁圆銎，宽平身，弧刃。长25厘米（图二一〇，6）。

棺钩　1件。标本M50：107，扁平S形。长14.3、宽2.4、厚0.5厘米（图二一〇，7）。

铜钱　63枚。

五铢36枚、大泉五十27枚。

三七、M51

（一）发掘地点

位于第二象限、T23103内。

（二）形制与结构

开口距地表深0.4米。长方形竖穴土坑墓，直壁，平底。墓室长3.4、宽1.9～2.1米，残深0.6米。方向135°。墓葬中部偏西部位发现一处边长0.5米的方形盗洞，直抵墓底（图二一一）。

墓室内填土为黄褐色，质地疏松，含炭粒、料姜石及石块等物。

墓室底部近南北两端处各有一条东西向长方形横槽，应为葬具下面的垫木槽。长1.9、宽0.26、深0.1米。

葬具与人骨不详。

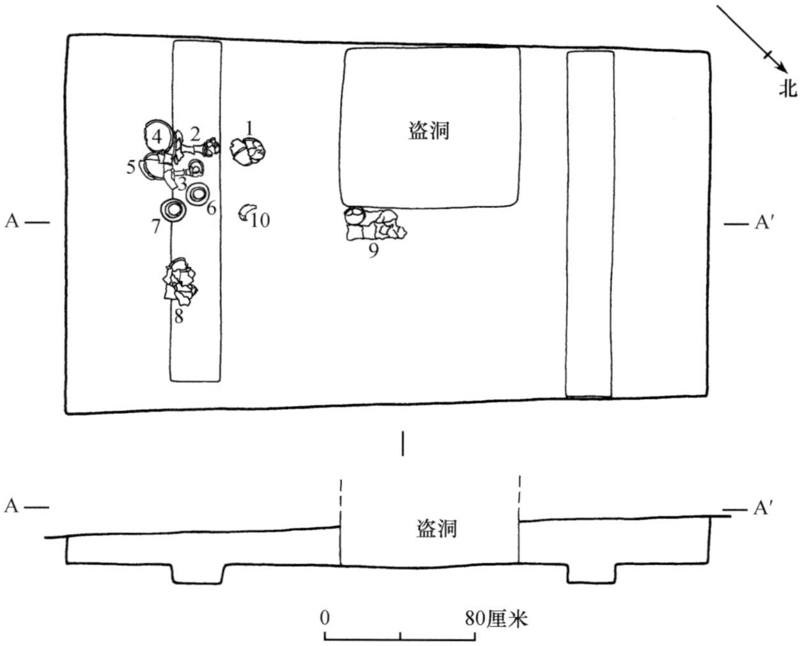

图二一一　M51平、剖面图

1. 陶钵　2、3. 陶豆　4、6、7. 陶器盖　5. 陶盘　8、9. 陶仓　10. 人头骨残片

（三）随葬器物

在墓室南部出土随葬品9件，均为陶器，受盗扰与埋藏环境影响，破碎极其严重，部分仅可辨器型，无法修复，可辨器型有鼎、豆、盘、仓、器盖等，后期仅完成对器盖的整理与修复工作。

壶盖　2件。盏形顶，子母口。素面。应为陶壶器盖。标本M51：6，泥质灰陶。直径13.2、高2.8厘米（图二一二，1）。标本M51：9，泥质黑皮陶，暗红色陶胎。火候较低，质地疏松。直径13、高3厘米（图二一二，2）。

鼎盖　1件。标本M51：4，泥质灰陶。覆盘形，弧顶，直壁，方唇。顶部对称三个方形立纽。素面。应为陶鼎器盖。直径14.2、高4.4厘米（图二一二，3）。

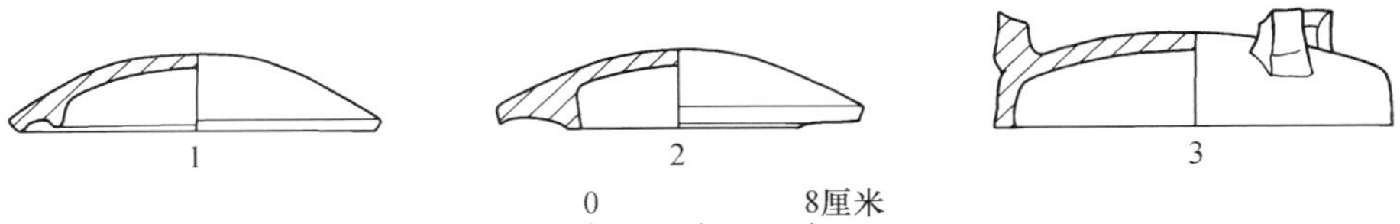

图二一二　M51出土陶器

1、2. 陶壶盖（M51：6、M51：9）　3. 陶鼎盖（M51：4）

三八、M52

（一）发掘地点

位于第三象限、T31731内，被M50打破。所在区域现为坡地，北高南低。

（二）形制与结构

开口距地表深0.4米。长方形竖穴土坑墓。直壁，平底。墓室长4.2、宽3.6、深0.8～2.2米。方向172°。在发掘前已被盗扰，墓室内扰乱较甚（图二一三；图版五〇，1）。

葬具与人骨不详。

（三）随葬器物

在墓室西南部及东部发现有随葬品，但受盗扰影响，残碎极其严重，部分陶器已无法修复，出土陶器、铜器、石器等共计26件。陶器可辨器型有鼎、盒、壶、釜、甑、盆、罐、仓等；铜器为甑；石器为圭。

陶器　23件。

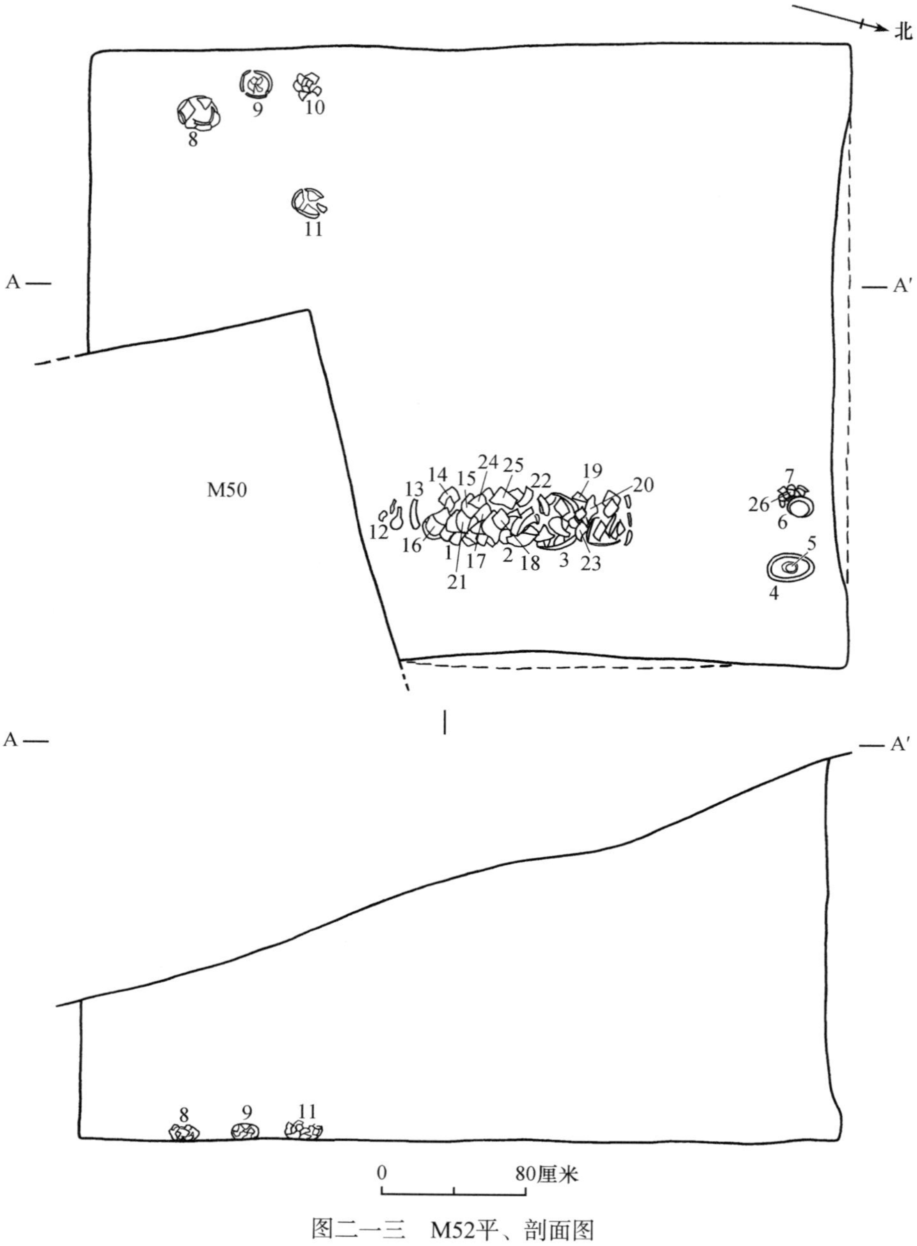

图二一三　M52平、剖面图

1、2. 陶釜　3. 陶盆　4. 铜甑　5～7、26. 陶盒　8、9. 陶罐　10、19、20. 陶仓　11、16、21. 陶钵　12. 陶残片　13. 铜饰件　14. 陶壶　15、24、25. 陶鼎　17、18、22. 陶甑　23. 石圭

鼎　3件。泥质灰陶。球形腹，形体饱满。子母口，弧腹，圜底，三蹄足，两侧附对称长方耳外侈；口上承盖，弧顶，顶部有三圆形乳状纽。部分器物表面施有红黑色彩绘，中腹及盖壁多饰凸弦纹或凹弦纹。标本M52：15，薄方耳外侈较甚。盖及腹中部以红、黑色绘斜向三角形图案。口径16.8、高22厘米（图二一四，1）。标本M52：24，形制及彩绘图案与标本M52：15相同，唯腹部略显方正。口径19、高22厘米（图二一四，2；图版五〇，2）。标本M52：25，两耳近直，三足瘦长弯曲，盖顶三圆纽上另起圆点状凸起。器表无彩绘，但有抹拭绳纹痕迹。口径21.4、高24.5厘米（图二一四，3；图版五〇，3）。

盒　4件。泥质灰陶。器形扁圆，子母口，弧腹或弧折腹，圜底，矮圈足；盖为弧顶，喇

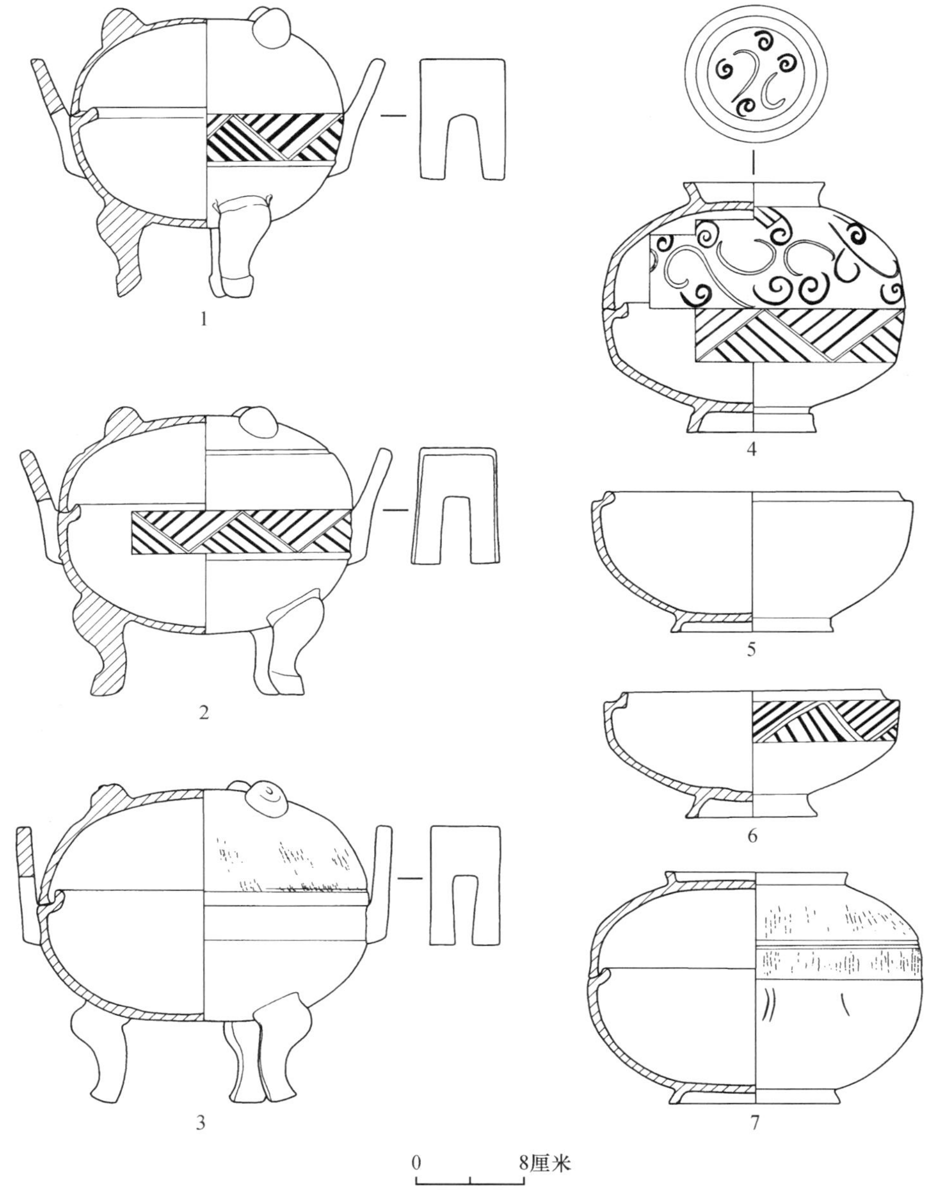

图二一四　M52出土陶器（一）

1～3. 陶鼎（M52：15、M52：24、M52：25）　4～7. 陶盒（M52：6、M52：7、M52：26、M52：5）

叭形捉手。标本M52：5，器形扁矮。腹壁有三道竖向刻划，盖部则隐约可见抹拭绳纹痕。口径22、足径12、高17.5厘米（图二一四，7；图版五一，1）。标本M52：6，弧折腹。器表饰彩绘，器腹近口部饰红黑色三角形图案，器盖则以红黑色绘云气纹等图案，顶部圆形捉手内亦绘制图案。口径19、足径9.3、高19厘米（图二一四，4；图版五一，2）。标本M52：7，器腹及盖均见有抹拭绳纹痕迹，盖壁近口部有一周压印绳纹凹痕。口径23、足径12、高19.8厘米（图二一四，5；图版五一，3）。标本M52：26，仅余盒腹，碗形腹。器壁饰红黑色三角形图案。口径18.8、足径9.6、高9.6厘米（图二一四，6）。

壶　1件。标本M52：14，泥质灰陶。盘口，圆唇，束颈，圆肩，圆腹，圜底，喇叭形圈足。中腹部两侧原应贴附有铺首衔环。肩、腹及圈足部均饰凹弦纹数周。口径12.7、足径

14.3、高23.5厘米（图二一五，1；图版五一，4）。

釜　2件。泥质灰陶。直口微侈，粗长颈，溜肩，扁腹，平底，肩部贴附对称铺首衔环。中腹部饰多道凹弦纹。多与陶甑成套出土。标本M52：1，扁弧腹。出土时口部承甑（标本M52：17），口径12.3、底径9.5、高13厘米（图二一五，2；图版五一，5）。标本M52：2，扁腹微弧折。出土时口部承有陶甑（M52：18），口径12.5、底径10、高12厘米（图二一五，3；图版五一，6）。

甑　3件。大口微敛，折沿，方唇，斜弧腹，小平底，底部有扎孔。腹部饰一周索纹凸棱。标本M52：17，与M52：1陶釜配套出土。泥质灰陶。卷折沿。器壁有抹拭绳纹痕。口径20、底径5、高9厘米（图二一五，5；图版五二，1）。标本M52：18，与M52：2陶釜成套出土。泥质棕灰陶。下腹部饰凸弦纹一周。口径17.5、底径5、高7.5厘米（图二一五，4；图版五二，2）。标本M52：22，泥质灰陶。沿下腹壁另饰凸弦纹一周。口径24、底径5、高11.7厘米（图二一五，6）。

盆　1件。标本M52：3，泥质灰陶。大口，平折沿，厚方唇，深弧腹，小平底。腹部凸弦纹上饰刻划纹。口径22.8、底径6.1、高10.4厘米（图二一五，7）。

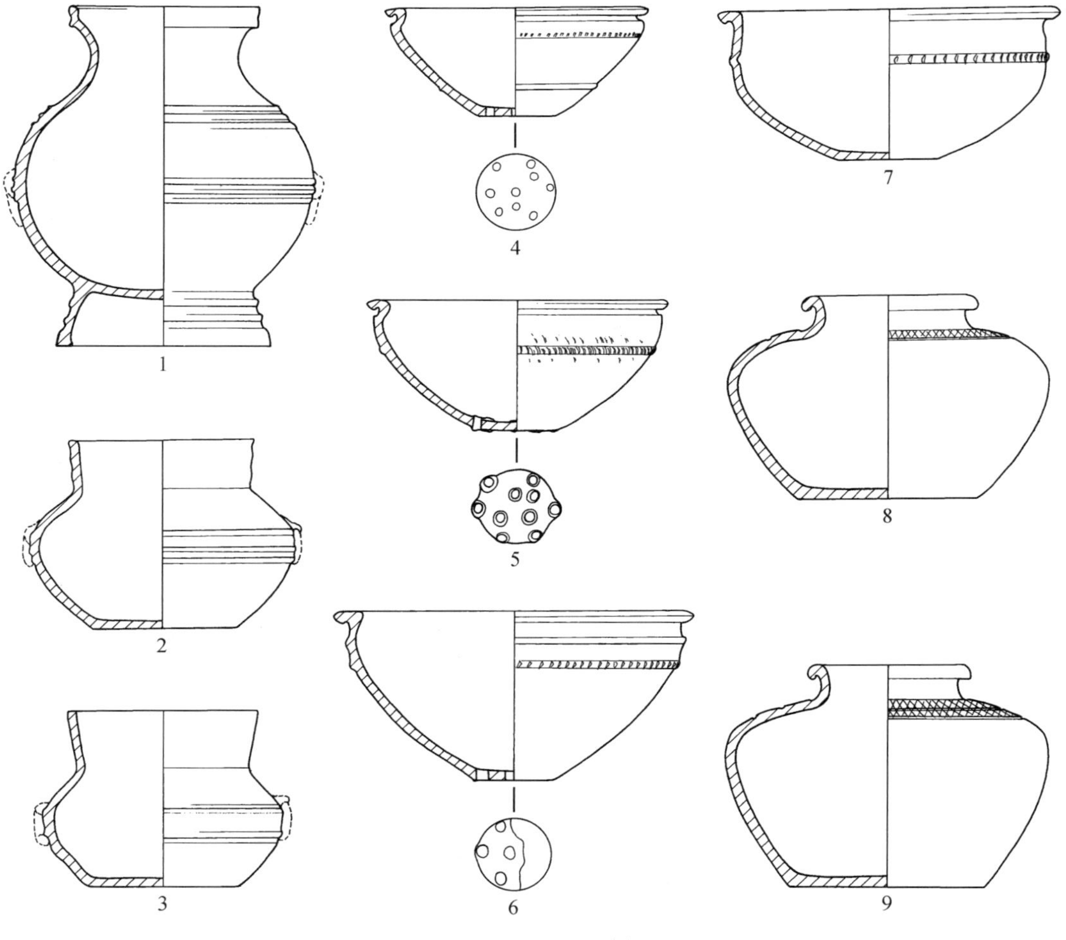

图二一五　M52出土陶器（二）

1. 陶壶（M52：14）　2、3. 陶釜（M52：1、M52：2）　4～6. 陶甑（M52：18、M52：17、M52：22）　7. 陶盆（M52：3）　8、9. 陶罐（M52：9、M52：8）

罐　2件。泥质灰陶。小口，外卷沿，厚圆唇，矮领，束颈，广肩，斜弧腹，大平底，器形扁矮。肩部饰凹弦纹与网格状暗纹组合。标本M52：8，口径11、底径13、高15.2厘米（图二一五，9）。标本M52：9，口径11.8、底径1.8、高14厘米（图二一五，8；图版五二，3）。

仓　3件。泥质灰陶。子母口内敛，方唇，筒腹，直壁微弧，平底。腹部饰凹弦纹数周。盖多为平顶覆盘形。标本M52：10，口径11.2、底径13、高17.4厘米（图二一六，2；图版五二，4）。标本M52：19，口径17、底径18.2、高23.3厘米（图二一六，1）。标本M52：20，口径11.4、底径13、高16.3厘米（图二一六，3）。

钵　3件。泥质灰陶。大敞口，厚圆唇，折腹，斜壁微内凹，小平底，一件有极矮圈足。素面。标本M52：11，器形较扁矮。口径19.4、底径6、高5.4厘米（图二一六，4）。标本M52：16，口径19.2、底径6、高6.7厘米（图二一六，5）。标本M52：21，底为圈足。口径20.5、底径6.4、高7.2厘米（图二一六，6）。

铜器　2件。

甑　1件。标本M52：4，残。腹壁较薄，可辨形制、尺寸。大敞口，平折沿，斜弧腹，大平底。底部有圆孔。腹壁上部饰凸弦纹一周。口径32、底径16、高10厘米（图二一七，1；图版五二，5、6）。

饰件　1件。标本M52：13，残。破损严重。

石器　1件。

石圭　1件。标本M52：23，长方形薄石片状，一角略残。长14、宽5.4、厚0.4厘米（图二一七，2）。

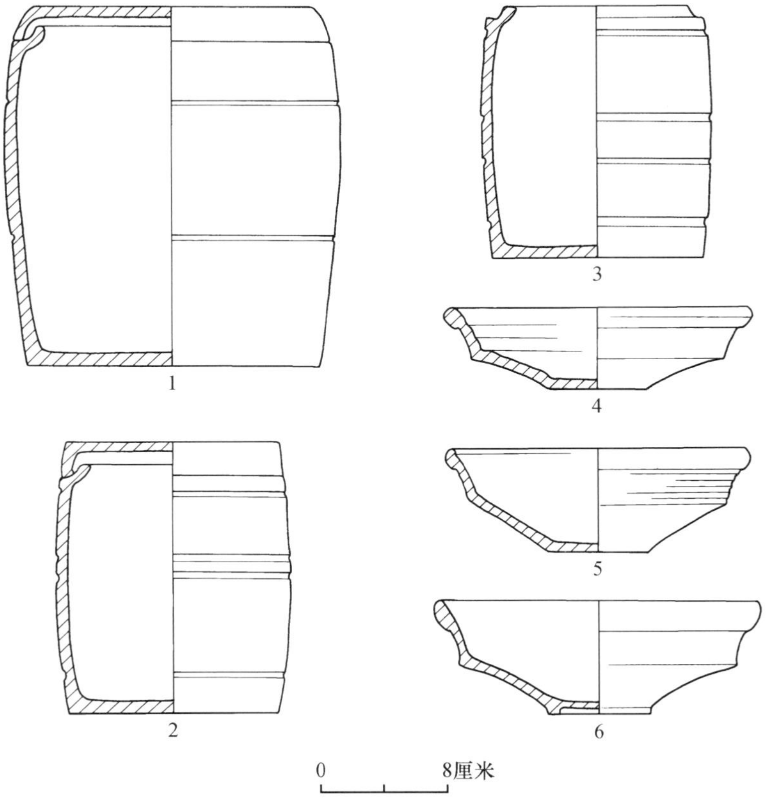

图二一六　M52出土陶器（三）

1～3. 陶仓（M52：19、M52：10、M52：20）　4～6. 陶钵（M52：11、M52：16、M52：21）

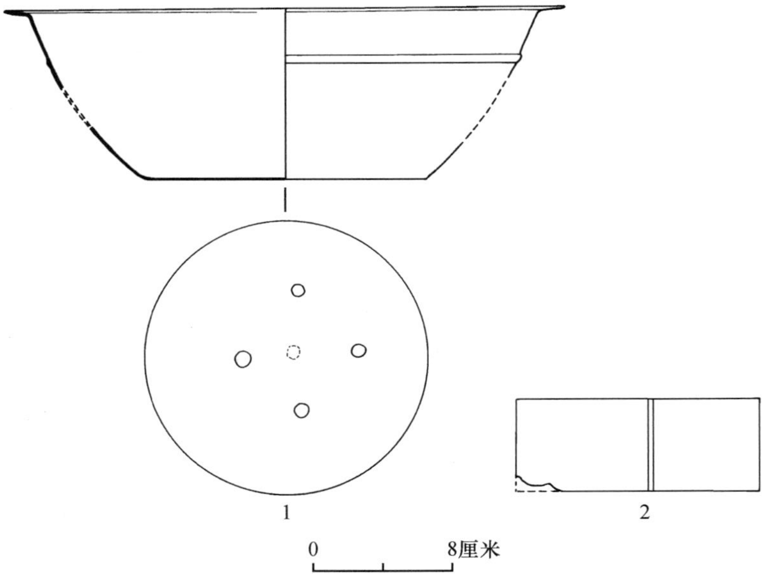

图二一七　M52出土铜器和石器
1. 铜甑（M52：4）　2. 石圭（M52：23）

三九、M54

（一）发掘地点

位于第三象限、T31833内，打破M55。

（二）形制与结构

开口距地表深度不详。砖室墓，盗扰破坏极其严重，现存由甬道和墓室两部分组成，整体呈刀字形。方向168°（图二一八）。

甬道位于墓室南部，前端已遭破坏，仅余与墓室相接少部分。平面长方形，宽2.4、残高1米。甬道两侧以条砖平砌而成，砖侧面模印有菱形图案，甬道底部竖向单砖平铺。根据甬道两侧壁砖残留的起券痕迹可以判断，甬道顶部原应为拱顶，已坍塌无存。

墓室平面近正方形砖，长3.6、宽3.4米，深2.1米。墓室南北向拱顶，东西向起券。墓室南端拱券已坍塌无存，东、西两壁残余底层券砖，而北部尚保留部分完整券顶。墓底铺砖，铺砖方式为东西向每排两横两竖平铺。墓室西北角处在底砖上另加铺平砖一层，形成一个长方形砖台，疑为棺床，长3.2、宽1.7米。

甬道及墓室的壁砖、底砖及券砖均为榫卯结构的子母砖，规格为长0.4、宽0.2、厚0.1米。砖侧面模印菱形图案。

葬具与人骨不详。

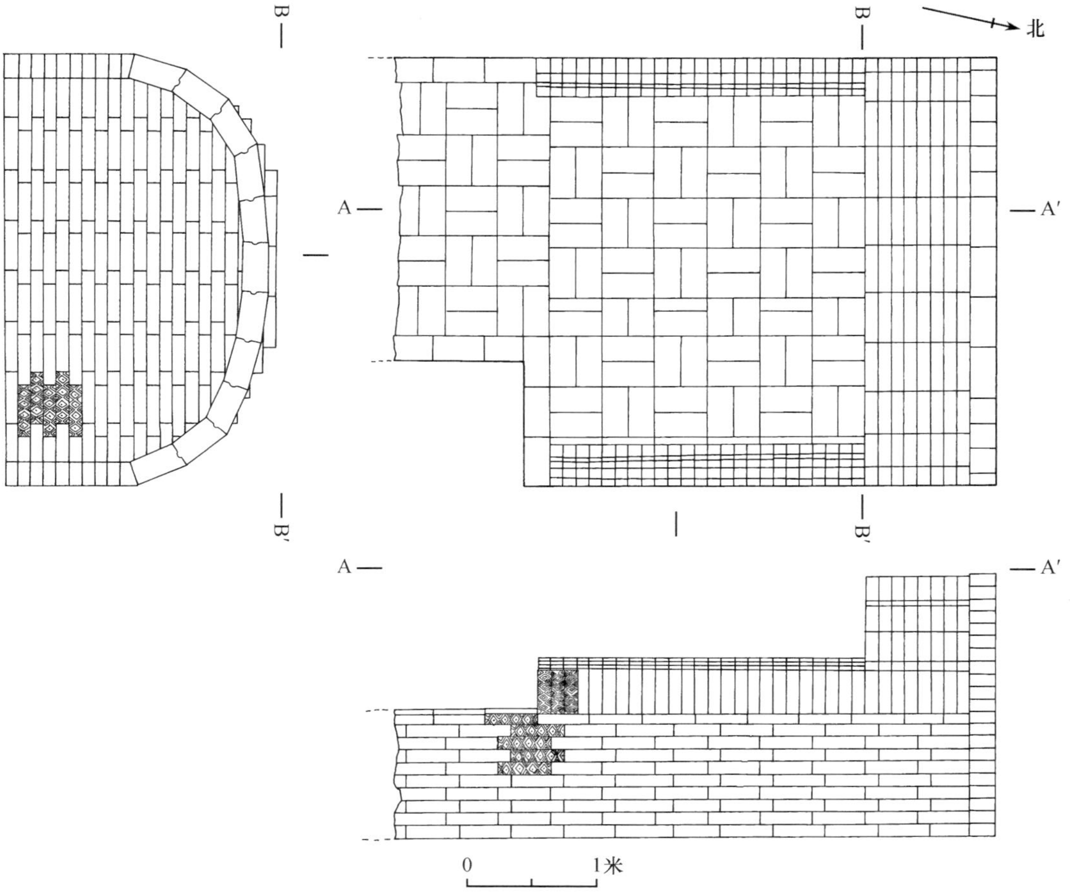

图二一八　M54平、剖面图

（三）随葬器物

由于盗扰严重，墓内未发现随葬品。

四〇、M55

（一）发掘地点

位于第三象限、T31833内，南侧紧邻断崖，被M54打破。

（二）形制与结构

开口距地表深0.3米。长方形竖穴土坑墓，直壁，平底。残长2.8、宽1.8米，深0.4～1.6米。方向150°（图二一九）。

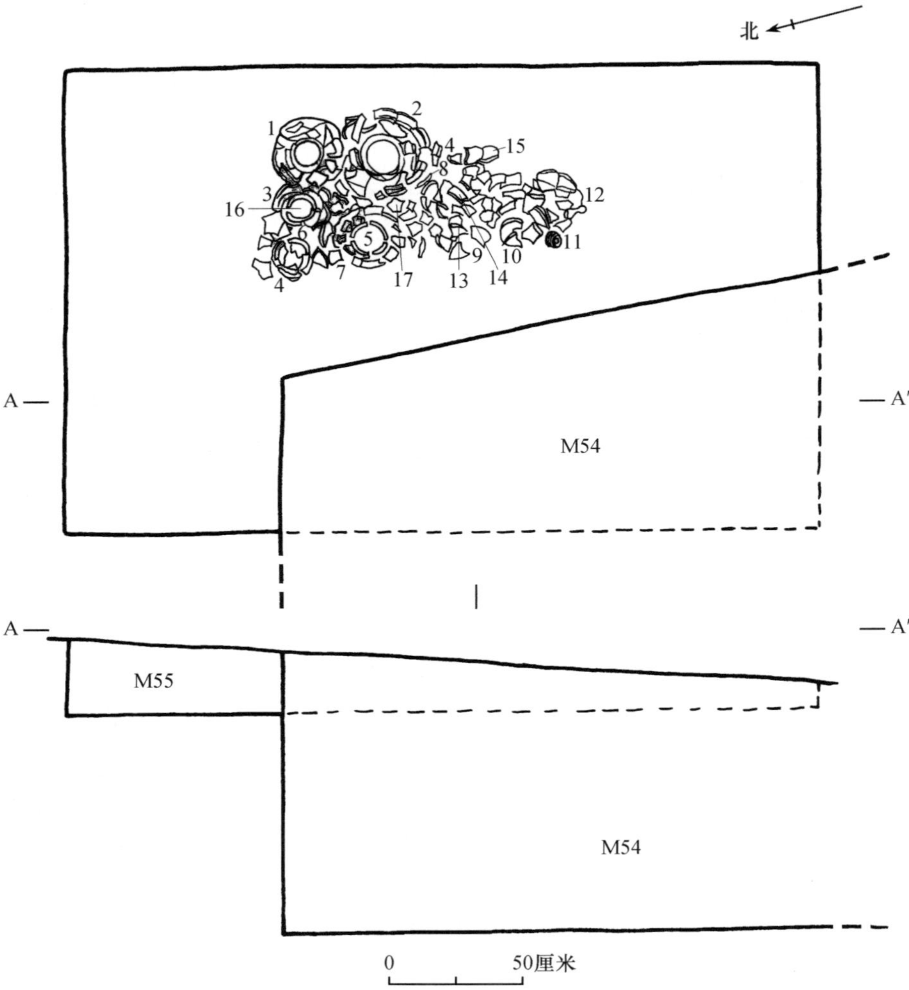

图二一九　M55平、剖面图

1、5、16. 陶罐　2. 陶盒　3、6、8～10、13. 陶仓　4. 陶壶　7、17. 陶钵　11. 铜钱　12. 陶鼎足　14. 陶甑　15. 陶豆

墓室内填土为红褐色花土，土质黏硬。

葬具与人骨不详。

（三）随葬器物

在墓室东部发现有随葬品，均为陶器，共计16件，可辨器型有鼎、盒、壶、罐、甑、豆、仓等。铜钱5枚。

陶器　16件。

鼎　1件。标本M55∶12，泥质灰陶。盖已无存。子母口内敛，方唇，盆形腹，圜底，蹄足，对称长方耳。中腹部饰凸弦纹一周。口径17.5、高17.5厘米（图二二〇，1；图版五三，1）。

盒　1件。标本M55∶2，泥质灰陶。方唇，敛口，上腹近直，下腹弧收腹，圜底近平，矮圈足，盖顶圈足形捉手。盖及腹近口部饰凹弦纹。口径17、底径10.2、高18.8厘米（图二二〇，2；图版五三，2）。

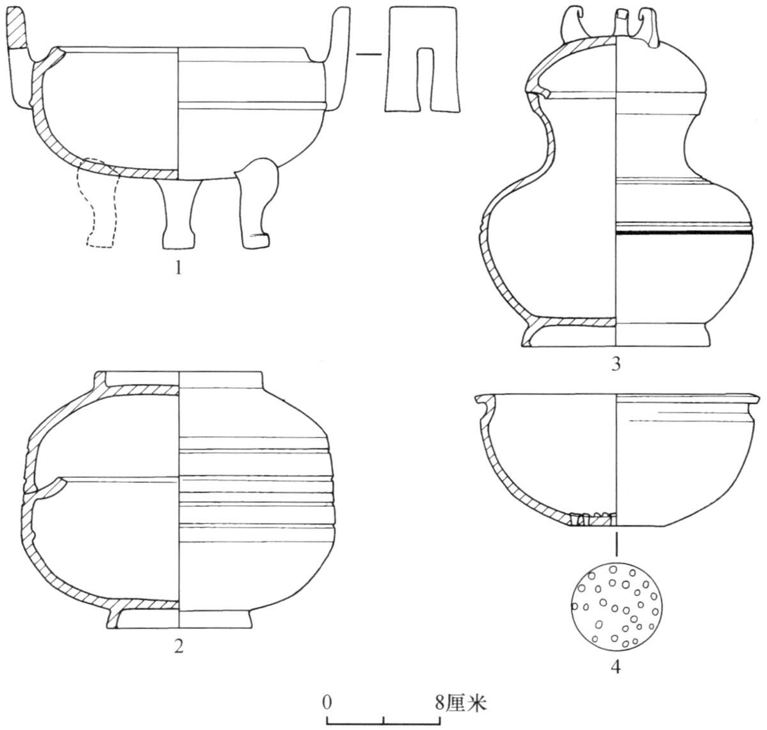

图二二〇 M55出土陶器（一）

1. 陶鼎（M55：12） 2. 陶盒（M55：2） 3. 陶壶（M55：4） 4. 陶甑（M55：14）

壶 1件。标本M55：4，泥质灰陶。盘口，矮束颈，鼓肩，弧腹，平底，矮圈足；高弧顶盖，盖顶有角形三纽。器物表面原似有白衣朱绘，肩、腹部饰凹弦纹。口径12.3、底径13.2、高24.5厘米（图二二〇，3；图版五三，3）。

罐 3件。标本M55：1，泥质灰陶。小口，平折沿，矮领，束颈，折肩，折腹，平底。腹部饰凹弦纹二周。口径13、底径12.3、高14.3厘米（图二二一，1；图版五三，4）。标本M55：5，泥质灰陶。圆唇，小口，矮领，鼓肩，弧腹，平底。肩部饰凹弦纹一周。口径10.6、底径12、高13厘米（图二二一，2）。标本M55：16，泥质灰陶。圆唇，小口，束颈，矮领，溜肩，平底。肩部饰凹弦纹一周。口径11.8、底径9、高17.3厘米（图二二一，3；图版五三，5）。

甑 1件。标本M55：14，泥质灰陶。盆形腹，大口微敛，平折沿，厚方唇，弧腹，小平底。底部有密集圆孔。口径20、底径6.5、高9.5厘米（图二二〇，4）。

豆 1件。标本M55：15，泥质灰陶。钵形腹，敞口，斜折沿，弧腹，圜底，细柄中半空，喇叭形豆座。腹部饰凹弦纹两周。口径15.2、足径10.5、高11.5 厘米（图二二一，6）。

仓 6件。泥质灰陶。子母口，筒形腹，直壁或微弧，平底。腹壁一般上、中、下各饰凹弦纹一周。标本M55：3，腹微弧。口径10.3、底径12.2、高14.4厘米（图二二一，7；图版五三，6）。标本M55：6，覆盘形盖，平顶。口径12、底径13.7、高16.5厘米（图二二一，11）。标本M55：8，腹微弧。口径11.5、底径13.8、高15.5厘米（图二二一，8）。标本M55：9，腹壁斜直。口径12.5、底径14、高16厘米（图二二一，10）。标本M55：10，腹微曲。覆盘形盖，平顶。口径12、底径14、高17.5厘米（图二二一，9）。

图二二一　M55出土陶器（二）

1～3. 陶罐（M55：1、M55：5、M55：16）　4、5. 陶钵（M55：17、M55：7）　6. 陶豆（M55：15）　7～11. 陶仓（M55：3、M55：8、M55：10、M55：9、M55：6）

钵　2件。泥质灰陶。敞口，厚圆唇，折腹，小平底。标本M55：7，素面。口径15、底径4、高5.2厘米（图二二一，5）。标本M55：17，下腹饰凹弦纹。口径14.7、底径4.5、高4.5厘米（图二二一，4）。

铜钱　5枚。均为五铢钱。

四一、M59

（一）发掘地点

位于第三象限、T30638内。

（二）形制与结构

开口距地表深0.6米。长方形墓道砖室墓，由墓道、墓门与墓室三部分组成。方向60°。发掘时在墓室拱顶前端一侧发现有盗扰迹象，一处长方形盗洞直入墓底，室内扰乱殆尽（图二二二）。

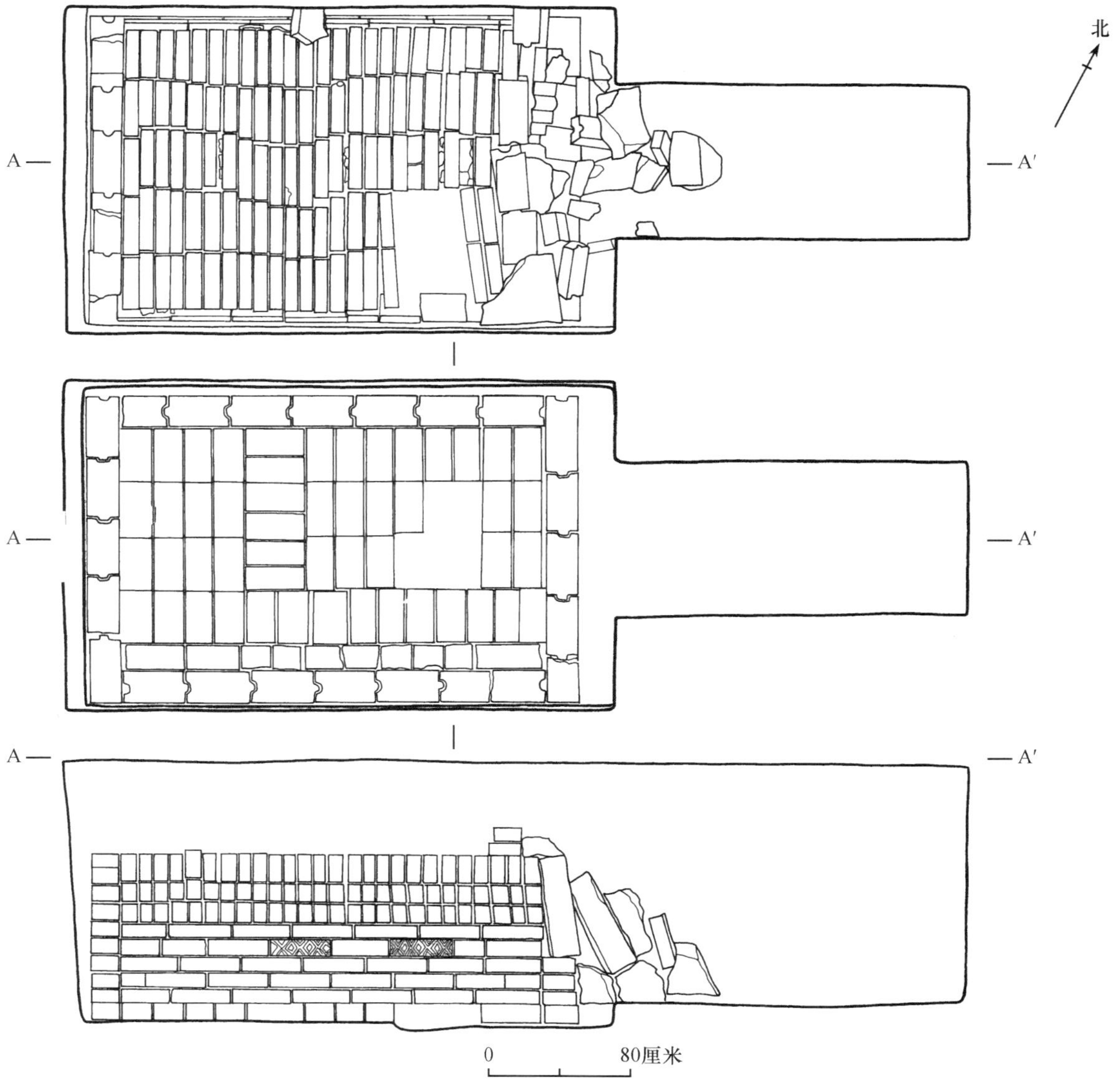

图二二二　M59平、剖面图

墓道位于墓室东北端，平面呈长方形，直壁，平底，长2、宽0.9、深1.85米。

墓门位于墓道南侧，墓门中间立石柱，两侧立砖，封门用石块封堵而成，宽0.9、高1米。

墓室呈长方形，砖室拱顶，土圹长3.1、宽1.9米，砖室长2.76、宽1.8米，深2.05米。四壁以榫卯结构的子母形砖平砌而成，顶部以同形制的子母砖砌拱顶。室底部用小平砖铺砌而成。子母砖尺寸一般为长0.4、宽0.18、厚0.1米，地砖尺寸一般为长0.34、宽18、厚0.09米。个别砖侧面模印有菱形图案。

葬具与人骨不详。

（三）随葬器物

由于墓葬盗扰严重，仅在扰土中发现有铜镜残片及铜钱296枚。

铜镜　残片若干，判断应为同一个体。但朽蚀严重，图案不辨。

铜钱　296枚。种类有五铢、货泉、大泉五十等，五铢钱中可辨有剪轮五铢、磨郭五铢、綖环五铢等形制。钱径17～26毫米。其中五铢钱径一般为25.4毫米左右，数量亦最多，货泉径一般为22.5～23.5毫米。

四二、M64

（一）发掘地点

位于第三象限、T32724内。

（二）形制与结构

开口距地表深1.4米。长方形墓道石室墓，四壁均用石块垒砌而成，由墓道和墓室两部分组成。方向110°（图二二三）。

墓道平面呈长方形，直壁，平底，进入墓室部分呈外撇八字形。墓道长2.2、宽1.2米，残深0.6米。

墓室平面呈长方形，上部被破坏严重，残存深度较低，顶部形态不明，直壁，平底。墓室长2.8、宽1.2～1.9米，残深0.6米。墓室两侧为石块砌成。

葬具与人骨不详。

（三）随葬器物

墓葬被盗扰与破坏严重，未出土随葬品。

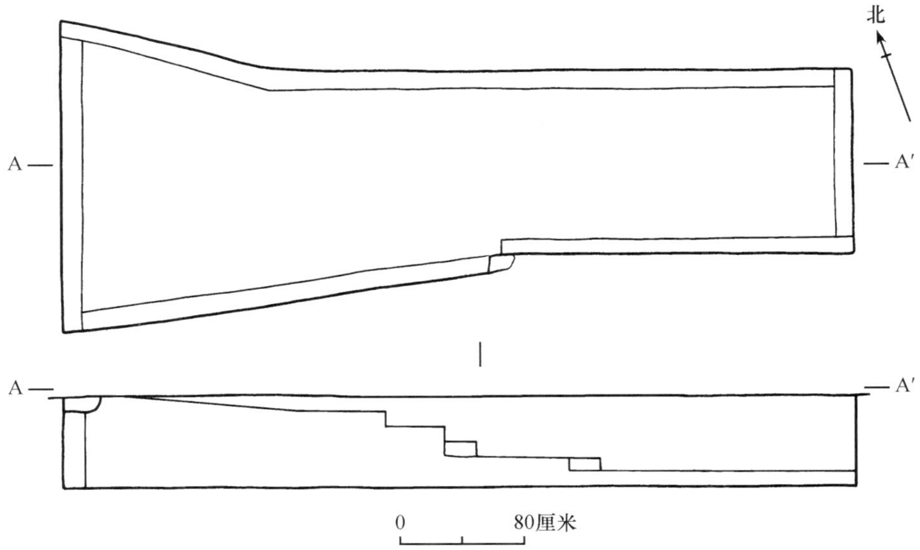

图二二三　M64平、剖面图

四三、M70

（一）发掘地点

位于第三象限、T31529内，打破M71。

（二）形制与结构

开口距地表深0.65米。长方形竖穴土坑墓。因后期盗扰严重，仅存墓底。长2.4、宽1.3～1.4米，残深0.4米。方向350°（图二二四）。

墓室内填土为红褐色花土，含少量料姜石。

葬具与人骨不详。

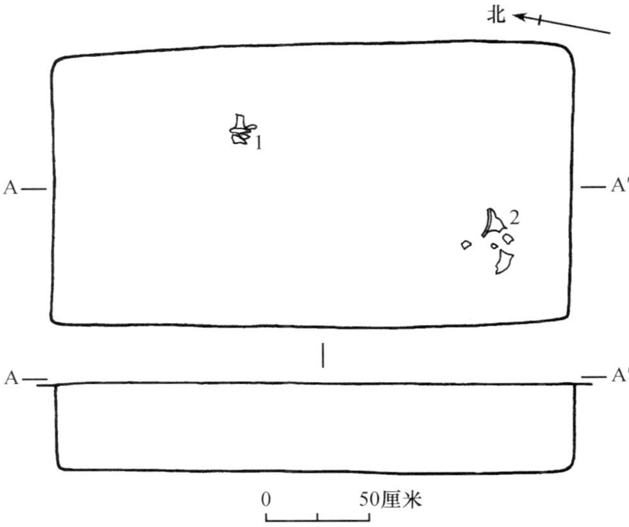

图二二四　M70平、剖面图
1. 陶豆　2. 陶罐

（三）随葬器物

墓葬被盗扰与破坏严重，出土陶器2件。

豆　1件。标本M70：1，残损严重，无法修复。

罐　1件。标本M70：2，残损严重，无法修复。

四四、M72

（一）发掘地点

位于第三象限、T31327内，打破M73。所在区域现为坡地。

（二）形制与结构

开口距地表深0.5～1.5米。长方形竖穴土坑墓，直壁，底不平。长4.3、宽3.4米，深0.9～1.2米。方向190°（图二二五；图版五四，1）。

墓室内填五花土，土质黏硬。

葬具具体不详，但在墓室中部发现有木痕，结合周边木痕分布特征和在两处木灰痕范围内发现有人骨痕迹各1具，推测应为双棺。根据棺痕推断棺长2.4、宽1.2～1.3米。具体形制不详。

人骨腐朽严重，具体信息不详。

（三）随葬器物

墓室底部东西两侧发现有随葬品，根据墓底器物分布与两棺位置关系判断，随葬器物原应是放置在木棺之上，后来木棺朽塌，器物均散落于墓底。出土陶器、铜器、银器、铁器等共计88件，铜钱70枚。陶器可辨器型有鼎、盒、壶、釜、甑、盆、罐、仓等；铜器为带钩；铁器为剑。

陶器　80件。

鼎　3件。泥质灰陶。子母口内敛，方唇，弧腹，圜底。标本M72：2，钵形腹。三蹄足较瘦，曲足直立，腹部贴附对称立耳。盖高弧，顶部近平。盖与腹断面呈扁圆形。下腹腔部饰凹弦纹两周。口径20、高20.6厘米（图二二六，1；图版五四，2）。标本M72：47，盆形腹。圜底近平，下接三蹄形足，细长外撇；腹部两侧对称贴附两个扁方耳，耳上部有长条形孔。盖为弧顶，顶部有三个方形纽。盖与腹侧面形态呈扁圆方形。口径16.5、高21厘米（图二二六，2）。标本M72：69，半球形腹。三蹄形矮足，腹部贴附对称低方耳。高弧顶盖。耳下腹部饰凹弦纹一周。口径19、高20.6厘米（图二二六，3）。

盒　5件。泥质灰陶。子母口，盖及腹部均弧折，通体呈扁方六边形，圜底或圜底近平。底部矮圈足，顶部圆形捉手。盖及腹部均饰有凹弦纹数周，个别器表有彩绘图案，脱落较甚。标本M72：14，通体施白色陶衣，饰朱红彩绘。口径16.6、底径11.2、高15.4厘米（图二二六，4；图版五五，1中）。标本M72：39，器形高耸。圆唇。口径17、底径8.3、高18.8厘米（图二二七，1；图版五五，1左）。标本M72：46，器形略扁矮。方唇。口径16.4、底径8.8、高16厘米（图二二七，2；图版五五，1右）。标本M72：70，器形扁矮，呈扁方形。口径15、底径

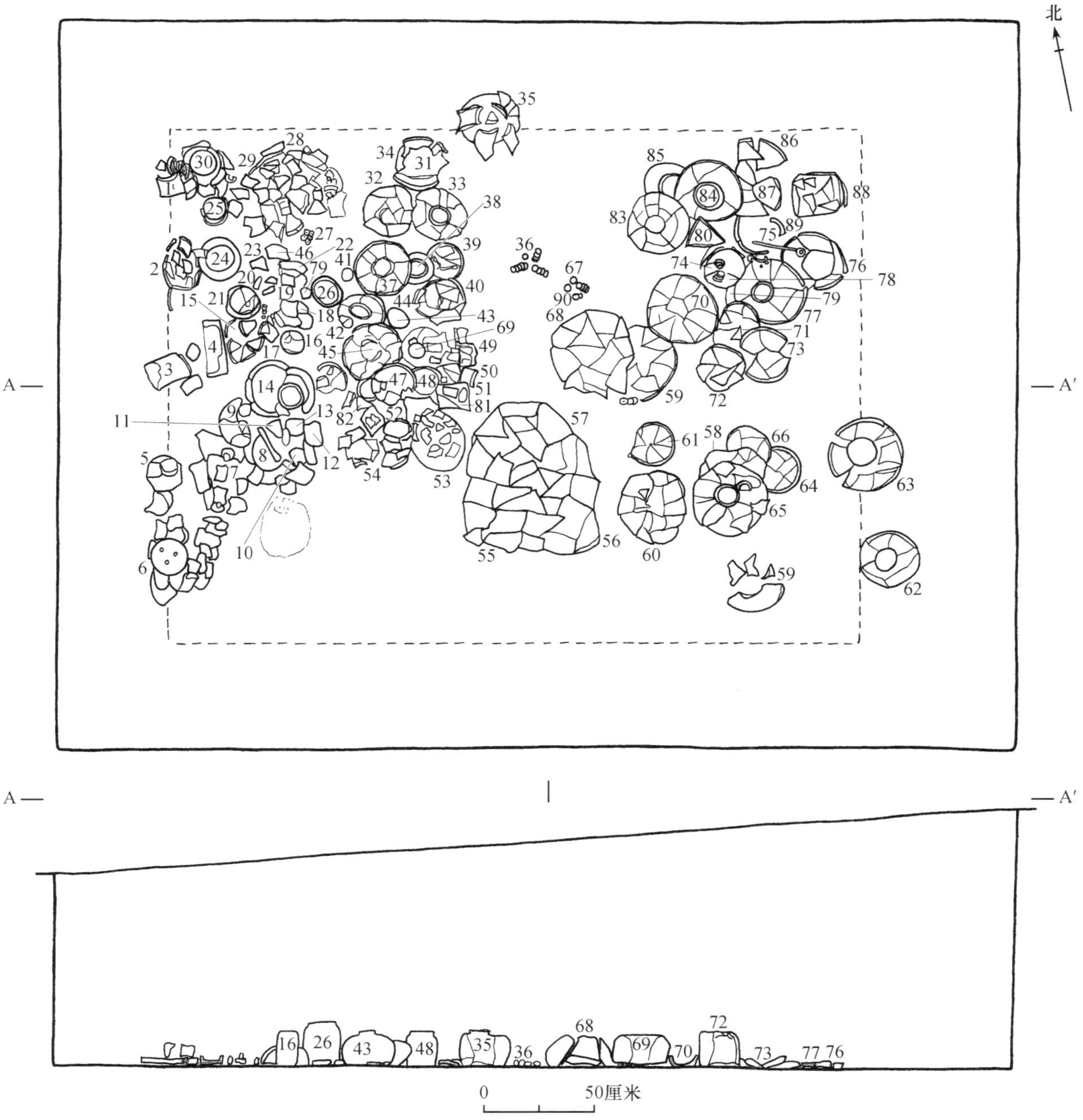

图二二五　M72平、剖面图

1、3、9、10、16、21、23、24、26、29、32、35、40、48～54、65、66、72、79、81、85、88. 陶仓　2、47、69. 陶鼎　4、57. 陶灶　5、11、25、38、41～43、87. 陶钵　6、7、17、28、55、58、60、61. 陶壶　8、75. 铁剑　12、89. 铜带钩　13、30、33、37、44、45、64、68、74、82、84. 陶罐　14、22、39、46、70. 陶盒　15、18、56、71. 陶甑　19、27、36、67. 铜钱　20. 石饰件　31、63、73、76～78、80、83、86. 陶盆　34、62. 陶盘　59. 铜饰件　90. 银环

8、高14.3厘米（图二二七，3；图版五四，3）。

壶　8件。泥质灰陶。盘口，长颈，圆肩，弧腹，平底，短圈足。中腹部对称铺首衔环。盖为弧顶，顶部有穿孔。肩、腹部饰凹弦纹数周。标本M72：6，颈略短，弧束较甚。器腹略扁矮。口径15.9、底径20.7、高35.7厘米（图二二六，5）。标本M72：28，颈较长，肩部圆鼓。口径14.8、底径17.3、高38厘米（图二二六，6）。

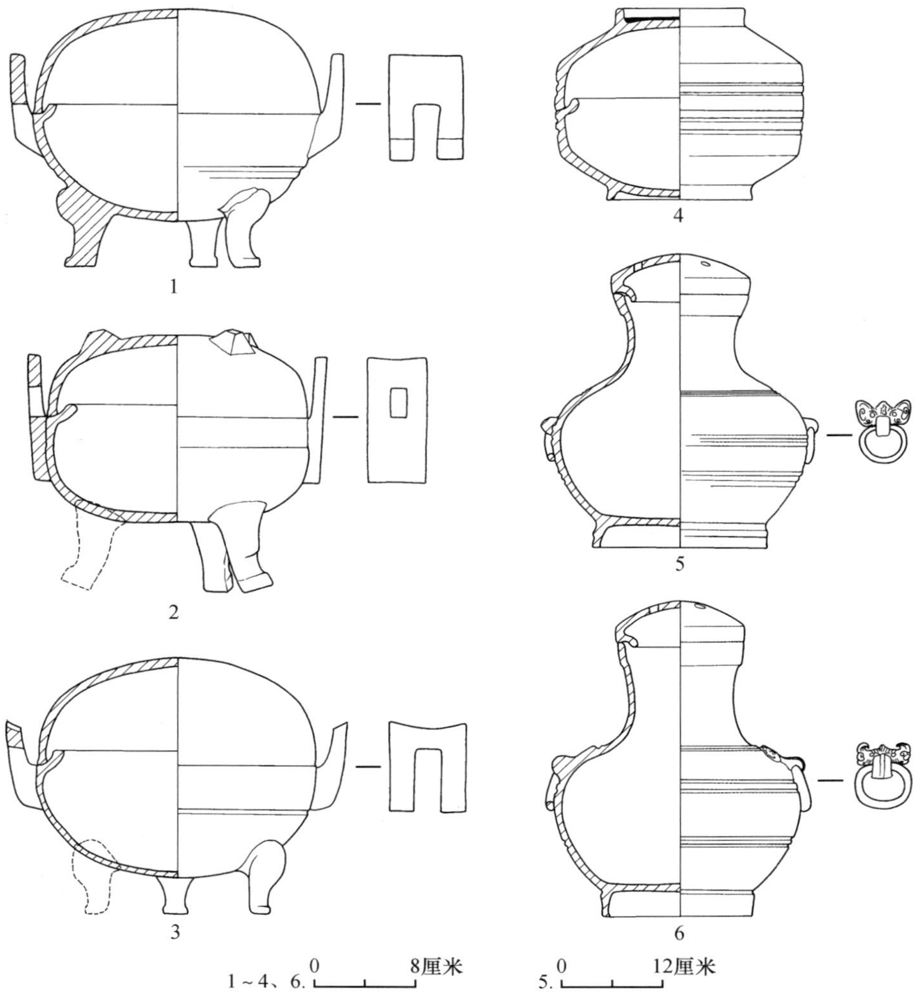

图二二六　M72出土陶器（一）
1～3. 陶鼎（M72：2、M72：47、M72：69）　4. 陶盒（M72：14）　5、6. 陶壶（M72：6、M72：28）

盘　2件。泥质灰陶。大口，窄沿，折腹，小平底。素面。标本M72：34，斜折沿，假圈足。口径19、底径8、高4.5厘米（图二二七，4）。标本M72：62，平折沿。口径19.5、底径8.5、高5厘米（图二二七，5）。

盆　9件。泥质灰陶。大口，折沿，弧折腹，平底。标本M72：31，假圈足。口径24、底径10.4、高6.3厘米（图二二七，12）。标本M72：63，口径23.5、底径11、高6.4厘米（图二二七，7）。标本M72：73，下腹部饰瓦棱状纹。口径21.6、底径6、高6.8厘米（图二二七，6）。标本M72：76，沿部外弧撇，上腹内弧收，下腹微外鼓，假圈足。口径26.5、底径10.5、高7.8厘米（图二二七，9）。标本M72：77，口径27.5、底径12.3、高7.1厘米（图二二七，10）。标本M72：78，口径24.2、底径9、高7.6厘米（图二二七，8）。标本M72：80，口径21、底径6.8、高7.4厘米（图二二七，13）。标本M72：83，上腹弧收，下腹弧鼓。口径27.5、底径11.5、高7厘米（图二二七，11）。

罐　11件。泥质灰陶。小口，厚圆唇外卷，矮领束颈广肩，弧腹，平底。肩、腹部一般饰有凹弦纹，个别器物肩部饰网状暗纹。标本M72：33，器形较大，肩部弧鼓。肩部饰网格状暗纹，下腹部亦饰凹弦。口径12.3、底径17、高18.4厘米（图二二八，2）。标本M72：37，

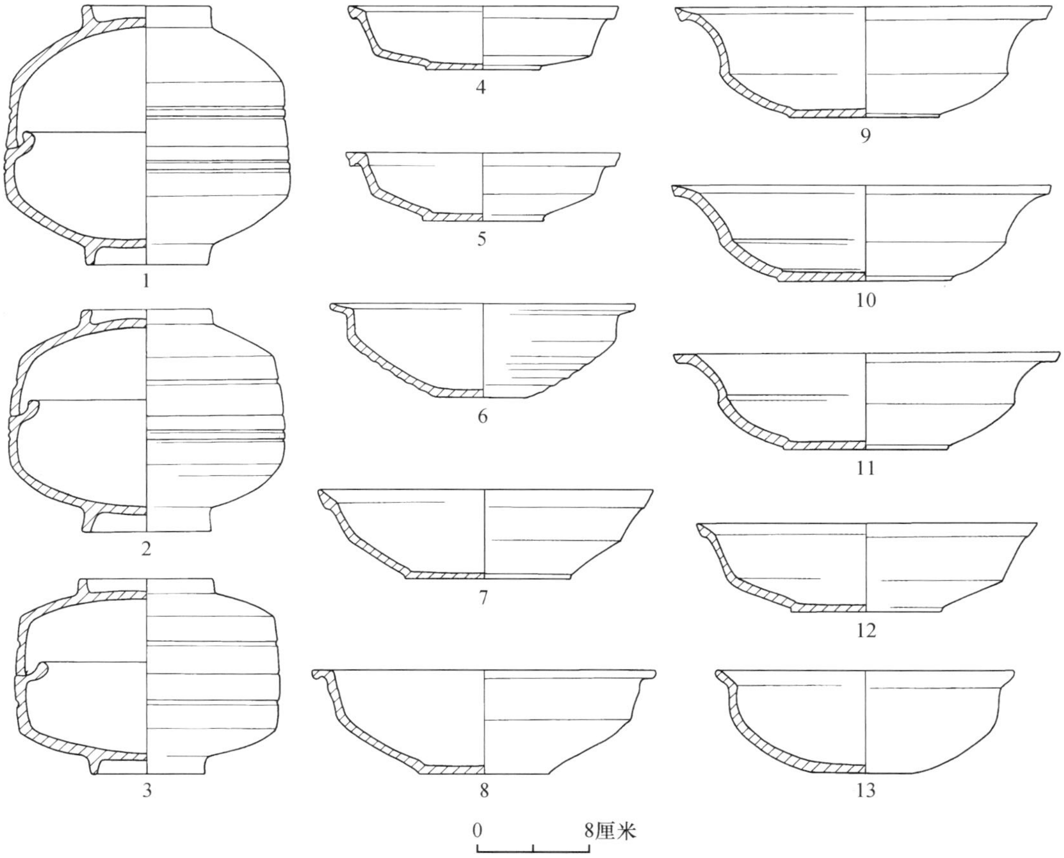

图二二七　M72出土陶器（二）

1～3. 陶盒（M72：39、M72：46、M72：70）　4、5. 陶盘（M72：34、M72：62）　6～13. 陶盆（M72：73、M72：63、M72：78、M72：76、M72：77、M72：83、M72：31、M72：80）

器形略小。肩部饰凹弦纹一周。口径10.5、底径10.5、高11.4厘米（图二二八，6）。标本M72：44，器形略小，颈部明显。肩部饰凹弦纹一周。口径10.8、底径1、高11.5厘米（图二二八，7）。标本M72：45，器形较大。颈部明显。肩部凹纹纹数周。口径12、底径16、高18.4厘米（图二二八，1）。标本M72：64，颈部发达，肩部上耸。口径11.6、底径16、高18厘米（图二二八，5）。标本M72：68，器形较大。肩部饰凹弦纹及网格状暗纹。口径12、底径14.5、高16.8厘米（图二二八，4）。标本M72：82，泥质灰陶。小口，尖唇，折肩，折腹，平底。肩腹部饰凹弦纹，肩与腹，中腹与下腹部相接处饰绹索纹各一周。口径14.8、底径18、高20.6厘米（图二二八，3；图版五五，2）。标本M72：74，泥质灰陶。斜直颈，斜肩，扁腹，平底。肩腹相接处对称二盲耳。素面。口径17、底径14.6、高14.4厘米（图二二八，11）。

蛋形罐　1件。标本M72：84，泥质灰陶。小口，平折沿，矮束颈，斜弧肩，弧腹，圜底。肩部饰细密弦纹，腹部饰斜向绳纹。口径14、高15.7厘米（图二二八，8；图版五五，3）。

甑　4件。泥质灰陶。盆形。标本M72：15，敞口，深弧腹，平底，底部有圆形扎孔。上腹部饰凹槽一周。口径12.6、底径4、高6厘米（图二二八，10）。标本M72：71，大口微敛，折沿，方唇，小平底，底上若干圆形钻孔。素面。口径19.7、底径6、高7.4厘米（图二二八，9）。

仓　27件。泥质灰陶。筒形腹，子母口，上承盖，盖为平顶覆盘形。腹多饰凹弦纹。标本M72：1，壁弧鼓。口径10.2、底径11.8、高16.8厘米（图二二九，6）。标本M72：9，口径

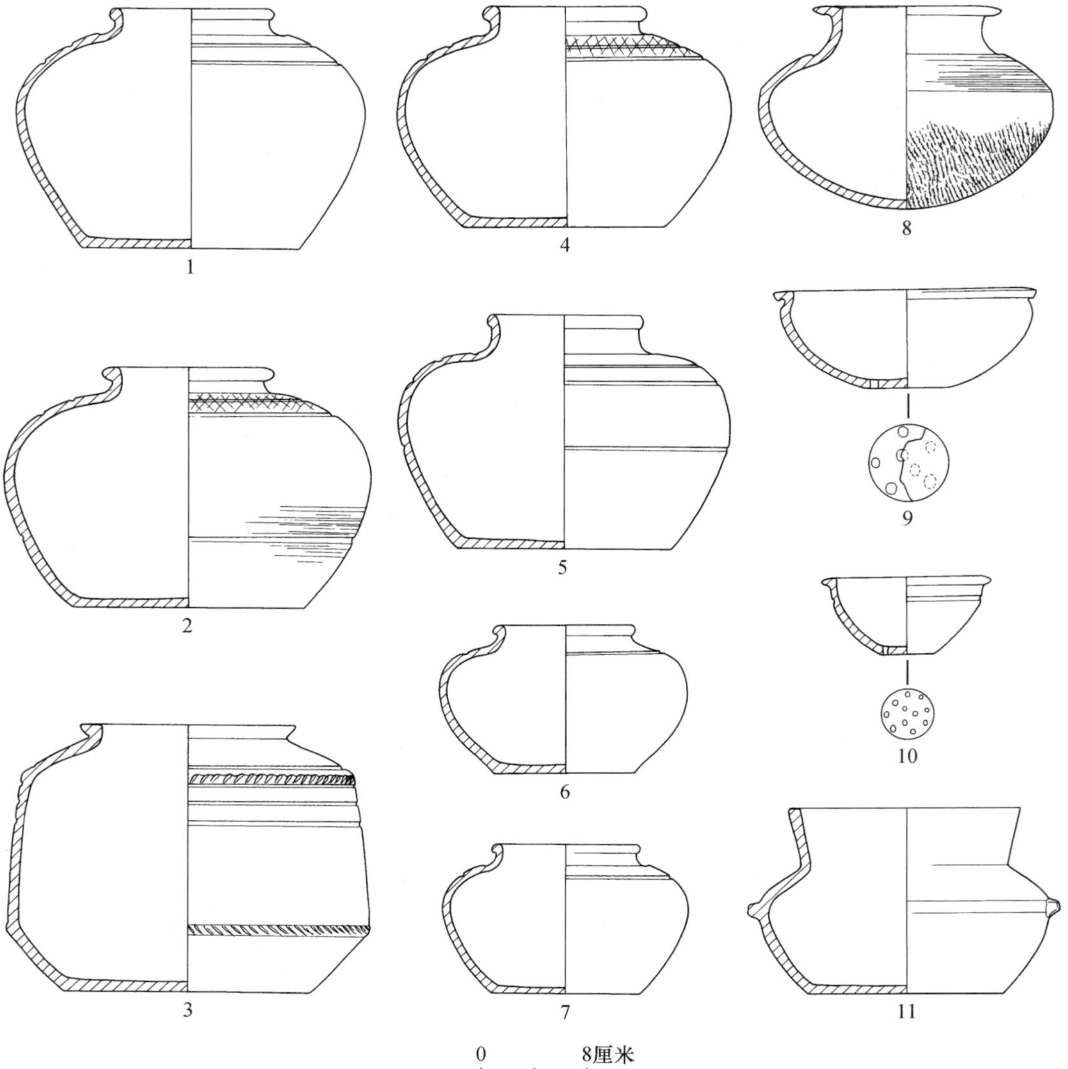

图二二八　M72出土陶器（三）

1～7、11. 陶罐（M72：45、M72：33、M72：82、M72：68、M72：64、M72：37、M72：44、M72：74）
8. 陶蛋形罐（M72：84）　9、10. 陶甑（M72：71、M72：15）

11.8、底径12.3、高11.8厘米（图二二九，5）。标本M72：21，壁弧鼓。口径11.2、底径13、高16.5厘米（图二二九，8）。标本M72：32，腹壁上鼓下收。口径15.4、底径16、高21.5厘米（图二二九，9；图版五五，4）。标本M72：35，腹壁微弧鼓。口径10.2、底径11.7、高13.5厘米（图二三〇，1）。标本M72：40，腹壁略弧曲。口径16、底径16.5、高20.6厘米（图二二九，3）。标本M72：50，壁微弧鼓。口径10.2、底径11.7、高14.8厘米（图二三〇，2）。标本M72：54，直壁微斜直。口径15.8、底径17、高17.6厘米（图二二九，1）。标本M72：81，壁微弧曲。口径13.8、底径16.5、高20.4厘米（图二二九，4）。标本M72：85，壁弧鼓。口径10.3、底径12、高15.3厘米（图二二九，7）。标本M72：88，腹壁略弧鼓。口径14.2、底径16.8、高18.2厘米（图二二九，2）。

钵　8件。泥质灰陶。大敞口，厚圆唇，平底。素面。标本M72：5，弧腹。口径12、底径5、高5.2厘米（图二三〇，3）。标本M72：11，弧腹。口径12、底径5、高4.5厘米（图

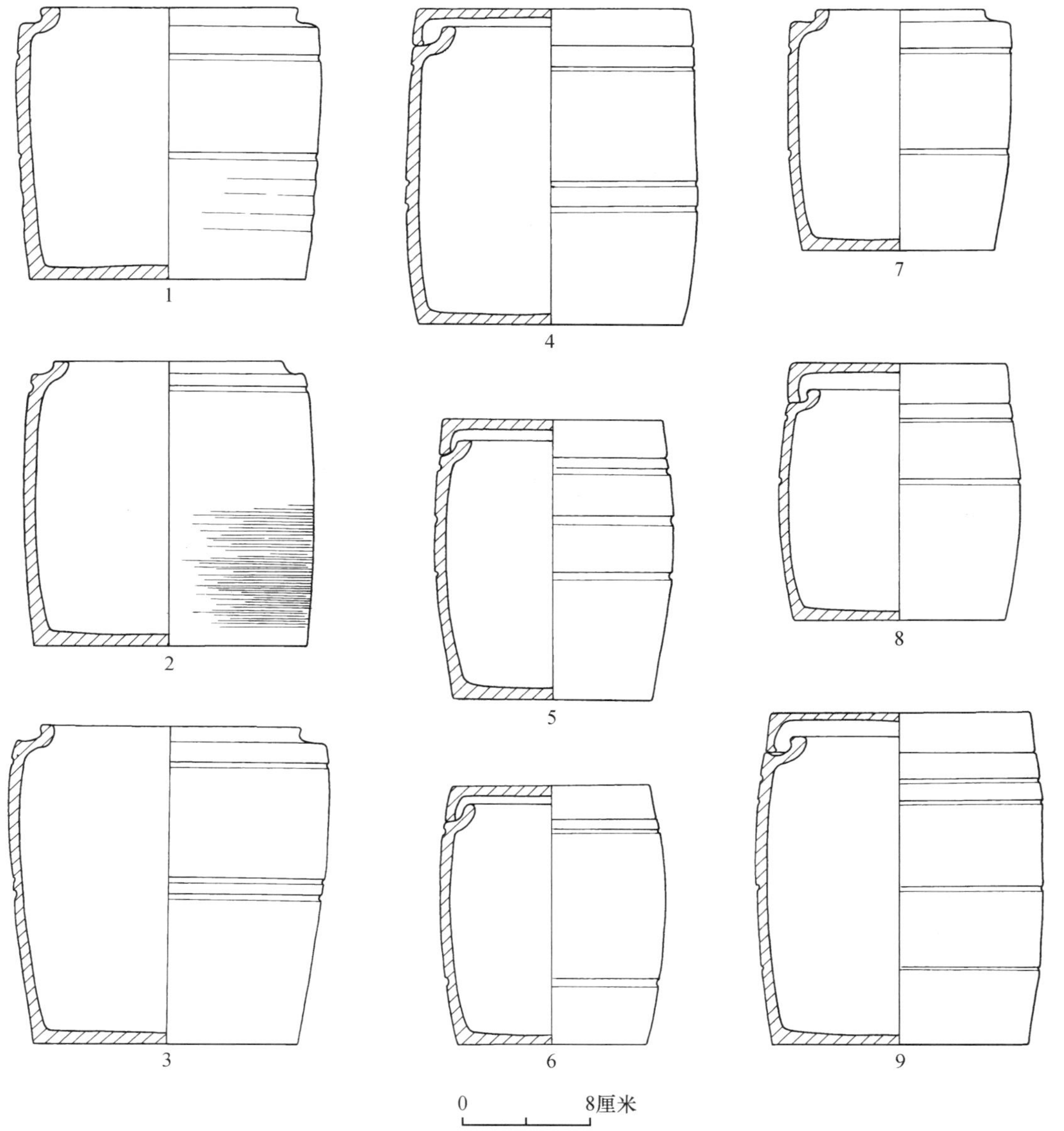

图二二九　M72出土陶仓

1. M72：54　2. M72：88　3. M72：40　4. M72：81　5. M72：9　6. M72：1　7. M72：85　8. M72：21　9. M72：32

二三〇，6）。标本M72：25，曲腹。口径12、底径4.2、高4.2厘米（图二三〇，7）。标本M72：38，上腹内收，下腹外弧收。口径12.2、底径4.2、高4.5厘米（图二三〇，8）。标本M72：41，弧腹。口径13.2、底径6、高5厘米（图二三〇，9）。标本M72：43，曲腹，上腹内收，下腹外弧收。口径14、底径5、高5.4厘米（图二三〇，4）。标本M72：87，折腹。口径18.4、底径6.5、高5.6厘米（图二三〇，5）。

灶　2件。泥质灰陶。呈长方体高台形，双灶口，双半圆形火门。标本M72：4，两灶孔一大一小，灶孔后两角处各有一圆形式烟道，台面的一侧似有挡火墙，但已残。正面灶台壁上镂出二半圆形火门。灶长28.5、宽15、高10厘米（图二三〇，10）。标本M72：57，呈长方体形，唯后壁呈弧形。两灶孔基本同大，台面靠后壁中间有一椭圆形烟道。正面灶台壁上有二半圆形火门。灶长37、宽17、高9.5厘米（图二三〇，11；图版五五，5）。

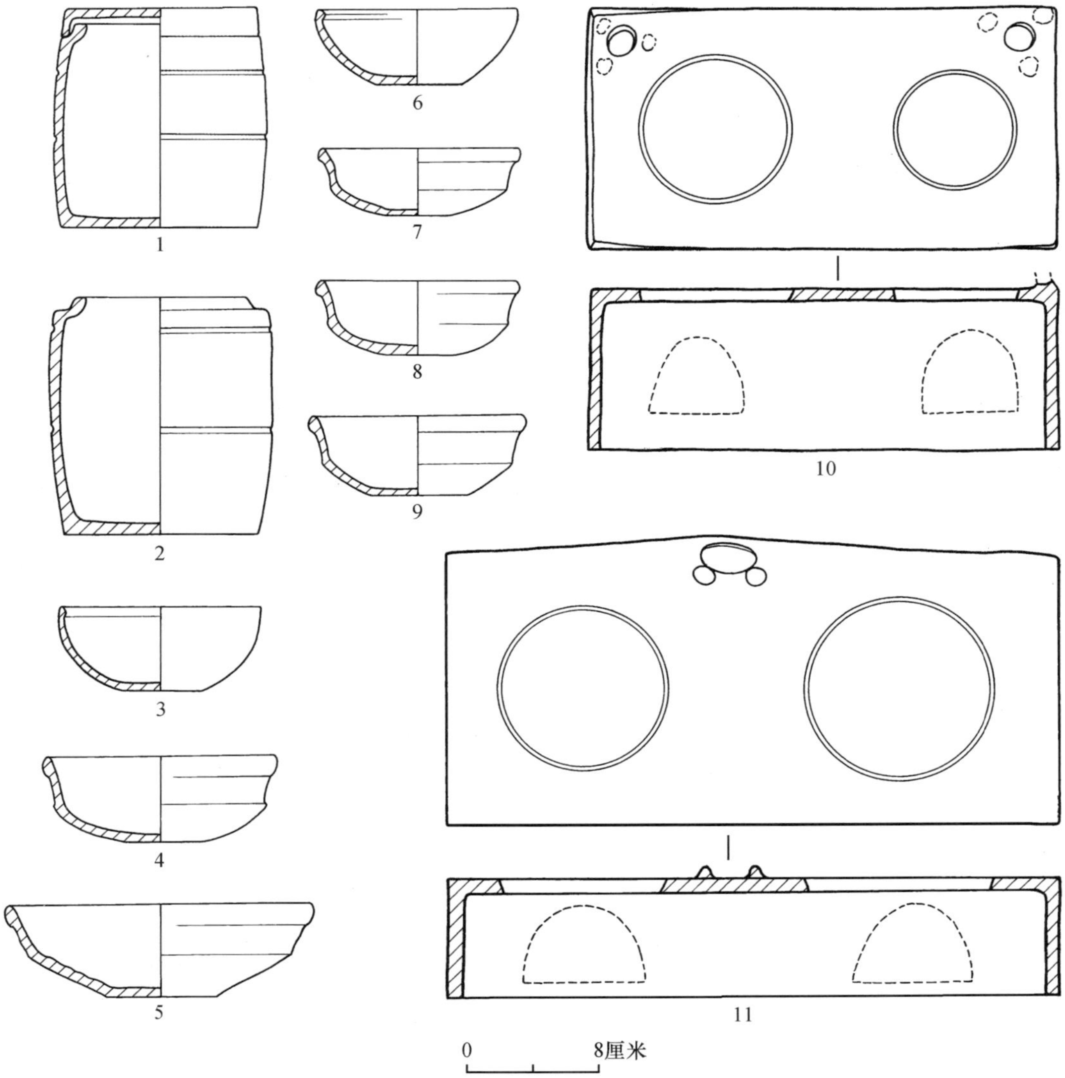

图二三〇　M72出土陶器（四）

1、2. 陶仓（M72∶35、M72∶50）　3～9. 陶钵（M72∶5、M72∶43、M72∶87、M72∶11、M72∶25、M72∶38、M72∶41）
10、11. 陶灶（M72∶4、M72∶57）

铜器　3件。

带钩　2件。兽首钩。标本M72∶12，身较短，略呈勺形，圆扣。长6.2厘米（图二三一，1）。标本M72∶89，长身钩。形体修长，圆扣。长8厘米（图二三一，2）。

铜饰件　1件。标本M72∶59，残碎严重，可辨其应为铜棺饰件，形状、尺寸不明。

银器　1件。

银器　1件。标本M72∶90，形制较小，略呈弧边三角形，系用一根银条弯曲而成。周长3.2、断面直径0.2厘米（图二三一，3）。

石器　2件。

饰件　2件。打磨光滑，中有钻孔。标本M72∶20-1，圆三角形，一侧厚一侧薄。边长7、厚0.2～0.7、孔径0.4厘米（图二三一，4）。标本M72∶20-2，呈椭圆形，扁平中间略凹。直径2.2～2.8、厚1.2、孔径0.4～0.7厘米（图二三一，5）。

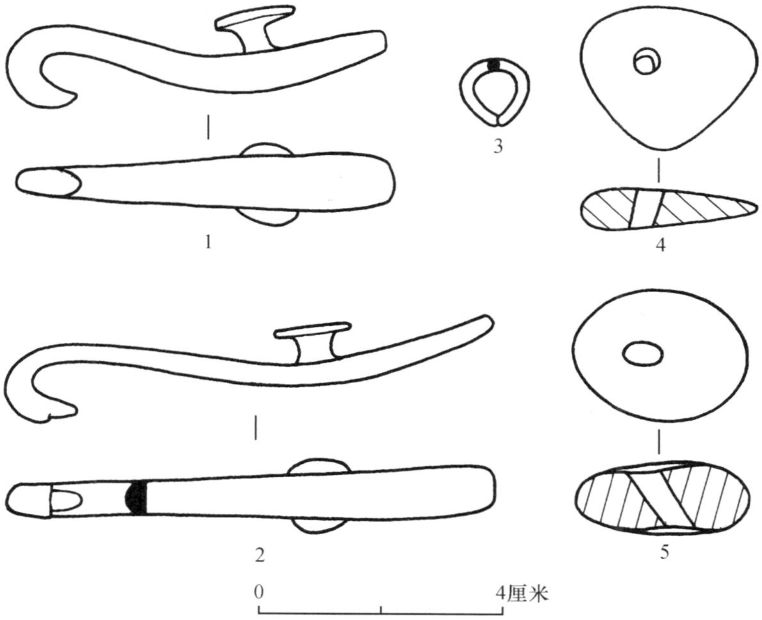

图二三一 M72出土铜、银、石器

1、2. 铜带钩（M72：12、M72：89） 3. 银器（M72：90） 4、5. 石饰（M72：20-1、M72：20-2）

铁器 2件。

剑 2件。标本M72：8、标本M72：75，朽蚀较甚，形制不辨。

铜钱 70枚。

半两2枚，五铢68枚。五铢直径在25～26毫米之间。半两直径为24毫米左右。

四五、M73

（一）发掘地点

位于第三象限、T31327内，被M72打破。

（二）形制与结构

开口距地表深0.6米。长方形竖穴土坑墓，直壁，平底。墓室长3.1、宽1.8～1.9米，因墓室上部被破坏严重，墓室内深度仅存0.3米。方向198°（图二三二）。

墓室内填土呈红褐色，含少量灰陶片。

葬具与人骨不详。

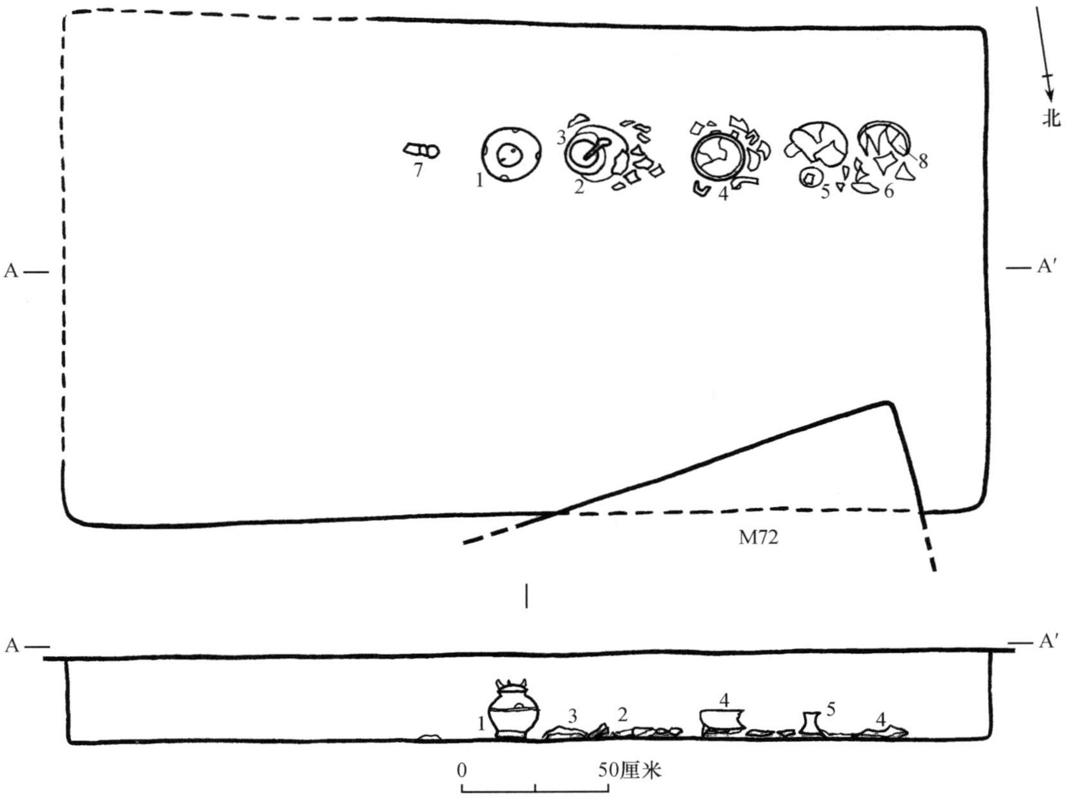

图二三二　M73平、剖面图

1. 陶壶　2. 陶盒　3、7. 陶勺　4. 陶鼎　5、6. 陶豆　8. 陶器盖

（三）随葬器物

在墓室西南部发现有随葬品8件，均为陶器，残破严重。可辨器型有鼎、盒、壶、豆、勺等。

鼎　1件。标本M73：4，泥质灰陶。子母口，盆形腹，圜底。三蹄足，足根部粗大，足身弧曲，足端略细；近口部腹壁两侧附对称∩形耳，腹壁饰凸弦纹一周。盖弧顶，上原有三个对称方形乳状纽，已脱落，仅存纽痕。口径18.6、高16厘米（图二三三，1）。

盒　1件。标本M73：2，泥质灰陶。仅余器身。子母口，圆方唇，碗形腹，圜底，矮圈足。近口部腹壁外饰凹弦纹二周。口径13.2、足径7.2、残高7厘米（图二三三，6）。

壶　1件。标本M73：1，泥质灰陶。小口微侈，方唇，长颈弧束，溜肩，弧腹，平底，喇叭形圈足；肩部对称贴附圆环。肩及腹部各饰凹弦纹一周。口上承盖，弧顶，上有三个高耸兽形纽。口径6.6、足径10.4、高20.9厘米（图二三三，2）。

豆　2件。泥质灰陶。直口微敛，方唇，直壁，浅弧腹，圜底，喇叭形细长柄。素面。标本M73：5，豆盘弧折。口径9.6、足径6.2、高7厘米（图二三三，5）。标本M73：6，豆盘折腹明显。口径9.4、足径5.2、高6.9厘米（图二三三，4）。

器盖　1件。标本M73：8，泥质灰陶。覆盘形，直口，直壁，弧顶。素面。口径10.5、高2.4厘米（图二三三，3）。

勺　2件。修复1件。标本M73：3，泥质灰陶。圆形勺腹，浅腹，圜底；一侧捏制出斜直柄。素面。口径6～6.5、高7.5厘米（图二三三，7）。

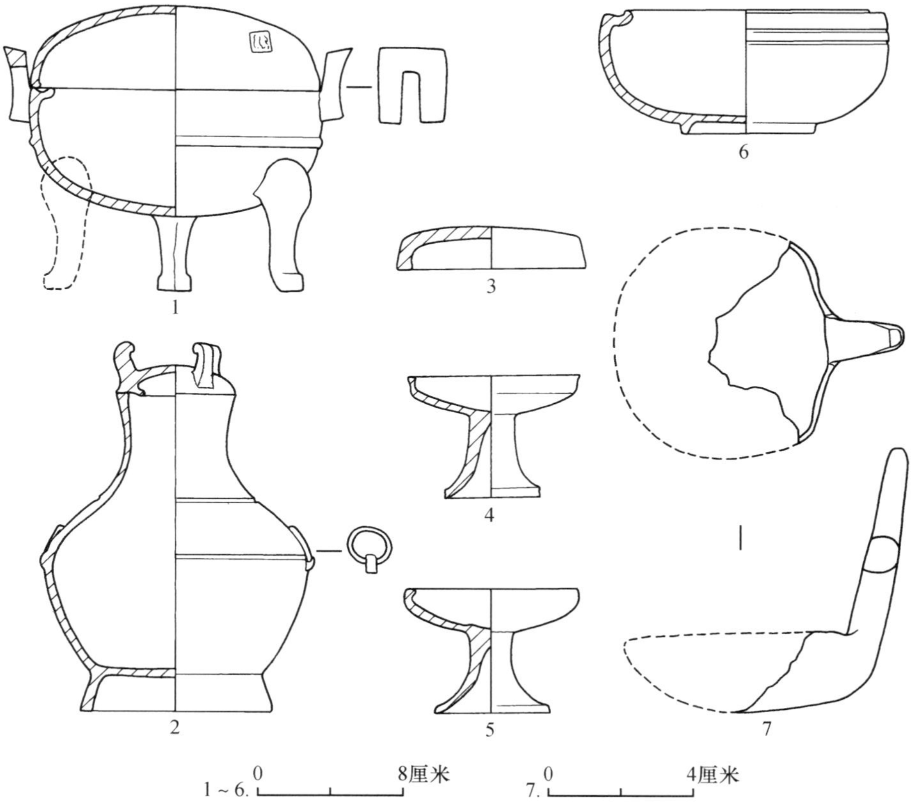

图二三三　M73出土陶器

1. 陶鼎（M73：4）　2. 陶壶（M73：1）　3. 陶器盖（M73：8）　4、5. 陶豆（M73：6、M73：5）　6. 陶盒（M73：2）　7. 陶勺（M73：3）

四六、M74

（一）发掘地点

位于第三象限、T31631内，打破M75，位于一处陡坡上。

（二）形制与结构

开口距地表深0.5~1.4米。近方形竖穴土坑墓，东壁扰乱，西壁、南壁较规整，底部较平。墓口长3.2、宽3米，墓底长3.2、宽3米，深0.8~1.08米。方向60°（图二三四；图版五六，1）。

墓内填土呈红褐色花土，土质疏松。

葬具为两棺一椁。棺椁腐朽严重，仅见朽痕，棺长2.1、宽1米，椁长2.7、宽2.5米，朽痕厚0.1米。

骨架2具，保存极差，仅可辨出头向东偏北。

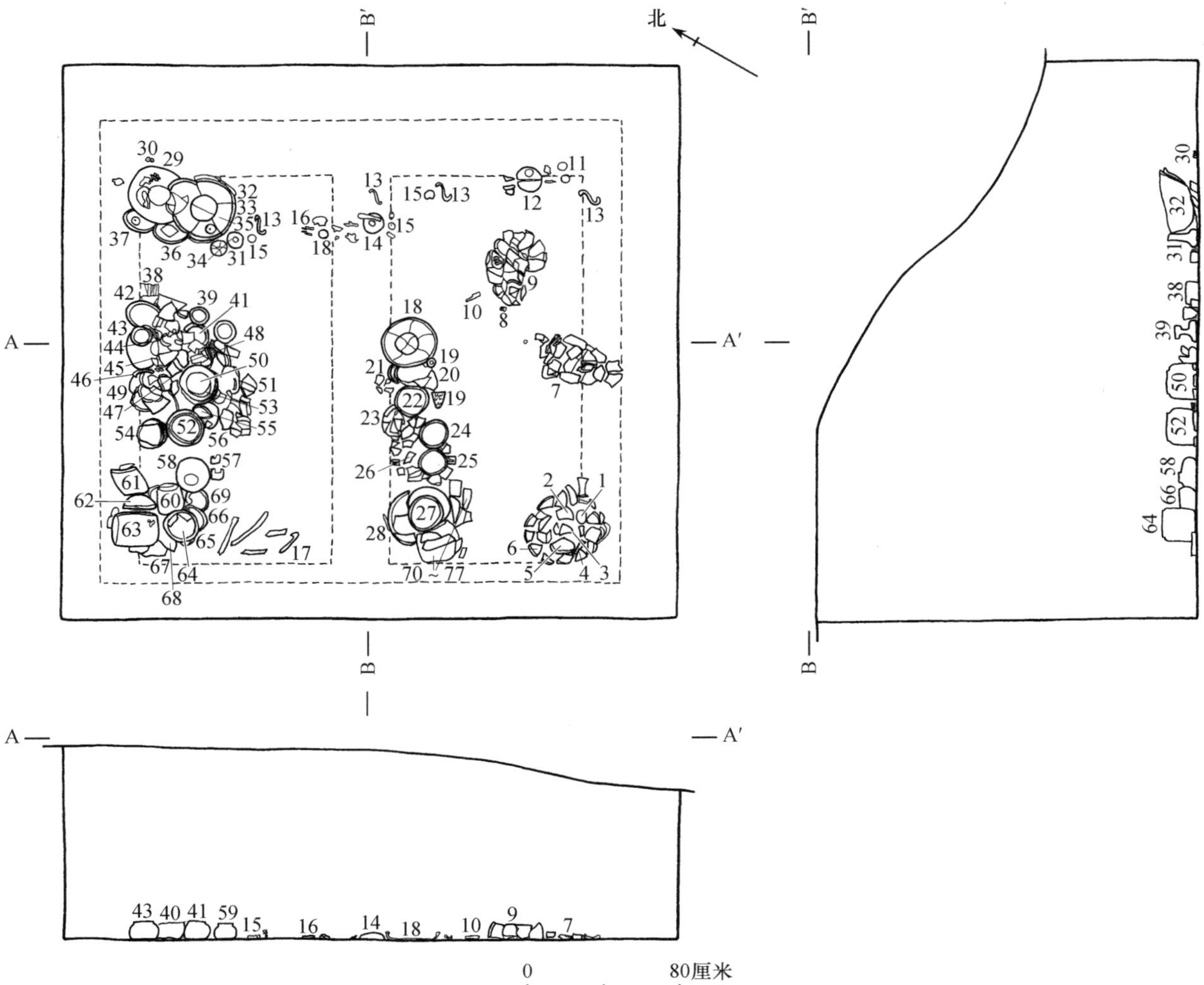

图二三四　M74平、剖面图

1. 釉陶勺　2. 釉陶魁　3、36. 釉陶器盖　4. 陶甑　5. 釉陶盒　6、18. 釉陶盆　7、22、24、25、27、41、45、46、48、51、52、56、59～61、63～65、67、68. 陶仓　8、30. 铜钱　9. 釉陶壶　10. 铁削　11、15. 铜泡钉　12、14、29. 铜棺饰　13. 铁棺钩　16. 陶纽饰　17. 铜带钩　19、39. 釉陶博山炉　20. 陶器盖　21. 釉陶豆　23. 釉陶釜　26. 釉陶鼎　28. 陶瓮　31. 釉陶灯　32、33、37、53. 陶盆　34、43. 陶壶　35、44、58、62、70～77. 陶钵　38. 釉陶奁　40、49、50、55. 陶罐　42. 陶盒　47. 陶釜　54. 陶豆　57. 铁锸　66. 陶鼎　69. 陶勺

（三）随葬器物

随葬品放置于椁室内，出土釉陶器、陶器、铜器、铁器等各类随葬品78件，铜钱25枚。釉陶器可辨器型有鼎、盆、盒、博山炉、釜、壶、豆等；陶器可辨器型有鼎、盘、罐、釜、仓、甑、瓮等；铜器可辨有钩、棺饰等；铁器可辨有锄、削等。

釉陶器　15件。

鼎　1件。标本M74：26，泥质红陶。器盖、器表施酱红色釉，器内及底部未施釉，器表有脱釉现象。子口，圆唇，弧腹，圜底，下接三蹄形足。口沿处贴附对称两外撇较甚方形耳，耳正面有方孔。上承盖，母口，圆唇，弧壁，弧顶。盖上饰三个器纽。器盖及器身各饰一周凹弦纹。口径15.2、高15厘米（图二三五，2；彩版二三，1）。

盆　2件。标本M74：6，泥质红陶，器表及器内施姜黄色釉，器表下腹及底部未施釉，有垂釉现象。敞口，卷沿，方唇，微束颈，溜肩，鼓腹，平底。肩部饰对称铺首衔环。腹部饰凹弦纹数周。口径25.4、底径16、高12.6厘米（图二三五，3；图版五七，1）。标本M74：18，泥质红陶，器表器内施姜黄色釉，底部未施。敞口，方唇（唇部有凹槽），弧壁，浅腹，微凹圜底。口径26.3、底径14.5、高5厘米（图二三五，4；彩版二三，2）。

盒　1件。标本M74：5，泥质红陶，通体施姜黄釉，器内及底部未施釉。子母口，圆唇，弧腹，圜底，矮圈足。盒盖饰二道凹弦纹。器盖形制与器腹相近，唯口部形态为母口。口径15.4、圈足径10.4、高15.7厘米（图二三五，1；图版五七，2）。

博山炉　2件。标本M74：19，泥质红陶，器表施酱红釉。敛口，唇上有较深凹槽。斜直壁，折腹，圜底，中空柄，柄底部接浅盘底座，柄中上部有一周凹槽的箍，浅盘底座为敞口，圆唇，弧腹，平底。上承盖，斜弧壁，尖顶。盖上堆塑山形浅浮雕纹饰。口径9.2、高22.2厘米（图二三六，4；彩版二三，3）。标本M74：39，泥质红陶，器表施酱红色釉，器内及底部未施釉。子口，圆唇，弧壁，圜底，矮柄，喇叭形内敛圈足。圈足表面以柄为中心堆塑两条龙，龙头相对，尾交叉，四足。上承盖，母口，方唇，斜弧壁，尖顶。盖上堆塑山形浮雕纹饰。口径8.8、高18.4、底径12.8厘米（图二三六，6）。

釜　1件。标本M74：23，泥质红陶，器表施酱红釉。敞口，折沿，圆唇，弧颈，溜肩，圆鼓腹，圜底。肩部饰凸弦纹两周。口径14.3、高12厘米（图二三五，6；图版五七，3）。

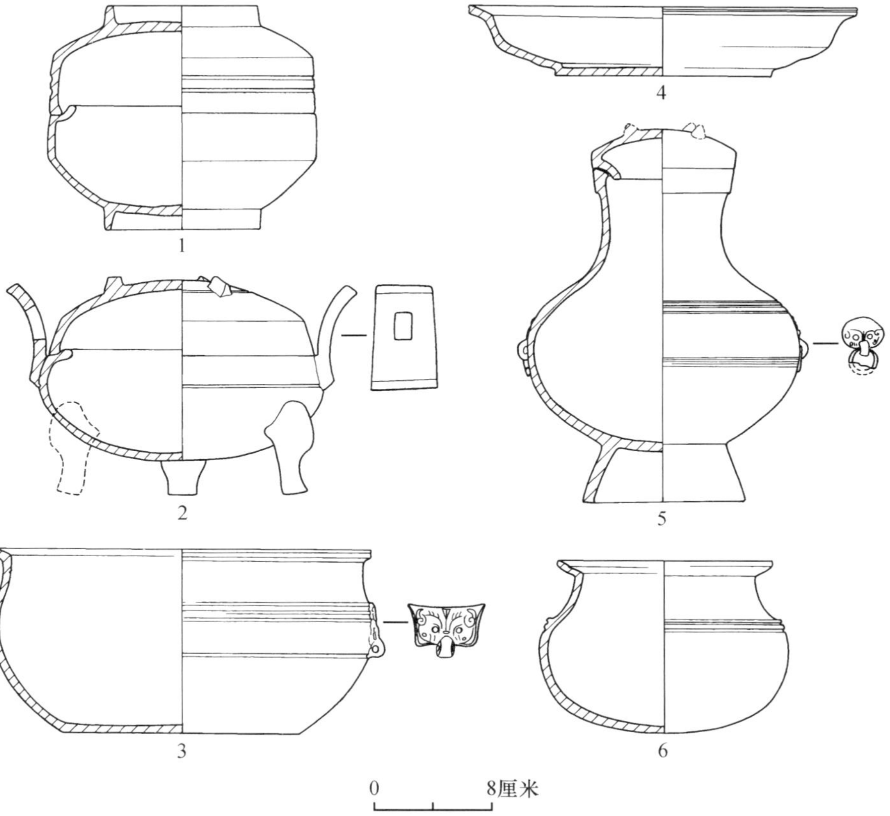

图二三五　M74出土釉陶器（一）

1. 釉陶盒（M74：5）　2. 釉陶鼎（M74：26）　3、4. 釉陶盆（M74：6、M74：18）　5. 釉陶壶（M74：9）　6. 釉陶釜（M74：23）

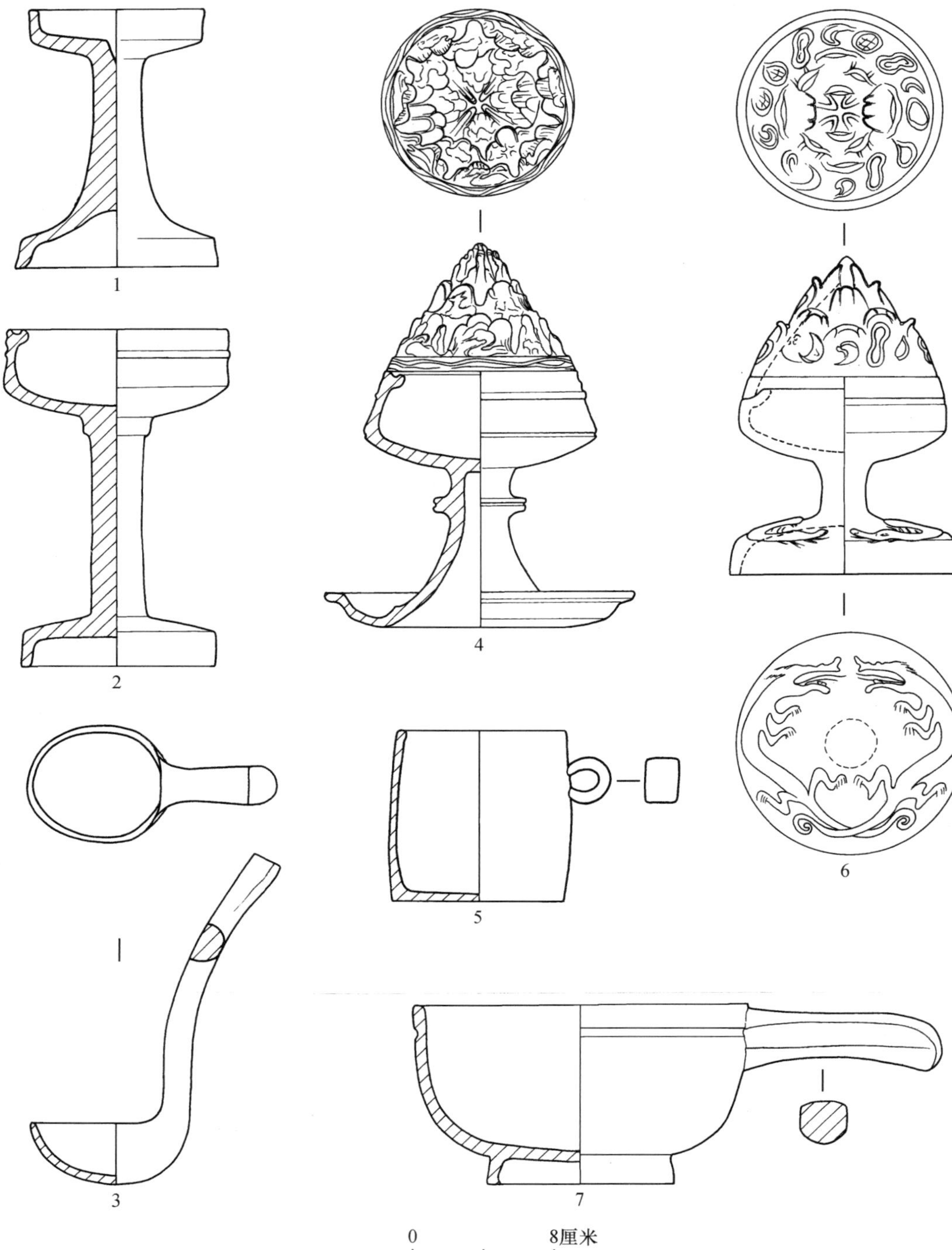

图二三六　M74出土釉陶器（二）

1. 釉陶灯（M74：31）　2. 釉陶豆（M74：21）　3. 釉陶勺（M74：1）　4、6. 釉陶博山炉（M74：19、M74：39）

5. 釉陶奁（M74：38）　7. 釉陶魁（M74：2）

壶　1件。标本M74：9，泥质红陶，器表施姜黄色釉。母口，斜方唇，弧颈，溜肩，圆鼓腹，圜底，高圈足。腹部饰有凹弦纹数周和一对对称兽面铺首。上承盖，子口，近直壁，弧顶。顶部均匀饰有三个圆锥形器纽。口径15、底径17、高39厘米（图二三五，5；图版五七，4）。

豆　1件。标本M74：21，泥质红陶，器表施酱红色釉。敛口，圆唇，弧壁，圜底，细高柄，喇叭形内敛圈足，柄顶部有一周箍。豆腹上饰一周凸弦纹。口径10.5、底径10.8、高19.5

厘米（图二三六，2；图版五七，5）。

灯　1件。标本M74：31，泥质红陶，通体施绿釉（上部色重，下部色轻）。敞口近直，圆唇，圜底近平，底中部下凹，细高柄，大喇叭形圈足。口径9.9、底径11.4、高14.9厘米（图二三六，1；彩版二三，4）。

魁　1件。标本M74：2，泥质红陶，器内外满施浅绿色釉，底部未施釉。敞口，圆唇，弧壁，圜底，矮圈足，棱圆柱形把手。口径18.8、底径11、高10.4厘米（图二三六，7；彩版二三，5）。

勺　1件。标本M74：1，泥质红陶，通体施酱红色釉。圆腹，圜底，剖面为半圆形的曲柄。长12厘米（图二三六，3；彩版二三，6）。

奁　1件。标本M74：38，泥质红陶。器表施姜黄色釉。微敛口，弧壁，平底，器腹上部一侧饰一圆环耳，耳正面呈长方形。口径9.4、底径9.6、高10厘米（图二三六，5；图版五七，6）。

器盖　2件。标本M74：3、M74：36，残碎，无法修复，仅余残片，判断应为器盖。

陶器　52件。

鼎　1件。标本M74：66，泥质灰陶。母口，弧壁，圜底，下接弯曲三内敛蹄状足，足外尖着地。口沿处贴附外撇对称二圆方耳，耳正面有圆方孔。腹饰一周凸弦纹。口上承盖，弧壁，弧顶，顶中部有一实心圆纽。口径19、高20.7厘米（图二三七，1；图版五六，2）。

壶　2件。标本M74：34，泥质灰陶。母口，方唇，弧颈，溜肩，圆鼓腹，圜底，圈足。肩部有一对兽面铺首，肩部和腹部各饰凹弦纹两周，圈足饰凹弦纹三周。口上承盖，近直壁，弧顶。顶部施两个弯曲形器纽。口径14.1、底径15.3、高35.5厘米（图二三七，2；图版五六，

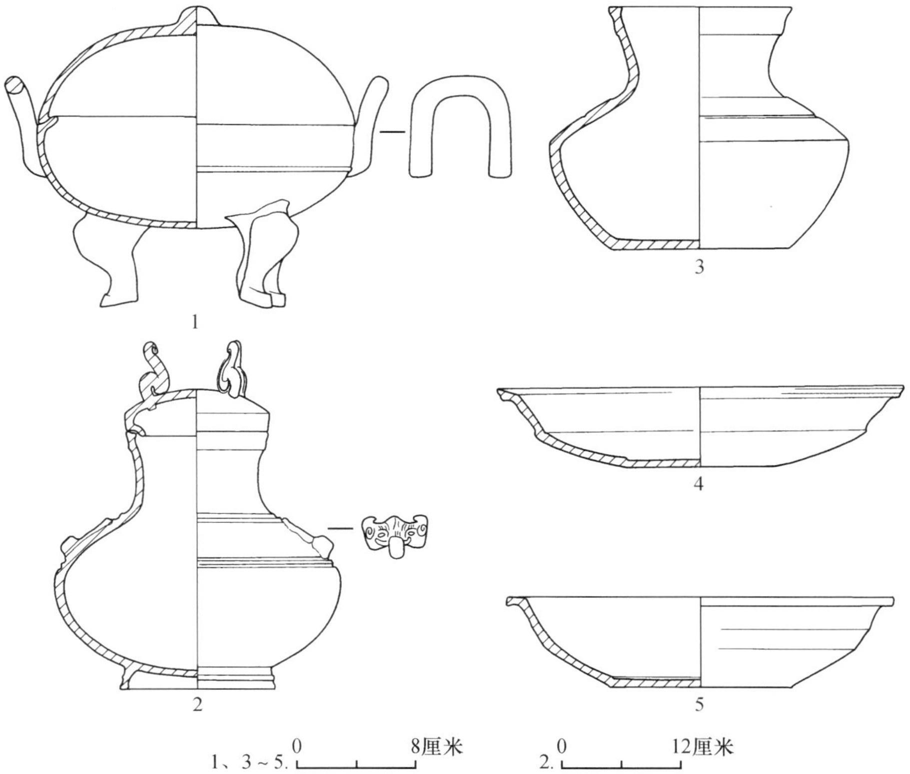

图二三七　M74出土陶器（一）

1. 陶鼎（M74：66）　2、3. 陶壶（M74：34、M74：43）　4、5. 陶盆（M74：32、M74：33）

3）。标本M74：43，泥质灰陶。微盘形口，方唇，斜弧颈，肩腹拐折明显，弧壁，平底。肩饰凹弦纹两周，下腹有刮抹痕。口径12.2、底径11.8、高16.8厘米（图二三七，3）。

罐　4件。标本M74：40，泥质灰陶。敞口，卷沿，尖唇，束颈，折肩，圜底。中腹部以下饰绳纹。肩部刻划有“⧖”“|X”符号。口径13.2、高15.4厘米（图二三八，4；图版五八，1）。标本M74：55，泥质灰陶。敞口，圆唇，束颈，溜肩，圆鼓腹，平底。肩饰一周状暗网格纹，肩、腹饰两周凹弦纹。口径11.2、底径11.5、高12.5厘米（图二三八，2；图版五八，2）。标本M74：49，泥质灰陶。敛口，圆唇，折肩，折腹，平底。肩、腹部饰凹弦纹四周和附加堆纹两周。口径14.4、底径19.5、高19厘米（图二三八，1）。标本M74：50，泥质灰陶。敛口，圆唇，折肩，折腹，平底。弧折肩处饰一周附加堆纹，肩、腹饰凹弦纹四周，下腹有刮抹痕。口径13、底径15.2、高16厘米（图二三八，3）。

釜　1件。标本M74：47，夹砂褐陶。敞口，卷沿，圆唇，溜肩，弧腹，圜底。中腹部以下饰绳纹。底有烟炱痕。口径14.5、高16厘米（图二三八，7）。

甑　1件。标本M74：4，夹砂灰陶。敛口，卷沿，圆唇，溜肩，弧腹，平底，底部扎22个圆孔。口径20、底径7、高8.2厘米（图二三八，8）。

盒　1件。标本M74：42，泥质灰陶。子母口，圆唇，弧腹，圜底，矮圈足。腹壁饰二道凹弦纹。器盖形制与器腹相近。口径17.2、底径7.8、高13.6厘米（图二三八，6）。

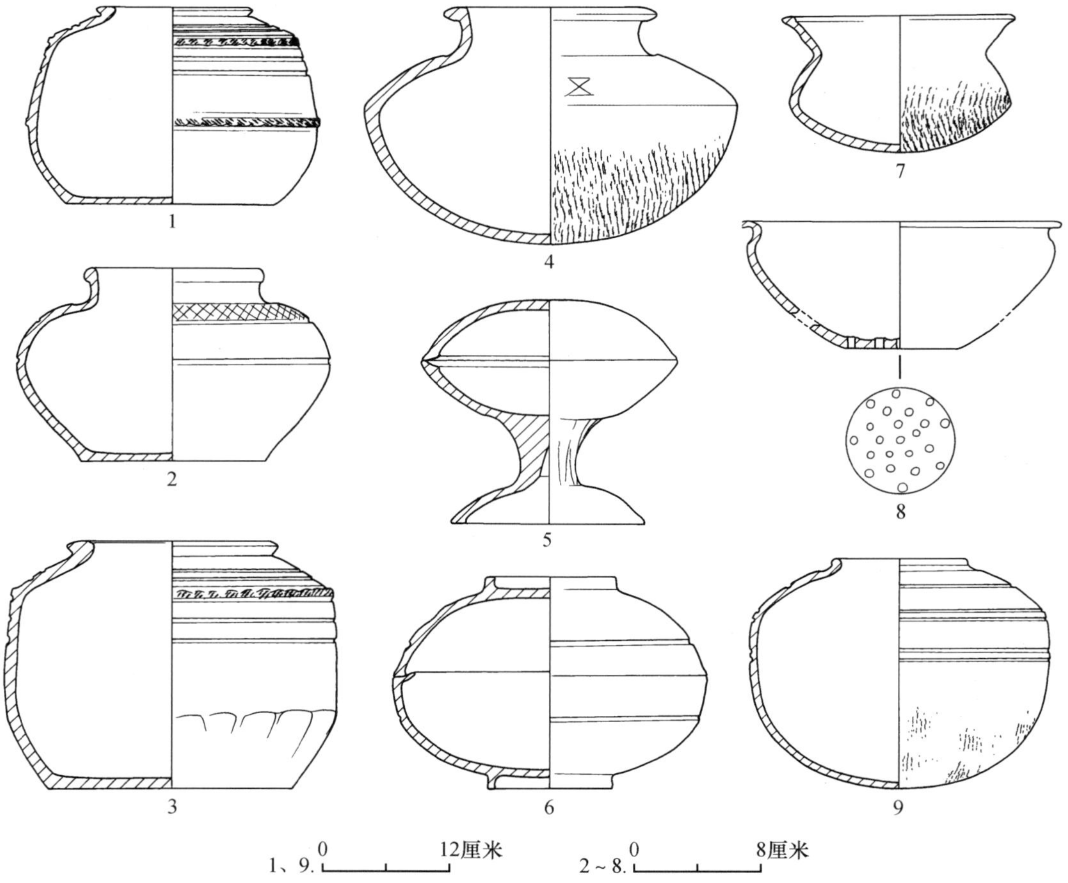

图二三八　M74出土陶器（二）

1～4. 陶罐（M74：49、M74：55、M74：50、M74：40）　5. 陶豆（M74：54）　6. 陶盒（M74：42）　7. 陶釜（M74：47）　8. 陶甑（M74：4）　9. 陶瓮（M74：28）

豆　1件。标本M74：54，泥质灰陶。敞口，尖唇，弧壁，圜底，矮粗柄，喇叭形圈足。上承盖，尖唇，弧壁，弧顶近平。素面，柄部有刮抹痕。口径16、底径12、高14.5厘米（图二三八，5）。

盆　5件。泥质灰陶。敞口，卷沿，方唇平底。标本M74：37，弧腹。口径21.6、底径7、高6.4厘米（图二三九，13）。标本M74：53，折腹。口径28.2、底径12、高6厘米（图二三九，14）。标本M74：32，泥质灰陶。唇中部有凹槽。口径27、底径10、高5.5厘米（图二三七，4）。标本M74：33，泥质灰胎黑皮陶。口径26、底径12、高6.2厘米（图二三七，5）。

器盖　1件。泥质灰陶。敞口微敛，弧壁，弧顶近平。标本M74：20，口径22、高6.4厘米（图二三九，12）。

瓮　1件。标本M74：28，泥质灰陶。敛口，圆唇，溜肩，弧腹，圜底。肩及腹部饰凹弦纹五周，下腹及底饰绳纹（有抹痕）。口径12.3、高22.2厘米（图二三八，9；图版五八，3）。

勺　1件。泥质灰陶。圆腹，圜底，圆柄，柄端卷曲。标本M74：69，长10、高5.8厘米（图二四〇，1）。

钵　12件。泥质灰陶。敞口，弧腹，平底。标本M74：35，口径17.8、底径5.5、高5.8厘米（图二三九，5）。标本M74：44，口径16.8、底径6.5、高6.1厘米（图二三九，1）。标本M74：58，口径17.2、底径6.2、高6.7厘米（图二三九，11）。标本M74：62，口径17.2、底径6、高6.5厘米（图二三九，3）。标本M74：70，折腹。口径17.8、底径6、高6.4厘米（图二三九，8）。标本M74：71，口径16、底径6、高5.4厘米（图二三九，2）。标本M74：72，

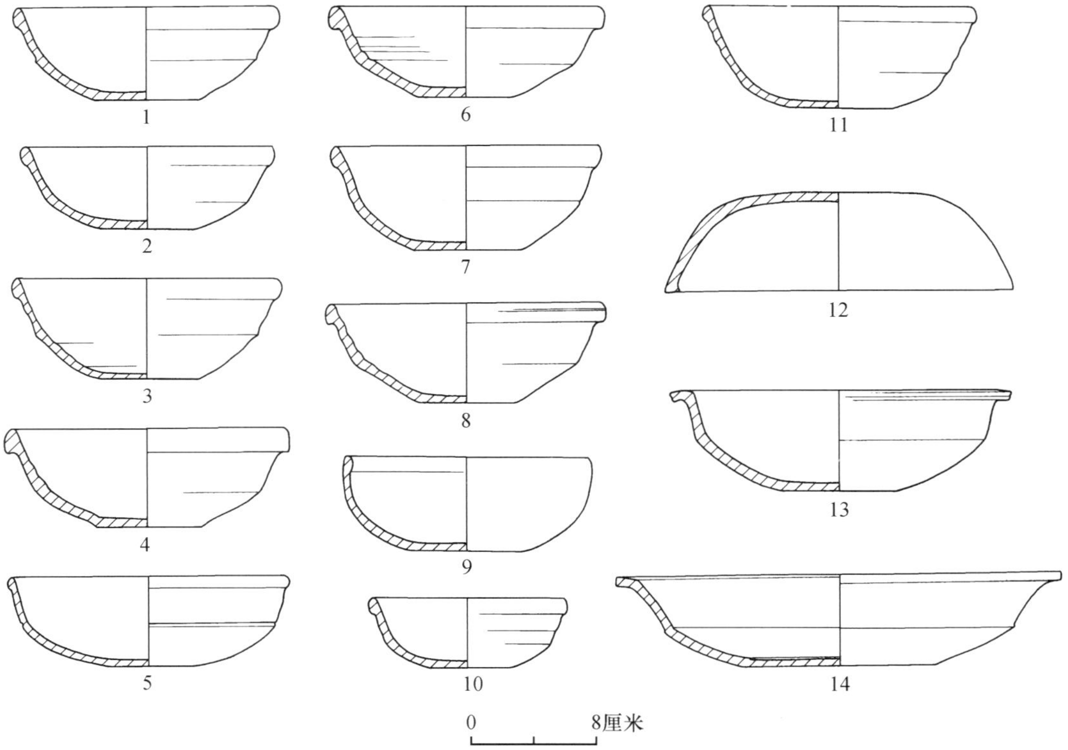

图二三九　M74出土陶器（三）

1～11. 陶钵（M74：44、M74：71、M74：62、M74：74、M74：35、M74：76、M74：75、M74：70、M74：77、M74：72、M74：58）　12. 陶器盖（M74：20）　13、14. 陶盆（M74：37、M74：53）

口径12.6、底径5、高4.4厘米（图二三九，10）。标本M74：74，口径18、底径6.3、高6.4厘米（图二三九，4）。标本M74：75，口径17.2、底径6.5、高6.7厘米（图二三九，7）。标本M74：76，微折腹。口径17.4、底径6、高6厘米（图二三九，6）。标本M74：77，腹部略外鼓。口径15.5、底径6.5、高6.1厘米（图二三九，9）。

仓　20件。泥质灰陶。敛口，方唇，弧壁，平底。腹饰凹弦纹。标本M74：7，口径19.5、底径20、高20.2厘米（图二四〇，2）。标本M74：22，口径11.2、底径12.2、高14.3厘米（图二四一，1）。标本M74：24，口径11.8、底径16、高18.5厘米（图二四一，5）。标本M74：25，口径11.4、底径13.5、高16厘米（图二四一，3）。标本M74：41，口径12.7、底径13、高17.5厘米（图二四〇，8）。标本M74：45，口径12.5、底径14.2、高17.3厘米（图二四〇，7）。标本M74：46，口径18、底径20.5、高18厘米（图二四〇，3）。标本M74：48，口径10.5、底径14.5、高17.4厘米（图二四一，2）。标本M74：51，口径12.2、底径13、高18.5厘米（图二四一，6）。标本M74：52，口径11.6、底径13、高14.1厘米（图

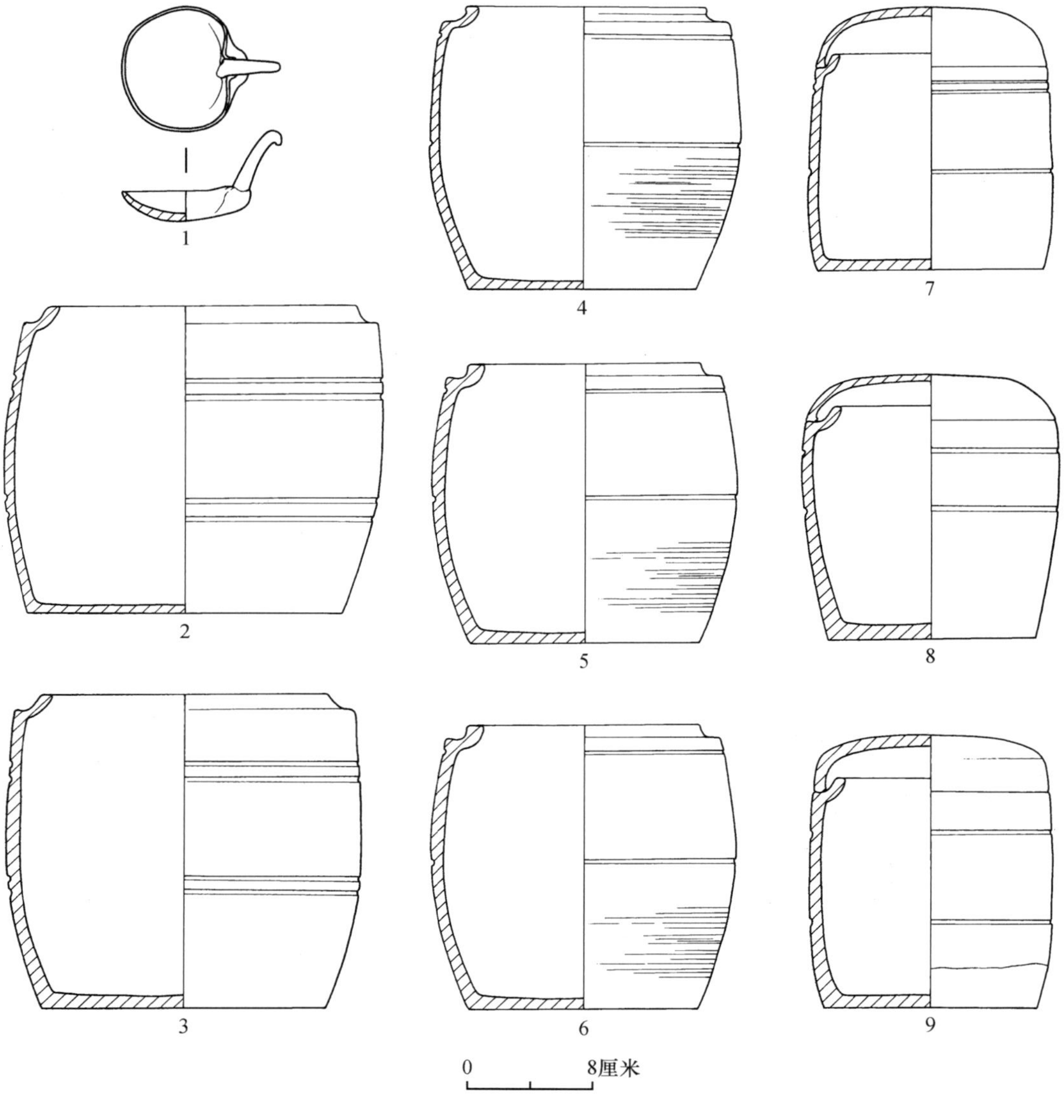

图二四〇　M74出土陶器（四）

1. 陶勺（M74：69）　2～9. 陶仓（M74：7、M74：46、M74：63、M74：59、M74：67、M74：45、M74：41、M74：60）

二四一，4）。标本M74：56，口径11.2、底径12.7、高15.4厘米（图二四一，8）。标本M74：59，口径14.2、底径15、高17.8厘米（图二四〇，5；图版五八，4）。标本M74：60，口径12、底径13.5、高17.6厘米（图二四〇，9）。标本M74：61，口径11.4、底径13.5、高16.5厘米（图二四一，7）。标本M74：63，口径15、底径14.4、高18.4厘米（图二四〇，4）。标本M74：65，口径12、底径12.5、高18.5厘米（图二四一，9）。标本M74：67，口径14.5、底径14.3、高18.5厘米（图二四〇，6）。

纽饰　1件。标本M74：16，应为陶器上的装饰附件，不再单独描述。

铜器　7件。

泡钉　2件。均为模制。鎏金。圆弧形帽盖，下接扁圆形钉。标本M74：15，帽径5.2厘米（图二四二，2；图版五八，5下）。

棺饰　3件。圆球体，中空，上下贯通。标本M74：12，孔径1.8、腹径5.6、高5.8厘米（图

图二四一　M74出土陶仓

1. M74：2　2. M74：48　3. M74：25　4. M74：52　5. M74：24　6. M74：51　7. M74：61　8. M74：56　9. M74：65

二四二，4；图版五八，5上）。标本M74：14，孔径1.8、腹径5.6、高5.8厘米（图二四二，3；图版五八，5上）。此类器物一般与泡钉、龙首形铜饰件共出，推测应是棺饰件组合，但具体组合样式及确切功用不明。

带钩　1件。标本M74：17，残。柱状圆顶形扣，钩部断面呈圆形。残长10厘米（图二四二，5）。

铜圆环形器　1件。标本M74：29，打制。平面呈圆形，中间为圆孔。直径13.6、内径5厘米（图二四二，1；图版五八，5上）。

铁器　4件。

锸　1件。均配饰严重。标本M74：57，锈蚀严重。刃部宽9.2、残长10厘米（图二四二，7）。

削　1件。标本M74：10，残。刀把形，单面刃。残长10.5厘米（图二四二，8）。

棺钩　2件。形制相同，S形扁铁。标本M74：13-1，长15、宽2.5厘米（图二四二，6）。标本M74：13-2，长11、宽2.5厘米（图二四二，9）。

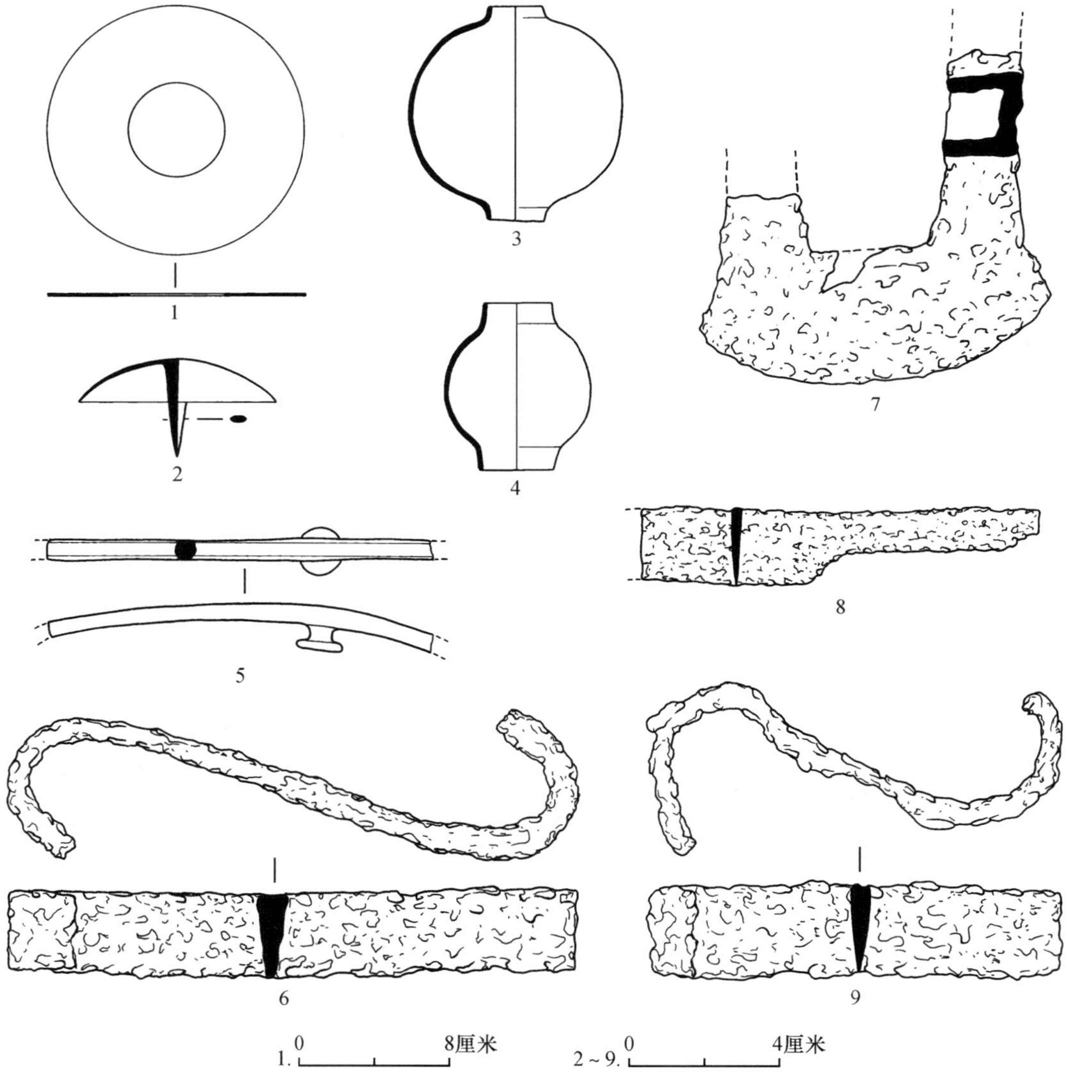

图二四二　M74出土铜器和铁器

1. 铜圆环形器（M74：29）　2. 铜泡钉（M74：15）　3、4. 铜棺饰（M74：14、M74：12）　5. 铜带钩（M74：17）　6、9. 铁棺钩（M74：13-1、M74：13-2）　7. 铁锸（M74：57）　8. 铁削（M74：10）

铜钱　25枚。

均为五铢钱。其中郡国五铢4枚，宣帝五铢10枚，昭帝五铢7枚，上林三官五铢4枚。

四七、M76

（一）发掘地点

位于第三象限、T31026内。

（二）形制与结构

开口距地表深0.8米。长方形墓道砖室墓，由墓道、封门、墓室三部分组成。方向138°（图二四三）。

墓道位于墓室北部，扰乱严重，形制已不详。

封门位于墓道南部，砖砌封门，呈弧形，残高0.8米。

墓室平面呈圆角长方形，直壁，北部较高、南部较低，长8.5、宽2.6米，深0.5～1米。从残存状况看墓壁应为用子母口砖平砌，铺地砖为单砖平铺。

墓内填土为灰褐色花土，包含有砖块、陶器碎片等。

葬具与人骨不详。

（三）随葬器物

由于墓葬被破坏严重，仅在墓室西北部发现随葬品4件，多破损严重，无法修复。

陶器　3件。

罐　1件。标本M76：1，泥质灰陶。敞口，圆唇，束颈，弧折肩，弧腹，圜底。肩部饰有凹弦纹数周，下腹部及底饰有绳纹。口径10.4、高9.8厘米（图二四四，1）。

器盖　1件。标本M76：3，破损严重。

灶　1件。标本M76：4，破损严重。

陶俑　1件。

狗　1件。标本M76：2，泥质灰陶。昂首，耸耳，睁眼，短嘴，露齿，前腿、后腿均直立，卷尾。颈部及前身拴环。长27.4、高21.8厘米（图二四四，2）。

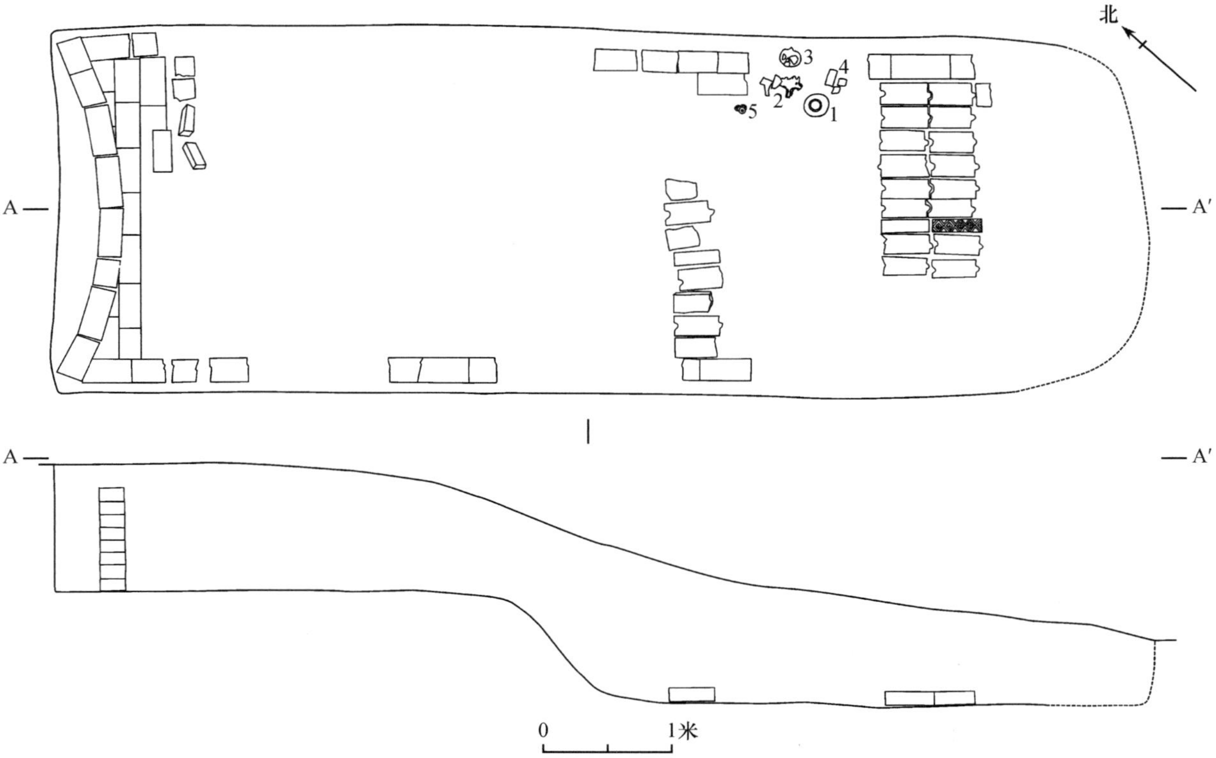

图二四三　M76平、剖面图

1. 陶罐　2. 陶狗　3. 陶器盖　4. 陶灶　5. 铜钱

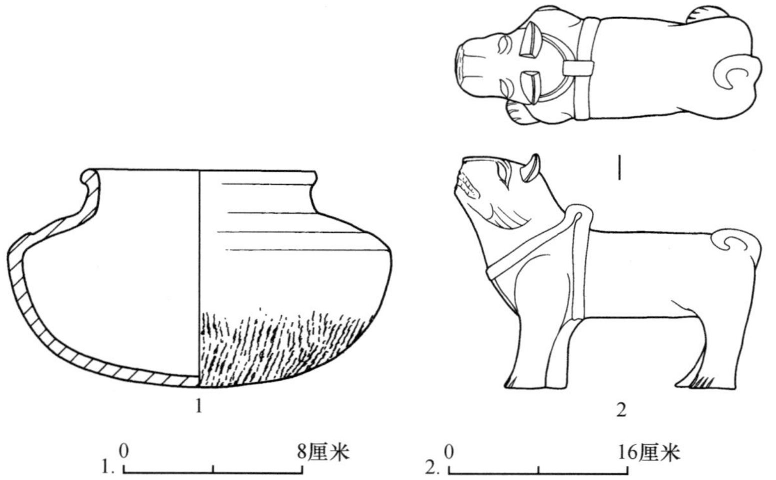

图二四四　M76出土陶器

1. 陶罐（M76：1）　2. 陶狗（M76：2）

四八、M78

（一）发掘地点

位于第三象限、T31428内。

（二）形制与结构

开口距地表深0.65米。长方形竖穴土坑墓。直壁，底较平。长2.5、宽0.9～1米，深0.85米。方向160°。

填土为红褐色花土。

无葬具。

人骨1具，保存状况较好，仰身直肢葬，头向南，面向上（图二四五；图版五九，1）。

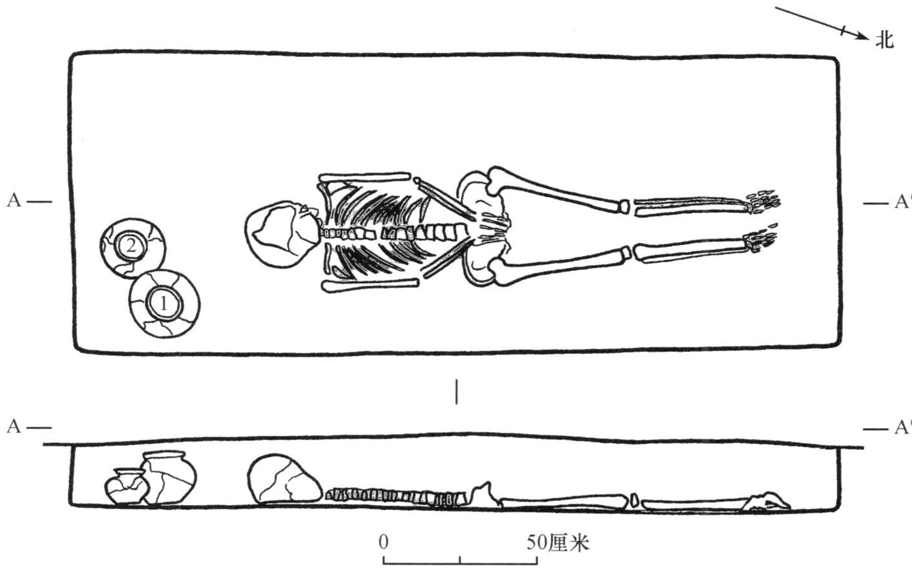

图二四五　M78平、剖面图

1、2. 陶罐

（三）随葬器物

随葬品放置于墓主头部，共2件，均为陶罐。

标本M78：1，泥质灰陶。卷沿，敞口，斜方唇，束颈，溜肩，鼓腹，凹圜底。肩饰一周状网格纹和两周凹弦纹，腹、底饰绳纹。口径12.8、底径8、高14厘米（图二四六，1）。标本M78：2，夹砂灰陶。卷沿，敞口，圆唇，溜肩，扁圆鼓腹，圜底。腹、底饰绳纹。口径13、高11.3厘米（图二四六，2）。

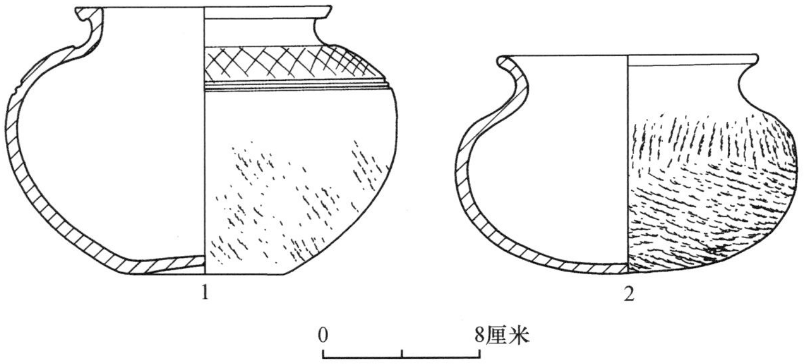

图二四六　M78出土陶罐
1. M78 : 1　2. M78 : 2

四九、M79

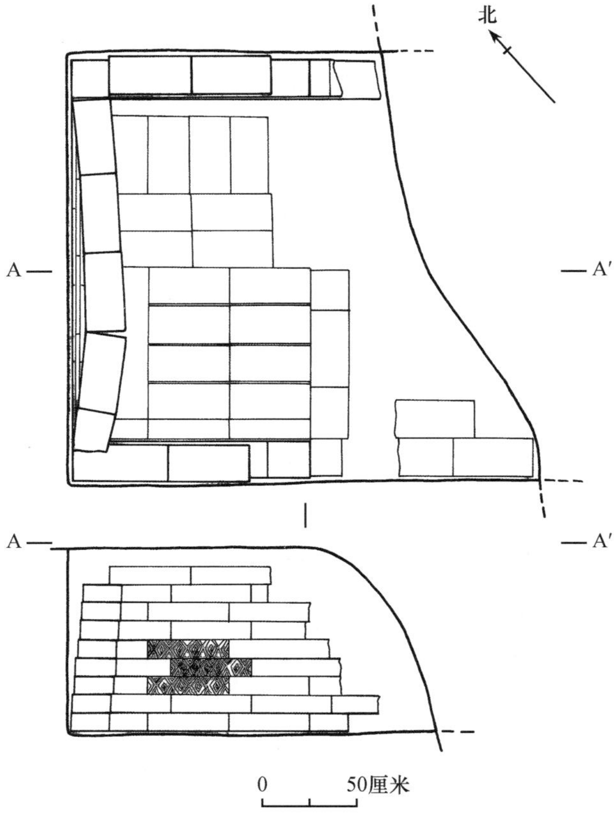

图二四七　M79平、剖面图

（一）发掘地点

位于第一象限、T12406内。

（二）形制与结构

开口距地表深0.4米。长方形土坑竖穴砖室墓。墓葬被盗扰破坏严重，从残存状况看，墓壁用平砖顺砌而成，底部有铺底砖，砖的规格为长0.42、宽0.2、厚0.1米。墓室残长2.4、宽2.36米，深1米。方向130°（图二四七）。

墓内填土为灰褐色，质地较松，内含黄土块及大量的碎砖块。

葬具与人骨不详。

（三）随葬器物

无。

五〇、M80

（一）发掘地点

位于第一象限、T12204内。

（二）形制与结构

开口距地表深1.6米。长方形竖穴土坑墓，直壁，底较平。长1.87、宽0.84米，深1.68米。方向35°（图二四八；图版五九，2）。

填土为黄褐色花土。

葬具与人骨不详。

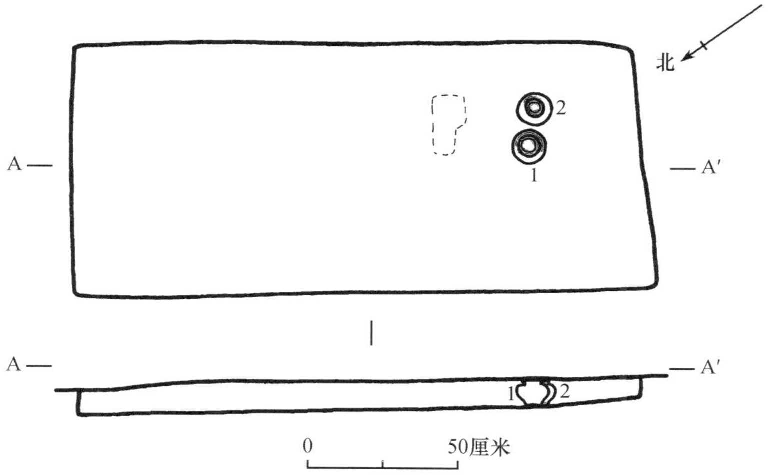

图二四八　M80平、剖面图
1、2. 陶罐

（三）随葬器物

随葬品放置于墓室南部，共2件，均为陶罐。

陶罐　2件。标本M80：1，泥质灰陶。卷沿，敞口，圆唇，矮束颈，溜肩，弧腹，平底。器表饰有凹弦纹数周。口径6.7、底径6、高6.8厘米（图二四九，1）。标本M80：2，泥质灰陶。卷沿，敛口，圆唇，溜肩，扁圆鼓腹，平底。器表饰有凹弦纹。口径6、底径5、高7.6厘米（图二四九，2）。

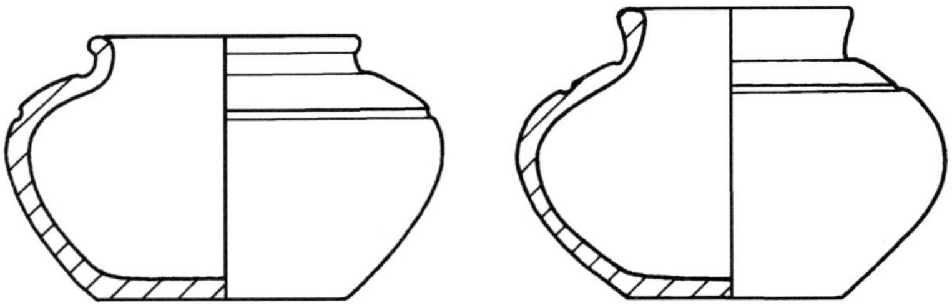

图二四九　M80出土陶罐
1. M80：1　2. M80：2

五一、M81

（一）发掘地点

位于第一象限、T12204内。

（二）形制与结构

开口距地表深1米。长方形竖穴土坑墓，直壁，底较平。长3、宽2.4米，深1.1米。方向33°（图二五〇；图版六〇，1）。

填土为黄褐色花土。

葬具与人骨不详。

（三）随葬器物

随葬品放置于墓室北部，出土陶器、铜器、铁器等各类随葬品42件，铜钱40枚。陶器可辨器型有鼎、豆、壶、罐、盆、甑、釜、盒等；铜器可辨器型有鍪、矛、镞、勺；铁器可辨器型有削。

陶器　37件。

鼎　2件。泥质灰陶。子口，圆唇，弧壁，圜底，下接稍外撇三肥硕蹄状足。口沿处贴附对称稍外撇方耳，耳正面有近方形孔。口上承盖，母口，圆唇，弧顶，顶上均匀饰有三纽。标本M81：21，器盖表面有若干周宽弦纹。口径17、高19厘米（图二五一，2；图版六〇，2）。标本M81：33，每个纽上有四个凹槽。口径17、高17厘米（图二五一，1；图版六〇，3）。

盒　3件。泥质灰陶。器物整体呈扁球体，器盖形制与器腹相近，唯口部形态为母口。敞口，圆唇，弧腹，圜底，矮圈足。标本M81：26，口径16.5、底径9、高16.5厘米（图二五一，5；图版六一，1）。标本M81：34，仅存器盖。器表饰有一周凹弦纹。口径16.8、高7.8厘米

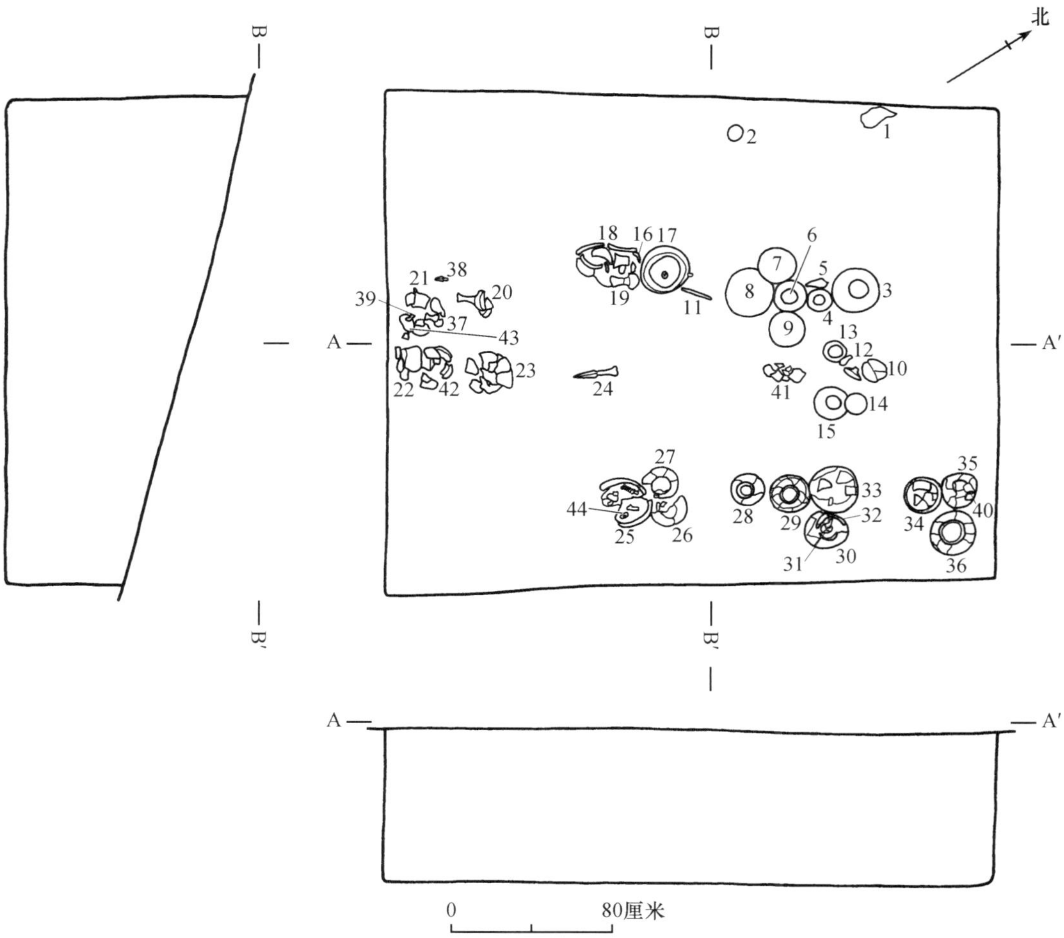

图二五〇　M81平、剖面图

1. 陶片　2、10、20、35. 陶豆　3、29. 陶壶　4、7、13、28、30. 陶釜　5. 陶鬲足　6、15、22、27、36. 陶罐　8、9、23、41、42. 陶钵　11. 铁削　12. 陶匏勺　14. 陶器盖　16、31. 陶勺　17. 铜鍪　18、19、32. 陶甑　21、33. 陶鼎　24. 铜矛　25、40、43. 陶盆　26、34、37. 陶盒　38. 铜镞　39. 铜钱　44. 铜勺

（图二五一，10）。标本M81：37，器表饰有数周弦纹。口径17.8、底径11、高17.8厘米（图二五一，6；图版六一，2）。

壶　2件。泥质灰陶。微盘形口，弧颈，扁圆鼓腹，平底。标本M81：3，溜肩，矮圈足。腹部施对称两个桥形器錾，器錾上有两道凹槽，肩部饰有三周凹弦纹。口径10.5、底径13.5、高18厘米（图二五一，4；图版六一，3）。标本M81：29，肩腹拐折较明显。口径10.5、底径8、高14.4厘米（图二五一，3；图版六一，4）。

豆　4件。泥质灰陶。敞口，圆唇，弧壁微折，圜底，喇叭形圈足。标本M81：2，中空柄较高。口径12.5、底径7.5、高14.2厘米（图二五一，7）。标本M81：10，中空柄较矮。口径12、底径9.6、高9.3厘米（图二五一，8）。标本M81：35，口径12.5、底径9.5、高9.4厘米（图二五一，9）。

罐　5件。泥质灰陶。标本M81：6，敞口，圆唇，弧肩，肩、腹拐折明显，弧腹，平底。肩饰一周网格纹和一周凹弦纹。口径10、底径10、高8.5厘米（图二五二，5）。标本M81：15，夹砂灰陶。敞口，圆唇，弧肩，肩腹拐折明显，弧折腹，平底。口径8.8、底径

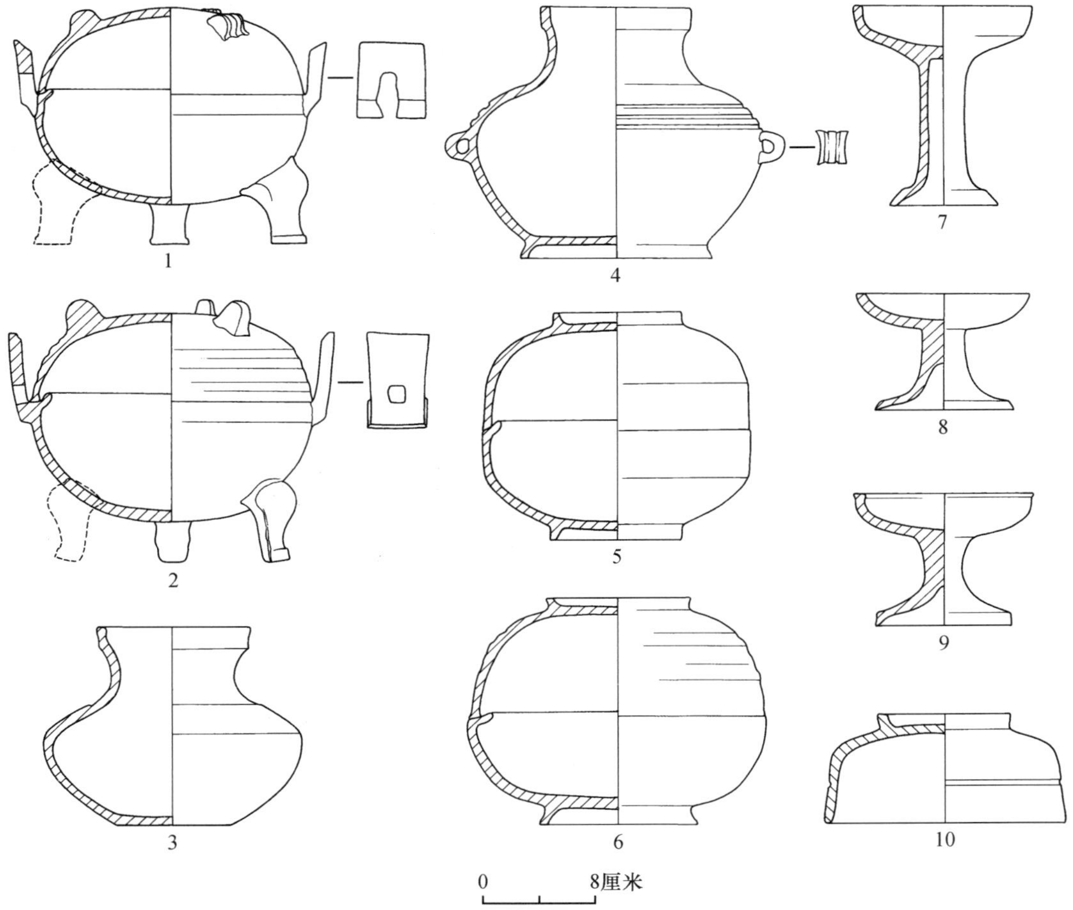

图二五一　M81出土陶器（一）

1、2. 陶鼎（M81：33、M81：21）　3、4. 陶壶（M81：29、M81：3）　5、6、10. 陶盒（M81：26、M81：37、M81：34）　7～9. 陶豆（M81：2、M81：10、M81：35）

6.5、高9厘米（图二五二，4）。标本M81：22，敞口，方唇，弧颈，溜肩，肩腹拐折较明显，弧腹，平底。口径10.8、底径11.8、高14厘米（图二五二，2；图版六一，5）。标本M81：27，泥质灰陶。敞口，圆唇，弧肩，肩腹拐折明显，弧折腹，平底。口径11、底径7、高12.2厘米（图二五二，3；图版六一，6）。标本M81：36，敞口，卷沿，弧颈，溜肩，扁圆鼓腹，圜底。颈饰一周凸弦纹，腹、底饰绳纹。口径14.5、高14.8厘米（图二五二，1；图版六二，1）。

盆　3件。泥质灰陶。标本M81：25，敛口，折沿，方唇，弧壁，圜底。肩部饰一周凹槽，腹底饰绳纹。口径27.1、高7厘米（图二五二，8）。标本M81：40，敞口，卷沿，圆唇，弧壁，平底。腹饰凸弦纹一周。口径13.8、底径5、高6.9厘米（图二五二，7）。标本M81：43，近直口，圆唇，平沿，沿上有凹槽，弧壁，折腹较明显，平底。口径15.4、底径5.2、高6厘米（图二五二，6；图版六二，4）。

钵　5件。泥质灰陶。敞口，折腹，平底。标本M81：8，口径18.5、底径7、高6.7厘米（图二五二，10；图版六二，2）。标本M81：9，口径15.5、底径5.5、高5.2厘米（图二五二，12）。标本M81：23，底施朱砂。口径12.8、底径6、高4.8厘米（图二五二，13）。标本M81：41，口径16、底径6.2、高6.2厘米（图二五二，11；图版六二，3）。标本M81：42，腹

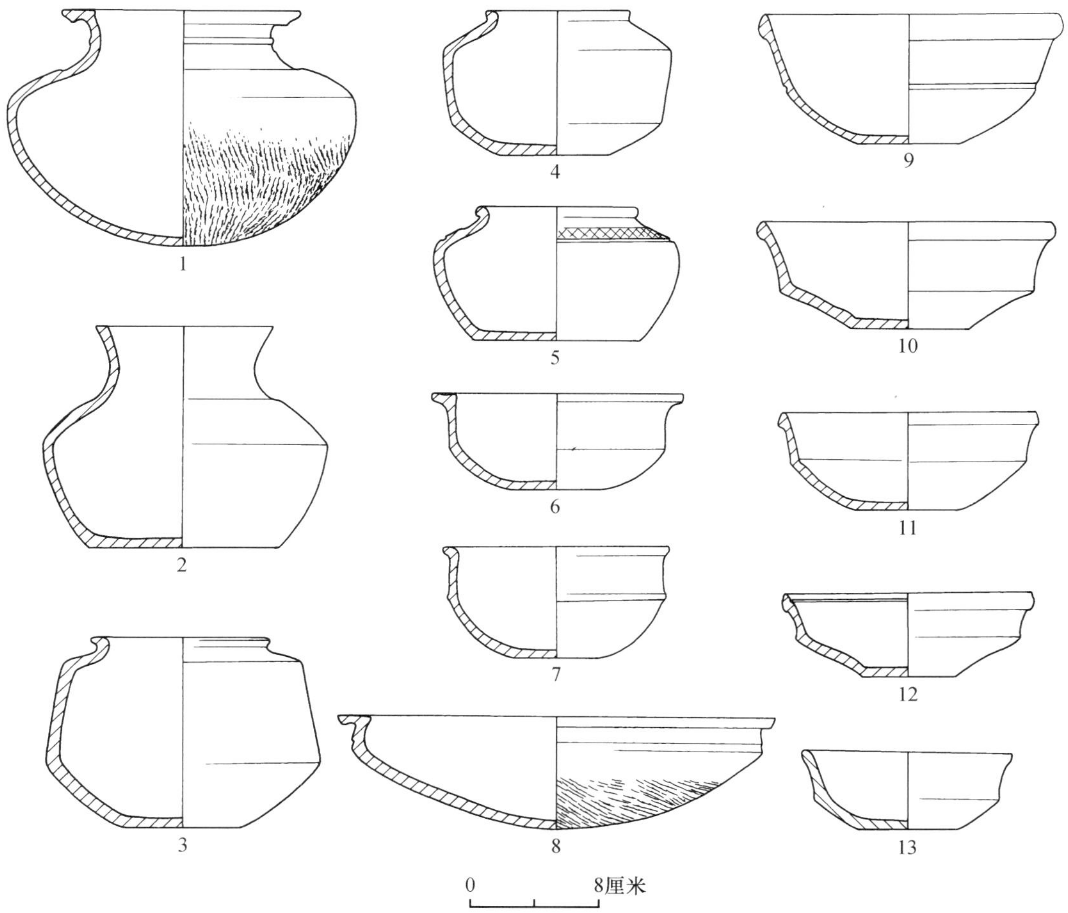

图二五二　M81出土陶器（二）

1～5. 陶罐（M81：36、M81：22、M81：27、M81：15、M81：6）　6～8. 陶盆（M81：43、M81：40、M81：25）
9～13. 陶钵（M81：42、M81：8、M81：41、M81：9、M81：23）

部饰凹弦纹一周。口径18.7、底径6、高8.2厘米（图二五二，9）。

釜　5件。泥质灰陶。敞口，弧颈，溜肩，弧腹。标本M81：4，口部残。底。腹、底饰粗绳纹。底部有烟炱痕。残高12.4厘米（图二五三，5）。标本M81：7，卷沿，圆唇，圜底。腹、底饰粗绳纹。底部有烟炱痕。口径13、高14厘米（图二五三，4）。标本M81：13，平底。肩部饰对称两个近圆柱形器鋬。口径9、底径6、高7.8厘米（图二五三，3）。标本M81：28，平底。肩部饰对称两个圆锥形器鋬。口径9、底径9.5、高9.3厘米（图二五三，2）。标本M81：30，平底。肩部饰凹弦纹两周。口径10.7、底径6.5、高9.7厘米（图二五三，1）。

甑　3件。泥质灰陶。标本M81：18，敞口，折沿，尖唇，弧壁，平底。底部扎孔。口径14.3、底径5.5、高5.2厘米（图二五三，8）。标本M81：19，敛口，卷沿，方唇，肩部拐折较明显，弧壁，凹圜底。底部扎孔。腹部饰绳纹，有抹痕。口径29、底径10、高15.6厘米（图二五三，7；图版六二，5、6）。标本M81：32，敛口，卷沿，圆唇，弧壁，平底。底部扎三孔。口径14.5、底径4.2、高6.2厘米（图二五三，6）。

匏勺　1件。标本M81：12，柄与勺腹之间呈平角。长9厘米（图二五三，9）。

勺　2件。泥质灰陶。椭圆形勺腹，平底，圆柄。标本M81：16，柄与勺腹之间呈近直角。长8.4、高7.6厘米（图二五三，11）。标本M81：31，柄与勺腹之间呈钝角，且二者黏结

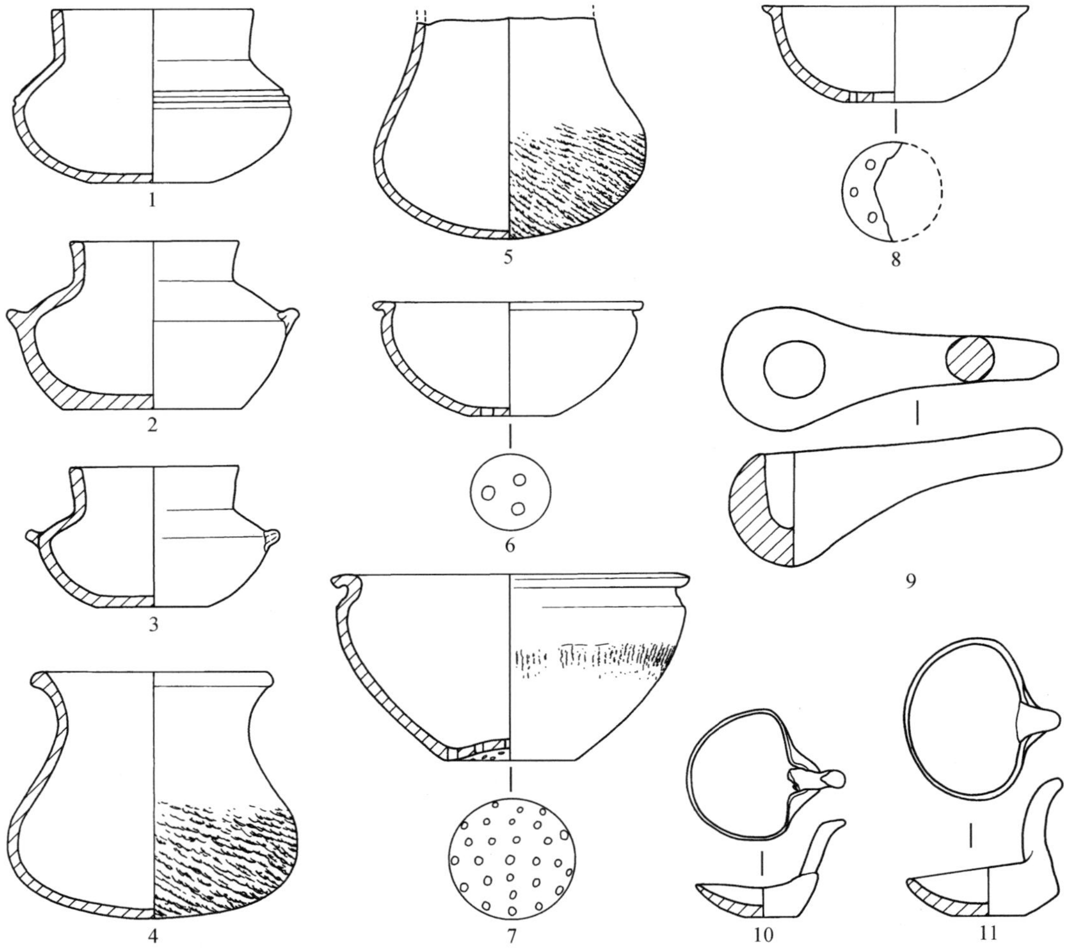

图二五三　M81出土陶器（三）

1～5. 陶釜（M81：30、M81：28、M81：13、M81：7、M81：4）　6～8. 陶甑（M81：32、M81：19、M81：18）
9. 陶匏勺（M81：12）　10、11. 陶勺（M81：31、M81：16）

处明显。长8、高5.4厘米（图二五三，10）。

器盖　1件。标本M81：14，破损严重。

鬲　1件。标本M81：5，破损严重。

铜器　4件

鍪　1件。标本M81：17，敞口，折沿，尖唇，扁圆鼓腹，圜底。腹饰一周凸弦纹和对称两圆环形耳。口径19.5、高13.5厘米（图二五四，2；彩版二四，1）。

矛　1件。标本M81：24，长骹窄叶，尖锋斜直刃，中脊凸出，骹部无耳，骹为圆形中空且在后端有一个较小长条形的孔。长23.2厘米（图二五四，4；彩版二四，2）。

镞　1件。标本M81：38，铤稍残。尖锋，镞头为三棱形。残长3.1厘米（图二五四，3）。

勺　1件。标本M81：44，破损严重。

铁器　1件

削　1件。标本M81：11，身较长，断面呈楔形，环首。长15厘米（图二五四，1）。

铜钱　40枚。均为五铢钱。

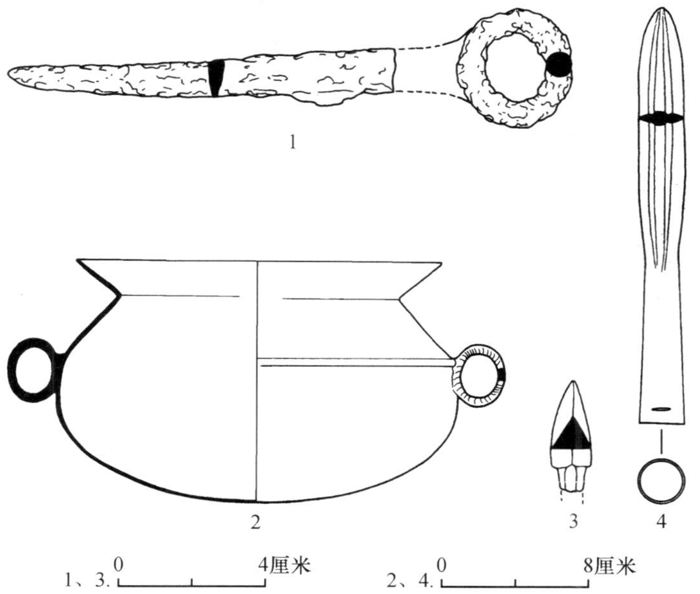

图二五四　M81出土铜器和铁器
1. 铁削（M81：11）　2. 铜鍪（M81：17）　3. 铜镞（M81：38）　4. 铜矛（M81：24）

五二、M87

（一）发掘地点

位于第三象限、T32031内。

（二）形制与结构

开口距地表深0.6米。长方形竖穴土坑墓，斜壁，平底。墓口长2.8、宽1.4～1.5米，墓底长2.44、宽0.8～0.9米，深0.9米。方向57°。

填土为水锈色土为主的花土，土质疏松。

葬具为一棺，长2.14、宽0.8～0.9米，棺板厚0.1米。

人骨1具，保存较差，已朽成粉末，可辨葬式为仰身直肢，头向东北（图二五五；图版六三，1）。

（三）随葬器物

随葬品放置于棺内西南部，出土陶器、铁器共10件。陶器可辨器型有罐、壶、鼎、盒、勺、豆等；铁器可辨有釜。

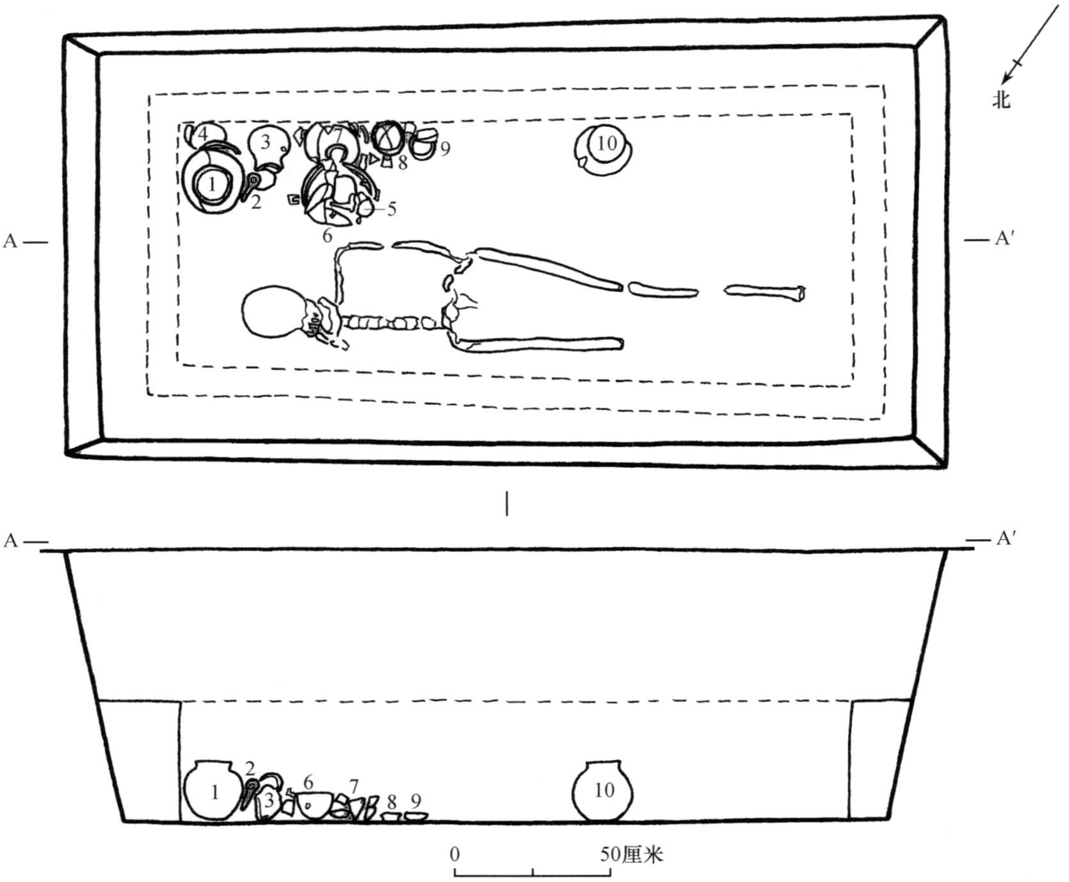

图二五五　M87平、剖面图

1、4. 陶罐　2. 陶匏勺　3. 陶壶　5. 陶勺　6. 陶鼎　7. 陶盒　8、9. 陶豆　10. 铁釜

陶器　9件

鼎　1件。标本M87∶6，泥质灰陶。器身子口内敛，圆唇，口外侧有对称耳，上腹外撇较直，下腹弧形，圜底，下接三蹄状足。盖为穹顶，近口部斜直，为母口，盖顶有三个竖纽。器型规整。口径15.3、高15厘米（图二五六，1）。

盒　1件。标本M87∶7，泥质灰陶。扁方形盒腹，子口，圆唇，腹壁弧折，圜底，喇叭形低矮圈足。盒盖形制与盒腹基本相同，唯为母口，方唇。器表在近口部器壁及弧折腹处多饰有凹弦纹。器盖饰有彩绘，但脱落严重。口径15.3、底径9.4、高14厘米（图二五六，5）。

壶　1件。标本M87∶3，泥质灰陶。母口，弧束颈，溜肩，圆鼓腹，平底，矮圈足，肩部贴附对称衔环。腹部饰有两道凹弦纹。器盖为子口，上有三个兽形纽。口径8.4、腹径13.8、底径10.4、高19.2厘米（图二五六，6）。

罐　2件。泥质灰陶。卷沿，斜方唇，圆鼓腹，器表饰凹弦纹。标本M87∶1，圜底。下腹部饰有细绳纹。口径14、高15厘米（图二五六，2；图版六三，2）。标本M87∶4，凹圜底。口径14、高15.3厘米（图二五六，3；图版六三，3）。

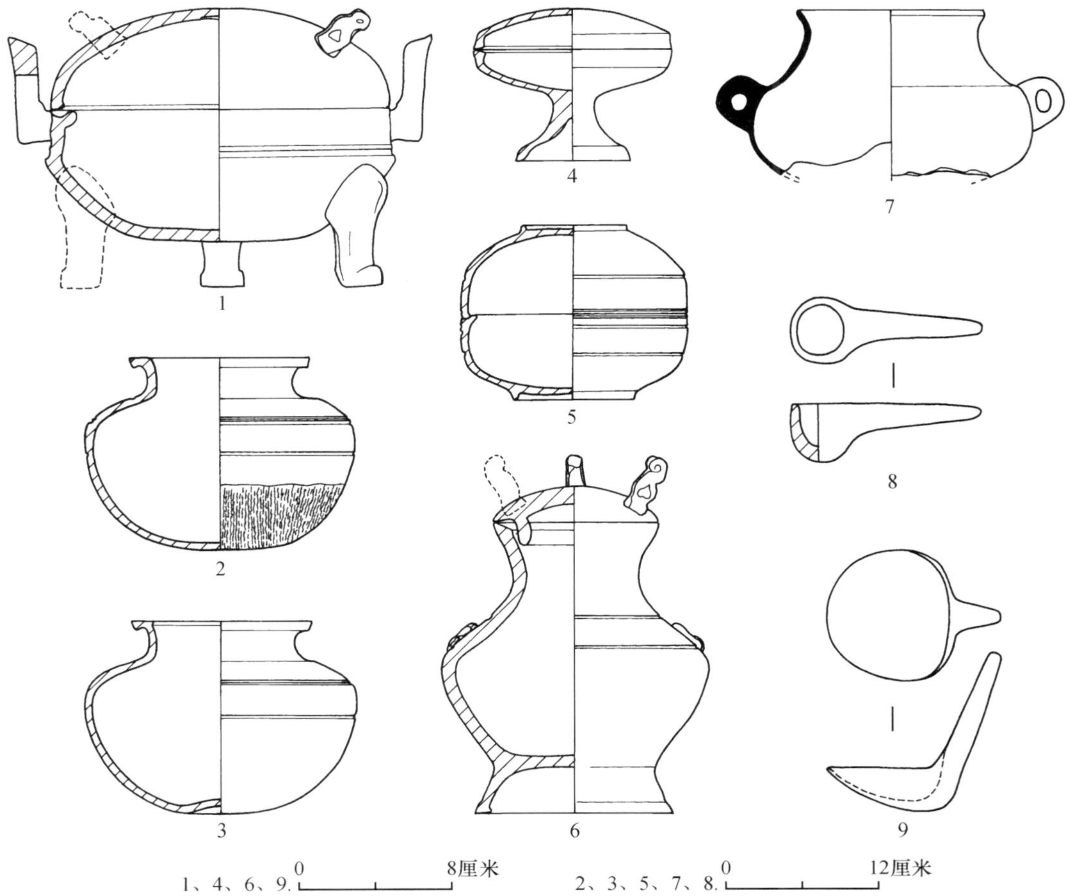

图二五六　M87出土陶器和铁器

1. 陶鼎（M87：6）　2、3. 陶罐（M87：1、M87：4）　4. 陶豆（M87：9）　5. 陶盒（M87：7）　6. 陶壶（M87：3）　7. 铁釜（M87：10）　8、9. 陶勺（M87：2、M87：5）

豆　2件。泥质灰陶。敛口，斜方唇，圜底，器盖与豆盘形制相同，矮喇叭形圈足。器表彩绘脱落。标本M87：9，口径10.2、底径6、高8.1厘米（图二五六，4）。

匏勺　1件。标本M87：2，泥质灰陶。圆斗形腹，半圆形长柄。素面。长10、高3.2厘米（图二五六，8）。

勺　1件。标本M87：5，泥质灰陶。圆铲形身，圆柄，柄与身连接处弯折。素面。长9、高8.4厘米（图二五六，9）。

铁器　1件

釜　1件。标本M87：10，已生锈，仅存上半部。卷沿，圆唇，圆鼓腹，上腹部有对称双耳。口径14.5、残高13.5厘米（图二五六，7）。

五三、M88

（一）发掘地点

位于第三象限、T33134内。

（二）形制与结构

开口距地表深0.6米。长方形墓道砖室墓，由墓道、封门与墓室三部分组成。方向184°。

墓道位于墓室南端，直壁，平底，长1.6、宽1.8～1.84米，深1.3米。

封门呈弧形，砖砌，残高0.9米。

墓室被严重盗扰，破坏严重，具体信息不详。墓室长3、宽2.02～2.12米，深0.1～1.3米。残存底部四壁均为子母砖上下砌成，底部为子母砖平铺而成。

填土为红褐色花土，土质较硬、较黏，含有料姜石颗粒和碎砖块。

葬具不详。

人骨1具，骨架朽蚀严重，可辨葬式为仰身直肢，头向南，面向上（图二五七；图版六四，1）。

（三）随葬器物

随葬品放置于墓主头部，出土陶器5件，铜钱24枚。陶器可辨器型有碗、罐。

碗　3件。泥质灰陶。标本M88：1，敛口，圆唇，弧腹，平底，圈足。唇外侧饰有一周凹弦纹。口径18、底径11、高7厘米（图二五八，3）。标本M88：2，敛口，圆唇，弧腹，平底，圈足。唇外侧饰有一周凹弦纹。口径17、底径7.2、高8厘米（图二五八，4）。标本M88：5，敞口，圆唇，弧腹，微凹圜底。素面。口径11.7、底径5、高3.8厘米（图二五八，5）。

罐　2件。泥质灰陶。敛口，圆唇，斜直肩，圆鼓腹，平底。标本M88：3，素面。口径11.8、底径11.6、高13厘米（图二五八，1）。标本M88：4，上腹部饰有竖绳纹和几周凹弦纹。口径9.6、底径12.4、高14.8厘米（图二五八，2）。

铜钱　24枚。

其中五铢钱22枚，大泉五十2枚。

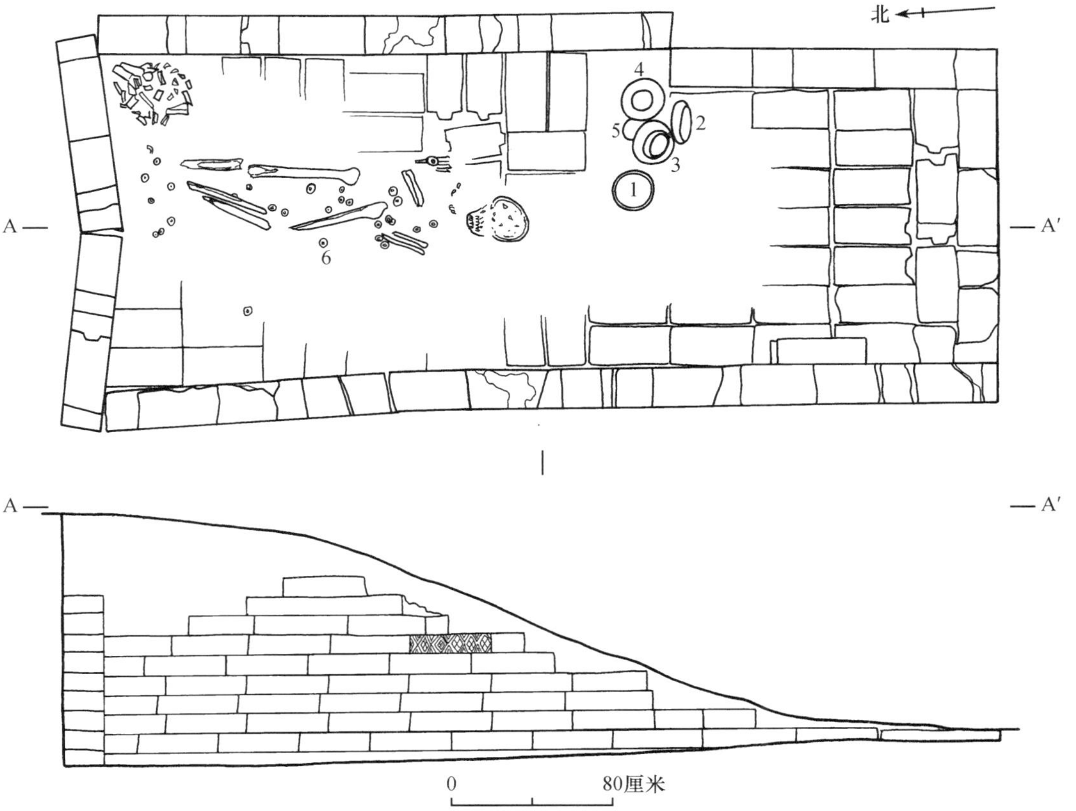

图二五七　M88平、剖面图

1、2、5. 陶碗　3、4. 陶罐　6. 铜钱

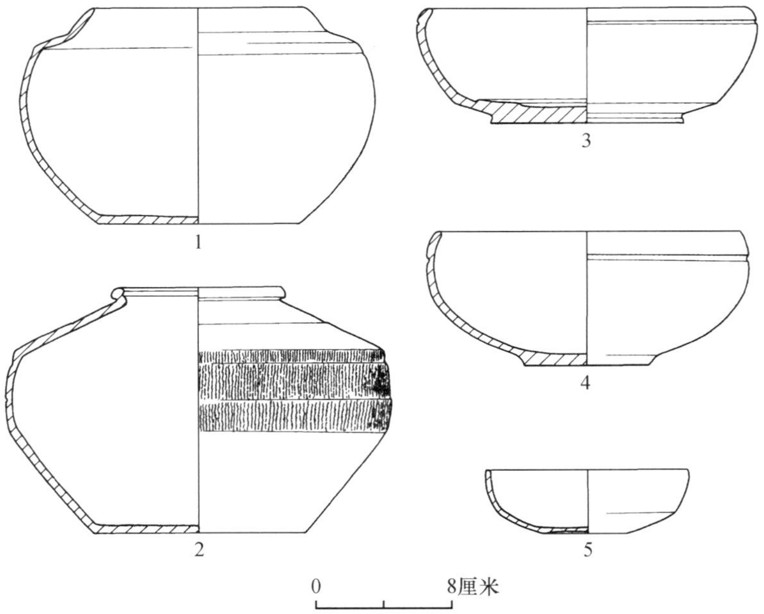

图二五八　M88出土陶器

1、2. 陶罐（M88：3、M88：4）　3～5. 陶碗（M88：1、M88：2、M88：5）

五四、M89

（一）发掘地点

位于第三象限、T33234内。

（二）形制与结构

开口距地表深0.6米。长方形墓道砖室墓，由墓道、甬道与墓室三部分组成。方向188°。

墓道位于墓室南端，直壁，平底，长1.73、宽2.36米，深1米。

甬道位于墓道北侧，平面呈长方形，直壁，平底。长1.4、宽1.96米，深1米。甬道两壁用砖平砌而成，残存五层，底部未见砖。

墓室位于甬道北侧，平面呈长方形，直壁，平底。长3.74、宽2.98～3米，深1.96米。墓室顶部破坏严重，具体不详。墓壁用砖错缝叠放，残存十一层，底部用砖平铺而成（图二五九；图版六四，2）。

底部为砖铺底。墓室长填土为红褐色花土，土质较硬，含有料姜石颗粒和石块。

葬具与人骨不详。

（三）随葬器物

随葬品放置于墓室南部，出土陶器、釉陶器、铜器共36件，铜钱13枚。陶器可辨器型有灶、仓、甑、盆、钵、罐、俑、镇墓兽等；釉陶器可辨器型有盂、器盖；铜器有铜环。受埋藏环境与盗扰影响，部分陶器保存极差，无法进行修复。

釉陶器　2件。

盂　1件。标本M89：32，泥质红陶，器表施暗绿釉。敞口，卷沿，圆唇，颈部较宽，圆鼓腹，平底。口径11.4、底径4.3、高7.8厘米（图二六〇，1）。

器盖　1件。标本M89：31，泥质红陶，器表施姜黄色釉。敞口，圆唇，唇间有凹槽，似为子母口，弧壁，盖顶有一拱桥形纽，无桥孔。口径16.2、高6.8厘米（图二六〇，2）。

陶器　32件。

仓　5件。标本M89：16，泥质灰陶。子母口内敛，尖唇，折肩，斜壁微弧，平底。盖为平顶覆盘形。口径10.4、底径6.6、高13.6厘米（图二六〇，3）。标本M89：28，泥质灰陶。子母口内敛，尖唇，折肩，筒形腹，圜底。盖为穹隆形。口径12.6、高14.5厘米（图二六〇，4）。

钵　5件，仅修复1件。泥质灰陶。敞口微敛，圆唇，圆弧腹，凹圜底。标本M89：25，口径11.1、底径3.6、高4.6厘米（图二六〇，5）。

灶　1件。标本M89：1，残。泥质红陶。长方形灶体，一侧面贴附似泥人状纹饰。残宽

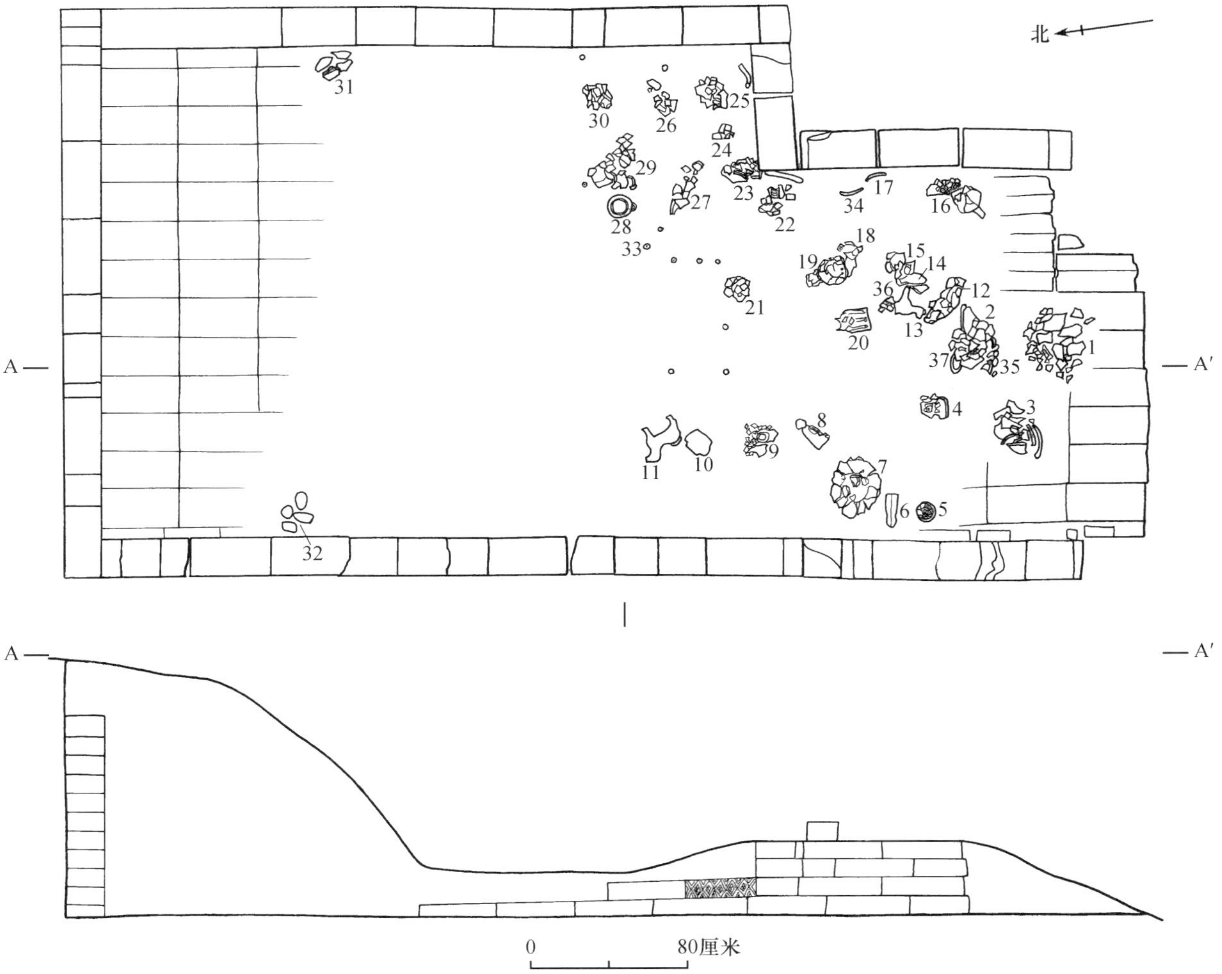

图二五九 M89平、剖面图

1. 陶灶 2、6、8、9、12、14、18、19、27、29、36. 陶俑 3、4、35. 陶甑（盆） 5、10、15、16、28. 陶仓 7. 陶盆 11. 陶狗 13. 陶鸡 17、34. 铜环 20. 陶兽俑 21、30. 陶碗 22、24～26、37. 陶钵 23. 陶罐 31. 釉陶器盖 32. 釉陶盂 33. 钱币

19.8、高26.6厘米。

碗 2件。泥质灰陶。敞口，圆唇，弧腹，平底。标本M89：30，口径12.8、底径3.2、高4.6厘米（图二六〇，6）。

陶俑 14件。分为人物俑、动物俑与镇墓兽三类。部分保存极差，无法进行修复。

男俑 3件。标本M89：6，泥质灰陶。头戴帷帽，圆领及地长袍，双手抱合于胸前。宽6.3、高16.7厘米（图二六〇，7）。标本M89：19，泥质红陶。头戴圆帽，交领左衽、宽袖，两手交于胸前。宽14.6、高16.8厘米（图二六〇，8）。

陶狗 1件。标本M89：11，泥质红褐陶。垂耳，张嘴，前腿直立，后腿弯曲，卷尾。长20.4、高18.1厘米（图二六〇，9）。

陶鸡 1件。标本M89：13，残。泥质红褐陶。公鸡俑，昂首，尖嘴，长尾，双腿直立。羽毛可见。长17、高17.6厘米（图二六〇，10）。

镇墓兽 1件。标本M89：20，残。泥质红褐陶。蹲踞状，头顶有两个犄角。宽10.7、高

图二六〇　M89出土陶器和釉陶器

1. 釉陶盂（M89：32）　2. 釉陶器盖（M89：31）　3、4. 陶仓（M89：16、M89：28）　5. 陶钵（M89：25）　6. 陶碗（M89：30）　7、8. 陶俑（M89：6、M89：19）　9. 陶狗（M89：11）　10. 陶鸡（M89：13）　11. 陶镇墓兽（M89：20）

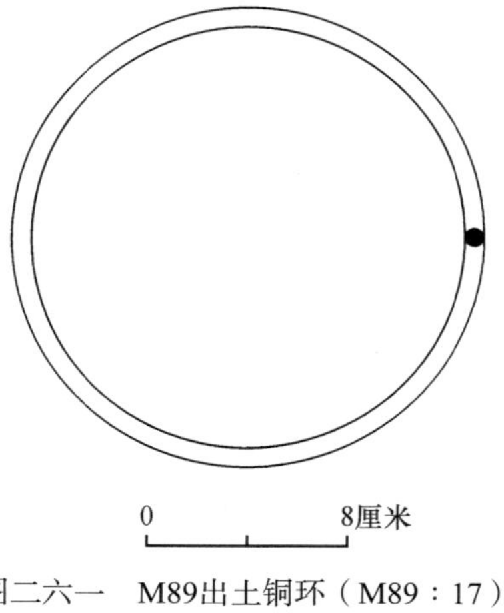

图二六一　M89出土铜环（M89：17）

16.3厘米（图二六〇，11）。

罐　1件。标本M89：23，破碎严重。

甑　3件。标本M89：3、M89：4、M89：35，破碎严重。

盆　1件。标本M89：7，破碎严重。

铜器　2件。

环　2件。标本M89：17，外径18.4、内径17厘米（图二六一）。

铜钱　13枚。

均为五铢钱。

五五、M90

（一）发掘地点

位于第三象限、T33233内。

（二）形制与结构

开口距地表深0.6米。长方形竖穴砖室墓，盗扰极其严重。残存墓底可辨为砖砌结构，底部未见砖。长3.08、宽2.04～2.22米，深0.45米。方向195°（图二六二）。

填土为黄褐色五花土，土质较疏松，含有石块和料姜石块等。

葬具与人骨不详。

图二六二 M90平、剖面图

1、3、6. 陶器残片 2. 陶俑 4. 陶钵 5. 铁棺钩 7. 铜钱

（三）随葬器物

墓葬盗扰严重，随葬品保存状况极差，墓室北部残存有陶片，仅可辨别器型，无法修复。铜钱16枚。

五六、M91

（一）发掘地点

位于第三象限、T33034内，打破M92。

（二）形制与结构

开口距地表深0.6米。长方形墓道砖室墓，由墓道、甬道与墓室三部分组成。方向182°。

墓道位于墓室南端，直壁，平底，长度不详，宽2.06米，深2.7米。

甬道位于墓道北部，平面呈长方形，直壁，平底。长2.6、宽1.6米，深2.7米。墓壁用砖错缝叠放而成，残存五层，墓底用砖错缝平铺而成。

墓室平面呈长方形，直壁，平底。长3.3、宽3.36米，深2.7米。墓顶已被破坏，具体形制不详，推测为拱形顶。墓壁用砖错缝叠放而成，残存九层，墓顶用立砖砌成，墓室后壁保存较好，残存二十一层砖。墓底用砖错缝平铺而成（图二六三；图版六五，1）。

墓室填土为红褐色花土，土质较硬，含有料姜石颗粒和石块。

葬具与人骨不详。

（三）随葬器物

随葬品放置于墓室内，出土釉陶器、陶器、铜器、铁器共125件，铜钱114枚。釉陶器可辨器型有壶、杯、盒、盂、樽、灯、器盖、鼎、盆等；陶器可辨器型有盒、樽、灯、罐、钵、釜等。铜器有带钩、泡钉等。受埋藏环境影响，部分陶器保存极差，无法进行修复。

釉陶器　58件。

鼎　1件。标本M91：83，泥质红陶，姜黄色釉。子口，弧壁，扁腹较浅，口沿外侧有对称双方耳且方耳外撇，圜底，下接三蹄状足。上承弧顶盖，盖顶周围均匀分布有三个圆锥状把手，盖顶上从内向外依次为柿蒂状纹和四个瑞兽组成的内纹饰、外被由半椭圆形组成的圈包围，十二个瑞兽均匀分布于三个同心圆纹饰之间形成的外侧纹饰，外被由两周相对半椭圆形组成的圈包围，再外侧为一周无纹饰，较窄。口径24.5、高15.8厘米（图二六四，1）。

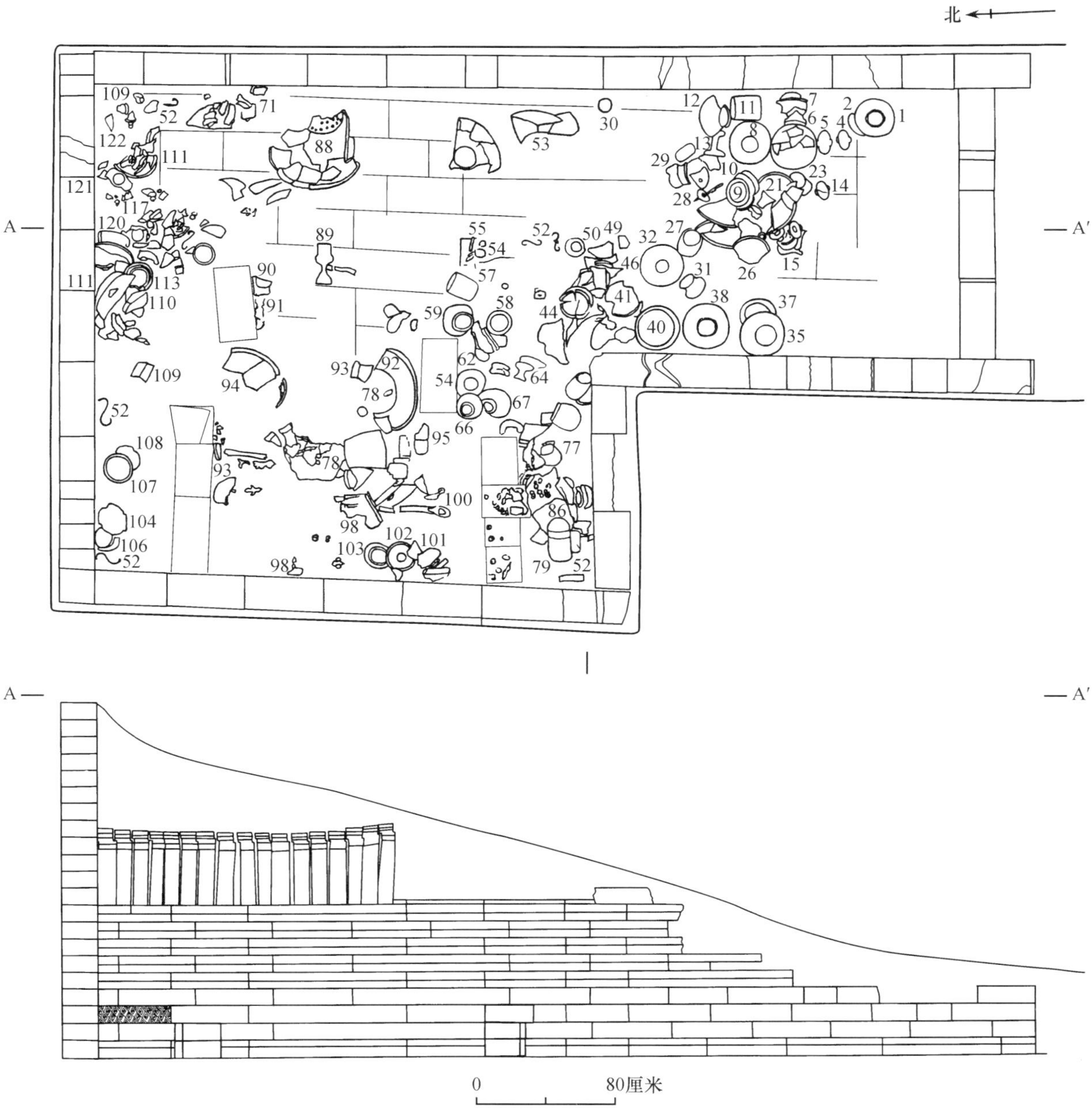

图二六三　M91平、剖面图

1、21. 釉陶盆　2～5、14、16、36、42、43、46、47、56、64、76、85、100. 釉陶耳杯　6、8、35、93、113. 釉陶壶　7. 陶灯　9、11、27、40、48、57、59、61、62、70、72、74、79、95、99、101. 陶仓　10、60、91. 釉陶洗　12、38、53、66、67. 陶罐　13、89、115. 釉陶灯　15、34、88、94、102. 陶甑　17、37、75. 釉陶盒　18、19、119. 陶勺　20. 釉陶博山炉盖　22、33. 陶钵　23、24、116. 釉陶杯　25、86、103、104、120. 釉陶魁　26、63. 釉陶壶盖　28、55. 铜带钩　29、31、44、82. 釉陶盂　30. 铜环　32、41、68. 陶盒　39. 陶支架　45、80、92、111. 陶瓮　49、50、54. 铜泡钉　51、69、96、97、105～108、112、123. 陶器盖　52. 铁棺钩　58. 陶釜　65、81. 釉陶博山炉　71、98. 釉陶案　73、84、90、110、117. 釉陶盘　77. 釉陶樽　78. 铜币（114枚）　83. 釉陶鼎　87. 铁削　109. 陶灶　114、122. 陶盆　118. 陶碗　121、124. 陶碗（因器物破碎严重且被遮挡，图中序号不全）

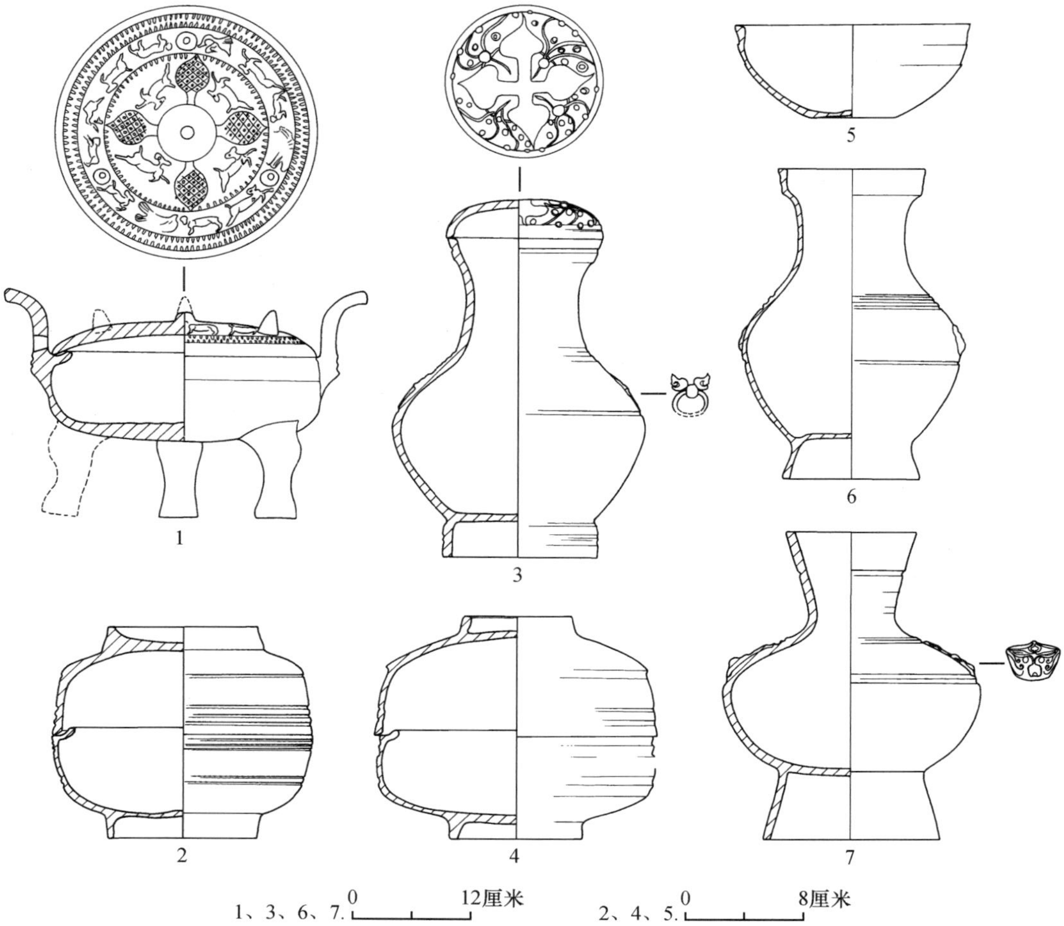

图二六四　M91出土釉陶器（一）

1. 釉陶鼎（M91：83）　2、4、5. 釉陶盒（M91：37、M91：17、M91：75）　3、6、7. 釉陶壶（M91：6、M91：36、M91：93）

盒　3件。泥质红陶。整体呈扁球形。器身为子口，弧壁，圜底，圈足。标本M91：17，器表施姜黄色釉。器表饰有凹弦纹。口径15.9、底径5.8、高6.5厘米（图二六四，4）。标本M91：37，施酱红色釉。器表饰凹弦纹。口径14.8、底径10、高16厘米（图二六四，2；彩版二四，3）。标本M91：75，施姜黄色釉。口径19、底径8.7、高16.2厘米（图二六四，5）。

壶　6件。泥质红陶。盘口，方唇，束颈，溜肩，圆鼓腹，平底，高圈足。标本M91：6，施酱红釉。肩部对称贴附两个铺首。口径14.6、底径15.3、高32.3厘米（图二六四，3）。标本M91：8，口部残。施姜黄色釉。肩部模印一周浮雕图案，图案上下被两周长圆形凸点所组成的状与器表其他部位隔开，并被对称兽首衔环隔成两区。图案内容由山峦、瑞兽、云团、星象等组成。壶口上承盖，顶低弧，盖中部有乳状凸起；盖顶堆塑柿蒂纹、瑞兽及串珠等纹饰。口径15.8、底径19.2、残高35厘米（图二六五；彩版二五，1、2）。标本M91：36，施酱红釉。肩部对称贴附两个衔环铺首。壶口上承盖，顶圆弧。器表饰凹弦纹。器盖上模印有浮雕图案。口径15.5、底径14.7、高37.2厘米（图二六四，6）。标本M91：93，施黄釉。器表饰有凹弦纹。口径13.2、底径18、高32厘米（图二六四，7；彩版二四，4）。

杯　3件。泥质红陶。直口，方唇，斜直壁略弧，平底。标本M91：23，施酱色釉。有对

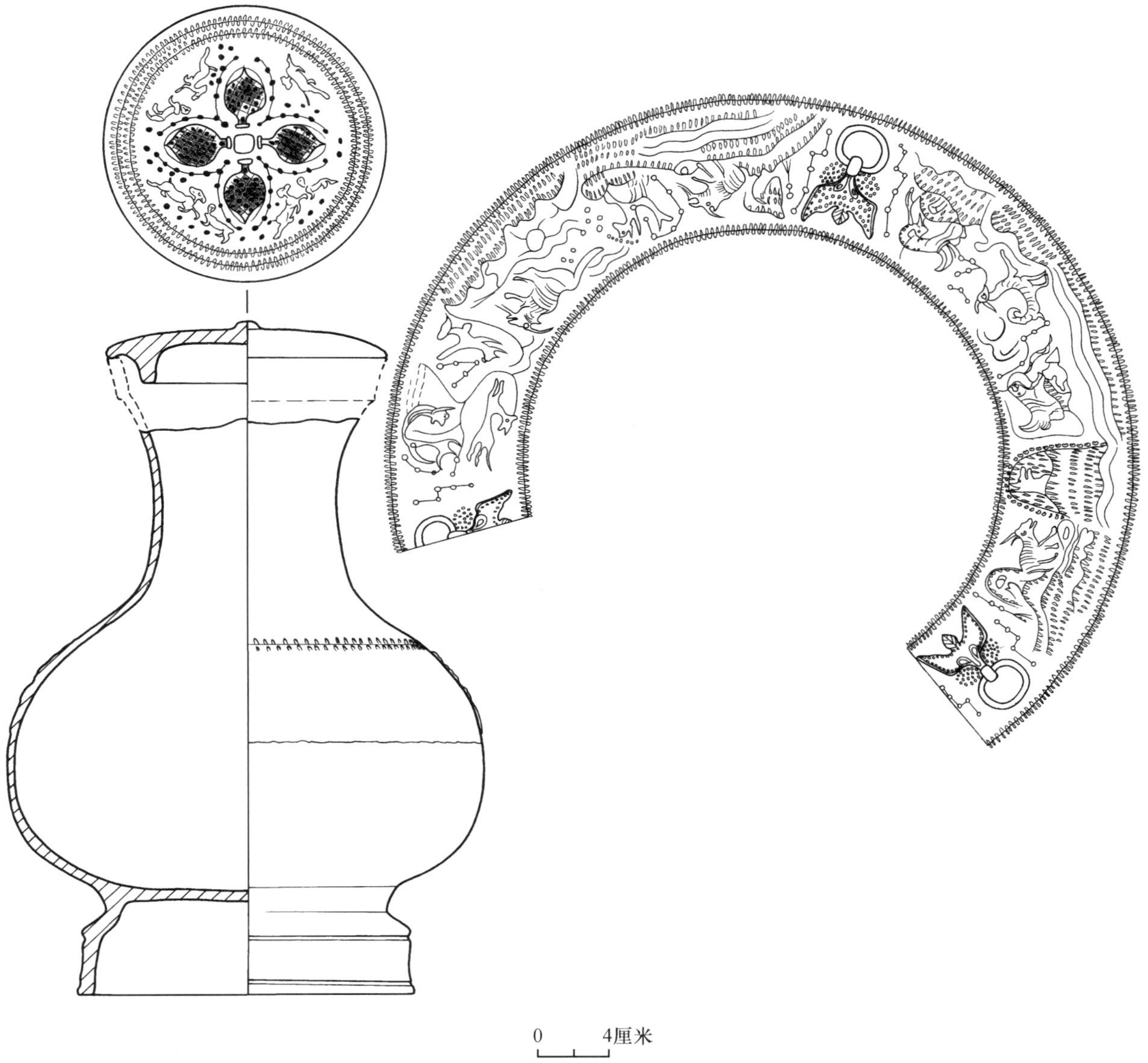

图二六五　M91出土釉陶壶（M91：8）

称把手。器表有两周凹弦纹。口径8.1、底径8.2、高7.3厘米（图二六六，1）。标本M91：24，施红釉。口径8.9、底径7.8、高8.1厘米（图二六六，2）。标本M91：116，施红釉。口径9.5、底径8.2、高7厘米（图二六六，3）。

盂　4件。标本M91：29，泥质红陶，施酱红釉。敞口，圆唇，折沿，沿上有一周凹槽，圆鼓腹，平底。肩、腹部饰有两周凹弦纹。口径12.5、底径6.3、高10.1厘米（图二六六，8）。标本M91：44，泥质红陶，施酱红釉。敞口，卷沿，沿上有一周凹槽，尖唇，扁圆鼓腹，凹圜底。肩、腹部饰有两周凹弦纹。口径14.9、腹径16、高8.9厘米（图二六六，9；彩版二四，5）。标本M91：82，泥质红陶，施姜黄釉。敞口，卷沿，圆唇，弧折腹，凹圜底。肩部有对称双耳。肩部有两周凹弦纹。口径15.3、底径10.5、高11.4厘米（图二六六，10；彩版二四，6）。

樽　1件。标本M91：77，泥质红陶，施淡黄色釉。筒形腹，平底，有三足。器盖为弧

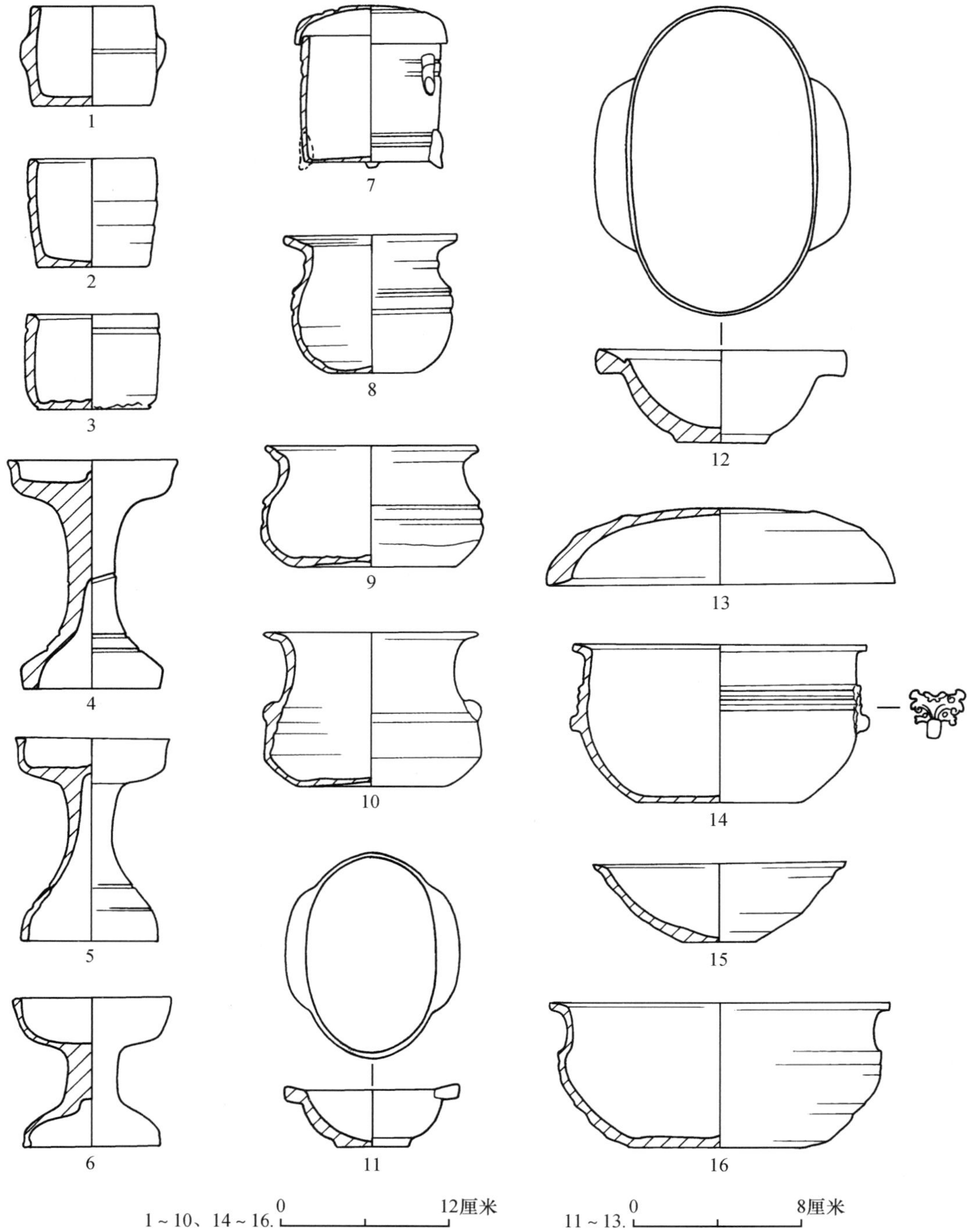

图二六六　M91出土釉陶器（二）

1～3. 釉陶杯（M91：23、M91：24、M91：116）　4～6. 釉陶灯（M91：13、M91：89、M91：115）　7. 釉陶樽（M91：77）　8～10. 釉陶盂（M91：29、M91：44、M91：82）　11、12. 釉陶耳杯（M91：2、M91：64）　13. 陶器盖（M91：26）　14～16. 釉陶洗（M91：10、M91：91、M91：60）

形。器表和器盖饰有凹弦纹并形成凸棱，上腹部一侧有掉落部件的痕迹，似为把手。口径10.8、底径11、高12厘米（图二六六，7）。

灯 3件。泥质红陶。敞口，弧壁近直，平底，喇叭形圈足。标本M91：13，施酱红釉。细高柄。口径12.4、底径10.3、高16.9厘米（图二六六，4；彩版二六，1）。标本M91：89，施酱红釉。细高柄。口径11.2、底径9.8、高15.1厘米（图二六六，5；彩版二六，2）。标本M91：115，器表施淡绿色釉。矮柄。口径11.3、底径9.8、高10.9厘米。（图二六六，6）

器盖 2件，修复1件。标本M91：26，泥质红陶，器表施釉，但脱落严重。覆钵形，唇内斜，弧顶，器表不平。口径16.4、高3.9厘米（图二六六，13）。

耳杯 16件。泥质红陶，渐变暗绿色釉。敞口，两耳上翘，椭圆形腹，杯口在同一平面上。标本M91：2，口径8.3、底径3.4、高3.9厘米（图二六六，11）。标本M91：64，口径12.2、底径4.4、高4.6厘米（图二六六，12）。

洗 3件。标本M91：10，泥质红陶，施淡黄色薄釉。敞口，折沿，方唇，圆鼓腹，平底。上腹部有三周圆凸棱和两对称的兽头形把手。口径21.2、底径11.8、高11.6厘米（图二六六，14）。标本M91：60，泥质红陶，施姜黄釉。敞口，方唇，斜弧腹，平底。口径18.2、底径5.4、高5.8厘米（图二六六，16）。标本M91：91，泥质红陶，施淡黄色釉。折沿，方唇，束颈，圆鼓腹，平底。器表不平。口径24.4、底径12.3、高10.5厘米（图二六六，15；彩版二六，3）。

盘 5件。标本M91：84，泥质红陶，施酱色釉，釉有脱落。敞口，卷沿，方唇，肩部弧折，弧腹，平底。口径22、底径9、高4.4厘米（图二六七，1）。标本M91：110，泥质红陶，施酱色釉。敞口，折沿，方唇，折腹，微凹圜底。口径22、底径9.2、高4.1厘米（图二六七，2）。标本M91：117，泥质红陶，施酱色釉。敞口，折沿，方唇，弧腹，平底。口径21.6、底径9、高5.1厘米（图二六七，3；彩版二六，4）。

魁 5件。标本M91：25，泥质红陶，外上半部施暗绿色釉。敛口，方唇，唇上有一周凹槽，弧壁，平底，方柱形弯曲把手。口径16.5、底径5.5、高7.2厘米（图二六七，5）。标本M91：86，泥质灰陶，外施淡黄釉。直口，方唇，弧壁，平底，兽首形把手。器表饰有凹弦纹。口径16.8、底径7、高6.8厘米（图二六七，6；彩版二六，5）。标本M91：103，泥质红陶，施姜黄色釉。敞口，圆唇，弧壁，圜底，圈足，兽首形把手。口径19.3、底径11.7、高7.7厘米（图二六七，7）。标本M91：120，泥质红陶，施姜黄釉。敞口，方唇，弧壁，微凹圜底，兽首形把手。口径18.8、底径8、高6.3厘米（图二六七，8）。

博山炉 3件，1件为炉盖。标本M91：65，泥质红陶，酱红色釉。敛口，圆唇，弧壁，底不平，高柄中空，喇叭形圈足。口径8、高14.5厘米（图二六七，9）。标本M91：81，泥质红陶，姜黄色釉。子口，圆唇，弧折壁，圜底，矮粗柄，喇叭形圈足，整体呈豆形，上承盖，盖高而尖，呈山形，上有火焰状浮雕。口径11、高18厘米（图二六七，10；彩版二六，6）。

盆 2件。敞口，折沿，方唇，圆鼓腹，平底。标本M91：21，泥质红陶，内施姜黄色釉。口径17.4、底径6、高4.9厘米（图二六七，4）。

案 2件。标本M91：98，泥质红陶，案内正面有淡绿色釉，足及背面无釉。长方形案面，长侧两端有外撇弯曲的侧面，四角略靠内下接方柱状足，且足与案底接触处有加固用的衬

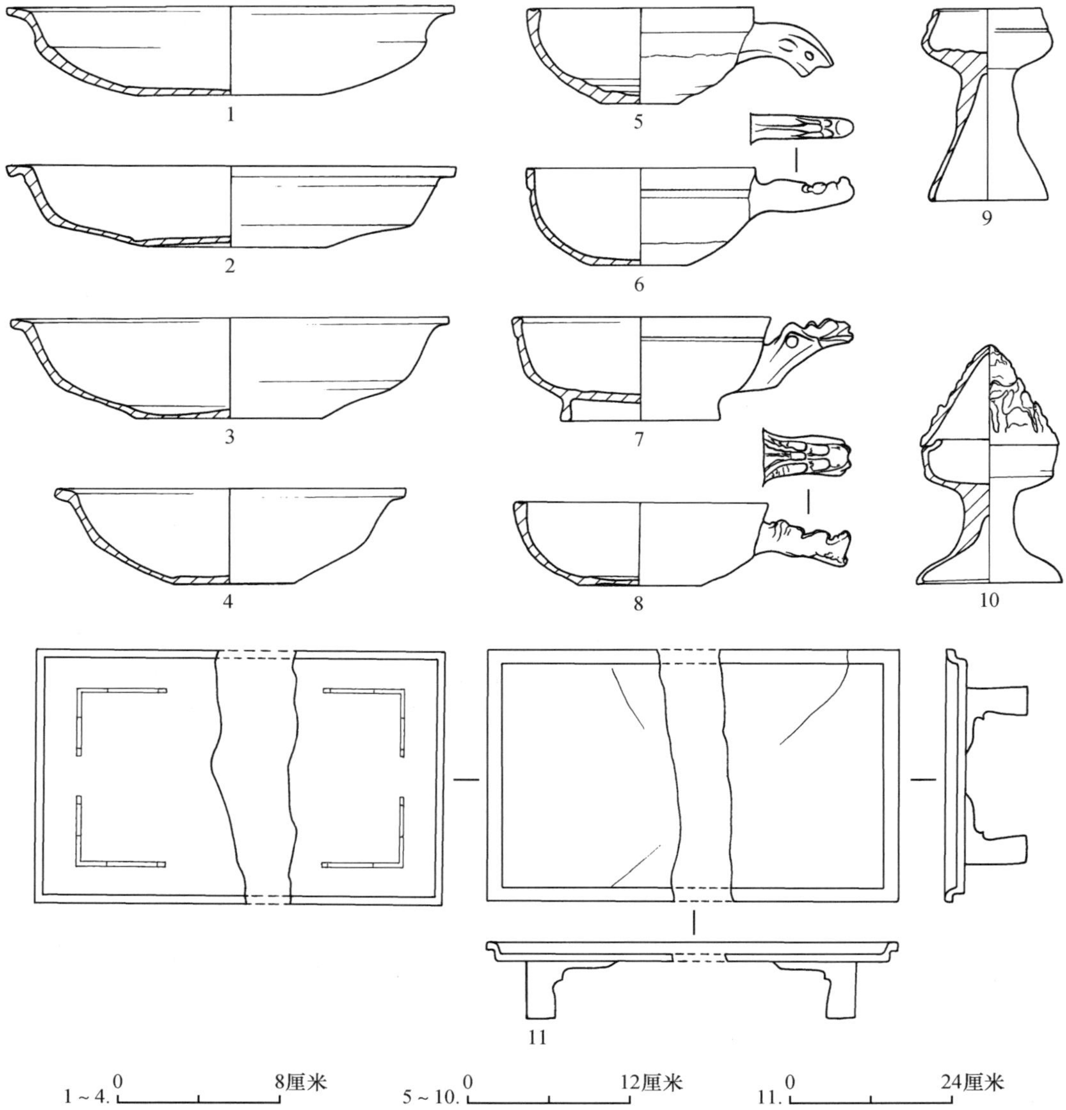

图二六七　M91出土釉陶器（三）

1～3. 釉陶盘（M91：84、M91：110、M91：117）　4. 釉陶盆（M91：21）　5～8. 釉陶魁（M91：25、M91：86、M91：103、M91：120）　9、10. 釉陶博山炉（M91：65、M91：81）　11. 釉陶案（M91：98）

板，衬板与足饰一体。残长48、宽38.5、高12厘米（图二六七，11）。

陶器　59件。

盒　5件。均为盒盖，形制基本相同。泥质灰陶。敛口，圆唇，弧壁，圜底，喇叭形捉手。标本M91：32，外施红彩。口径21.3、高6.5厘米（图二六八，1）。标本M91：41，黑皮。口径19.4、高6.2厘米（图二六八，2）。标本M91：68，口径20、高5.8厘米（图二六八，3）。

罐　5件。泥质灰陶。直口，圆唇，直颈，溜肩，肩、腹交界处拐折明显，圆鼓腹，圜底。标本M91：12，下腹部饰细绳纹。口径12.4、腹径23.6、高14.6厘米（图二六八，6）。标本M91：38，肩部饰有凹弦纹，且有一章印。口径11.5、腹径21.9、高12.05厘米（图二六八，4）。标本M91：53，腹部饰细绳纹。口径12.5、腹径35、高19.6厘米（图二六八，5）。标本M91：66，下腹部饰细绳纹。口径12.5、腹径21.6、高14.2厘米（图二六八，7）。标本

图二六八　M91出土陶器（一）

1～3. 陶盒（M91：32、M91：41、M91：68）　4～8. 陶罐（M91：38、M91：53、M91：12、M91：66、M91：67）
9～12. 陶仓（M91：40、M91：57、M91：70、M91：72）　13. 陶灯（M91：7）

M91：67，下腹部饰细绳纹。口径11.4、腹径21.9、高15厘米（图二六八，8）。

仓　16件，修复4件。标本M91：40，泥质灰陶。子口，弧壁，平底。器表有四周凹弦纹，并形成凸棱。口径16.4、底径17.4、高20.5厘米（图二六八，9）。标本M91：57，泥质灰陶。子口，弧腹，平底。口径9、底径10.2、高19.8厘米（图二六八，10）。标本M91：70，泥质灰陶。子口，弧壁，平底。腹中部有凹弦纹。器盖为母口，弧壁，平底。口径14、底径12、高18厘米（图二六八，11）。标本M91：72，泥质灰陶。子口，上腹较直，下腹圆鼓，平底。盖为圆弧形。器表饰有凹弦纹。口径17.3、底径12、高21.4厘米（图二六八，12）。

灯　1件。标本M91：7，泥质灰陶。上、下双盘，中间有柄连接。上盘，敞口，弧壁，圆柄，柄中部有两周凹弦纹。下盘，敞口，圆唇，弧壁，圜底，喇叭形圈足。上盘口径10、下盘口径19、高16.1厘米（图二六八，13）。

瓮　4件，修复1件。标本M91：45，泥质灰陶。敛口，圆唇，无颈。溜肩，圆鼓腹，平底。器表饰弦断绳纹，间断处抹划而成。肩部阴刻“趙”字。口径24.8、底径21.4、高37.6厘米（图二六九，1；图版六五，2）。

甑　5件。标本M91：15，泥质灰陶。敛口，圆唇，斜弧腹，凹圜底，底部细密扎孔。接近口部施凹弦纹。口径34.2、底径15、高18.1厘米（图二六九，2）。标本M91：34，泥质红陶。敞口，圆唇，弧腹，平底。底部扎孔。口径15、底径5.2、高5.5厘米（图二六九，4）。标本M91：88，泥质灰陶。敛口，圆唇，耸肩，斜弧腹，微凹圜底，底部细密扎孔。口径51、底径18.6、高27.6厘米（图二六九，3；图版六五，3）。标本M91：102，泥质灰陶。口微敛，圆唇，圆鼓腹，微凹圜底，底部扎孔。口径17.4、底径6.3、高6.5厘米（图二六九，5）。

釜　1件。标本M91：58，泥质灰陶。直口微敛，方唇，颈较高，扁圆鼓腹，腹中部有对

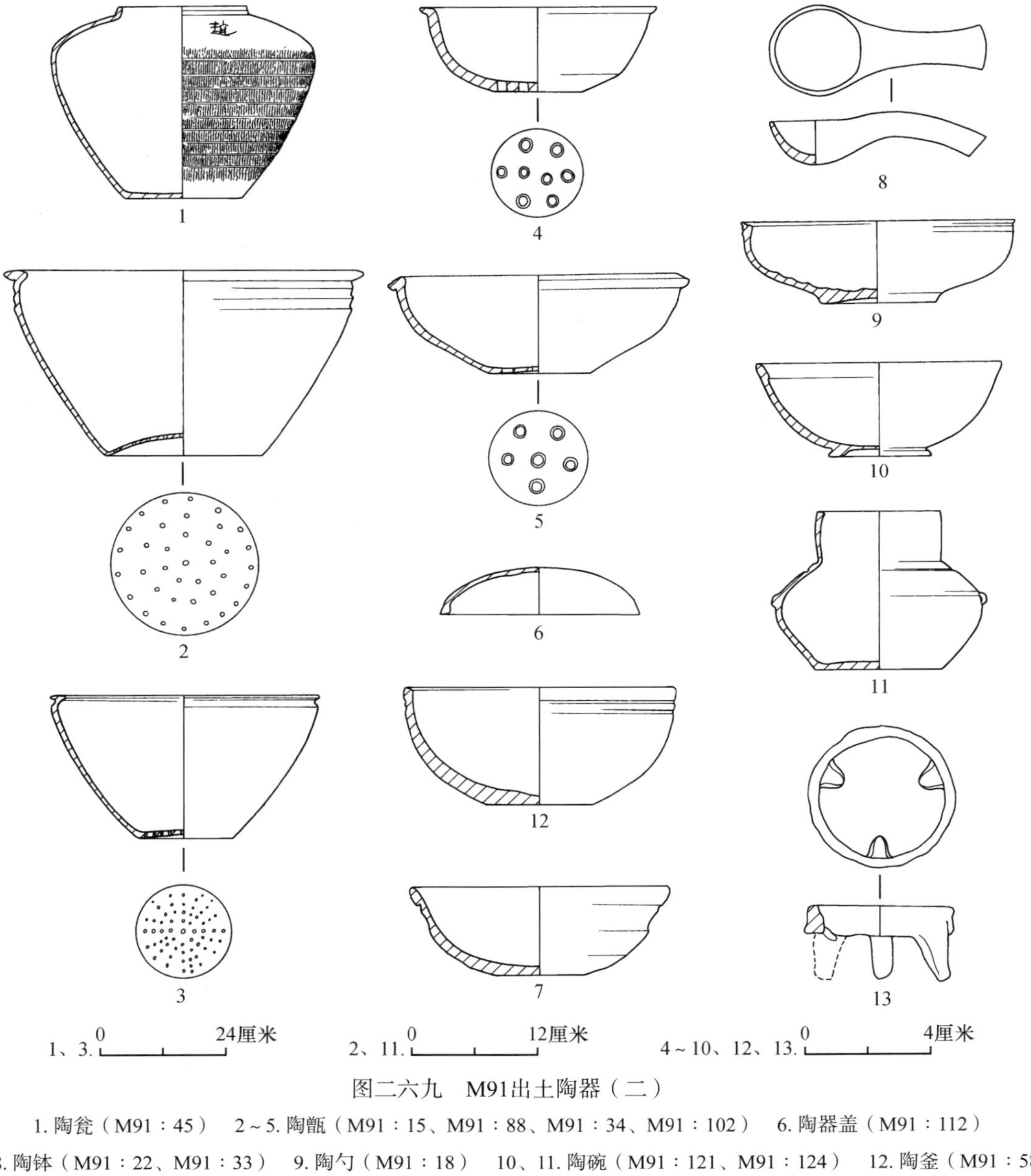

图二六九　M91出土陶器（二）

1. 陶瓮（M91：45）　2～5. 陶甑（M91：15、M91：88、M91：34、M91：102）　6. 陶器盖（M91：112）　7、8. 陶钵（M91：22、M91：33）　9. 陶勺（M91：18）　10、11. 陶碗（M91：121、M91：124）　12. 陶釜（M91：58）　13. 陶支架（M91：39）

称两錾，平底。口径10.2、底径12.1、高15.7厘米（图二六九，12）。

钵　2件。敞口，圆唇，弧壁，平底。标本M91：22，泥质红陶。接近口沿处有一周凹弦纹。口径17.4、底径6、高7.7厘米（图二六九，7）。标本M91：33，泥质灰陶。口径16.2、底径5.4、高5.8厘米（图二六九，8）。

勺　3件，仅修复1件。泥质红陶。椭圆球形勺身，曲柄。标本M91：18，长13.7厘米（图二六九，9）。

碗　3件，修复2件。泥质灰陶。敞口，圆唇，弧腹，圜底，圈足。标本M91：121，口径17.6、底径7.4、高5.4厘米（图二六九，10）。标本M91：124，口径15.7、底径6.6、高6.2厘米（图二六九，11）。

器盖　10件。泥质灰陶。覆钵形，弧顶。标本M91：112，口径12.8、高3.3厘米（图二六九，6）。

支架　1件。标本M91：39，泥质灰陶，夹细砂。上部一周较厚陶圈，下接三外撇柱状足。直径9.2、高5厘米（图二六九，13）。

陶盆　2件。标本M91：114、M91：122，仅余口沿残片可辨器型为盆，但形状尺寸不明。

陶灶　1件。标本M91：109，仅发现陶灶平面残片，器型不辨。

铁器　2件。

棺钩　1件。标本M91：52，锈蚀为粉末状，无法修复。

削　1件。标本M91：87，锈蚀为粉末状，无法修复。

铜器　6件。

带钩　2件。标本M91：28，朽蚀严重，通体大致呈勺形，蛇首形钩，柱状圆顶形扣，钩部断面呈圆形，下面呈扁平勺状。通长9.2、宽0.75、高1.3厘米（图二七〇，1）。

环　1件。标本M91：30，环直径3.5、粗0.35厘米（图二七〇，2）。

泡钉　3件。均圆形钉帽，锥形钉身。标本M91：54，高2.3、直径6厘米（图二七〇，3）。

铜钱　114枚。

其中五铢50枚，货泉24枚，大泉五十40枚。

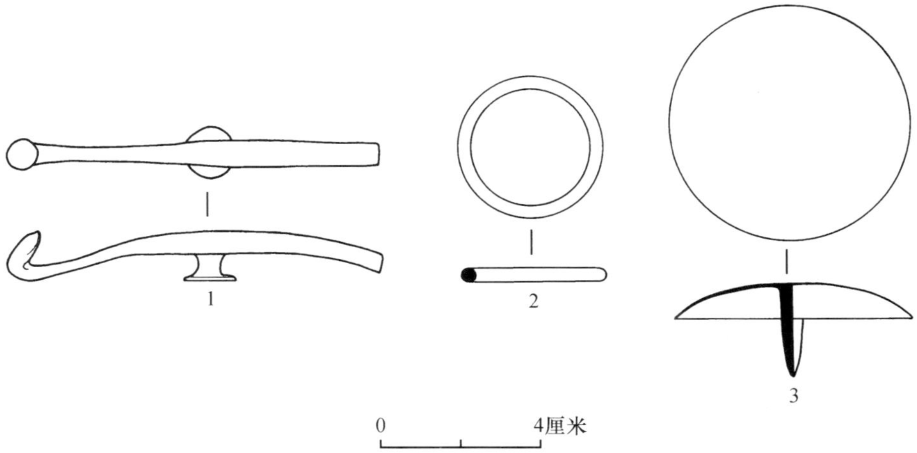

图二七〇　M91出土铜器

1. 铜带钩（M91：28）　2. 铜环（M91：30）　3. 铜泡钉（M91：54）

五七、M93

（一）发掘地点

位于第三象限、T32834内。

（二）形制与结构

开口距地表深0.6米。长方形墓道砖室墓，由墓道、封门与墓室组成。方向10°（图二七一；图版六六，1、2）。

墓道位于墓室南部，平面呈长方形。直壁，平底。墓道残长1、宽1米，深1.7米。

封门位于墓道北部，拱形墓门，从第九层砖处起券，墓门用砖错缝平砌而成，共十一层。宽1.3、高1.4米。

墓室平面呈长方形，直壁，平底，拱顶。长3.52、宽1.9米，深2.76米。四壁与墓底均铺砖，残存十层，残高0.9米，均为错缝平砌而成。

填土为红褐色花土，土质较硬。

葬具为木棺，腐朽严重，具体信息不详。

人骨1具，保存较差，可辨葬式为仰身直肢，头向南，面向上。

（三）随葬器物

随葬品放置于墓主头部，出土釉陶器、陶器、铜器、铁器共14件，铜钱6枚。釉陶器可辨器型有壶、灯等；陶器可辨器型有钵、罐、釜、甑、杯等；铜器有鍪；铁器可辨器型为釜、支架。受埋藏环境影响，部分陶器保存极差，无法进行修复。

釉陶器　3件。

壶　1件。标本M93：3，泥质红陶，酱色釉。壶身母口，方唇，束颈，溜肩，圆鼓腹，圜底，圈足；器表饰有弦纹数周。肩部对称贴附两个铺首衔环；盖弧顶，子口，盖顶中央有一锥形纽，周围三个乳状纽。口径15.3、底径12.6、高32.4厘米（图二七二，1；图版六六，4）。

灯　2件。敞口，圆唇，深盘腹，圜底，喇叭形圈足。标本M93：14，泥质红陶，施酱绿色釉。口径9、底径11.6、高10厘米（图二七二，6）。

陶器　7件。

钵　3件。泥质红陶。敞口，方唇，弧腹，平底。标本M93：6，器表饰有凹弦纹。口径16.5、底径5、高6.2厘米（图二七二，4）。标本M93：10，口径14.7、底径6、高6～7厘米（图二七二，2）。标本M93：11，口径16、底径6、高5.6厘米（图二七二，7）。

罐　1件。标本M93：5，泥质灰陶。直口微敛，圆唇，短直颈，溜肩，扁圆鼓腹，圜底。

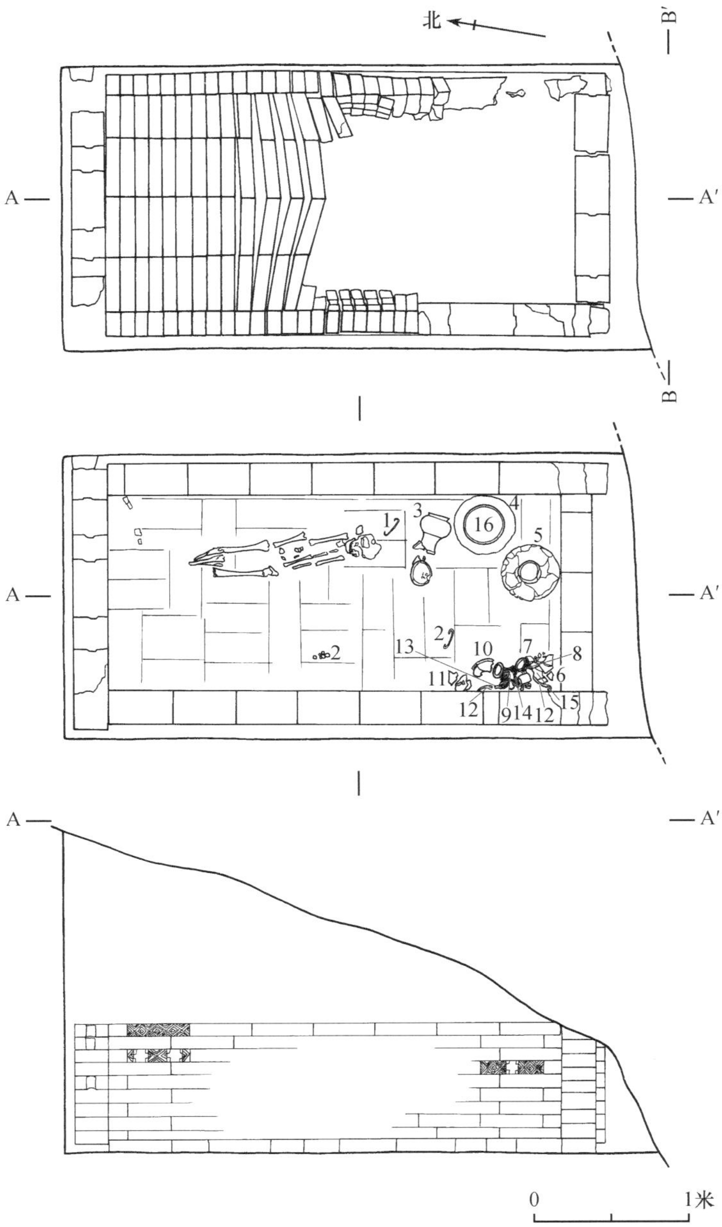

图二七一 M93平、剖面图

1. 铁棺钩 2. 铜钱 3. 釉陶壶 4. 铁釜 5. 陶罐 6、10、11. 陶钵 7、14. 釉陶灯 8. 陶杯 9. 陶甑 12. 陶釜 13. 陶器盖 15. 铁支架 16. 铜鍪

肩中部以下饰有弦断绳纹，口径11.8、高21.2厘米（图二七二，5；图版六六，3）。

釜 1件。标本M93：12，泥质红陶。折沿，沿上有两个对称的双耳，尖唇，圆鼓腹，平底。口径10.8、底径5、高9.5厘米（图二七二，3）。

杯 1件。标本M93：8，泥质红陶。敞口，圆唇，筒形腹，平底。器表饰有弦纹。口径6.6、底径4.2、高7.6厘米（图二七二，8）。

甑 1件。标本M93：9，破损严重。

铜器 1件。

鍪 1件。标本M93：16，残。敞口，卷沿，圆鼓腹。肩部有两个对称圆环耳。器表饰有

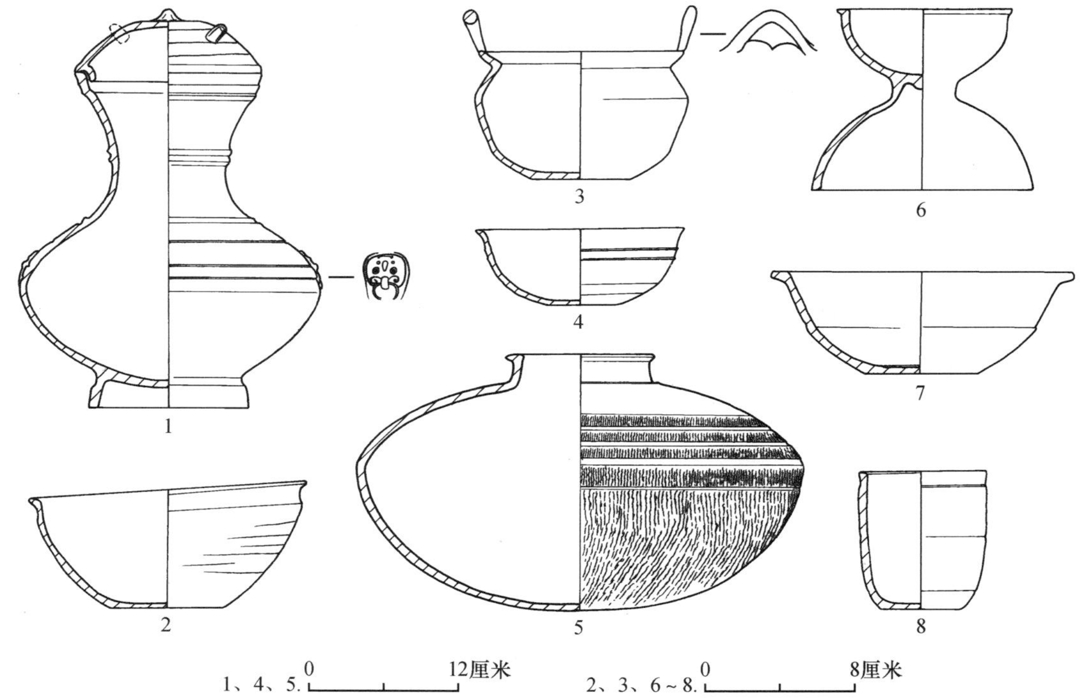

图二七二　M93出土陶器和釉陶器

1. 釉陶壶（M93：3）　2、4、7. 陶钵（M93：10、M93：6、M93：11）　3. 陶釜（M93：12）　5. 陶罐（M93：5）
6. 釉陶灯（M93：14）　8. 陶杯（M93：8）

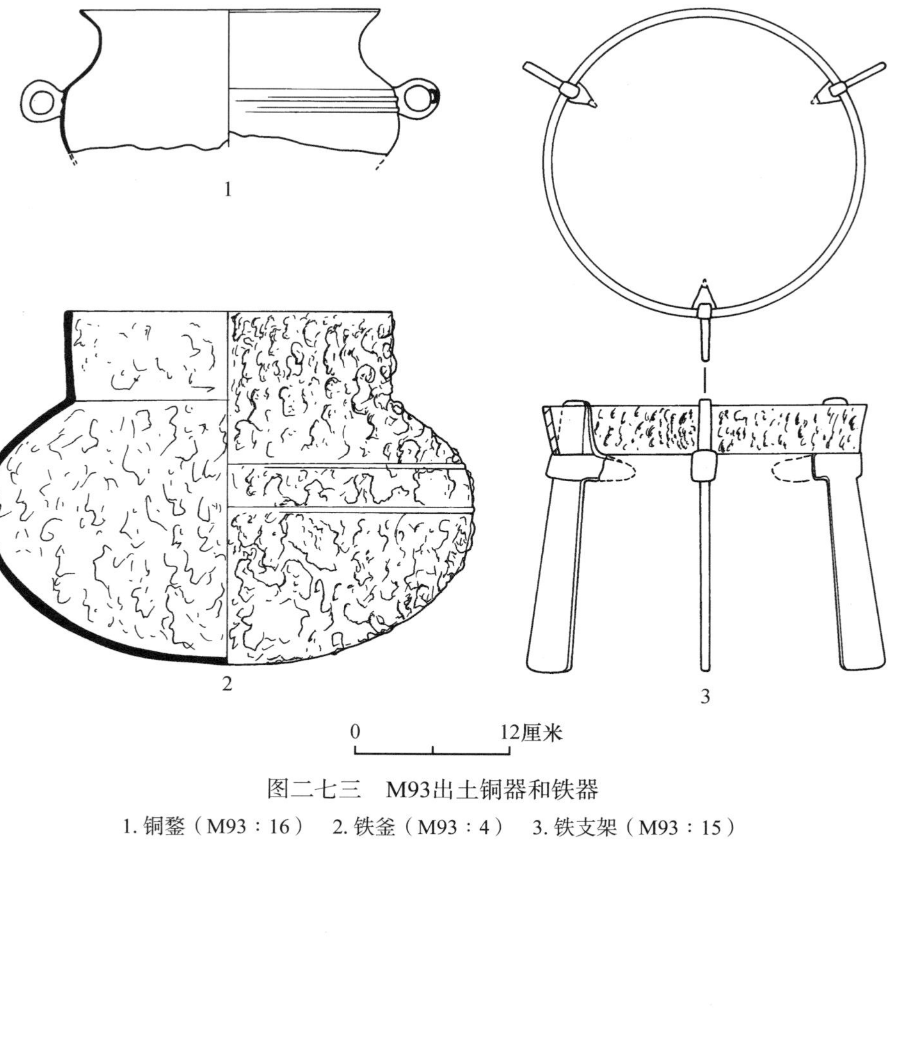

图二七三　M93出土铜器和铁器

1. 铜鍪（M93：16）　2. 铁釜（M93：4）　3. 铁支架（M93：15）

凹弦纹数周。口径23、残高11.4厘米（图二七三，1）。

铁器 3件。

支架 1件。标本M93：15，圆形铁圈座，下接三个外撇扁足，扁足高度高过铁圈座。直径23.4～25、高21.4厘米（图二七三，3）。

釜 1件。标本M93：4，残，朽蚀严重。直口，高直颈，圆鼓腹，圜底。器表有凸弦纹数周。口径25、高28厘米（图二七三，2）。

棺钩 1件。标本M93：1，残。锈蚀严重，未修复。

铜钱 6枚。

均为五铢钱。

五八、M94

（一）发掘地点

位于第三象限、T32840内。

（二）形制与结构

开口距地表深1.5米。长方形墓道砖室墓，由墓道、封门、甬道与墓室组成。方向162°（图二七四；图版六七，1、2）。

墓道位于墓室南偏东，斜壁，平底。墓道口长3.7、宽2.8米，墓道底长3.7、宽1.3米，深2.1米。

封门位于甬道南部，拱形墓门，从第八层处开始起券。墓门残砖平砌而成。残存砖十三层，宽3、高1.6米。

甬道位于墓道北部，平面呈长方形，长2.84、宽1.7米，高1.66米。东、西两壁与墓底铺砖。均为错缝平砌而成。

墓室平面呈近方形，直壁，平底，长5、宽3.7～3.9米，深1.72米。墓壁及墓底均为砖砌。在墓室后壁发现有一个直径0.9、深2.6米，打破后壁砖的盗洞。

填土为黄花土，土质略软，含有少量料姜石颗粒。

葬具与人骨不详。

（三）随葬器物

随葬品放置于墓室南部，出土釉陶器、陶器、铜器共76件，铜钱135枚。釉陶器可辨器型有盒、博山炉、盂、盘、壶、鼎、卮等；陶器可辨器型有钵、仓、罐、釜、甑等；铜器有洗、

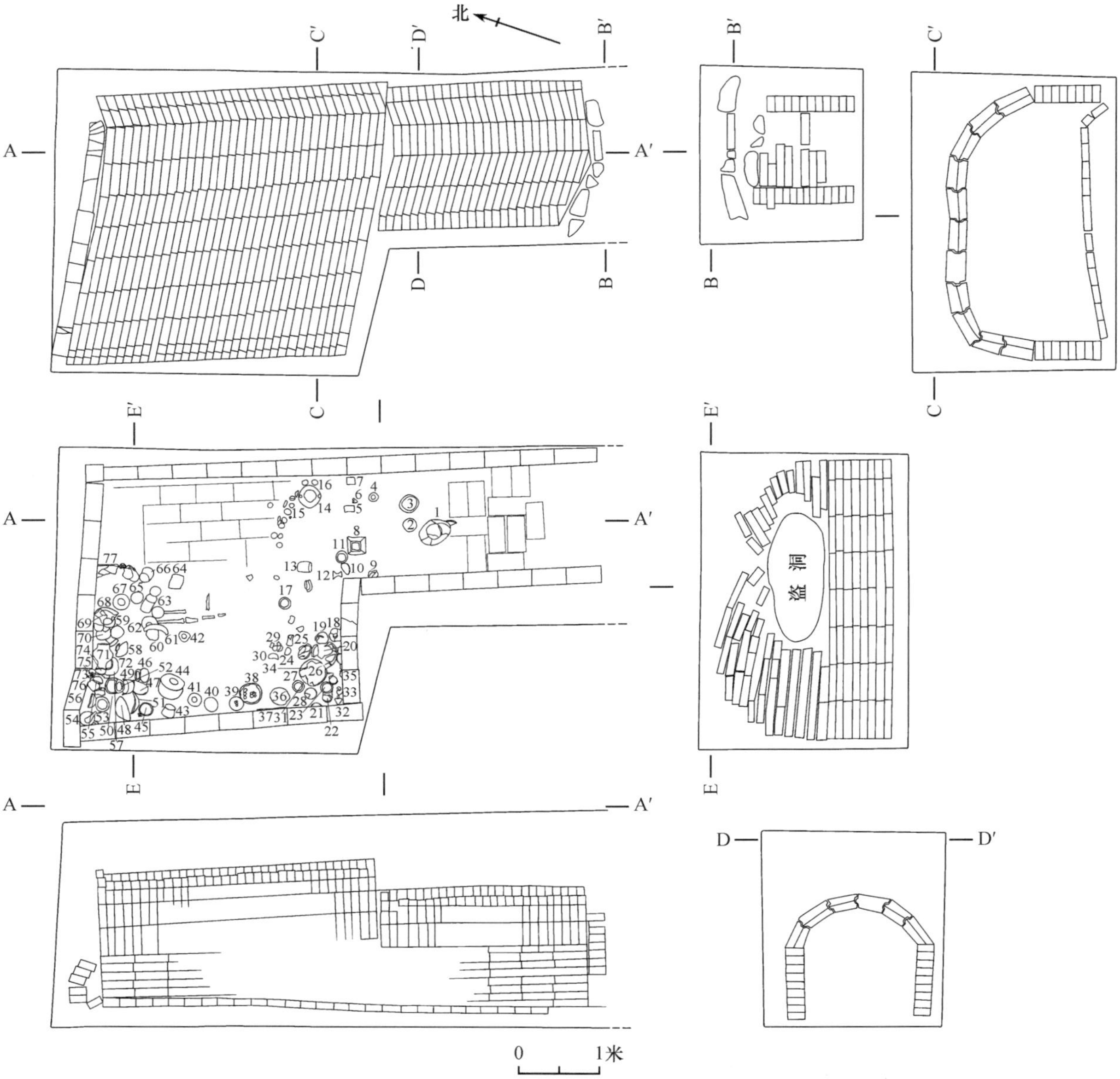

图二七四　M94平、剖面图

1、26. 陶盒　2. 铜钵　3、14、36、76. 铜洗　4. 陶碗　5. 陶圭　6. 铜钱币　7. 陶卮　8. 铜钫　9、10、51、77. 陶甑　11、67. 陶釜　12、33、57、74. 釉陶博山炉　13、19、34、47、50、60、63～66、69、73. 釉陶卮　15. 铜饰件　16、37、41、42. 铜棺饰　17、31. 陶器盖　18、35、44、48、58、61、68、72. 陶罐　20. 陶盆　21、24、25、30、39、40、59、75. 陶钵　22. 釉陶灯　23、28、55、62. 釉陶盒　27、71. 陶壶　29、56. 釉陶盘　32. 釉陶博山炉盖　38. 釉陶洗　43、46. 釉陶盂　45、49. 釉陶鼎　52. 釉陶簋　53. 釉陶勺　54. 陶魁　70. 釉陶壶（带盖）

钫等。受埋藏环境影响，部分陶器、铜器保存极差，无法进行修复。

釉陶器　21件。

鼎　2件。标本M94：45、M94：49，泥质红陶，施黄绿色釉。敛口，弧腹，圜底，下接三兽形足。口沿外贴附两方形外撇附耳，耳正面饰怪兽图案。盖为穹隆形，其上饰有模制浮雕龙形和动物图案。口径18、高14.6厘米（图二七五，1；彩版二七，1、2）。

盒　4件。泥质红陶。子口，扁圆弧腹，圜底，矮圈足。标本M94：23，施淡黄色釉。口径13、底径10、顶径7.8、高13.2厘米（图二七六，2；彩版二七，3）。标本M94：28，陶盒盖。施酱绿色釉。直口，方唇，圆弧腹，圈足形捉手。器表有凹弦纹和凸弦纹数周。口径15.6、高9厘米（图二七六，3）。标本M94：55，泥质红陶，施淡绿色釉，脱落较甚。器表饰凹弦纹。口径14、底径9、高8.4厘米（图二七六，1；彩版二七，4）。

壶 1件。标本M94：70，泥质红陶，盖施酱黄釉。盘形口，高束颈，圆鼓腹，腹上贴附对称两兽头衔环铺首，高圈足。肩、腹及圈足均饰有弦纹。盖为穹隆形，其上模制纹饰，纹饰中部为一圆圈为中心的三瓣花，其间有水波纹，周围由回首的龟、羽毛、翅膀的张嘴瑞兽、凤凰、龙环绕组成，且瑞兽、凤凰、龙的尾部上方或下方均有一个花骨朵。盖口径15、高4.6厘米，壶口径13.5、底径19.7、高30.3厘米（图二七五，4、5；彩版二七，5）。

博山炉 5件。泥质红陶。标本M94：12，子口，弧壁，深腹，圜底，矮柄，圈足。底径8.6、高10.8厘米（图二七六，8）。标本M94：32，施褐色釉。博山炉盖。圆锥形体，喇叭形口，表面堆塑山峦及云水图案。口径10.6、高7.6厘米（图二七六，6）。标本M94：33，施黄绿色釉，釉质较好。炉体为子口，浅腹，直壁略弧，平底，细高柄，覆碗形圈足。腹中部饰一周月牙形镂孔。炉盖整体镂孔，最上为一周四个外张的圆三角叶形瓣，往下一周贴附三个圆三角形叶瓣，再往下是一周三角形半透孔和一周三角形透孔的镂孔装饰。炉盖整体为上部稍小的穹隆形，顶部有一花瓣形捉手。口径8.2、底径12、高23厘米（图二七六，4）。标本M94：57，炉盖素胎无釉，炉施淡黄色釉。炉为子口，弧折壁，圜底，矮柄，柄上部有箍，大喇叭口圈足。腹上有刻有月牙形纹饰，其中有些上面有齿状纹。炉盖整体镂孔，最上为一周四个外张的三角叶形，叶形上有方格纹，中部一周贴附三个外张半圆形叶，叶上亦有方格纹，再往下为三角形镂孔。炉盖整体为穹庐形，顶上圆柄形捉手。口径9.2、底径10.6、高21.6厘米（图二七六，7；彩版二七，6）。标本M94：74，施酱绿釉。无盖。盘腹较浅，敛口，弧壁，平底，中空柄，喇叭形圈足。口径8.6、底径9.4、高10.4厘米（图二七六，5）。

盂 2件。泥质红陶，施淡黄釉。标本M94：43，下腹部无釉。卷沿，敞口，圆唇，束颈，溜肩，肩上有对称两桥形耳，圆鼓腹，下腹弧折内收形成圜底。肩部饰有两周凹弦纹。口径14.4、高14.2厘米（图二七六，13；彩版二八，1）。标本M94：46，釉层较薄，且下腹部无釉。卷沿，敞口，圆唇，唇上有一周凹槽，溜肩，肩部对称贴附两个桥形耳，扁圆鼓腹，圜底。肩部饰有数周凹弦纹。口径13.8、高10厘米（图二七六，14）。

盘 2件。泥质红陶。敞口，折沿，尖唇，折腹，平底。标本M94：29，下腹部施红釉，上腹部无釉。口径20.3、底径10.2、高3.8厘米（图二七五，6）。标本M94：56，施淡黄釉。口径24、底径10.6、高6厘米（图二七五，3；彩版二八，2）。

卮 1件。标本M94：73，泥质红陶，施酱绿釉。直口，直腹，平底，下接三兽形足。口径9.2、底径9.2、高7.4厘米（图二七六，11）。

簋 1件。标本M94：52，泥质红陶，施黄绿釉，但下腹部和圈足釉脱落较甚。敞口，方唇，弧腹，圜底，圈足。器表饰凹弦纹。口径20.7、底径11.6、高9.8厘米（图二七五，2）。

勺 1件。标本M94：53，泥质红陶，绿釉。椭圆勺身，曲柄，柄断面为长方形。长19.6厘米（图二七六，10；彩版二八，3）。

洗 1件。标本M94：38，泥质红陶，施淡绿色釉。敞口，方唇，圆鼓腹，平底。腹部有二对称兽首衔环铺首。器表饰有三周凸棱。口径25.6、底径13.2、高10.6厘米（图二七六，12；彩版二八，4）。

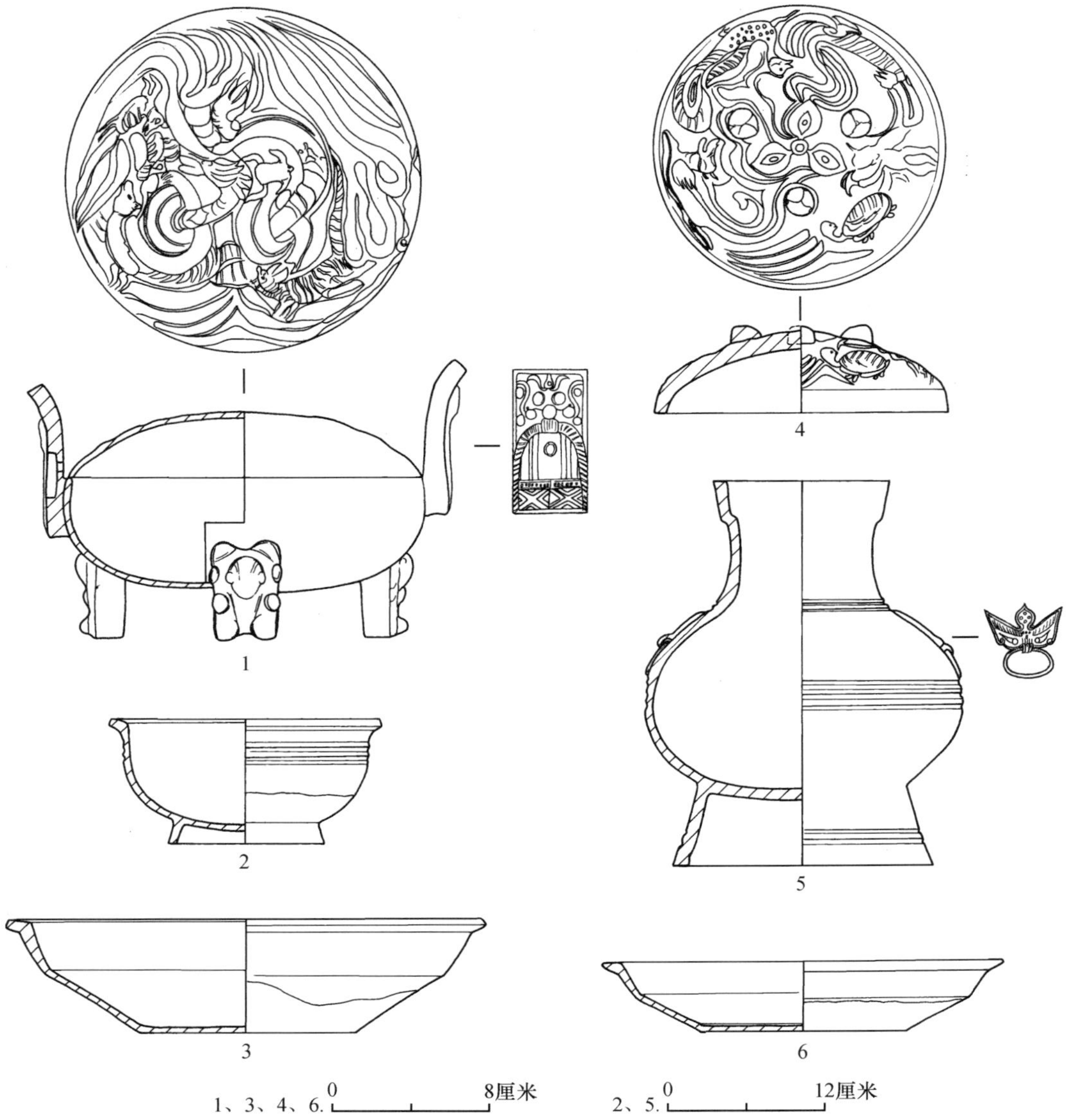

图二七五　M94出土釉陶器（一）

1. 釉陶鼎（M94：45）　2. 釉陶簋（M94：52）　3、6. 釉陶盘（M94：56、M94：29）　4. 釉陶壶盖（M94：70-2）
5. 釉陶壶（M94：70-1）

灯　1件。标本M94：22，泥质红陶，施淡黄绿色釉。直口，浅腹，圜底，底部有一圆锥形纽，细高柄，喇叭口圈足。口径11.4、底径12.2、高14厘米（图二七六，9）。

陶器　44件。

盒　2件。标本M94：26，泥质红陶。子口内敛，折肩，弧腹，圜底。底部有三足。器身饰弦纹。口径12、高7.2厘米（图二七七，2）。

壶　2件，1件为器盖。标本M94：71、M94：27，泥质红陶。母口，高束颈，溜肩，圆鼓腹，上腹部贴附对称二兽头衔环铺首，圜底，高喇叭形圈足。器表饰有数周弦纹。盖为母口，弧顶，顶上均匀分布三个尖圆锥形纽。口径14.2、底径15.9、高41.4厘米。标本M94：27为其器盖（图二七七，1；图版六八，1）。

钵　8件。泥质灰陶。敛口，圆唇，弧壁，平底。标本M94：21，口径11.9、底径4.7、高

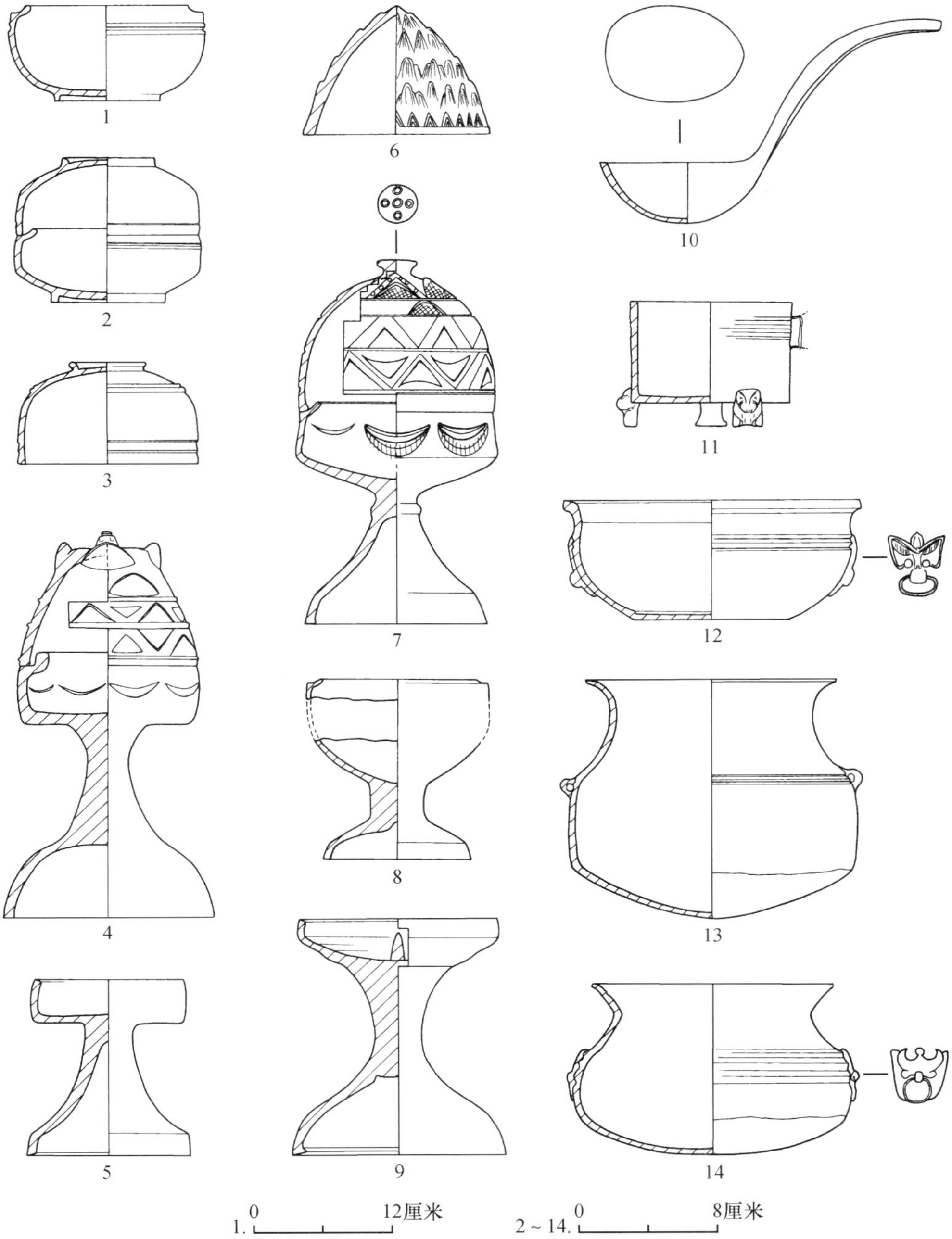

图二七六　M94出土釉陶器（二）

1～3. 釉陶盒（M94：55、M94：23、M94：28）　4～8. 釉陶博山炉（M94：33、M94：74、M94：32、M94：57、M94：12）　9. 釉陶灯（M94：22）　10. 釉陶勺（M94：53）　11. 釉陶卮（M94：73）　12. 釉陶洗（M94：38）　13、14. 釉陶盂（M94：43、M94：46）

4厘米（图二七七，5）。标本M94：30，口径16.6、底径6.9、高5.7厘米（图二七七，6）。标本M94：39，口径16.1、底径5.9、高6.1厘米（图二七七，7）。标本M94：40，器表饰有弦纹。口径16.7、底径6.6、高6厘米（图二七七，4）。标本M94：75，口径17.5、底径6.8、高6厘米（图二七七，3）。

仓　11件。泥质灰陶。标本M94：34，子口，筒形腹，腹底斜内收，平底。饰有凹弦纹。口径10.4、底径10.6、高16.1厘米（图二七八，1）。标本M94：47，子口，圆鼓腹，平底。腹

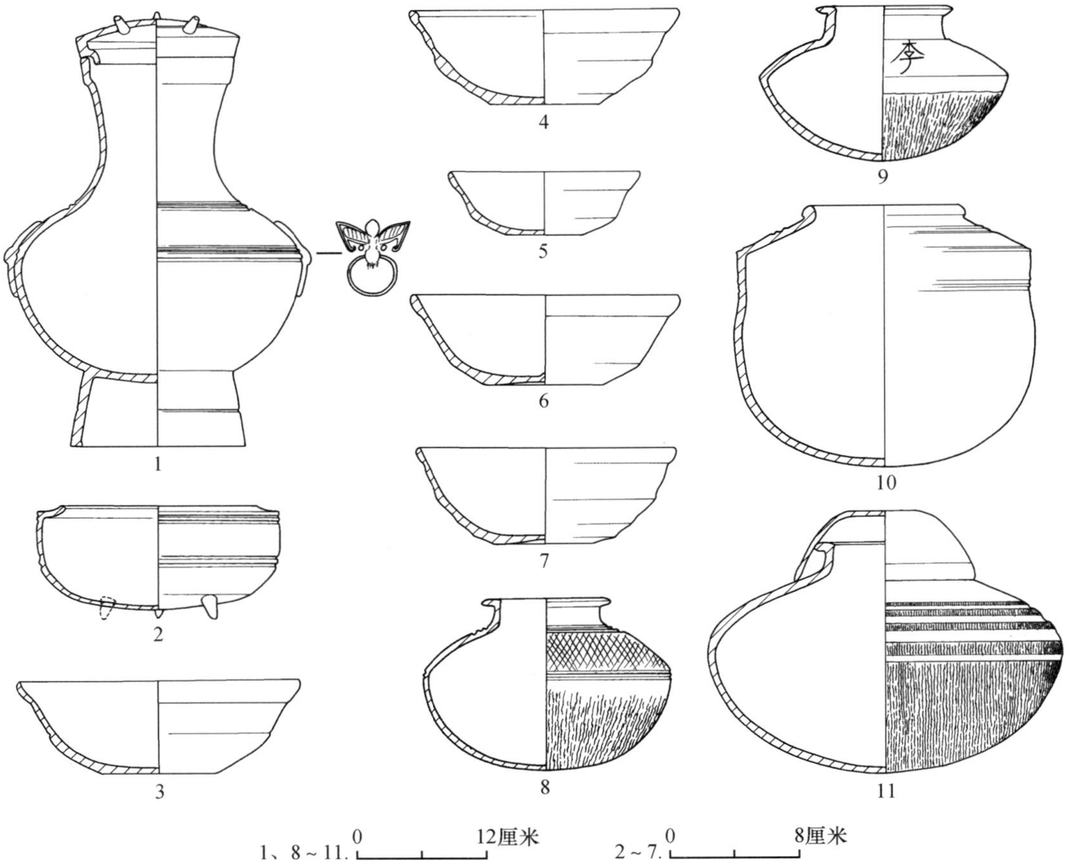

图二七七　M94出土陶器（一）

1. 陶壶（M94：71）　2. 陶盒（M94：26）　3～7. 陶钵（M94：75、M94：40、M94：21、M94：30、M94：39）
8～11. 陶罐（M94：58、M94：72、M94：44、M94：48）

上部，中部均饰有凹弦纹。口径9.1、底径9.5、高16.1厘米（图二七八，2；图版六八，2）。标本M94：64，子口，筒形腹微弧，平底。口、腹部饰两道凹弦纹。器盖为母口，弧壁，平顶。口径11.6、底径12、高19.2厘米（图二七八，3）。

罐　8件。标本M94：44，泥质灰陶。敛口，圆唇，无颈，折肩，圆鼓腹，圜底。器表饰有数周凹弦纹。口径14.8、腹径27.7、高25厘米（图二七七，10）。标本M94：48，泥质灰陶。直口微敛，圆唇，矮直颈，溜肩，扁圆鼓腹，圜底。中上部饰弦断绳纹，下部饰绳纹。盖为覆钵形，平顶。口径13、高24.8厘米（图二七七，11；图版六八，3）。标本M94：58，泥质灰陶。直口，圆唇，矮直径，溜肩，圆鼓腹，圜底。颈部下和肩部上饰有凹弦纹数周，肩部有一部分饰斜方格纹，腹部饰细绳纹。口径12、高16.5厘米（图二七七，8）。标本M94：72，泥质灰陶。直口，圆唇，矮直径，弧折肩，圆弧腹，圜底。腹部饰细绳纹，肩部阴刻一“李”字。口径13、高14.6厘米（图二七七，9；图版六八，4）。

釜　2件。标本M94：11，泥质红陶。敞口，直颈，圆鼓腹，腹中部有对称两鋬，平底。素面。口径12.6、底径10.9、高13.2厘米（图二七八，11）。标本M94：67，泥质灰陶。直口，矮直径，肩、腹弧折明显，平底。口径5.4、底径4.4、高5.2厘米（图二七八，10）。

甑　4件。标本M94：10，泥质红陶。敞口，圆唇，弧腹，平底，底部扎五孔。素面。口径17.5、底径6.2、高7.2厘米（图二七八，7）。标本M94：51，泥质灰陶。敞口，尖唇，弧腹，凹

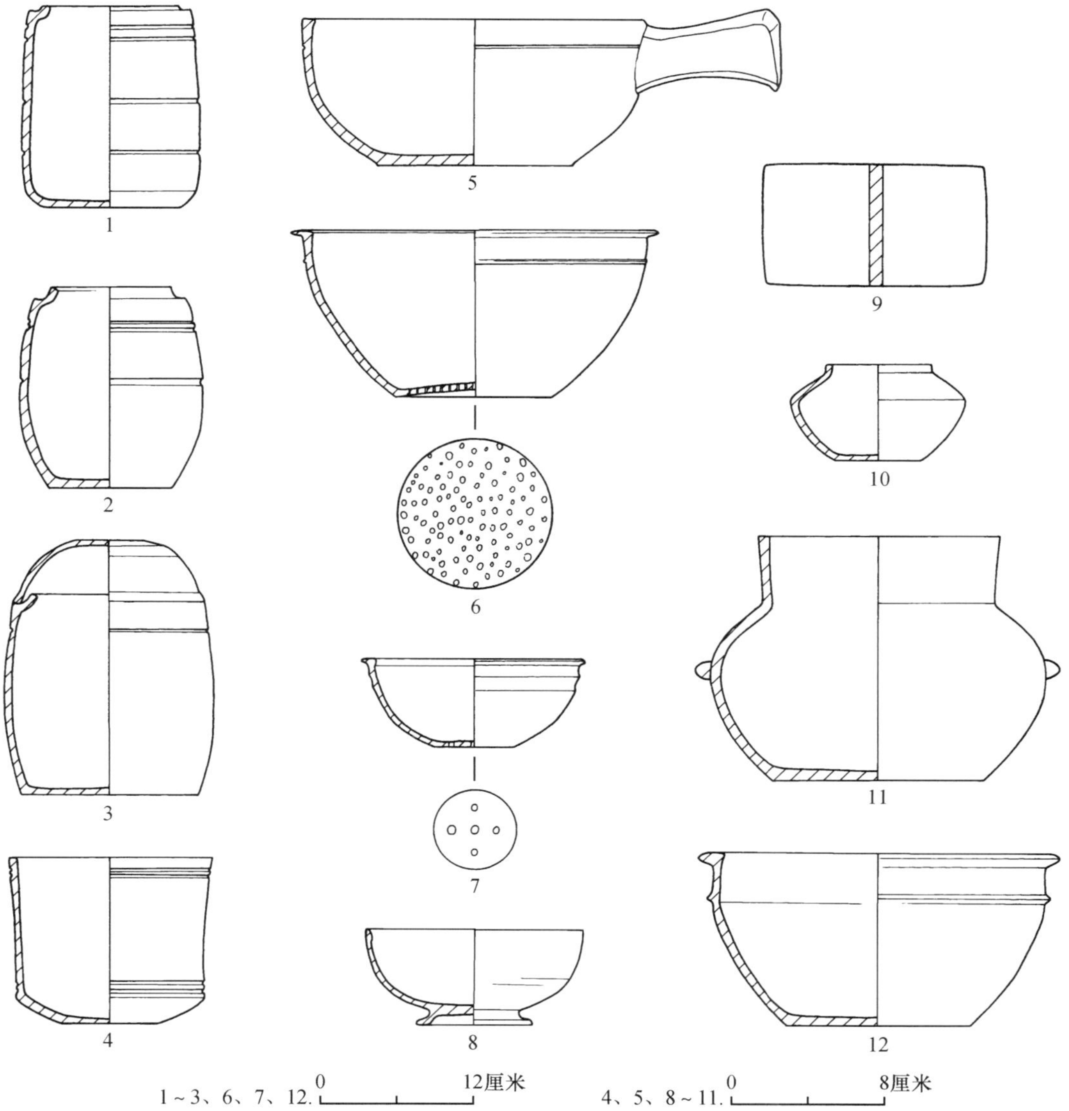

图二七八　M94出土陶器（二）

1～3. 陶仓（M94：34、M94：47、M94：64）　4. 陶卮（M94：7）　5. 陶魁（M94：54）　6、7. 陶甑（M94：51、M94：10）　8. 陶碗（M94：4）　9. 陶圭（M94：5）　10、11. 陶釜（M94：67、M94：11）　12. 陶盆（M94：20）

圜底，底部细密扎孔。口径28.5、底径12、高13.6厘米（图二七八，6；图版六八，6）。

卮　1件。标本M94：7，泥质红陶。敞口，斜直腹，下弧内收形成平底。器身靠近口沿处和下部内收处饰有数周弦纹。口径10.6、底径5、高9厘米（图二七八，4）。

魁　1件。标本M94：54，泥质红陶。敛口，弧壁，平底，多棱形把。器表饰有凹弦纹。口径17.8、底径10.1、高7.8厘米（图二七八，5；图版六八，5）。

盆　1件。标本M94：20，泥质灰陶。敞口微敛，尖唇，弧壁，平底。器表靠口沿处饰凸棱一周。口径28、底径14.4、高14.1厘米（图二七八，12）。

碗　1件。标本M94：4，泥质灰（土灰色）陶。敞口，弧腹，圜底，圈足。口径11.2、底径4.9、高5.2厘米（图二七八，8）。

圭　1件。标本M94：5，泥质灰陶，夹细砂。系用板瓦磨制而成。长方形。其上残留有板瓦上的绳纹。长11.6、宽6.5、厚0.7厘米（图二七八，9）。

器盖　2件。标本M94：17、M94：31，破损严重，无法修复，仅从碎片判断应为器盖。

铜器　11件。

洗　4件。标本M94：14，敞口，束颈，圆鼓腹，腹部有两个对称兽首衔环铺首，平底。器表中部饰有弦纹数周。口径25.7、底径14.7、高10.8厘米（图二七九，4；彩版二八，5）。标本M94：36，敞口，折沿，弧腹，矮圈足。口径20.6、底径10.2、高2.7厘米（图二七九，5）。标本M94：76，敞口，折沿，圆鼓腹，内收平底。口径22.8、底径8.8、高7.5厘米（图二七九，6）。标本M94：3，破损严重。

钫　1件。标本M94：8，方形敞口，方唇，束颈，溜肩，弧腹，平底，喇叭形圈足。两侧对称贴铸铺首衔环。素面。口径11.8、底径14.6、高34.4厘米（图二七九，2；彩版二八，6）。

饰件　1件。标本M94：15，敛口，弧腹，圜底，圈足。口径2.4、腹径4、底径2.45、高4.7厘米（图二七九，3）。

棺饰　4件。标本M94：37，残。鎏金。玉璧形。侧面有桥形纽，数目不详。残长22、直径16、厚0.78厘米（图二七九，1）。

钵　1件。标本M94：2，破损严重。

铜钱　135枚。

分为大泉五十、五铢、布泉和货泉。

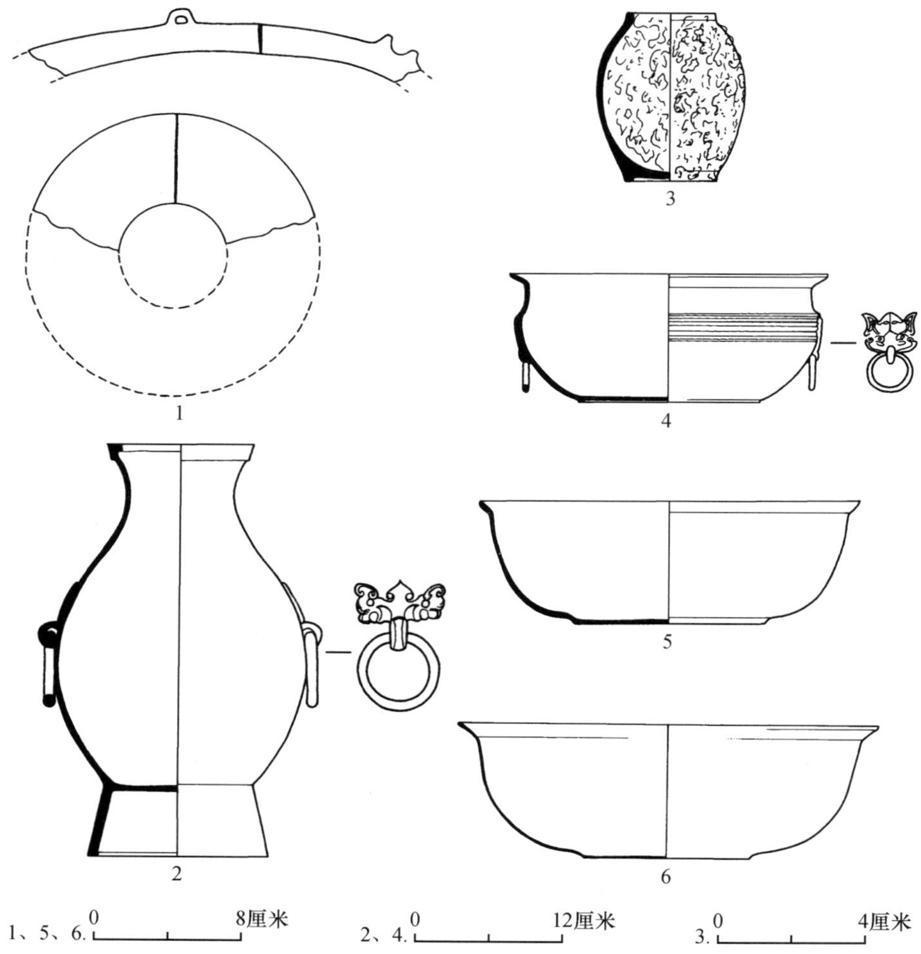

图二七九　M94出土铜器

1. 铜棺饰（M94：37）　2. 铜钫（M94：8）　3. 铜饰件（M94：15）　4～6. 铜洗（M94：14、M94：36、M94：76）

五九、M95

（一）发掘地点

位于第三象限、T32534内。

（二）形制与结构

开口距地表深1.56米。长方形墓道砖室墓，砖券拱形墓顶，由墓道、封门、甬道、墓室四部分组成。方向183°（图二八〇）。

墓道位于墓室南偏东，斜壁，平底。墓道口长6.5、宽4.2米，深3.35米。

封门位于甬道南侧，拱形墓门，墓门用残砖平砌而成。残存砖九层，墓门外凸。宽3.12、高1.2米。

甬道位于墓道北部，平面呈长方形，长3.15、宽2.8米，高1米。东西两壁用砖错缝平砌而成，残存八层，残高0.8米。

墓室平面呈长方形，直壁，平底，墓壁为砖砌。墓室残长4、宽4.2米，深3.35米。在墓室北部直接被破坏，甬道上方有一圆形盗洞直至墓底，墓葬盗扰极其严重。

填土为黄褐色花土，土质较硬，结构较紧密，含有料姜石、石块、砖块等。

葬具与人骨不详。

（三）随葬器物

随葬品放置于甬道内，出土釉陶器、陶器、铁器共27件，铜钱30枚。釉陶器可辨器型有釜、壶等；陶器可辨器型有钵、釜、灯、仓、甑、勺等；铁器为支架。受盗扰与埋藏环境影响，部分陶器保存极差，与泥土混在一起，无法进行修复。

釉陶器 4件。

壶 3件。泥质红陶，施姜黄釉。盘形口，高颈，圆鼓腹，上腹贴附对称兽首衔环铺首，圈足。标本M95：2，器盖呈穹隆形，顶部有一桥形纽，纽下有泥柄基本填实。口径14.2、底径13.9、高29.5厘米（图二八一，1；图版六九，1）。

釜 1件。标本M95：24，泥质红陶，施酱红釉，脱落严重。敞口，尖唇，折沿，圆鼓腹，凹圜底。口径9.2、底径5.7、高5.3厘米（图二八一，9）。

陶器 22件。

钵 3件。泥质红陶。敞口，圆唇，弧腹，平底。标本M95：16，器表饰有弦纹。口径9.1、底径6、高3.6厘米（图二八一，4）。标本M95：19，口径9.2、底径4.5、高4.9厘米（图二八一，3）。

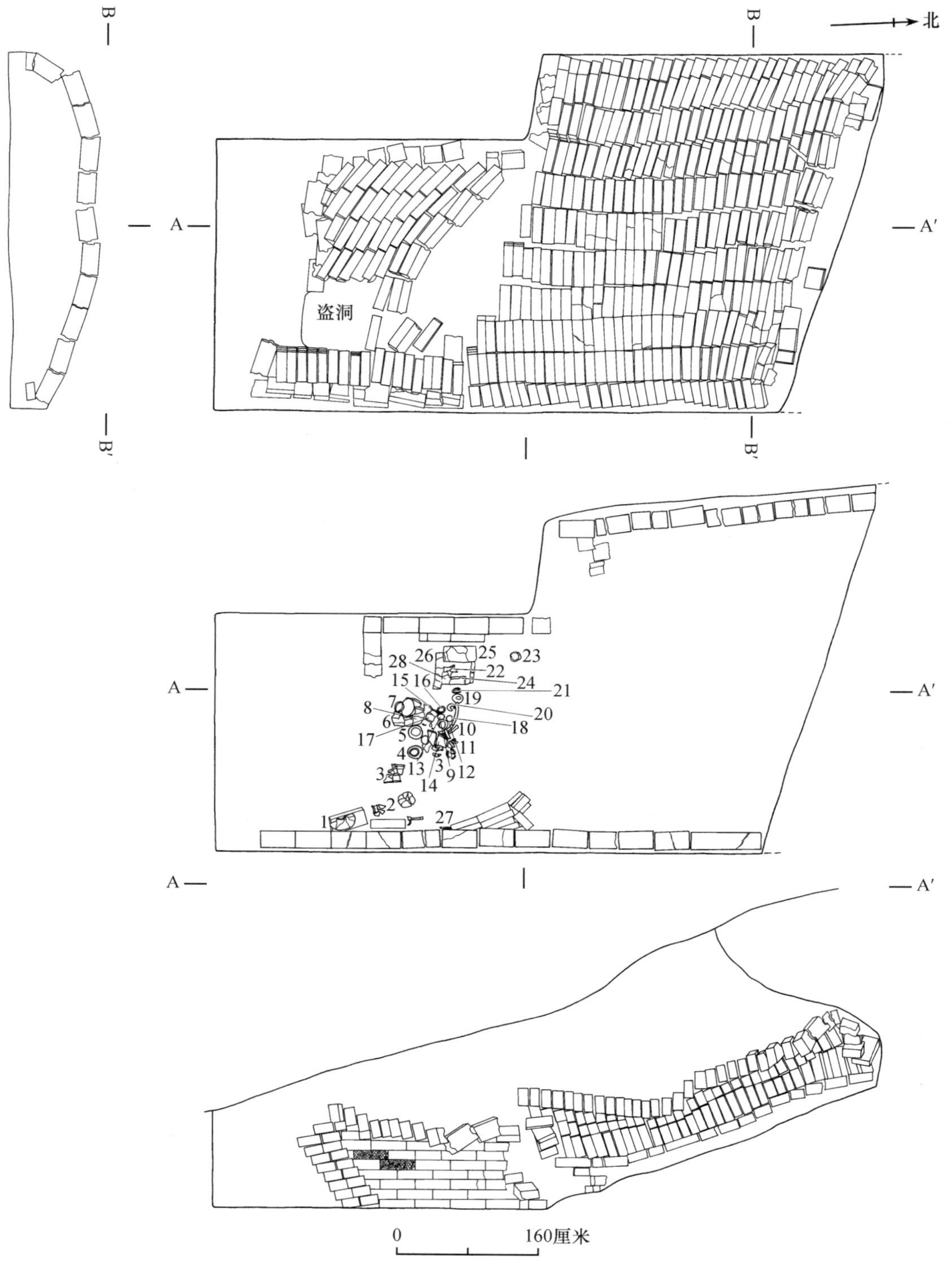

图二八〇　M95平、剖面图

1. 陶罐　2、7、11. 釉陶壶　3、6、26. 陶甑　4、5. 陶仓　8、13、17、18、23、25. 陶釜　9. 陶勺　10. 铁支架　12、16、19. 陶钵　14、15、21. 陶灯　20. 陶盘　22. 陶房　24. 釉陶釜　27. 铜钱币　28. 陶魁

釜　6件。标本M95：17，泥质红陶。敞口，圆唇，唇内侧有一台面，上腹较直，下腹圆鼓，小平底。口径8、底径4.4、高2.5厘米（图二八一，6）。标本M95：18，泥质灰陶。敞口，圆唇，唇上有凹槽，唇内侧有一台面，上腹较直，下腹斜内收形成小平底。口径8.1、底径3.7、高3.2厘米（图二八一，5）。标本M95：23，泥质红陶。敞口，方唇，唇内侧靠下

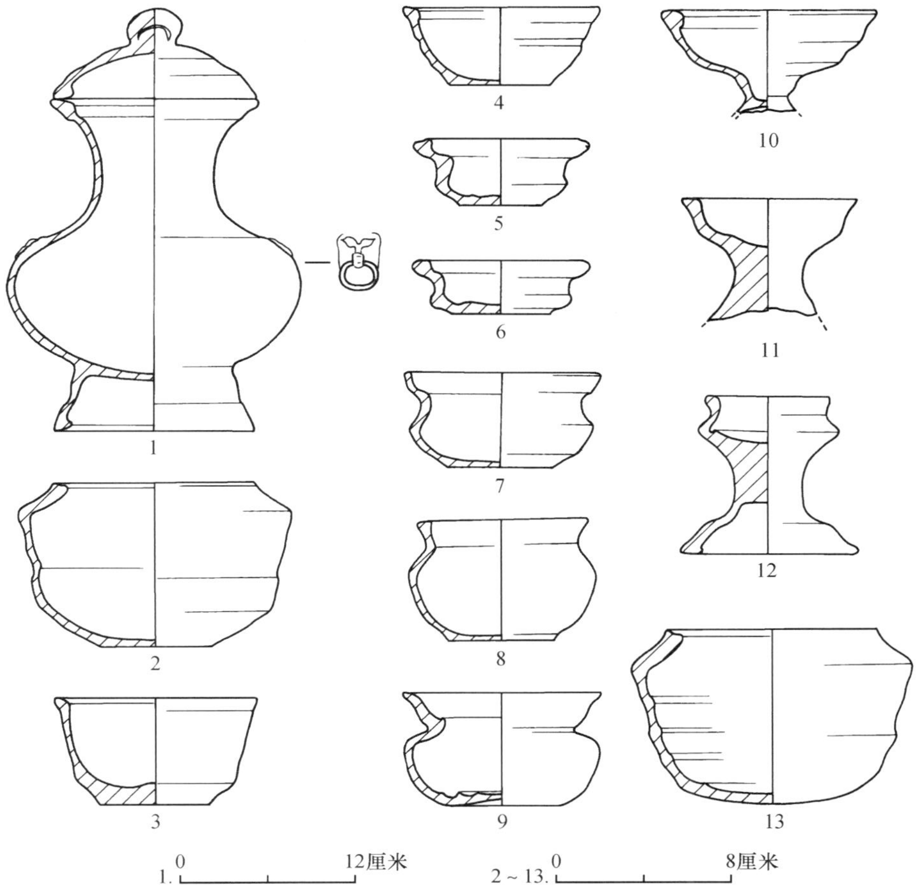

图二八一 M95出土陶器和釉陶器

1. 釉陶壶（M95：2） 2、13. 陶仓（M95：5、M95：4） 3、4. 陶钵（M95：19、M95：16） 5～8. 陶釜（M95：18、M95：17、M95：23、M95：25） 9. 釉陶釜（M95：24） 10～12. 陶灯（M95：14、M95：15、M95：21）

有一台面，卷沿，溜肩，圆鼓腹，肩腹拐折明显，平底。口径9.3、底径4.6、高4.4厘米（图二八一，7）。标本M95：25，泥质红陶。敞口，卷沿，方唇，圆鼓腹，平底。口径7.5、底径4.6、高5.8厘米（图二八一，8）。

灯 3件。泥质红陶。标本M95：14，仅存上部及少量柄部。敞口略内敛，弧腹。口径9.8、残高5.5厘米（图二八一，10）。标本M95：15，仅存盘形腹和柄部。敞口，弧腹，圜底，矮粗柄。口径8、残高5.6厘米（图二八一，11）。标本M95：21，敞口，圆唇，折腹，圜底，粗柄，喇叭形圈足。口径5.6、底径8.2、高7.4厘米（图二八一，12）。

仓 2件。泥质灰陶。标本M95：4，敛口，溜肩，斜弧腹，圜底。器表及器内均有轮制形成的凸棱。口径9.6、高8.2厘米（图二八一，13）。标本M95：5，敛口，内斜方唇，折肩，弧腹，腹中部内凹，平底。口径9、底径4.5、高7.7厘米（图二八一，2）。

甑 3件。标本M95：3，泥质灰陶。敛口，圆唇外翻，肩部圆鼓，弧腹，凹圜底，底部扎孔。上腹部饰两道压印方格纹。口径33.8、底径17、高16.6厘米（图二八二，3；图版六九，2）。标本M95：6，泥质灰陶。敛口，圆唇外翻，弧腹较深，平底，底部扎孔。口径35.5、底径15.2、高20厘米（图二八二，1；图版六九，3）。标本M95：26，泥质红陶，夹细砂。敞口，圆唇。弧腹，平底，底部扎孔。口径11.4、底径5.4、高4.2厘米（图二八二，2）。

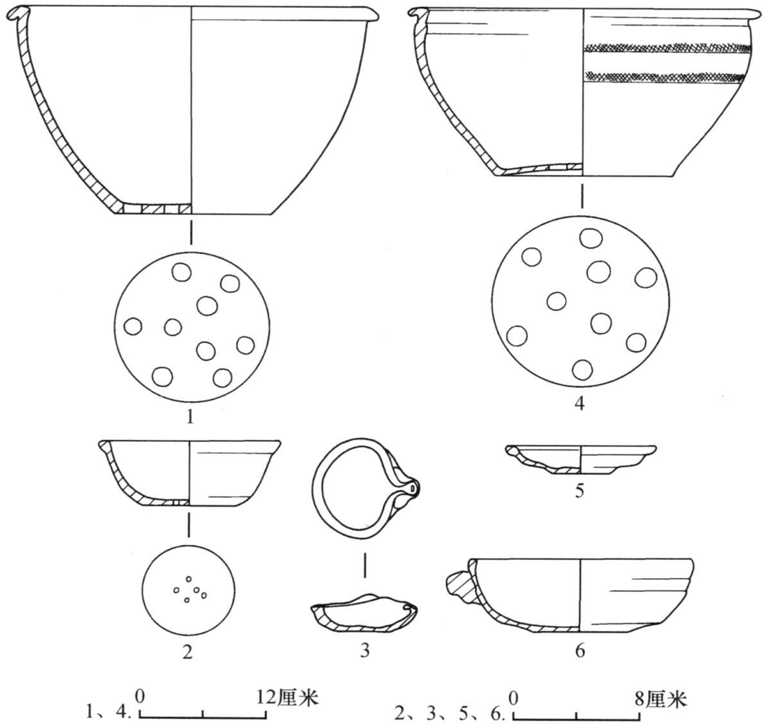

图二八二　M95出土陶器

1～3. 陶甑（M95：6、M95：26、M95：3）　4. 陶勺（M95：9）　5. 陶盘（M95：20）　6. 陶魁（M95：28）

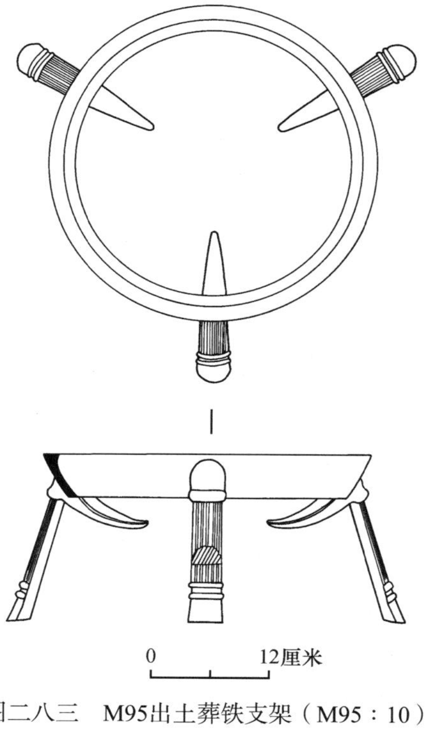

图二八三　M95出土葬铁支架（M95：10）

勺　1件。标本M95：9，泥质红陶。无把。近圆形勺腹，一端被捏挤到一块，平底。口径6.8、底径3.6厘米（图二八二，4）。

魁　1件。标本M95：28，泥质红陶。敛口，圆唇，弧腹，小平底。腹中部一捏塑把手。器表饰有凹弦纹。口径12、底径5.5、高4.8厘米（图二八二，6）。

盘　1件。标本M95：20，泥质红陶。侈口，斜弧腹，平底。口径9.5、底径3.5、高1.8厘米（图二八二，5）。

罐　1件。标本M95：1，破碎严重。

房　1件。标本M95：22，破碎严重。

铁器　1件。

支架　1件。标本M95：10，铁质，锈蚀严重。圆铁圈，下部内伸三个舌形支把，三足外撇，足断面呈半圆形。足表面有数道细密凹槽。口径33、高17.4厘米（图二八三）。

铜钱　30枚。

均为五铢钱。

六〇、M97

（一）发掘地点

位于第三象限、T31831内。

（二）形制与结构

开口距地表深0.6米。长方形墓道竖穴土坑墓，由墓道、墓室两部分组成。方向50°（图二八四）。

墓道位于墓室东侧，直壁，平底。墓道残长1～1.4、宽1.7～1.78米，深1米。

墓室平面呈长方形，直壁，平底，四壁有一周宽0.15～0.2米的红砂岩石，墓底铺砌石板。墓室长2.6～2.7、宽2.6～3米，深1米。在墓室上部盗扰极其严重。

墓内填土灰褐色五花土，土质松软，含水锈成分较大。

葬具可能为一椁，但保存极差，具体信息不详。

人骨1具，保存极差，具体不详。

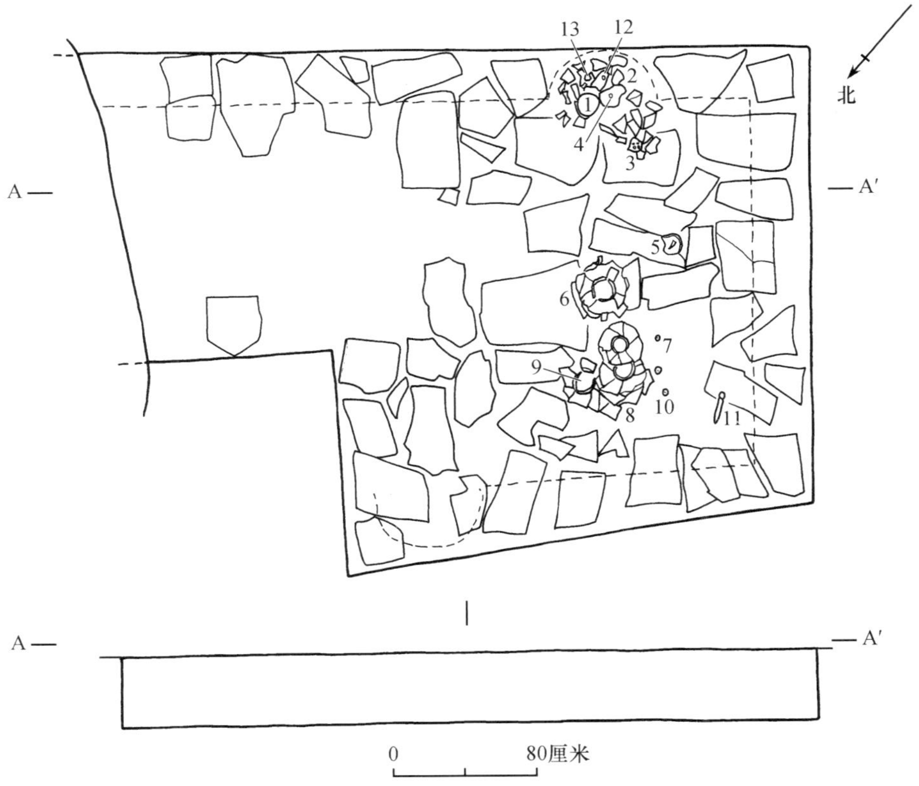

图二八四　M97平、剖面图

1. 铁釜　2. 陶鼎　3. 陶甑　4. 陶豆　5. 陶钵　6. 陶釜　7～9. 陶罐　10. 铜钱　11. 铁削　12. 陶盒　13. 陶勺

（三）随葬器物

随葬品放置于墓室内，出土陶器、铁器共12件，铜钱5枚。陶器可辨器型有罐、鼎、甑、豆、钵、釜、盒等；铁器为釜、削。受盗扰与埋藏环境影响，陶器保存状况极差，与泥土混在一起，无法进行修复。

陶器　10件。

罐　3件。泥质灰陶。标本M97：7，泥质灰陶。敞口，折沿，斜方唇，束颈，溜肩，圆鼓腹，圜底。上腹部饰弦纹，下腹部饰绳纹。口径14、高15.6厘米（图二八五，2；图版六九，4）。标本M97：8，泥质灰陶。敞口，折沿，斜方唇，束颈，斜肩，肩、腹拐折明显，圆鼓腹，圜底。腹部饰绳纹。口径14.2、腹径21.3、高16.8厘米（图二八五，1；图版六九，5）。标本M97：9，泥质灰陶。敛口，圆唇，上腹较弧且有对称横截面为方形的把手，下腹圆鼓，大平底。腹部饰少许细绳纹。口径16.6、底径18.5、高23.2厘米（图二八五，3；图版六九，6）。

鼎　1件。标本M97：2，破碎严重。

甑　1件。标本M97：3，破碎严重。

豆　1件。标本M97：4，破碎严重。

钵　1件。标本M97：5，破碎严重。

釜　1件。标本M97：6，破碎严重。

盒　1件。标本M97：12，破碎严重。

勺　1件。标本M97：13，破碎严重。

铁器　2件。

釜　1件。标本M97：1，破碎严重。

削　1件。标本M97：11，破碎严重。

铜钱　5枚。

3枚五铢，2枚半两。

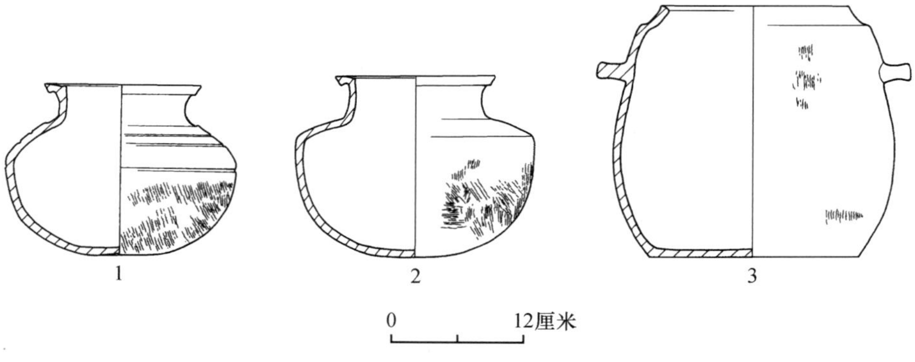

图二八五　M97出土陶罐

1. M97：8　2. M97：7　3. M97：9

六一、M98

（一）发掘地点

位于第三象限、T31931内，打破M99与M100。

（二）形制与结构

开口距地表深0.6米。近方形竖穴土坑墓，斜壁，平底。墓口长2.9、宽2.7米，墓底长2.7、宽2.6～2.7米，深2.4米。方向50°。盗扰严重，墓室几乎被彻底翻过（图二八六；图版七〇，1）。

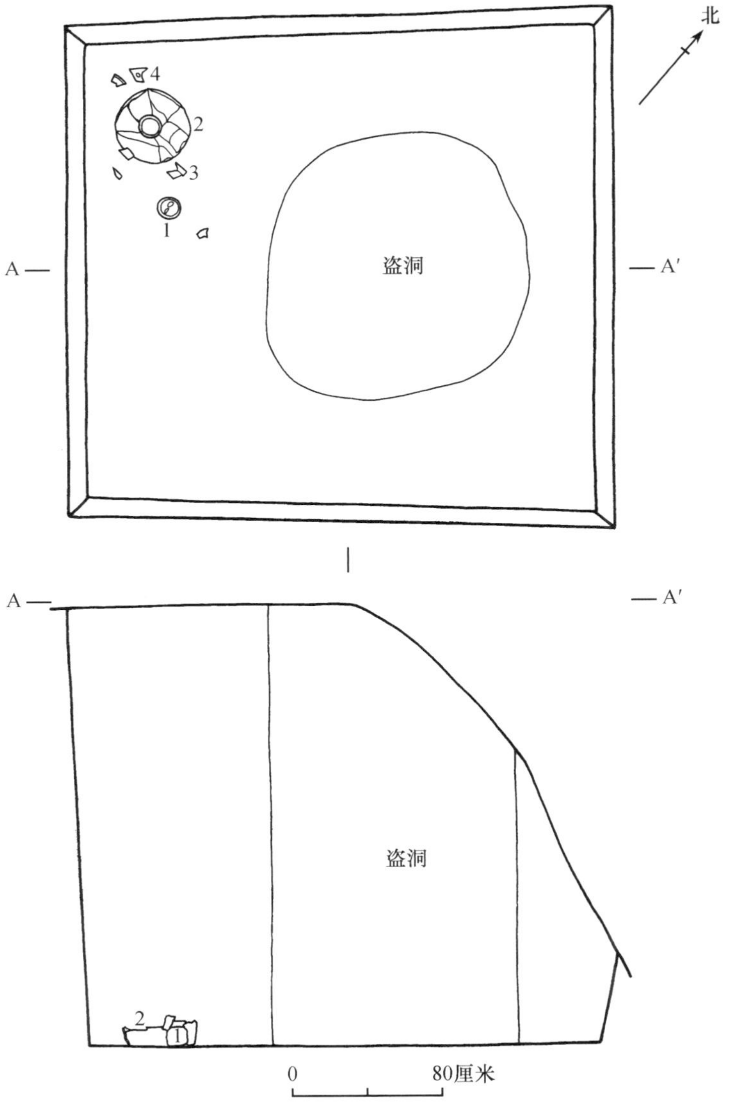

图二八六　M98平、剖面图

1. 陶仓　2. 陶罐　3. 釉陶盘　4. 铜钱币　5. 陶壶　6. 陶鼎　7、8. 陶盒（5～8于盗洞内出土，具体位置不详，无法在图中表示）

填土红褐色花土，土质较硬，含料姜较多。

葬具与人骨不详。

（三）随葬器物

随葬品放置于墓室内，盗扰极其严重，故随葬品数量较少且保存极差，部分未能修复，出土釉陶器、陶器共7件，铜钱20枚。陶器可辨器型有仓、壶、鼎、勺、豆等；釉陶器可辨器型有盘。

釉陶器　1件。

盘　1件。标本M98：3，泥质红陶，施酱红釉。敞口，方唇，弧腹，平底。口径19.6、底径9.5、高4厘米（图二八七，1；图版七〇，2）。

陶器　6件。

仓　1件。标本M98：1，泥质灰陶。敛口，方唇，折肩，近筒形腹，平底。腹部饰凹弦纹。口径11.8、底径11.6、高15.3厘米（图二八七，3）。

罐　1件。标本M98：2，泥质灰陶。直口，尖唇，直颈，溜肩，扁圆鼓腹，圜底。肩部以下饰弦断绳纹。口径10、高21.6厘米（图二八七，2；图版七〇，3）。

壶　1件。标本M98：5，破碎严重。盗洞内出土，破损严重，具体位置不详。

鼎　1件。标本M98：6，破碎严重。盗洞内出土，破损严重，具体位置不详。

盒　2件。标本M98：7、M98：8，破碎严重。盗洞内出土，破损严重，具体位置不详。

铜钱　20枚。均为货泉。盗洞内出土。

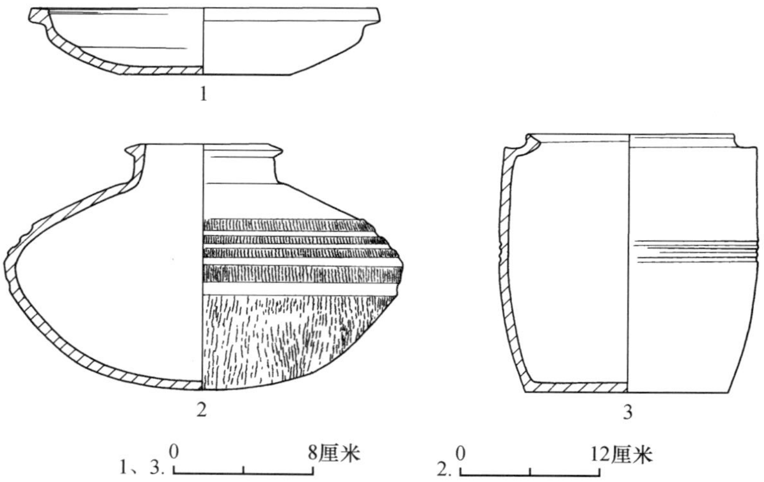

图二八七　M98出土陶器和釉陶器

1. 釉陶盘（M98：3）　2. 陶罐（M98：2）　3. 陶仓（M98：1）

六二、M100

（一）发掘地点

位于第三象限、T31931内，被M98打破。

（二）形制与结构

开口距地表深0.6米。长方形竖穴土坑墓，斜壁，平底。墓口长2.6、宽1.2米，墓底长2.4、宽1.1米，深0.6米。方向40°。上部被破坏严重（图二八八）。

墓内填土为红褐色花土，土质疏松，含红色砂岩。

葬具为一棺，棺长2.1、宽0.62米，棺板残厚0.06米。

人骨1具，保存状况极差，呈粉末状，头向东北，面向不明。

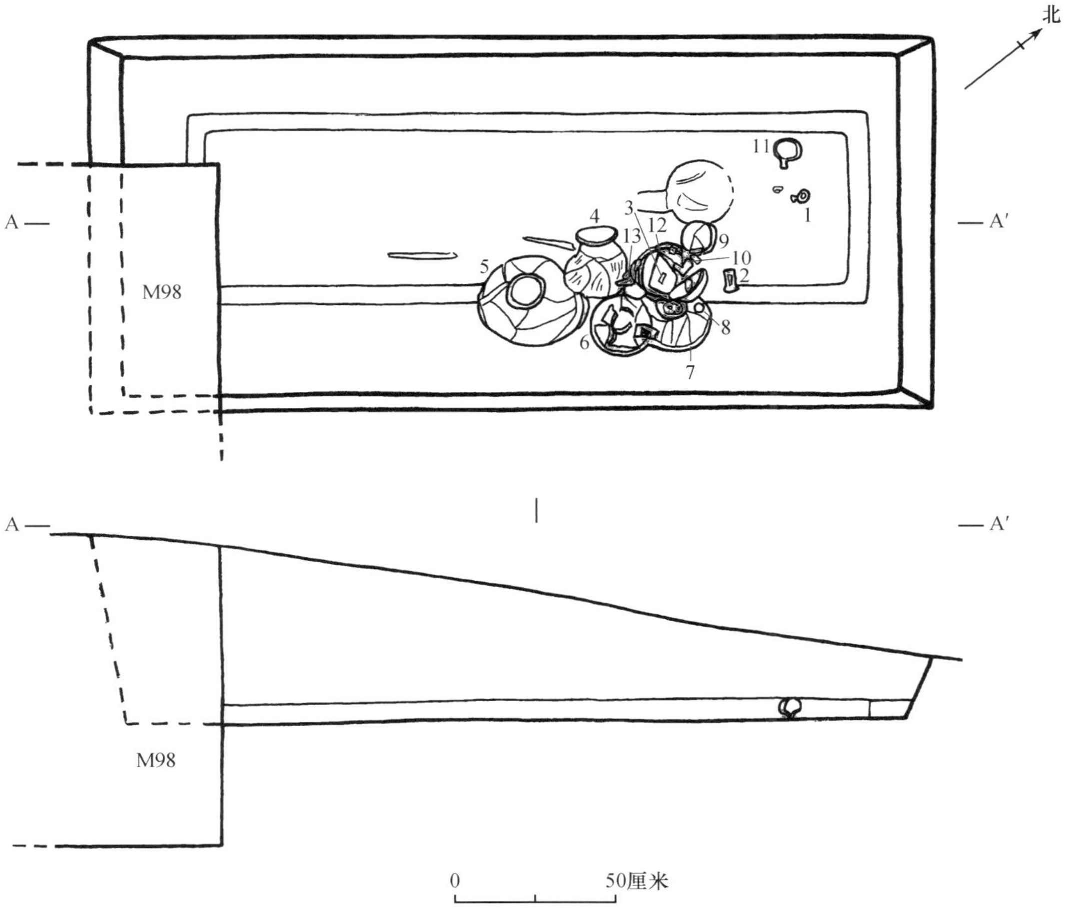

图二八八　M100平、剖面图

1、10. 铜带钩　2. 陶鼎　3. 陶勺　4、5. 陶罐　6. 陶盒　7. 陶壶　8. 铜钱　9. 陶豆　11. 铜勺　12. 陶甑　13. 陶釜

（三）随葬器物

随葬品放置于墓室中部，出土陶器、铜器共12件，铜钱3枚。陶器可辨器型有罐、盒、壶、豆、甑、釜等；铜器可辨为勺、带钩。

陶器　9件。

盒　1件。标本M100：6，泥质灰陶。整体呈扁圆球体。圆鼓腹，圜底，圈足。器表中部饰有凹弦纹数周。口径18.1、底径9.1、高13.7厘米（图二八九，2）。

壶　1件。标本M100：7，泥质灰陶。敞口，方唇，颈部较短，溜肩，圆鼓腹，上腹部饰对称衔环铺首，圈足。器表饰数道凹弦纹。器盖为平盖，上部有平面为椭圆形的三纽。口径9、底径9.4、高18.6厘米（图二八九，7）。

罐　2件。泥质灰陶。敞口，卷沿，斜方唇，束颈，圆鼓腹，圜底。标本M100：5，素面。口径13.6、高15.3厘米（图二八九，4）。

豆　1件。标本M100：9，泥质灰陶。敞口，圆唇，浅直腹，底部不平，矮柄，喇叭形圈足。器盖顶部微弧，与豆盘形制一致。口径9.4、底径6.8、高9.3厘米（图二八九，3）。

甑　1件。标本M100：12，泥质灰陶。敛口，卷沿，圆唇，弧腹，平底，底部扎孔。口径16.4、底径5.5、高7厘米（图二八九，1）。

鼎　1件。标本M100：2，残损严重，未修复。

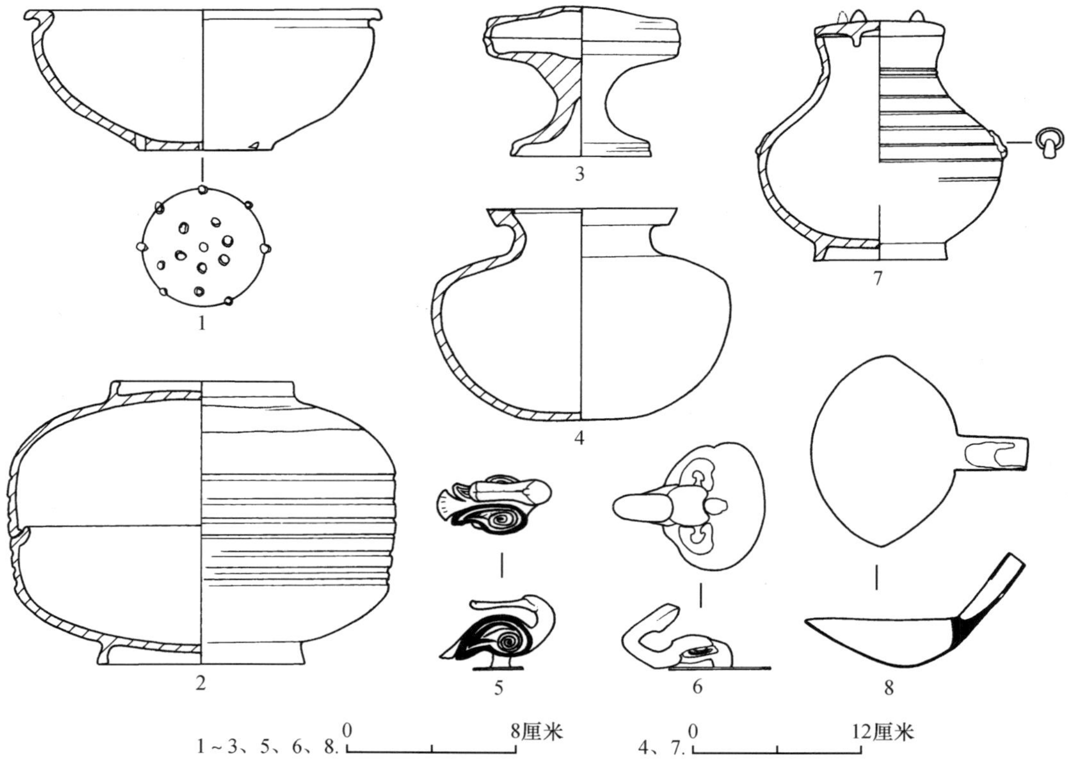

图二八九　M100出土陶器和铜器

1. 陶甑（M100：12）　2. 陶盒（M100：6）　3. 陶豆（M100：9）　4. 陶罐（M100：5）　5、6. 铜带钩（M100：10、M100：1）　7. 陶壶（M100：7）　8. 铜勺（M100：11）

勺　1件。标本M100：3，残损严重，未修复。

釜　1件。标本M100：13，泥质灰陶。敛口，内斜方唇，内斜直颈，溜肩，圆鼓腹，圜底。器表中部饰有弦纹。口径10.8、高9.1厘米。

铜器　3件。

勺　1件。标本M100：11，勺身呈圆球形，中空圆柄。长10.3、高5.7厘米（图二八九，8）。

带钩　2件。标本M100：1，短身钩，兽头钩和身，圆扣较大。长3.6、宽3、高1.6厘米（图二八九，6）。标本M100：10，短身钩，鸟头钩和身，圆扣不大。长2.7、宽1.4、高1.8厘米（图二八九，5）。

铜钱　3枚。

均为半两钱。

六三、M101

（一）发掘地点

位于第三象限、T32236内。

（二）形制与结构

开口距地表深2.1米。长方形墓道砖室墓，由墓道、封门、甬道与墓室组成。方向183°（图二九〇；图版七一，1、2）。

墓道位于墓室南偏西，平面呈长方形。直壁，平底。墓道残长2.2、宽1.6～1.7米，深1.5米。

封门位于甬道南部，为残砖平砌而成。现残存砖十一层，宽1.56、高1.5、厚0.38米。封门砖顶部向南凸出。

甬道位于墓道北部，宽1.54、高1.42、进深2.68米。东西两壁与墓底铺砖，墓砖为子母口砖。从西侧从第七层、东侧从第十层砖处开始起券，券高0.5米。

墓室平面呈近方形，直壁，平底，长2.9、宽3.7～3.9米，深1.72米。墓室北壁内凹。四壁与墓底均铺砖，墓砖为子母口砖。墓室北部有一处盗洞，直至墓底。

墓内填土为红褐黄灰五花土，土质松软，包含较多碎砖。

墓内未发现葬具与骨架。

（三）随葬器物

随葬品放置于甬道与墓室内，出土陶器、釉陶器、铜器、铁器共35件，铜钱3枚。陶器可辨器型有罐、甑、仓、壶、俑等，铜器可辨为镞。铁器为剑。

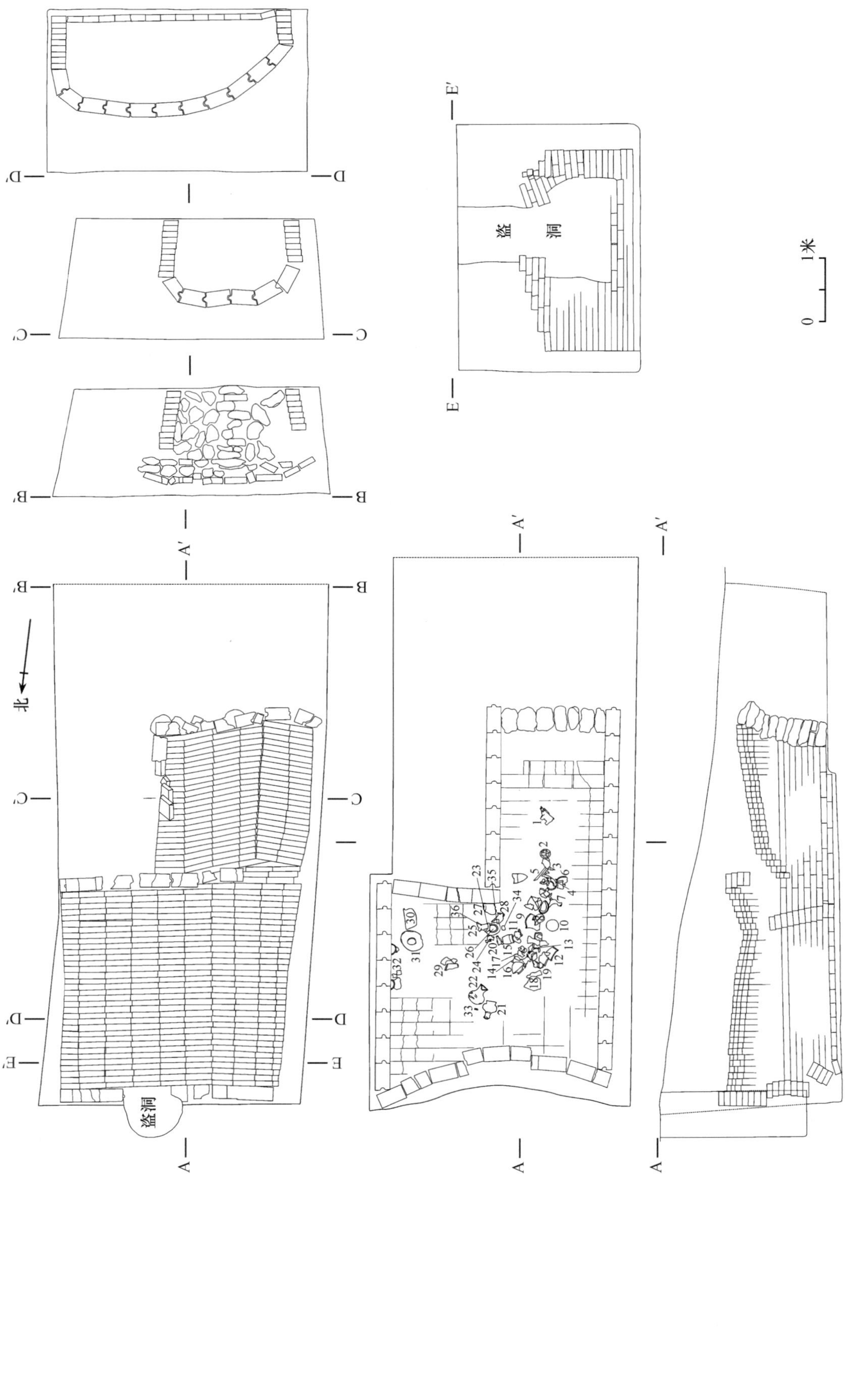

图二九〇　M101平、剖面图

1. 陶猪　2. 釉陶器盖　3、15. 陶仓　4、9、10、16、18、25~27、29、31. 陶罐　5. 铁剑　6、12、30. 陶甑　7. 陶鸡　8、21、22、32. 釉陶壶　11、19、20. 陶俑　13、36. 陶器盖　14. 陶钵　17. 陶马　23、35. 陶灯　24. 子母鸡　28. 陶狗　33. 铜钱　34. 铜箭镞

釉陶器　5件。

壶　5件。壶盖1件。泥质红陶。盘形口，弧颈，溜肩，圆鼓腹，圜底，圈足。标本M101∶2，壶盖。外施较薄的淡黄色釉。敛口，弧壁，平顶，顶上一桥形纽。口径16.5、高7.6厘米（图二九一，3；图版七二，1）。标本M101∶8，施酱红釉。上腹部饰有对称两兽首衔环铺首，器表中部饰有凹弦纹。口径15.8、底径17.4、高30.2厘米（图二九一，4；图版七二，2）。标本M101∶21，施黄绿色釉。腹部饰有凹弦纹数周，中腹部外有折线。口径15.6、底径16.2、高28.2厘米（图二九一，2）。标本M101∶22，施酱红釉。腹中部略靠上饰对称两兽首衔环铺首，器表中部饰有弦纹。口径15、残高27.6厘米（图二九一，1）。

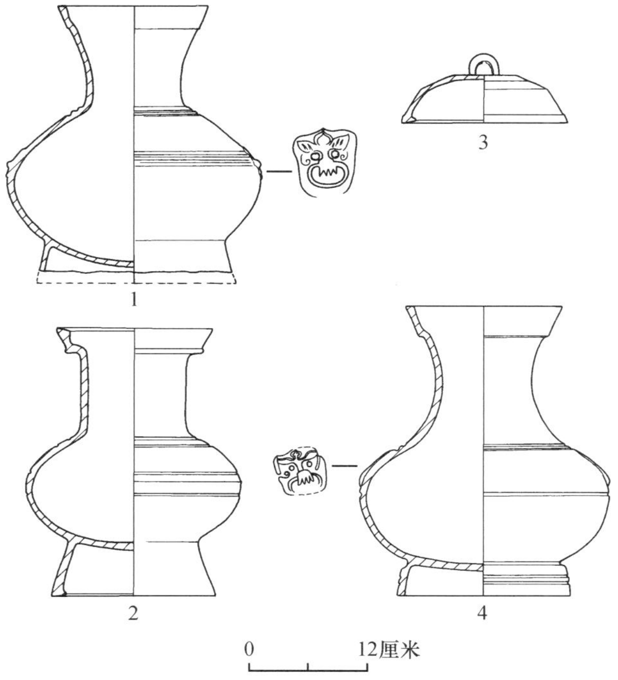

图二九一　M101出土釉陶器

1、2、4. 釉陶壶（M101∶22、M101∶21、M101∶8）　3. 釉陶壶盖（M101∶2）

陶器　28件。

罐　10件。标本M101∶4，泥质灰陶。直口，卷沿，圆唇，束颈，溜肩，扁圆鼓腹，圜底。下腹饰绳纹。口径10.4、高9.6厘米（图二九二，1）。标本M101∶9，泥质灰陶。敛口，圆唇，溜肩，斜腹，肩、腹拐折明显，平底。口径16、底径18、高19.1厘米（图二九二，10）。标本M101∶10，泥质灰陶。敞口，卷沿，圆唇，束颈，溜肩，扁圆鼓腹，圜底。器表中部一下饰中粗绳纹。口径11.1、高10.4厘米（图二九二，3）。标本M101∶16，泥质灰陶。敞口，卷沿，圆尖唇，唇部不规整，束颈，溜肩，鼓腹，肩、腹拐折明显，圜底。器表中部以下饰绳纹。口径12.3、高13.7厘米（图二九二，2）。标本M101∶25，泥质灰陶。敛口，圆唇外翻，束颈，溜肩，圆鼓腹，圜底。腹部以上饰弦断绳纹，下部为细绳纹，稍粗。口径11.4、高18.6厘米（图二九二，6）。标本M101∶26，泥质灰陶。直口，卷沿，圆唇外翻，斜肩，弧腹，肩、腹拐折明显，平底。肩部饰一道凹弦纹。口径14.7、底径13.2、高16厘米（图二九二，11）。标本M101∶27，瓦蓝色灰陶。敛口，圆唇，溜肩，圆鼓腹，最大径在下腹

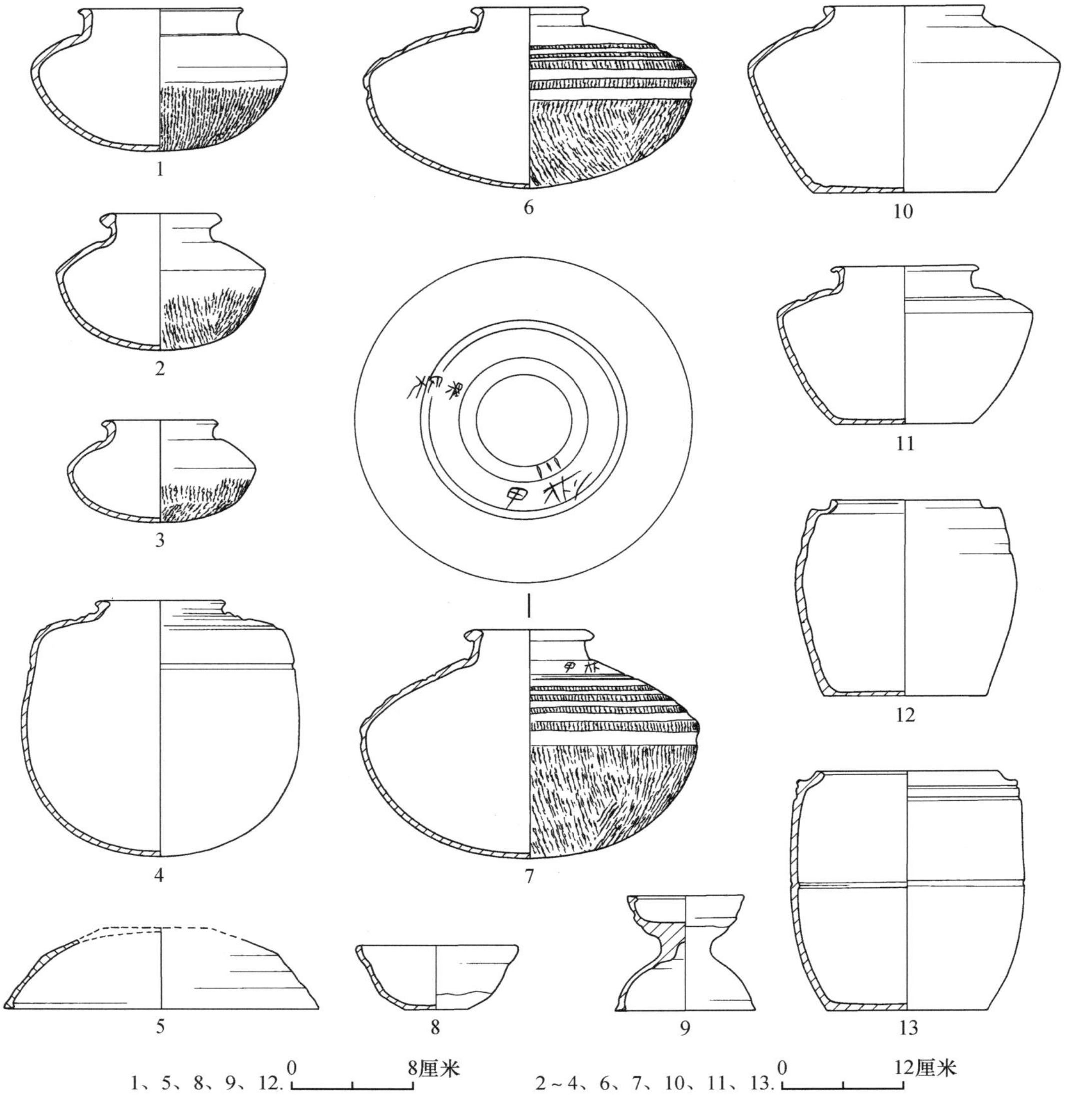

图二九二　M101出土陶器

1～4、6、7、10、11. 陶罐（M101：4、M101：16、M101：10、M101：27、M101：25、M101：29、M101：9、M101：26）
5. 陶器盖（M101：13）　8. 陶钵（M101：14）　9. 陶灯（M101：23）　12、13. 陶仓（M101：15、M101：3）

部，圜底。肩部和上腹部饰凹弦纹。口径12.6、高26厘米（图二九二，4；图版七二，4）。标本M101：29，泥质灰陶。敛口，卷沿，圆唇外翻，束颈，溜肩，圆鼓腹，圜底。肩部饰弦纹和弦断绳纹，腹部饰绳纹。肩部上有刻划的四字，似“口㲋”“甲口”。口径12.7、腹径33、高23.2厘米（图二九二，7）。

甑　3件。泥质灰陶。敛口，圆唇外翻，弧腹，底部扎孔。标本M101：6，平底。器表上部饰方格纹。口径35、底径16.9、高20.4厘米（图二九三，1）。标本M101：12，凹圜底。器表上部饰有弦纹。口径33.7、底径14.8、高19厘米（图二九三，2；图版七二，3）。

仓　2件。泥质灰陶。敛口，方唇，弧腹，平底。器表上部有凹弦纹。标本M101：3，口部及腹部饰有凹弦纹。口径17.6、底径15.8、高24.2厘米（图二九二，13）。标本M101：15，口径9.5、底径10.6、高13.1厘米（图二九二，12；图版七二，5）。

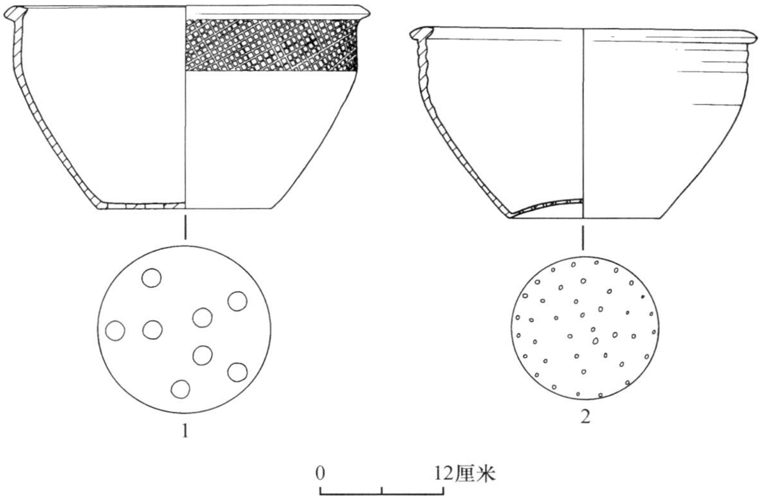

图二九三 M101出土陶甑
1. M101：6 2. M101：12

钵 1件。标本M101：14，泥质灰陶。敞口，圆唇，弧壁，平底。口径10.6、底径4、高4.5厘米（图二九二，8）。

器盖 2件，修复1件。标本M101：13，泥质灰陶。敛口，弧壁，平顶，顶部残。口径20.6、高5.6厘米（图二九二，5）。

灯 2件。修复1件。标本M101：23，泥质灰陶。敞口微敛，弧壁，深腹，圜底，矮柄，喇叭形圈足。口径9.2、底径7.6、高7.9厘米（图二九二，9）。

陶俑 8件。分为动物俑与人物俑两类。

动物俑 5件。

鸡 2件。标本M101：7，泥质灰陶，施白粉彩。公鸡俑，昂首，尖嘴，长尾，双腿直立。羽毛清晰可见。长18.2、高16.8厘米（图二九四，6）。标本M101：24，泥质黑皮陶。子母鸡。尾残。昂首蹲伏状，背负一小鸡。羽毛清晰可见。长11.5、高11.7厘米（图二九四，3）。

猪 1件。标本M101：1，泥质红陶。长嘴，微翘鼻，果核形眼，昂首，鬃毛直立，卷尾，矮足，整体硕壮。长24.9、高13厘米（图二九四，4；图版七二，6）。

马 1件。标本M101：17。

狗 1件。标本M101：28。

人物俑 3件，修复2件。标本M101：11，泥质灰陶，施粉彩，脱落较甚。戴进贤帽，跪坐，双手相握于胸前。作说唱状。高18.2厘米（图二九四，2）。标本M101：20，泥质红陶。跪坐，双手相交于胸前。腐蚀严重，具体细节不详。高13.2厘米（图二九四，1）。

铜器 1件。

镞 1件。标本M101：34，青铜。尖锋，三翼，三棱铤。长6.5厘米（图二九四，7）。

铁器 1件。

剑 1件。标本M101：5，锈蚀严重。单面刃，弧背，扁短茎。长35厘米（图二九四，5）。

铜钱 3枚。

均为五铢钱。

图二九四　M101出土器物

1、2. 陶人物俑（M101：20、M101：11）　3、6. 陶鸡（M101：24、M101：7）　4. 陶猪（M101：1）　5. 铁剑（M101：5）　7. 铜镞（M101：34）

六四、M103

（一）发掘地点

位于第三象限、T32134内，打破M104。

（二）形制与结构

开口距地表深0.9米。长方形竖穴土坑墓，斜壁，平底。墓口长3、宽2米，墓底长2.6、宽1.7米，深2.2米。方向273°（图二九五）。

墓内填土为红褐色花土，土质较硬，含炭粒、料姜石颗粒、石块、陶片等。

葬具为一棺。棺长2.1、宽0.62米，棺板残厚0.06米。

人骨1具，保存状况极差，呈粉末状，头向东北，面向不明。

（三）随葬器物

随葬品放置于棺室南侧，出土陶器、铜器、铁器共13件。陶器可辨器型有鼎、壶、豆、盒、勺等；铜器可辨为勺；铁器可辨为壶。

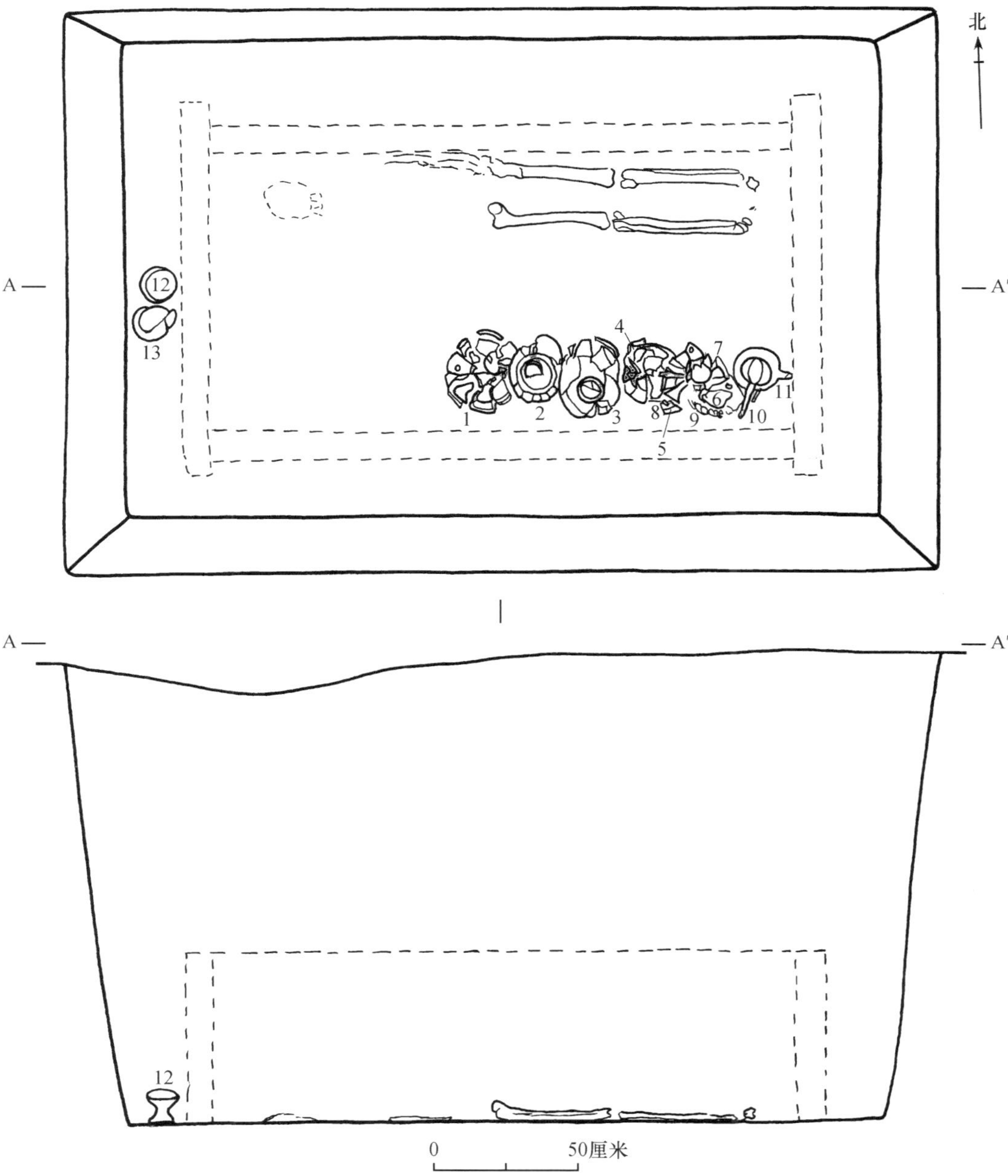

图二九五 M103平、剖面图

1、5. 陶壶 2、3. 陶盒 4、6. 陶勺 7. 陶匏勺 8、9. 陶鼎 10. 铜勺 11. 铁壶 12、13. 陶豆

陶器 11件。

鼎 2件。器身主体呈扁球体。子口，圆唇，扁圆鼓腹，圜底，下接稍外撇三蹄形足。上腹部外接稍外撇两方形耳。上承盖，圆弧顶。标本M103：8，泥质灰陶，上有彩绘，但脱落较甚。盖上均匀饰有三侧扁器纽。口径16、高16厘米（图二九六，1）。

盒 2件。泥质灰陶，施有彩绘，已脱落。子口，圆唇，弧壁，圜底，圈足。器表饰有凹弦纹数周。上承盖，母口，弧壁。标本M103：3，口径15.2、足径11.6、高12.6厘米（图二九六，2）。

壶 2件。泥质灰陶。母口，方唇，弧颈，溜肩，圆鼓腹，圜底近平，圈足。肩部饰对称衔环铺首。器表饰两道凹弦纹。上承盖，子口，弧顶，顶部周围均匀分布有三个侧扁器纽，纽

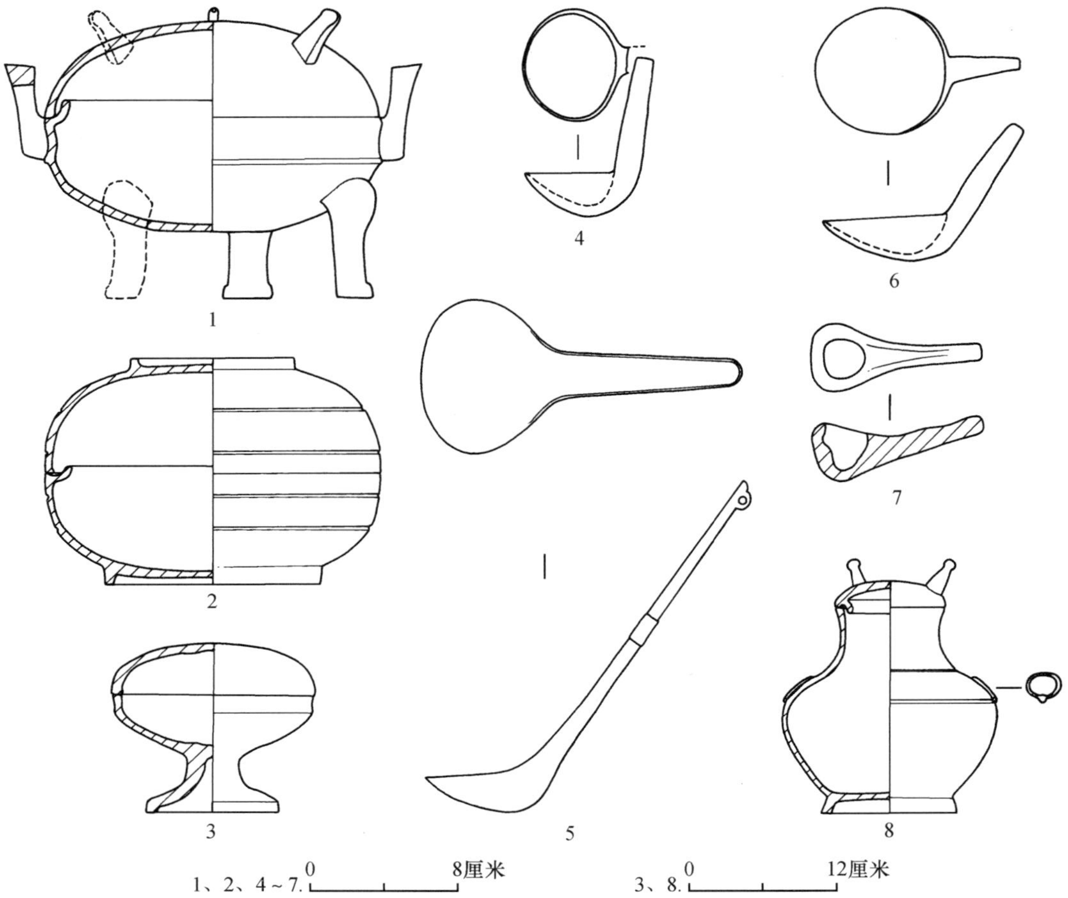

图二九六　M103出土器物

1. 陶鼎（M103：8）　2. 陶盒（M103：3）　3. 陶豆（M103：13）　4、6. 陶勺（M103：4、M103：6）　5. 铜勺（M103：10）　7. 陶匏勺（M103：7）　8. 陶壶（M103：1）

顶端较圆。标本M103：1，口径8.8、底径10.8、高21厘米（图二九六，8）。

豆　2件。泥质灰陶。敞口，圆唇，弧壁，圜底略不平，矮柄，喇叭形圈足且足底直内收。上承盖，圆弧顶。标本M103：13，口径10.8、底径7.2、高9.6厘米（图二九六，3）。

勺　2件。泥质灰陶。近圆形勺腹，圜底，中空圆柱形勺柄，标本M103：4，勺柄与勺腹呈略大于90°的钝角。长6.2、高8.5厘米（图二九六，4）。标本M103：6，勺柄与勺腹呈钝角。长9.1厘米（图二九六，6）。

匏勺　1件。标本M103：7，泥质灰陶。近圆形勺腹，内壁不规整，圜底，圆柱形勺把，勺柄与勺腹几乎成平角。长11、高7厘米（图二九六，7）。

铜器　1件。

勺　1件。标本M103：10，椭圆形勺腹，圜底，凹槽形细柄。柄部中部有一箍，柄端下侧有圆形环。长17.2、高18厘米（图二九六，5）。

铁器　1件。

壶　1件。标本M103：11，锈蚀严重。

六五、M105

（一）发掘地点

位于第三象限、T32934内。

（二）形制与结构

开口距地表深0.6米。长方形竖穴土坑墓，斜壁，平底。墓口长2.6、宽1.76～1.86米，墓底长2.06、宽1.7～1.78米，深0.8米。方向93°（图二九七）。

墓内填土为红褐色花土，土质较黏，呈块状。

葬具为一棺，朽蚀严重，仅存痕迹，长2.06、宽1.42米。

人骨1具，保存状况极差，呈粉末状，头向东。

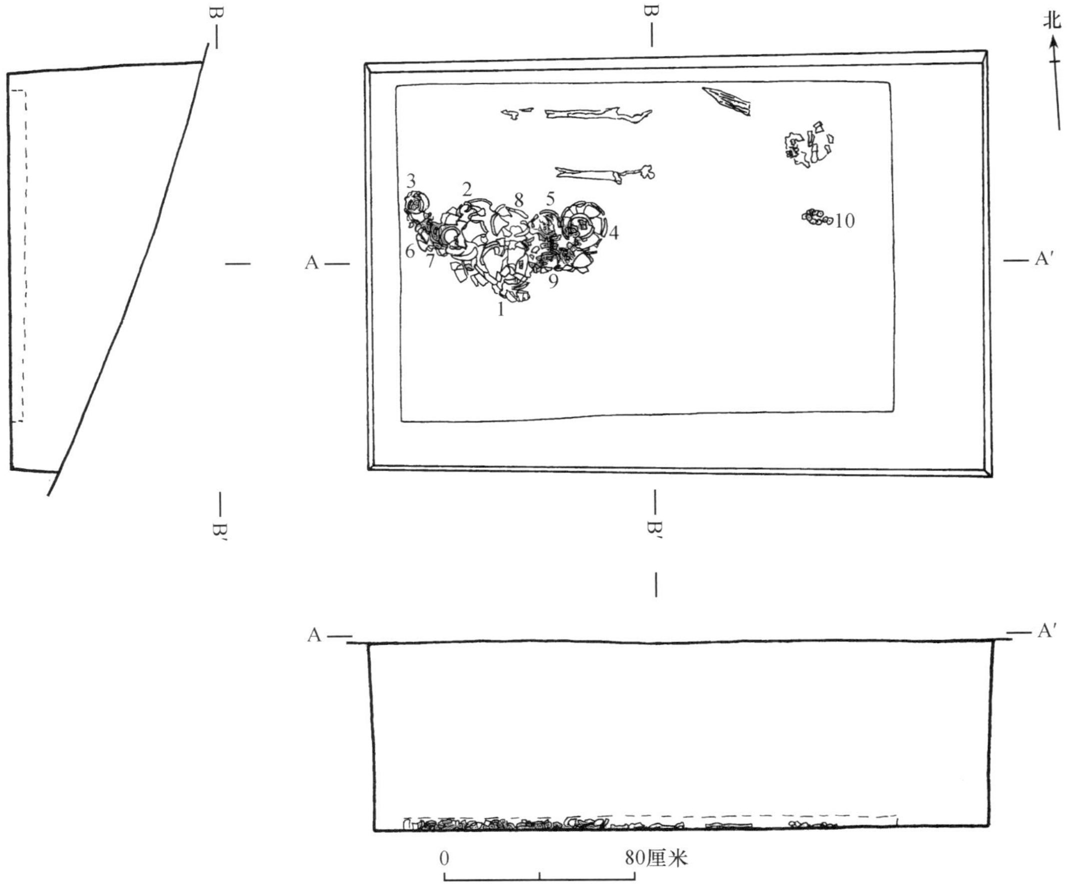

图二九七　M105平、剖面图

1. 陶鼎　2. 陶盒　3. 陶豆　4. 陶壶　5. 陶甑　6. 陶勺　7. 陶匏勺　8. 陶钵　9. 陶罐　10. 铜钱

（三）随葬器物

随葬品放置于棺室西侧，出土陶器9件，铜钱29枚。陶器可辨器型有鼎、盒、豆、甑、壶、罐等。由于受埋藏环境影响，部分陶器破损极其严重，无法修复。

陶器　9件。

鼎　1件。标本M105：1，仅存器盖。泥质灰陶，夹细砂。弧壁，顶近平，有三乳状纽。口径19、高7.2厘米（图二九八，3）。

盒　1件。标本M105：2，泥质灰陶。整体呈扁圆球体。器身为子口，弧壁，圜底，矮圈足。器盖呈弧壁，圜底。口径17.2、底径7.6、高14.5厘米（图二九八，2）。

壶　1件。标本M105：4，泥质灰陶。敞口，内斜方唇，唇中部有凹槽，弧颈，溜肩，圆鼓腹，圜底，矮圈足。口径10、底径10.1、高14.8厘米（图二九八，1）。

勺　1件。标本M105：6，泥质灰陶，夹细砂。圆形勺腹，平底，圆柱形勺柄，较短。勺腹与柄呈略大于90°的钝角。长7.3、高4厘米（图二九八，5）。

匏勺　1件。标本M105：7，泥质灰陶，胎较厚。直腹，圜底，圆柱形柄，越往端部越细。长7厘米（图二九八，4）。

豆　1件。标本M105：3，破损严重。

甑　1件。标本M105：5，破损严重。

罐　1件。标本M105：9，破损严重。

钵　1件。标本M105：8，破损严重。

铜钱　29枚。

有五铢和剪轮五铢。

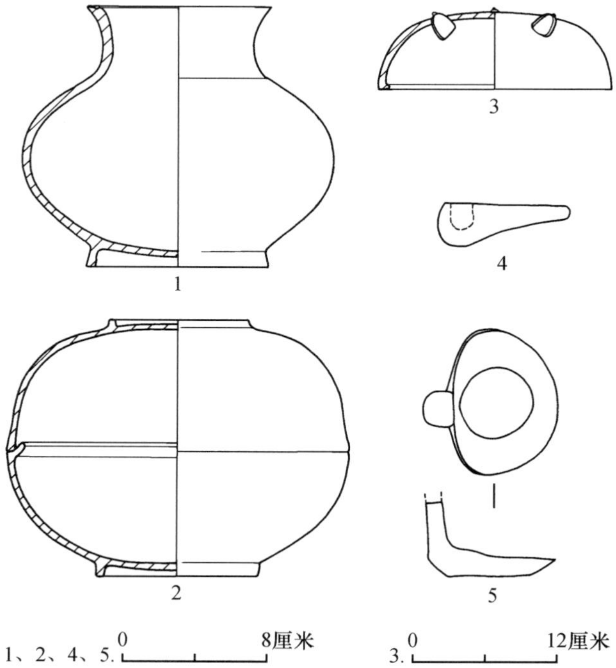

图二九八　M105出土陶器

1. 陶壶（M105：4）　2. 陶盒（M105：2）　3. 陶鼎盖（M105：1）　4. 陶匏勺（M105：7）　5. 陶勺（M105：6）

六六、M106

（一）发掘地点

位于第三象限、T32031内，打破M124。

（二）形制与结构

开口距地表深1米。长方形墓道砖室墓，由墓道、甬道与墓室组成。方向240°（图二九九；图版七三，1、2）。

墓道位于墓室北偏西，平面呈长方形。斜壁，斜坡状。墓道口长2.5、宽1.4～1.5米，墓道底长2.2、宽1.2米，深1.8～2.56米。

甬道位于墓道南部，宽1.2、高1.46、进深1.82米。东西两壁铺砖，墓砖为子母口砖。从第四层砖处开始起券，券高0.64米。

墓室平面呈近方形，直壁，平底，穹顶。长3.5、宽2.7米，深2.18米。墓室南部有一盗洞直至墓底，墓室内被盗扰严重，墓底铺砖较少，推测最初四壁与墓底均铺砖，墓砖为子母口砖。部分砖上有菱形纹。

墓内填土为黄褐色五花土，土质较硬，结构略疏松，含料姜石、石块、砖块等。葬具与人骨不详。

（三）随葬器物

随葬品放置于墓室内，出土釉陶器、陶器、铜器、铁器共47件，铜钱119枚。釉陶器可辨器型有鼎、壶、罐、盘、盂、盆、簋、灯、勺等；陶器可辨器型有豆、罐、甑、钵、仓、俑等；铜器可辨有泡钉。由于盗扰严重，加上埋藏环境，部分陶器破损极为严重，已无法修复。

釉陶器　13件。

鼎　1件。标本M106：28，泥质红陶，施酱红釉，釉质较好。子口，圆唇，弧壁，圜底，下接三蹄形足，口沿外侧饰对称外撇二方耳。蹄形足正面饰兽面纹，方耳正面下部饰凹槽数道。上承盖，弧壁、弧顶，顶部周围均匀分布三锥形纽，仅存一个。盖上模制浮雕，中部为变形柿蒂纹、圆凸点和四只瑞兽，向外为七只瑞兽、串珠纹和圆凸点相间组成的纹饰，最外部被三圈凸三角、倒三角、三角组成纹饰包围。口径15.8、高10.6厘米（图三〇〇，1；彩版二九，1）。

壶　1件。标本M106：22，泥质红陶，施酱红釉，釉质较好。盘形口，颈较高、直，溜肩，圆鼓腹，圜底近平，圈足。口沿、肩部和上腹部饰有凹弦纹数周。口径15.6、底径17.4、高33厘米（图三〇〇，2）。

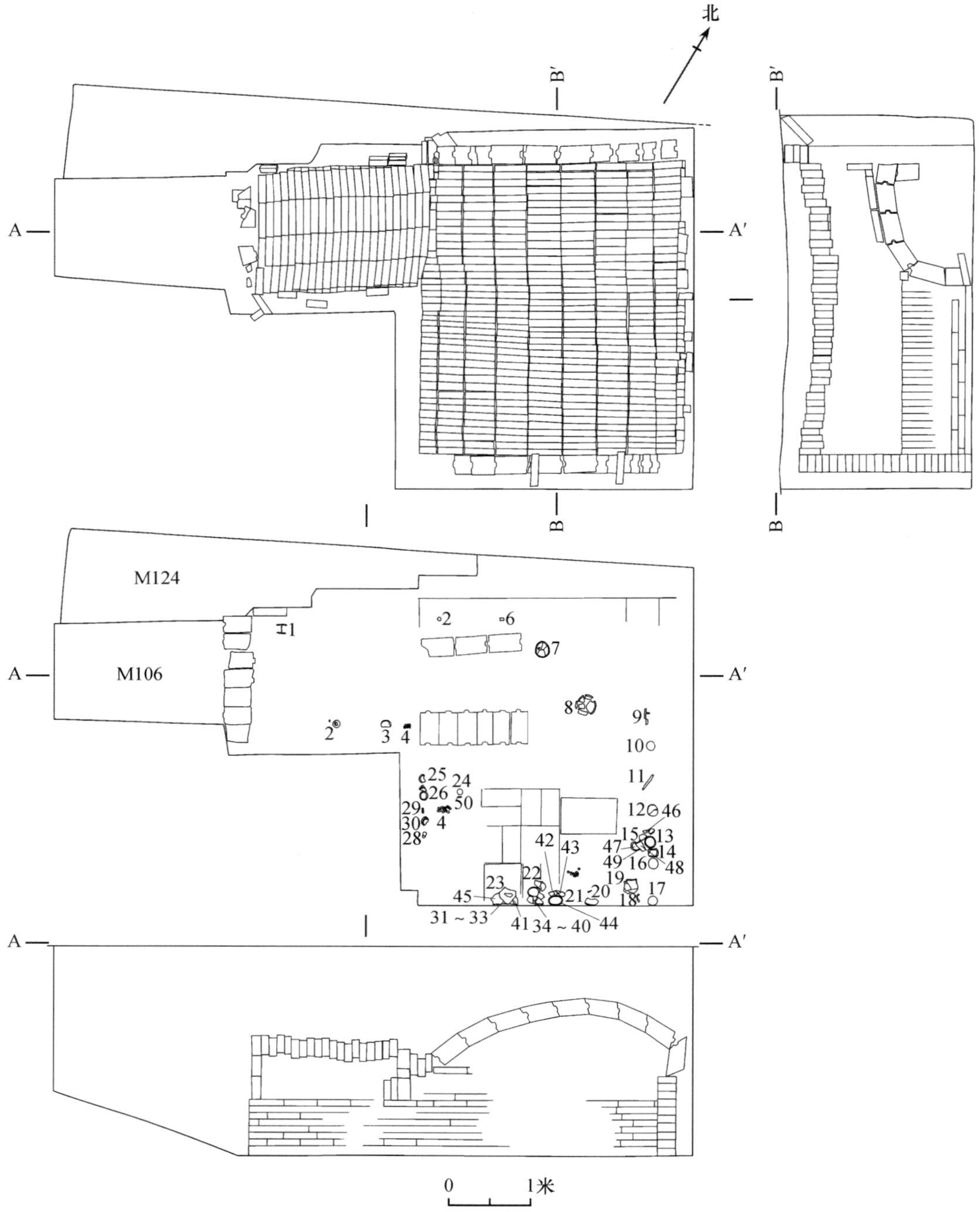

图二九九　M106平、剖面图

1. 铜衔镳　2、3. 陶豆　4. 铜钱币　5、6. 骨料　7. 釉陶盆　8、49. 釉陶盘　9. 铁削　10. 釉陶灯　11. 铁剑　12、34～40、44. 陶钵　13～15、21、31～33、41. 陶仓　16、17、42、43. 陶器盖　18. 铁棺钩　19. 釉陶罐　20. 陶甑　22. 釉陶壶　23、25. 陶罐　24、50. 铜泡钉　26. 陶俑　27. 铜盖弓帽　28. 釉陶鼎　29. 釉陶簋　30、45. 釉陶盂　46. 博山炉　47. 釉陶器盖　48. 釉陶勺

罐　1件。标本M106：19，泥质红陶，施酱红釉不及底。敛口，方唇，弧腹，平底。口径10.6、底径6.6、高8.4厘米（图三〇〇，12）。

盘　2件。泥质红陶，施棕色釉，内满釉、外无釉。敞口，折沿，方唇，浅弧腹，平底。标本M106：8，口径19.6、底径6、高5.1厘米（图三〇〇，5）。标本M106：49，口径18.8、底径9.9、高3.6厘米（图三〇〇，11；彩版二九，2）。

盂　2件。泥质红陶，施酱红釉，内口部施釉，器表施釉，底部无釉。敞口，卷沿，方唇，溜肩，扁圆鼓腹，圜底近平。标本M106：45，腹部饰凹弦纹。口径17、底径10、高9.3厘米（图三〇〇，6；彩版二九，3）。

盆　1件。标本M106：7，泥质红陶，施酱红釉，内满釉，外釉不及底。敞口，卷沿，圆唇，溜肩，弧腹，平底。肩部饰三周凸棱。口径24.8、底径8.1、高8.4厘米（图三〇〇，10；

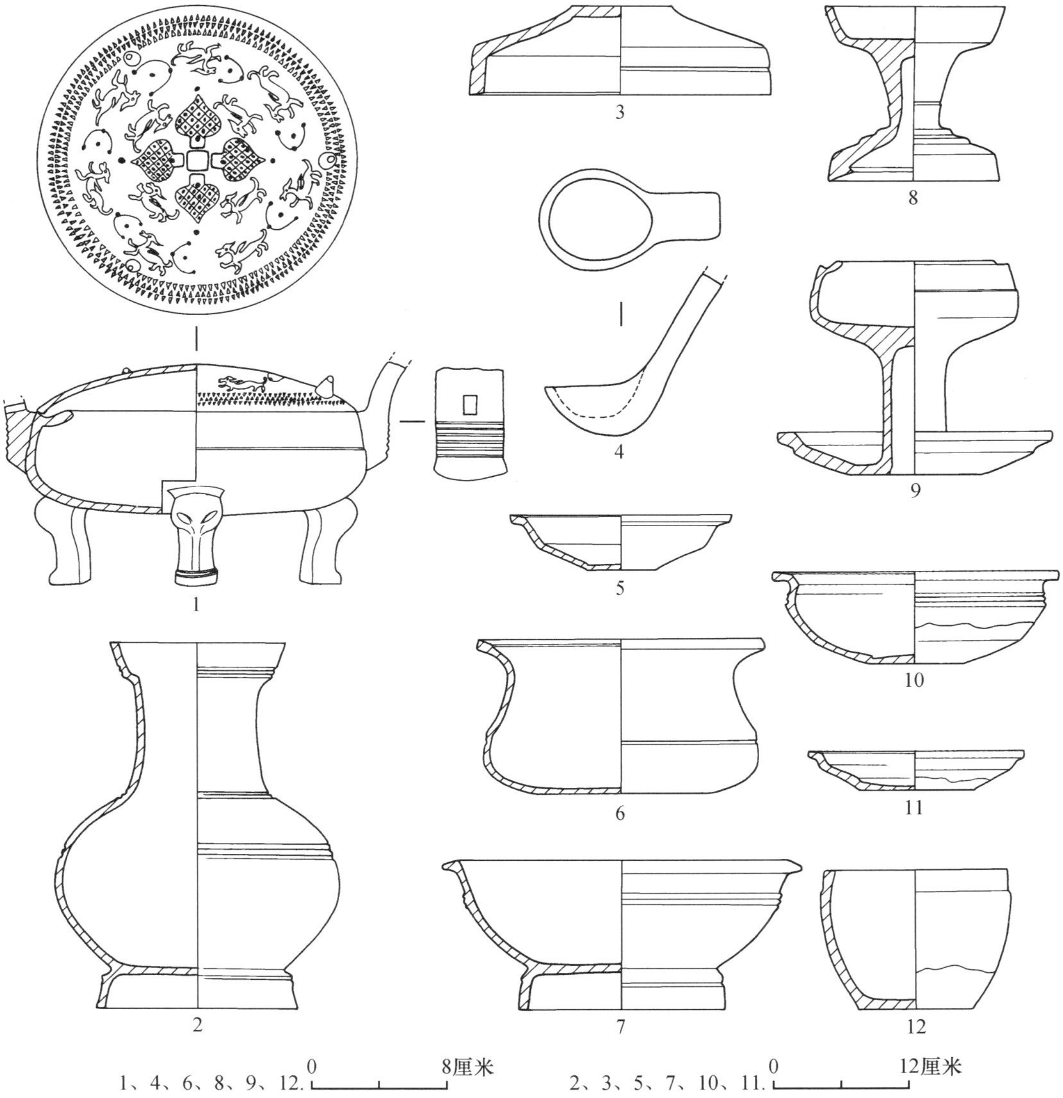

图三〇〇　M106出土釉陶器

1. 釉陶鼎（M106：28）　2. 釉陶壶（M106：22）　3. 釉铜器盖（M106：47）　4. 釉陶勺（M106：48）　5、11. 釉陶盘（M106：8、M106：49）　6. 釉陶盂（M106：45）　7. 釉陶簋（M106：29）　8. 釉陶灯（M106：10）　9. 釉陶博山炉（M106：46）　10. 釉陶盆（M106：7）　12. 釉陶罐（M106：19）

彩版二九，4）。

簋　1件。标本M106：29，泥质红陶，棕红色釉，内满釉，外圈足无釉。敞口，圆唇，弧腹，圜底近平，圈足较直。器表饰有凸棱。口径29、底径17.7、高13.6厘米（图三〇〇，7；彩版二九，5）。

灯　1件。标本M106：10，泥质红陶，施酱红釉。敞口，圆唇，浅弧腹，圜底近平，中粗柄，喇叭形圈足，底部略内敛。柄下部似为套在圈足上部，圈足表面有两周凸棱且形成内高外低的趋势。口径10.6、底径10、高10.6厘米（图三〇〇，8；彩版二九，6）。

博山炉　1件。标本M106：46，泥质红陶，施酱红釉。敛口，弧壁，圜底近平，柄较高，柄下部接一盘，盘为敞口，方唇，斜弧壁，平底。口径9、底径7.2、高13厘米（图三〇〇，9）。

勺　1件。标本M106：48，泥质红陶，施酱红釉，正面施釉，背面、侧面及柄部无釉。近圆形勺腹，圜底，宽扁柄。勺腹与柄呈稍大于90°的钝角。长10.4厘米（图三〇〇，4）。

器盖　1件。标本M106：47，泥质红陶，施酱红釉，釉质较好。折壁，小平顶。口径17.7、高5.4厘米（图三〇〇，3）。

陶器　27件。

豆　2件。泥质红陶。标本M106：2，敛口，圆唇，弧壁，圜底，喇叭形圈足但圈足底部较直。素面。口径11.2、底径7.6、高10厘米（图三〇一，1）。标本M106：3，敞口，方唇，弧壁，圜底，柄较粗，喇叭形圈足。口径13、底径7.6、高9.6厘米（图三〇一，2）。

罐　2件。泥质灰陶。敛口较直，圆唇外翻，溜肩，圆鼓腹，圜底。器表上部饰有凹弦纹数周。标本M106：25，口径17、高23.5厘米（图三〇一，3；图版七四，1）。

甑　1件。标本M106：20，泥质红陶。敛口，圆唇，弧腹，平底，底部扎孔。器表饰凹弦纹数周。口径17.1、底径6.2、高6.9厘米（图三〇一，5）。

钵　9件。形制基本一致。泥质灰陶。敞口，圆唇外翻，弧腹，平底。标本M106：12，口径16、底径5.8、高6.2厘米（图三〇一，6）。标本M106：34，器表中部饰凸弦纹一周。口径17.5、底径5.1、高7.4厘米（图三〇一，7）。

仓　8件。泥质灰陶。子口，方唇，弧壁略直，筒形腹，平底。上承盖，盖呈方唇，弧顶。器表饰有凹弦纹。标本M106：13，口径13、底径13.4、高18.3厘米（图三〇一，9；图版七四，2）。标本M106：14，口径11.2、底径12.5、高18.2厘米（图三〇一，10）。标本M106：21，口径12、底径12.6、高16.2厘米（图三〇一，8）。标本M106：41，口径11.6、底径12.1、高20.4厘米（图三〇一，11；图版七四，3）。

器盖　4件。弧壁有折，弧顶近平，顶部有一桥形纽。标本M106：43，泥质灰陶。口径15、高7.8厘米（图三〇一，4）。

陶俑　1件。标本M106：26，破损严重。

铁器　3件。

铁削　1件。标本M106：9。

铁剑　1件。标本M106：11。

棺钩　1件。标本M106：18，3件铁器均锈蚀严重，无法修复，形状尺寸不详。

图三〇一　M106出土陶器

1、2. 陶豆（M106：2、M106：3）　3. 陶罐（M106：25）　4. 陶器盖（M106：43）　5. 陶甑（M106：20）　6、7. 陶钵（M106：12、M106：34）　8～11. 陶仓（M106：21、M106：13、M106：14、M106：41）

铜器　4件。

泡钉　2件。标本M106：50，圆弧形盖，锥形钉。盖径6.4、高2.4厘米。

衔镳　1件。标本M106：1，未修复。锈蚀严重。

盖弓帽　1件。标本M106：27，残碎，未修复。

铜钱　119枚。

有半两、五铢、货泉。

另在墓葬底部发现骨头一截，应为后期加工，是制作骨器的原料。

六七、M109

（一）发掘地点

位于第三象限、T32323内，被M108打破。

（二）形制与结构

开口距地表深1米。长方形竖穴土坑墓，斜壁，平底。墓口长3.3、宽2米，墓底长2.7、宽1.4米，深2.6米。方向55°（图三〇二）。

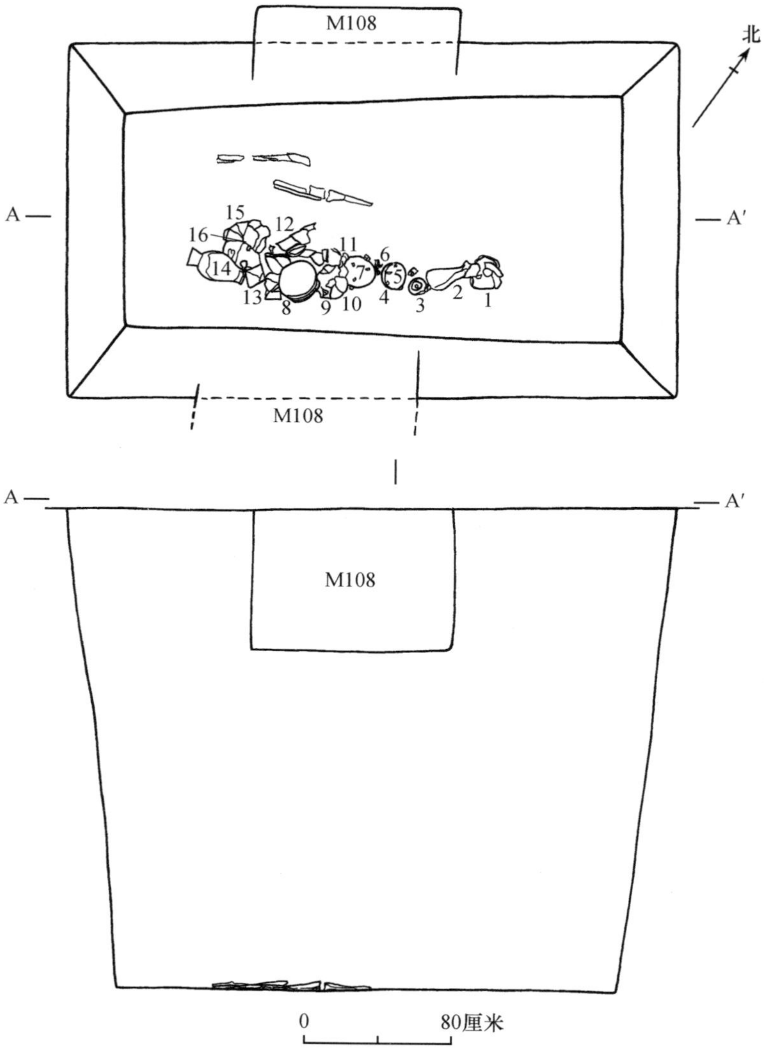

图三〇二　M109平、剖面图

1. 陶盒　2. 骨肩胛骨　3、5. 陶豆　4、7、15. 陶鼎　6. 陶勺　8. 铁釜　9. 陶匏勺　10. 陶罐　11. 陶釜　12陶甑　13、14. 陶钫　16. 陶壶

墓内填土为红褐色花土，土质较软，结构疏松，含料姜石块、石块等。

葬具不详。

人骨1具，保存状况较差，根据残存肢骨判断为仰身直肢，头向东。

（三）随葬器物

随葬品放置于墓室南侧，出土陶器14件，铁器1件。陶器可辨器型有鼎、豆、钫、盒、罐、釜、甑、勺等。由于受埋藏环境影响，部分陶器、铁器破损极其严重，无法修复。

陶器　14件。

鼎　3件。泥质灰陶。子口，圆唇，弧壁，圜底，下接三蹄形足，口沿处饰对称外撇方耳，耳正面有孔。上承盖，母口，弧顶，顶部周围均匀分布三侧扁乳状纽。标本M109：4，斜弧腹。口径13.8、高14.7厘米（图三〇三，1）。标本M109：7，黑皮，有彩绘。圆鼓腹。口径23.2、高15.3厘米（图三〇三，2）。

盒　1件。标本M109：1，泥质灰陶。子口，圆唇，弧腹，圜底，矮圈足。腹壁饰多道凹弦纹。器盖形制与器腹相近，唯口部形态为母口。口径15.5、圈足径6.8、高11.7厘米（图三〇三，3；图版七四，4）。

豆　2件。泥质灰陶。标本M109：3，敞口，方唇，直壁，圜底，中粗柄，喇叭形圈足。上承盖，方唇，直壁，弧平顶。口径9.5、底径5.6、高9.1厘米（图三〇三，7）。标本M109：5，敞口，方唇，直壁，平底，细柄，喇叭形圈足。上承盖，方唇，直壁，弧平顶。口径9.4、底径5.3、高8.6厘米（图三〇三，8）。

钫　2件。方形母口，方唇，弧颈，溜肩，平底，方圈足外侈。肩部饰对称兽首。上承盖，子口四面上收成平顶，每面有一个弯曲的器纽。标本M109：13，泥质灰陶，施红彩，脱落较甚。铸造方法应是四壁分铸、后粘接而成，铺首系事先模制而成，等钫体完成后另行焊贴而成。口径11.7、底径10.7、高26.9厘米（图三〇三，11；图版七四，5）。

罐　1件。标本M109：10，泥质灰陶。敛口，方唇，弧颈，溜肩，扁圆鼓腹，圜底。下腹部饰细绳纹。口径12、最大腹径21、高15厘米（图三〇三，10）。

釜　1件。标本M109：11，泥质灰陶，外施红彩，脱落较甚。敞口，圆唇，弧颈，溜肩，扁圆鼓腹，圜底，底部接三乳状足。口径13.6、高21.5厘米（图三〇三，4；图版七四，6）。

甑　1件。标本M109：12，泥质黑皮灰陶，内外均施有红彩。敞口，圆唇，束颈，弧腹，圜底，矮圈足，底部钻孔。口径27.6、底径8.7、高10.8厘米（图三〇三，9）。

勺　1件。标本M109：6，泥质黑皮灰陶。近圆形勺腹，圜底，圆柱形棱勺柄。勺腹与勺柄大约呈120°角。口径7.2厘米（图三〇三，5）。

匏勺　1件。标本M109：9，泥质黑皮灰陶，陶胎较厚。近圆形勺腹，口部比底部略窄，圆柄。长9厘米（图三〇三，6）。

壶　1件。标本M109：16，破损严重。

铁器　1件。

釜　1件。标本M109：8，锈蚀严重。

图三〇三　M109出土陶器

1、2. 陶鼎（M109：4、M109：7）　3. 陶盒（M109：1）　4. 陶釜（M109：11）　5. 陶勺（M109：6）　6. 陶匏勺（M109：9）　7、8. 陶豆（M109：3、M109：5）　9. 陶甑（M109：12）　10. 陶罐（M109：10）　11. 陶钫（M109：13）

六八、M110

（一）发掘地点

位于第三象限、T32222内。

（二）形制与结构

开口距地表深0.7米。长方形竖穴土坑墓，斜壁，平底。墓口长3.1、宽2.1米，墓底长3、宽1.4米，深1.7米。方向50°（图三〇四）。

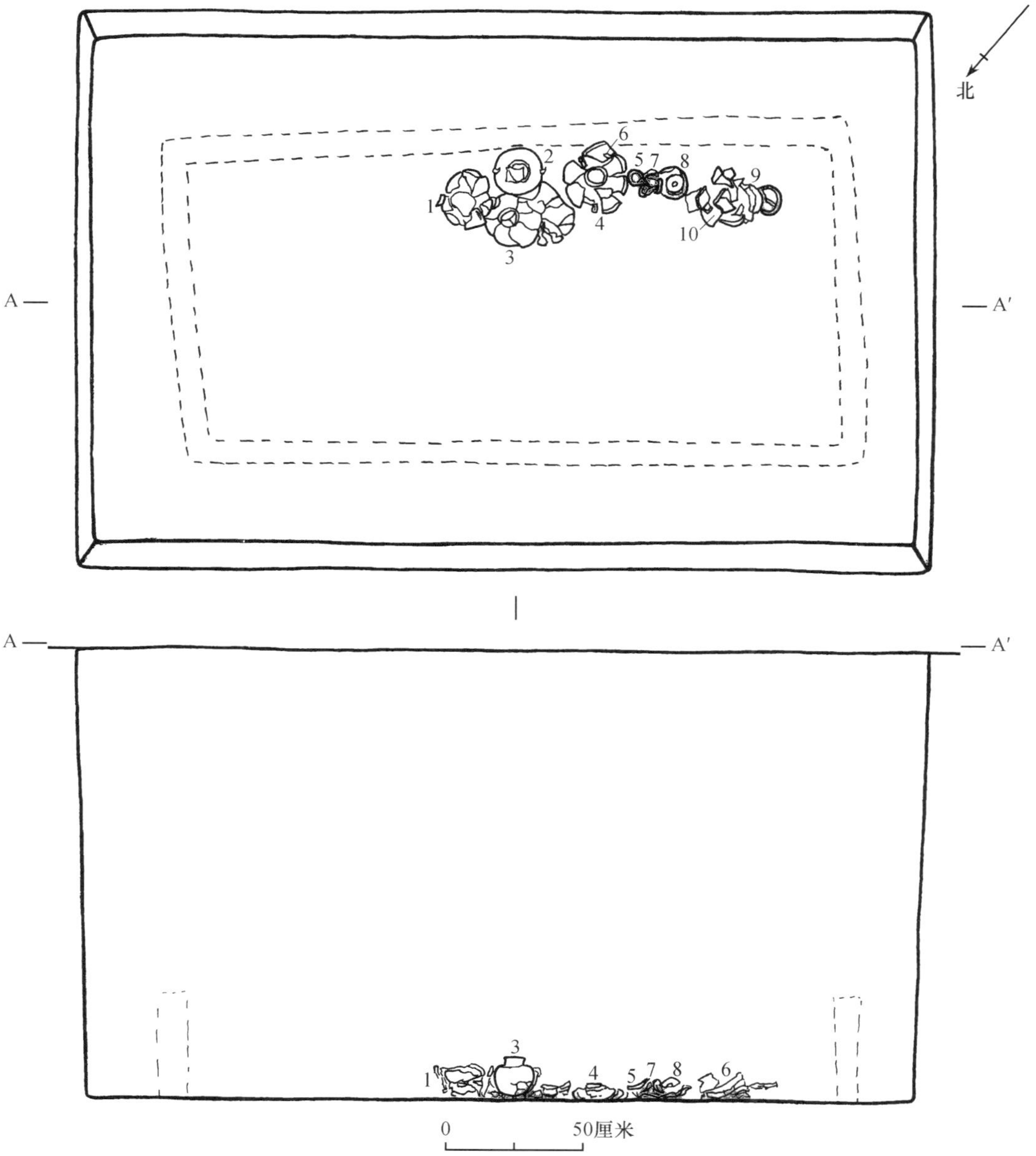

图三〇四　M110平、剖面图

1. 陶鼎　2、9. 陶壶　3. 陶盒　4. 陶簋　5. 陶勺　6. 陶匏勺　7、8. 陶豆　10. 陶器盖

墓内填土为红褐色花土，土质较软，结构疏松，含料姜石块、石块等。

葬具为单棺，腐朽严重，仅存棺痕。长2.58、宽1.3米。

人骨不详。

（三）随葬器物

随葬品放置于墓室南侧，出土陶器10件。可辨器型有鼎、壶、豆、盒、簋等。由于受埋藏环境影响，部分陶器破损极其严重，无法修复。

鼎　1件。标本M110：1，泥质灰陶。子口，方唇。弧壁，圜底，下接三蹄形足。口沿处饰对称稍内敛方耳。上承盖，弧壁，弧顶，周围均匀饰有三卷曲器纽。口径14、高15.2厘米（图三〇五，1）。

盒　1件。标本M110：3，泥质灰陶。敛口，圆唇，弧腹，圜底，圈足。口径12.8、底径6.4、高7.8厘米（图三〇五，4）。

壶　2件。泥质灰陶。敞口，方唇，弧颈，溜肩，圆鼓腹。标本M110：2，圜底，下接三倒圆锥状足。肩部饰双系，且系上饰凹弦纹。口径12.4、高15.6厘米（图三〇五，3）。标本M110：9，平底，高圈足。肩部饰对称衔环，器表饰有数道弦纹。上承盖，子口，弧顶，顶部周围均匀饰有三器纽。口径6.9、底径10、高22.5厘米（图三〇五，6）。

豆　2件。泥质灰陶。口微敛，弧壁，浅腹，圜底，细柄，喇叭形圈足。标本M110：8，口径9.4、底径6、高5.4厘米（图三〇五，5）。

簋　1件。标本M110：4，泥质灰陶。敞口，折沿，尖唇，溜肩，弧腹，圜底，圈足。肩部饰对称圆环器鋬，鋬上有数道凹槽。口径19.6、底径6.4、高10厘米（图三〇五，2）。

勺　1件。标本M110：5，破损严重。

匏勺　1件。标本M110：6，破损严重。

器盖　1件。标本M110：10，破损严重。

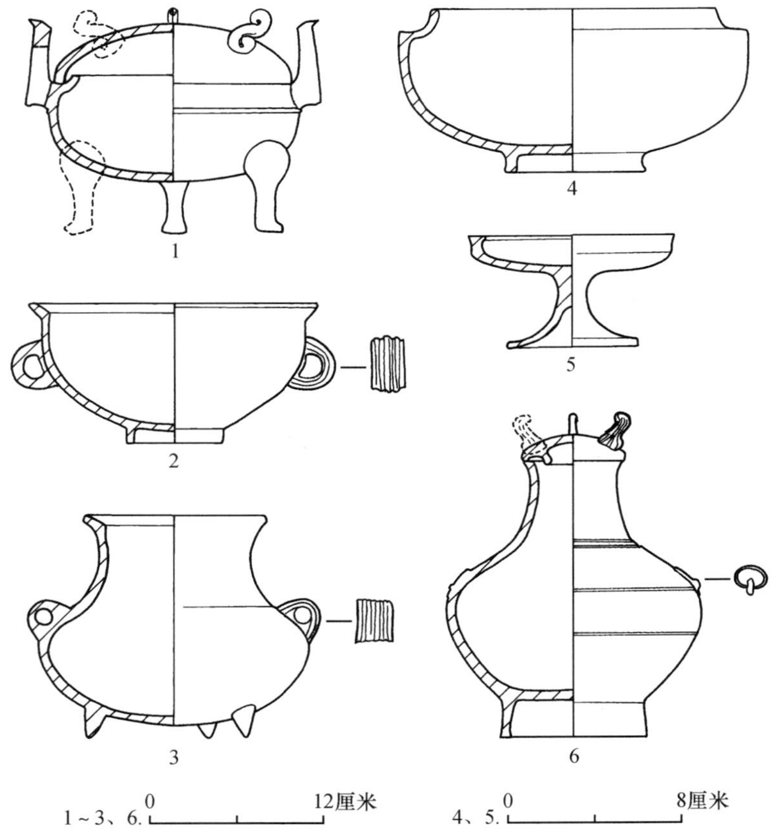

图三〇五　M110出土陶器

1. 陶鼎（M110：1）　2. 陶簋（M110：4）　3、6. 陶壶（M110：2、M110：9）　4. 陶盒（M110：3）　5. 陶豆（M110：8）

六九、M111

（一）发掘地点

位于第三象限、T32223内，打破M123，被M99打破。

（二）形制与结构

开口距地表深1米。长方形墓道砖室墓，由墓道、甬道与墓室组成。方向135°（图三〇六）。

墓道位于墓室南偏东，平面呈长方形。由于墓道位置有较多竹子，故暂未清理。

甬道位于墓道北部，宽1.53、残高0.9、进深2.3米。东、西两壁及墓底铺砖，均为平铺砌成，残存八层。

墓室平面呈近方形，直壁，平底，穹顶，北壁向内倾斜。墓底长3.3、宽3.2米，深2.1米。四壁与墓底铺砖，均为平铺而成。墓室顶部被破坏严重，顶已不存。

墓内填土为黄褐色五花土，土质较硬，含料姜石颗粒、石块、砖块等。

墓室西侧砌有棺垫，残长1、宽0.2、厚0.2米。

葬具与人骨不详。

（三）随葬器物

随葬品放置于甬道与墓室前部，出土釉陶器、陶器、铜器、铁器、银器、琉璃器共56件，铜钱4枚。釉陶器可辨有壶、钵、盂、灯、杯、器盖等；陶器可辨器型有钵、釜、甑、仓、罐、碗、灯、勺等；铜器可辨为釜、鍪、耳杯等；铁器可辨为釜、削灯；银器为指环；琉璃器为耳珰。由于盗扰严重，加上埋藏环境，部分器类破损极为严重，已无法修复。

釉陶器　12件。

壶　5件。泥质红陶。盘形口，圆唇，高直颈，溜肩，圜底，喇叭形圈足。上承盖，弧壁，近平顶。标本M111：38，施姜黄釉，脱落较甚。肩腹弧折明显，扁圆腹。器表饰有凹弦纹数周，肩部模制对称兽首衔环。口径16.6、底径16.8、高27.7厘米（图三〇七，3；彩版三〇，1）。标本M111：40，施酱红釉。扁圆鼓腹。器表饰有弦纹数周，肩部模制对称兽首衔环。顶部中间有一桥形纽，周围均匀饰有三柱状足。口径14.8、底径16.5、高40厘米（图三〇七，1；彩版三〇，2）。标本M111：46，施姜黄釉。扁圆鼓腹。器表饰有弦纹数周，肩部模制对称兽首衔环。顶中部有一桥形纽。口径15.6、底径14.2、高35厘米（图三〇七，2；彩版三〇，3）。

钵　1件。标本M111：15，泥质红陶，内施姜黄釉。敞口，圆唇，斜弧壁，平底。器表饰凹弦纹数周并形成凸棱。口径12.1、底径5.5、高4.9厘米（图三〇七，6）。

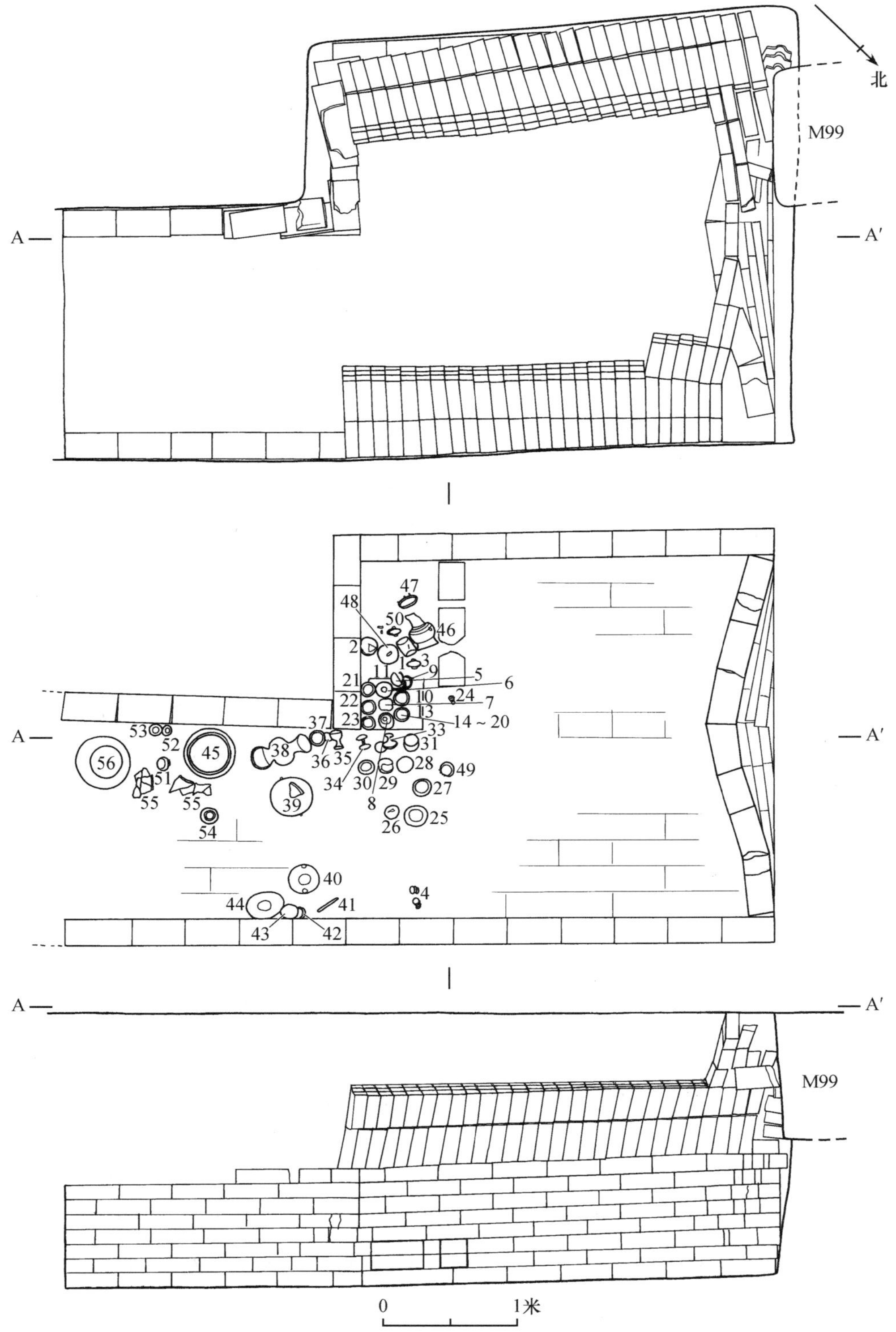

图三〇六　M111平、剖面图

1、2、10、22、23、25、27、43. 陶仓　3、7、8、13、50、51. 铜耳杯　4. 釉陶杯　5. 陶勺　6、33. 釉陶灯　9、14、16、21、30～32. 陶釜　11、28、29. 陶碗　12. 釉陶器盖　15. 釉陶钵　17、39、55. 陶甑　18～20、37. 陶钵　24. 铜钱　26、34、35. 陶灯　36、42. 陶器盖　38、40、46～48. 釉陶壶　41. 铁削　44. 陶罐　45. 铁釜、甑　49. 铜鍪　52. 玻璃耳珰　53. 银指环　54、56. 釉陶盂

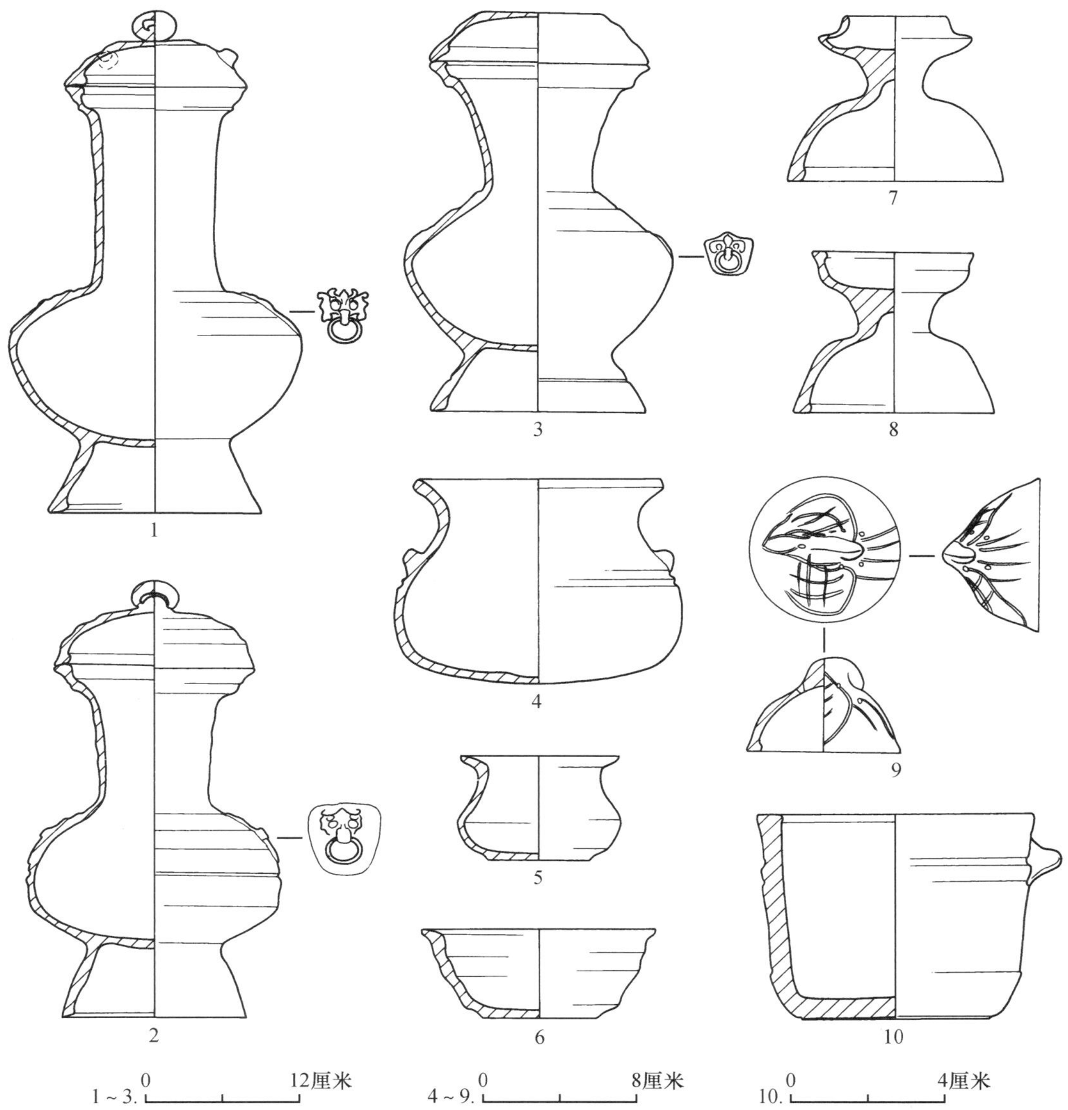

图三〇七　M111出土釉陶器

1～3. 釉陶壶（M111∶40、M111∶46、M111∶38）　4、5. 釉陶盂（M111∶54、M111∶56）　6. 釉陶钵（M111∶15）　7、8. 釉陶灯（M111∶6、M111∶33）　9. 釉陶器盖（M111∶12）　10. 釉陶杯（M111∶4）

盂　2件。泥质红陶。敞口，圆唇，弧颈，溜肩，扁圆鼓腹。标本M111∶54，施酱红釉。圜底。肩部饰对称器鋬，鋬下饰两周凹弦纹。口径12.5、高11厘米（图三〇七，4；彩版三〇，4）。标本M111∶56，施酱红釉。平底。口径8.3、底径5、高5.5厘米（图三〇七，5）。

灯　2件。标本M111∶6，泥质红陶，施酱红釉。敛口，圆唇，浅折腹，底不平，矮颈，下接覆盆形大圈足。口径5.2、底径11.2、高8.8厘米（图三〇七，7）。标本M111∶33，泥质红陶，施酱红釉。敞口，圆唇，圜底，矮柄，下接覆盆形大圈足。口径8.2、底径10.2、高8.6厘米（图三〇七，8）。

杯　1件。标本M111∶4，泥质红陶，施棕绿色釉。敞口，方唇，直壁，平底。器表一侧上部有一器鋬。器表饰数道凹弦纹。口径7.1、底径4.8、高5.5厘米（图三〇七，10）。

器盖　1件。标本M111∶12，泥质红陶，外施棕色釉。敞口微敛，圆唇，弧壁，顶部凸出形成器纽。器表有数道刻划纹。口径8、高5厘米（图三〇七，9）。

陶器　32件。

罐　1件。标本M111∶44，敞口，卷沿，圆唇，矮直颈，斜肩，肩、腹拐折明显，扁圆鼓腹，圜底。器表上部饰弦断绳纹，下部饰绳纹。口径10、腹径26、高15厘米（图三〇八，1；图版七五，1）。

钵　4件。泥质红陶。敞口，圆唇，弧壁。标本M111∶18，平底。器表饰有数周凹弦纹。口径12.9、底径5、高5厘米（图三〇八，2）。标本M111∶19，平底。器表饰有数周凹弦纹。口径12.9、底径5、高5厘米（图三〇八，3）。标本M111∶20，平底。口径10.7、底径5、高4.1厘米（图三〇八，4）。标本M111∶37，圜底近平。口径10、高3.7厘米（图三〇八，5）。

釜　7件。泥质红陶。敞口，卷沿，斜肩，弧腹，平底。标本M111∶9，口径9.5、底径5.4、高5厘米（图三〇八，6）。标本M111∶14，肩腹拐折较明显。口径7.1、底径5.4、高5.5厘米（图三〇八，7）。标本M111∶16，肩腹拐折明显。口径7.4、底径5.5、高5.5厘米（图三〇八，10）。标本M111∶21，口径8.9、底径6.6、高5.6厘米（图三〇八，8）。标本

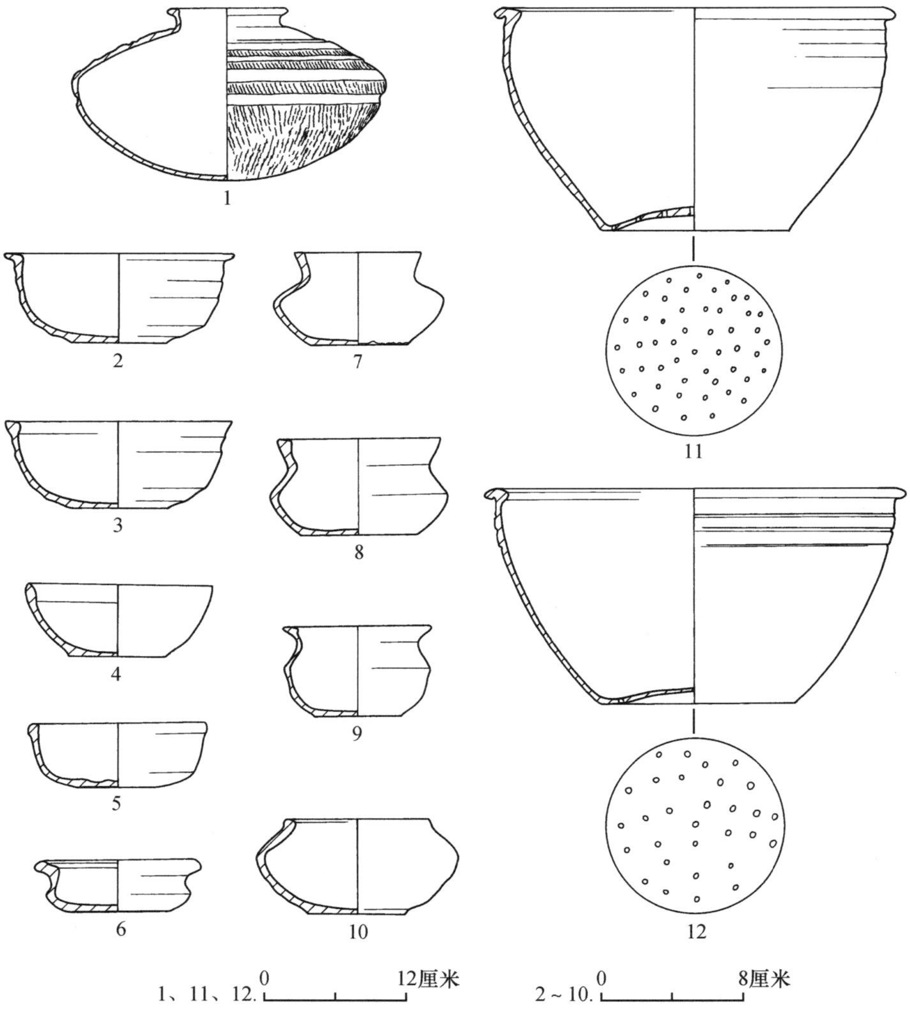

图三〇八　M111出土陶器（一）

1. 陶罐（M111∶44）　2～5. 陶钵（M111∶18、M111∶19、M111∶20、M111∶37）　6～10. 陶釜（M111∶9、M111∶14、M111∶21、M111∶31、M111∶16）　11、12. 陶甑（M111∶55、M111∶17）

M111：31，肩腹拐折明显。口径8.5、底径4.9、高5.1厘米（图三〇八，9）。

甑　3件。形制基本一致。泥质灰陶。敛口，圆唇，弧壁，凹圜底，底部扎孔。标本M111：17，口径35.3、底径16.4、高18.5厘米（图三〇八，12）。标本M111：39，口径35、底径16、高18厘米（图版七五，2）。标本M111：55，口径34、底径15.5、高19.1厘米（图三〇八，11；图版七五，3）。

仓　8件。泥质灰陶。敛口，圆唇，平底。标本M111：1，通体灰黑色。口径8.3、底径9、高14厘米（图版七五，4）。标本M111：10，口径8.5、底径8.8、高14.2厘米（图版七五，5）。标本M111：22，筒形腹。器表饰有凹弦纹数周。口径8.4、底径9.3、高14厘米（图三〇九，6）。标本M111：23，斜弧腹。器身饰有凹弦纹数周。口径8、底径5.4、高10.2厘米（图三〇九，7）。标本M111：25，斜肩，肩腹拐折明显，斜弧腹，圜底近平。口径9.9、底径9、高8.8厘米（图三〇九，8）。标本M111：27，筒形腹。器表饰有凹弦纹数周。口径8.1、底径9、高13.9厘米（图三〇九，9；图版七五，6）。标本M111：43，溜肩，斜弧腹。口径10、底径5.8、高9.1厘米（图三〇九，10）。

器盖　2件。敞口，斜方唇，平顶。标本M111：42，泥质红陶，胎较厚，器形较小。口径

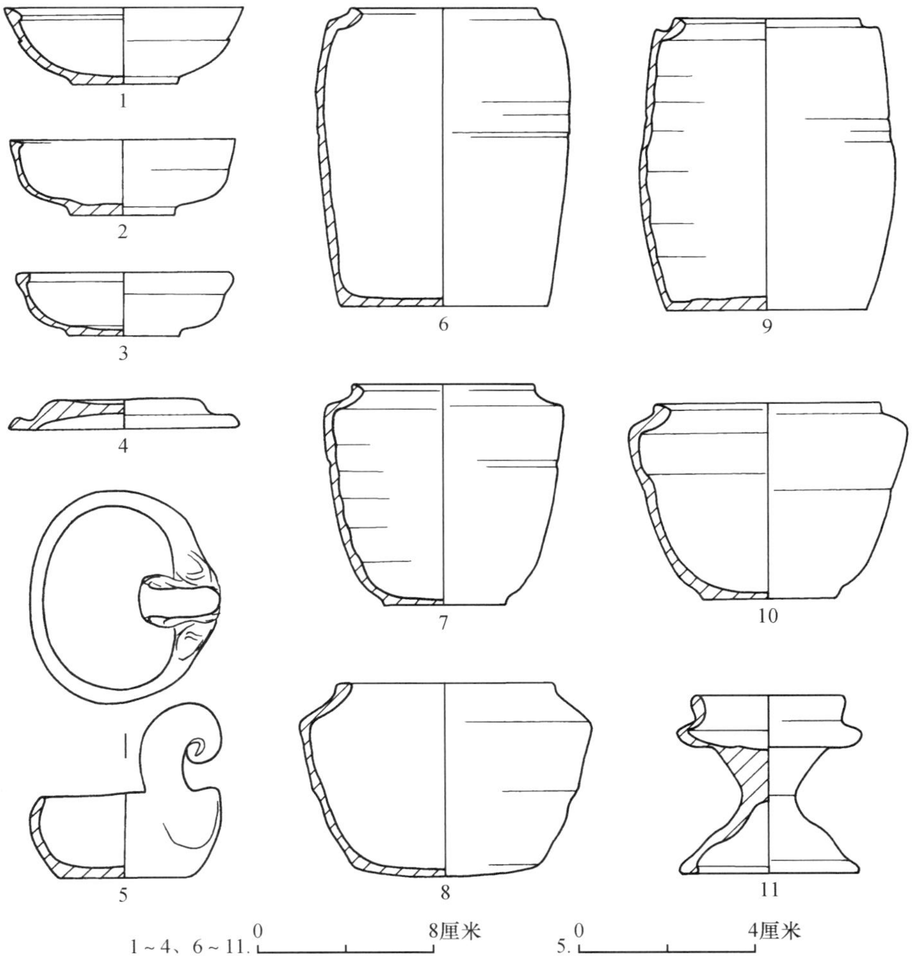

图三〇九　M111出土陶器（二）

1～3. 陶碗（M111：11、M111：28、M111：29）　4. 陶器盖（M111：42）　5. 陶勺（M111：5）　6～10. 陶仓（M111：22、M111：23、M111：25、M111：27、M111：43）　11. 陶灯（M111：26）

10.5、高1.4厘米（图三〇九，4）。

碗　3件。泥质红陶。敞口，圆唇，弧壁，平底，假圈足。标本M111：11，口径11、底径4.7、高3.6厘米（图三〇九，1）。标本M111：28，口径10.3、底径4.5、高3.6厘米（图三〇九，2）。标本M111：29，口径10、底径4.8、高3.1厘米（图三〇九，3）。

灯　3件。标本M111：26，泥质红陶。敞口，圆唇，折腹，底不平，矮颈，喇叭形圈足。口径6.8、底径9、高8.2厘米（图三〇九，11）。

勺　1件。标本M111：5，泥质红陶。椭圆形，弧壁，平底，勺把弯曲较甚。直径5.3、高4厘米（图三〇九，5）。

铜器　7件。

耳杯　6件。形制一致。圆形腹，两圆耳略上翘，斜弧腹，平底。椭耳面上饰满斜方格纹。杯口在同一平面上。标本M111：8，口径9.3、底径3.2、高2.8厘米（图三一〇，4）。标本M111：13，口径9.8、底径5.1、高2.2厘米。标本M111：50，口径9.9、底径5.1、高2.3厘米（图三一〇，3）。标本M111：51，口径9.9、底径5.2、高2.3厘米。

鍪　1件。标本M111：49，卷沿，圆唇，弧颈，溜肩，扁圆鼓腹，圜底。腹部饰多道凸弦纹，肩部饰对称孔圆形器錾。口径35、高24.6厘米（图三一〇，1）。

铁器　3件。可辨器型为釜、削，锈蚀严重，无法进行后期整理。

银器　1件。

指环　1件。标本M111：53，直径2.3、厚0.3厘米（图三一〇，2）。

琉璃器　1件。

耳珰　1件。标本M111：52，破损严重。

铜钱　4枚。

均为五铢钱。

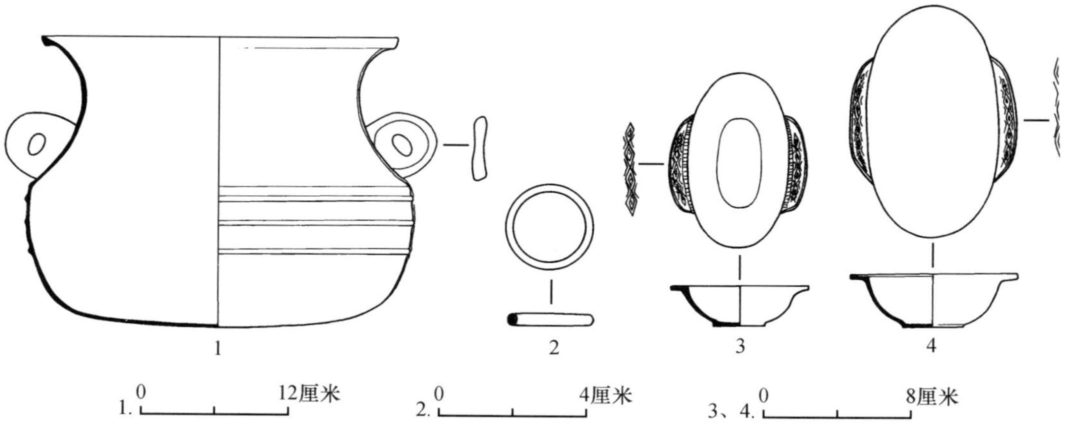

图三一〇　M111出土铜器和银器

1. 铜鍪（M111：49）　2. 银指环（M111：53）　3、4. 铜耳杯（M111：50、M111：8）

七〇、M114

（一）发掘地点

位于第三象限、T34006内。

（二）形制与结构

开口距地表深1米。长方形竖穴土坑墓，斜壁，平底。墓口长3.65、宽2.3～2.36米，墓底长3.55、宽2.22～2.28米，深0.6米。方向50°。墓室上方有一处盗洞至墓底，墓室都被盗扰（图三一一）。

墓内填土为绿色花土，土内含石块、料姜石颗粒。

葬具可能为单棺，但腐朽严重，仅存少量棺痕。

人骨不详。

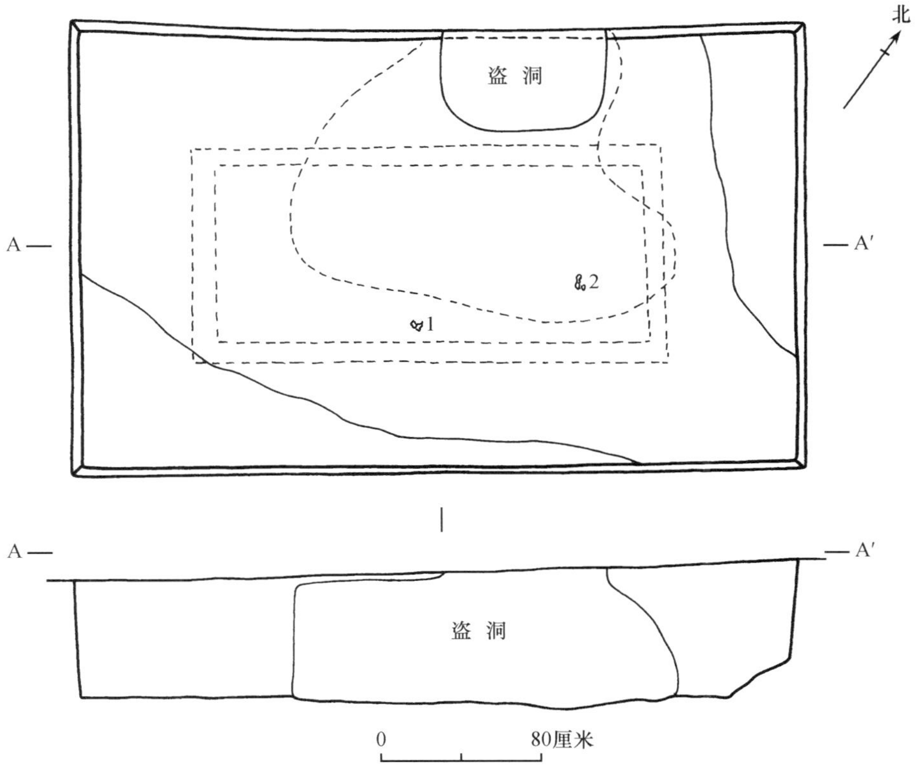

图三一一　M114平、剖面图
1. 陶片　2. 铜片

（三）随葬器物

因该墓被盗扰严重，仅出土有陶片和铜片且均不可修复。

七一、M116

（一）发掘地点

位于第三象限、T32921内。

（二）形制与结构

开口距地表深1.2米。长方形竖穴土坑墓，斜壁，平底。墓口长2.2、宽1米，墓底长1.86、宽0.8米，深1米。方向298°（图三一二）。

墓内填土为黄灰花土，质较硬，结构紧密。

无葬具。

人骨1具，保存较差，仅残存牙齿，头向西。

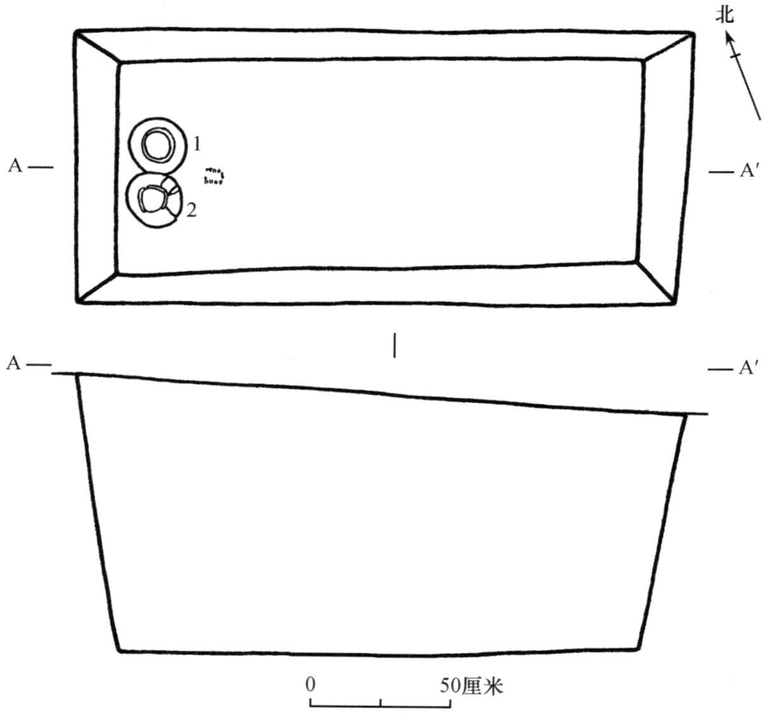

图三一二　M116平、剖面图
1、2. 陶罐

（三）随葬器物

墓室西部放置随葬品2件，均为陶罐。

陶罐　2件。泥质夹细砂灰陶。敞口，方唇，束颈，溜肩，圆鼓腹，微凹圜底。底部饰有绳纹。标本M116：1，口径13.6、高14.6厘米（图三一三，1）。标本M116：2，口径13.4、高15.2厘米（图三一三，2）。

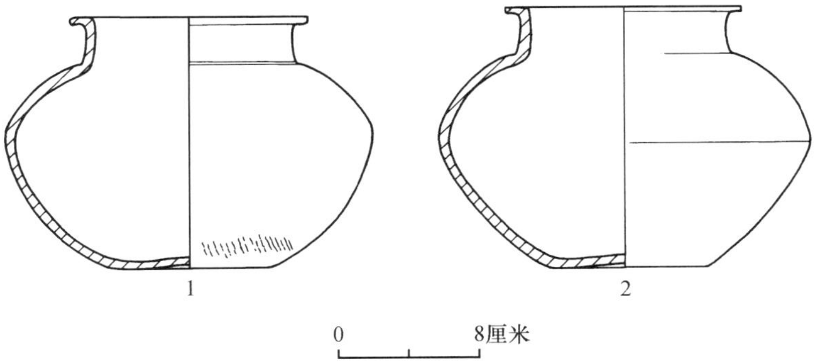

图三一三　M116出土陶罐
1. M116：1　2. M116：2

七二、M117

（一）发掘地点

位于第三象限、T32921内。

（二）形制与结构

开口距地表深1.05米。长方形竖穴土坑墓，斜壁，平底。墓口长2.9、宽1.7～1.9米，墓底长2.4、宽1.4米，深0.8～0.96米。方向288°（图三一四；图版七六，1）。

墓内填土为红褐夹黄灰色花土，质较硬，结构稍密。

葬具为一棺，腐朽严重，仅存棺痕。棺长2.1、宽1.2米，厚0.06米。

人骨1具，保存较差，仅可辨为直肢。

（三）随葬器物

棺室南部放置随葬品13件，均为陶器。器型可辨为鼎、豆、壶、盒、勺等。受埋藏环境影响，部分陶器仅可辨器型，无法修复。

鼎　2件。形制一致。泥质灰陶。子口，圆唇，弧壁，圜底，下接外撇三蹄形足。口沿处

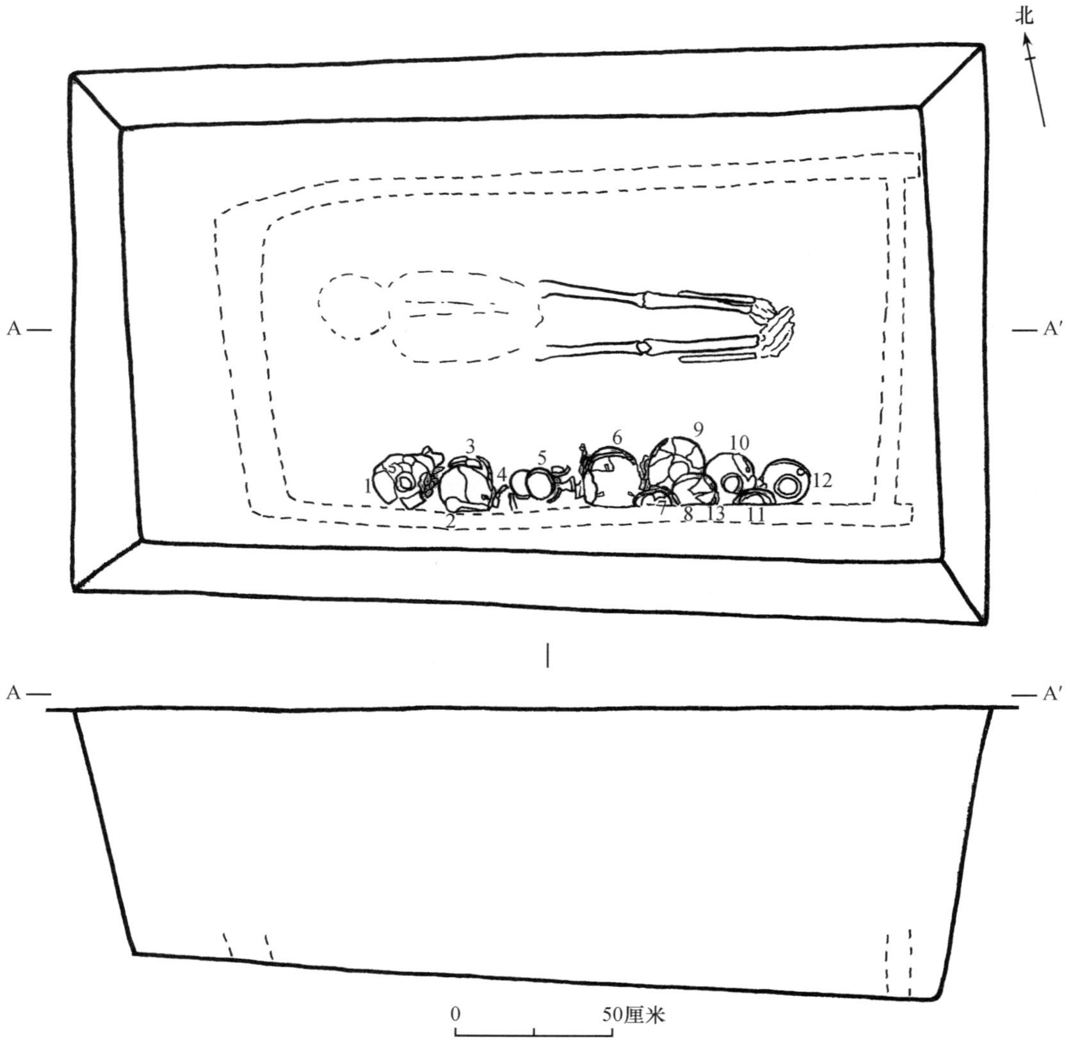

图三一四　M117平、剖面图

1、9. 陶盒　2、13. 陶匏勺　3、6. 陶鼎　4. 陶勺　5、7、8、11. 陶豆　10、12. 陶壶

贴附对称外撇方耳，耳正面有孔。上腹部饰一周凸棱。上承盖，母口，弧壁，弧顶，盖上周围均匀分布有三纽。标本M117：3，口径13.6、高14.2厘米（图三一五，1）。

豆　4件。形制一致。泥质灰陶。敞口，弧折壁，圜底，中粗柄，圈足。上承盖，弧顶，折壁。标本M117：11，口径10.2、底径4.7、高9.8厘米（图三一五，3）。

壶　2件。形制一致。泥质灰陶，器表有彩绘，但脱落较甚。母口，方唇，弧颈，溜肩，弧腹，近平底，圈足。肩部饰对称衔环，颈部和肩部饰两周凹弦纹。上承盖，子口，圆唇，弧顶。标本M117：10，口径7.5、底径9.4、高18.8厘米。标本M117：12，口径7.8、底径9.1、高18.1厘米（图三一五，2）。

盒　2件。形制一致。泥质灰陶。器身子口，圆唇，弧折腹，圜底，矮圈足。器盖为母口，弧腹，矮捉手。腹壁饰多道凹弦纹。标本M117：1，器体上下对接不严密。口径12、底径6.4、高13.1厘米。标本M117：9，器表饰有彩绘。口径16.4、底径7.2、高13.4厘米（图三一五，5）。

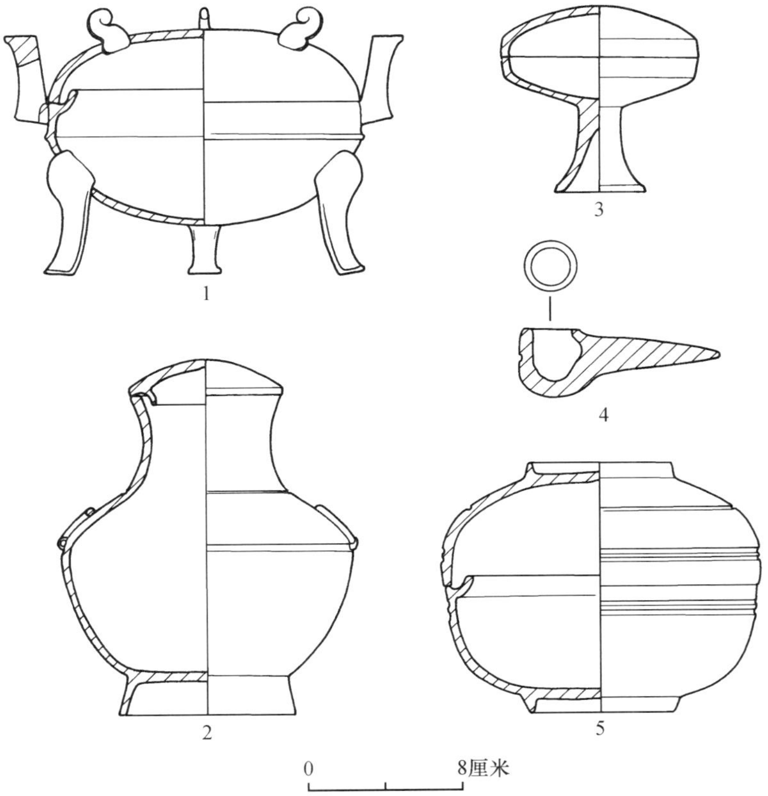

图三一五 M117出土陶器
1. 陶鼎（M117：3） 2. 陶壶（M117：12） 3. 陶豆（M117：11） 4. 陶匏勺（M117：2） 5. 陶盒（M117：9）

匏勺 2件。形制一致。泥质灰陶，器表有彩绘，脱落较甚。长圆柄，圆形勺腹。素面。标本M117：2，口径2、通长10.2厘米（图三一五，4）。

勺 1件。标本M117：4，破损严重。

七三、M119

（一）发掘地点

位于第三象限、T32420内。

（二）形制与结构

开口距地表深1米。长方形墓道砖室墓，由墓道、甬道与墓室组成。方向150°（图三一六）。

墓道位于墓室南端，平面呈长方形。墓道被破坏，长度不详，宽2.14、深1.32米。

甬道位于墓道北部，宽1.72、残高0.5、进深2.8米。东、西两壁为墓砖平铺砌成，底部未发现铺砖痕迹，残存五层。

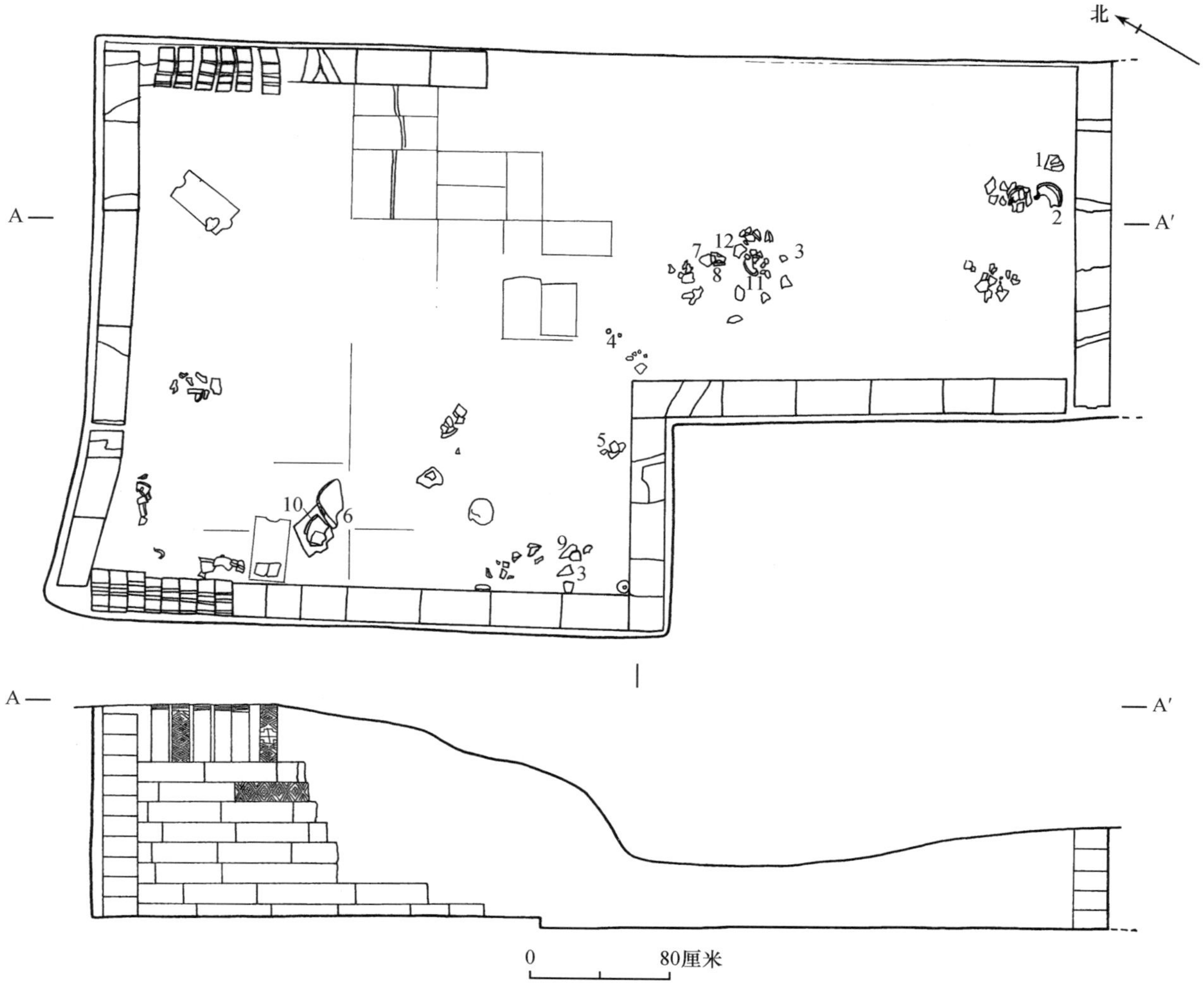

图三一六　M119平、剖面图
1. 陶豆　2. 陶罐　3、9. 釉陶灯　4. 铜钱币　5. 釉陶杯　6、10. 陶釜　7. 陶甑　8. 陶仓　11. 陶碗　12. 陶壶

墓室平面呈近方形，直壁，平底，穹顶，北壁向内倾斜。墓底长3.15、宽3.35米，深1.26米。四壁与墓底铺砖，均为平铺而成。墓室顶部被盗扰破坏严重，根据残存判断为穹顶。墓室南部有一圆形盗洞直至墓底。

墓内填土为红褐色花土，土质较硬，底部为淤土，土内含石块、砖块等。

墓室西侧砌有棺垫，残长1、宽0.2、厚0.2米。

葬具与人骨不详。

（三）随葬器物

随葬品放置于甬道与墓室内，出土釉陶器、陶器共11件，铜钱7枚。釉陶器可辨器型有灯、杯等；陶器可辨器型有釜、豆、罐、甑、仓、碗、壶等。由于盗扰严重，加上埋藏环境影响，多数器类破损极为严重，已无法修复。

釉陶器　3件。

灯　2件。标本M119：3，泥质红陶，施姜黄色釉。浅腹盘，敛口，方唇，弧壁，圜底近平，下接粗柄喇叭形座，柄中空至盘底。口径7.8、底径9、高8.5厘米（图三一七，3）。

杯　1件。标本M119：5，泥质红陶，施姜黄色釉。直口，方唇，弧壁近直，平底微圜。器表饰有两周凹弦纹。口径6.4、底径4.2、高6.4厘米（图三一七，1）。

陶器　8件。

釜　2件。标本M119：6，泥质红陶。敞口，折沿，方唇。折肩，弧腹，微凹圜底。口径7.9、底径5、高5.6厘米（图三一七，2）。标本M119：10，破损严重。

豆　1件。标本M119：1，破损严重。

罐　1件。标本M119：2，破损严重。

甑　1件。标本M119：7，破损严重。

仓　1件。标本M119：8，破损严重。

碗　1件。标本M119：11，破损严重。

壶　1件。标本M119：12，破损严重。

铜钱　7枚。

均为五铢。

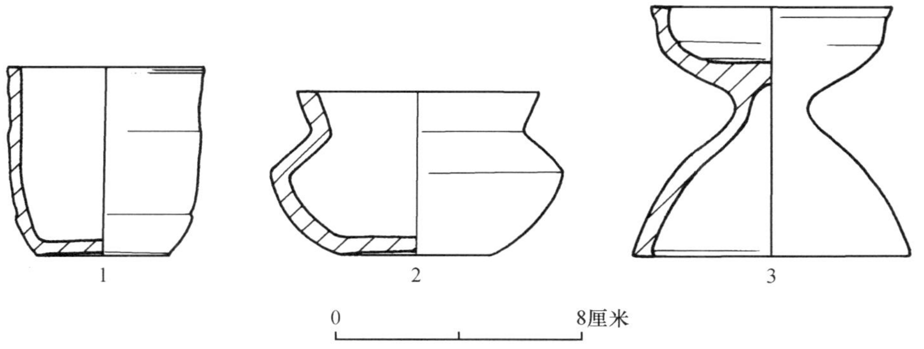

图三一七　M119出土陶器和釉陶器

1. 釉陶杯（M119：5）　2. 陶釜（M119：6）　3. 釉陶灯（M119：3）

七四、M120

（一）发掘地点

位于第三象限、T32520内。

（二）形制与结构

开口距地表深0.9米。长方形竖穴土坑墓，斜壁，斜底。上部遭破坏，墓室较浅。墓口长3.55、残宽1.3米，墓底长3.5、残宽1.3米，深0.1～0.5米。方向72°（图三一八；图版七六，2）。

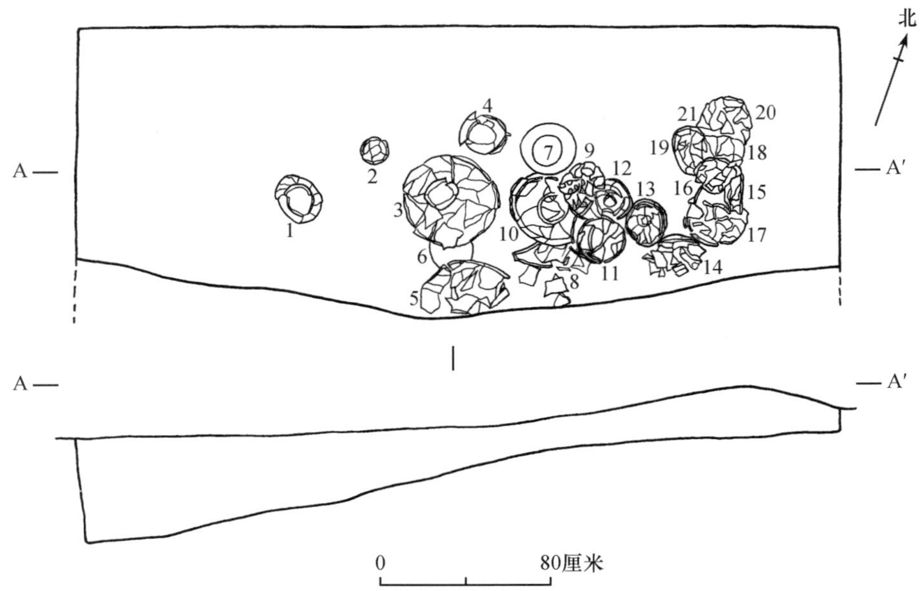

图三一八　M120平、剖面图

1. 陶盒　2. 陶豆　3、5、8、14、17、20. 陶罐　4. 铜釜　6. 石片　7. 铁釜　9. 陶甑　10. 陶盆　11. 陶壶　12、15、18、19、21. 陶钵　13、16. 陶仓

墓内填土为红褐花土，质较硬，结构稍密。

葬具与人骨不详。

（三）随葬器物

墓室中部放置随葬品21件，器类有陶器、铜器、铁器等。陶器可辨器型为盒、豆、盆、壶、罐、仓等；铜器可辨器型为釜；铁器可辨器型为釜；石器可辨器型为石片。受埋藏环境影响，部分器类仅可辨器型，无法修复。

陶器　18件。

盒　1件。标本M120：1，泥质灰陶。无盖。敛口，圆唇，弧壁，圜底不平，矮圈足。器表饰有凹弦纹数周。口径15.6、底径11.2、高8.6厘米（图三一九，6；图版七七，4）。

壶　1件。标本M120：11，泥质灰陶。盘形口，弧颈，溜肩，圆鼓腹，圜底近平，矮圈足。颈、肩部饰有凹弦纹数周。口径11.2、底径14.4、高22.2厘米（图三一九，1；图版七七，1）。

豆　1件。标本M120：2，泥质灰陶。敞口，方唇，圜底，柄较细，大喇叭口内折圈足。豆盘倾斜。口径11、底径10、高8.8～9.8厘米（图三一九，7；图版七七，3）。

盆　1件。标本M120：10，泥质灰褐陶。敞口，折沿，斜方唇，折肩，弧壁，平底。口径28.5、底径13.5、高9.9厘米（图三一九，3；图版七七，5）。

罐　6件。标本M120：3，泥质灰陶。敞口，圆唇，直颈，溜肩，圆鼓腹，腹部以下残。上腹部饰有弦断绳纹，下腹饰有斜绳纹。口径14.2、残高18厘米（图三一九，5）。标本M120：20，泥质灰陶。敛口，圆唇，矮颈，斜折肩，鼓腹，平底。口径12、底径14.4、高15.4厘米（图三一九，4；图版七七，6）。其余4件，破损严重，未修复。

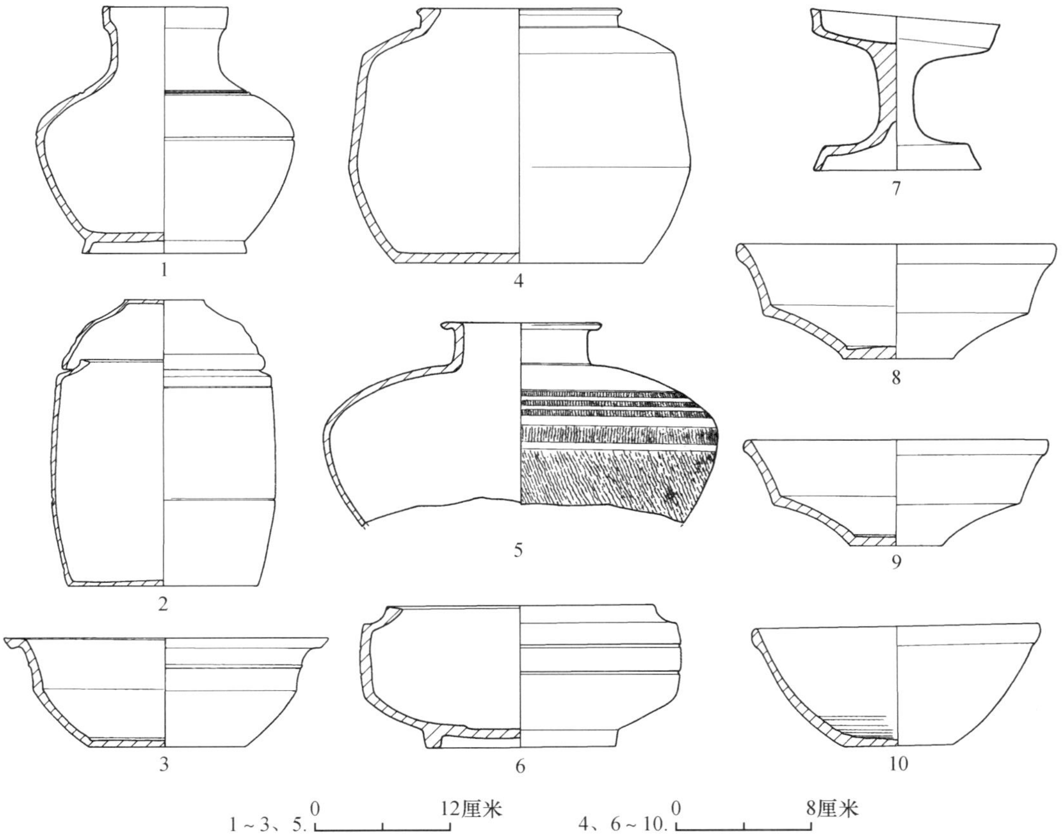

图三一九　M120出土陶器

1. 陶壶（M120：11）　2. 陶仓（M120：13）　3. 陶盆（M120：10）　4、5. 陶罐（M120：20、M120：3）
6. 陶盒（M120：1）　7. 陶豆（M120：2）　8～10. 陶钵（M120：15、M120：12、M120：21）

钵　5件。泥质灰陶。敞口，圆唇，平底。素面。标本M120：12，折腹。口径18.4、底径6.4、高7厘米（图三一九，9）。标本M120：15，折腹。口径17.8、底径5.2、高6.4厘米（图三一九，8）。标本M120：21，弧腹。口径16.6、底径6.2、高7.2厘米（图三一九，10）。

仓　2件。标本M120：13，泥质灰陶。子口，方唇，筒形腹，大平底。上承盖，母口，弧壁，平顶。肩部和下腹部饰有弦纹。口径14.4、底径16.5、高26厘米（图三一九，2；图版七七，2）。标本M120：16，破损严重。

甑　1件。标本M120：9，破损严重。

铜器　1件。

釜　1件。标本M120：4，锈蚀严重。

铁器　1件。

釜　1件。标本M120：7，锈蚀严重。

石器　1件。

石片　1件。标本M120：6。已残碎，具体形制、尺寸、用途不明，无法修复，似经打磨，应有一定用途。

七五、M127

（一）发掘地点

位于第三象限、T32419内，被M119打破。

（二）形制与结构

开口距地表深1.6米。长方形竖穴土坑墓，直壁，平底。残长2.36、宽2.26米，深0.8米。方向5°。墓室西南部有一圆形盗洞直至墓底（图三二〇）。

墓内填土为黄褐色花土，土质疏松且较黏，含有石块，碎陶片等。

葬具与人骨不详。

（三）随葬器物

盗扰破坏严重，无随葬品。

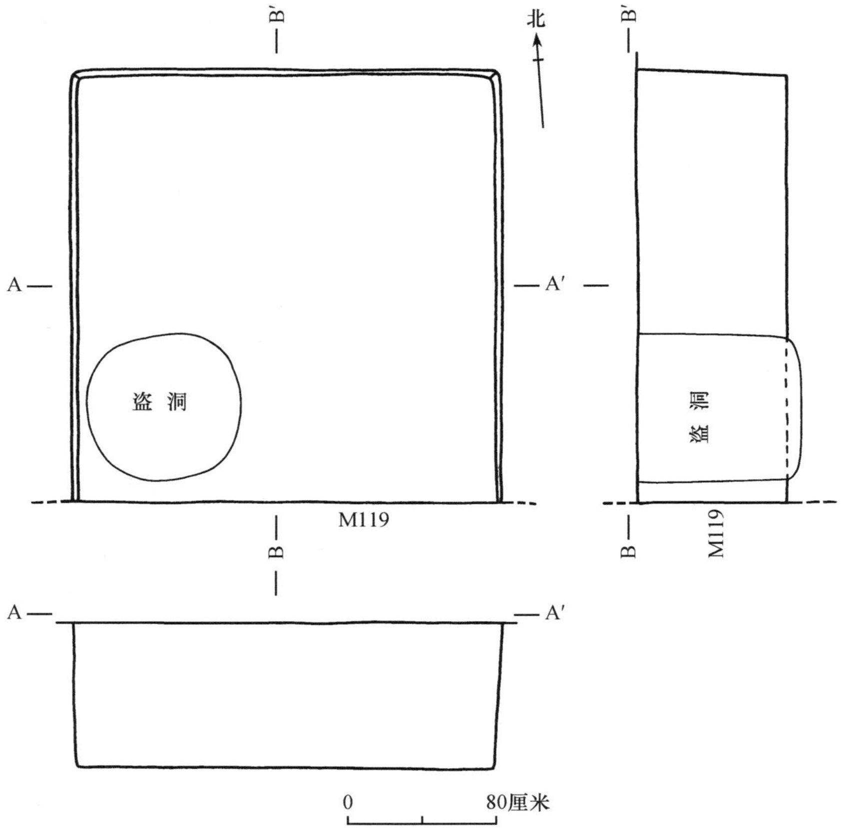

图三二〇　M127平、剖面图

七六、M131

（一）发掘地点

位于第二象限、T22312内，被M119打破。

（二）形制与结构

开口距地表深0.6米。长方形竖穴土坑墓，斜壁，平底。墓口长4.55、宽3.6米，墓底长3.2、宽2.36米，深2.8米。方向265°。墓室东南部有一圆形盗洞直至墓底（图三二一）。

墓内填土分为上、下两层，上层为灰褐色花土，下层为红褐色花土，含有料姜石颗粒等。

葬具与人骨不详。

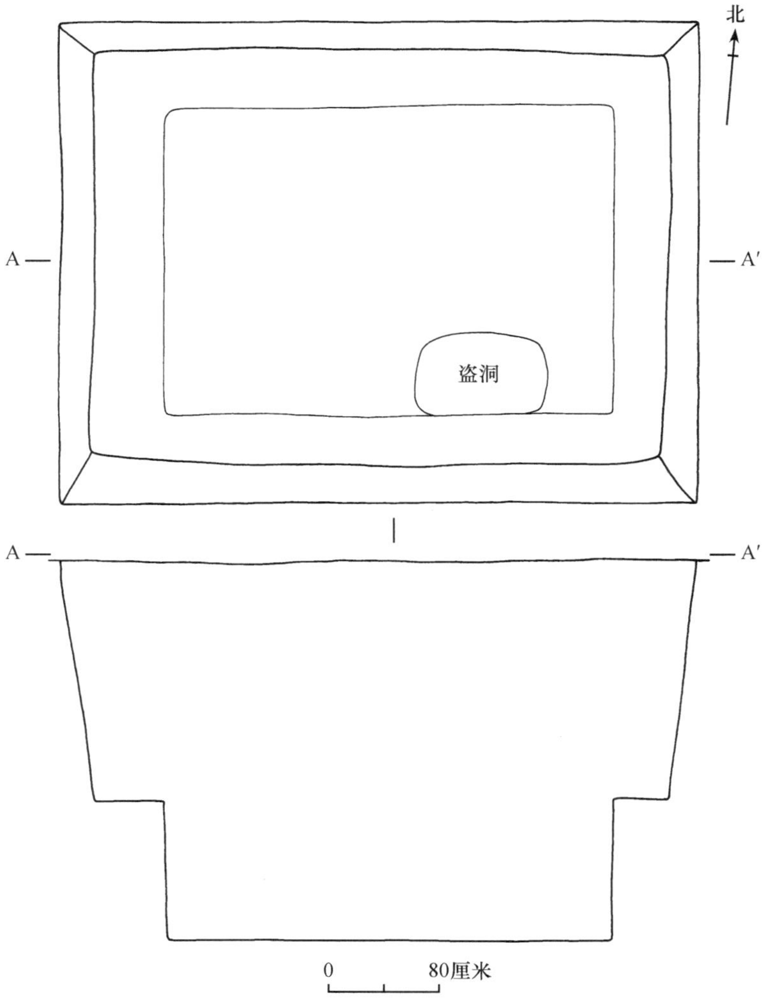

图三二一 M131平、剖面图

（三）随葬器物

盗扰破坏严重，无随葬品。

七七、M132

（一）发掘地点

位于第二象限、T22215内。

（二）形制与结构

开口距地表深1米。长方形墓道砖室墓，由墓道、甬道与墓室组成。方向177°（图三二二）。

墓道位于墓室南端，平面呈长方形，直壁，底呈斜坡，长1.2、宽0.6米，深0～0.58米。

甬道位于墓道北部，宽1.5、残高0.8、进深1.04米。东、西两壁为墓砖平铺砌成，底部未发现铺砖痕迹，残存八层。

墓室平面呈近方形，北部被民房占压。直壁，平底，顶部不详。墓室残长2.63、宽2.58米，深1.1～2米。四壁与墓底铺砖，均为平铺而成，墓砖为子母口。

墓内填土为红褐色五花土，土质疏松黏性大，含有料姜石、石块等。

葬具与人骨不详。

（三）随葬器物

随葬品放置于墓室南部，仅存3件，均为陶器，器型可辨为豆、盒。

豆　2件。泥质灰陶。敛口，尖唇，浅腹。标本M132：1，弧壁，圜底近平。口径14、残高6.4厘米（图三二三，1）。标本M132：2，弧折壁，圜底。器表饰有凸弦纹。口径14、残高9.8厘米（图三二三，3）。

盒　1件。标本M132：3，泥质灰陶。仅剩盒身，子口内敛，圆唇，弧壁，圜底，圈足。腹部上方饰有凹弦纹。口径14.6、底径9.8、高7.6厘米（图三二三，2）。

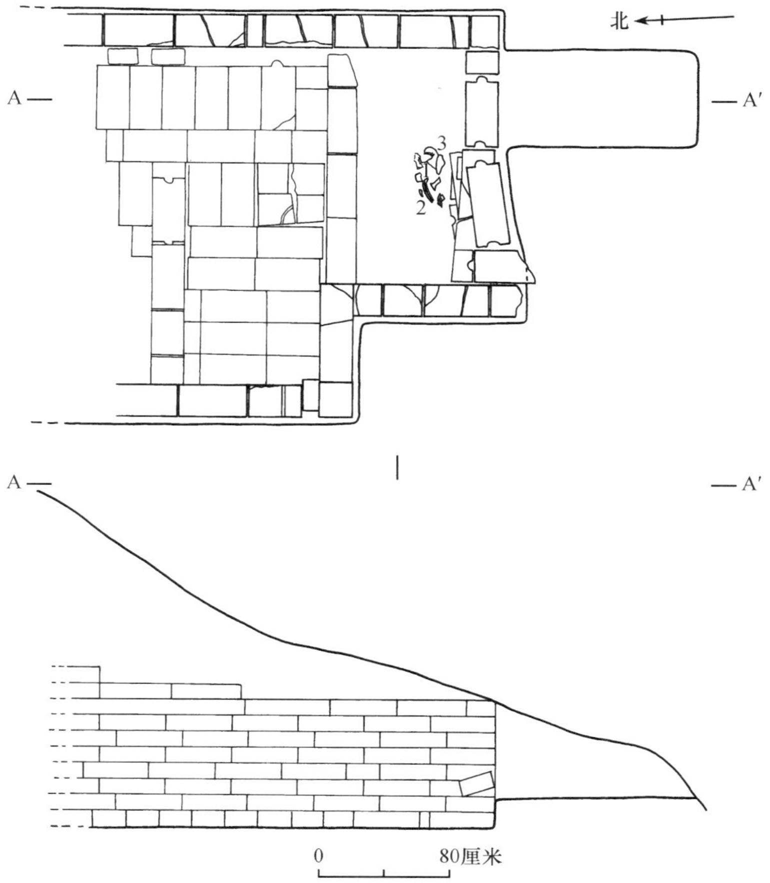

图三二二　M132平、剖面图

1、2. 陶豆　3. 陶盒

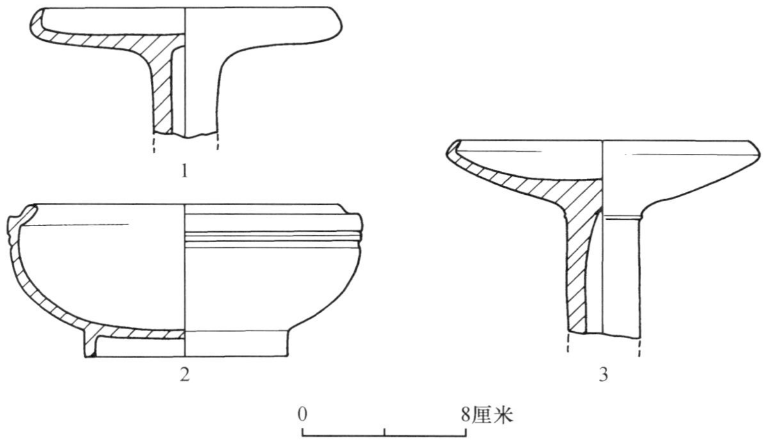

图三二三　M132出土陶器

1、3. 陶豆（M132：1、M132：2）　2. 陶盒（M132：3）

七八、M133

（一）发掘地点

位于第二象限、T22214内，被M119打破。

（二）形制与结构

开口距地表深0.6米。长方形竖穴土坑墓，直壁，平底。墓口长4、宽3.5米，墓底长3.8、宽3.3米，深3.2～3.8米。方向330°。墓室西南部有一圆形盗洞直至墓底（图三二四）。

墓内填土分为上、下两层，上层为灰褐色花土，下层为红褐色花土，含有料姜石颗粒等。

葬具与人骨不详。

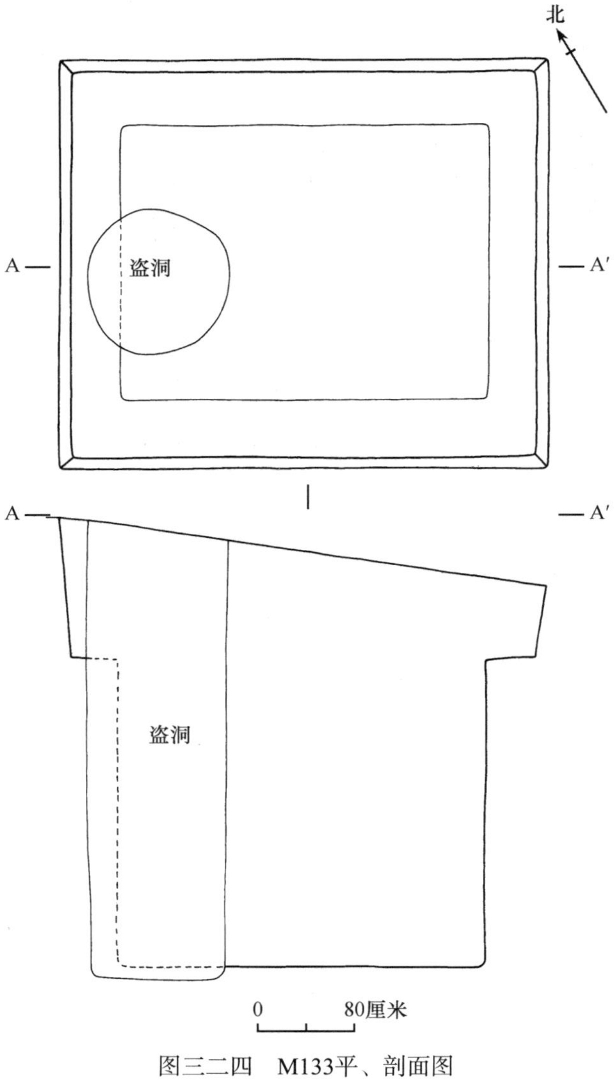

图三二四　M133平、剖面图

（三）随葬器物

因该墓被盗扰严重，随葬品很少，仅在盗洞内发现铜钱5枚。均为五铢。

第二节　墓葬形制结构

马沱墓地共清理汉代墓葬78座，根据平面形制的不同，可将墓葬分为竖穴土坑墓与带长方形墓道墓两类。

一、竖穴土坑墓

此类墓葬共发现52座，少量为土坑砖室墓，但被盗扰严重，也归为土坑墓。依据有无二层台可分为两型。

A型　4件。设置有二层台墓。

二层台为熟土二层台，应为当时在葬具放置完成后在葬具与墓壁之间的空隙内进行填土夯筑形成的土台。二层台宽0.2～0.6、高约0.6米。此类墓葬墓室面积整体较无二层台的墓葬墓室面积大，墓室长度为3～5、宽度为2～4米。最大者如M3与M24两座墓葬，前者墓口长4.85、宽4.05米，后者墓口长4.8、宽4.1米，墓室面积都在19.6平方米左右。此类墓葬墓内随葬品极为丰富，如M3随葬陶器、铜器、铁器等各类随葬器物58件，随葬陶器以鼎、盒、壶组合为主，铜器见有釜、钫、洗、盘等，出土有铜兵器。墓内填土经夯打。

B型　48座。无二层台墓。

此类墓葬数量较多，但其墓葬规模存在较大差别，最大者如M12，墓室面积为17.6平方米；最小者如M5，墓室面积仅1.3平方米。根据墓室规模的不同，随葬品组合、等级与数量差别也极为悬殊。如M12虽盗扰严重，仍出土了大量随葬品，包括釉陶器、陶器、铜器等，陶器以鼎、盒、壶组合为主，相比较M5内仅出土陶罐2件、漆器1件。从整体上看，此类墓葬墓室面积主要分布在3～5平方米之间，小于带二层台的墓葬。墓内随葬品多以日常生活陶器为主，釉陶器、铜器数量相对较少。此类墓葬中一些可能也存在二层台，但由于盗扰与后期破坏，目前已很难辨识。部分墓葬内出现陶俑随葬。

部分墓葬墓底有柱洞痕迹，这些柱洞将墓室内分割成不同的功能区域，结构较为清晰的为M22。M22墓室北壁和南北中间部分各有一排圆形柱洞，将墓室分割为南、北两个区域。柱洞共发现5个，排列情况如下：北壁自西北角向东等距离排列有3个柱洞，柱洞均位于墓室北壁外；中部自西向壁向东现存有2个柱洞，推测原应为一排3个柱洞，只因最东1个柱洞被盗洞破坏而无存。两排柱洞自然围成一个独立区域，其内发现有残余木灰痕，应为椁痕，长2～2.05、宽0.86～0.96米。除在北壁发现1件铁器外，未发现其他随葬器物。相反，在中间一排柱洞以南至南壁中间的区域，则发现有放置整齐的随葬陶器。根据柱洞排列及现场发掘情况判断墓室北部应为葬具放置区，南部为随葬器物区。

二、带长方形墓道墓

此类墓葬共发现26座，根据建造方式不同分为长方形墓道土坑墓与长方形墓道砖室墓两类。

A型　1座。长方形墓道土坑墓。

M2墓葬规模较大，由墓道与墓室两部分组成，墓室面积20平方米，墓内有二层台，葬具为一棺一椁。墓室内各类随葬品丰富，虽多次被盗，仍出土各类随葬品共计160件（套）、铜钱900余枚。铜器数量较多，随葬较多铜车马器。从目前发掘状况看，M2是汉代整个墓群内随葬品等级最高、最丰富的墓葬。

B型　25座。长方形墓道砖室墓。

平面呈刀形，主要由墓道、封门、甬道与墓室四部分组成，部分有前后室，形制较为统一。墓道为土坑竖穴式，多直壁、平底；封门呈拱形，多为砖砌；甬道与墓室四壁均为砖砌，顶部为拱形，但破坏严重，券顶结构不详。这些墓葬由于规模大、随葬品丰富，多被盗扰一空，部分被盗扰后仍残存大量随葬品，主要是以釉陶器、陶器为主，陶俑随葬较多出现。

第三节　墓葬分类、墓向与葬式

马沱墓地发现的汉代墓葬由于被破坏严重，葬具多不清晰，故无法根据葬具类别去进行墓葬分类。对于汉代墓葬分类主要根据随葬遗物的类别进行划分。

一、墓葬分类

按照随葬遗物类别的不同，本报告将汉代墓葬分为三类。

第一类：随葬以陶器为主，辅以铜器、铁器等。

28座。其中长方形竖穴土坑墓20座、带墓道墓葬8座。此类墓葬规模普遍较大，墓室面积多在5～10平方米。部分虽经严重盗扰，仍保留较多随葬品，随葬品等级也较高。陶器器类与第二类墓葬区别不大，最大区别在于随葬铜器。铜器包括铜礼器、兵器、车马器等，铜礼器主要以洗、鍪、釜为主，兵器以戈、矛为主，部分墓内随葬有少量青铜车马器配件，应具有车马随葬含义。

第二类：仅随葬陶器。

31座。其中长方形竖穴土坑墓21座、带墓道墓葬10座。此类墓葬除个别外，整体规模略小于第一类墓葬，墓室规模差别较大。随葬陶器组合与第一类基本一致，陶器组合以鼎、盒、壶三类为核心，辅以釜、灶、盆、罐等。

第三类：无随葬品。

19座。此类墓葬均被盗扰，部分墓葬内残留少量铜钱。根据峡江地区汉代墓葬随葬状况来看，这些墓葬最初埋葬时应均有随葬品。但由于盗扰严重，随葬品组合、数量均不详。

二、墓　　向

竖穴土坑墓的方向主要是依据墓主头向进行判定，部分墓葬墓主头向不确定，则根据墓葬随葬品摆放、葬具等信息综合考虑再进行判定。长方形墓道砖室墓则是根据墓道的方向去判断墓向。本报告中对每座墓葬的方向均进行记录，把0°~360°每隔90°分为一个区间。

A区间：0°~90°；

B区间：91°~180°；

C区间：181°~270°；

D区间：271°~360°。

以此为统计，详见表三、表四。

表三　竖穴土坑墓墓葬方向统计表

墓葬类型＼方向区间	A	B	C	D	合计
随葬陶、铜	9	6	4	1	20
仅随葬陶	9	7	3	2	21
无随葬	4	2	2	3	11
合计	22	15	9	6	52
百分比	42.31	28.85	17.31	11.53	100

表三数据显示，马沱墓地汉代竖穴土坑墓的方向主要集中在A、B两个区间，两者可占总体的71.16%。其次为C区间，其占总体的17.31%。表明该批竖穴土坑墓整体墓向多为偏北。

表四　带墓道墓葬方向统计表

墓葬类型＼方向区间	A	B	C	D	合计
随葬陶、铜	1	5	2	0	8
仅随葬陶	1	4	5	0	10
无随葬	3	3	1	1	8
合计	5	12	8	1	26
百分比	19.23	46.15	30.8	3.82	100

表四数据显示，马沱墓地带墓道墓葬的方向主要集中在B、C两个区间，两者可占总体的76.95%。其次为A区间，其占总体的19.23%。表明该批带墓道墓葬整体墓向多为偏西偏南。

从整体上看，竖穴土坑墓与带墓道墓的墓向存在较大的区别，前者多偏北，后者多偏西南，表明其可能属于两个不同的族群。

三、葬　　式

由于埋藏环境与盗扰原因，墓葬内人骨多保存较差，能够辨明葬式的仅15座，葬式均为仰身直肢，头向可分为东、南、北三类。头向的不同与墓葬形制关系较大。头向东的9座，其中8座为长方形竖穴土坑墓，仅1座墓葬形制为长方形墓道土坑墓。其余头向的墓葬形制则以砖室墓为主。这种仰身直肢葬与该墓地内东周墓葬的葬式基本一致，应是延续着东周时期的葬俗发展而来。

第四节　陶器组合与典型器物型式划分

云阳马沱墓地汉代墓葬出土各类遗物1700余件，类别包括釉陶、陶、铜、石、琉璃等。陶器数量最多，约1100件，约占总数的66%；其次为釉陶器，约300件，约占总数的17%。铜器约260件，其中棺饰约110件。其他器类主要为容器、兵器、车马器等，容器以洗、釜、钫、壶为主，兵器器类有矛、戈、剑三类。琉璃器为耳珰。

一、陶器组合

由于这批墓葬内随葬陶器数量较多，其组合具有较强的代表性，故对此类器物的组合形式进行分析（表五）。共57座墓葬内出土陶容器，器类有鼎、盒、壶、仓、罐、盆、釜、甑、钵等。随葬陶礼器组合以鼎、盒、壶为核心，辅以仓、釜、灶、罐、甑等日用生活器物，釜与甑搭配组合出现较多，这种器物组合形式是汉代墓葬随葬品的典型特征，也是峡江地区汉墓最为常见的器物组合形式。经统计，随葬以鼎、盒、壶组合为核心的墓葬有21座，占比36.84%。另有一些墓葬仅随葬三类器物中的一到两类，可能是受盗扰影响而形成的，此类墓葬有11座，加上完整组合的21座，随葬上述器类的墓葬占比56.14%。

整体来看，这批汉代墓葬随葬陶器以出现的时间顺序可分为以下四个组合：

甲组：鼎、盒、壶、罐、豆、钵、釜、甑；

乙组：仓、灯、匏勺；

丙组：釉陶鼎、盒、壶、釜、灶、盂、卮、博山炉；

丁组：釉陶耳杯；陶俑。

表五　马沱墓地汉代墓葬随葬陶器组合统计表

鼎	盒	壶	釜	甑	仓	罐	盆	钵	豆	勺	合计
★	★	★	★	★	★	★	★	★	★	★	5
★	★	★	★	★	★	★	★	★			2
★	★	★		★	★	★		★	★		1
★	★	★	★	★		★	★	★	★	★	1
★	★	★				★			★	★	2
★	★	★							★	★	4
★	★	★		★		★		★	★	★	1
★	★	★				★	★				1
★	★	★				★		★		★	1
★		★	★	★	★	★	★	★	★		1
★	★	★	★	★			★			★	1
★		★								★	1
★	★	★			★	★	★				1
★	★	★	★	★	★				★	★	1
★	★		★	★		★		★	★	★	1
★		★									1
		★	★	★		★					1
				★	★	★	★	★			3
		★	★	★	★		★	★		★	1
			★	★	★	★	★	★			1
					★	★		★	★		1
					★	★		★			1
			★	★	★	★		★			1
		★				★					1
	★	★	★	★	★	★	★	★			1
			★	★	★	★		★		★	2
	★	★	★	★		★			★		1
				★	★	★		★			1
			★	★		★		★			1
				★	★	★	★	★	★		1
		★	★	★	★	★			★		1
	★	★		★	★	★	★	★	★		1
						★			★		1
					★	★					1
					★						2
						★					6
							★		★		1
									★		1
								★		★	1

二、典型器物型式划分

马沱墓地内汉代墓葬出土器类较多，主体随葬品材质为陶器与釉陶器两类，其余器类较少且不具有型式划分意义。故本节针对陶器与釉陶器进行型式分析研究。

（一）陶器

汉墓出土陶器共约1100件，其中250余件由于盗扰及埋藏环境影响，仅可辨器型，无法进行分型分式。以下按照器型对保存较好、器类较多、具有型式划分意义的器物进行型式分析研究。

1. 鼎

共55件，可辨完整器有42件。根据整体形制不同可分为三型。

A型　13件。垂腹，器底近平。根据腹部变化可分为三式。

Ⅰ式：3件。斜弧腹，器身略扁。

标本M7∶15，泥质灰陶。器身为子母口，扁方腹，凸圜底，三蹄足微外侈，方耳外撇。盖为母口，弧顶，顶部三兽形纽。腹部耳下饰凸弦纹一周。口径15、高13.4厘米（图三二五，1）。

Ⅱ式：7件。腹略深，下腹内折。

标本M32∶27，泥质灰陶。子母口，圆唇，口上承盖，圜底，两耳外撇较甚，三蹄足瘦高并直立。盖为弧顶，上有三圆方形乳状纽。耳下腹部饰凸弦纹一周，口径16.5、高17厘米（图

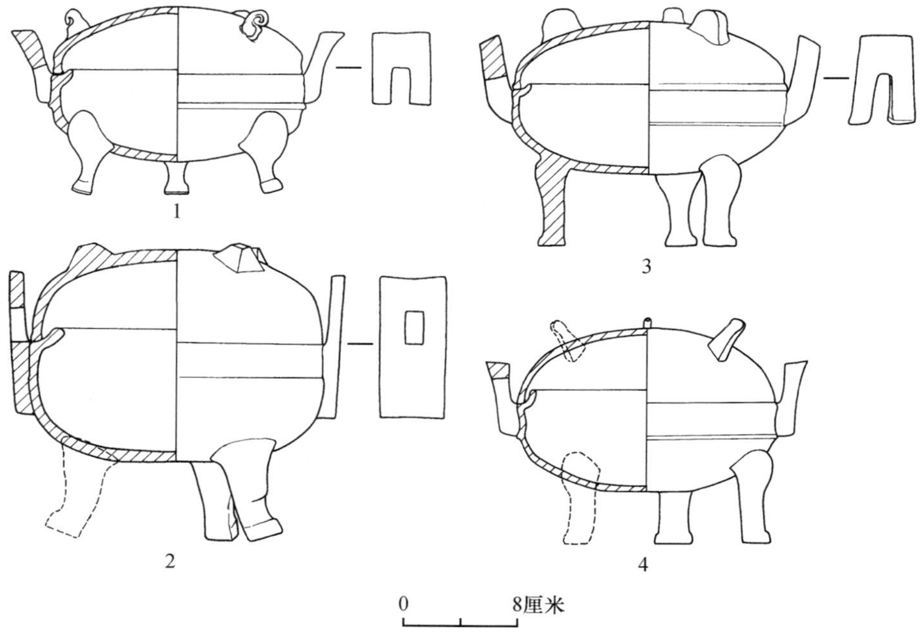

图三二五　A型陶鼎

1. Ⅰ式（M7∶15）　2. Ⅲ式（M72∶47）　3、4. Ⅱ式（M32∶27、M103∶8）

三二五，3）。标本M103：8，泥质灰陶。子口，圆唇，扁圆鼓腹，圜底，下接稍外撇三蹄形足。上腹部外接稍外撇两方形耳。上承盖，圆弧顶，盖上均匀饰有三侧扁器纽。口径16、高16厘米（图三二五，4）。

Ⅲ式：3件。腹较深，腹部略鼓。

标本M72：47，泥质灰陶。子母口内敛，方唇，弧腹，圜底近平，下接三蹄形足，细长外撇。腹部两侧对称贴附两个扁方耳，耳上部有长条形孔。盖为弧顶，顶部有三个方形纽。口径16.5、高21厘米（图三二五，2）。

B型　23件。球型腹，圜底。根据整体形制不同可分为二亚型。

Ba型　4件。鼎足较高且外撇较甚。根据鼎足变化可分为二式。

Ⅰ式：2件。鼎耳较短，鼎足略矮。

标本M81：33，泥质灰陶。子口，圆唇，弧壁，圜底，下接稍外撇三肥硕蹄状足。口沿处贴附对称稍外撇方耳，耳正面有近方形孔。口上承盖，母口，圆唇，弧顶，顶上均匀饰有三纽。口径17、高17厘米（图三二六，1）。

Ⅱ式：2件。鼎耳较长，鼎足外撇角度大。

标本M2：9，泥质灰陶。子母口，方唇，圆腹，圜底，下接蹄足，足端外撇较甚。盖为母口，弧顶近平，上附三个对称乳状纽。腹部贴附两对称扁方U形耳，耳斜直外侈。腹部多饰有凸弦纹一道。口径18.6、高23厘米（图三二六，2）。

Bb型　19件。鼎足略短，外撇角度较小。根据器身与鼎足变化可分为四式。

Ⅰ式：3件。器身略扁，三足外撇。

标本M32：9，泥质灰陶。子母口，圆唇，口上承盖，圜底，三蹄足，方耳方孔，斜直略外撇。盖为弧顶，上有三圆方形乳状纽。耳下腹部饰凸弦纹一周。口径17.2、高16.9厘米（图三二六，3）。

Ⅱ式：1件。腹较深，三足外撇角度变小。

标本M81：21，泥质灰陶。子口，圆唇，弧壁，圜底，下接稍外撇三肥硕蹄状足，口沿处贴附对称稍外撇方耳，耳正面有近方形孔。口上承盖，母口，圆唇，弧顶，顶上均匀饰有三纽。器盖表面有若干周宽弦纹。口径17、高19厘米（图三二六，4）。

Ⅲ式：12件。深腹，三足较直。

标本M3：49，泥质灰陶。子母口，方唇，弧腹，圜底，腹底接三蹄状足，长方形附耳，近直微侈。弧顶盖，顶部饰三个乳状纽。耳下腹部饰凸弦纹一周。器物通体白衣彩绘，图案不辨。口径18、高20.8厘米（图三二六，5）。标本M52：24，泥质灰陶。子母口，弧腹，圜底，三蹄足，两侧附对称长方耳外侈。口上承盖，弧顶，顶部有三圆形乳状纽。中腹及盖壁多饰凸弦纹或凹弦纹。盖及腹中部以红、黑色绘斜向三角形图案。口径19、高22厘米。

Ⅳ式：3件。腹更深，鼎足上部至器身下腹部，三足略内收。

标本M24：12，泥质灰陶。子母口，方唇，圆腹，圜底，矮蹄足，厚方耳微外撇。盖弧顶，上有三方形乳凸。口径17.2、高22.3厘米（图三二六，6）。

C型　6件。耳部外撇，三足靠拢较近。根据腹部不同可分为二式。

Ⅰ式：4件。器身略扁，鼓腹。

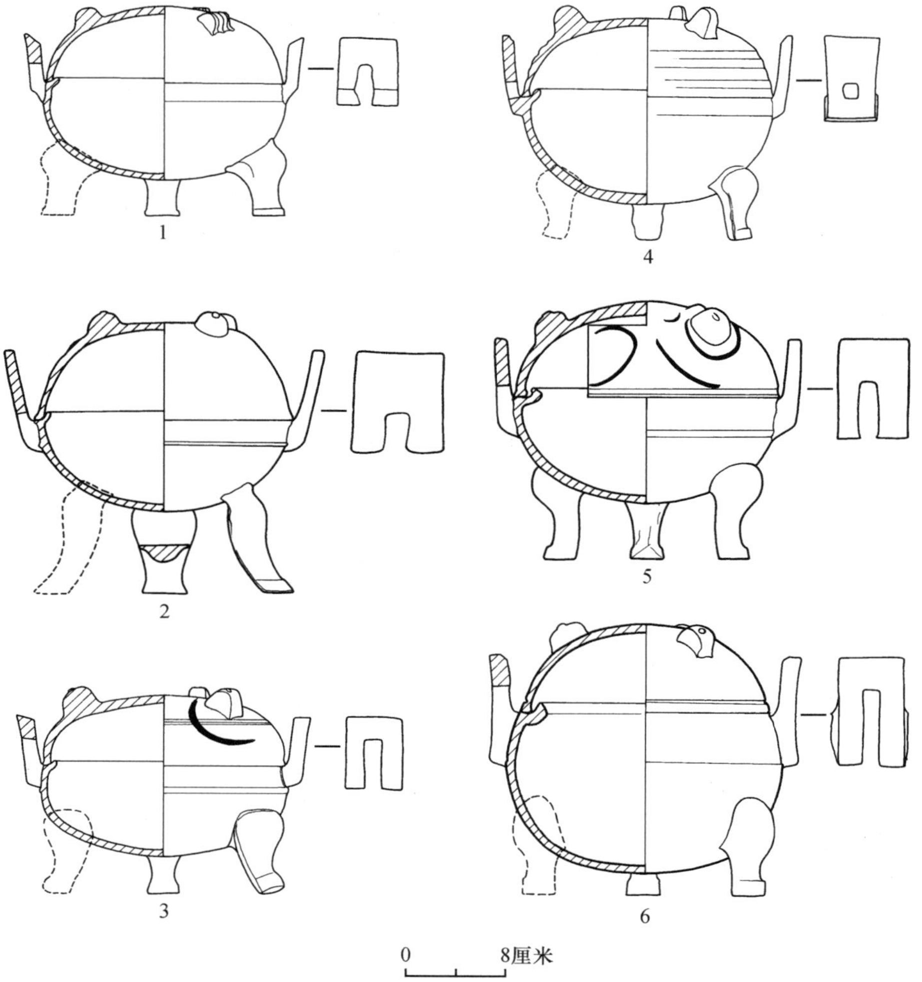

图三二六　B型陶鼎

1. Ba型Ⅰ式（M81：33）　2. Ba型Ⅱ式（M2：9）　3. Bb型Ⅰ式（M32：9）　4. Bb型Ⅱ式（M81：21）　5. Bb型Ⅲ式（M3：49）　6. Bb型Ⅳ式（M24：12）

标本M3：12，敛口，圆唇，折腹，上腹斜直，下腹弧收，圜底。近腹底下接三蹄足；弧顶盖，顶部接倒圈足形捉手，外附三乳状纽。器表盖及腹部遍饰白色陶衣，红色彩绘，图案已不辨；耳下腹部饰凸弦纹，并经色彩描绘；耳部所绘图案隐约可辨似为兽面形。口径20、高25厘米（图三二七，1）。

Ⅱ式　2件。弧腹，腹较深。

标本M38：57，泥质红陶，含砂量大。子母口，弧腹，蹄形足，平底。腹部饰凹弦纹一周。口径17.5、底径6.2、高13.8厘米（图三二七，2）。

2. 盒

共52件，可辨完整器有40件。根据整体形制不同可分为三型。

A型　33件。弧腹。根据整体形制变化可分为四式。

Ⅰ式：12件。腹部略外鼓，体高与盖高基本相同。

标本M7：22，泥质灰陶。扁方形腹，子母口。喇叭形圈足、捉手。器表多饰有白衣。盖

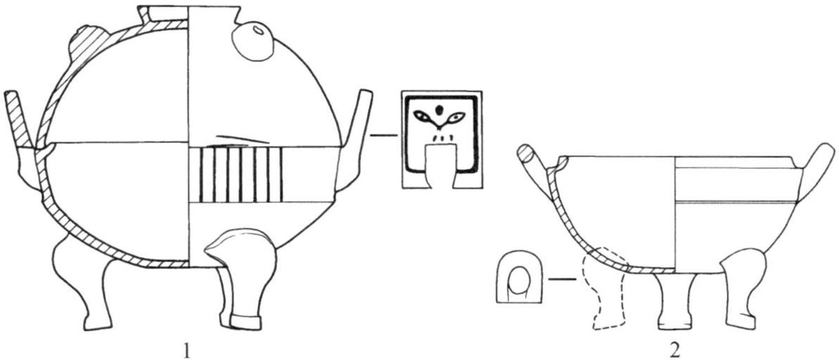

图三二七　C型陶鼎
1. Ⅰ式（M3：12）　2. Ⅱ式（M38：57）

及腹部均饰多道凹弦纹。口径15、足径10、高12.8厘米（图三二八，1）。标本M32：23，泥质灰陶。子母口，圆唇，腹壁弧折，圜底，喇叭形低矮圈足。盒盖形制与盒腹基本相同，唯口部形态为母口，方唇。器表在近口部器壁及弧折腹处多饰有凹弦纹，器表多施白底红色彩绘，图案因脱落大多不辨。口径17、底径8.4、高14.2厘米（图三二八，2）。

Ⅱ式：7件。弧腹外鼓程度较Ⅰ式小，体高略大于盖高。

标本M81：26，泥质灰陶。器物整体呈扁球体，器盖形制与器腹相近，唯口部形态为母口。敞口，圆唇，弧腹，圜底，矮圈足。口径16.5、底径9、高16.5厘米（图三二八，4）。

Ⅲ式：12件。整体较高，器身较长，体高大于盖高。

标本M2：67，泥质黑皮陶。子母口，方唇，深弧腹，圜底，喇叭形圈足，器盖与器腹形态基本相同，整体器形饱满。口径17、足径8.2、高21厘米（图三二八，3）。标本M3：29，泥质灰陶。子母口扣合，折肩折腹，直壁深腹，盖、腹基本等高。腹部平底接极矮圈足，盖平顶接圈足形捉手。器表施白衣红黑彩绘图案，器表饰凹弦纹数周。口径17、足径7.7、高19.7厘米（图三二八，5）。

Ⅳ式：2件。斜弧腹，器盖略呈盘状，体高大于器高。

标本M74：42，泥质灰陶。子母口，圆唇，弧腹，圜底，矮圈足。腹壁饰二道凹弦纹。器盖形制与器腹相近。口径17.2、底径7.8、高13.6厘米（图三二八，6）。

B型　6件。折腹。

标本M3：39，泥质灰陶。子母口扣合，折肩折腹，直壁深腹，盖、腹基本等高。腹部平底接极矮圈足，盖平顶接圈足形捉手。器表施白衣红黑彩绘图案，器表饰凹弦纹数周。口径16.5、足径10.5、高17.5厘米（图三二八，7）。标本M72：14，泥质灰陶。子母口，盖及腹部均弧折，通体呈扁方六边形，圜底或圜底近平。底部矮圈足，顶部圆形捉手。盖及腹部均饰有凹弦纹数周，个别器表有彩绘图案，脱落较甚。口径16.6、底径11.2、高15.4厘米（图三二八，8）。

C型　1件。底部饰三足。

标本M94：26，泥质红陶。子口内敛，折肩，弧腹，圜底。底部有三足。器身饰弦纹。口径12、高7.2厘米（图三二八，9）。

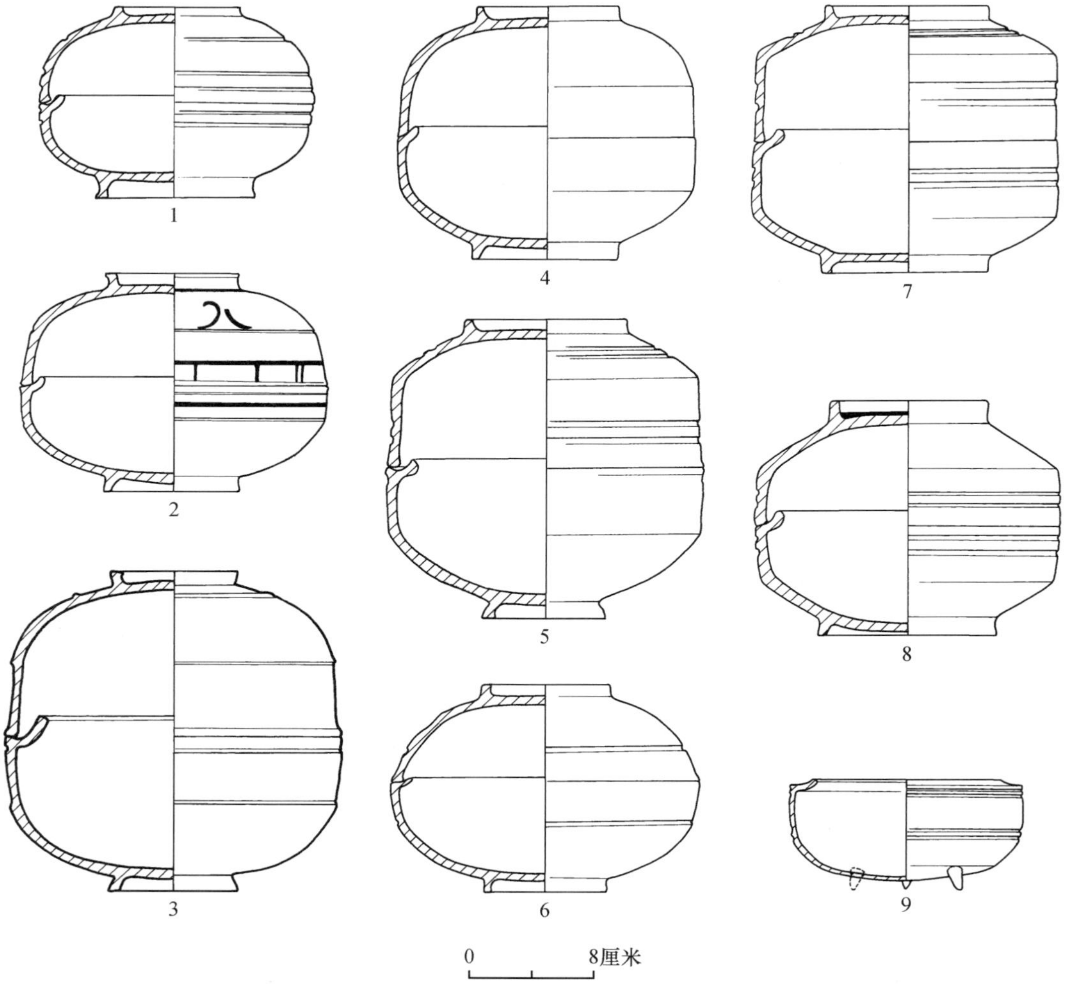

图三二八　陶盒

1、2. A型Ⅰ式（M7∶22、M32∶23）　3、5. A型Ⅲ式（M2∶67、M3∶29）　4. A型Ⅱ式（M81∶26）　6. A型Ⅳ式（M74∶42）　7、8. B型（M3∶39、M72∶14）　9. C型（M94∶26）

3. 壶

共72件，可辨完整器有46件。根据整体形制不同可分为四型。

A型　6件。平底。根据腹部不同可分为二亚型。

Aa型　3件。腹部较窄。根据口部与腹部变化可分为三式。

Ⅰ式：1件。直口，腹部外鼓，最大腹径在肩部。

标本M32∶6，泥质灰陶。方唇，束颈，溜肩，下腹斜收，平底。盖为母口，弧顶。肩部有两对称泥条圆环，贴附于肩部。盖顶部有三个S形纽。纽为泥条捏制，下部为锥状，插入盖顶部预先镂出的三个圆孔内。器肩部饰有凹弦纹数周。口径18.4、底径10.5、高18.4厘米（图三二九，1）。

Ⅱ式：1件。口部略外侈，束颈，最大腹径在腹中部。

标本M32∶20，泥质灰陶。溜肩，下腹斜收，平底。盖为母口，弧顶。口径10.2、底径8.4、高15厘米（图三二九，2）。

Ⅲ式：1件。口部外侈，束颈，腹部较扁。

标本M24∶15，泥质灰陶。盘形口，弧肩。肩部对称二衔环。盖为子母口，弧顶，顶部有方形乳状纽。口径13、底径14、高22.5厘米（图三二九，3）。

Ab型　3件。腹部较宽，器身略扁。根据口部与颈的变化可分为二式。

Ⅰ式：1件。直口。

标本M32∶12，泥质灰陶。方唇，束颈，溜肩，下腹斜收，平底。盖为母口，弧顶。口径8.2、底径11.5、高18.6厘米（图三二九，4）。

Ⅱ式：2件。口部外侈，束颈。

标本M81∶29，泥质灰陶。微盘形口，鼓腹，平底。口径10.5、底径8、高14.4厘米（图三二九，5）。

B型　37件。底部带圈足。根据形制不同可分为三亚型。

Ba型　8件。圈足较高。根据肩与腹部变化可分为三式。

Ⅰ式：1件。溜肩。

标本M110∶9，泥质灰陶。敞口，方唇，弧颈，溜肩，圆鼓腹，平底，高圈足。肩部饰对称衔环，器表饰有数道弦纹。上承盖，子口，弧顶，顶部周围均匀饰有三器纽。口径6.9、底径10、高22.5厘米（图三二九，6）。

Ⅱ式：4件。肩部外鼓。

标本M40∶5，泥质灰陶。微盘口，方唇，弧束颈，圆腹，圜底，喇叭形高圈足。肩部饰铺首衔环。盖为子母口，圆方唇，弧顶，顶部三个乳状尖纽。肩及腹部饰凹弦纹数周，器表原

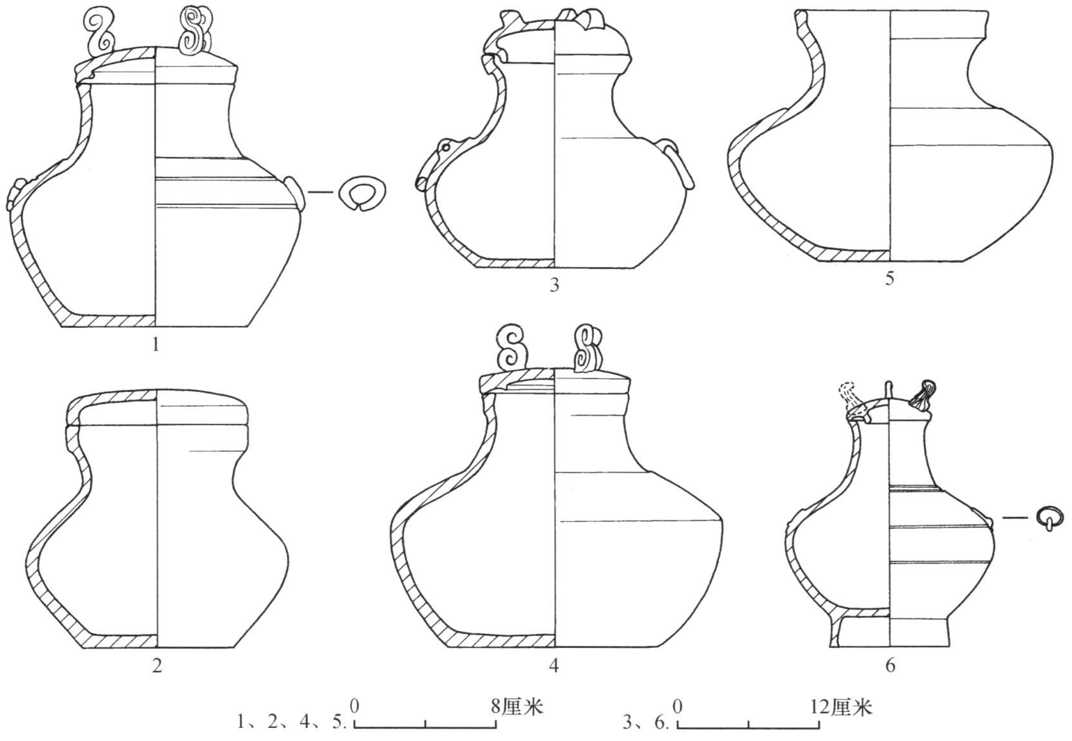

图三二九　A型和B型陶壶

1. Aa型Ⅰ式（M32∶6）　2. Aa型Ⅱ式（M32∶20）　3. Aa型Ⅲ式（M24∶15）　4. Ab型Ⅰ式（M32∶12）　5. Ab型Ⅱ式（M81∶29）　6. Ba型Ⅰ式（M110∶9）

施有彩绘。口径14.5、底径17.5、高39.3厘米（图三三〇，1）。

Ⅲ式：3件。肩部外鼓，腹部略下垂。

标本M38：52，泥质红陶。盘口，方唇，长束颈，扁圆腹，圜底，圈足。肩部对称二铺首衔环。器表肩、腹、足部多饰凹弦纹。口上有盖，盖为子母口，方唇，直壁，弧顶，顶部有三尖状纽。口径13.5、底径15.6、高35.7厘米（图三三〇，2）。

Bb型　14件。肩部外鼓。根据口部与肩部变化可分为三式。

Ⅰ式：6件。侈口微卷，肩与腹交接处明显。

标本M117：10，泥质灰陶。母口，方唇，弧颈，溜肩，弧腹，近平底，圈足。肩部饰对称衔环，颈部和肩部饰两周凹弦纹。上承盖，子口，圆唇，弧顶。口径7.8、底径9.1、高18.1厘米（图三三〇，3）。

Ⅱ式：5件。盘口较直，肩与腹交接处不明显。

标本M2：10，泥质红陶。盘口，束颈，方唇，溜肩，鼓腹，矮圈足。盖底平，其上有三孔，应插放有纽。肩部对称贴附铺首衔环；肩、腹部饰凹弦纹数周。口径16.5、底径19.2、高41.5厘米（图三三〇，4）。

Ⅲ式：3件。盘口外侈，腹部较圆。

标本M72：28，泥质灰陶。长颈，圆肩，平底，矮圈足。中腹部对称铺首衔环。盖为弧顶，顶部有穿孔。肩、腹部饰凹弦纹数周。口径14.8、底径17.3、高38厘米（图三三一，1）。

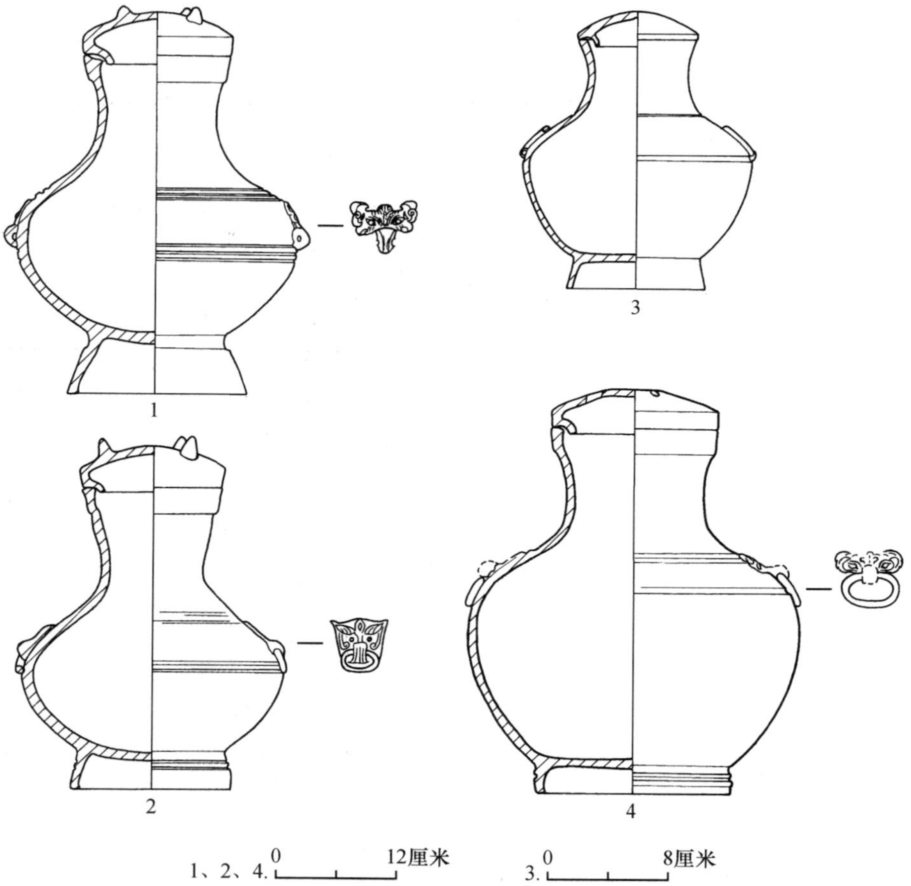

图三三〇　B型陶壶（一）

1. Ba型Ⅱ式（M40：5）　2. Ba型Ⅲ式（M38：52）　3. Bb型Ⅰ式（M117：10）　4. Bb型Ⅱ式（M2：10）

Bc型　15件。球型腹。根据腹部变化可分为三式。

Ⅰ式：5件。腹部略呈茧形。

标本M81：3，泥质灰陶。微盘形口，弧颈，扁圆鼓腹，平底。腹部饰对称两个桥形器鋬，器鋬上有两道凹槽，肩部饰有三周凹弦纹。口径10.5、底径13.5、高18厘米（图三三一，2）。

Ⅱ式：7件。腹部外鼓。

标本M3：43，盘口外侈，束颈，鼓肩，扁圆腹，圜底，圈足。泥条贴饰铺首衔环。肩腹部饰凹弦纹数周，足部饰凸弦纹两周。口径14.7、足径22、高30.6厘米（图三三一，3）。

Ⅲ式：3件。腹部较圆弧。

标本M55：4，泥质灰陶。盘口，矮束颈，鼓肩，弧腹，平底，矮圈足。高弧顶盖，盖顶有角形三纽。器物表面原似有白衣朱绘，肩、腹部饰凹弦纹。口径12.3、底径13.2、高24.5厘米（图三三一，4）。

C型　2件。颈部较长。

标本M4：1，泥质黑皮陶，红褐色胎质。侈口，长弧颈微束，溜肩，鼓腹，平底，喇叭形矮圈足。肩部对称贴附两个圆环耳。器表施有白色陶衣，肩部饰凹弦纹2~3周。口径11.2、底径10.2、高21.7厘米（图三三二，2）。

D型　1件。三足壶。

标本M110：2，泥质灰陶。敞口，方唇，弧颈，溜肩，圆鼓腹，圜底，下接三倒圆锥状足。肩部饰双系，且系上饰凹弦纹。口径12.4、高15.6厘米（图三三二，1）。

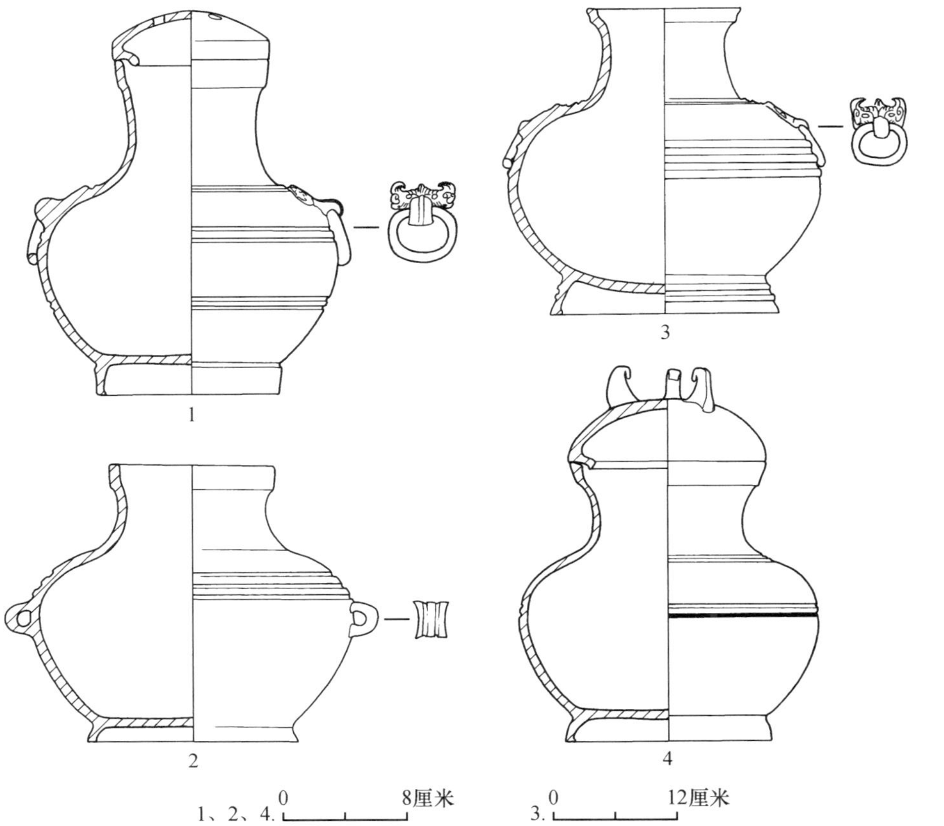

图三三一　B型陶壶（二）

1. Bb型Ⅲ式（M72：28）　2. Bc型Ⅰ式（M81：3）　3. Bc型Ⅱ式（M3：43）　4. Bc型Ⅲ式（M55：4）

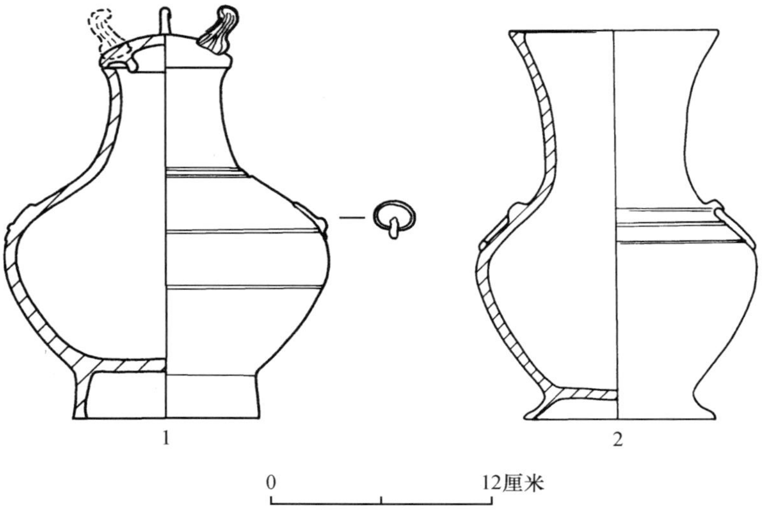

图三三二　C型和D型陶壶
1. D型（M110：12）　2. C型（M4：1）

4. 釜

共55件，可辨完整器有47件。根据整体形制不同可分为四型。

A型　21件。领部较高。根据形制不同可分为三亚型。

Aa型　12件。腹部外鼓。根据器型变化可分为四式。

Ⅰ式：1件。领较矮，弧肩。

标本M32：31，泥质灰陶。直口，矮领，溜肩，扁腹，平底。肩部有对称三角形泥环。中腹部有凸弦纹一周。口径11、底径8、高11.2厘米（图三三三，1）。

Ⅱ式：1件。领较高，斜肩。

标本M81：30，泥质灰陶。敞口，弧颈，弧腹。平底。肩部饰凹弦纹两周。口径10.7、底径6.5、高9.7厘米（图三三三，2）。

Ⅲ式：9件。领较Ⅱ式高，器身略扁，大平底。

标本M3：47，夹细砂灰陶。近直口，短颈，扁圆鼓腹，平底。贴饰捏制横耳圆环。肩腹部饰凹弦纹数周。口径13、底径13.5、高13厘米（图三三三，3）。

Ⅳ式：1件。圆鼓腹，大平底。

标本M94：11，泥质红陶。敞口，直颈，圆鼓腹，腹中部有对称二鋬，平底。素面。口径12.6、底径10.9、高13.2厘米（图三三三，5）。

Ab型　8件。折肩。根据器型变化可分为四式。

Ⅰ式：2件。领较矮，斜弧腹，圜底。

标本M100：13，泥质灰陶。敛口，内斜方唇，内斜直颈，溜肩，圆鼓腹，圜底。器表中部饰有弦纹。口径10.8、高9.1厘米（图三三三，4）。

Ⅱ式：2件。领增高，弧腹。

标本M81：28，泥质灰陶。敞口，弧颈，溜肩，平底。肩部饰对称二圆锥形器鋬。口径9、底径9.5、高9.3厘米（图三三三，6）。

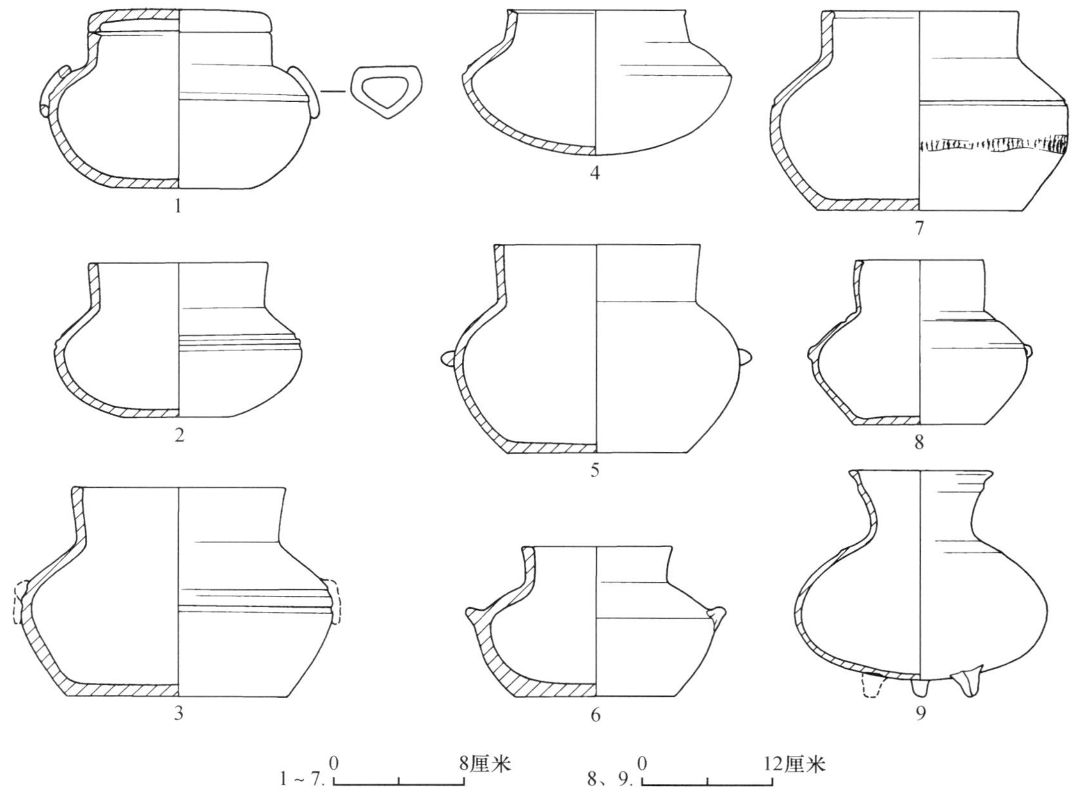

图三三三　A型陶釜

1. Aa型Ⅰ式（M32：31）　2. Aa型Ⅱ式（M81：30）　3. Aa型Ⅲ式（M3：47）　4. Ab型Ⅰ式（M100：13）　5. Aa型Ⅳ式（M94：11）　6. Ab型Ⅱ式（M81：28）　7. Ab型Ⅲ式（M2：117）　8. Ab型Ⅳ式（M91：58）　9. Ac型（M109：11）

Ⅲ式：3件。领较Ⅱ式高，器身略扁。

标本M2：117，夹砂灰陶。直领，方唇，折肩，平底。肩腹相交处饰凹弦纹一周，下腹部有绳纹被擦抹痕迹。口径12、底径12.4、高12.5厘米（图三三三，7）。

Ⅳ式：1件。领更高，斜腹。

标本M91：58，泥质灰陶。直口微敛，方唇，平底。腹中部有对称二鋬。口径10.2、底径12.1、高15.7厘米（图三三三，8）。

Ac型　1件。三足高领壶。

标本M109：11，泥质灰陶，外施红彩。敞口，圆唇，弧颈，溜肩，扁圆鼓腹，圜底，底部接三乳状足。口径13.6、高21.5厘米（图三三三，9）。

B型　7件。束颈鼓腹。根据颈部不同可分为二亚型。

Ba型　5件。侈口，长颈。根据器型变化可分为三式。

Ⅰ式：2件。腹部较扁。

标本M81：7，泥质灰陶。卷沿，圆唇，圜底。腹、底饰粗绳纹。底部有烟炱痕。口径13、高14厘米（图三三四，1）。

Ⅱ式：2件。颈较长，圆腹。

标本M3：56，夹砂灰陶。侈口，深腹外鼓，圜底。下腹部饰粗绳纹。口径12.3、高15.5厘米（图三三四，2）。

Ⅲ式：1件。颈部内收，折腹。

标本M74：47，夹砂褐陶。敞口，卷沿，圆唇，溜肩，弧腹，圜底。中腹部以下饰绳纹。底有烟炱痕。口径14.5、高16厘米（图三三四，4）。

Bb型　2件。颈较短。

标本M38：30，夹细砂红陶。侈口，方唇，束颈，扁圆形弧腹，圜底。素面。口径16、高7.5厘米（图三三四，3）。

C型　17件。形体较小。根据形制不同可分为四亚型。

Ca型　6件。敛口折肩。根据肩部外鼓弧度变化可分为三式。

Ⅰ式：1件。肩部外鼓弧度较小。

标本M50：106，泥质红陶。敛口，厚圆唇，斜直腹，平底。素面。口径7、底径5.3、高5厘米（图三三四，5）。

Ⅱ式：4件。肩部外鼓弧度较Ⅰ式大。

标本M38：61，泥质红陶。敛口，圆方唇，扁折腹，平底。素面。口径6.5、底径5、高4.4

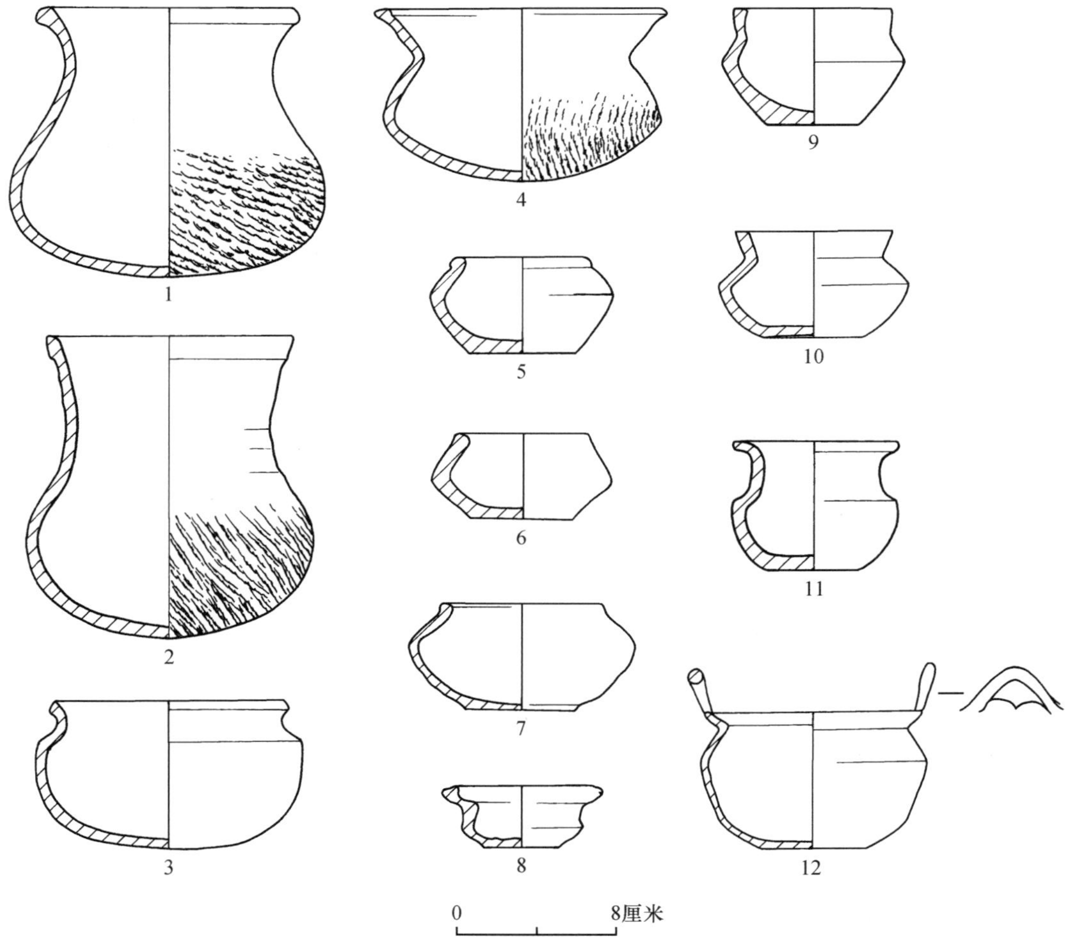

图三三四　B型、C型和D型陶釜

1. Ba型Ⅰ式（M81：7）　2. Ba型Ⅱ式（M3：56）　3. Bb型（M38：30）　4. Ba型Ⅲ式（M74：47）
5. Ca型Ⅰ式（M50：106）　6. Ca型Ⅱ式（M38：61）　7. Ca型Ⅲ式（M111：16）　8. Cc型（M95：18）
9. Cb型Ⅰ式（M50：105）　10. Cb型Ⅱ式（M119：6）　11. Cd型（M50：20）　12. D型（M93：12）

厘米（图三三四，6）。

Ⅲ式：1件。肩部外鼓弧度较大，器身较扁。

标本M111：16，泥质红陶。敞口，卷沿，斜肩，弧腹，平底。肩腹拐折明显。口径7.4、底径5.5、高5.5厘米（图三三四，7）。

Cb型　7件。高领折肩。根据领部变化可分为二式。

Ⅰ式：1件。直领。

标本M50：105，泥质红陶。近直口，方唇，折肩，斜腹，平底。素面。口径7.6、底径4.5、高6厘米（图三三四，9）。

Ⅱ式：6件。领部外侈。

标本M119：6，泥质红陶。敞口，折沿，方唇，折肩，弧腹，微凹圜底。口径7.9、底径5、高5.6厘米（图三三四，10）。

Cc型　3件。盘口折腹。

标本M95：18，泥质灰陶。敞口，圆唇，唇上有凹槽，唇内侧有一台面，上腹较直，下腹斜内收形成小平底。口径8.1、底径3.7、高3.2厘米（图三三四，8）。

Cd型　1件。卷沿束颈。

标本M50：20，形似陶鍪，无耳。侈口，圆唇，束颈，折肩，弧腹，平底。素面。口径8、底径4.5、高6.5厘米（图三三四，11）。

D型　2件。带耳。

标本M93：12，泥质红陶。折沿，沿上有两个对称的双耳，尖唇，圆鼓腹，平底。口径10.8、底径5、高9.5厘米（图三三四，12）。

5. 甑

共70件，可辨完整器有47件。根据整体形制不同可分为二型。

A型　20件。器体较高。根据腹部不同可分为二亚型。

Aa型　11件。肩部外鼓。根据腹部变化可分为六式。

Ⅰ式：1件。口沿下束勒较甚，弧腹，底较小。

标本M81：19，泥质灰陶。敛口，卷沿，方唇，肩部拐折较明显，弧壁，凹圜底。底部扎孔。腹部饰绳纹，有抹痕。口径29、底径10、高15.6厘米（图三三五，1）。

Ⅱ式：2件。口沿下束勒，腹加深，器底变大。

标本M2：48，泥质灰陶。窄折沿，弧腹，凹圜底，底部有孔眼。腹部有绳纹抹擦痕。口径35.1、底径12、高20.5厘米（图三三五，3）。

Ⅲ式：2件。口沿下束勒较浅，斜腹，器底变大。

标本M12：49，泥质灰陶。敞口，折沿下垂，圆唇，沿下束颈，深弧腹，平底内凹，底有密集细小扎孔。腹部多饰有一周凹弦纹。腹中部有一圆形小孔。口径38、底径15、高19厘米（图三三五，4）。

Ⅳ式：4件。沿下不束勒，肩部外鼓弧度较前者小，甑孔变大。

标本M101：6，泥质灰陶。敛口，圆唇外翻，弧腹，平底，底部扎孔。器表上部饰方格

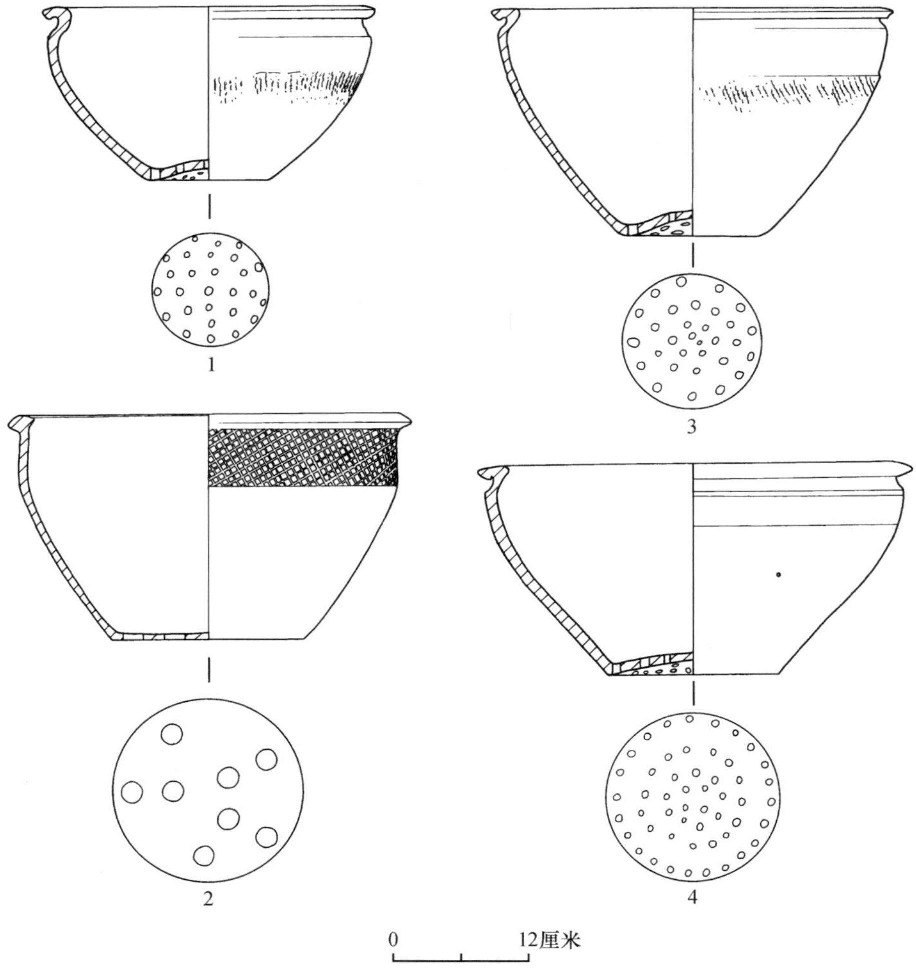

图三三五　A型陶甑（一）

1. Aa型Ⅰ式（M81：19）　2. Aa型Ⅳ式（M101：6）　3. Aa型Ⅱ式（M2：48）　4. Aa型Ⅲ式（M12：49）

纹。口径35、底径16.9、高20.4厘米（图三三五，2）。

Ⅴ式：1件。腹部外鼓区域变大至器身中部。

标本M95：3，泥质灰陶。敛口，圆唇外翻，肩部圆鼓，弧腹，凹圜底，底部扎孔。上腹部饰两道压印方格纹。口径33.8、底径17、高16.6厘米（图三三六，2）。

Ⅵ式：1件。圆弧腹，器身略扁。

标本M43：78，泥质灰陶。窄折沿，大口微敛，圆唇，深弧腹，凹圜底。底部有扎孔。上腹部饰凹弦纹数周。口径39.5、底径15、高16.5厘米（图三三六，1）。

Ab型　9件。斜腹略弧。根据腹部变化可分为五式。

Ⅰ式：2件。弧腹，腹较深。

标本M3：17，夹砂灰陶。敞口，平沿，圆唇，深弧腹，平底，底部镂若干圆孔。腹部饰凹弦纹。口径28、底径12.5、高16.6厘米（图三三七，1）。

Ⅱ式：1件。斜腹，器底变大。

标本M12：12，泥质灰陶。外卷沿下垂，厚圆唇，斜直腹，平底，底部扎孔，孔径较大。素面。口径37、底径17、高21.3厘米（图三三七，5）。

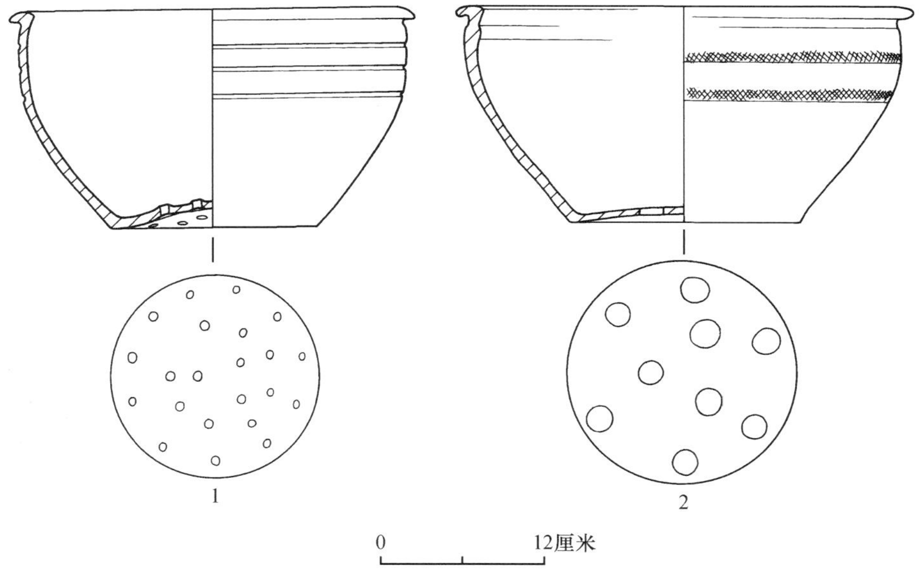

图三三六　A型陶甑（二）

1. Aa型Ⅵ式（M43：78）　2. Aa型Ⅴ式（M95：3）

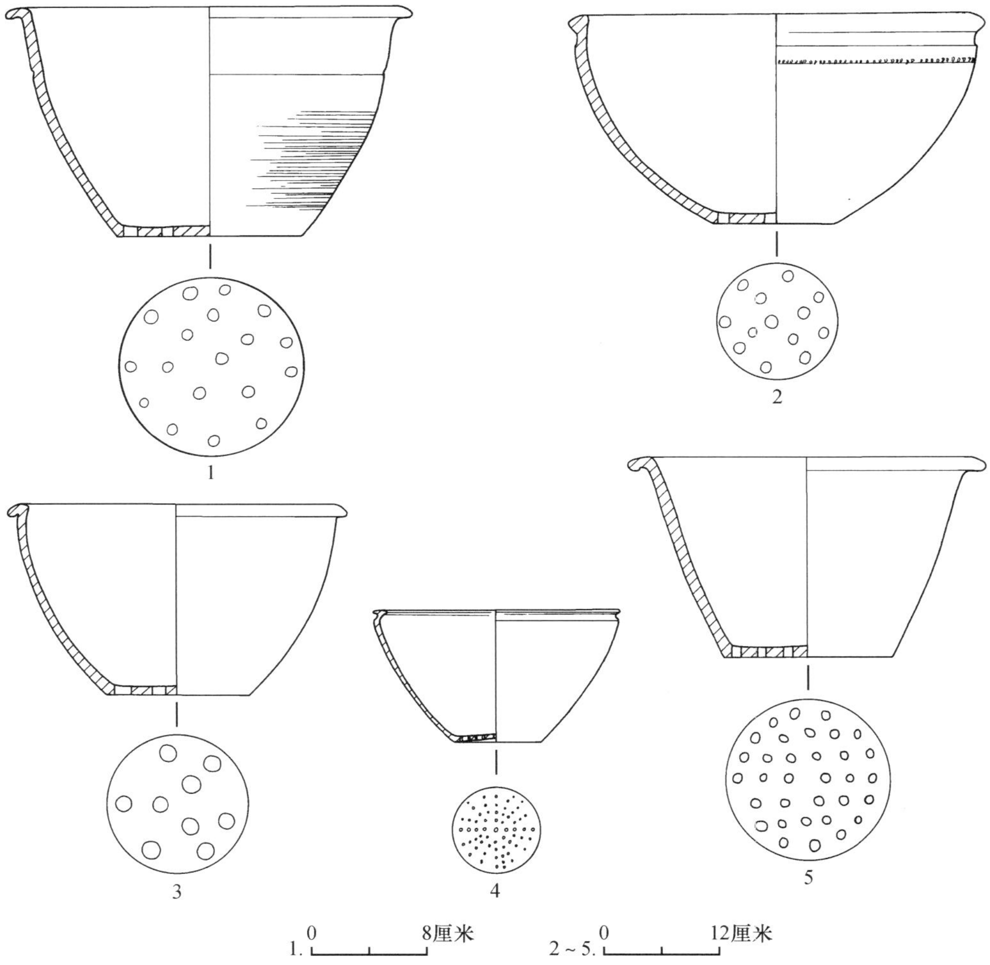

图三三七　A型陶甑（三）

1. Ab型Ⅰ式（M3：17）　2. Ab型Ⅴ式（M43：9）　3. Ab型Ⅳ式（M95：6）　4. Ab型Ⅲ式（M91：88）

5. Ab型Ⅱ式（M12：12）

Ⅲ式：2件。上腹部略外鼓。

标本M91：88，泥质灰陶。敛口，圆唇，耸肩，斜弧腹，微凹圜底，底部细密扎孔。口径51、底径18.6、高27.6厘米（图三三七，4）。

Ⅳ式：3件。圆弧腹。

标本M95：6，泥质灰陶。敛口，圆唇外翻，弧腹较深，平底，底部扎孔。口径35.5、底径15.2、高20厘米（图三三七，3）。

Ⅴ式：1件。腹部略呈球形，口沿消失。

标本M43：9，泥质灰陶。大口微敛，口部束勒，圆唇，深弧腹，平底，底部有孔。上腹部有一周刻划纹，经抹拭。口径43、底径13、高22.7厘米（图三三七，2）。

B型　27件。器体较矮。根据腹部不同可分为二亚型。

Ba型　7件。肩部外鼓。根据腹部变化可分为二式。

Ⅰ式：1件。弧腹，腹较深。

标本M100：12，泥质灰陶。敛口，卷沿，圆唇，弧腹，平底，底部扎孔。口径16.4、底径5.5、高7厘米（图三三八，1）。

Ⅱ式：6件。斜腹，器底变大。

标本M12：49，敞口，折沿下垂，圆唇，沿下束颈，深弧腹，平底内凹，底有密集细小扎孔。腹部多饰有一周凹弦纹。腹中部有一圆形小孔。口径38、底径15、高19厘米（图三三八，2）。

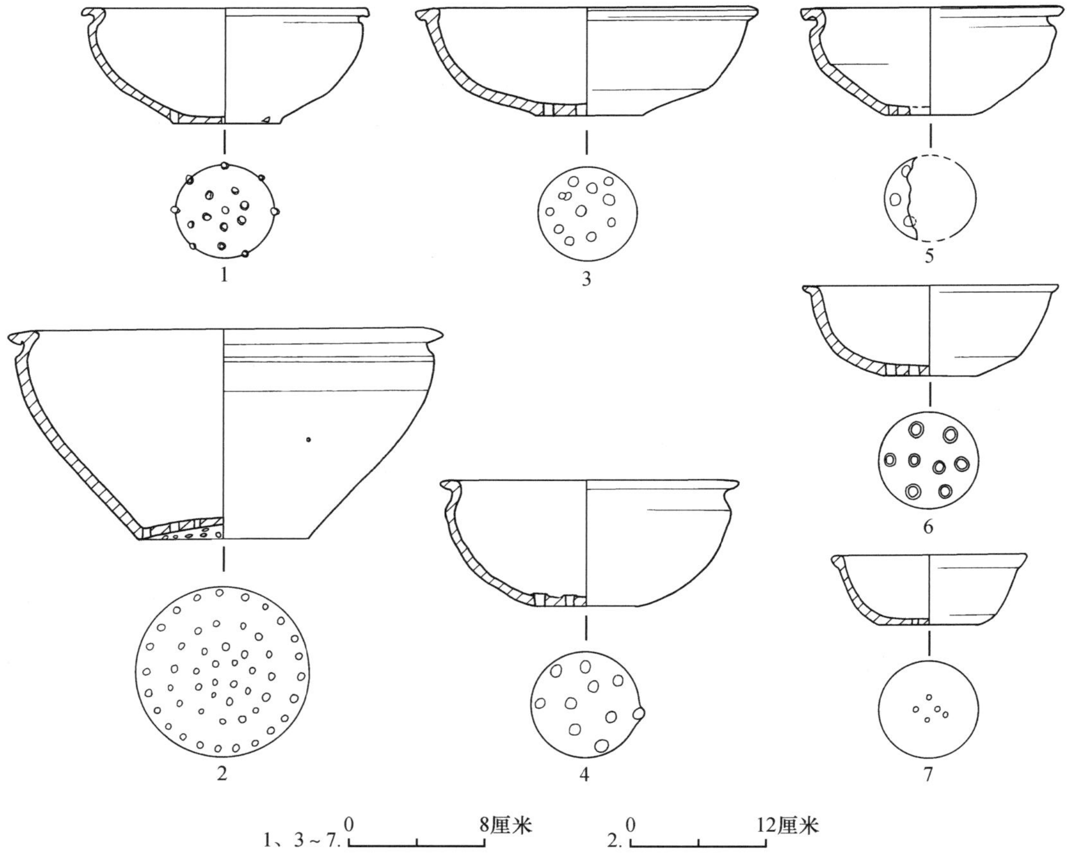

图三三八　B型陶甑

1. Ba型Ⅰ式（M100：12）　2. Ba型Ⅱ式（M12：49）　3. Bb型Ⅲ式（M40：20）　4. Bb型Ⅱ式（M2：116）　5. Bb型Ⅰ式（M32：35）　6. Bb型Ⅳ式（M91：34）　7. Bb型Ⅴ式（M95：26）

Bb型 20件。斜弧腹。根据腹部变化可分为五式。

Ⅰ式：5件。腹部外鼓，器身略扁。

标本M32：35，泥质灰陶。宽折沿，敛口，厚方唇，沿下束勒，深弧腹，小平底，底部扎孔。素面。口径15.5、底径5.2、高6.4厘米（图三三八，5）。

Ⅱ式：3件。腹部外鼓程度较Ⅰ式弱，器底变大。

标本M2：116，泥质灰陶。微敛口，窄折沿，弧腹，平底，底部有孔眼。素面。口径17.5、底径6、高7.6厘米（图三三八，4）。

Ⅲ式：4件。弧腹，腹略斜。

标本M40：20，泥质褐陶，含砂量较大。平折沿，圆方唇，浅弧腹，小平底。底部不规则扎孔。素面。口径20、底径6、高6.5厘米（图三三八，3）。

Ⅳ式：6件。斜弧腹，整体器型略小。

标本M91：34，泥质红陶。敞口，圆唇，弧腹，平底。底部扎孔。口径15、底径5.2、高5.5厘米（图三三八，6）。

Ⅴ式：2件。腹部较斜，器型较小，底部穿孔较前期不规整。

标本M95：26，泥质红陶，夹细砂。敞口，圆唇。弧腹，平底，底部扎孔。口径11.4、底径5.4、高4.2厘米（图三三八，7）。

6. 仓

共225件，可辨完整器有131件。根据整体形制不同可分为三型。

A型 118件。腹部略弧。根据整体形制不同可分为二亚型。

Aa型 33件。形体较大。根据腹部变化可分为三式。

Ⅰ式：6件。器身整体较直，腹部稍外鼓，下腹部稍内收。

标本M72：88，泥质灰陶。筒形腹，子母口，上承盖，盖为平顶覆盘形。腹部饰凹弦纹。口径14.2、底径16.8、高18.2厘米（图三三九，1）。

Ⅱ式：3件。腹部外鼓程度较Ⅰ式强，下腹内收。

标本M52：19，泥质灰陶。子母口内敛，方唇，筒腹，直壁微弧，平底。腹部饰凹弦纹数周。口径17、底径18.2、高23.3厘米（图三三九，2）。

Ⅲ式：24件。腹部外鼓且最大腹径下移，下腹内收。

标本M12：74，泥质灰陶。子母口，筒腹，弧壁，平底。腹部饰凹弦纹。口径13.2、底径13、高19.3厘米（图三三九，3）。标本M50：80，泥质灰陶。敛口，圆唇，筒形腹，平底。器壁饰凹弦纹。口径13.8、底径15.2、高19.5厘米（图三三九，4）。标本M74：7，泥质灰陶。敛口，方唇，弧壁，平底。腹饰凹弦纹。口径19.5、底径20、高20.2厘米（图三三九，5）。

Ab型 85件。形体偏小。根据腹部变化可分为三式。

Ⅰ式：25件。器身整体较直，截面呈长方形。

标本M2：76，泥质灰陶。筒形腹，子母口，方唇，腹壁略弧，平底。腹壁饰多道凹弦纹。口径12、底径13、高16厘米（图三三九，6）。标本M3：7，泥质灰陶。筒形腹，子母口，直壁，平底，口部多对称饰有两横耳。腹部饰凹弦纹数周。口径17.5、底径18.5、高20.4厘米（图

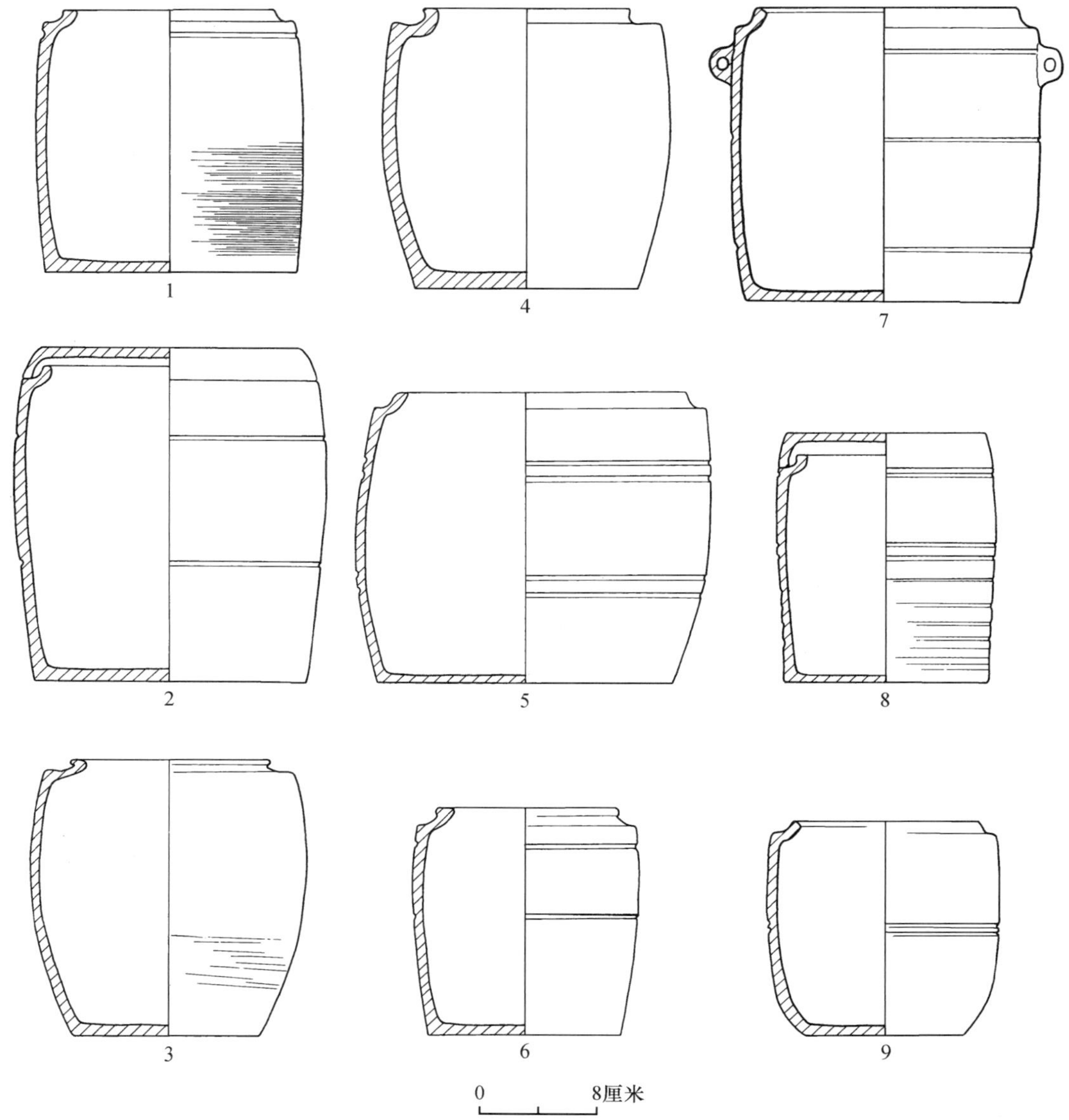

图三三九　A型陶仓

1. Aa型Ⅰ式（M72：88）　2. Aa型Ⅱ式（M52：19）　3～5. Aa型Ⅲ式（M12：74、M50：80、M74：7）　6～8. Ab型Ⅰ式（M2：76、M3：7、M55：10）　9. Ab型Ⅱ式（M12：80）

三三九，7）。标本M55：10，泥质灰陶。子母口，筒形腹，壁微弧，平底。腹壁上、中、下各饰凹弦纹一周。覆盘形盖，平顶。口径12、底径14、高17.5厘米（图三三九，8）。

Ⅱ式：42件。腹部外鼓，下腹斜收。

标本M12：80，泥质灰陶。子母口，筒腹，平底。腹部饰凹弦纹。口径12.5、底径10.5、高15厘米（图三三九，9）。标本M50：70，泥质灰陶。敛口，圆唇，筒形腹，平底。器壁饰凹弦纹。口径12.2、底径15、高15.1厘米（图三四〇，1）。标本M74：60，泥质灰陶。敛口，方唇，弧壁，平底。腹饰凹弦纹。口径12、底径13.5、高17.6厘米（图三四〇，2）。

Ⅲ式：18件。腹部外鼓且最大腹径下移，下腹内收。

标本M38：22，泥质灰陶。筒形腹，子母口内敛，深腹，直壁或弧鼓。平底。腹壁饰凹弦纹。口径8、底径9.5、高12厘米（图三四〇，4）。标本M91：72，泥质灰陶。子口，上腹

图三四〇　A型、B型和C型陶仓

1、2. Ab型Ⅱ式（M50：70、M74：60）　3. Ca型（M43：31）　4、5. Ab型Ⅲ式（M38：22、M91：72）　6. B型Ⅰ式（M24：27）　7. Cb型（M111：23）　8. Cc型（M89：28）　9. B型Ⅱ式（M12：93）

较直，下腹圆鼓，平底。盖为圆弧形。器表饰有凹弦纹。口径17.3、底径12、高21.4厘米（图三四〇，5）。

B型　5件。直筒腹。根据腹部变化可分为二式。

Ⅰ式：4件。器身较直，截面呈长方形。

标本M24：27，泥质灰陶。子母口，仓壁竖直，深腹，平底。器盖为弧顶，顶部一般有圆形乳状纽。腹部多饰有细密弦纹。口径12、底径15、高31.2厘米（图三四〇，6）。

Ⅱ式：1件。腹部略外鼓。

标本M12：93，泥质灰陶。子母口，筒腹，平底。腹部饰凹弦纹。口径11、底径14、高27.5厘米（图三四〇，9）。

C型　8件。折肩。根据整体形态不同可分为三亚型。

Ca型　1件。直口，高领。

标本M43：31，泥质灰陶。圆方唇，折肩，弧腹微鼓，平底。素面。口径14、底径17.5、高25厘米（图三四〇，3）。

Cb型　4件。敛口。

标本M111：23，泥质灰陶。敛口，圆唇，斜弧腹，平底。器身饰有凹弦纹数周。口径8、底径5.4、高10.2厘米（图三四〇，7）。

Cc型　3件。卷沿，侈口。

标本M89：28，泥质灰陶。子母口内敛，尖唇，折肩，筒形腹，圜底。盖为穹隆形。口径12.6、高14.5厘米（图三四〇，8）。

7. 罐

共163件，可辨完整器有131件。根据整体形制不同可分为七型。

A型　53件。圜底罐。根据肩部与腹部不同可分为五亚型。

Aa型　30件。斜折肩。根据肩与腹的变化可分为五式。

Ⅰ式：6件。肩部略外鼓，弧腹略鼓。

标本M7：14，夹细砂灰陶。平折沿，短束颈，扁圆腹，圜底。肩部饰凹弦纹，腹部及颈部饰绳纹。口径13.2、高15厘米（图三四一，1）。

Ⅱ式：2件。肩部外鼓较Ⅰ式高，弧腹。

标本M5：1，泥质灰陶。束颈，溜肩，圆折腹，圜底。器身饰绳纹。口径12、底径6、高12.1厘米（图三四一，2）。

Ⅲ式：9件。肩部较宽，器身略扁。

标本M12：84，泥质灰陶。卷沿较宽，圆唇，矮束颈，斜肩微弧，锐折腹，圜底。腹部饰绳纹。口径12.8、高13.5厘米（图三四一，3）。标本M49：5，泥质灰陶。矮领，束颈，窄折沿，尖圆唇，扁折腹，圜底。下腹部饰竖向绳纹。口径13、高14厘米（图三四一，4）。

Ⅳ式：12件。下腹略折。

标本M38：65，泥质灰陶。平折沿，斜肩近平微鼓，折腹，下腹圆鼓弧收，圜底。颈部饰凸弦纹，下腹部满饰竖向、斜向绳纹。口径11.6、高12.7厘米（图三四一，5）。标本M91：67，泥质灰陶。直口，圆唇，直颈，溜肩，肩、腹交界处拐折明显，圆鼓腹，圜底。下腹部饰细绳纹。口径11.4、腹径21.9、高15厘米。

Ⅴ式：1件。肩部略平，下腹微折。

标本M76：1，泥质灰陶。敞口，圆唇，束颈，弧折肩，弧腹，圜底。肩部饰有凹弦纹数周，下腹部及底饰有绳纹。口径10.4、高9.8厘米（图三四一，6）。

Ab型　7件。肩部外鼓略呈茧形。根据整体形制变化可分为四式。

Ⅰ式：1件。肩部向两侧外鼓。

标本M2：6，泥质灰陶。平折沿，矮领，广肩，扁圆腹。腹部饰绳纹，肩腹相交处饰凹弦纹。口径14.7、高22.8厘米（图三四二，1）。

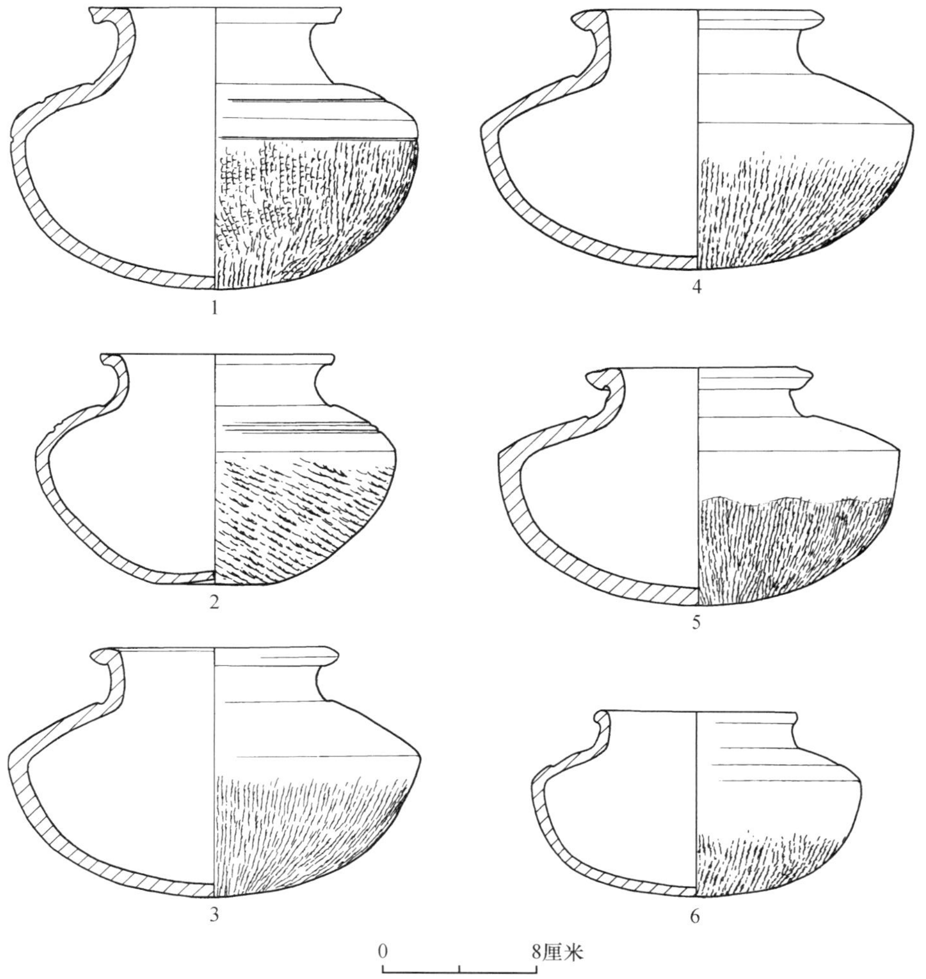

图三四一　Aa型陶罐

1. Aa型Ⅰ式（M7：14）　2. Aa型Ⅱ式（M5：1）　3、4. Aa型Ⅲ式（M12：84、M49：5）　5. Aa型Ⅵ式（M38：65）　6. Aa型Ⅴ式（M76：1）

Ⅱ式：1件。肩部外鼓程度较Ⅰ式强。

标本M12：85，泥质灰陶。折沿，圆唇，矮束颈，斜弧肩，扁圆折腹，圜底，腹部稍扁。肩上部有刻划文字（或符号）。口径14.4、高21厘米（图三四二，2）。

Ⅲ式：2件。器身略扁。

标本M91：53，泥质灰陶。直口，圆唇，直颈，溜肩，肩、腹交界处拐折明显，圆鼓腹，圜底。腹部饰细绳纹。口径12.5、腹径35、高19.6厘米（图三四二，3）。

Ⅳ式：3件。肩部外鼓，弧腹。

标本M93：5，泥质灰陶。直口微敛，圆唇，短直颈，溜肩，扁圆鼓腹，圜底。肩中部以下饰有弦断绳纹，口径11.8厘、高21.2厘米（图三四二，6）。

Ac型　3件。卷沿，侈口，圆腹。根据腹部变化可分为二式。

Ⅰ式：1件。腹部略扁。

标本M78：2，夹砂灰陶。卷沿，敞口，圆唇，溜肩，圜底。腹、底饰绳纹。口径13、高11.3厘米（图三四二，4）。

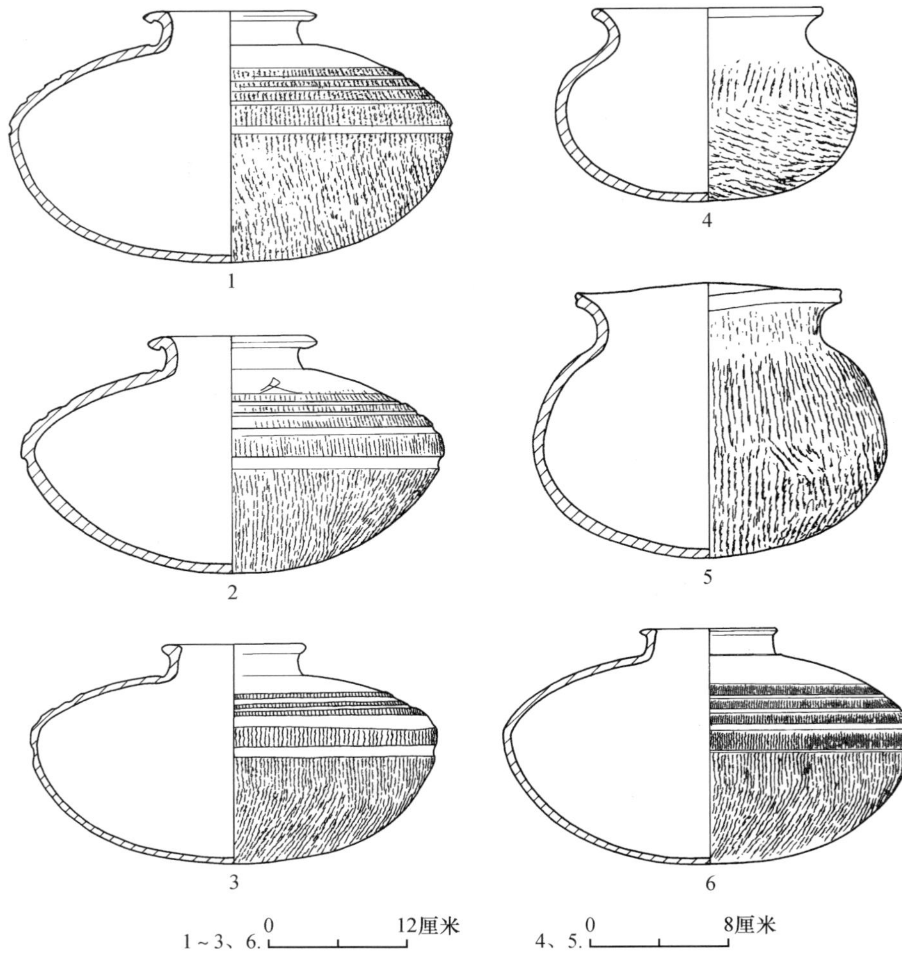

图三四二　Ab型与Ac型陶罐

1. Ab型Ⅰ式（M2：6）　2. Ab型Ⅱ式（M12：85）　3. Ab型Ⅲ式（M91：53）　4. Ac型Ⅰ式（M78：2）　5. Ac型Ⅱ式（M5：2）　6. Ab型Ⅳ式（M93：5）

Ⅱ式：2件。腹部外鼓。

标本M5：2，泥质灰陶。束颈，溜肩，圆折腹，圜底。器身饰绳纹。口径15、高16.2厘米（图三四二，5）。

Ad型　4件。折肩，深腹。根据腹部变化可分为三式。

Ⅰ式：1件。上腹部较直，器身略扁。

标本M2：87，泥质灰陶。小口，圆唇，平折沿，矮领，广肩，扁圆腹。腹部饰绳纹，肩腹相交处饰凹弦纹。口径15.3、高27.7厘米（图三四三，4）。

Ⅱ式：2件。器身较深，下腹部呈球形。

标本M101：27，瓦蓝色灰陶。敛口，圆唇，溜肩，圆鼓腹，最大径在下腹部，圜底。肩部和上腹部饰凹弦纹。口径12.6、高26厘米（图三四三，1）。

Ⅲ式：1件。上腹较直，下腹弧收。

标本M106：25，泥质灰陶。敛口较直，圆唇外翻，溜肩，圆鼓腹，圜底。器表上部饰有凹弦纹数周。口径17、高23.5厘米（图三四三，2）。

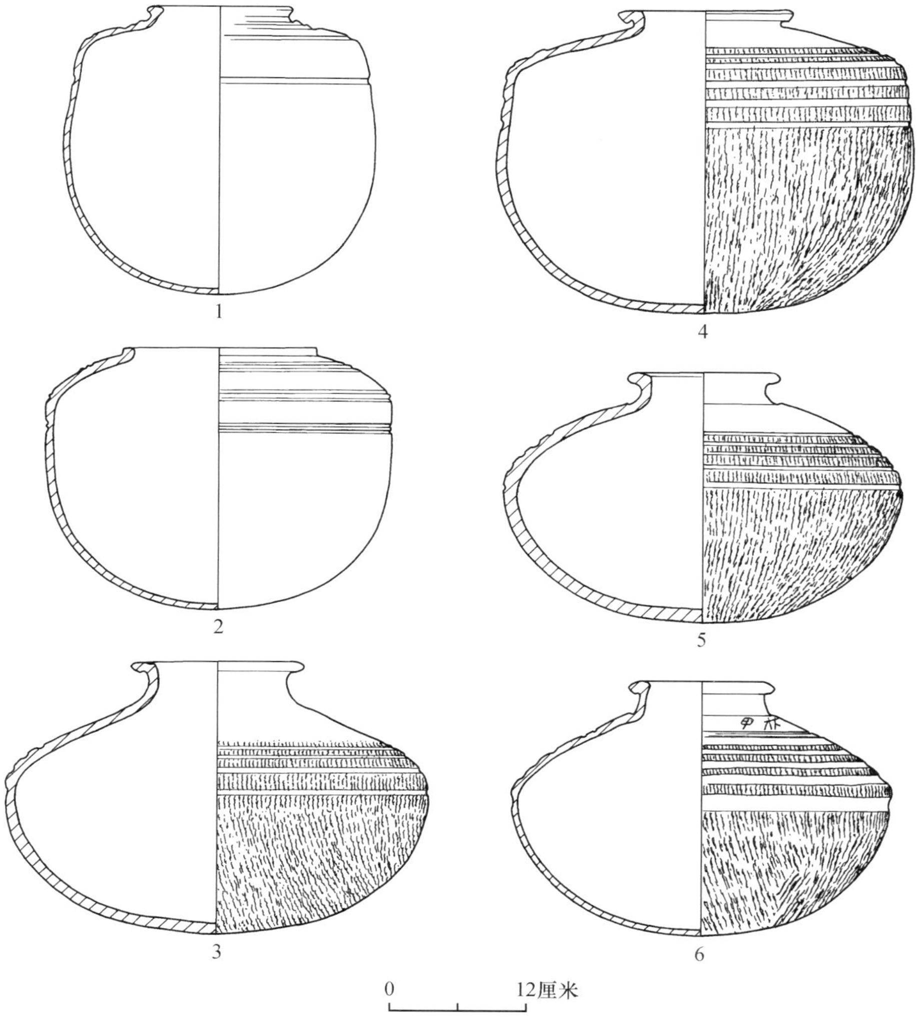

图三四三　Ad型与Ae型陶罐

1. Ad型Ⅱ式（M101：27）　2. Ad型Ⅲ式（M106：25）　3. Ae型Ⅰ式（M2：11）　4. Ad型Ⅰ式（M2：87）
5. Ae型Ⅱ式（M12：52）　6. Ae型Ⅲ式（M101：29）

Ae型　9件。矮领，鼓腹。根据腹部变化可分为三式。

Ⅰ式：2件。器身略扁。

标本M2：11，泥质灰陶。平折沿，矮领，广肩，扁圆腹。腹部饰绳纹，肩腹相交处饰凹弦纹。口径15、高24.7厘米（图三四三，3）。

Ⅱ式：4件。器身较Ⅰ式增高。

标本M12：52，泥质灰陶。折沿，圆唇，矮束颈，斜弧肩，扁圆折腹，圜底。口径13.2、高22.5厘米（图三四三，5）。

Ⅲ式：3件。腹较深。

标本M101：29，泥质灰陶。敛口，卷沿，圆唇外翻，束颈，溜肩，圆鼓腹，圜底。肩部饰弦纹和弦断绳纹，腹部饰绳纹。肩部上有刻划的四字，似“口堯”“甲口”。口径12.7、腹径33、高23.2厘米（图三四三，6）。

B型　39件。矮领罐。根据肩部不同可分为二亚型。

Ba型　37件。肩部外鼓。根据器身形制的变化可分为五式。

Ⅰ式：5件。器身略扁。

标本M80：1，泥质灰陶。卷沿，敞口，圆唇，矮束颈，溜肩，弧腹，平底。器表饰有凹弦纹数周。口径6.7、底径6、高6.8厘米（图三四四，1）。

Ⅱ式：14件。器身较Ⅰ式增高，肩部略外鼓。

标本M24：17，泥质灰陶。小口微侈，圆唇，矮领，鼓肩，圆腹，平底。肩部饰细密弦纹。口径10、底径11.3、高13厘米（图三四四，4）。

Ⅲ式：15件。深腹，肩部外鼓明显。

标本M72：64，泥质灰陶。厚圆唇外卷，矮领束颈广肩，弧腹，平底。肩、腹部饰有凹弦纹。口径11.6、底径16、高18厘米（图三四四，2）。

Ⅳ式：2件。肩部微弧折，斜腹。

标本M72：45，泥质灰陶。器形较大，颈部明显。小口，厚圆唇外卷，矮领束颈广肩，弧腹，平底。肩部饰有凹弦纹。口径12、底径16、高18.4厘米（图三四四，3）。

Ⅴ式：1件。直口，斜弧腹。

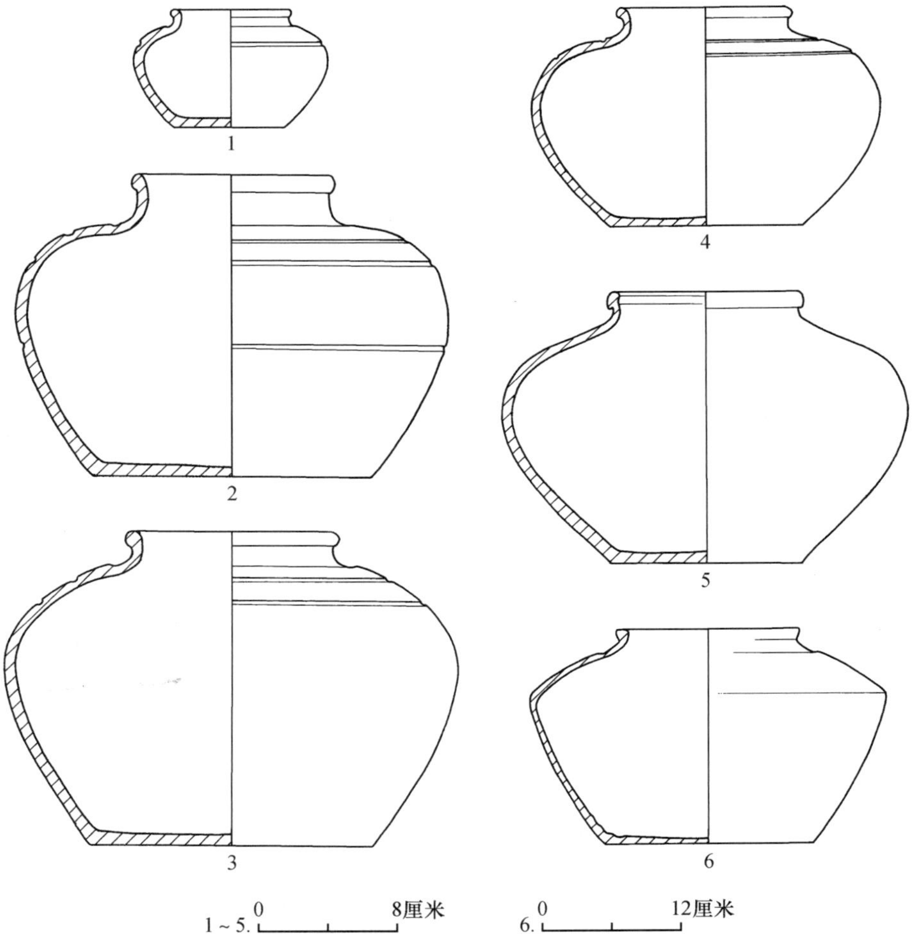

图三四四　B型陶罐

1. Ba型Ⅰ式（M80：1）　2. Ba型Ⅲ式（M72：64）　3. Ba型Ⅳ式（M72：45）　4. Ba型Ⅱ式（M24：17）　5. Ba型Ⅴ式（M43：8）　6. Bb型（M101：9）

标本M43：8，泥质灰陶。小直口，圆唇，溜肩，圆鼓腹，平底。素面。口径11.3、底径11、高16.4厘米（图三四四，5）。

Bb型　2件。折肩。

标本M101：9，泥质灰陶。敛口，圆唇，溜肩，斜腹，肩、腹拐折明显，平底。口径16、底径18、高19.1厘米（图三四四，6）。

C型　26件。折肩折腹罐。根据领部不同可分为二亚型。

Ca型　10件。矮领。根据折腹位置的变化可分为四式。

Ⅰ式：3件。折腹位置较低，上腹较长，下腹较短。

标本M32：25，泥质灰陶。宽折沿，束颈，矮领，微垂腹，平底。器表饰绳纹，多经抹拭。口径12.8、底径11.5、高16.1厘米（图三四五，1）。

Ⅱ式：5件。折腹位置上移，下腹变长。

标本M2：126，泥质灰陶。小口，厚方唇，矮领，折肩折腹，平底。折肩处饰一周刻划纹，折腹处饰绳纹。口径13、底径14、高18厘米（图三四五，2）。

Ⅲ式：1件。折腹位置至器身中部，上腹略直。

标本M55：1，泥质灰陶。小口，平折沿，矮领，束颈，平底。腹部饰凹弦纹二周。口径13、底径12.3、高14.3厘米（图三四五，3）。

Ⅳ式：1件。折腹位置至器身上部，上腹较直。

标本M38：67，泥质红陶。卷沿，圆唇，斜肩，折腹，平底。素面。口径11、底径11、高14.9厘米（图三四五，4）。

Cb型　16件。无领。根据折腹位置的变化可分为三式。

Ⅰ式：5件。折腹位置较低，上腹较长，下腹较短。

标本M2：121，泥质灰陶。厚方唇，矮领，折肩折腹，平底。肩腹部饰凹弦纹数周。口径15、底径13.5、高14.6厘米（图三四五，5）。

Ⅱ式：10件。折腹位置上移，上腹外侈。

标本M81：27，泥质灰陶。敞口，圆唇，弧肩，肩腹拐折明显，弧折腹，平底。口径11、底径7、高12.2厘米（图三四五，8）。

Ⅲ式：1件。折腹位置上移至器身中部。

标本M88：4，泥质灰陶。敛口，圆唇，斜直肩，圆鼓腹，平底。上腹部饰有竖绳纹和几周凹弦纹。口径9.6、底径12.4、高14.8厘米（图三四五，9）。

D型　2件。敛口鼓腹罐。

标本M97：9，泥质灰陶。敛口，圆唇，上腹较弧且有对称横截面为方形的把手，下腹圆鼓，大平底。腹部饰少许细绳纹。口径16.6、底径18.5、高23.2厘米（图三四五，6）。

E型　2件。器型瘦高。

标本M81：22，泥质灰陶。敞口，方唇，弧颈，溜肩，肩腹拐折较明显，弧腹，平底。口径10.8、底径11.8、高14厘米（图三四五，7）。

F型　8件。高领鼓肩罐。根据腹部变化可分为三式。

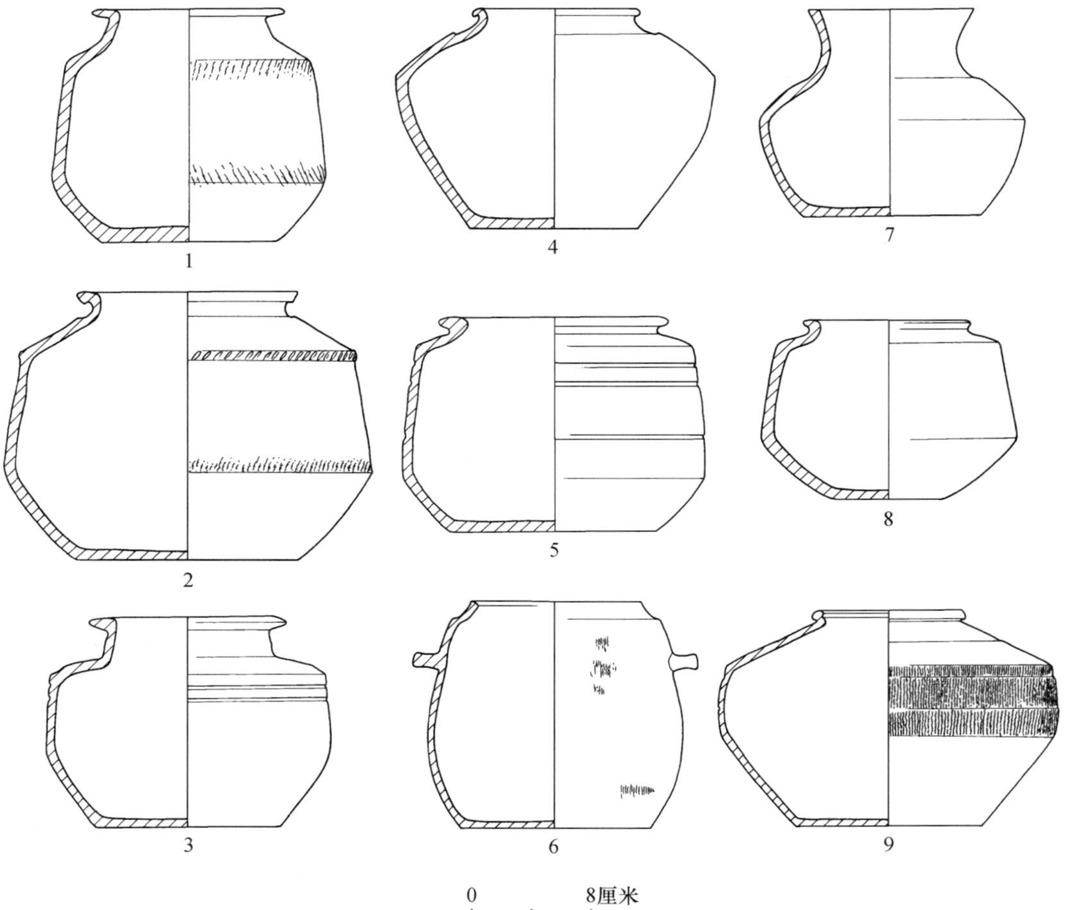

图三四五　C型、D型和E型陶罐

1. Ca型Ⅰ式（M32：25）　2. Ca型Ⅱ式（M2：126）　3. Ca型Ⅲ式（M55：1）　4. Ca型Ⅳ式（M38：67）　5. Cb型Ⅰ式（M2：121）　6. D型（M97：9）　7. E型（M81：22）　8. Cb型Ⅱ式（M81：27）　9. Cb型Ⅲ式（M88：4）

Ⅰ式：3件。领较矮，斜弧腹。

标本M116：1，泥质夹细砂灰陶。敞口，方唇，束颈，溜肩，微凹圜底。底部饰有绳纹。口径13.6、高14.6厘米（图三四六，1）。

Ⅱ式：4件。领变高，腹部略外鼓。

标本M97：8，泥质灰陶。敞口，折沿，斜方唇，束颈，斜肩，肩、腹拐折明显，圆鼓腹，圜底。腹部饰绳纹。口径14.2、腹径21.3、高16.8厘米（图三四六，3）。

Ⅲ式：1件。肩部外鼓角度较大，器身略扁。

标本M12：33，泥质灰陶。敛口，矮束颈，斜肩微弧，弧折腹，下腹弧收，平底。肩部饰指压波浪纹。口径11、底径9、高12厘米（图三四六，2）。

G型　1件。大口罐。

标本M48：5，泥质灰陶。敛口，外卷沿，圆唇，圆肩圆腹，平底。肩部饰凹弦纹及绹索纹一周。口径15.4、底径11.2、高13.8厘米（图三四六，4）。

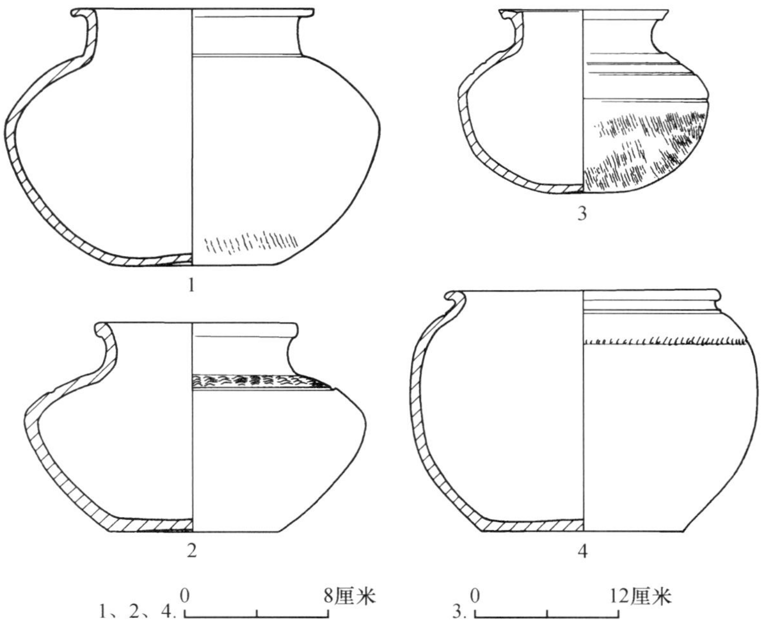

图三四六　F型和G型陶罐

1. F型Ⅰ式（M116：1）　2. F型Ⅲ式（M12：33）　3. F型Ⅱ式（M97：8）　4. G型（M48：5）

8. 盆

共60件，可辨完整器有51件。根据整体形制不同可分为五型。

A型　18件。折腹盆。根据腹部变化可分为三式。

Ⅰ式：1件。深腹。

标本M81：43，泥质灰陶。近直口，圆唇，平沿，沿上有凹槽，弧壁，折腹较明显，平底。口径15.4、底径5.2、高6厘米（图三四七，1）。

Ⅱ式：8件。腹稍浅。

标本M2：38，泥质灰陶。斜折沿，折腹，小平底。素面。口径27.8、底径10、高7.6厘米（图三四七，5）。

Ⅲ式：9件。腹更浅。

标本M74：53，泥质灰陶。敞口，折沿，方唇，弧壁，平底。素面。口径28.2、底径12、高6厘米（图三四七，6）。

B型　17件。深腹盆。根据腹部变化可分为五式。

Ⅰ式：1件。口微敛，鼓腹。

标本M81：40，泥质灰陶。敞口，卷沿，圆唇，弧壁，平底。腹饰凸弦纹一周。口径13.8、底径5、高6.9厘米（图三四七，2）。

Ⅱ式：4件。侈口，斜弧腹。

标本M3：36，泥质灰陶。大口，平折沿，平底。沿下腹壁饰凸弦纹一周，下腹饰细密弦纹，疑为轮修所致。口径22.5、底径9.5、高10厘米（图三四七，4）。

Ⅲ式：9件。斜腹。

标本M12：76，泥质灰陶。大口，卷沿，圆唇，平底。素面。口径22.5、底径13、高11厘

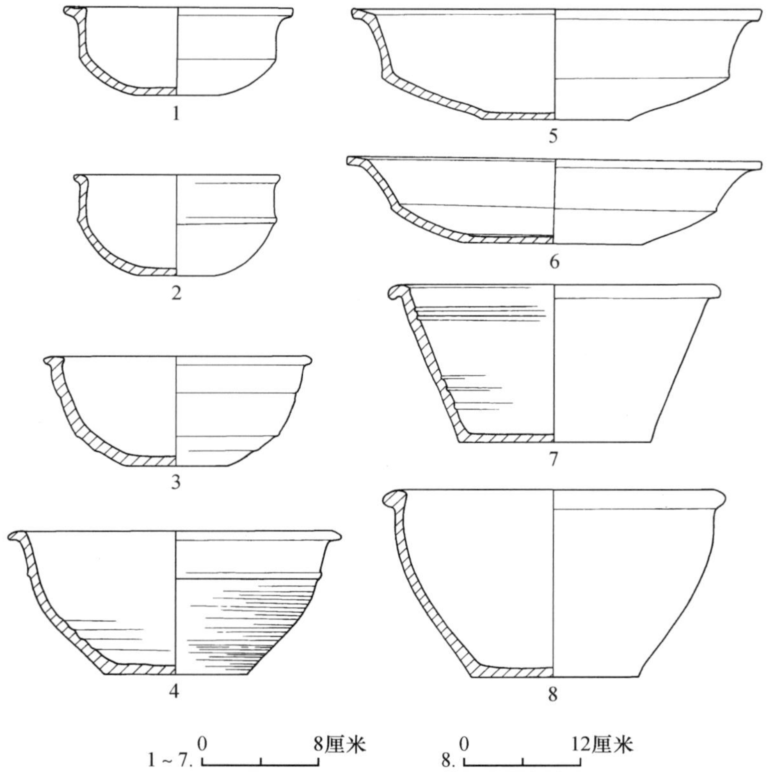

图三四七　A型和B型陶盆

1. A型Ⅰ式（M81：43）　2. B型Ⅰ式（M81：40）　3. B型Ⅳ式（M38：40）　4. B型Ⅱ式（M3：36）　5. A型Ⅱ式（M2：38）　6. A型Ⅲ式（M74：53）　7. B型Ⅲ式（M12：76）　8. B型Ⅴ式（M43：95）

米（图三四七，7）。

Ⅳ式：2件。上腹略鼓，下腹弧收。

标本M38：40，泥质灰陶。敞口，圆唇，唇缘内勾，深弧腹，小平底。腹部有凹痕数周。口径18.3、底径7、高7.6厘米（图三四七，3）。

Ⅴ式：1件。厚方唇，呈T字形。

标本M43：95，泥质灰陶。大口，厚圆唇，深弧腹，平底。素面。口径34.4、底径17、高19.6厘米（图三四七，8）。

C型　10件。弧腹。根据腹部变化可分为二式。

Ⅰ式：7件。腹部略下垂。

标本M81：43，近直口，圆唇，平沿，沿上有凹槽，弧壁，折腹较明显，平底。口径15.4、底径5.2、高6厘米（图三四八，3）。

Ⅱ式：3件。斜弧腹。

标本M74：37，泥质灰陶。敞口，卷沿，平底。口径21.6、底径7、高6.4厘米（图三四八，1）。

D型　5件。束颈鼓腹盆。根据腹部不同可分为二亚型。

Da型　2件。腹部外鼓较甚，圜底。

标本M32：29，泥质灰陶。敛口，宽折沿，厚圆唇，腹弧鼓，圜底。素面。口径15.2、高

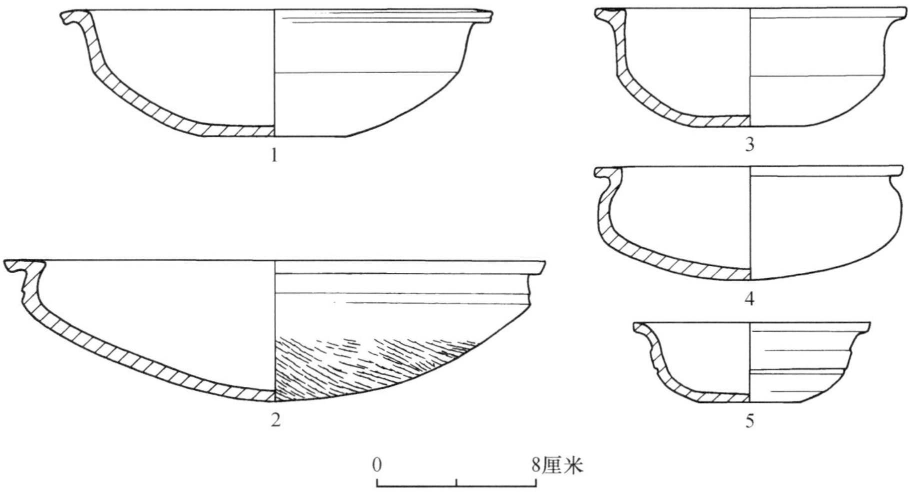

图三四八　C型、D型和E型陶盆

1. C型Ⅱ式（M74：37）　2. Da型（M32：29）　3. C型Ⅰ式（M81：43）　4. Db型（M43：11）　5. E型（M81：25）

5.6厘米（图三四八，2）。

Db型　3件。腹部略外鼓，小平底。

标本M43：11，泥质红陶。敞口，弧腹，小平底，类假圈足。外翻沿，方唇。腹部饰凹弦纹两周。口径11.8、底径5、高4.1厘米（图三四八，4）。

E型　1件。圜底较尖。

标本M81：25，泥质灰陶。敛口，折沿，方唇，弧壁，圜底。肩部饰一周凹槽，腹底饰绳纹。口径27.1、高7厘米（图三四八，5）。

9. 钵

共140件，可辨完整器有96件。根据整体形制不同可分为五型。

A型　43件。敞口，弧腹。根据腹部变化可分为二式。

Ⅰ式：5件。腹部外鼓。

标本M24：58，泥质灰陶。圆唇，上腹弧收，平底。口径18、底径6、高7.6厘米（图三四九，1）。

Ⅱ式：38件。斜弧腹。

标本M38：26，泥质灰陶。敞口，弧腹，平底。素面。口径16.5、底径6、高6.8厘米（图三四九，2）。标本M50：97，泥质灰陶。敞口，弧腹，平底。口径17.5、底径6、高6.2厘米（图三四九，3）。标本M106：12，泥质灰陶。敞口，圆唇外翻，弧腹，平底。口径16、底径5.8、高6.2厘米（图三四九，4）。

B型　31件。折腹。根据腹部变化可分为三式。

Ⅰ式：6件。侈口，上腹斜直，下腹弧收。

标本M55：17，泥质灰陶。敞口，厚圆唇，折腹，小平底。下腹饰凹弦纹。口径14.7、底径4.5、高4.5厘米（图三四九，5）。

Ⅱ式：17件。厚方唇，折腹明显。

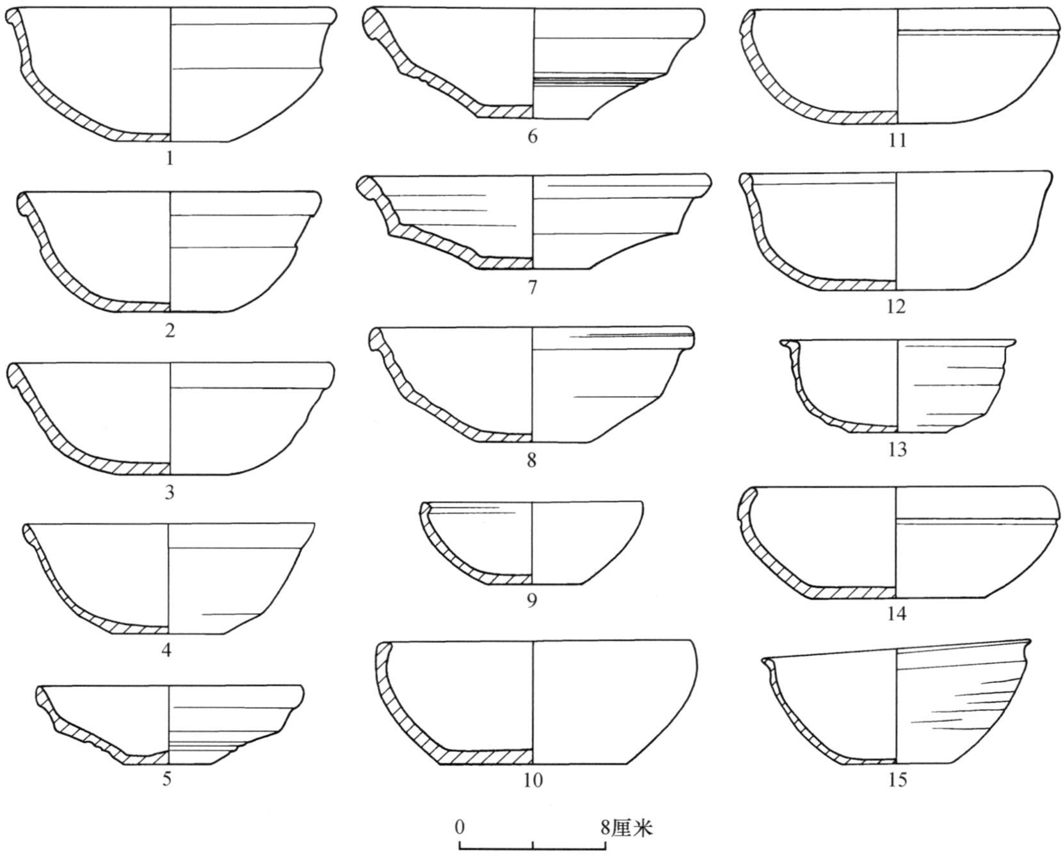

图三四九　A型、B型、C型、D型和E型陶钵

1. A型Ⅰ式（M24∶58）　2～4. A型Ⅱ式（M38∶26、M50∶97、M106∶12）　5. B型Ⅰ式（M55∶17）　6、7. B型Ⅱ式（M2∶2、M52∶11）　8. B型Ⅲ式（M74∶70）　9. C型Ⅰ式（M72∶11）　10. C型Ⅱ式（M43∶23）　11. C型Ⅲ式（M43∶6）　12. D型Ⅰ式（M12∶66）　13. D型Ⅱ式（M111∶18）　14. D型Ⅲ式（M43∶7）　15. E型（M93∶10）

标本M2∶2，泥质灰陶。敞口，圆唇，腹部反弧收，平底。素面。口径18.5、底径6、高6.2厘米（图三四九，6）。标本M52∶11，泥质灰陶。大敞口，厚圆唇，折腹，斜壁微内凹，小平底。素面。口径19.4、底径6、高5.4厘米（图三四九，7）。

Ⅲ式：8件。弧折腹，部分折痕不太清晰。

标本M74∶70，泥质灰陶。敞口，平底。口径17.8、底径6、高6.4厘米（图三四九，8）。

C型　7件。敛口鼓腹。根据口部变化可分为三式。

Ⅰ式：3件。口微敛。

标本M72∶11，泥质灰陶。弧腹，平底。素面。口径12、底径5、高4.5厘米（图三四九，9）。

Ⅱ式：2件。口部较Ⅰ式内敛。

标本M43∶23，泥质灰陶。敛口，弧腹，平底。口径17、底径10、高6.9厘米（图三四九，10）。

Ⅲ式：2件。敛口较甚。

标本M43∶6，泥质灰陶。敛口，圆唇，弧腹，平底。上腹部饰凹弦纹一周。口径16.2、底径6、高6.4厘米（图三四九，11）。

D型　12件。大平底。根据腹部变化可分为三式。

Ⅰ式：1件。腹略下垂。

标本M12：66，泥质灰陶。敞口，圆唇，弧腹，平底。素面。口径17、底径7.5、高6.5厘米（图三四九，12）。

Ⅱ式：4件。腹部略鼓。

标本M111：18，泥质红陶。敞口，圆唇，弧腹，平底。器表饰有数周凹弦纹。口径12.9、底径5、高5厘米（图三四九，13）。

Ⅲ式：7件。斜弧腹。

标本M43：7，泥质灰陶。敛口，圆唇，弧腹，平底。上腹部饰凹弦纹一周。口径16、底径9.2、高6.3厘米（图三四九，14）。

E型　3件。盆形钵。

标本M93：10，泥质红陶。敞口，方唇，弧腹，平底。口径14.7、底径6、高6～7厘米（图三四九，15）。

10. 豆

共52件，可辨完整器有37件。根据整体形制不同可分为三型。

A型　16件。豆盘为圜底。根据腹部不同分为三亚型。

Aa型　6件。腹部略鼓。根据盘的变化可分为三式。

Ⅰ式：1件。盘略浅。

标本M81：2，泥质灰陶。敞口，圆唇，弧壁微折，圜底，喇叭形圈足，中空柄较高。口径12.5、底径7.5、高14.2厘米（图三五〇，1）。

Ⅱ式：4件。盘较深。

标本M3：23，泥质灰陶。近直口，弧腹，圜底，细柄，喇叭形覆盘式圈足；盖弧腹，顶部近平。通体施白衣、红黑色彩绘。口径17.3、足径14.3、高22.3厘米（图三五〇，2）。

Ⅲ式：1件。盘略外侈。

标本M55：15，泥质灰陶。钵形腹，敞口，斜折沿，弧腹，圜底，细柄中半空，喇叭形豆座。腹部饰凹弦纹二周。口径15.2、足径10.5、高11.5厘米（图三五〇，3）。

Ab型　7件。折腹。根据盘的变化可分为二式。

Ⅰ式：6件。盘较深，圜底。

标本M32：15，泥质灰褐陶。侈口，圆方唇，斜弧腹，圜底，矮柄，喇叭形豆座，盖低弧。素面。口径10、底径7、高9.2厘米（图三五〇，4）。

Ⅱ式：1件。盘较浅，柄较矮。

标本M87：9，泥质灰陶。敛口，斜方唇，圜底，器盖与豆盘形制相同，矮喇叭形圈足。器表彩绘脱落。口径10.2、底径6、高8.1厘米（图三五〇，5）。

Ac型　3件。斜弧腹。根据盘的变化可分为三式。

Ⅰ式：1件。盘较浅，盘内壁略弧折。

标本M81：10，泥质灰陶。敞口，圆唇，弧壁微折，圜底，喇叭形圈足。中空柄较矮。口径12、底径9.6、高9.3厘米（图三五〇，6）。

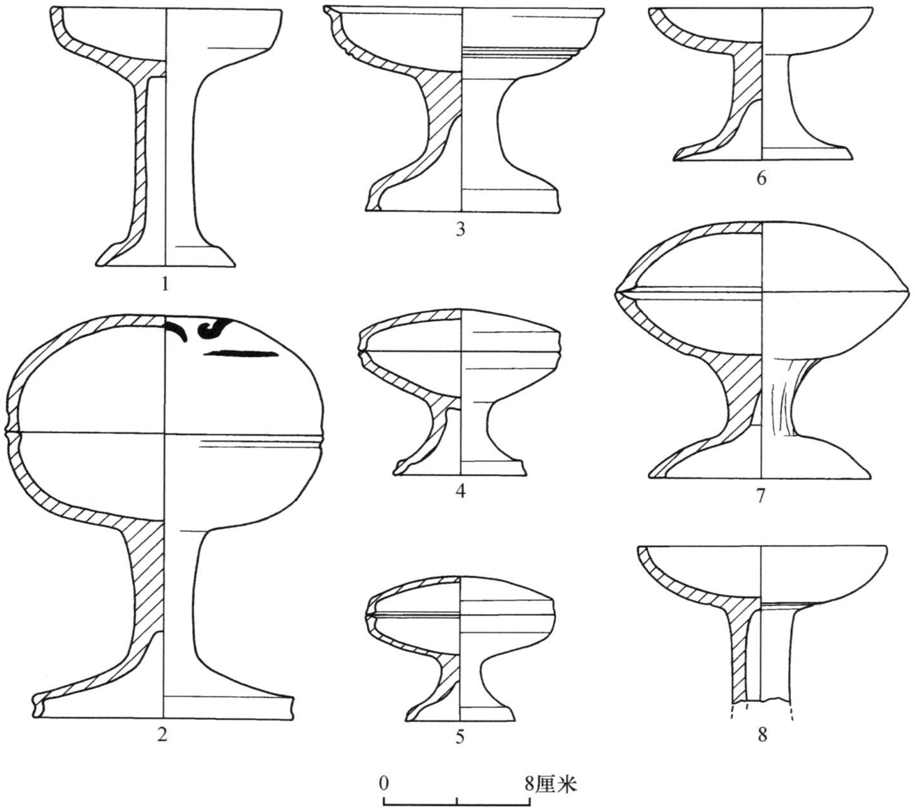

图三五〇　A型陶豆

1. Aa型Ⅰ式（M81：2）　2. Aa型Ⅱ式（M3：23）　3. Aa型Ⅲ式（M55：15）　4. Ab型Ⅰ式（M32：15）
5. Ab型Ⅱ式（M87：9）　6. Ac型Ⅰ式（M81：10）　7. Ac型Ⅱ式（M74：54）　8. Ac型Ⅲ式（M47：20）

Ⅱ式：1件。盘口外侈。

标本M74：54，泥质灰陶。敞口，尖唇，弧壁，圜底，矮粗柄，喇叭形圈足。上承盖，尖唇，弧壁，弧顶近平。素面，柄部有刮抹痕。口径16、底径12、高14.5厘米（图三五〇，7）。

Ⅲ式：1件。盘口外侈弧度较Ⅱ式大。

标本M47：20，仅余腹及部分豆柄。泥质灰陶。敞口，圆唇，浅弧腹，圜底，细柄中空。下端残。素面。口径13.6、残高8.8厘米（图三五〇，8）。

B型　13件。浅盘平底豆。根据豆盘与豆柄的变化可分为三式。

Ⅰ式：8件。盘口较直，柄较矮。

标本M7：20，泥质灰陶。豆盘为平口，方唇，直壁，斜弧腹，圜底；喇叭形豆柄。盖为直壁弧顶。器表多饰有白衣。口径9.2、足径5.2、高8.4厘米（图三五一，1）。

Ⅱ式：2件。盘口略外侈，柄较Ⅰ式高。

标本M2：17，泥质灰陶。喇叭形足，细长柄，浅盘，折腹。素面。口径12、足径7.8、高8.8厘米（图三五一，2）。

Ⅲ式：3件。盘口内敛，豆柄较高。

标本M17：1，泥质灰陶。直口，方唇，浅盘，平底，细高柄，喇叭形圈足。盖与豆盘形制相同。口径11.2、足径8.4、高12.5厘米（图三五一，8）。

C型　8件。碗形豆。根据豆盘与豆柄的变化可分为四式。

Ⅰ式：1件。盘口较直，弧腹，柄较矮。

标本M103：13，泥质灰陶。敞口，圆唇，弧壁，圜底略不平，矮柄，喇叭形圈足且足底直内收。上承盖，圆弧顶。口径10.8、底径7.2、高9.6厘米（图三五一，9）。

Ⅱ式：4件。盘口外侈。

标本M2：123，泥质灰陶。喇叭形圈足，深弧腹，敞口，方唇，弧盖。素面。口径16、底径10、高15.9厘米（图三五一，7）。

Ⅲ式：2件。盘口内敛，豆柄较高。

标本M38：4，泥质红陶。钵形豆盘，近直口微敛，圜底，矮柄，小喇叭形圈足。素面。口径12.5、底径8.5、高9.2厘米（图三五一，5）。

Ⅳ式：1件。盘口内敛呈子口，柄较细高，豆座较平。

标本M106：2，泥质红陶。敛口，圆唇，弧壁，圜底，喇叭形圈足但圈足底部较直。素面。口径11.2、底径7.6、高10厘米（图三五一，6）。

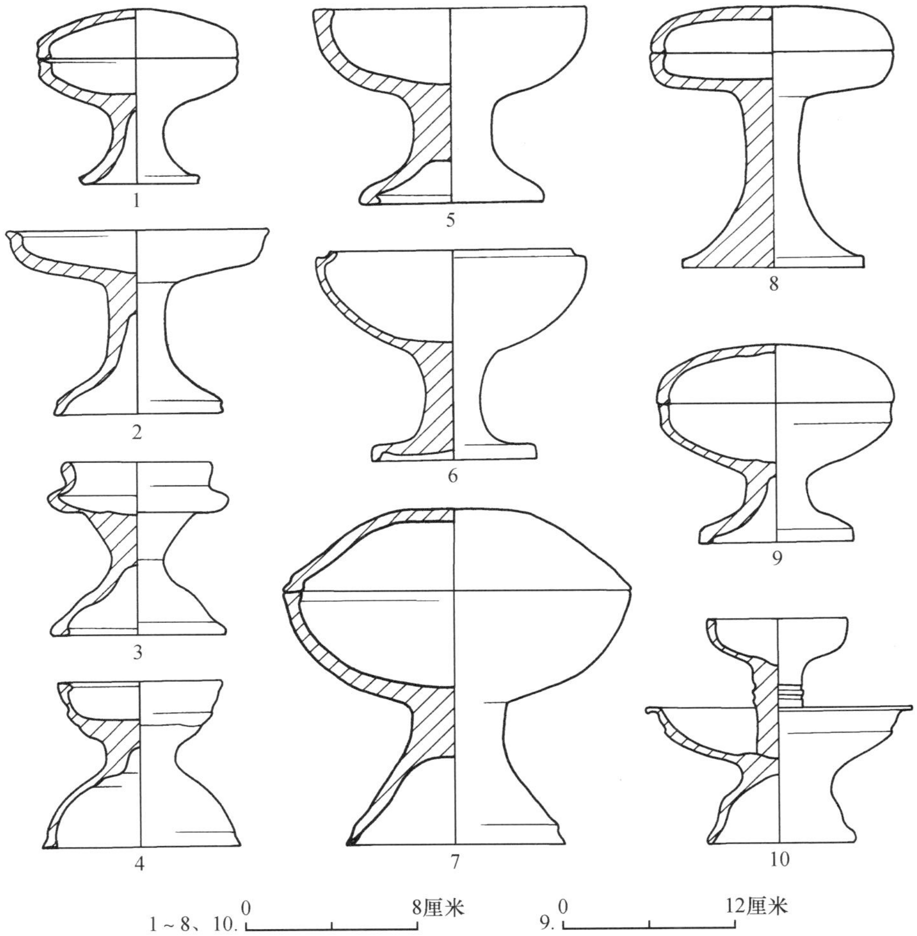

图三五一　陶豆和陶灯

1. B型Ⅰ式豆（M7：20）　2. B型Ⅱ式豆（M2：17）　3. B型灯（M111：26）　4. A型灯（M101：23）　5. C型Ⅲ式豆（M38：4）　6. C型Ⅳ式豆（M106：2）　7. C型Ⅱ式豆（M2：123）　8. B型Ⅲ式豆（M17：1）　9. C型Ⅰ式灯（M103：13）　10. C型灯（M91：7）

11. 灯

共11件，可辨完整器有7件。根据整体形制不同可分为三型。

A型　4件。高喇叭形器座。

标本101：23，泥质灰陶。敞口微敛，弧壁，深腹，圜底，矮柄，喇叭形圈足。口径9.2、底径7.6、高7.9厘米（图三五一，4）。

B型　2件。盘较浅。

标本M111：26，泥质红陶。敞口，圆唇，折腹，底不平，矮颈，喇叭形圈足。口径6.8、底径9、高8.2厘米（图三五一，3）。

C型　1件。豆上附灯。

标本M91：7，泥质灰陶。上下双盘，中间有柄连接。上盘，敞口，弧壁，圆柄，柄中部有两周凹弦纹。下盘，敞口，圆唇，弧壁，圜底，喇叭形圈足。上盘口径10、下盘口径19、高16.1厘米（图三五一，10）。

（二）釉陶器

汉墓出土釉陶器约300件，其中30余件由于盗扰及埋藏环境影响，仅可辨器型，无法进行分型、分式。以下按照器型，对保存较好、器类较多、具有型式划分意义的器物进行型式分析研究。

1. 鼎

共13件。根据整体形制不同可分为二型。

A型　10件。腹部外鼓。根据腹部变化可分为四式。

Ⅰ式：5件。腹较深，圜底。

标本M12：68，泥质红陶，器表饰酱红色釉。敛口，圆唇，扁垂腹，圜底近平，三兽面蹄形足；两弧方耳外弧撇，耳中央有一小圆孔；口上承盖，盖弧顶，上有三尖乳状纽。器腹中部饰凸弦纹一周，盖上模制有浅浮雕式图案。口径16、高19.8厘米（图三五二，1）。标本M2：108，泥质红陶，器腹、器盖通体施绿色釉。子母口，圆唇，扁圆腹，平底；下接三蹄状足；腹两侧对称贴附两个方孔方耳，耳端呈羊角状向外弧曲；器盖为弧顶，母口，顶部有对称三穿孔尖状纽。盖项均匀饰多道凹弦纹，类形瓦棱状，腹部饰一周凸弦纹。口径17.2、底径12、高20.2厘米。

Ⅱ式：2件。腹较浅，圜底。

标本M50：31，泥质红陶，器表施酱色釉，釉色较匀，釉质较好；内壁、外底部及足内侧未施釉。子母口，圆方唇，扁圆腹，圜底，下接三足斜直外撇，足面浮雕状凸起，类兽面形，腹中部外贴双耳斜直外侈，耳为半透方孔。腹中部饰凹弦纹一周，耳面方孔四周饰斜向方格纹等纹饰。器盖为弧顶，盖面浅浮雕有四叶纹和山峰云气等纹案。口径16.4、高14.4厘米（图三五二，2）。

图三五二　A型釉陶鼎

1. Ⅰ式（M12：68）　2. Ⅱ式（M50：31）　3. Ⅲ式（M91：83）　4. Ⅳ式（M106：28）

Ⅲ式：2件。两耳外撇，浅腹，腹与底交界处较为明显，底部近平。

标本M91：83，泥质红陶，姜黄色釉。子口，弧壁，扁腹较浅，口沿外侧有对称双方耳且方耳外撇，圜底，下接三蹄状足。上承弧顶盖，盖顶周围均匀分布有三个圆锥状把手。口径24.5、高15.8厘米（图三五二，3）。

Ⅳ式：1件。子口较长，浅腹，底部近平。

标本M106：28，泥质红陶，施酱红釉，釉质较好。子口，圆唇，弧壁，圜底，下接三蹄形足，口沿外侧饰对称外撇两个方耳。蹄形足正面饰兽面纹，方耳正面下部饰凹槽数道。上承盖，弧壁、弧顶，顶部周围均匀分布三锥形纽，仅存一个。盖上模制浮雕。口径15.8、高10.6厘米（图三五二，4）。

B型　3件。弧腹。根据腹部变化可分为二式。

Ⅰ式：1件。腹较深，球形腹。

标本M40：1，泥质红陶，淡黄色薄釉。通体由盖和腹两部分组成。器腹为子母口内敛，方唇，半圆腹，圜底；口外侧贴附对称双耳，外弧撇较甚，耳上长方形穿孔；腹底接直立三蹄足。盖为穹顶，近口部斜直，盖顶有三个竖棱形泥条纽。器型规整。素面。口径15.5、高16.3厘米（图三五三，1）。

Ⅱ式：2件。腹较浅，圜底近平。

标本M38：55，泥质红陶，盖及腹部外壁淡施薄釉，腹底及足部无釉。敛口，圆方唇，钵形腹，子母口，斜侈耳，弧腹，底部近平。方孔方耳外撇。三蹄足弯曲呈S形，瘦高外侈。盖为浅腹覆钵形，敞口，小平顶。下腹部饰凹弦纹。口径17、高16.9厘米（图三五三，2）。

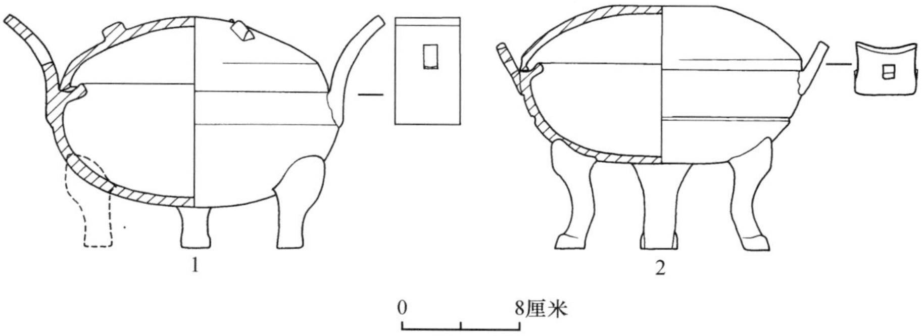

图三五三　B型釉陶鼎

1. Ⅰ式（M40：1）　2. Ⅱ式（M38：55）

2. 盒

共21件，可辨完整器有11件。根据整体形制不同可分为三型。

A型　7件。折腹。根据整体形制变化可分为三式。

Ⅰ式：1件。盒身下腹部略下垂，体高大于盖高。

标本M2：99，泥质红陶，绿器表施绿色釉或姜黄色釉，器内壁施酱色釉。

子母口，圆唇，弧折腹，圜底，矮圈足。腹壁饰多道凹弦纹。器盖为弧腹，近平顶。口径16.6、足径9.9、高19.6厘米（图三五四，2）。

Ⅱ式：5件。盒身下腹部较斜，体高大于盖高。

标本M40：18，泥质红陶，淡黄色薄釉。腹部为子母口内敛，方唇，折腹弧收，圜底，矮圈足。盖部形态与腹相同，唯为母口。器腹中部饰凹弦纹一周。口径15、底径10.5、高14.5厘米（图三五四，3）。

Ⅲ式：1件。盒身较扁。

标本M91：75，泥质红陶，施姜黄色釉。整体呈扁球形。器身为子口，弧壁，圜底，圈足。口径19、底径8.7、高16.2厘米（图三五四，4）。

B型　3件。弧腹。

标本M38：13，泥质红陶，施姜黄色釉。子母口内敛，圆方唇，直壁微弧，下腹弧收，圜底。喇叭形矮圈足。盖形制与器身基本相同，唯母口方唇。盖及腹直壁饰凹弦纹多道。口径16、底径8.5、高17.5厘米（图三五四，1）。

C型　1件。底部饰三足。

标本M38：35，泥质红陶，盖及腹上部施釉，釉色由姜黄色到棕红色不匀，腹底部及内壁无釉。器形扁矮，器身为子母口内敛，圆唇，折腹，圜底。三矮足外撇。盖形制与腹相同，唯为母口。腹部饰凹弦纹。口径16.4、高6.5厘米（图三五四，5）。

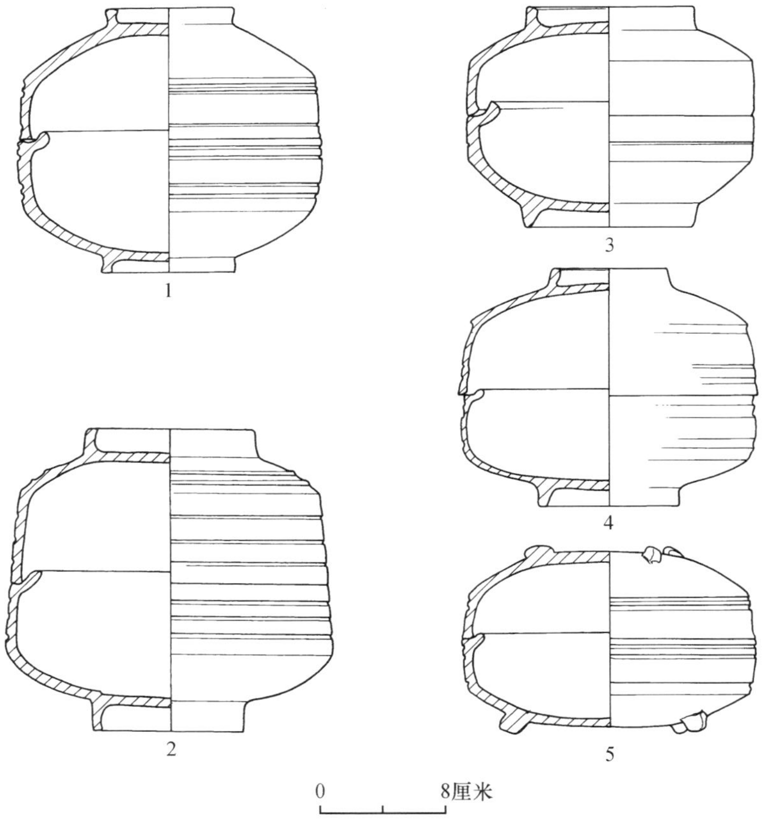

图三五四　釉陶盒

1. B型（M38：13）　2. A型Ⅰ式（M2：99）　3. A型Ⅱ式（M40：18）　4. A型Ⅲ式（M91：75）　5. C型（M38：35）

3. 壶

共42件，可辨完整器有30件。根据整体形制不同可分为四型。

A型　1件。蒜头壶。

标本M2：70，泥质红陶，器表施绿釉，内壁及底部施酱色釉，施釉不匀，有滴釉现象。盘口，方唇，束颈，溜肩，圆鼓腹，平底。口部类似蒜头壶，高圈足。颈部有凸弦纹一周，足部饰凹弦纹两周。口径4.7、底径9.5、高21.2厘米（图三五五，1）。

B型　18件。高圈足。根据颈部不同可分为二亚型。

Ba型　10件。颈部较短。根据腹部变化可分为四式。

Ⅰ式：1件。腹部外鼓，最大腹径在腹中部。

标本M2：86，泥质红陶，器表施釉不匀，内壁及壶底施酱色釉。盘口，方唇，束颈，溜肩，圆鼓腹，平底。高圈足。肩部对称贴附两个铺首衔环；盖低平，子母口，盖顶中央有乳状纽。肩、腹及圈足部有凹弦纹数周。口径11、底径11.4、高27.7厘米（图三五五，2）。

Ⅱ式：2件。腹部呈外鼓弧度较Ⅰ式大，最大腹径下移。

标本M74：9，泥质红陶，器表施姜黄色釉。母口，斜方唇，弧颈，溜肩，圆鼓腹，圜底，高圈足。腹部饰有凹弦纹数周和一对对称兽面铺首。上承盖，子口，近直壁，弧顶。顶部均匀饰有三个圆锥形器纽。口径15、底径17、高39厘米（图三五五，3）。

Ⅲ式：4件。腹部呈球形，最大腹径下移。

标本M91：8，泥质红陶，施姜黄色釉。盘口，方唇，束颈，溜肩，圆鼓腹，平底，高圈足。壶口上承盖，顶低弧，盖中部有乳状凸起；盖顶堆塑柿蒂纹、瑞兽及串珠等纹饰。口径15.8、底径19.2、残高35厘米（图三五五，8）。

Ⅳ式：3件。腹部呈扁圆形，底部近平。

标本M43：55，泥质红陶，壁通施酱黄色釉，釉质厚而均匀，内壁及圈足内不施釉。盘口，束颈，扁圆腹，平底，喇叭形斜直壁高圈足。盖为弧顶，对称三乳状纽。肩部两侧对称铺首衔环。肩腹部饰多道凹弦纹。口径17.5、足径18、高36.6厘米（图三五五，4）。

Bb型　8件。颈部较长。根据腹部变化可分为三式。

Ⅰ式：1件。盘口较直，肩部外鼓，下腹斜收。

标本M91：6，泥质红陶，酱红釉。盘口，方唇，束颈，溜肩，圆鼓腹，平底，高圈足。肩部对称贴附两个铺首。口径14.6、底径15.3、高32.3厘米（图三五五，5）。

Ⅱ式：2件。盘口外侈，腹部较扁。

标本M101：21，泥质红陶，施黄绿色釉。盘形口，弧颈，溜肩，圆鼓腹，平底，圈足。腹部饰有凹弦纹数周，中腹部外有折线。口径15.6、底径16.2、高28.2厘米（图三五五，6）。

Ⅲ式：5件。盘口外侈更甚，器身较高，腹部呈扁球形。

标本M43：92，泥质红陶，壁通施酱黄色釉，釉质厚而均匀，内壁及圈足内不施釉。盘口，束颈，扁圆腹，圜底，喇叭形斜直壁高圈足。盖为弧壁平顶，类似覆斗形。肩部两侧对称铺首衔环，肩腹部饰多道凹弦纹。口径15、足径15.2、高35.6厘米（图三五五，7）。

C型　9件。球形腹。根据腹部变化可分为三式。

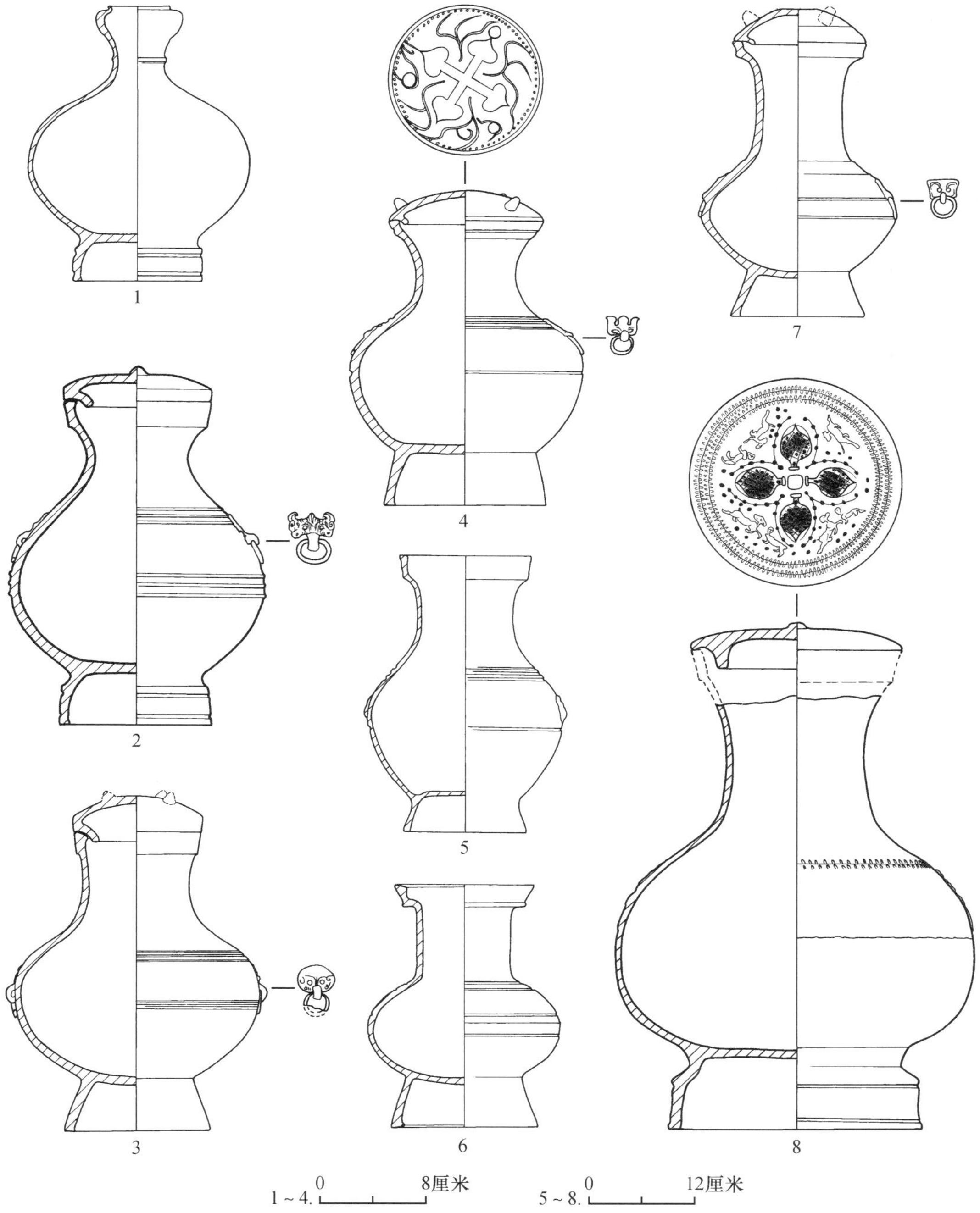

图三五五　A型和B型釉陶壶

1. A型（M2：70）　2. Ba型Ⅰ式（M2：86）　3. Ba型Ⅱ式（M74：9）　4. Ba型Ⅳ式（M43：55）　5. Bb型Ⅰ式（M91：6）　6. Bb型Ⅱ式（M101：21）　7. Bb型Ⅲ式（M43：92）　8. Ba型Ⅲ式（M91：8）

Ⅰ式：1件。腹部较长，形体较高。

标本M2：71，泥质红陶。盘口，方唇，束颈，溜肩，圆鼓腹，平底。圈足极矮且外撇，盖顶部中央饰乳凸状纽并柿蒂纹，周围另附三立兽形纽。口径15.6、底径15.6、高41.1厘米（图三五六，4）。

Ⅱ式：4件。腹部外鼓。

标本M50：6，泥质红陶，器壁施釉，内壁及圈足内底部无釉。盘口，束颈，溜肩，扁圆

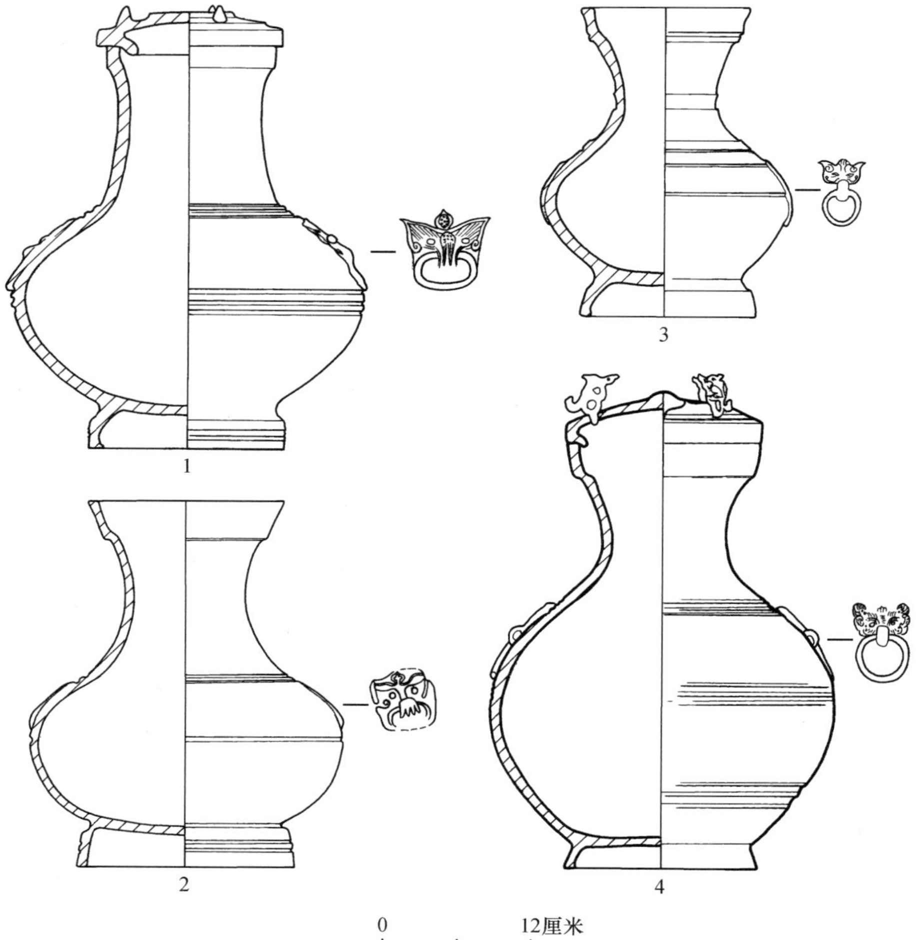

图三五六　C型和D型釉陶壶

1. C型Ⅱ式（M50：6）　2. C型Ⅲ式（M101：8）　3. D型（M38：53）　4. C型Ⅰ式（M2：71）

腹，圜底近平，矮圈足。肩部贴附铺首衔环。肩、中腹及圈足壁饰凹弦纹数周。口上承盖，盖为平顶，面呈瓦棱状，上有三个尖状乳形纽。口径13.5、足径15.5、高36.9厘米（图三五六，1）。

Ⅲ式：4件。盘口外侈较甚，腹部略扁。

标本M101：8，泥质红陶，施酱红釉。盘形口，弧颈，溜肩，圆鼓腹，圜底，圈足。上腹部饰有对称两个兽首衔环铺首，器表中部饰有凹弦纹。口径15.8、底径17.4、高30.2厘米（图三五六，2）。

D型　2件。肩部外鼓。

标本M38：53，泥质红陶，器表通施暗绿色釉，圈足无釉，颈口部脱釉严重。盘口，方唇，长束颈，圆腹，圈足。肩部有对称两个铺首衔环。口径13.5、足径14、高25.6厘米（图三五六，3）。

4. 豆

共6件。根据整体形制不同可分为三型。

A型　3件。深腹豆。

标本M38：38，泥质红陶，器表施酱色釉。子母口内敛，弧腹圜底，细柄，喇叭圈足。腹部饰凹弦纹数周。口径12、足径7.2、高1.4厘米（图三五七，1）。

B型　2件。浅盘豆。

标本M12：41，泥质红陶，淡绿色釉。浅腹盘，直口，方唇，平底，中有锥状凸出，下接粗柄喇叭形座，柄中空至盘底。盘及底座上饰凹弦纹。口径13、底径10、高13厘米（图三五七，2）。

C型　1件。高柄豆。

标本M74：21，泥质红陶，器表施酱红色釉。敛口，圆唇，弧壁，圜底，细高柄，喇叭形内敛圈足，柄顶部有一周箍。豆腹上饰一周凸弦纹。口径10.5、底径10.8、高19.5厘米（图三五七，3）。

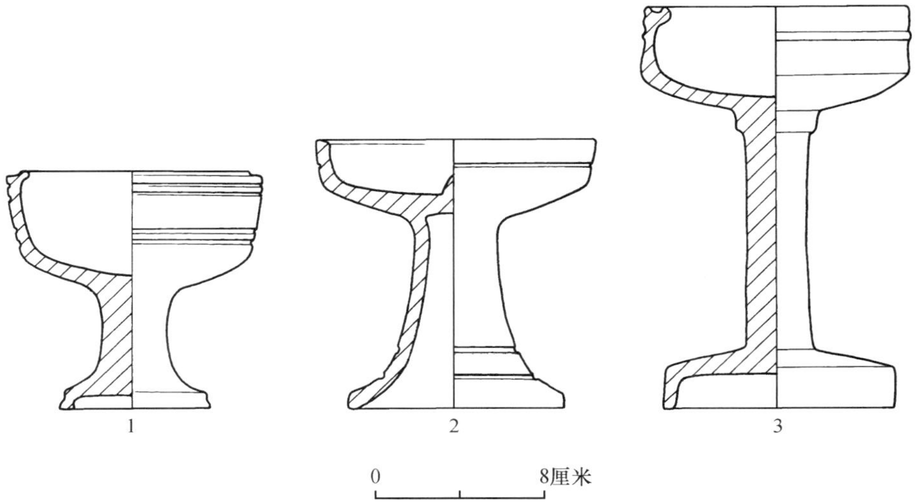

图三五七　釉陶豆

1. A型（M38：38）　2. B型（M12：41）　3. C型（M74：21）

5. 盂

共27件，可辨完整器有22件。根据整体形制变化可分为三式。

Ⅰ式：5件。折肩，腹部较直。

标本M12：46，泥质红陶，酱红色釉，底未施釉。敞口，卷折沿，弧束颈，肩部有对称两泥条形纽，折腹，平底。肩部饰凹弦纹。口径18.5、底径10、高12厘米（图三五八，2）。

Ⅱ式：9件。弧肩，腹部外鼓。

标本M38：10，泥质红陶。侈口，束颈，平底。腹部饰凹弦纹两周。口径11、底径5、高8.6厘米（图三五八，1）。标本M91：44，泥质红陶，施酱红釉。敞口，卷沿，沿上有一周凹槽，尖唇，扁圆鼓腹，凹圜底。肩、腹部饰有两周凹弦纹。口径14.9、腹径16、高8.9厘米。

Ⅲ式：8件。鼓腹，最大腹径较低。

标本M106：45，泥质红陶，施酱红釉，内口部施釉，器表施釉，底部无釉。敞口，卷沿，方唇，溜肩，扁圆鼓腹，圜底近平。腹部饰凹弦纹。口径17、底径10、高9.3厘米（图三五八，3）。标本M111：62，泥质红陶，施酱红釉。敞口，圆唇，弧颈，溜肩，扁圆鼓腹，圜底。肩部饰对称器錾，錾下饰两周凹弦纹。口径12.5、高11厘米（图三五八，4）。

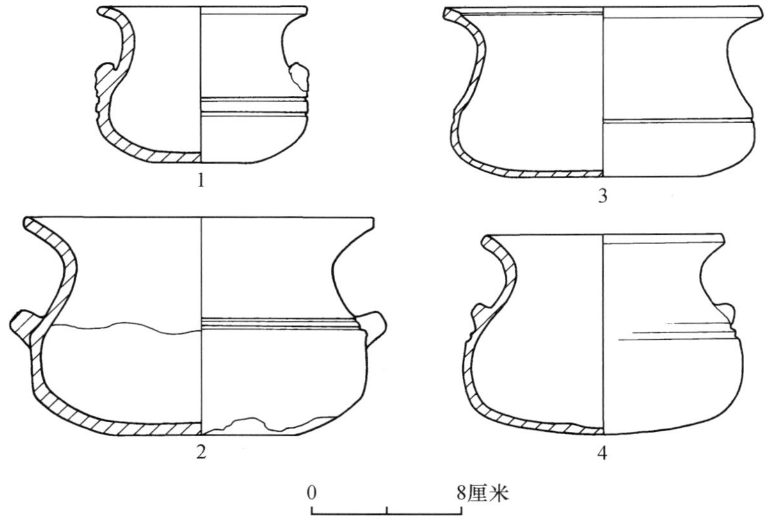

图三五八　釉陶盂

1. Ⅱ式（M38：10）　2. Ⅰ式（M12：46）　3、4. Ⅲ式（M106：45、M111：62）

6. 灯

共25件，可辨完整器有23件。根据整体形制不同可分为三型。

A型　2件。灯盘较深。根据整体形制变化可分为二式。

Ⅰ式：1件。灯盘的宽度与灯座的宽度相同。

标本M50：64，泥质红陶，酱色釉。哑铃形，钵形腹，敞口，弧腹，圜底，束腰，下接大喇叭形圈足。口径9.5、足径9.8、高10.4厘米（图三五九，1）。

Ⅱ式：1件。灯盘的宽度小于灯座的宽度。

标本M93：14，泥质红陶，施酱绿色釉。敞口，圆唇，深盘腹，圜底，喇叭形圈足。口径9、底径11.6、高10厘米（图三五九，2）。

B型　12件。灯盘较浅。根据灯盘形制不同可分为二亚型。

Ba型　7件。灯盘侈口外撇。根据灯盘变化可分为二式。

Ⅰ式：5件。灯盘的宽度与灯座的宽度相同。

标本M38：28，泥质红陶，器表满施酱色釉，盘内壁施釉。盘形折腹，微侈口，圜底近平，短柄，下接钵形圈足。口径11.2、足径11、高9厘米（图三五九，3）。

Ⅱ式：2件。灯盘的宽度小于灯座的宽度。

标本M119：3，泥质红陶，施姜黄色釉。浅腹盘，敛口，方唇，弧壁，圜底近平，下接粗柄喇叭形座，柄中空至盘底。口径7.8、底径9、高8.5厘米（图三五九，4）。

Bb型　5件。灯盘为敛口。根据灯座变化可分为二式。

Ⅰ式：3件。灯座为弧腹。

标本M50：65，泥质红陶，酱色釉。壶形盘，小直口，圆唇，扁折腹，圜底，束腰，下接大喇叭形圈足。口径6、足径10.2、高8.8厘米（图三五九，5）。

Ⅱ式：2件。灯座为折腹。

标本M43：2，泥质红陶，器表饰酱色釉。盏形腹，直口，圆唇，圜底。下接束腰细柄、

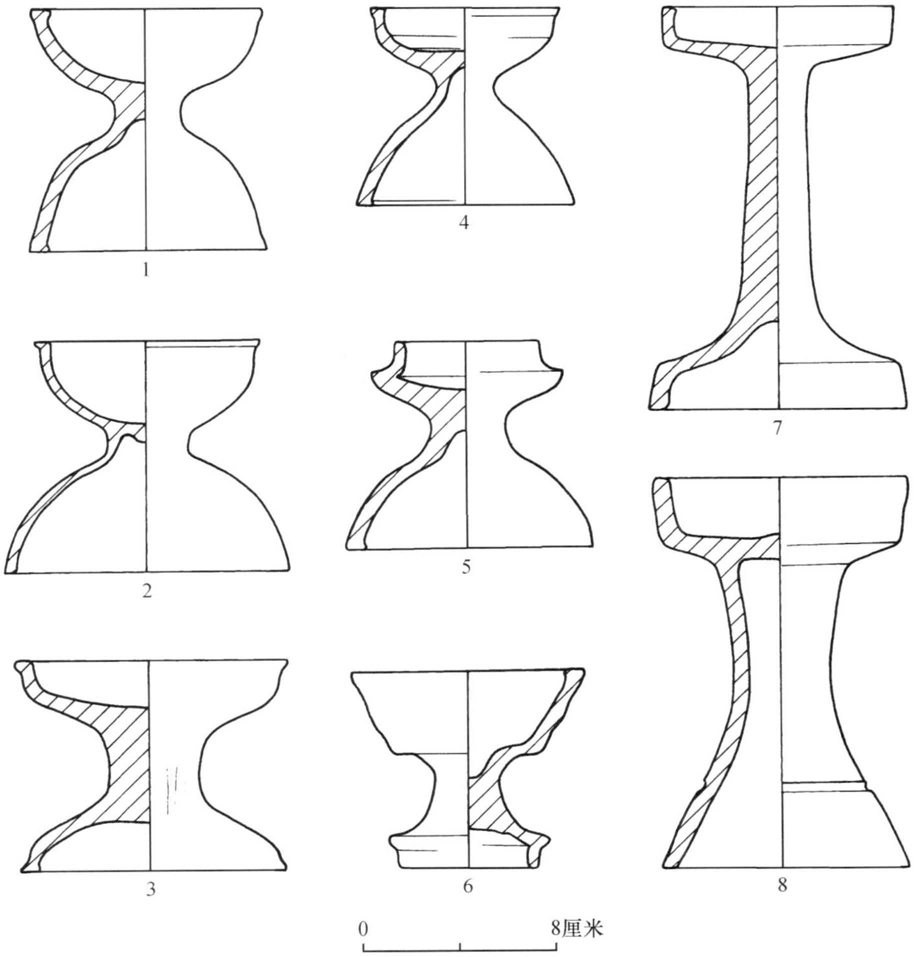

图三五九 釉陶灯

1. A型Ⅰ式（M50：64） 2. A型Ⅱ式（M93：14） 3. Ba型Ⅰ式（M38：28） 4. Ba型Ⅱ式（M119：3）
5. Bb型Ⅰ式（M50：65） 6. Bb型Ⅱ式（M43：2） 7. C型Ⅰ式（M40：13） 8. C型Ⅱ式（M43：41）

喇叭形圈足。素面。口径5.5、足径9.6、高8.5厘米（图三五九，6）。

C型 9件。灯盘较浅。根据灯盘的变化可分为二式。

Ⅰ式：6件。灯盘口部较直。

标本M40：13，泥质红陶，酱色薄釉，脱落较甚。由盘、柄和圈足三部分组成。盘为直口直壁，方唇，平底。柄细长，上细下略粗。圈足呈喇叭形，半通柄下部。口径9.6、足径10.7、高17.2厘米（图三五九，7）。

Ⅱ式：3件。灯盘口部外侈，柄部较粗。

标本M43：41，泥质红陶，器表饰酱色釉。豆形，形制较大，瘦高。由腹和柄两部分组成。盘形腹，直口，圆方唇，平底。下接粗柄，中空，下端微张呈喇叭形圈足。近足端部饰凹弦纹一周。口径10.5、足径10.2、高16.6厘米（图三五九，8）。

7. 博山炉

共29件，可辨完整器有14件。根据整体形制不同可分为二型。

A型　9件。整体形态与豆相似。

标本M2：16，泥质红陶胎，器表施绿色釉，内壁施酱色釉。由炉身与盖两部分组成。喇叭形高柄豆形炉身，下为喇叭形足，细柄，上接扁方形腹炉斗，敛口，圆唇，近平底。圈足与柄中空直抵斗底部。盖为圆锥形博山盖，以母口与斗相接，以高浮雕手法表现出博山形制。底足径12、斗径10.5、高23.8厘米（图三六〇，1）。标本M49：12，泥质红陶，酱黄色釉。由炉身和盖两部分以子母口扣合而成。炉身敛口，圆唇，扁方腹，圜底近平，下接短细柄、大喇叭形圈足。炉盘壁上镂空，呈弯月形，并刻划弦饰。盖为盔形，顶部有圆形平顶捉手，下部镂空成两排上下对称的三角形，中上部等距开裂成四瓣形，瓣间竖向镂三圆孔，瓣上刻划网格纹。口径10.2、足径12、高23厘米（图三六〇，2）。

B型　5件。底部为一盘状底座，上部与豆相似。

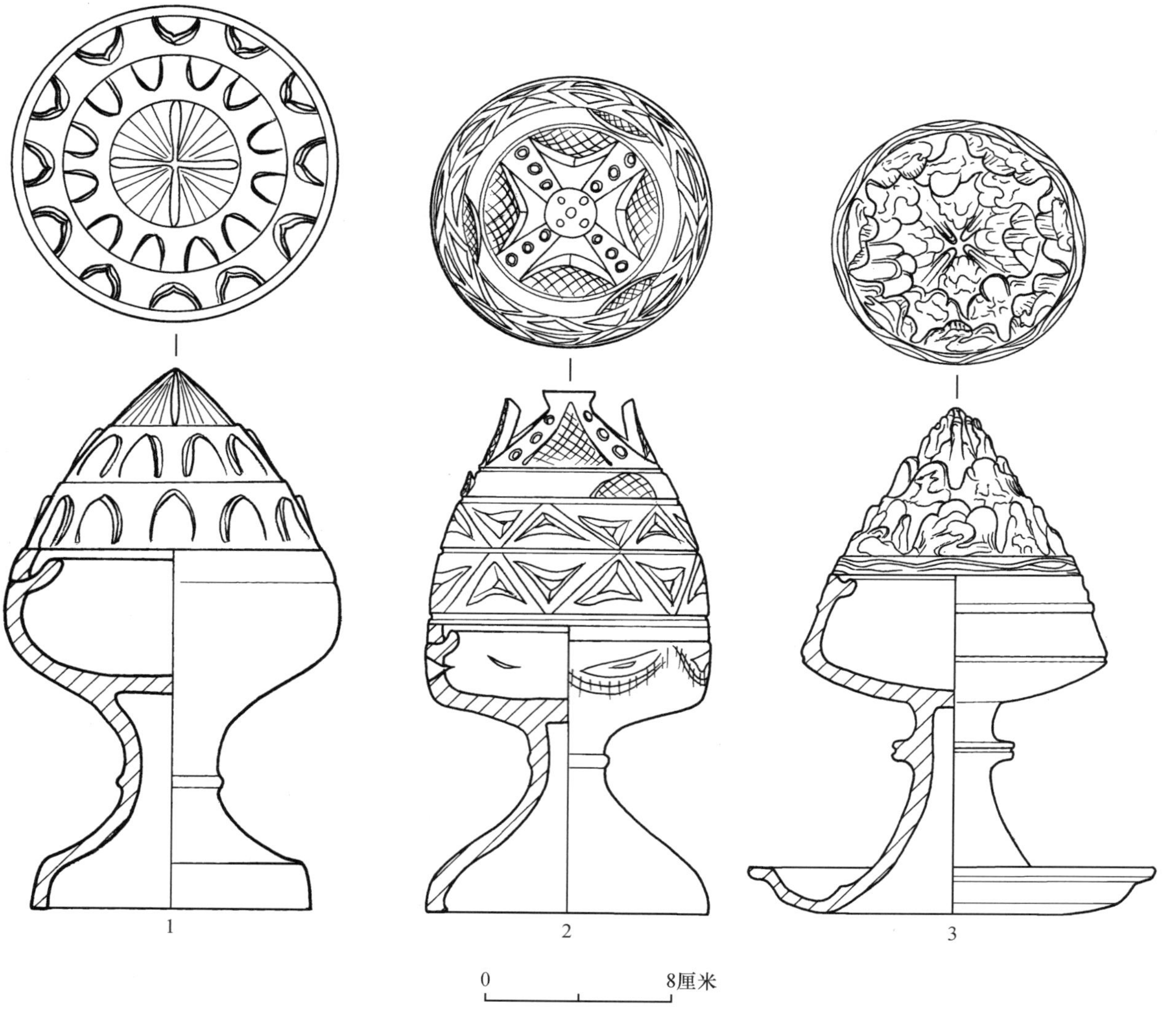

图三六〇　釉陶博山炉

1、2. A型（M2：16、M49：12）　3. B型（M74：19）

标本M74：19，泥质红陶，器表施酱红釉。敛口，唇上有较深凹槽。斜直壁，折腹，圜底，中空柄，柄底部接浅盘底座，柄中上部有一周凹槽的箍，浅盘底座为敞口，圆唇，弧腹，平底。上承盖，斜弧壁，尖顶。盖上堆塑山形浅浮雕纹饰。口径9.2、高22.2厘米（图三六〇，3）。

第五节　墓葬分期与年代推断

马沱墓地清理的78座汉代墓葬，除部分铜钱外未见有明显的纪年材料，故我们以墓葬形制与随葬器物为主要依据、铜钱作为辅助证据对墓葬分期与年代进行判断。

一、墓葬分期

依据陶器的形制特征与组合关系的类型学分析，本报告将这批汉代墓葬分为五期。

（一）第一期

属于本期墓葬的有M1、M5、M7、M22、M31、M32、M70、M73、M78、M80、M81、M100、M103、M109、M110、M116、M117等17座墓。该期墓葬形制均为较狭长的长方形竖穴土坑墓，少量岩坑墓，与东周时期墓葬形制基本相同。随葬甲组陶器盛行，以鼎、盒、壶、罐、豆、釜等器类为主，墓内随葬铜钱为半两。从具体器型上看，陶器有AⅠ式、AⅡ式、BaⅠ式、BbⅠ式、BbⅡ式鼎，AI式、BⅠ式盒，AaⅠ式、AaⅡ式、AbⅠ式、BbⅠ式、BcⅠ式、D型壶，AaⅠ式、AaⅡ式、AcⅠ式、AcⅡ式、BaⅠ式、CaⅠ式、EⅠ式罐，AaⅠ式、AbⅠ式、BⅠ式、CⅠ式豆，AaⅠ式、BaⅠ式、BbⅠ式甑，AaⅠ式、AaⅡ式、AbⅠ式、AbⅡ式、Ac型、BaⅠ式、Bb型釜，AⅠ式、BⅠ式、Da型、E型盆，BⅠ式钵；个别墓葬还随葬有钫、勺、碗等陶器。铜器为鍪、洗、剑等，铜器整体风格与战国晚期楚式铜器风格基本一致。

（二）第二期

属于本期墓葬的有M3、M11、M34、M52、M55、M87、M105、M97等8座墓。该期墓葬形制逐渐演变为近方形竖穴土坑墓，墓穴整体变宽变长。随葬陶器以甲组为主，乙组陶器开始出现并迅速增多。器类以鼎、盒、壶、罐、豆、釜、仓、钵、勺、灯等器类为主，墓内随葬铜钱为昭帝与宣帝时期的五铢。从具体器型上看，陶器有AⅡ式、AⅢ式、BbⅢ式、CⅠ式鼎，AⅡ式、AⅢ式、B型盒，AbⅡ式、BaⅡ式、BbⅡ式、BcⅡ式壶，BaⅡ式、CaⅡ式、CaⅢ式、CbⅠ式、CbⅡ式、EⅡ式罐，AⅡ式、BⅡ式、CⅠ式盆，AbI式、BaⅡ式甑，AaⅢ式、BaⅡ式釜，AaⅡ式、AaⅢ式、AbⅡ式豆，AaⅠ式、AbⅠ式仓，BI式、BⅡ式钵；个别墓葬还随葬有铜钫、釜、甑、洗、盘等。

（三）第三期

属于本期墓葬的有M2、M17、M24、M30、M40、M49、M72、M74、M120、M132等10座墓。该期墓葬形制仍以近方形竖穴土坑墓为主，长方形墓道砖室墓出现。部分墓葬随葬甲组陶器组合已不完整，丙组釉陶陶器开始大量出现并形成固定的组合形式，乙组陶器也作为重要的器类进行随葬。甲组器类以鼎、盒、壶、罐、豆、钵、甑等器类为主；乙组器类以仓、灯为主；丙组釉陶器以鼎、盒、壶、釜、灶、盂、卮、博山炉等器类为主；随葬铜钱年代为宣帝至西汉晚期的五铢钱。从具体器型上看，陶器有AⅢ式、BaⅡ式、BbⅢ式、BbⅣ式、CⅠ式鼎，AⅢ式、AⅣ式、B型盒，AaⅢ式、AbⅡ式、BaⅡ式、BbⅡ式、BbⅢ式、BcⅡ式壶，AaⅢ式、AbⅠ式、AcⅡ式、AdⅠ式、AeI式、BaⅡ式、BaⅢ式、CaⅡ式、CbⅠ式、CbⅡ式罐，AⅡ式、AⅢ式、BⅡ式、CⅠ式、CⅡ式盆，AaⅡ式、BbⅡ式、BbⅢ式甑，AaⅢ式、AbⅢ式、BaⅡ式、BaⅢ式釜，AcⅡ式、BⅡ式、BⅢ式、CⅡ式豆，A型灯，AaⅢ式、AbⅠ式、AbⅡ式、BⅠ式仓，AⅠ式、AⅡ式、BⅡ式、BⅢ式、CⅠ式钵；釉陶器有AⅠ式、AⅡ式、BⅠ式鼎，AⅠ式、AⅡ式盒，BaⅠ式、BaⅡ式、CⅠ式壶，A型、B型博山炉，Ⅰ式洗，CⅠ式灯，C型豆；少量墓葬还随葬有铜釜、壶、鍪、洗等，铜弩机、箭镞等铜兵器出现较多。

（四）第四期

属于本期墓葬的有M8、M12、M38、M50、M59、M91、M94、M98、M101等9座墓。该期墓葬形制以长方形墓道砖室墓为主，近方形竖穴土坑墓较少。墓葬内随葬甲组器物数量少于随葬丙组器物数量，丙组釉陶陶器成为最主要的器物类型，以釉陶耳杯、陶俑为代表的丁组陶器开始出现，随葬铜钱年代为新莽时期至东汉早期的铜钱，王莽时期多见有货泉等。从具体器型上看，陶器有CⅡ式鼎，B型盒，BaⅢ式壶，AaⅢ式、AaⅣ式、AbⅡ式、AbⅢ式、AdⅡ式、AeⅡ式、AeⅢ式、BaⅢ式、BaⅣ式、Bb型、CbⅠ式、CbⅡ式、FⅢ式罐，AⅢ式、BⅢ式、BⅣ式、CⅡ式盆，AaⅢ式、AaⅣ式、AbⅡ式、AbⅢ式、BbⅣ式甑，CⅢ式豆，AaⅡ式、AaⅢ式、AbⅡ式、AbⅢ式、BⅡ式仓，AaⅣ式、AbⅣ式、Bb型、CaⅠ式、CaⅡ式、CbⅠ式、Cd型釜，AⅡ式、BⅢ式、CⅡ式、DⅠ式、DⅢ式钵，A型、C型灯；釉陶器有AⅠ式、AⅡ式、AⅢ式、BⅡ式鼎，AⅡ式、AⅢ式、B型、C型盒，BaⅢ式、BbⅠ式、BbⅡ式、CⅡ式、CⅢ式、D型壶，A型、B型豆，Ⅰ式、Ⅱ式盂，Ⅰ式、Ⅱ式洗，A型、B型博山炉，AⅠ式、BaⅠ式、BbⅠ式、CⅠ式、CⅡ式灯；陶俑形式多样，有动物俑、人物俑、镇墓兽等；少量墓葬随葬有铜洗、鍪、釜等，兵器数量极少，仅发现铜镞1件。

（五）第五期

属于本期墓葬的有M43、M46、M47、M48、M64、M76、M88、M89、M93、M95、

M106、M111、M119等13座墓。该期墓葬形制均为长方形墓道砖室墓，竖穴土坑墓已经消失。该时期砖石墓葬规模较大，多数墓葬被盗扰严重，随葬器物也破坏较甚。根据现存器物推断，墓葬内随葬甲组器物与丙组器物基本相同，但数量组合多不完整，随葬铜钱年代多见东汉中晚期。从具体器型上看，陶器有AaⅤ式、AbⅣ式、AdⅡ式、BaⅣ式、CaⅣ式、CbⅢ式、D型、G型罐，BⅤ式、Db式盆，AaⅣ式、AaⅤ式、AbⅣ式、AbⅤ式、BbⅤ式甑，AcⅢ式、CⅢ式、CⅣ式豆，CaⅢ式、CbⅡ式、Cc型、D型釜，AbⅡ式、Ca型、Cb型、Cc型仓，AⅡ式、CⅡ式、CⅢ式、DⅡ式、DⅢ式、E型钵，A型、B型灯；釉陶器有AⅣ式鼎，BbⅡ式、BbⅢ式、BⅣ式、CⅢ式壶，Ⅱ式洗，Ⅲ式盂，BaⅠ式、BaⅡ式、BbⅠ式、BbⅡ式、CⅡ式灯，B型博山炉；少量墓葬随葬有铜洗、镦等，未见有兵器随葬。

二、年代推断

马沱墓地清理共清理78座东周墓葬，由于其中20座未随葬陶器而只能推断出其属于东汉或西汉，无法进行详细分期，故本报告只对参加分期的58座墓葬进行详细年代推断。

第一期墓葬形制均为较狭长的长方形竖穴土坑墓，与东周时期墓葬形制基本相同，是延续本地区东周楚墓的墓葬形制演变而来，从墓葬形制推断应属于西汉早期。第一期随葬器物以甲组陶器为主，主要是以鼎、盒、壶为核心，这类核心组合流行于整个两汉时期。本期盛行的AⅠ式鼎与襄阳王坡西汉墓地[①]随葬的AⅠ式鼎（M48：8）形制相似，BaⅠ式鼎与蕲春罗州城汉墓[②]随葬的AbⅢ式鼎（M3：4）形制相似，AⅠ式盒、AaⅠ式罐与云阳李家坝10号岩石坑墓[③]随葬的盒（M10：5）、罐（M10：14）形制相似。襄阳王坡M48、罗州城M3、云阳李家坝M10，这三座墓葬年代均为西汉早期，结合铜钱在该期墓葬内发现较少且主要为半两钱，推测第一期年代应为西汉早期。

第二期墓葬形制已由长方形土坑竖穴墓演变为近方形竖穴土坑墓，墓穴整体变宽、变长，随葬陶器以甲组为主，以随葬仓、灯为核心的乙组陶器开始出现，筒型陶仓在峡江地区大量出现的大致年代处于武帝时期[④]。本期所盛行的典型陶器CⅠ式鼎与房县松嘴汉墓[⑤]随葬的AⅡ式鼎（M38：3）形制相似，BbⅢ式鼎、AⅡ式盒与襄阳王坡西汉墓地[⑥]随葬的BⅢ式鼎（M72：3）、AⅡ式盒（M97：5）形制相似，BaⅡ式壶、CaⅡ式罐、AbⅠ式仓、AaⅢ式豆与云阳走马岭墓地[⑦]随葬的AⅢ式壶（03M22：39）、甲CⅡ式罐（03M22：11）、B型仓

---

① 湖北省文物考古研究所等：《襄阳王坡东周秦汉墓》，科学出版社，2005年。

② 黄冈市博物馆等：《罗州城与汉墓》，科学出版社，2000年。

③ 四川大学历史文化学院考古系等：《云阳李家坝10号岩坑墓发掘报告》，《重庆库区考古报告集·1997卷》，科学出版社，2001年。

④ 蒋晓春：《三峡地区秦汉墓研究》，四川大学博士学位论文，2005年。

⑤ 湖北省文物考古研究所等：《1986—1987年湖北房县松嘴战国两汉墓发掘报告》，《考古学报》1992年第2期；湖北省文物考古研究所等：《湖北房县松嘴战国两汉墓地第三、四次发掘报告》，《考古学报》1998年第2期。

⑥ 湖北省文物考古研究所等：《襄阳王坡东周秦汉墓》，科学出版社，2005年。

⑦ 重庆市文物局、重庆市移民局：《云阳走马岭墓地》，科学出版社，2011年。

（03M22：62）、Ⅰ式豆（03M5：5）形制相似。房县松嘴M38、襄阳王坡M72与M97、云阳走马岭M22与M5，这五座墓葬年代均为西汉中期，结合墓内随葬较多昭帝与宣帝时期的五铢钱币推测，第二期年代应为西汉中期。

第三期墓葬形制仍以近方形竖穴土坑墓为主，长方形墓道砖室墓出现。甲组陶器仍占据主导地位，但部分随葬甲组陶器组合已不完整，丙组釉陶器出现，乙组陶器作为重要的器类进行随葬，仓大量出现。砖室墓在峡江地区出现是在西汉晚期，后到东汉时期开始盛行，此类墓葬整体规模较大。弩机的出现大致年代也在西汉晚期。本期所盛行的典型陶器AⅢ式鼎与忠县崖脚汉墓[①]随葬的陶鼎（98BM10：22）形制相似，B型盒、BaⅡ式釉陶壶与云阳李家坝M37[②]随葬的陶盒（M37：18）、釉陶壶（M37：60）形制相似，AⅢ式盒、AaⅢ式罐、Ⅰ式釉陶洗、CⅠ式釉陶灯与走马岭汉墓[③]随葬的BⅡ式陶盒（03M1：101）、乙类AaⅡ式陶罐（03M1：105）、B型釉陶洗（03M1：17）、釉陶灯（03M1：1）形制相似，BaⅠ式壶与巫山麦沱墓地[④]随葬的AⅡ式壶（M29：48）形制相似，BcⅡ式壶与宜城跑马堤汉墓[⑤]随葬陶壶（M6：3）形制相似，A型釉陶博山炉与丰都镇江汉墓[⑥]随葬的釉陶博山炉（M10：2）形制相似。忠县崖脚M10、云阳李家坝M37、云阳走马岭M1、巫山麦沱M29、宜城跑马堤M6、丰都镇江M10，这六座墓葬年代均为西汉晚期，结合墓葬形制、随葬品特征及墓内随葬铜钱年代多为宣帝至西汉晚期的五铢钱币推测，第三期墓葬年代为西汉晚期。

第四期墓葬形制已演变为以长方形墓道砖室墓为主，近方形竖穴土坑墓较少，墓葬内随葬甲组器物数量整体少于随葬丙组釉陶器器物数量，丙组器物成为最主要的器物类型，以釉陶耳杯、陶俑为代表的丁组陶器开始出现。本期所盛行的典型陶器AⅡ式釉陶鼎、AⅡ式釉陶盒与云阳走马岭汉墓[⑦]随葬的BⅢ式釉陶鼎（03M23：38）、AⅣ式釉陶盒（04M9：24）形制相似，CⅡ式釉陶壶与巫山麦沱汉墓[⑧]随葬的Ⅰ式釉陶壶（M10：1）形制相似，BbⅡ式釉陶壶与襄阳王坡汉墓[⑨]随葬的CⅡ式陶壶（M162：6）、万州大坪汉墓[⑩]随葬的AⅠ式釉陶壶

① 北京大学考古文博学院三峡考古队等：《忠县崖脚墓地考古发掘报告》，《重庆库区考古报告集·1998卷》，科学出版社，2003年。

② 四川大学历史文化学院考古系等：《云阳李家坝10号岩坑墓发掘报告》，《重庆库区考古报告集·1997卷》，科学出版社，2001年。

③ 重庆市文物局、重庆市移民局：《云阳走马岭墓地》，科学出版社，2011年。

④ 湖南省文物考古研究所等：《巫山麦沱墓群发掘报告》，《重庆库区考古报告集·1997卷》，科学出版社，2001年。

⑤ 武汉大学等：《湖北宜城跑马堤东周两汉墓地》，科学出版社，2017年。

⑥ 重庆市文物局、重庆市移民局：《丰都镇江汉至六朝墓群》，科学出版社，2013年。

⑦ 重庆市文物局、重庆市移民局：《云阳走马岭墓地》，科学出版社，2011年。

⑧ 湖南省文物考古研究所等：《巫山麦沱墓群发掘报告》，《重庆库区考古报告集·1997卷》，科学出版社，2001年。

⑨ 湖北省文物考古研究所等：《襄阳王坡东周秦汉墓》，科学出版社，2005年。

⑩ 重庆市文物局、重庆市移民局：《万州大坪墓地》，科学出版社，2006年。

（M44：13）形制相似，AaⅣ式陶罐与忠县崖脚汉墓[①]随葬的釜（M3：12）形制相似，AⅢ式陶盆、AaⅣ式陶甑与丰都镇江汉墓[②]随葬的AaⅡ式甑（M6：25）、AaⅠ式盆（M6：19）形制相似，Ⅰ式釉陶盂与万州大坪汉墓[③]随葬的Ⅰ式釉陶盂（M159：2）形制相似。云阳走马岭M9与M23、襄阳王坡M162、万州大坪M44与M159、忠县崖脚M3、丰都镇江M6，这七座墓葬年代均为新莽时期至东汉早期，结合墓葬形制及墓内随葬铜钱年代多为新莽货币及东汉早期五铢推测，第四期墓葬年代为新莽时期至东汉早期。部分墓葬年代可判断为新莽时期，但由于缺乏更多较为直接的证据，本报告将此类墓葬仍归为新莽至东汉早期。

第五期墓葬形制均为长方形墓道砖室墓，竖穴土坑墓已消失不见。由于该时期墓葬破坏极为严重，多数墓葬被盗，墓葬内随葬品出土较少，组合较乱。甲组陶器组合中鼎、盒、壶组合形式已结束，陶鼎消失不见，多见以丙组器物为核心的组合。本期所盛行的典型陶器BbⅢ式釉陶壶与巫山瓦岗槽汉墓[④]随葬的Ⅳ式釉陶壶（M21：1）、丰都镇江汉墓[⑤]随葬的BaⅣ釉陶壶（M3：27）形制相似，AaⅤ式甑与丰都镇江汉墓[⑥]随葬的AaⅤ式甑（M1：25）形制相似。巫山瓦岗槽M21、丰都镇江M1与M3，这三座墓葬年代均为东汉中晚期，结合墓葬内随葬铜钱多为桓灵时期至东汉晚期五铢推测，第五期墓葬年代为东汉中晚期。

除上述57座可分期墓葬外，其余21座仅可根据墓葬形制不同分辨出西汉与东汉时期。西汉时期墓葬形制为土坑竖穴墓，有M4、M6、M23、M26、M27、M28、M33、M36、M39、M51、M114、M127、M131、M133等14座；东汉时期墓葬形制为砖室墓，有M9、M10、M16、M20、M54、M79、M90等7座。

---

① 北京大学考古文博学院三峡考古队等：《忠县崖脚墓地考古发掘报告》，《重庆库区考古报告集·1998卷》，科学出版社，2003年。

② 重庆市文物局、重庆市移民局：《丰都镇江汉至六朝墓群》，科学出版社，2013年。

③ 重庆市文物局、重庆市移民局：《万州大坪墓地》，科学出版社，2006年。

④ 南京博物院考古所等：《巫山瓦岗槽墓地发掘报告》，《重庆库区考古报告集·1998卷》，科学出版社，2003年。

⑤ 重庆市文物局、重庆市移民局：《丰都镇江汉至六朝墓群》，科学出版社，2013年。

⑥ 重庆市文物局、重庆市移民局：《丰都镇江汉至六朝墓群》，科学出版社，2013年。

第四章　六朝墓葬

云阳马沱墓地发现的六朝墓葬共13座，分布在第一与第三发掘象限内。其中第一象限内有1座、第三象限内有12座。本章集中对这13座汉代墓葬的资料逐一报告。

第一节　墓葬资料

一、M25

（一）发掘地点

位于第一象限、T11906内。

（二）形制与结构

开口距地表深0.98米。长方形砖室洞室墓，由墓道、封门、甬道和墓室四部分组成。方向125°（图三六一）。

墓道位于墓室南端，被断崖打破，残留极少一部分，形制已不辨。

封门位于墓道北部，拱形，1.4米处起券。墓门为平砌而成，现残存砖六层。墓门残高1.3米，封门砖残高宽1.8、残高0.4、厚0.36米。

甬道位于墓道北部，长1.5、宽1.44米，深1.5米。两壁及底部铺砖，残高0.76米。

墓室位于甬道北部，前半部位于崖前平地，与墓道和甬道同处一平面，后半部分则位于高约3米的断崖内。墓室为长方形洞室。长4.1、宽1.8米，深3.6米。墓室四壁及底部均铺有砖，个别砖因起券需要而减薄呈楔形砖。砖的侧面模印有车马、菱形等图案。墓顶无存，但从四壁可以看出其起券的高度约在距墓底0.8米处，墓顶高度应在1.6米左右。墓底铺砖多层，局部达五层之多。墓室西壁近墓门处有一盗洞，直入墓室并打破墓底，故墓室盗扰殆尽，葬具、骨架无存。

根据发掘情况看，M25建造方法为自地表向下挖掘出墓圹，之后于其内建造砖室。墓室上部填土较硬，局部经过夯打。

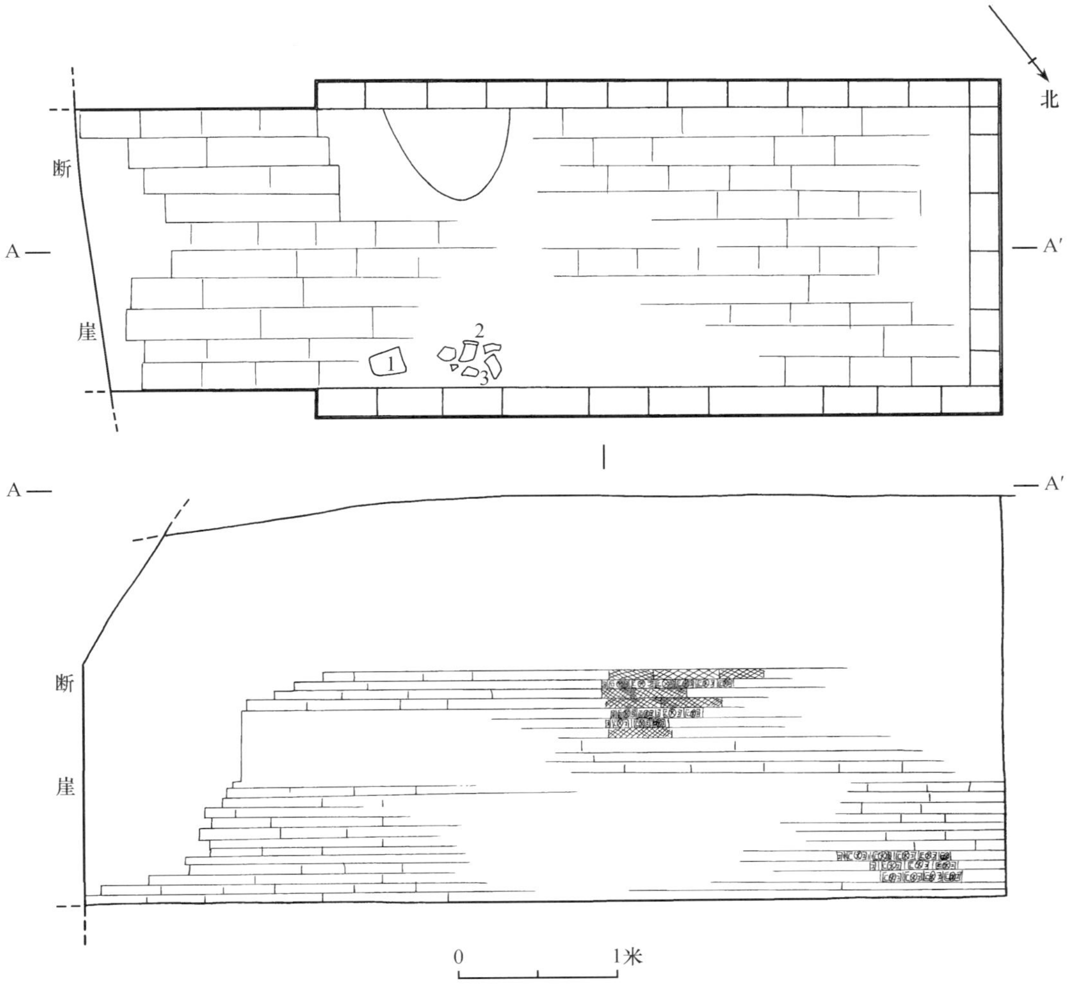

图三六一　M25平、剖面图
1～3. 瓷罐

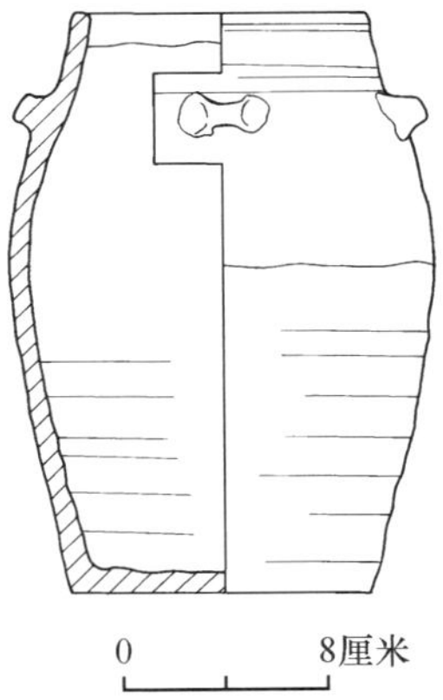

图三六二　M25出土瓷罐（M25：1）

（三）随葬器物

墓葬盗扰严重，仅发现瓷罐1件。标本M25：1，灰白色胎，器表上半部青绿釉，内口部施釉。敛口，圆唇，瘦肩，平底。肩部附桥形四耳，器身旋痕明显。口径11.2、底径11.6、器高23厘米（图三六二）。

二、M42

（一）发掘地点

位于第三象限、T31815内。

（二）形制与结构

开口距地表深1.1米。砖室墓，因南端为断崖，仅存墓室，其原始形制已不清楚。方向150°（图三六三）。

现存墓室北半部平面呈长方形，东、北、西三壁均为砖砌，较规整，底部无砖。墓室为拱顶，东、西两壁自墓底0.4米处起券，现存拱高1.5米，顶部无存。墓砖均为纵向单砖平砌，侧面有模印菱形或车轮形图案。墓室残长2.9、宽1.6米，深2.4～2.6米。

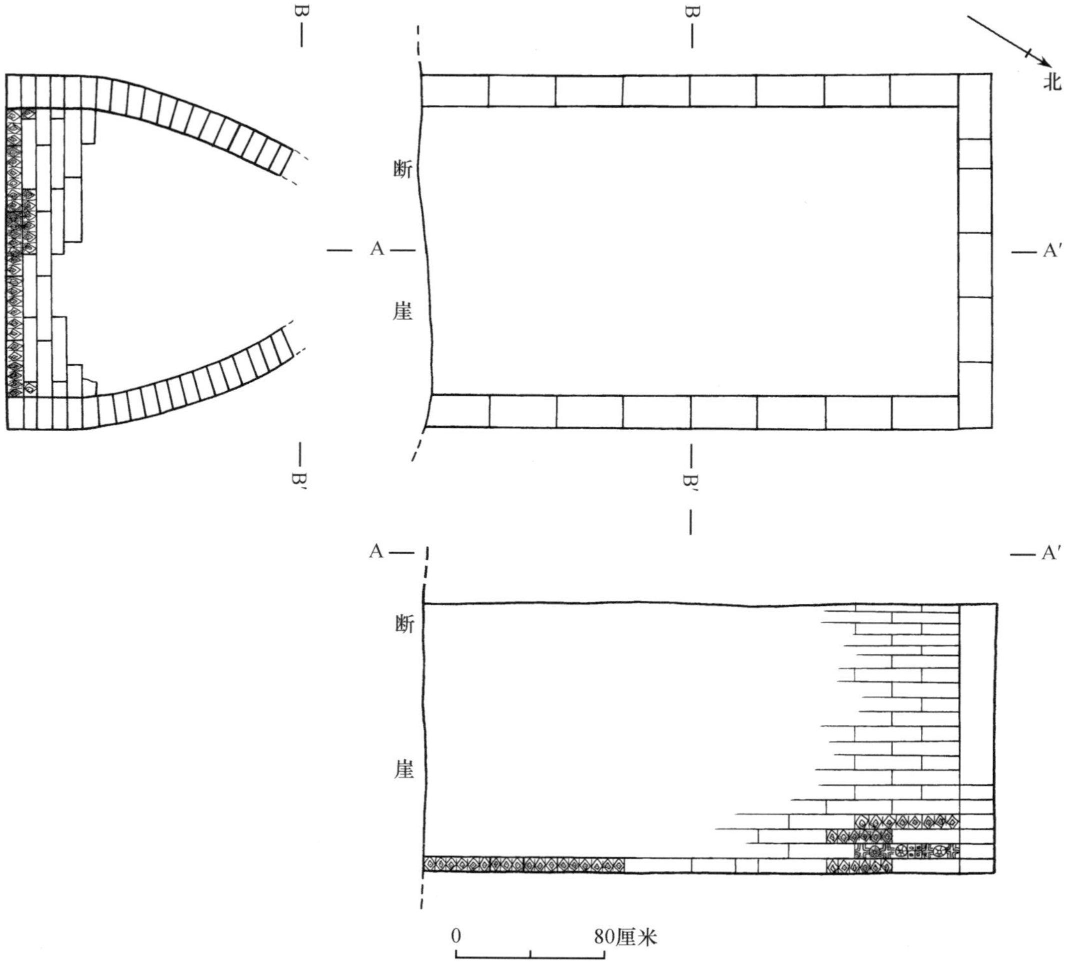

图三六三　M42平、剖面图

从墓室北壁存留的盗洞判断，此墓被盗严重，葬具及骨架均无存，仅在室内发现有残碎瓷片、铁质工具等及部分动物骨骼。

（三）随葬器物

由于该墓盗扰严重，仅在墓室填土内发现有瓷器、玉器、银器、铁器等共5件。

瓷器　2件。

碗　1件。标本M42：4，青灰色胎，淡青釉，内外满釉。敛口，尖圆唇，弧腹，平底，饼形假圈足，足底微内凹。口外侧饰凹弦纹一周。口径15.2、底径9.7、器高6.7厘米（图三六四，1）。

四系罐　1件。标本M42：6，无法复原，仅余肩部带耳残片。灰白胎，胎质粗糙，青釉，釉层较厚；桥形方耳。

玉器　1件。

玉猪饰　1件。标本M42：3，青白玉，半透明，质地粗糙。形体瘦长，平卧状，体呈长条形，两端截平，四肢修长，屈于身下，猪首伏在前腿上，头部略残。以阴线刻目、嘴、耳及前额的皱纹。写实感强。长7、宽2.2、厚1.3厘米（图三六四，3）。

银器　1件。

银钗　1件。标本M42：8，银灰色。残，双股。断面呈圆形。残长5.9厘米（图三六四，2）。

铁器　1件。

斧　1件。标本M42：1，锈蚀严重，刃部略残。厚背，薄弧刃，横方銎。长11.4厘米（图三六四，4）。

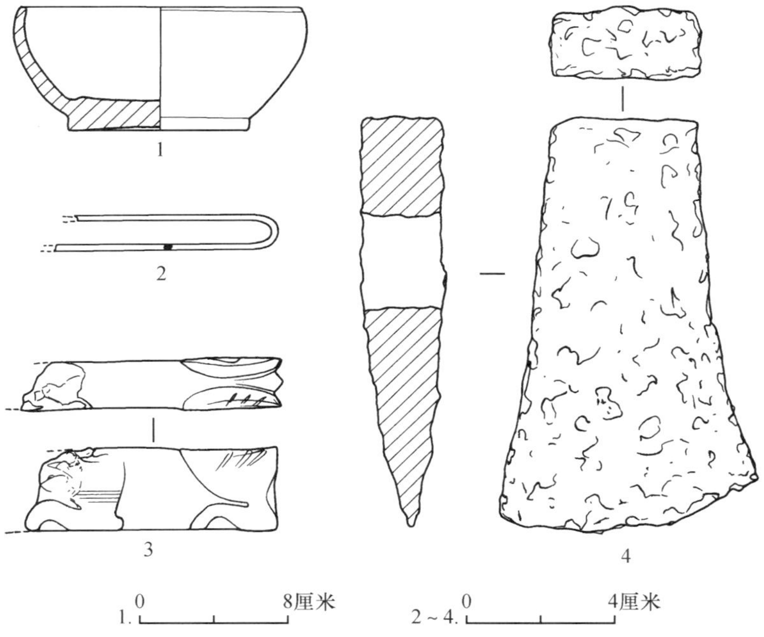

图三六四　M42出土器物

1. 瓷碗（M42：4）　2. 银钗（M42：8）　3. 玉猪饰（M42：3）　4. 铁斧（M42：1）

三、M45

（一）发掘地点

位于第三象限、T31824内。

（二）形制与结构

开口距地表深0.4米。长方形竖穴墓道砖室墓，由墓道、甬道和墓室三部分组成。方向130°（图三六五；图版七八，1）。

墓道位于墓室南端，长方形，直壁，平底。长1.8、宽1米，深0.9米。

甬道位于墓道北部，长1.7、宽0.88米，深0.9米。平面呈长条形，砖砌而成。两侧以条砖单砖平砌，现残存十一层，底以条砖斜向单层平铺，南、北两端分别以条砖横向单层平铺，从而与墓道底和墓室地面铺砖分隔。顶部坍塌，发掘时甬道内乱砖堆积较多。

墓室位于最北端。长条形，长3.9、宽1.8米，深0.8米。四壁均以单砖平砌，底部铺砖南北有所不。北半部以单砖斜向单层平铺，南半部以条砖竖向双层平铺，较北半部略高，二者长度比约为2∶1。墓室顶部坍塌无存，推测应为拱顶，发掘时墓室中堆积较多乱砖。现存墓壁约十一层砖、高0.78米。

填土分为两层，上层为黄色黏土，含较多乱砖碎片；下层为细沙土，应为淤积而成。

墓室盗扰严重，葬具与骨架不详。

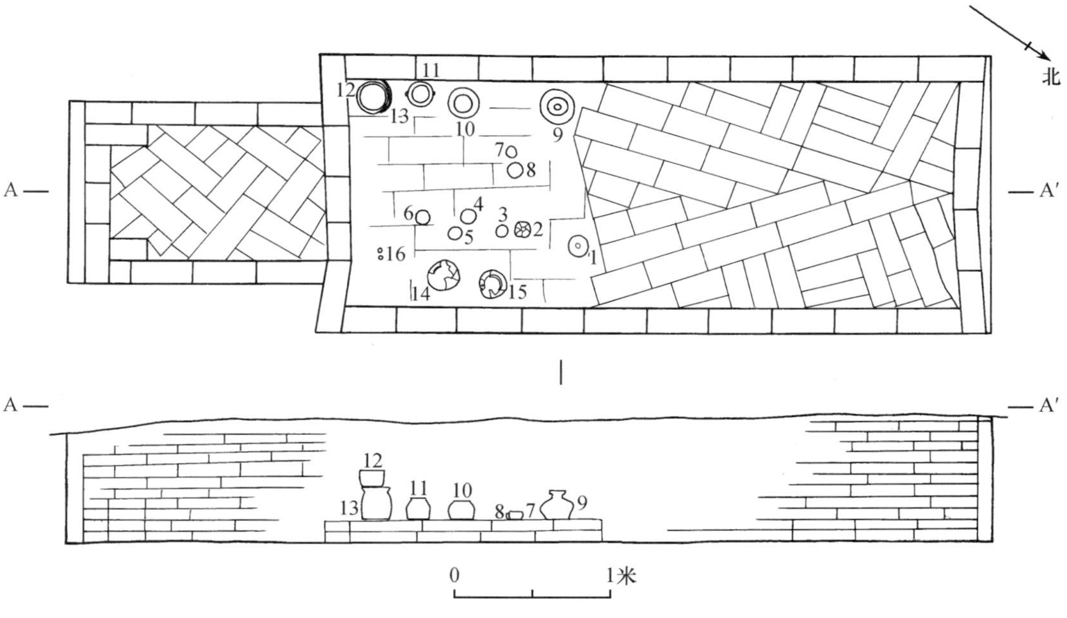

图三六五　M45平、剖面图

1、9. 瓷盘口壶　2～8. 瓷碗　10、11. 瓷罐　12. 陶甑　13. 陶釜　14、15. 陶罐　16. 五铢钱

根据现场发掘情况判断，墓葬的建造方法为先挖掘墓圹，而后圹内砌砖，建造甬道、墓室等。现仍可见墓室砖壁与土圹壁间一般保留有1～2厘米的间隙，填以黏土或极碎砖渣。

（三）随葬器物

墓葬盗扰严重，仅在墓室前方发现陶器、瓷器共15件，铜钱16枚。陶器可辨为釜、甑、罐；瓷器可辨为壶、罐、碗等。

陶器　4件。

釜　1件。标本M45：13，与甑（M45：12）同出。夹砂红胎，外银灰色，火候较高，质地硬密。侈口，宽斜折沿，沿面微下凹，溜肩，深弧腹，平底。肩部饰凹弦纹两周。口径22.5、底径12、器高18.4厘米（图三六六，1；图版七九，1）。

甑　1件。标本M45：12，与釜（M45：13）配套同出，甑坐落于陶釜之上。夹砂青灰陶，大口，厚圆唇外卷，深腹微弧，平底，底部镂六圆孔。素面。口径22、底径13.5、器高14.5厘米（图三六六，4；图版七九，2、3）。

罐　2件。形制基本相同。夹细砂灰陶。敛口，厚圆唇，唇部叠卷加厚，溜肩，弧鼓腹，平底。肩部及腹部饰绳纹。标本M45：14，口径17、底径14、器高20.6厘米（图三六六，2；图版七九，4）。标本M45：15，口径12、底径10.5、器高15厘米（图三六六，3；图版七九，5）。

瓷器　11件。

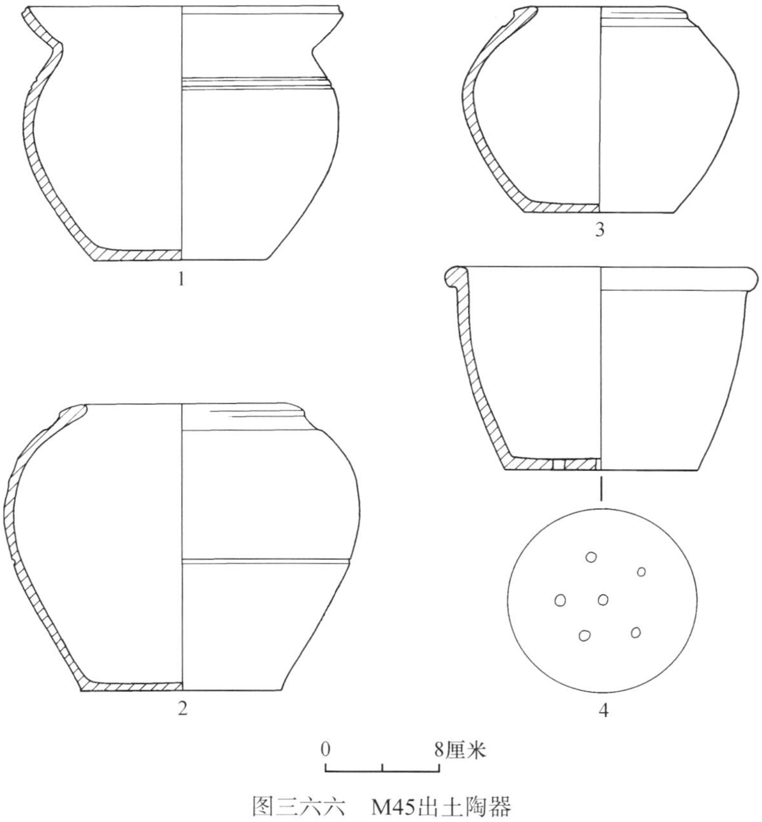

图三六六　M45出土陶器

1. 陶釜（M45：13）　2、3. 陶罐（M45：14、M45：15）　4. 陶甑（M45：12）

盘口壶　2件。灰白胎，胎质较粗，青釉，盘口施釉，器内壁无釉，外壁釉不及底。浅盘口，圆唇，束颈，下腹斜收，平底。肩附桥形对称四系。标本M45：1，形体较小，鼓肩。肩部每两系间竖向点酱色点釉两列，颈肩交接处及肩部横向饰凹弦纹。口径6、底径6.4、器高11厘米（图三六七，2）。标本M45：9，形体较大，釉层脱落较甚，弧肩。口径13、底径11.5、器高22厘米（图三六七，3；彩版三一，1）。

四系罐　2件。敛口，圆唇，溜肩，深腹弧鼓，平底。肩部桥形四系，器壁留有泥条盘筑痕迹。器表施釉不及底，内壁无釉。标本M45：10，灰白胎，胎质较粗，青绿釉。口径9.8、底径9.6、器高14.8厘米（图三六七，5；彩版三一，2）。标本M45：11，香灰胎，青釉脱落殆尽。口径10.6、底径10.6、器高15.8厘米（图三六七，6；图版七九，6）。

碗　7件。均灰白胎，胎质粗糙。青绿釉，内外施釉，外釉不及足底部，个别有脱釉现象。多微敛口，尖圆唇，弧腹，平底，薄饼形假圈足。标本M45：2，近口部有凹痕一周，内底部有支钉12个，外壁有滴釉。口径13.3、底径7.8、器高5厘米（图三六七，4）。标本M45：3，腹较深。口径8.2、底径4.2、器高4.6厘米（图三六七，10；彩版三一，3右）。标本M45：4，近口部有凹痕一周。口径11、底径7.2、器高5.5厘米（图三六七，7；彩版三一，3左）。标本M45：5，腹壁斜直微弧。口径8.6、底径5.2、器高4.2厘米（图三六七，9；彩版三一，4右）。标本M45：6，微弧腹，口部有凹痕一周。口径10.5、底径6、器高4.5厘米（图

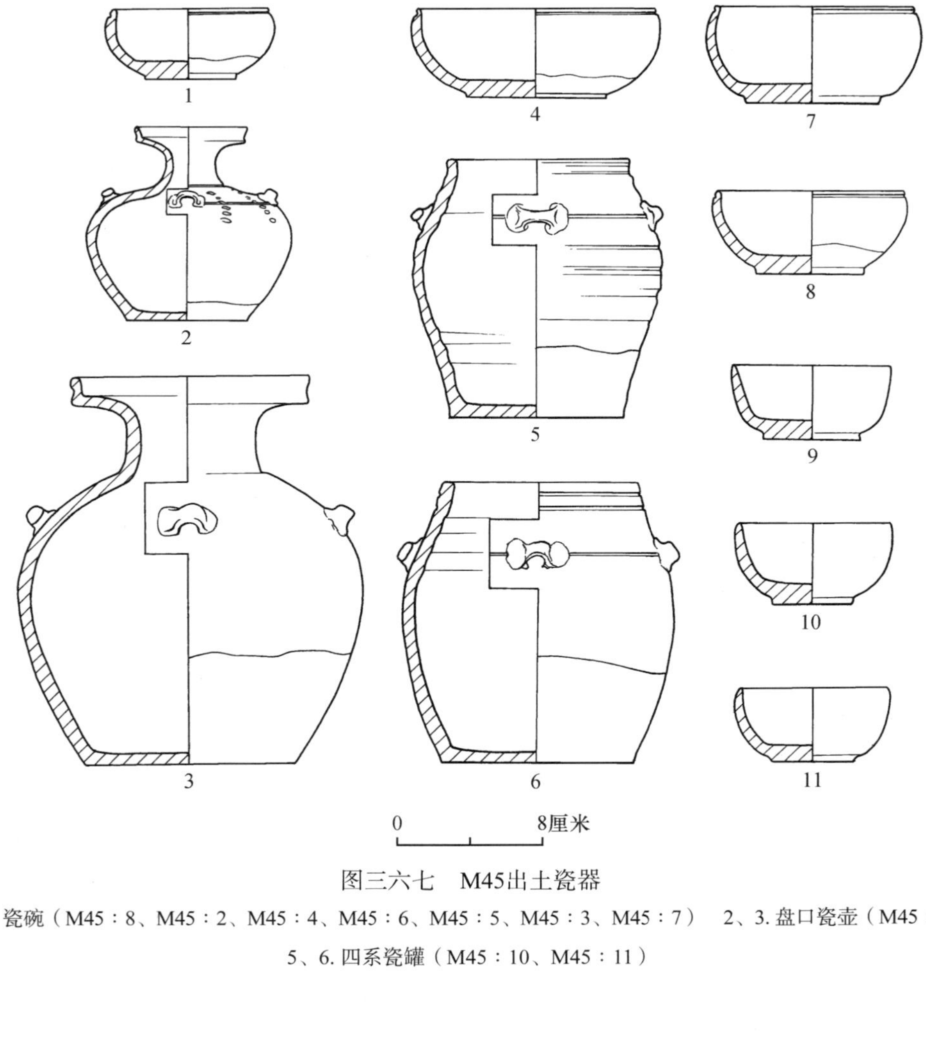

图三六七　M45出土瓷器

1、4、7～11. 瓷碗（M45：8、M45：2、M45：4、M45：6、M45：5、M45：3、M45：7）　2、3. 盘口瓷壶（M45：1、M45：9）　5、6. 四系瓷罐（M45：10、M45：11）

三六七，8；彩版三一，3中）。标本M45：7，口径8、底径4.5、器高4.2厘米（图三六七，11；彩版三一，4中）。标本M45：8，口外部有凹痕一周。口径8.2、底径4.8、器高4厘米（图三六七，1；彩版三一，4左）。

铜钱　16枚。均五铢钱。

四、M56

（一）发掘地点

位于第三象限、T30362内。

（二）形制与结构

开口距地表深0.85米。长方形双室竖穴砖室墓，由东、西两侧墓室组成。方向140°（图三六八；图版七八，2）。

墓室西侧为石室，东侧为砖室，土坑墓圹。墓圹北端为一直线，宽1.92米，南端则因两墓室度不同而呈折线。墓圹长度亦因东西两墓室形制大小不同而异，西侧墓圹南北长3.38、南

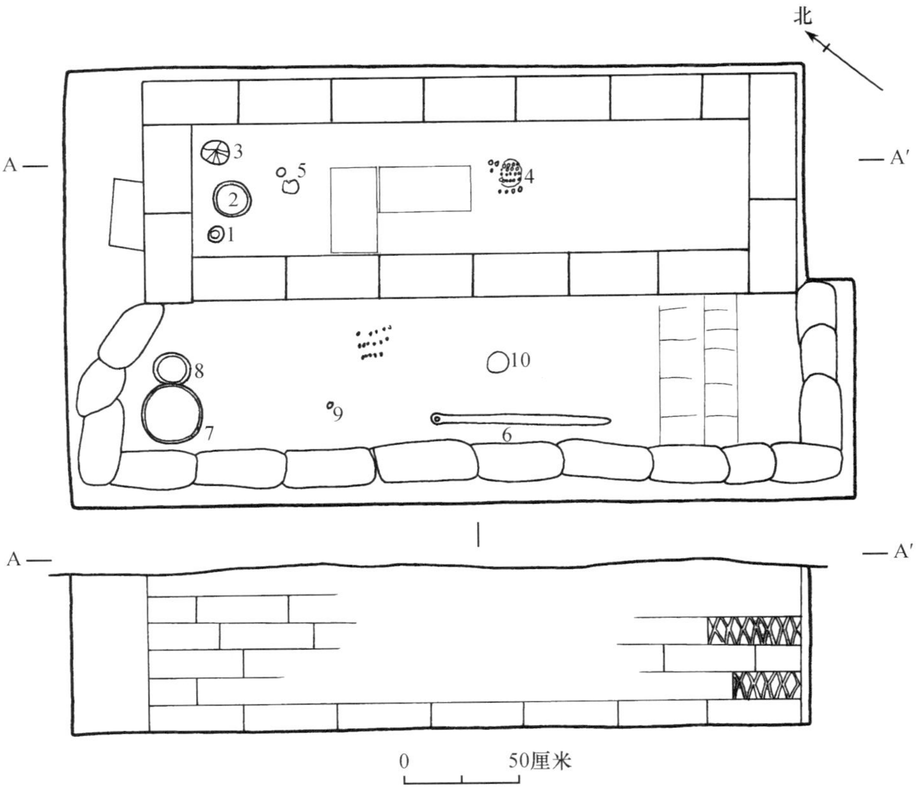

图三六八　M56平、剖面图

1. 陶罐　2、7. 陶钵　3、8. 陶釜　4. 铜钱　5. 铜镜　6. 铁刀　9. 银戒指　10. 铁削

端宽0.96米；东侧墓圹南北长3.18、南端宽0.96米。因所处地势北高南低，墓底深0.5～0.74米不等。

东侧墓室四壁由条砖单砖平砌而成，墓底平砖铺砌。砖侧面模印连续菱形图案。砖室南北长2.8、东西宽1米，东壁、南壁与墓圹有5厘米的空隙，北壁则有36厘米空隙。室内底部发现有朽蚀骨骼碎片，未见葬具痕迹。

西侧墓室北、西、南三壁为小石条砌成，东壁即为东室的西壁砖墙。石条不甚规整，略呈长方形，长度多为40厘米左右，宽约20厘米。底部以碎砖铺砌。南北长3.26、东西宽0.82米。西侧墓室较东侧砖室略浅，且南浅北深。石室南北两端均比东侧砖室南北两端长。石室三壁均与墓圹有宽5～6厘米的间隙。墓室底部亦见骨骼碎片，未见葬具痕迹。

根据发掘现场情况和墓葬形制判断，此墓应为二次合葬墓。东、西侧砖室先埋葬，后又在西侧建石室。

（三）随葬器物

墓内出土随葬品共9件，钱币若干。东、西两室随葬品数量不同。

东室内随葬陶器3件。

罐　1件。标本M56：1，夹砂红陶。小直口，斜直肩，垂腹，平底微内凹。口及肩上部为银灰色。口径4、底径4、器高4.8厘米（图三六九，1）。

钵　1件。标本M56：2，泥质灰陶。敛口，厚圆唇，弧腹，平底。素面。口径16、底径8、器高6厘米（图三六九，2）。

釜　1件。标本M56：3，夹砂红陶，胎质较粗糙。侈口，方唇，斜折沿，沿面内凹，扁盆形腹，圜底。腹部拍印方格纹。口径14.4、器高8.2厘米（图三六九，3）。

西室内随葬陶器、银器、铜器、铁器等随葬品共6件。

陶器　2件。

钵　1件。标本M56：7，泥质灰陶。大口内敛，厚唇，弧腹，大平底。上腹部饰凹弦纹一周。口径23.5、底径16.5、器高11.2厘米（图三六九，5）。

釜　1件。标本M56：8，橙黄陶，质地较硬，胎质不纯。侈口，方唇，斜折沿，沿面内凹，弧腹微垂，凸圜底。器腹拍印斜向方格纹。口径13.8、器高8.8厘米（图三六九，4）。

银器　1件。

戒指　1件。标本M56：9，微朽蚀。圆形指环，长方形环面。直径2厘米（图三六九，6）。

铜器　1件。

镜　1件。朽残严重，标本M56：5，桥形纽，圆形座，内区隐约可见海兽纹等。径约13厘米。

铁器　2件。

刀　1件。标本M56：6，朽蚀严重。扁环首，短柄，长身，直背，弧刃。长75.5厘米（图三六九，9）。

削　1件。标本M56：10，朽蚀较甚，残断为数截（图三六九，7、8）。

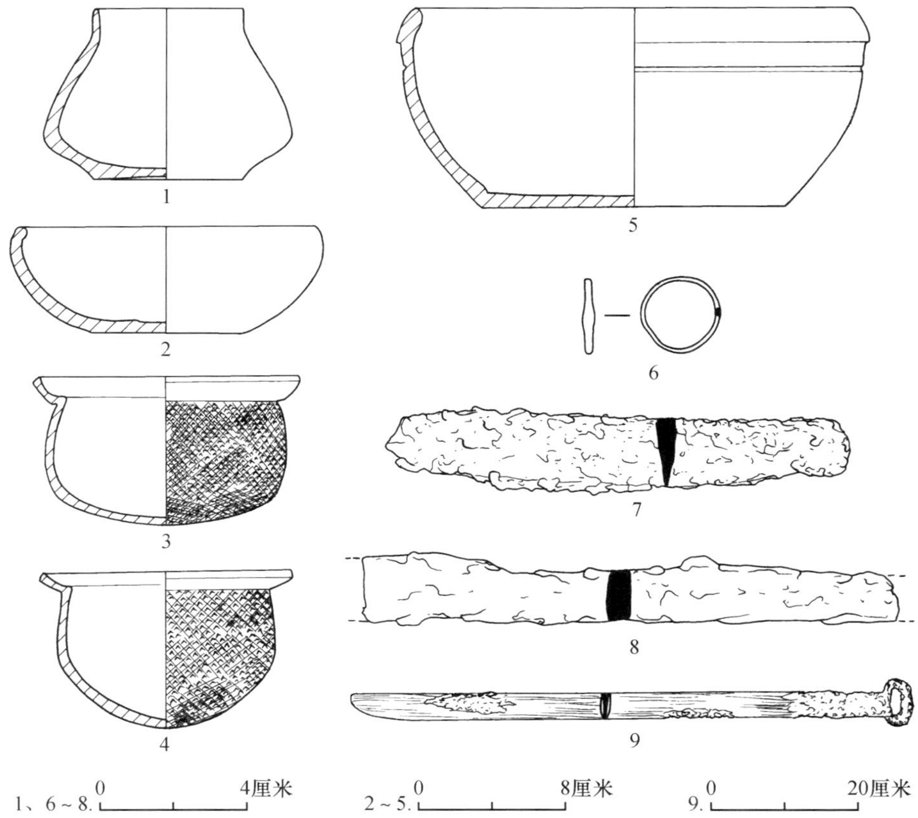

图三六九　M56出土器物

1. 陶罐（M56∶1）　2、5. 陶钵（M56∶2、M56∶7）　3、4. 陶釜（M56∶3、M56∶8）　6. 银戒指（M56∶9）　7、8. 铁削（M56∶10-2、M56∶10-1）　9. 铁刀（M56∶6）

五、M57

（一）发掘地点

位于第三象限、T30337内。

（二）形制与结构

开口距地表深1米。长方形竖穴砖室墓。直壁，平底。长3.3、宽1.84米，深0.7米。方向170°。墓圹内10厘米处开始以砖砌室，砖室四壁均为条砖顺砌而成，北端则以条砖侧向码放封堵而成，不甚规整。墓室底部条砖横向平铺砌。墓砖尺寸长0.4、宽0.2、厚0.1米，部分壁砖侧面模印有菱形图案（图三七〇；图版八〇，1）。

葬具不详。

砖室内保存有两副骨架，为双人合葬，均头南脚北，保存较差，仅余头骨及部分肢骨，初步判断为男女合葬。

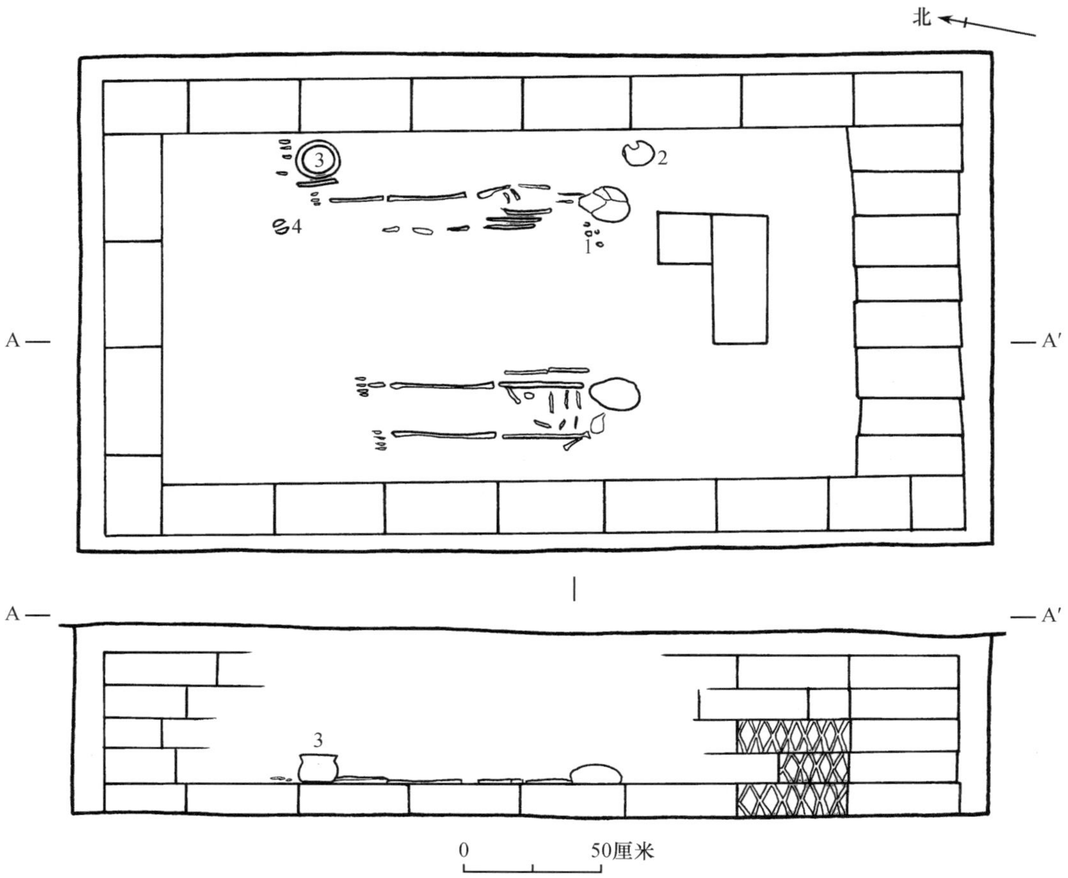

图三七〇　M57平、剖面图

1. 铜钱　2. 铜镜　3. 陶釜　4. 贝壳

（三）随葬器物

在墓室内东侧骨架周围出土有陶釜与铜镜各1件，铜钱80枚，贝壳1枚。

陶器　1件。

釜　1件。标本M57：3，夹粗砂褐陶。侈口，圆唇，宽折沿，微垂腹，圜底。腹壁拍印方格纹，中腹部饰一周凹弦纹。口径15、器高8.6厘米（图三七一，2）。

铜器　1件。

镜　1件。标本M57：2，残碎，无法修复。

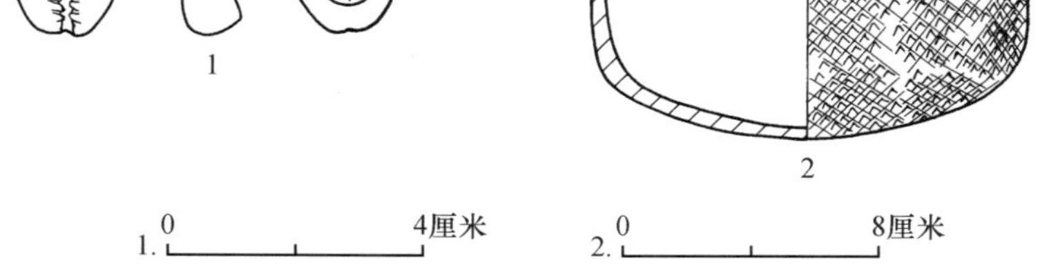

图三七一　M57出土器物

1. 贝壳（M57：4）　2. 陶釜（M57：3）

铜钱　80枚。均剪轮五铢，直径一般在2.5～2.6厘米之间。

贝壳　1枚。标本M57：4，贝形，有唇有齿。长1.9厘米（图三七一，1）。

六、M58

（一）发掘地点

位于第三象限、T30438内。

（二）形制与结构

开口距地表深1米。长方形竖穴砖室墓。直壁，平底。长3.6、宽2米，深0.8米。方向172°。墓圹内偏西部砌砖室，砖室呈长方形，长2.7、宽1.1米，北、东、西三壁较规整，均以条砖侧向顺砌而成，南端则以砖在室外封堵堆砌而成，砌砖宽度略宽于砖室东西两壁，砖室底部亦以条砖平铺而成。根据现场情况判断，砖室原应有顶部，但现已无存。墓砖尺寸为长0.4、宽0.2、厚0.12米，侧面一般模印有菱形图案（图三七二；图版八〇，2）。

葬具不详。

砖室东侧发现有人骨1具，较零乱，头南脚北，可辨有下肢骨，上肢骨未发现。

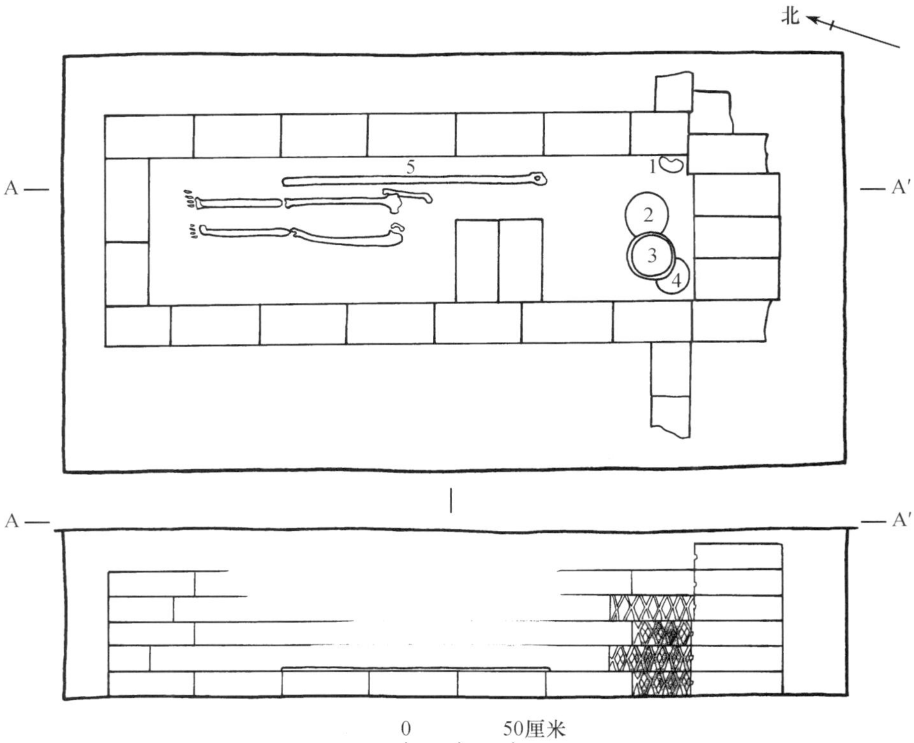

图三七二　M58平、剖面图

1. 铜钱　2、4. 陶钵　3. 陶盆　5. 铁刀

（三）随葬器物

在墓室内出土随葬品4件，铜钱102枚。

陶器　3件。

盆　1件。标本M58：3，泥质灰陶。侈口，方唇，宽折沿，深弧腹，大平底。腹中部饰凹弦纹两周。口径23.2、底径11.3、器高9.1厘米（图三七三，3）。

钵　2件。泥质灰陶。敛口，圆唇，弧腹，平底。口部饰凹弦纹一周。标本M58：2，口径16、底径7.3、器高7厘米（图三七三，1）。标本M58：4，口径15、底径8、器高5.8厘米（图三七三，2）。

铁器　1件。

刀　1件。标本M58：5，保存基本完整，形体较长。环首，扁茎，直背，直刃，锋部略弧。长116厘米（图三七三，4）。

铜钱　102枚。主要有货泉和五铢两类，五铢钱亦分一般五铢、剪轮五铢、磨郭五铢等。

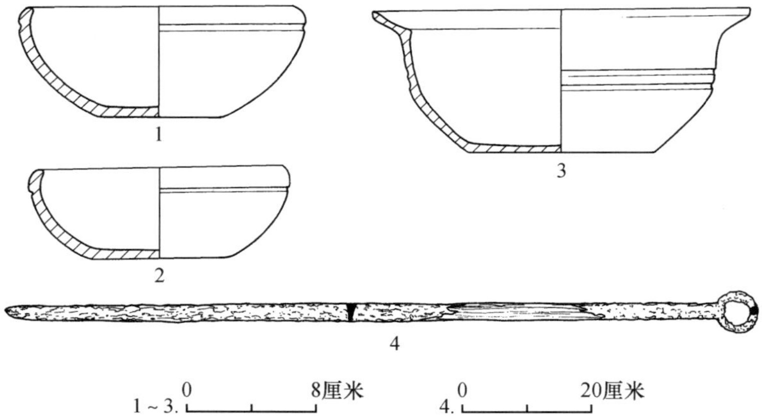

图三七三　M58出土器物

1、2. 陶钵（M58：2、M58：4）　3. 陶盆（M58：3）　4. 铁刀（M58：5）

七、M60

（一）发掘地点

位于第三象限、T30837内。

（二）形制与结构

开口距地表深0.42米。长方形竖穴砖室墓。直壁，平底。长3.26、宽0.98米，深0.96米。方向166°。土圹内砖砌墓室，砖室呈长方形，长2.7、宽0.9米。墓砖形制大小不一，有榫卯结构子母砖，也有一般条砖。砖室四壁以砖干砌，自下而上略有收缩，至顶部仅余一横砖宽度，以子母砖横搭而成，形成拱顶，底部以砖平铺而成。墓室南端砖壁外散落乱砖，似为封门。墓砖尺寸为长0.4、宽0.2、厚0.1米，部分砖侧面模印有菱形图案（图三七四；图版八一，1）。

葬具不详。

砖室内发现骨架2具，西部为正常形态，东部为散乱集中放置，据此判断此墓为二次迁葬合葬墓。东侧人骨为仰身直肢葬，头向南，面朝上。西侧人骨较为凌乱，具体信息不详。

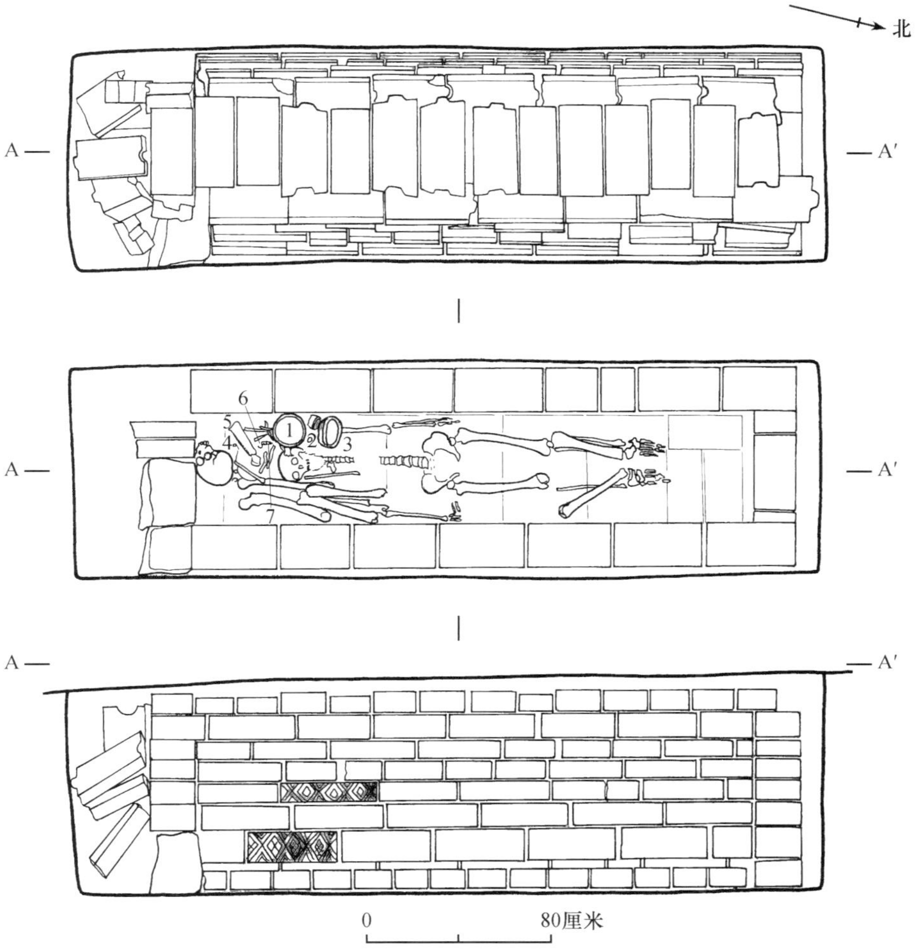

图三七四　M60平、剖面图

1、3. 陶钵　2. 瓷盏　4、6、7. 铜钱　5. 铁镰

（三）随葬器物

在墓主头部随葬陶、瓷器3件，铁镰1件，铜钱35枚。

陶器　2件。

钵　2件。标本M60：1，泥质灰陶。微侈口，圆唇，微垂腹，平底。素面。口径17.6、底径9.2、器高6.2厘米（图三七五，1）。标本M60：3，泥质灰陶。敞口，厚圆唇，弧腹，平底。素面。口径17、底径6、器高6厘米（图三七五，2；图版八一，4）。

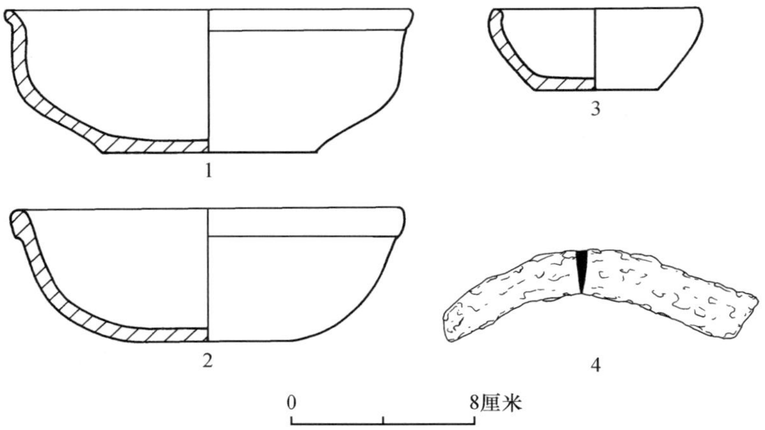

图三七五　M60出土器物

1、2. 陶钵（M60：1、M60：3）　3. 瓷盏（M60：2）　4. 铁镰（M60：5）

瓷器　1件。

盏　1件。标本M60：2，青灰胎，豆青釉脱落较甚。敛口，厚圆唇，弧腹，平底。口径9、底径5.4、器高3.4厘米（图三七五，3；图版八一，3）。

铁器　1件。

镰　1件。标本M60：5，铁质，朽蚀严重，仅余镰身部分。弯月形，弧背单刃。残长13.7厘米（图三七五，4）。

铜钱　35枚。均为五铢钱，钱径25毫米左右。最小者13.2毫米，属小五铢。

八、M61

（一）发掘地点

位于第三象限、T30736内。

（二）形制与结构

开口距地表深度不详。长方形竖穴砖室墓。直壁，平底。长2.84、宽0.92～1.04米，深0.44米。方向168°。土圹内砖砌墓室，砖室呈长方形，长2.68、宽0.5米。砖室壁以条砖平砌，底部南端以红褐色石板、北端以板瓦铺垫而成（图三七六；图版八一，2）。

骨架周围发现有棺钉遗留，推测原应有木棺。

砖室内发现骨架1具，仰身直肢葬，面朝上，头向南。

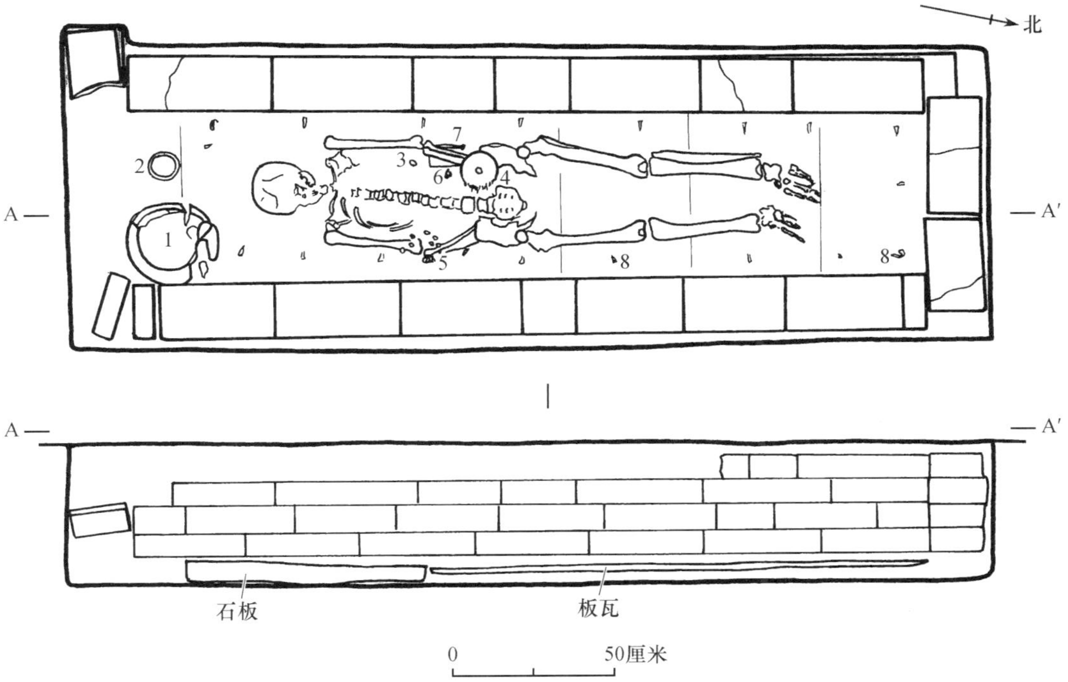

图三七六　M61平、剖面图

1. 陶盆　2. 瓷盏　3. 铜环　4. 铜镜　5. 铜钱　6. 石器　7. 铁削　8. 铁棺钉

（三）随葬器物

在墓主头部随葬陶器、瓷器、铜器、石器、铁器共8件，铜钱19枚。

陶器　1件。

盆　1件。标本M61：1，泥质灰陶。敞口，圆唇，宽折沿，弧腹，平底。素面。口径24.2、底径12.5、器高10厘米（图三七七，5；图版八二，1）。

瓷器　1件。

盏　1件。标本M61：2，灰白胎，薄釉不及底，脱落较甚。侈口，圆唇，弧腹，平底。唇外侧饰凹弦纹一周。口径8.4、底径5.4、器高3厘米（图三七七，2）。

铜器　3件。

镜　1件。标本M61：4，朽蚀严重，仅余残片。可辨圆形，乳状纽。

环　2件。圆环形。标本M61：3，外径2.2、内径1.2厘米（图三七七，3、4）。

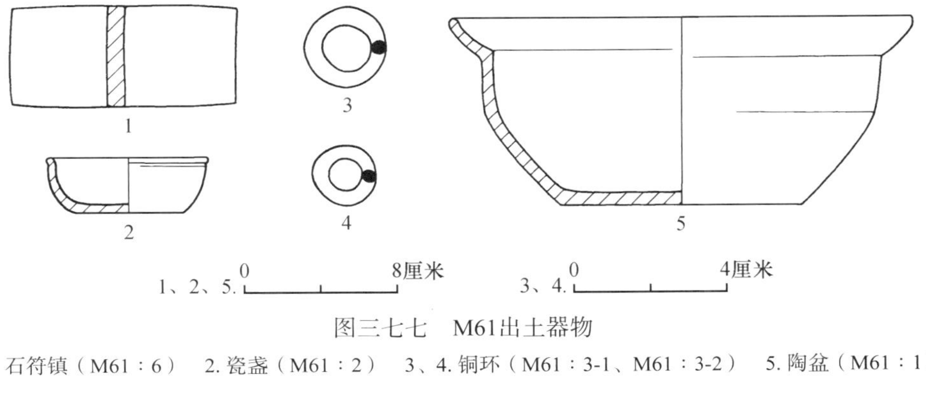

图三七七　M61出土器物

1. 石符镇（M61：6）　2. 瓷盏（M61：2）　3、4. 铜环（M61：3-1、M61：3-2）　5. 陶盆（M61：1）

石器　1件。

石符镇　1件。标本M61：6，黑色石质，磨制而成。长条形，扁平。长11.8、宽5.4、厚10厘米（图三七七，1；图版八二，2）。

铁器　2件。

削　1件。标本M61：7。

棺钉　1件。标本M61：8。锈蚀严重，残碎，形制不明。

钱币　19枚。均小五铢。钱径13～18毫米，重量0.3～1克不等。

九、M62

（一）发掘地点

位于第三象限、T30345内。

（二）形制与结构

开口距地表深1.2米。长方形竖穴砖室墓。直壁，平底。长3.1、宽1.9米，深0.8米。方向34°。土圹内砖砌墓室，砖室呈长方形，长2.46、宽1.18米。砖室四壁以条砖平砌而成，底部以条砖横向平铺。墓砖尺寸为长0.4、宽0.2、厚0.1米，部分砖侧面模印有菱形图案。墓室北端有一圆形盗洞自地表至墓底，室内盗扰殆尽（图三七八）。

葬具与人骨不详。

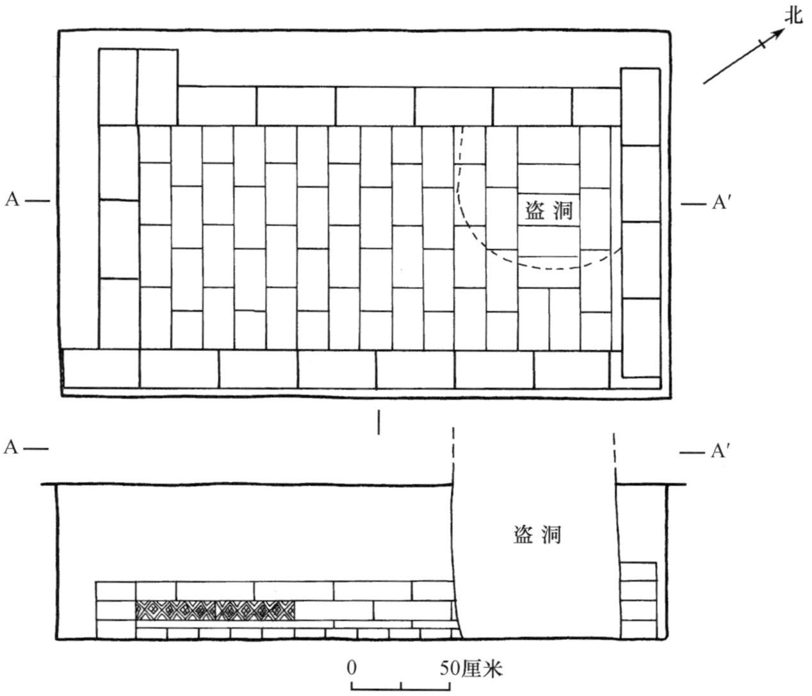

图三七八　M62平、剖面图

（三）随葬器物

无。

一〇、M66

（一）发掘地点

位于第三象限、T30740内。

（二）形制与结构

开口距地表深1.2米。长方形竖穴砖室墓。直壁，平底。因位于一断崖处，顶部局部被毁。长3.1、宽1.9米，深0.7米。方向112°。土圹内砖砌墓室，砖室呈长方形，长2.8、宽0.64米。四壁以小砖砌成，自下而上略收缩，至顶部以两砖斜搭而成坡顶，底部小砖竖向平铺。墓砖尺寸为长0.38、宽0.18、厚0.1米（图三七九）。

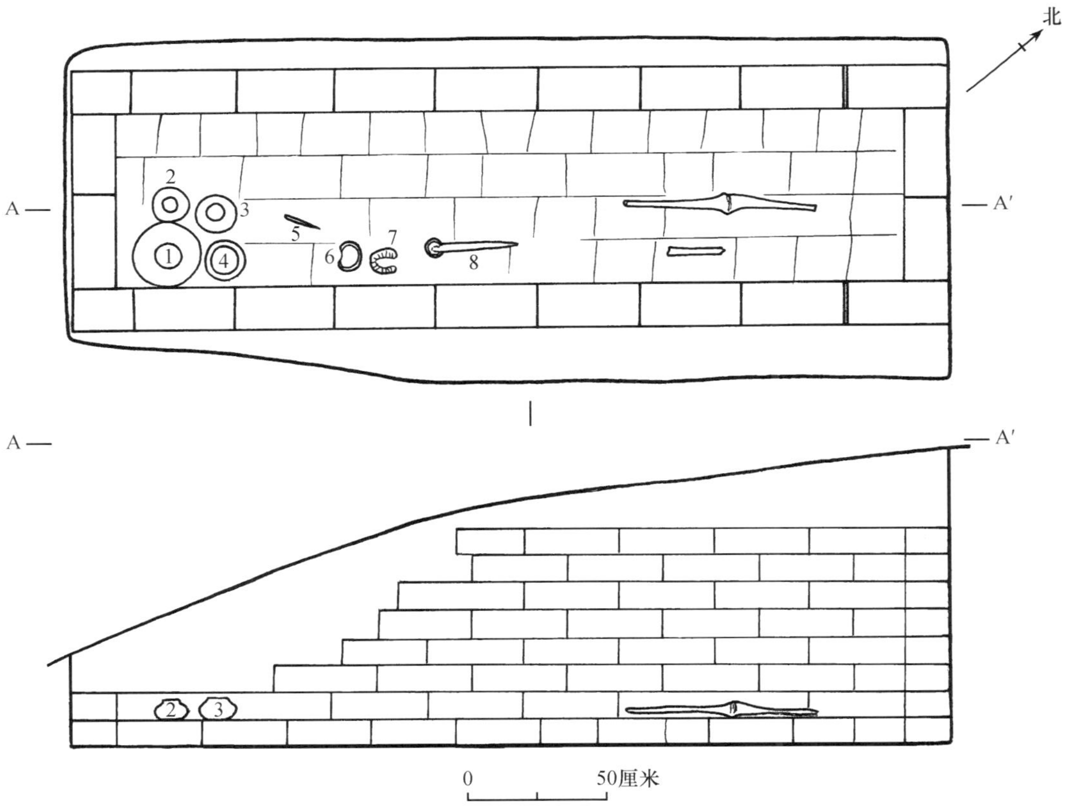

图三七九　M66平、剖面图

1. 陶罐　2～4. 瓷罐　5. 银钗　6. 铜镜　7. 铜钱　8. 铁削

葬具不详。

墓底仅发现有部分肢骨。

（三）随葬器物

墓室南部出土陶器、瓷器、铜器、银器、铁器等随葬品7件，铜钱98枚。

陶器　1件。

罐　1件。标本M66：1，泥质灰陶，青灰色。小口内敛，圆唇，折肩折腹，平底。肩部有抹压绳纹。口径11.2、底径12.5、器高17.6厘米（图三八〇，4）。

瓷器　3件。

四系罐　3件。标本M66：2，灰白胎，釉尽脱。小直口，矮束颈，弧肩弧腹，平底。中腹部对称四个横桥形纽。肩部饰压印纹。口径5.7、底径6.5、器高7.2厘米（图三八〇，3）。标本M66：3，灰白胎，唯施酱色釉，器内壁全釉，器表釉不及底。小直口，圆唇，弧肩弧腹，平底。对称四个桥形横纽。口径6.8、底径6.4、器高7.6厘米（图三八〇，2）。标本M66：4，器形稍大，灰白胎，酱色釉。直口，圆唇，深弧腹，大平底，对称四个桥形横纽。器表满布细密麻布纹。口径9.2、底径9.8、器高11.6厘米（图三八〇，1）。

铜器　1件。

镜　1件。标本M66：6，残碎较甚，未能修复。圆乳状桥形纽。

银器　1件。

钗　1件。标本M66：5，双股，一略残。残长11.9厘米（图三八〇，5）。

铁器　1件。

削　1件。标本M66：8，末端残断。钩形首，直背直刃。残长34.5厘米（图三八〇，6）。

钱币　98枚。以五铢居多，少量大泉五十。五铢钱径一般在25.5～26毫米之间，大泉五十钱径一般在26.3～28毫米之间。

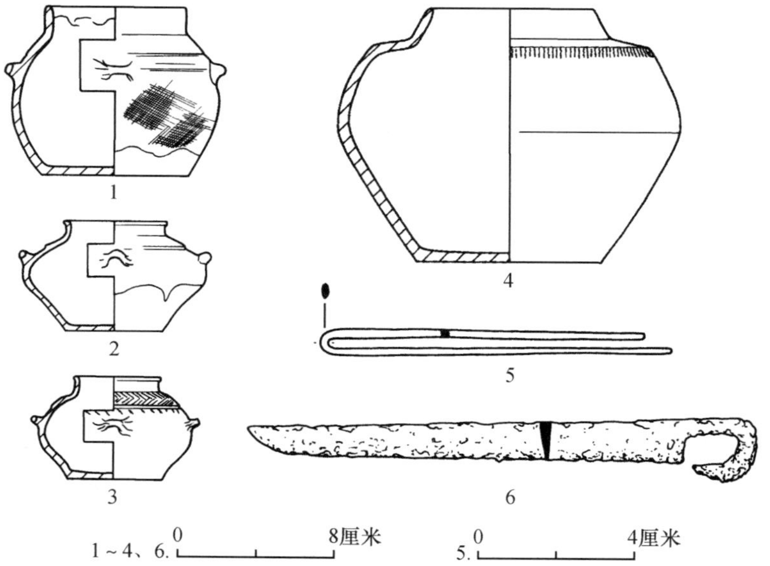

图三八〇　M66出土器物

1～3. 四系瓷罐（M66：4、M66：3、M66：2）　4. 陶罐（M66：1）　5. 银钗（M66：5）　6. 铁削（M66：8）

一一、M67

（一）发掘地点

位于第三象限、T30937内。

（二）形制与结构

开口距地表深1米。长方形竖穴砖室墓，形制狭长。直壁，平底。长2.9、宽0.8米，深0.54米。方向331°。土圹内砖砌墓室，砖室呈长方形，长2.4、宽0.46米。四壁以榫卯结构的子母砖平砌而成，自下而上略叠收，至顶部以一砖横铺成墓顶。墓底亦以砖平铺而成。墓砖尺寸为长0.4、宽0.2、厚0.1米（图三八一；图版八二，3、4）。

葬具与人骨不详。

（三）随葬器物

墓室内出土铜镜1件，铜钱125枚。

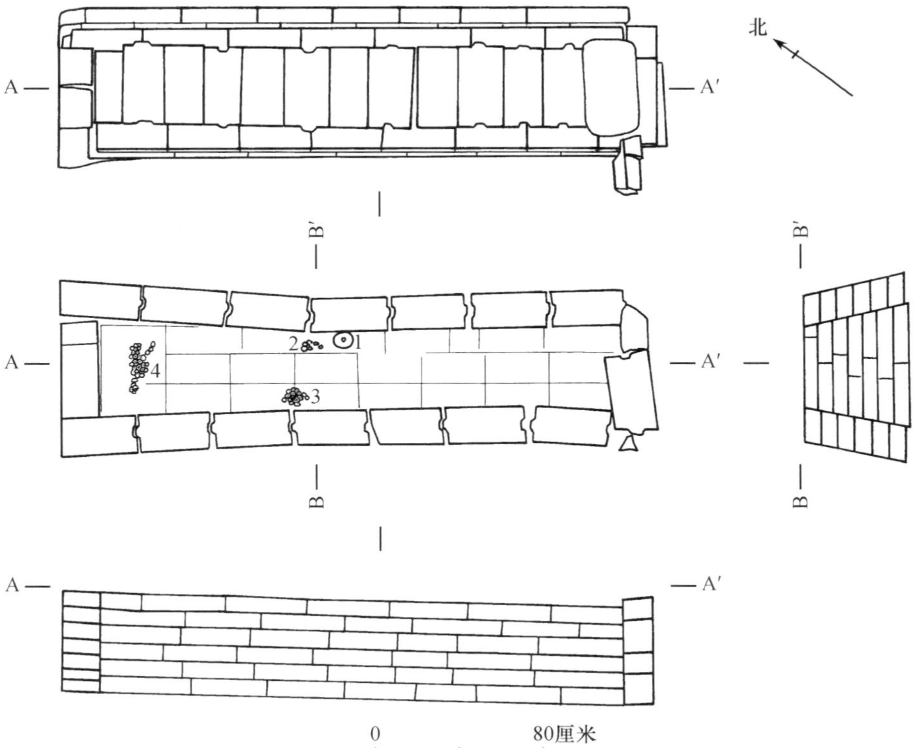

图三八一　M67平、剖面图
1. 铜镜　2～4. 铜钱

铜镜　1件。标本M67：1，破损严重。

铜钱　125枚。主要是五铢，另有直百五铢、剪轮五铢等。

一二、M68

（一）发掘地点

位于第三象限、T30541内。

（二）形制与结构

开口距地表深1.4米。长方形竖穴砖室墓，直壁，平底。长3.4、宽1.5米，深0.8米。方向70°。土圹内砖砌墓室，砖室呈长方形，长3、宽1.1米。四壁及底均以条砖砌铺，为四层平砌一层横砌，再加四层平砌而成，底部则为一横一竖平铺而成。墓砖尺寸为长0.38、宽0.18、厚0.09米（图三八二）。

葬具与人骨不详。

（三）随葬器物

墓室内出土铜钱18枚。为五铢和剪轮五铢。

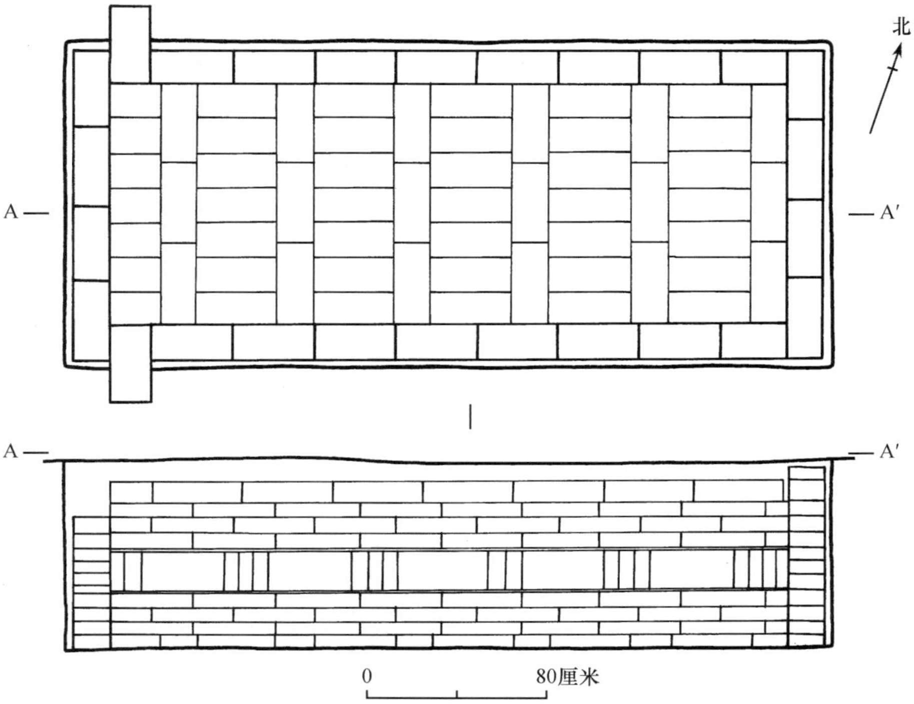

图三八二　M68平、剖面图

一三、M69

（一）发掘地点

位于第三象限、T30541内。

（二）形制与结构

开口距地表深1.5米。长方形竖穴砖室墓，直壁，平底。长3.2、宽1.4米，深0.5米。方向72°。保存较差，仅余底部，铺底砖仅存长1.16米（图三八三）。

葬具与人骨不详。

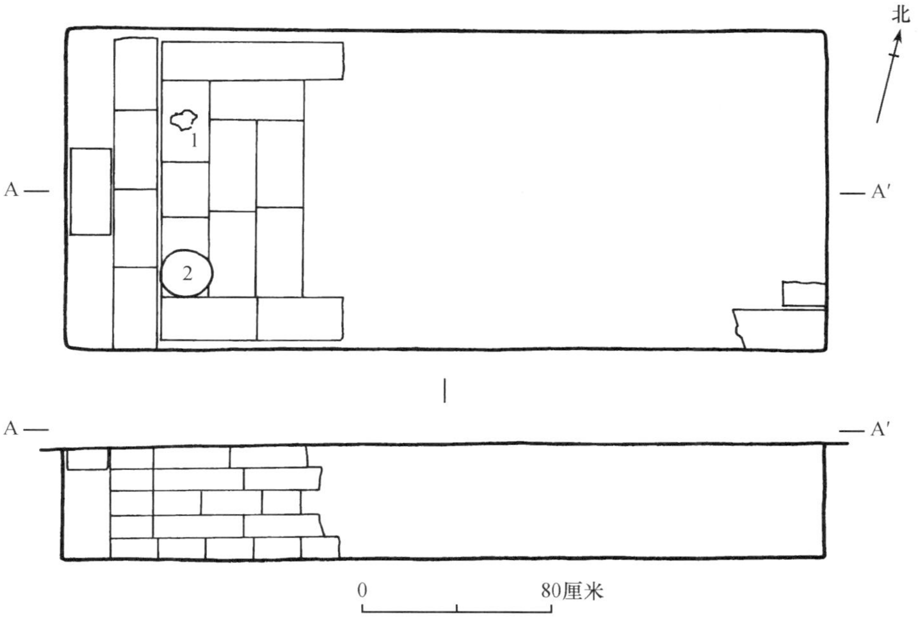

图三八三　M69平、剖面图

1. 铜镜　2. 瓷碗

（三）随葬器物

墓室内随葬瓷碗、铜镜各1件，铜钱126枚。

瓷碗　1件。标本M69：2，灰白胎，酱色薄釉，施釉极不匀。敞口，圆唇，弧腹，平底微上凹。口径11、底径10.6、器高5.4厘米（图三八四）。

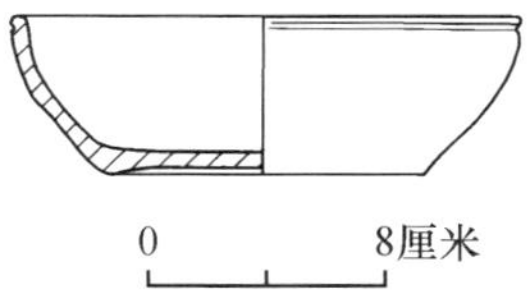

图三八四　M69出土瓷碗（M69：2）

铜镜　1件。标本M69：1，破损严重，未能修复。

铜钱　126枚。主要有大泉五十、货泉、五铢小钱、剪轮五铢、磨郭五铢等。

第二节　初步认识

一、墓葬形制与随葬品组合

本次马沱墓地发现的六朝墓葬主要集中在第三象限内，墓葬形制分为长方形墓道砖室墓与长方形竖穴砖室墓两类，长方形墓道砖室墓1座，长方形竖穴砖室墓12座。长方形竖穴砖室墓除M56是双室外，其余均为单室砖墓。由于后期破坏与埋藏环境影响，墓内葬具与人骨腐朽严重，具体信息不详。墓葬方向根据随葬品摆放及墓葬形制推断，多数墓葬方向较为一致，整体为北向，其中又以北偏西居多。

墓内随葬品以瓷器为主，其次为陶器，个别墓葬随葬有铜镜、铜钱等。瓷器器型有四系罐、盘口壶、碗、盏等；陶器器型有釜、甑、罐、钵等。瓷器器类组合为盘口壶、四系罐与碗；陶器器类组合为罐、钵、釜、甑，这种器物组合形态应是延续本地区东汉时期陶器组合发展而来的。

二、年代推断

墓室的建造主要采用小砖墓，这种建造方式在该区域出现主要是在汉代以后，该地区出现瓷器的年代最早见于东汉晚期或蜀汉时期，故这批墓葬的年代上限要晚于东汉时期。墓葬内出土的四系罐、盘口壶、碗、盏等器类与长江中下游六朝时期同类器物形制基本相同，初步年代应属于六朝时期。

具体来看，M25与M45内出土的瓷罐与丰都汇南墓群AⅡ式瓷罐（97M11：7）[①]形制相同；所出盘口壶盘径小于腹径，而与底径基本相当，器型矮胖，属于典型的两晋时期风格；青瓷碗（M45：2）浅腹大平底，与余杭义桥[②]出土青瓷碗（M7：6）相似；另M45出土的盘口壶肩部饰有酱斑点彩，这种装饰在东晋时期广泛流行于长江中游地区。M42内出土的四系罐横系与巫山麦沱98M53[③]出土的盘口壶系、忠县崖脚墓地南朝刘宋时期98DM2[④]中出土同类器相同，表明其时代应为刘宋时期。综上，这批墓葬的时代推断为东晋至刘宋时期。

---

① 四川省文物考古研究所等：《丰都汇南墓群发掘报告》，《重庆库区考古报告集·1998卷》，科学出版社，2003年。

② 杭州市文物考古所等：《余杭义桥汉六朝墓》，文物出版社，2010年。

③ 重庆市文化局：《巫山麦沱古墓群第二次发掘报告》，《重庆库区考古报告集·1998卷》，科学出版社，2003年。

④ 北京大学考古文博学院三峡考古队等：《忠县崖脚墓地发掘报告》，《重庆库区考古报告集·1998卷》，科学出版社，2003年。

第五章　唐代墓葬

云阳马沱墓地发现的唐墓葬共5座，分布在第二与第三发掘象限内。其中第二象限内有2座、第三象限内有3座。本章集中对这5座唐代墓葬的资料逐一报告。

第一节　墓葬资料

一、M96

（一）发掘地点

位于第三象限、T32937内。

（二）形制与结构

开口距地表深1.32米。长方形竖穴土坑墓，斜壁，平底。墓口长2.2、宽0.76米，墓底长2.1、宽0.64米，深0.52米。方向0°（图三八五；图版八三，1）。

墓内填土为暗红加灰褐花土，质较硬，结构稍密，夹杂大量砂石块。

葬具为一棺，腐朽严重，仅存棺钉，具体信息不详。

人骨1具，骨架保存较好，仰身直肢，头向北，面向西。

（三）出土遗物

在墓室内发现随葬品4件，有瓷器、铁器和石块，其中瓷器2件，器型为罐、碗。

罐　1件。标本M96：1，灰胎，淡黄色釉，有流釉现象，下半部为素胎。卷沿，圆唇，直口微敛，溜肩，肩部有对称四桥形器耳，圆鼓腹，最大径在上腹部，平底。器表可见明显泥条盘筑痕迹。口径9.2、底径8、器高21厘米（图三八六，1）。

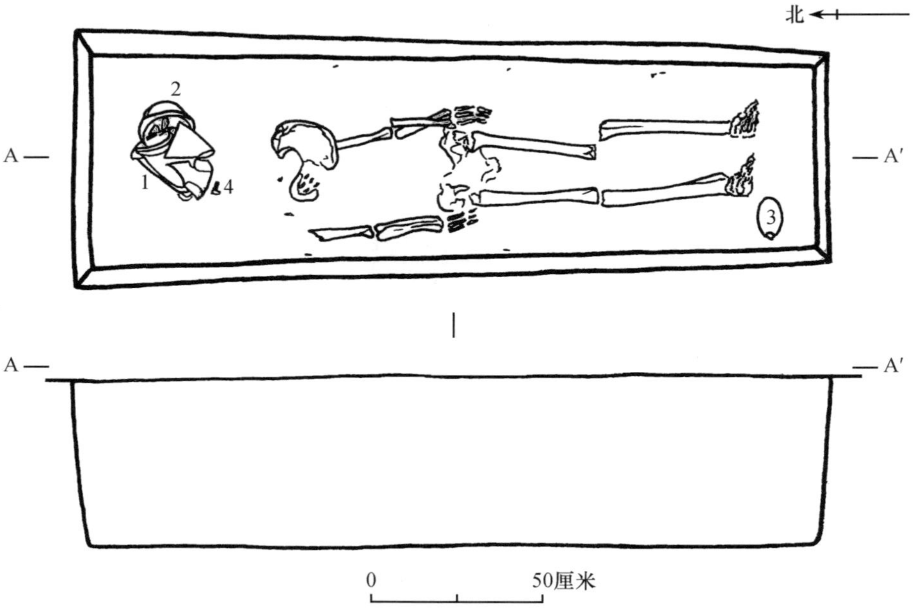

图三八五　M96平、剖面图

1. 瓷罐　2. 瓷碗　3. 石块　4. 铁棺钉

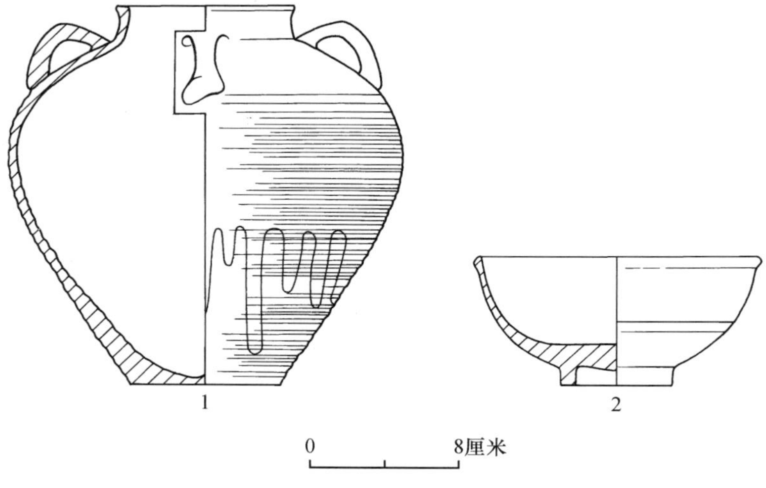

图三八六　M96出土瓷器

1. 瓷罐（M96∶1）　2. 青瓷碗（M96∶2）

青瓷碗　1件。标本M96∶2，灰胎，施豆青釉，器表满釉，釉及圈足及内，碗内底部为素胎，余亦施釉。敞口，圆唇，弧腹。平底，圈足。腹部有两道不明显凹弦纹。口径14.6、底径6、器高7.2厘米（图三八六，2）。

石块　1件。标本M96∶3，在墓室西南角发现一经过磨制的鹅卵形石块，已碎裂，不知何用。

铁器　1件。

棺钉　1件。标本M96∶4，锈蚀严重，形制不明。

二、M99

（一）发掘地点

位于第三象限、T32223内，被M98打破。

（二）形制与结构

开口距地表深1米。长方形竖穴墓道土洞墓，由墓道、封门、墓室组成。方向135°（图三八七；图版八三，2）。

墓道位于墓室南侧，长方形竖穴土坑，斜壁，平底。墓道口长2.1、宽1.1米，墓底长2、宽0.9米，深0.95米。

封门位于墓道北侧，用墓砖交叉砌筑而成，残高0.34米。

墓室平面呈长方形，平底，斜直壁。墓室口长2.3、宽1.05～1.35米，墓室底长2.3、宽0.95～1.1米，深0.9米。

墓内填土为黄褐色五花土，含料姜石颗粒、石块等。

葬具不详。

墓内发现人骨1具，骨架保存较差，仰身直肢，头向北。

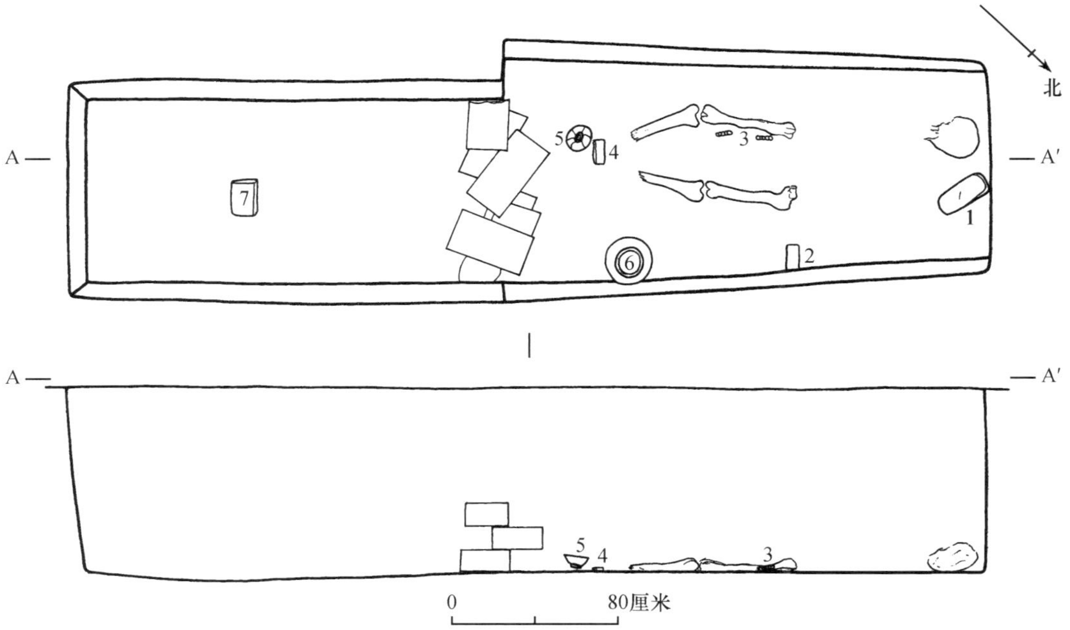

图三八七 M99平、剖面图

1、2、7. 石符镇 3. 铜钱 4. 铁铲 5. 瓷碗 6. 陶罐

（三）出土遗物

在墓主足部发现陶器、瓷器、石器、铁器等各类随葬品共6件。钱币1枚。有陶罐、瓷碗、石符镇、铁铲。

陶器　1件。

罐　1件。标本M99：6，泥质灰陶。子口，鼓肩，弧腹，平底。平盖，盖上有圆饼形捉手。口径17.5、底径19、器高31.8厘米（图三八八，1）。

瓷器　1件。

碗　1件。标本M99：5，灰白胎。敞口，葵瓣口，斗笠状，小平底。口径11.6、底径3.6、器高3.8厘米（图三八八，2）。

石器　3件。

石符镇　3件。长方形石片状。均残碎。

铁器　1件。

铲　1件。标本M99：4，锈蚀严重，形制不明。

铜钱　1枚。标本M99：3，锈蚀残损严重。

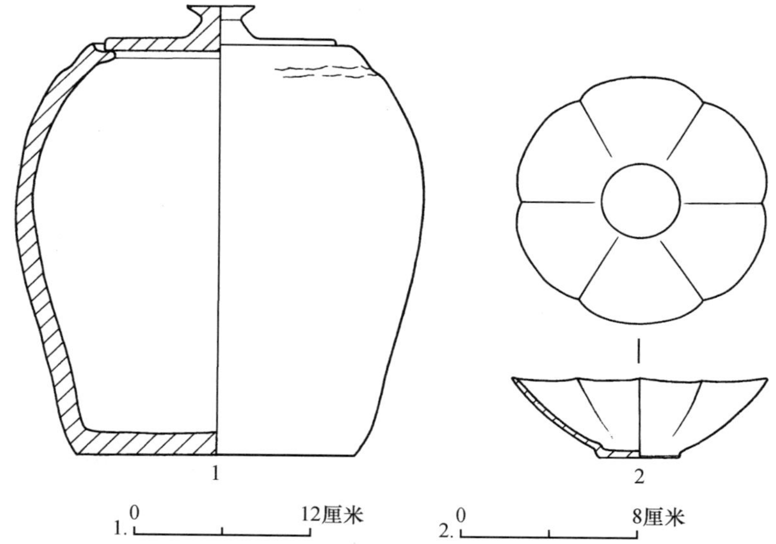

图三八八　M99出土器物

1. 陶罐（M99：6）　2. 瓷碗（M99：5）

三、M108

（一）发掘地点

位于第三象限、T32323内，打破M109。

（二）形制与结构

开口距地表深1米。长方形竖穴墓道土洞墓，由墓道、封门、墓室组成。方向155°（图三八九）。

墓道位于墓室南侧，长方形竖穴土坑，斜壁，平底。墓道口长2.2、宽1.2～1.3米，墓底长2.1、宽1米，深0.8米。

封门位于墓道北侧，用石板、石块等砌成，具体已不详。墓室内见有一件大石板，应为封门，长0.72、宽0.6、厚0.15米。

墓室平面呈长方形，平底，斜直壁。墓室口长2.5、宽1.3米，墓室底长2.45、宽1米，深0.80米。

墓内填土为黄褐色花土，土质较软，结构疏松，含料姜石、石块等。

葬具与人骨不详。

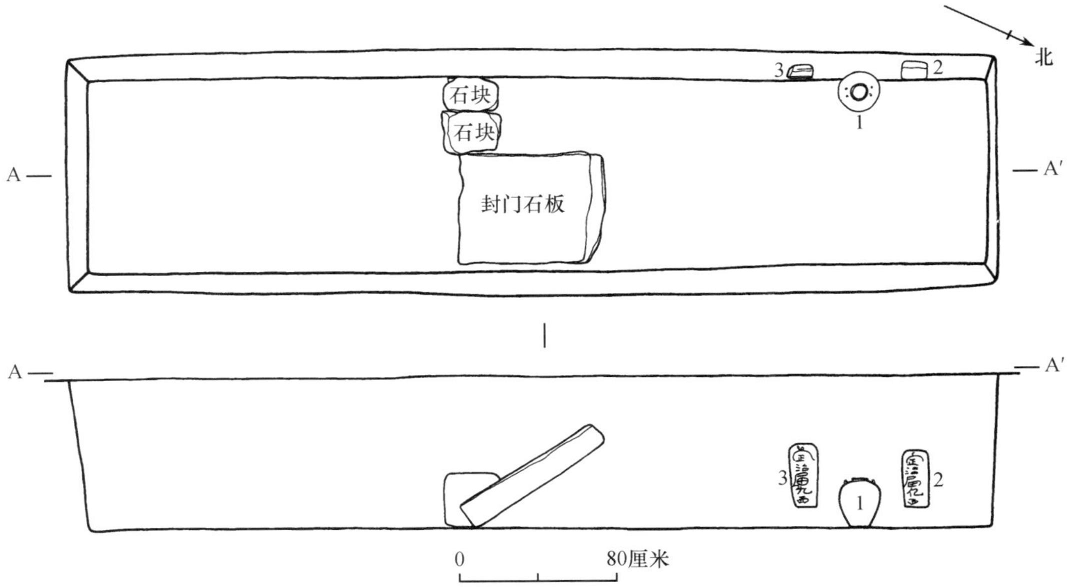

图三八九　M108平、剖面图

1. 瓷罐　2、3. 石符镇

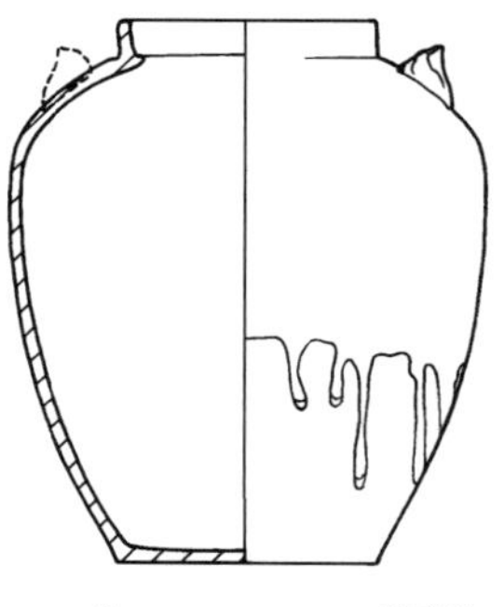

图三九〇　M108出土瓷罐（M108：1）

（三）出土遗物

在墓室北部发现瓷器、石器等各类随葬品共3件。瓷器器型为罐；石器为石符镇。

瓷器　1件。

罐　1件。标本M108：1，灰胎，褐色釉，有流釉现象。敞口微敛，方唇，溜肩，弧壁，平底。肩部饰对称双耳。口径11.8、底径11、器高23厘米（图三九〇）。

石器　2件。

石符镇　2件。长方形石片状。均残碎。

四、M128

（一）发掘地点

位于第二象限、T22611内，打破M109。

（二）形制与结构

开口距地表深0.6米。长方形竖穴墓道石券结构墓，由墓道、封门、墓室组成。方向125°（图三九一；图版八四，1）。

墓道位于墓室东南侧，长方形竖穴土坑，直壁，平底。长3、宽1.7米，深2米。

封门位于墓道北侧，拱形墓门，墓门由门楣、门柱组成，门楣形态呈莲花状，封门用长方形砖砌成。高1.34、宽0.8、厚0.42米。

墓室平面呈长方形，东、西壁用长石条由下向上纵向错缝竖砌五层后开始起券八排成拱。墓口长4.1、宽1.56米，墓底长4.1、宽1.65米，深2.18～2.2米。墓室被盗扰严重。

墓内填土为红褐色花土，结构较疏松，内含料姜石及碎石块。

葬具与人骨不详，仅发现头骨遗存。

（三）出土遗物

在墓室内发现瓷器5件，铜器1件，铁棺钉数枚。铜钱1枚。瓷器器型为罐、盂、碗。

瓷罐　3件。标本M128：3，灰胎，器上部有薄釉，淡红色，下半部素胎。盘形口，圆唇，卷沿，溜肩，弧腹，平底。颈部周围均匀饰有四系。口径14、底径10.6、器高35.2厘米

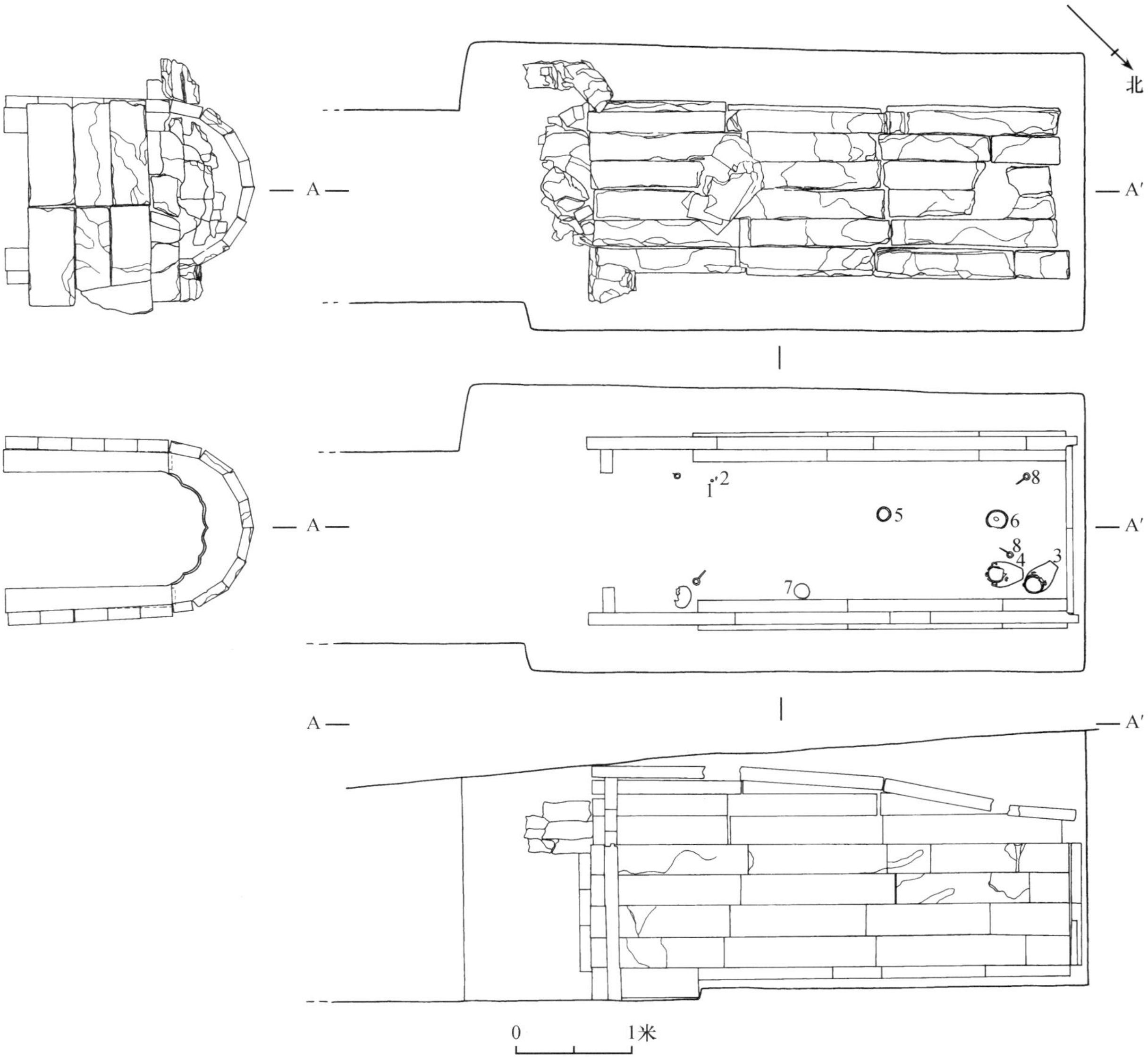

图三九一　M128平、剖面图

1. 铜钱　2. 铜饰件　3～5. 瓷罐　6. 瓷盂　7. 瓷碗　8. 铁棺钉

（图三九二，2；彩版三二，1）。标本M128：4，素灰胎。直口，圆唇，束直颈，溜肩，弧腹，平底。肩部周围均匀饰有四系。口径12.2、底径10.7、器高33.5厘米（图三九二，3；彩版三二，2）。标本M128：5，灰白胎，淡黄釉。敞口，圆唇，直颈，溜肩，斜弧腹近直，凹圜底。器表饰有两两相同的纹饰形成的组合纹饰，两部分是外围由黑色实点组成心形，中间是由绿色实点组成圆形，内部一较大的实心黑点，另两部分是外围由黑色实点组成圆形，中间是绿色实点，前两部分与后两部分相间分布。口径8.8、底径10、器高16.8厘米（图三九二，1；彩版三二，3）。

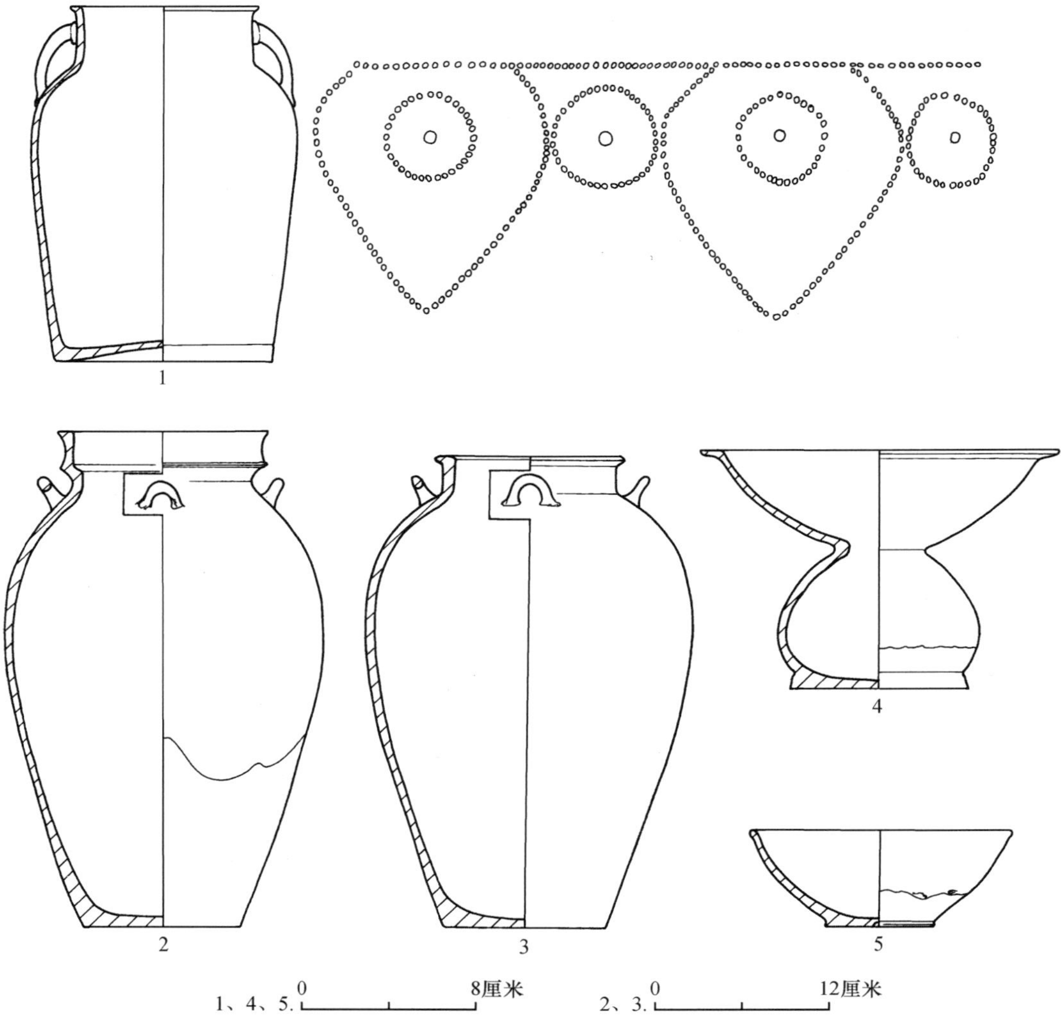

图三九二　M128出土瓷器

1～3. 瓷罐（M128：5、M128：3、M128：4）　4. 瓷盂（M128：6）　5. 瓷碗（M128：7）

瓷盂　1件。标本M128：6，灰白胎，施黑色釉，足部和器内下半部无釉。大敞口，圆唇，弧壁，中间内收较甚，下部圆鼓，圜底，圈足。口径16.4、底径8、高11.2厘米（图三九二，4；彩版三二，4）。

瓷碗　1件。标本M128：7，灰白胎，施豆青釉，不及底。敞口，圆唇，弧壁，圜底，圈足。口径12、底径4.6、器高4.6厘米（图三九二，5）。

铜饰件　1件。标本M128：2，残碎，形制不明。

另出土有铁棺钉数枚，锈蚀严重，应为棺材所用。

铜钱　1枚。标本M128：1，为开元通宝。

五、M130

（一）发掘地点

位于第二象限、T22412内。

（二）形制与结构

开口距地表深0.6米。长方形竖穴墓道石券结构墓，由墓道、封门、墓室组成。方向154°（图三九三；图版八四，2）。

墓道位于墓室南侧，长方形竖穴土坑，直壁，平底。长3、宽1.24米，深1.4米。

封门位于墓道北侧，拱形墓门，墓门由门楣、门柱组成，门楣形态呈莲花状，封门用长方形砖砌成，中部外凸，较乱。高1.3、宽1.02、厚0.32米。

墓室平面呈长方形，墓室东、西壁用长石条由下向上纵向错缝竖砌五层后开始起券七排成拱，后壁、前门均夹于东、西壁末端。墓室口长4.36、宽2.1米，墓室底长3.43、宽1.3米，深1.8～2.8米。墓室被盗扰严重。

墓内填土为红褐色花土，结构较疏松，内含料姜石、碎石块等。

葬具与人骨不详。

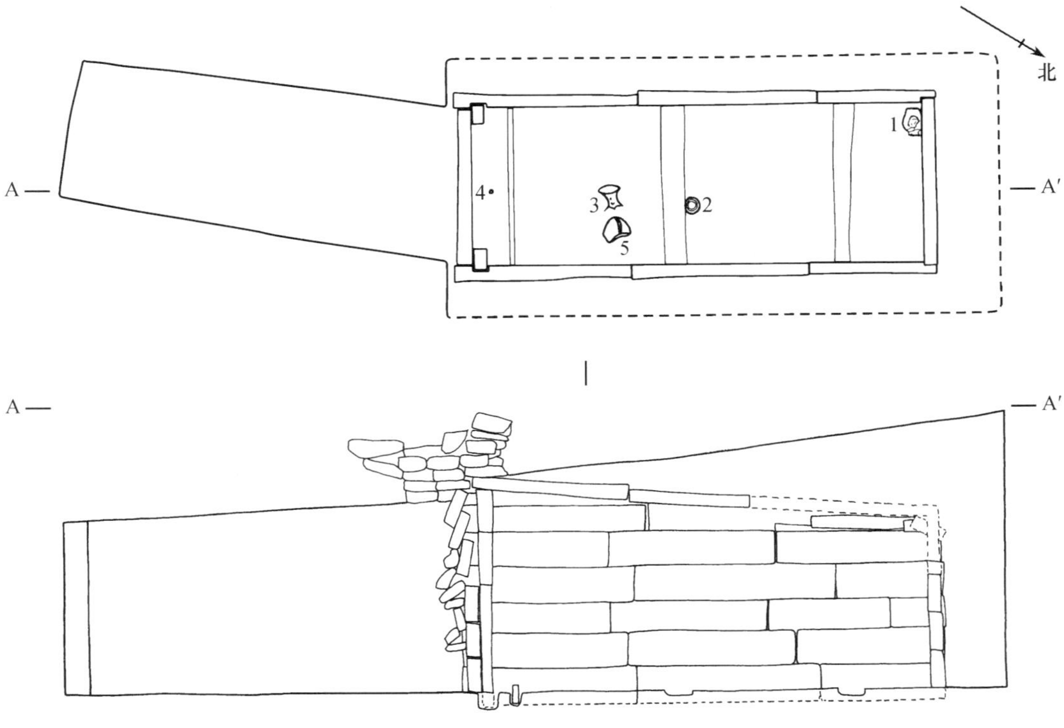

图三九三　M130平、剖面图

1、2. 瓷罐　3. 瓷瓶　4. 铜钱　5. 石鼠

（三）出土遗物

在墓室内发现瓷器、石器共4件，铜钱3枚。瓷器器型为罐、瓶；石器为鼠。

瓷器　3件。

罐　2件。标本M130：1，灰白胎，灰白釉，有流釉现象。敞口，尖唇，斜直颈，溜肩，弧腹，凹圜底。肩部饰四系。口径8.7、底径10.6、器高19.7厘米（图三九四，3）。标本M130：2，灰白胎，上半部施灰白釉，下部无釉。敞口，圆方唇，弧颈，溜肩，鼓腹，平底。肩部饰双系。口径6.2、底径5.5、器高9.4厘米（图三九四，2）。

瓶　1件。标本M130：3，灰白胎，黑褐釉。盘形口，圆唇，长弧颈，溜肩，弧腹，凹圜底。肩部饰四系，已残。口径17.9、底径16.7、器高36.1厘米（图三九四，1）。

石器　1件。

鼠　1件。标本M130：5，石质，土灰色。一鼠，四脚着地趴于石板上，鼠目圆睁，身体正中有一孔，尾巴侧于一边。长18.7、高7.5厘米（图三九四，4）。

铜钱　3枚。均为开元通宝。

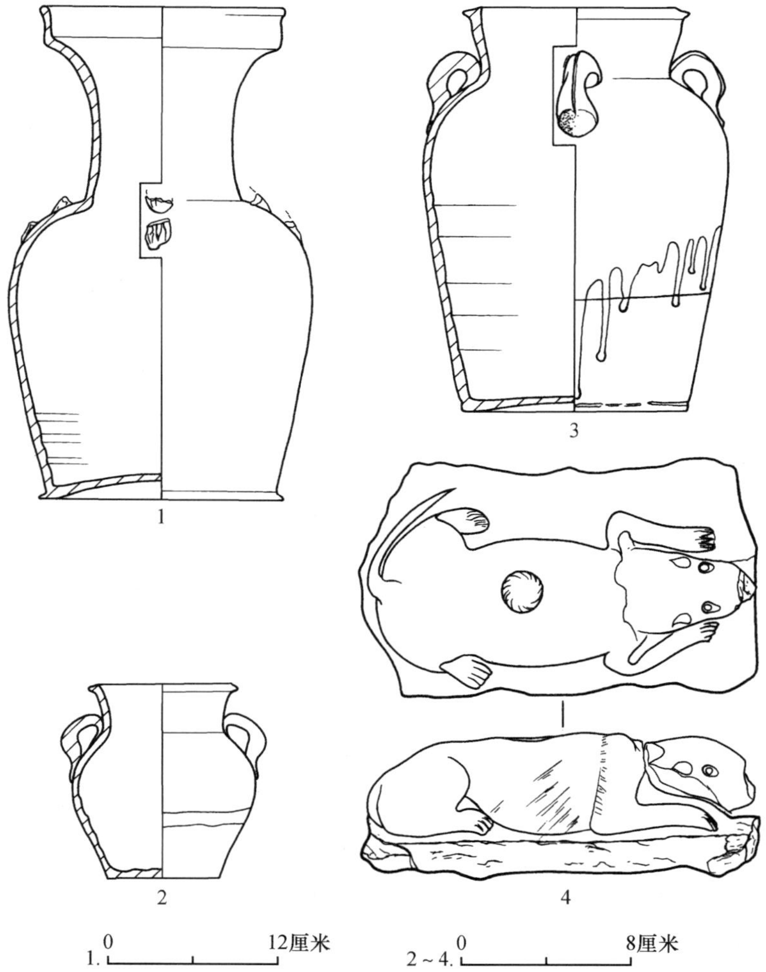

图三九四　M130出土器物

1. 瓷瓶（M130：3）　2、3. 瓷罐（M130：2、M130：1）　4. 石鼠（M130：5）

第二节　初步认识

一、墓葬形制与随葬品

本次马沱墓地发现的唐代墓葬形制分为长方形竖穴土坑墓、长方形竖穴墓道土洞墓与长方形竖穴墓道石券结构墓三类。长方形竖穴土坑墓规模较小，墓室面积仅1.5平方米，墓内人骨保存较好，为仰身直肢葬。其余4座墓葬规模相对较大，均由墓道、封门与墓室三部分组成。墓道位于墓室南侧，为竖穴式，直壁，平底；封门呈拱形，土洞墓墓门较为简陋，石券结构墓墓门由门楣、门柱组成，整体呈莲花造型，是唐代时期常见的一种墓门形式；墓室为单室。这5座唐代墓葬除M96外，其余4座墓葬墓向一致，均为北偏西。

墓内随葬品以瓷器为主，个别墓葬随葬有陶器、石器、铜钱等。瓷器器型有罐、盂、碗等。

二、年代推断

根据墓葬内出土的瓷器对于这5座墓葬的年代进行判断。M96内出土的青瓷碗（M96：2）与奉节宝塔坪①出土的青瓷碗（M2013：1）形制相似，其与唐晚期长沙窑地层出土的Ⅳ式青瓷碗②形制也相近；M128出土的瓷罐（M128：5）与奉节宝塔坪③出土的瓷罐（M1050：3）形制相似，这类瓷罐还见于厦门市后坑村唐懿宗咸通三年（862年）汪氏墓④内，是较为典型的唐代晚期长沙铜官窑所出器类；M128出土的瓷盂（M128：6）与奉节上关⑤出土的瓷盂（M43：2）形制相似；M130出土的瓷瓶（M130：3）与秭归庙坪⑥出土的瓷瓶（M89：1）形制相似。奉节宝塔坪M1050、M2013，奉节上关M43，秭归庙坪M89年代均为唐代晚期，故马沱墓地这5座墓葬的年代应也是唐代晚期。

---

① 冯恩学主编：《奉节宝塔坪》，科学出版社，2010年。

② 长沙窑课题组：《长沙窑》，紫禁城出版社，1996年。

③ 冯恩学主编：《奉节宝塔坪》，科学出版社，2010年。

④ 张柏主编：《中国出土瓷器全集·11福建卷》，科学出版社，2008年。

⑤ 重庆市文物考古所：《奉节上关遗址发掘简报》，《重庆库区考古报告集·1998卷》，科学出版社，2003年。

⑥ 湖北省文物事业管理局等：《秭归庙坪》，科学出版社，2003年。

第六章　时代不详的墓葬

云阳马沱墓地发现的时代不明墓葬共5座，由于盗扰严重、也无可参考性信息，故时代不明。本章集中对这5座时代不明墓葬的资料进行报告。

一、M18

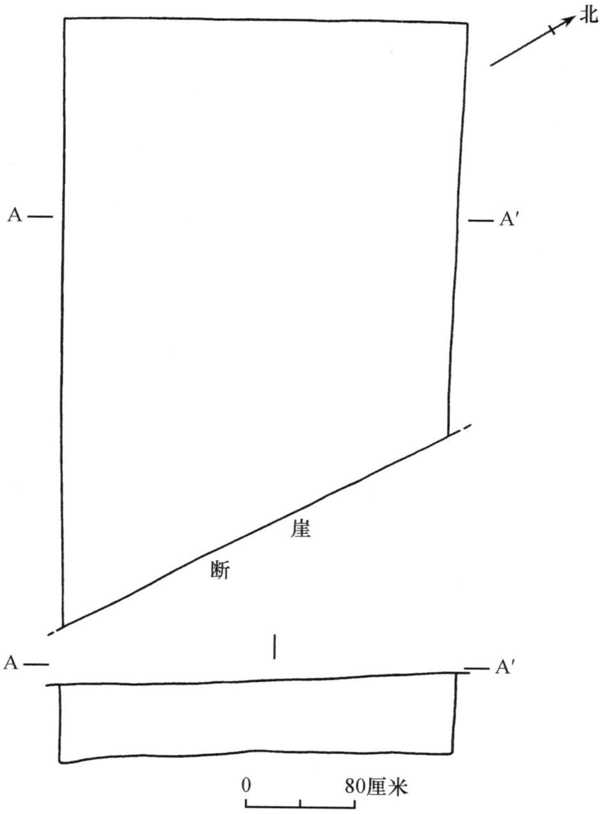

图三九五　M18平、剖面图

（一）发掘地点

位于第一象限、T11414内。

（二）形制与结构

开口距地表0.36米。长方形竖穴土坑墓，直壁，平底。东部被断崖所破坏，仅余西半部。残长3.22～4.7、宽2.82～3米，深0.6米。方向150°（图三九五）。

墓内填土为花土，较为黏硬。

葬具与人骨不详。

（三）出土遗物

无。

二、M19

（一）发掘地点

位于第一象限、T11415内。

（二）形制与结构

开口距地表0.35米。长方形竖穴土坑墓，直壁，平底。长3.26～3.4、宽2.4～2.5米，深1.2米。方向125°（图三九六）。

墓室内填土可分两层，上层为黄土，质地疏松；下层为红褐色岩砂土，质地极硬。

墓室底部东西两端分别有一纵贯南北的浅凹槽，槽宽30、深2～5厘米。推测应为葬具底部的垫木，因盗扰严重，葬具已不可辨。

人骨不详。

（三）出土遗物

无。

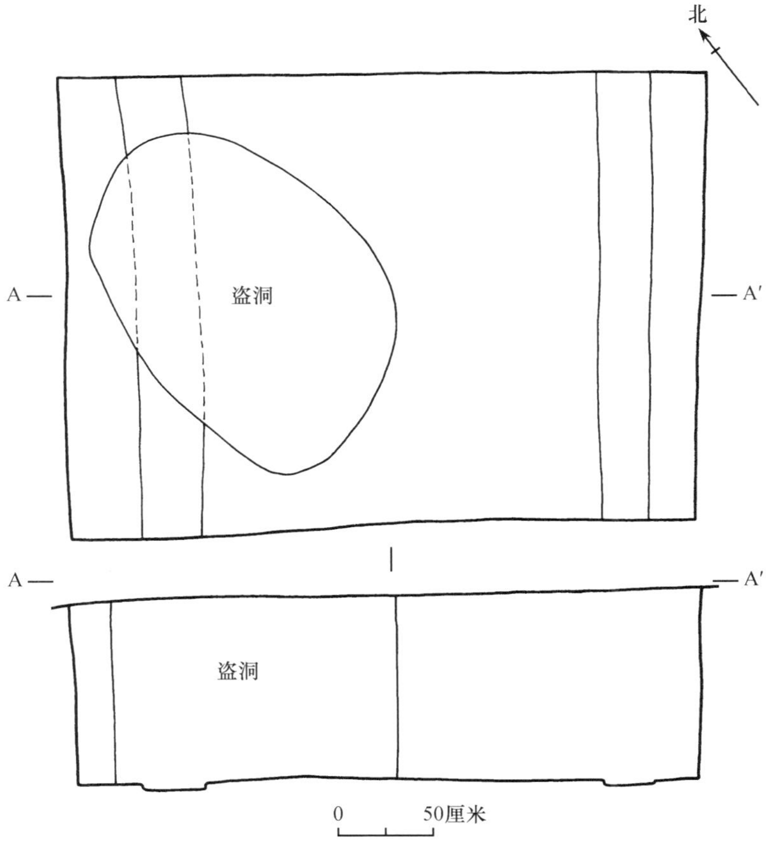

图三九六　M19平、剖面图

三、M21

（一）发掘地点

位于第一象限、T11212内，地处陡坡上。

（二）形制与结构

开口距地表0.36米。长方形竖穴土坑墓，直壁，平底。长3、宽1.78米，深0.6～1.3米。方向310°（图三九七）。

墓室内填土分三层，上层为灰褐土，质地松软；中层为黄土，黏硬；底部为红褐土。

墓底周围有熟土二层台，宽0.2、高0.5米。

葬具与人骨不详。

（三）出土遗物

无。

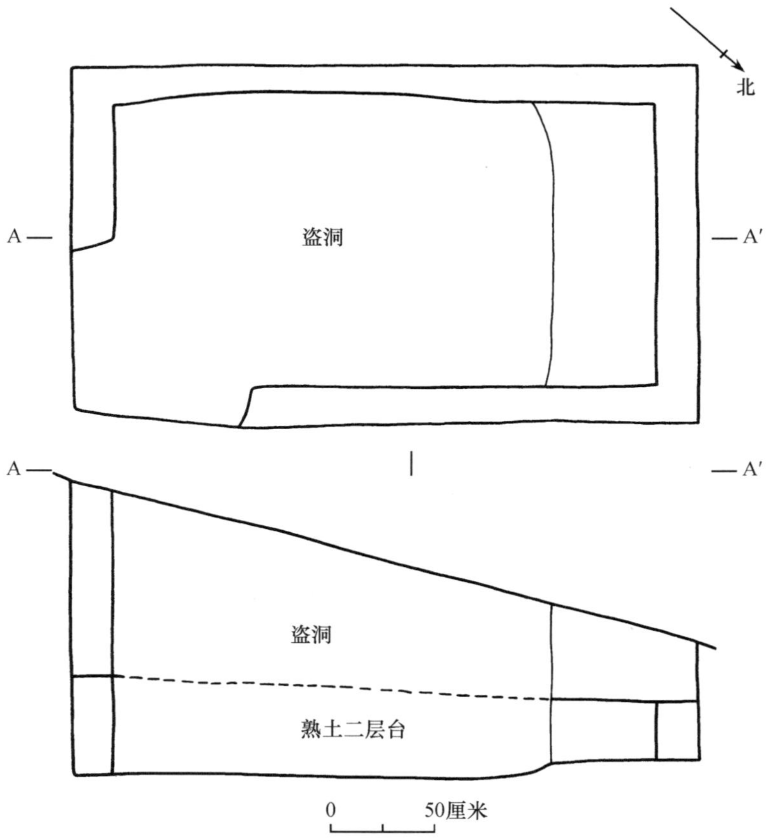

图三九七　M21平、剖面图

四、M29

（一）发掘地点

位于第二象限、T20611内。

（二）形制与结构

开口距地表0.15米。长方形竖穴土坑墓，直壁，平底。长1.8、宽0.9米，深0.25米。方向5°（图三九八）。

墓室内填土为红褐土花土。

无葬具。

人骨1具，仰身直肢葬，头向北，面向上。头下枕陶瓦一摞。

（三）出土遗物

无。

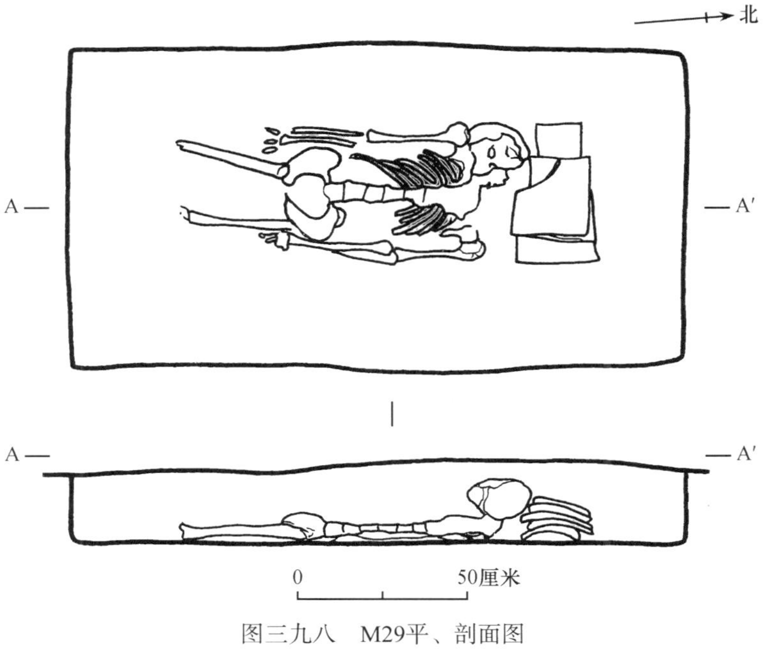

图三九八　M29平、剖面图

五、M63

（一）发掘地点

位于第三象限、T31633内。

（二）形制与结构

开口距地表0.45米。长方形竖穴土坑墓，直壁，平底。长2.5、宽1.1米，深0.5米。方向340°（图三九九）。

墓室内填土为黄褐土花土。

无葬具。

人骨1具，仰身直肢葬，头向北，面向上。

（三）出土遗物

无。

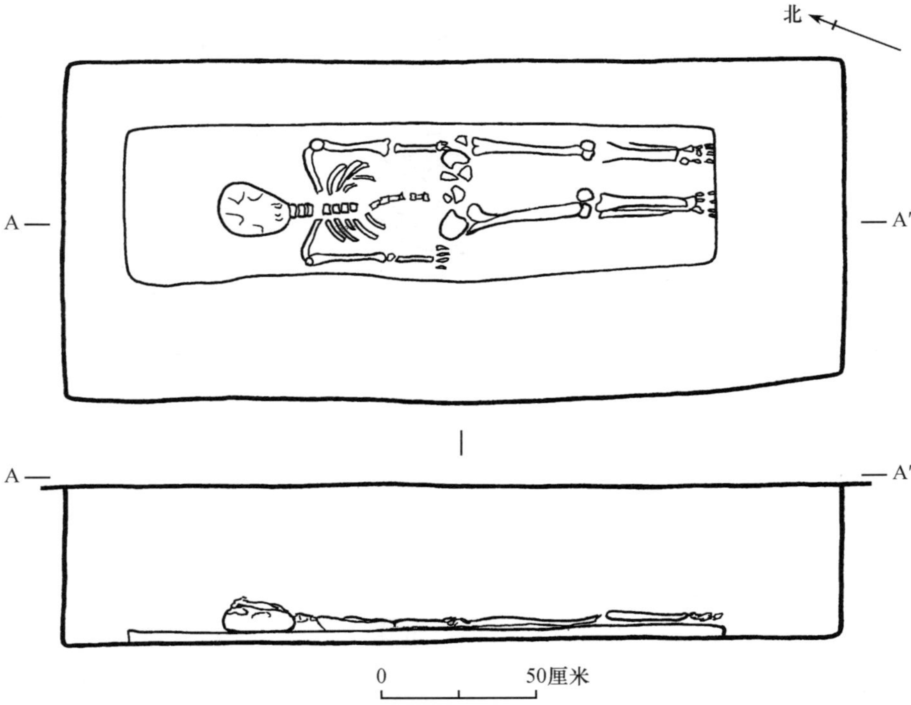

图三九九　M63平、剖面图

第七章　结　　语

云阳马沱墓地是峡江地区一处非常重要的墓群，延续时间长、随葬器物丰富，从东周时期延续至唐代，为研究峡江地区丧葬制度、文化变迁等提供了重要材料。其中东至六朝时期墓葬数量最多，墓地区域划分较为明显，墓葬排列有序，随葬器类时代特征明显，对于研究峡江地区东周至六朝时期的文化发展序列及其所反映的社会面貌具有重要价值。在发掘的5座唐代墓葬中，出土有长沙铜官窑的青瓷罐，对研究唐代铜官窑瓷器的传播与销卖提供了重要材料。

第一节　马沱墓地墓葬分布

马沱墓地面积较大，墓葬数量较多。通过调查、发掘，我们发现，马沱墓地的墓葬分布大致呈现以下特点：一是“早低晚高”的特点。即早期墓葬多分布于靠近江边的海拔较低的江边滩地或山脚坡地，如墓地中时代最早的东周墓葬大多发现于海拔135米以下部分，两汉墓葬多分布于135～150米高程间，150米以上则多为南朝至唐代墓葬，呈现出时代渐晚，位置逐渐上移的特点。分析这可能是在早期，长江水面相对较窄，水位较低，人们的生产生活乃至埋葬地点均比较靠近江边。这一点还有一个间接的证据：在靠近江边海拔较低（约130米以下）临近其墓地西侧大潘家沟与旧县坪遗址隔沟相望的地方，曾经发现一段砖铺的道路，疑似通向旧县坪遗址，似乎可以说明在早期与长江相通的大潘家沟水面相对较窄，两地可以陆路相通或跨沟相通。二是“中多边少”。即在墓地的中间由江边“马脑壳”“马背脊”一线（近乎东西中线位置）墓葬分布较多、靠近东西两侧大、小潘家沟的区域分布较少，海拔130～175米、位于墓地南北间的高程段（近乎墓地南北中线位置）墓分布较密集，以下或以上高程段墓葬分布相对较少。这些特点可能与墓地的朝向及地质情况、人们的埋葬习俗有关：该区域接近墓地的正南方向（略偏东南）、直面长江，是人们心目中传统风水思想的理想朝向。该区域还是墓地范围内土壤堆积最厚的区域，比较适宜于挖掘墓坑进行埋葬，而不需要在岩壁或断崖处凿石挖墓而葬。现场踏勘和调查也发现，东西两侧靠近大、小潘家沟区域，包括海拔175米以上区域多是悬崖峭壁，岩石裸露，极薄土壤或乎没有土壤覆盖，非常不适宜于墓葬；而海拔130米以下区域，面积有限，且江水经常淹没，也不适宜葬人。这一分布特点可能也是长江沿线大部分墓地的共同有之。

第二节　对东周墓葬的认识

马沱墓地共发现东周墓葬31座，每个墓葬之间间距均不同，无明显规律，墓葬之间未有打破关系，说明整个墓地的选择与墓葬分布存在较强的统一安排与管理。墓地所处位置位于陡坡上，虽然发掘之时将其分为四个象限，但从整体上看，年代早晚不同墓葬分布的位置也存在较明显区别。春秋晚期至战国早期墓葬主要集中在墓地西南部的第三象限内，较为分散但距离较近。这四座墓葬规模较大，葬具多一棺一椁，墓内随葬仿铜陶礼器丰富，兵器随葬较多，如M77内随葬有5件仿铜陶鼎以及5套铜戈、矛组合兵器，应是最初开疆拓土到达该区域的高等级贵族。到战国中期，随着墓葬数量的增多，开始向北侧、西侧扩散。至战国晚期，墓地东北部又形成一处独立墓区，而第二、第三象限的墓群则继续向西扩散，基本上扩散至墓地中部。该时期墓地内也存在一些时代、墓向、墓葬规模等基本一致的墓葬，初步推测应为具有血缘关系的同一家族成员。

这批墓葬内随葬器类以鼎、敦、壶为核心的仿铜陶礼器及与以鬲、豆、罐等为核心的日用陶器搭配组合为主，这些器类与组合在楚文化墓葬内极为常见，墓内随葬的圜底鼎、带铺首的鼓腹壶、高颈高档柱足鬲及剑、矛等铜兵器与楚文化腹地出土器类极为相似，随葬陶礼器也多成对出现。结合周边地区出土楚墓的形制与随葬品特征推测，马沱墓地所发现的31座东周墓葬应为楚人墓葬。

由于峡江地区地处楚文化与巴文化交汇地带，两种文化在该区域交流频繁，虽然该批墓葬以楚文化为主，但也保留有少量巴文化的因素。如墓内随葬的半圆形铜钺、短骹弓耳矛、大平底罐等器类正是巴文化墓葬中最具代表性的器物，而且巴文化的器物一直存在于该地区的楚人墓葬内。

关于以马沱墓地为代表的峡江西部地区的政权更迭在文献中多有记载，如《左传·桓公九年》中载："巴子使韩服告于楚，请与邓为好……邓人逐之，背巴师；而夹攻之。邓师大败。鄾人宵溃。"说明当时巴国是属于楚国的附庸国，受楚国的军事保护。从马沱墓地的发掘状况来看，该区域在春秋晚期至战国时期应属于楚人的管辖区域，这种现象的出现应与这一时期楚文化大规模西进有关。

春秋晚期至战国早期，马沱墓地开始形成，虽然墓葬数量较少，但墓葬规模较大，墓内随葬有丰富的仿铜陶礼器、铜兵器等高规格遗物，尤其是M77内随葬有5件陶鼎及5件铜戈矛，墓葬等级在整个三峡地区楚文化墓葬中都处于较高位置，其墓主人身份很可能就是当时楚国派遣至该区域进行武装殖民的高级将领。后至战国中期，随着楚人国力的增强与统治势力的稳固，对该区域控制增强，典型楚墓数量增多，铜剑仍作为重要随葬品进行埋葬，推测部分墓主人可能为驻扎此地的军人，军事色彩浓厚。到战国晚期，秦人进入峡江地区，随之楚人开始从该区域撤退。该时期新出现的盉、罍等器型基本不见楚文化核心区，应是受秦文化影响而出现，仿铜陶礼器随葬也较前期减少，数量上逐渐放弃成对随葬的规律，葬具以平面呈亚字形的单棺为主，这批墓葬的墓主人很可能是当地没落的楚贵族。

第三节　对汉代墓葬的认识

一、马沱墓地汉代墓葬的发展变化

云阳马沱墓地经过发掘的墓葬有130余座（未发掘者尚较多，因高程位于海拔175米以上，超出发掘要求范围，未进行发掘），是目前峡江地区发现的规模较大、墓葬数量较多、延续时间较长、保存较为完好的一处墓地。其中汉代墓葬共78座，是该墓地的主体遗存。其年代从西汉早期延续至东汉晚期，是峡江地区颇具代表性的汉代墓群，对管窥两汉时期峡江西部地区的社会与文化变迁具有重要意义。

第一期为西汉早期，该时期第一象限内墓葬分布于西部区域，与东部的战国晚期墓群相距较远，为新开辟的一处茔地；第二象限内未发现该时期墓葬；第三象限内墓葬多分布于中部偏北区域，与东周墓葬埋在一处，部分打破东周墓葬。从墓葬分布上看，墓葬之间打破关系的出现表明该时期人群已发生较大变化，推测是秦末汉初经长时间战乱后从周边地区迁徙过来的汉人。形制规模相近、方向相同的墓葬两两成对出现较多，可能为夫妻合葬墓（但由于人骨保存较差，具体有待进一步考证），是西汉早期该墓地最基础的社会组织。从墓葬形制与随葬品组合来看，该时期墓葬均为长方形土坑竖穴墓、葬具为单棺，陶礼器组合是以鼎、盒、壶为核心，铜器为鍪、釜等，这些特征很明显是延续本地区楚、巴蜀等文化因素发展而来的，受中原地区的汉制传统影响较弱。这一时期墓葬所反映的状况正是由于西汉初期中央王朝控制的核心区域主要集中在关中及中原地区，地方则主要采用郡国制进行统治，对地方控制较弱，文化习俗多延续着战国时期的传统发展而来，这也是该墓地在西汉早期多区域文化因素的主要原因。

第二期为西汉中期，随着时代发展，逝去先民增多，墓地范围随之扩大。该时期第一象限内墓葬分布除西部区域外，东部战国晚期墓群东侧也开始埋葬，但墓葬数量少；第二象限内未发现该时期墓葬；第三象限内墓葬多分布于中部区域，整体略偏向南部，在西南部区域也设立茔地。整体来看，该时期墓葬分布基本以西汉早期墓葬为核心略向东、南两侧扩散。该期墓葬形制已由长方形土坑竖穴墓演变为近方形竖穴土坑墓，这种形制与关中、中原、两湖等区域的西汉中期部分墓葬形制基本一致，随葬品形制也出现新的变化，地方文化因素减少，关中文化因素增多并占据主要地位。从具体器型上看，仓、勺等模型明器开始出现，这种器类在关中地区汉墓中常见，在西汉中期传播至峡江地区并成为重要的一组随葬品进行随葬，这种器类的出现就开了本地区西汉晚期至东汉时期器物明器化、模型化的先河。进入西汉中期，随着中央王朝实力的增强，郡国并行制被郡县制彻底取代，各区域文化交流频繁，汉文化强势嵌入周边地区并逐渐代替本地土著文化，汉制已经形成，器物统一性逐渐形成[①]。据《华阳国志·巴志》中记载云阳地区汉代盐业发达，是政府控制的一处重要区域，在该时期出现了大规模移民[②]，

① 蒋晓春：《三峡地区秦汉墓研究》，巴蜀书社，2010年。

② 索德浩：《峡江地区汉晋墓葬文化因素分析》，四川大学硕士学位论文，2006年。

人群交流频繁，正是在这种大背景下，关中地区汉文化随着人群迁徙进入到峡江地区并逐渐取代了本地区的文化传统。

第三期为西汉晚期，该时期第一象限内墓葬分布于东南部区域，与西汉中期该区域的墓葬相距较近；在第二象限内开始出现，集中在该区域西部；第三象限内墓葬多分布于中部偏东区域，与西汉中期墓葬相距较近，且部分墓葬与西汉中期的墓葬在方向、形制等方面基本一致。该时期墓葬形制仍以近方形竖穴土坑墓为主，出现长方形墓道砖室墓开始，釉陶出现并形成一种丧葬潮流强势冲击着普通的仿铜陶礼器，仿铜陶礼器釉陶化，新出现一批诸如杯、卮、博山炉等器类。此类墓葬形制与随葬品的变化主要是受关中平原、洛阳盆地两区域的影响下而出现的。如果说在西汉中期时，汉文化进入到峡江地区并逐渐取代了当地的文化传统,那么到了西汉晚期汉文化在该区域的发展已彻底得到了巩固，楚文化因素已很少出现。

第四期为王莽时期至东汉早期，该时期墓葬整体偏西分布，东侧发现较少；第一象限内墓葬分布于西部区域；第二象限内墓葬分布于西南部区域；第三象限内墓葬集中分布于中部与西南部，部分墓葬之间距离相距较远。该时期墓葬形制出现极大变化，转变为以长方形墓道砖室墓为主，近方形竖穴土坑墓较少，长方形墓道砖室墓开始模仿墓主人生前的居住环境进行建造。从随葬品来看，墓内随葬釉陶数量较多并占据主导地位，普通的仿铜陶礼器器物组合不完整且数量变少，陶俑开始出现。陶俑分为人物俑、动物俑与镇墓兽三类，人物俑包括顶罐俑、吹拉俑、站立俑、跪坐俑等，动物俑包括鸡、狗等家畜，基本上构成一种生活化、世俗化的场景。这种墓葬形制与随葬品风格的变化正是两汉之交在社会大转型背景下，丧葬观念已由之前很长时间盛行的生死有别向事死如生转变的重要体现。

第五期为东汉中晚期，墓葬分布较为集中，主要分布在第三象限中部，少部分位于该象限中部偏西，整体距离较近，墓葬形制与方向较为相似，推断为该时期新出现的一处家族墓地。墓葬形制均为长方形墓道砖室墓，规模较大，部分存在前后室，但多被破坏严重。从汉初延续至该时期的以鼎、盒、壶为核心的仿铜陶礼器组合已结束，陶鼎消失，墓内随葬以釉陶器为核心，明器化、世俗化特征明显。该时期的整体特征与中原地区东汉中晚期墓葬的风格特征基本一致，地方特色的器类已基本消失不见。

汉墓的发展演变实际上就是汉文化从进入到峡江地区后逐渐取代本地传统文化的过程，也是汉制形成并推广的过程。这一过程从汉初开始，一直到西汉中晚期才彻底完成文化嬗变，后一直延续着中原地区汉文化传统至东汉晚期，这种历时性变化也正是汉中央王朝逐渐实现对周边地区进行控制的一个过程，是峡江地区汉代墓葬文化变迁的一个重要体现。

二、马沱墓地出土汉代钱币的初步认识

马沱墓地共出土钱币5000余枚，除去部分唐代钱币（均开元通宝）、少量南朝部分钱币外，均为汉代钱币，总数量有4000余枚。保存较好、可清楚辨认、且有统计价值的有2400余枚（附表五）。经统计，有半两60余枚、五铢1900余枚、货泉220余枚、大泉五十150余枚、大布黄千20枚、布泉3枚等。以五铢钱为大宗，种类较多，如磨郭五铢、剪轮五铢、綖环五铢等，时代特征明显者有三官五铢、郡国五铢、昭宣五铢等典型西汉五铢，也有直百五铢、对钱、

东汉小钱等东汉钱币和三国时蜀汉制钱，汉代五铢中绝大部分为铜钱，仅有1枚铁五铢（M47出土）。

马沱墓地出土的五铢钱时代特征还是较为明显的，尤以三官五铢和郡国五铢制作较为精美，字形修长而秀丽，风格较为一致，钱文严谨规矩、钱型整齐，规制较为统一。很多五铢钱上有穿上“横”、穿下“横”、穿上“月”、穿下星等记号，也有部分“四决”五铢。三官五铢与邵国五铢的钱币直径多在23～27毫米，以径25毫米左右居多；穿径约8～12毫米，以9～10毫米居多，肉厚0.5～1.12毫米间。重量以2.5～3.5克者为多，也有部分大于4克或低于2克，因种类不同而差别较大。三官五铢和郡国五铢是本墓地出土的保存较好、特征明显且数量最多的五铢钱。墓地出土有相当数量明显属于昭、宣时期五铢，此时的五铢钱，无论是其铜质，形制，书体以及工艺上，都已经达到了尽善尽美的程度。尤其是其钱文，更能给人一种清秀超逸之美。昭、宣五铢形制与“三官五铢”基本相同，铜质较好，铸造也佳，外郭较宽；钱文严整，字体略狭长。重量一般在2.5～3.5克之间。因昭帝后来被废，宣帝在位时间较长，故后人多将昭宣时期五铢迳称为宣帝五铢。宣帝五铢基本上保持了三官五铢的形制，铸行量巨大。是本墓地出土数量仅次于三官五铢、邵国五铢的特征比较明显的五铢钱。

另有部分西汉五铢，应属于西汉后期成帝、哀帝、平帝所铸，铜质不如从前，钱形亦不甚规整，肉面略平、薄，字文凸起，边棱料宽，外郭稍阔，较多有光背及背星月纹，少量穿上横、穿下横记号等。钱重2～3.5克之间，相差较大。此外，墓葬中出土的剪轮五铢部分也属于西汉晚期。

墓地出土了一定数量的新莽时期的钱币。主要有五铢、货泉、大泉五十、大布黄千等几种，共计1000余枚，保存均比较好，轮廓线条字体清晰可辨。其中货泉数量较多，约有206枚，大泉五十161枚，大布黄千20枚，布泉3枚；但出土数量最多的新莽钱币仍是五铢钱，数量500余枚，其形制与前代货币有所不同，应仍是新莽时期的主要流通货币。总体来看，王莽时期的铸币技术较为先进，钱币的铸造工艺精湛，整体制作很精细。其钱文书法多采用悬针篆等字体，笔画纤细、流畅，具有很高的艺术价值。

墓地出土东汉时期钱币仍以五铢为主，但种类繁杂，形制、大小差别较大。总体来看，东汉五铢文字笔画偏细，柔顺、妩媚。“五”字交笔弯曲，“铢”字头多圆折，中间直笔，两端较细。“金”字头呈三角形，比西汉五铢金字旁大，“金”字旁的四点也普遍较长。铸造工艺相对较差，有较多的砂眼现象。钱形偏小，较为轻薄,重量从1克到3克不等。有较多的剪轮五铢、綖环五铢，重量轻，不足1克。另外在M67中出土4枚”直百五铢“，是明确的三国蜀汉五铢钱，钱径26.75～27.45毫米，穿径10.24～10.79毫米，重量3.34～6.8克，制作相对较好。有史书记载：三国时期，蜀汉偏处西南，发展经济受到局限，又连年征战，财政困难，军费紧张，只好采用发行大值虚币的办法来勉强维持。在大臣刘巴的建议下，刘备于汉献帝建安十九年（公元214年）发行“直百钱”。直百钱有面文“直百五铢”和“直百”两种。“直百钱”的发行对蜀汉经济的发展立刻起到作用，“以数月之间，府库充实”。

本墓地出土地钱币基本与墓葬时代相吻合，但由于出土钱币多有朽蚀，且很多朽蚀严重，虽经除锈，仍不能保证测量的准确性，尤其是钱重的准确性更无法保证，故而本墓地钱币的统计只能作一参考，以大致描述对墓地出土汉代钱币的粗浅认识，仍需进一步专题深入研究。

第四节　马沱墓地与旧县坪遗址关系推测

从聚落考古的角度来看，聚落的构成一般是由居址、墓葬、手工业等部分组成。史前至西周时期墓葬多埋葬在城内，到战国秦汉时期墓葬开始埋葬在城的周围，其距离相距一般不会很远，如在汉长安城在城周围就发现了诸如少陵塬、龙首塬等大型汉代墓群，这种习俗一直延续至今。我们在马沱墓地调查与发掘时并未发现有遗址区，表明其遗址区应在此周围。恰巧，在大潘家沟西南岸发现一处与墓群同时期的遗址——旧县坪遗址①，该遗址内未发现大规模的墓群，故我们有必要判明马沱墓地与旧县坪遗址的关系，这对于全面研究马沱墓地会有重要的帮助。

旧县坪遗址发现于20世纪90年代三峡库区文物普查时发现并被定为三峡库区重点发掘项目，经1994年度、1998～2002年度连续考古发掘工作，确认遗址面积约1平方千米，年代跨度为西周末至六朝，遗址兴盛的年代为战国至六朝时期，在遗址内发现有夯筑城墙、城区至江边的通道、石板修筑的阶梯式路面、衙署建筑、陶窑等，初步认为该遗址为汉代朐忍县城。遗址背靠汪家松岭，面向长江，地势开阔，适宜人类居住。旧县坪遗址由江边三个较大的台地组成，延续时间较长，为更好进行考古工作，发掘时将遗址分为12个区域，C区狮子坪是战国时期遗存密集分布区；S区为衙署区，发现较多战国至六朝时的遗迹；A、B两区与遗址西端台地是主要居住区；中部地势最低处的长坪为制陶手工业区。在遗址的C区内出土了带有“朐”字刻款的汉代陶钵及“口君”封泥，在S区SK1内发现了记事木牍，后又出土了朐忍令景云碑，基本确认了旧县坪遗址为汉代的朐忍县治所在。经过长时间发掘与整理，认为战国时期的遗迹见于大坪南、北两侧；汉代遗迹分布较广，常住人口较多，包括军队、官员、工匠等；六朝时期沟渠、房址遍布全城。史书记载朐忍城于北周武帝天和三年（568年）迁治汤口，改为云安，随即旧县坪就衰落萧条，县治迁出不久曾发生两次大规模滑坡，最终将朐忍城埋于地下。

从旧县坪遗址的规模与兴盛年代来看，年代主要是战国至六朝时期，而马沱墓地兴盛的年代也处于战国至六朝时期，两处遗址从年代上判断是共存的。从位置关系上看，旧县坪遗址与马沱墓地位于大潘家沟两侧，两处遗址隔沟相望，大潘家沟宽25～30米，南部注入长江，旧县坪遗址东部长期受水流冲击，推测战国至汉代时期两处遗址的距离应该更近。在史前酋邦时期，多是以20千米为半径的控制范围，这也是人一天步行来回的距离②，至战国秦汉时期，居民的日常生产生活也大致是在这个距离半径内进行的。根据这两个遗址的距离推测，当时的居民可借助浮桥或者船只、木筏等工具是完全可以轻松到达对岸的，马沱墓地应也属于旧县坪遗址的一部分。

---

① 黑龙江省文物考古研究所：《云阳县旧县坪遗址发掘报告》，《重庆库区考古报告集·1998卷》，科学出版社，2003年；吉林省文物考古研究所三峡队等：《云阳旧县坪遗址发掘简报》，《重庆库区考古报告集·2002卷》，科学出版社，2010年；王洪峰：《七年考古发掘确认云阳旧县坪遗址为两汉至六朝时期朐忍县城故址所在》，《中国文物报》2006年3月24日第001版。

② 陈星灿：《何以中原？》，《读书》2005年第5期。

据《华阳国志·巴志》《水经注》等文献记载，云阳地区在汉代盐业发达，盐业贸易兴盛，为控制盐业资源，朝廷在该地区设置有盐官，如《汉书·地理志》中记载“朐忍，容毋水所出，南入江。有橘官、盐官”[①]。为了开采与控制盐业资源，西汉王朝进行了大规模移民[②]，并派驻官员来此担任县令，在旧县坪遗址内出土的朐忍县令景云碑正是这一状况的反映。旧县坪遗址内发现有从城区直通长江的通道，说明当时水路是对外运输非常重要的一条道路，朐忍县城也是一座非常重要的站点，商业贸易与文化交流频繁，人口增多，土地较为紧张，而沟对面的马沱墓地较缓地带就成为营建墓地的最好选择，这种现象也与汉时期马沱墓地墓葬增多相吻合。

综上所述，从年代、相对位置、社会大背景等方面推测马沱墓地应是战国至六朝时期旧县坪遗址的一处墓葬区，墓主人应为旧县坪遗址的居民、商人、士兵。

① 班固：《汉书·卷二十八·地理志》，中华书局，1975年。

② 索德浩：《峡江地区汉晋墓葬文化因素分析》，四川大学硕士学位论文，2006年。

附记　马沱墓地考古发掘大事记

2001年

4月28日，郑州市文化局刘河明副局长，郑州市文物考古研究所张松林所长、王文华副所长及业务人员张建华（工地领队）一行4人，由郑抵渝，签订发掘协议书。

5月7日，张松林所长、张建华前往云阳县文物保护管理所接洽。

5月8日，云阳县文物保护管理所陈源林所长、程红坤科长陪同查看了将要发掘的凤鸣乡马岭崖墓地、双江镇马沱墓地，并最终在马沱村与村干部、乡文化专干商定了发掘日期、民工工价、占地赔偿及考古队住地等诸事宜，为下一步工作打下了良好基础。

5月9日，回郑。

5月10日，即开始制定工作规划。最终决定，先行钻探，再行发掘的两阶段工作步骤；抽调本单位业务人员张建华、顾万发、秦德宁3人组队，并借调郑州市文物处钻穿探队王辉，巩义文管所王保成、张志强，荥阳文管所宫双成、苏里安5人为钻探技术员，由张建华任领队，并定于本月17日离郑赴渝，进行钻探。

5月11～16日，着手准备工作所需物资、设备，至16日齐备。

5月17日，晚10时14分，郑州市文物考古研究所三峡考古队一行9人（含炊事员1人）离郑。

5月18日，下午4点20分，到达云阳县城。

5月22日，开始钻探。云阳县文管所派孙紫峰、杨迪两位同志前来协助工作。钻探工作由南向北进行，其间，天气逐渐进入雨季，工作只能见缝插针式地进行。

6月23～27日，连续几天大雨，听当地农民讲，已正式进入雨季，为节省经费，同时也为保证文物安全，决定停止钻探，即刻返郑。自5月22日开始钻探工作以来，共计钻探面积约12万平方米，发现墓葬30余座。钻探区域主要集中在墓地的西半部，据当地村民讲，在墓地的东半部，墓葬分布更为密集，下半年再发掘时，要重点对东半部进行钻探和发掘。

9月19日，郑州市文物考古研究所三峡考古队一行10人，再次踏上三峡考古的征途。这次队伍成员因工作需要做了部分调整：领队仍为张建华，业务人员有本所文保部副主任于宏伟、业务人员秦德宁，另外，从兄弟单位抽调、借调了信应君（河南省遂平县文管所副所长，西北大学考古专业毕业）、王建华（河南省社会科学院考古研究所，北京大学考古系毕业）、李龙（河南省社会科学院考古研究所，武汉大学考古专业毕业）、王辉（郑州市文物钻探队技术员）、王广才（技术工人）等5人重新组成发掘队伍。

9月21日，上午，前去工地查看情况，用拖拉机从相距约4千米远的一家工厂买水运来。晚上，全体队员如期安顿下来。

9月22日，联系发掘事宜，准备民工。同时决定，发掘人员兵分两路，一路由于宏伟带领，前往长江对岸的马岭崖墓地发掘，人员组成有信应君、王建华、李龙3人，争取用最短的时间完成100平方米的发掘任务。大队人马留马沱墓地，坚持工作，由张建华带领，主要进行前期钻探和部分发掘工作。

9月23日，在聂世江副所长的协调下，马岭发掘小分队一行4人如期前往马岭崖墓地，并开始发掘。同时，马沱墓地由王辉负责进行钻探。

9月28日，马沱墓地开始正式布方。第一批方共计6个，在第一象限，由王广才、秦德宁、肖京负责。

9月29日，云阳县政府副县长赖云、文化局局长于启明、文管所所长陈源林一行3人来工地慰问。

9月30日，马岭崖墓地发掘结束，全部人马撤回马沱墓地大本营。共计发掘面积100余平方米，清理东汉墓葬8座，出土各类器物88件。

10月3日，全体人员开始正式发掘，在第一象限布第二批方。

10月4日，郑州市文化局副局长刘河明、文物处副处长郭书营，郑州市文物考古研究所所长张松林一行若干人来工地检查工作。

10月29日，重庆市文物考古研究所所长邹后曦、业务人员杨小刚，黑龙江省考古研究所张伟一行4人来工地视察、参观，恰逢M6清理完毕，出土兵器10件，邹认为应为战国晚期墓葬。

11月6日，M12开始清理出土器物，至11月8日清理完毕。此墓虽经盗扰，但仍出土近百件器物，有些相当精美，尤其是两件釉陶锺和一件鎏金青铜壶，更是精美之至。同时，M2也开始清理出土器物。

11月7日，M2清理完毕，共计出土器物100多件（尚未包括铜钱）。之后，挑灯夜战绘图，由王广才、张建华等人从晚7点一直工作到第二天早晨8点，方完成绘图，避免了下雨塌方毁坏墓室。

11月9日，重庆电视台来工地采访。

11月14日，郑州市文物考古研究所书记陈英率领绘图员李杨、修复工冯福庆、贺凤莲等一行4人来工地。15日陈、李离开工地回郑。

11月20日，吉林省文物考古研究所（承担旧县坪遗址发掘）付家新、王洪峰等一行若干人来工地参观。

11月28日，郑州市文物考古研究所王文华副所长来工地检查工作，并准备赴重庆开会。

11月30日，与王文华一起到重庆开会。

12月7日，国家文物局专家组及重庆市三峡办领导一行若干人来工地检查发掘质量。主要人员有国家文物局文物保护司宋新潮司长、国家文物局专家组成员蒋中义、中国文物研究所所长吴加安、中国社会科学院考古研究所郑若葵研究员、重庆市三峡办刘豫川馆长、重庆市文物考古研究所邹后曦所长、云阳县副县长赖云、云阳县文化局长于启明、云阳县文管所所长陈源林及万州区有关同行、专家及领导等。对工地的发掘现场、发掘质量、发掘资料及文物安全等方面进行了仔细的检查，感到非常满意；并对发掘成果非常感兴趣，总体评价较好。王文华副所长陪同检查。

12月13日，重庆市文化局文物处邵卫东处长来工地检查工作。重庆市电视台记者随同。

12月28日，郑州市文物考古研究所杜新来工地。

12月29日，重庆市文化局李书记、重庆市博物馆刘豫川馆长等一行五人来工地慰问。

2002年

1月5日，中央电视台四套记者来工地采访。

1月10日，年度发掘工作结束，2001年度任务超额完成。之后，与当地村委协商占地赔款及回填等诸问题，所有175蓄水线以下的探方、墓葬不再回填，所有175蓄水线以下的果树不再赔款。

1月16日，文物装箱，船运至张飞庙保管。

1月20日，启程回郑。

3月4日，考古队再次来到三峡。人员组成有张建华、于宏伟、信应君、秦德宁、王辉、王王晗、郎富海及修复工李恩圆、秦秀花、郭现军等。

3月5日，到达工地。

3月8日，正式开始发掘，今年的剩余的发掘任务只有1300平方米（去年发掘超额了一部分）。

3月11日，修复工到张飞庙进行修复工作。安排住宿、吃饭等。

3月22日，马沱墓地考古发掘被国家文物局、重庆市三峡办评为“重庆三峡库区域2001年度十项重要考古发现”，并颁发证书。《重庆商报》《重庆晚报》《重庆日报》等报纸均予以报道。《郑州晚报》刊发消息报道。

4月8日，重庆市文物局通知调马沱墓地出土的两件文物到香港参加《华彩乐章：长江三峡出土文物展》。

4月9日，重庆市政协、云阳县政协委员来工地进行调研，并听取工作情况汇报。

4月25日，郑州市文物考古研究所所长张松林来工地检查工作，修复工冯福庆同来。之后张建华陪同到重庆签订2002年度发掘协议。

4月26日，发掘工作结束，2002年度发掘任务完成。同时，也预示着马沱墓地两个年度的发掘任务也提前全部完成。

5月3日，所有人员及文物全部撤回张飞庙，进入后期整理。

5月6日，中央电视台（一套）记者来张飞庙采访拍摄整理工作情况。

5月16日，监理方湖北省考古研究所监理来工地开展监理工作。

6月19日，所有人员返回张飞庙继续进行整理工作，于宏伟因工作需要，暂未同行。

6月25日，中央电视台（十二套）记者前来采访。

7月2日，江西省文物考古研究所李荣华来工地参观。

7月12日，湖北省文物考古研究所周国平副研究员、《江汉考古》编辑部主黄义军副研究员来工地参观。

7月20日，江苏省镇江市博物馆副馆长肖梦龙研究员来工地参观。

8月14日，郑州市文物管理处郭书营副处长、郑州市文物考古研究所王文华副所长、郑州市财政局崔处长同来工地检查工作。

8月28日，张建华等4人回郑。

9月14日，信应君及修复人员回郑，修复工作结束。

9月25日，张建华、信应君等返回工地，开始后期整理工作。

9月28日，邹后曦所长来云阳视察工作，晚上应要求将马沱墓地发掘图片材料带与他审阅。

9月29日，四川省绵阳市博物馆副馆长何志国研究员等一行7人来张飞庙参观墓地发掘出土物，并提出了宝贵意见。

10月6日，南京大学考古队张之恒教授、刘兴林副教授及师生，镇江博物馆考古队肖梦龙研究员及发掘队员，四川大学考古队黄伟教授、白彬博士及实习师生一共40多人前来参观马沱墓地出土资料。

10月8日，重庆市三峡办刘豫川主任及重庆市移民局王主任来检查工作。《重庆商报》记者刘虎前来采访。

10月10日，万州区《三峡都市报》记者史宗伟来采访。

11月19日，国家文物局专家组来张飞庙整理现场检查指导工作。有国家文物局副局长张柏、考古处处长关强，重庆市文化局副局长王川平，三峡办主任刘豫川，重庆市文物考古研究所所长邹后曦，三峡办杨小刚，云阳县副县长赖云，云阳县文管所长陈源林、副所长刘扶林，郑州市文物处李二楷，郑州市文物考古研究所副所长王文华等。专家组成员有张忠培、徐光冀、陈雍、赵福生等，专家组对马沱墓地发掘成果和文物修复工作给予高度评价。

12月11～15日，与王文华副所长同去北京参加“重庆三峡库区二期文物考古发掘成果汇报会”结束。

12月23日，工地整理结束，全体发掘人员回郑。

2003年

2月15日，接重庆市三峡办通知，鉴于马沱墓地的重要性及郑州考古队工作态度、工作质量的优异表现，决定将原定马沱墓地发掘期限延长一年，发掘面积增加3000平方米、经费45万元。

3月6日，第一批队员张建华、李浩、王辉、李保才出发，安顿生活。

3月10日，第二批队员到达工地。有信应君、秦德宁、高赞岭、张明菊、王军、张吉民、王广才。

3月13日，开工。

3月18日，重庆市文化局有关人员来工地检查工作。

3月20日，邹后曦来工地检查工作。

3月24日，湖北省文物考古所胡雅丽、宋有志来工地进行发掘监理。

4月3日，四川大学黄伟、李映福教授等来工地参观。

4月6日，云阳县文管所陈源林所长一行来工地视察工作。

4月25日，张建华、李恩圆及秦秀花（修复人员）来工地开始修复工作。

4月30日，北京大学忠县崖角墓地负责人韦正、钟志及四川省文物考古研究所孙志彬（中坝遗址领队）来工地参观。4月，吉林省文物考古研究所付家欣、王洪峰，绵阳市博物馆唐光孝、宋建民等多次来工地参观。

5月3日，云阳县文管所聂世江先生来工地参观。

5月17日，因天气原因，部分发掘人员撤离工地：李浩、信应君、王辉、秦德宁、王军、张吉民、张明菊共7人。早9：20船下宜昌，下午4：05火车回郑。

5月21日，北京大学考古文博学院忠县崖角墓地负责人韦正、钟治及河南省文物考古研究所万州发掘项目负责人魏兴涛一行3人来工地参观指导工作。翌日离开工地回忠县。王辉由郑返回工地参加后期发掘工作。

5月22日，北京大学工地技工娄群山、周平占、陈根山一行3人来工地参加后期的发掘工作。

5月24日，正式确定M124为一大型墓葬，并开始正式发掘工作。据现场判断，该墓为一长方形土坑墓。东西较长，10米有余；南北略窄，近9米；深约7米。自上而下可能有多重生土二层台。其东南角有一长方形盗洞。

6月2日，新华通讯社重庆分社记者一行3人来工地采访，云阳县文管所程红坤陪同。

6月8日，云阳县电视台记者来工地采访录像，并于6月16日播出。

6月12日，因各自承担的发掘工作全部结束，北京大学考古工地技工娄群山、周平战、陈根山三位技工离开工地。

6月13日，云阳县文管所配合人员湛红雁正式离开工地。

6月20日，郑州市文物考古研究所陈英书记陪同《郑州晚报》记者张晓波（文字）、杨光（摄影）来工地采访，冯福庆同来。22日离开工地回郑。

6月22日，陈英书记及记者一行3人离开工地返郑。M124的大陶鼎除盖外修复成功。

7月3日，与单位请示派摄影、绘图人员来工地。

7月20日，刘彦锋、李扬等人来工地进行摄影、绘图工作。一周后，摄影结束，刘彦锋回郑。至此。马沱墓地现场发掘、文物修复、资料留存、初步整理、文物移交工作全部完成。

8月14日，陈英书记率杜新、谢五成等带车至云阳。

8月15日，所有人员乘车由县城至马沱墓地将工地所有发掘工作用品装车。

8月16日，工地所有人员乘车由云阳出发，拟经重庆、成都返郑。

8月17日晚，与重庆市三峡办负责人邹后曦、杨小刚等见面告别，邹后曦对郑州市文物考古研究所三年来在三峡的考古工作给予高度评价，并表示感谢。

8月18日，到达成都。参观成都文物考古研究所金沙遗址、船棺遗址等。与成都文物考古研究所江章华副所长等人会晤。

8月19日，离开成都返郑，当日中途参观三星堆博物馆、绵阳市博物馆等，与绵阳唐光孝、宋建民等会晤。晚，入住汉中市。

8月20日，早离开汉中，晚12点半到达郑州。

三峡田野考古工作顺利结束。

附　　表

附表一　马沱墓地东周墓葬统计表　（单位：米）

墓号	方向	形制	尺寸（长×宽-深）	葬具	葬式	随葬品（件）	时期
M13	312°	竖穴土坑	3.4×2.84-0.94	单棺		铜匕首1	战国晚期
M14	312°	竖穴土坑	3.4×1.96-1	单棺			战国时期
M15	302°	竖穴土坑	3.24×2.35-1.3	单棺		陶鼎2、壶2、豆4、敦1、器盖1	战国晚期
M35	302°	竖穴土坑	4.3×3.2-2.7			陶鼎4、敦1、釜1、甑1	战国中期
M37	355°	竖穴土坑	2.6×2.1-2.6			陶鼎1、豆1、盒1	战国时期
M41	355°	竖穴土坑	3.3×2.6-1.8	单棺	头北	陶鼎4、壶型鼎1、豆11、壶3、敦2、盉1、浴缶1、璧形器1、尊缶2，铜剑1、矛1	战国晚期
M44	310°	竖穴土坑	3.3×1.9-1.9		头西北	陶鼎2、豆4、壶2、敦2、浴缶1、器盖1	战国晚期
M53	161°	竖穴土坑	3.4×2.8-1.74~2	单棺		陶鼎4、豆4、壶2、盉1、浴缶1	战国晚期
M65	112°	竖穴土坑	2.9×1.5-0.4			陶鼎1、敦1、壶1，铜剑1、削、斧1	战国晚期
M71	155°	竖穴土坑	2.2×1.15-0.82		仰身直肢、头南	陶鬲1、豆2、罐1、盂1	春秋晚战国早
M75	50°	竖穴土坑	3.4×2.6-2.8	单棺	头东北	陶鼎5、豆5、壶6、敦2、浴缶1、尊缶2、盉1、料珠50，石璧1，水晶环1，铜环2、饰品1	战国晚期
M77	75°	竖穴土坑	4.5×2.6-1.2			陶鼎5、壶2、尊缶2、敦2、豆4、器盖1，铜戈5、矛5、矛柄1、剑柄1、镦1、鐏1、铃2、伞箍2、盖弓帽2	春秋晚战国早
M82	50°	竖穴土坑	3×1.5-1.3	单棺	头东北	铜剑1	战国时期
M83	173°	竖穴土坑	3.05×2.1-0.6	单椁	直肢	陶鼎2、豆4、敦2、壶2	战国晚期
M84	57°	竖穴土坑	3.6×2.6-3.8	单棺		陶壶1，铜剑1	战国晚期
M85	155°	竖穴土坑	2.8×2.1-1.3	单棺	仰身直肢、头东南	陶鬲2、豆8、罐3、盆2，铜剑1、矛1	战国中期
M86	343°	竖穴土坑	3.1×2.37-1.1	单椁	仰身直肢、头西北	陶鼎4、壶3、豆4、敦2	战国晚期
M92	85°	竖穴土坑	3.8×2.1-0.8			陶罐1、盂1、壶1、豆1、鬲1、器盖1	战国时期
M102	355°	竖穴土坑	4.5×3.8-2.8	一棺一椁		陶鼎4、浴缶1、壶2、敦2、豆4，铜饰品10	战国晚期
M104	183°	竖穴土坑	2.6×2.6-1.5		仰身直肢、头南	陶鼎1、豆1、壶1、敦1，铜矛1	战国中期

续表

墓号	方向	形制	尺寸 （长×宽-深）	葬具	葬式	随葬品（件）	时期
M112	70°	竖穴土坑	3.36×2.2−1.9	单棺		铜盘1	战国时期
M113	74°	竖穴土坑	2.66×2.06−0.6	单棺	仰身、头东	陶敦1、豆1、壶1	战国时期
M115	85°	竖穴土坑	3.3×2.26−0.5	一棺 一椁	头东	陶鼎3、豆4、壶3、敦2、盘1、器盖3、簋1，石环1，玉环2，骨管1，琉璃耳珰1、珠管4	战国中期
M118	73°	竖穴土坑	3.3×2.8−1.55	单棺	仰身直肢、头东	陶鼎1、豆1、壶1	战国时期
M121	278°	竖穴土坑	2.6×1.6−1.35	单棺	直肢、头西	陶罐1、鬲1、盆1、豆1	战国晚期
M122	335°	竖穴土坑	3.7×3.3−2.9	单棺	仰身直肢、头北	陶鼎2、敦2、豆4、壶2	战国晚期
M123	50°	竖穴土坑	2.3×1.8−1.1	单棺	仰身直肢、头东	陶鬲1、罐1，铜带钩1	战国中期
M124	64°	斜坡墓道土坑墓	墓道：1.4×2.2 墓室：10×7.8−7	一棺 一椁		陶鼎5、簋1、器盖2、壶2，鹿角1，石珠1、石玦1，铜伞箍3	春秋晚战国早
M125	178°	竖穴土坑	2.8×2−3.25	一棺 一椁	仰身直肢、头南	陶罐1、敦1、豆1	战国中期
M126	265°	竖穴土坑	2.56×1.42−1.2	一棺 一椁	仰身直肢、头西	陶豆2、罐1、鼎2、勺1	春秋晚战国早
M129	275°	竖穴土坑	2.5×1.22−1.7	单棺	仰身直肢、头西	陶鬲1、罐1、盂1，铜剑1	战国晚期

附表二　马沱墓地汉代墓葬统计表　（单位：米）

墓号	墓向	形制	尺寸（长×宽-深）	葬具	葬式	随葬器物（件）	时代
M1	27°	竖穴土坑	2.44×1.2-0.16			陶壶1、釜1、罐1、甑1，铜鍪1	西汉早期
M2	148°	长方形墓道竖穴土坑墓	墓道：5×1.75-2.8 墓室：5×4-3.6	一棺一椁	头东北	陶鼎3、盒2、壶4、釜5、甑4、灶1、罐14、盆9、瓮2、钵5、豆2、灯2、仓4、器盖3、勺1、磨光陶片1、饰件3、陶器盖纽4，釉陶鼎2、盒3、壶4、鍪1、釜1、甑1、盆1、博山炉2、卮3，铜钫1、鍪1、釜2、蒜头壶1、洗1、盘1、弩机1、镞7、指环4、车軎4、辖1、衡末3、衔镳1、车轙2、盖弓帽25、泡钉46、乳钉9、饰件9、龙首形铜饰2，铜镜1，漆卮1、漆器1、铁釜2、刀2、剑1、镞2、锸1，石圭1，牙齿1，铜钱908枚	西汉晚期
M3	155°	竖穴土坑	4.85×4.05-1.85	单椁		陶鼎4、仓5、壶6、盒3、豆2、釜5、甑4、盆3、罐4、钵4、勺2、器盖2，铜釜4、钫1、洗2、盘2、带钩1、印章1、乳钉1、饰件1，铁刀1、剑1，铜钱76枚	西汉中期
M4	3°	竖穴石坑	3.9×2.8-2.3			陶鼎1、壶2、勺1、料珠1	西汉时期
M5	241°	竖穴土坑	2.3×0.55-0.4		仰身直肢、头西南	陶罐2，漆器1	西汉早期
M6	50°	竖穴土坑	3.48×2.3-0.7			铜剑1、戈6、矛3，铅器1	西汉时期
M7	260°	竖穴土坑	3.1×1.7-1.1	单棺		陶鼎2、盒2、壶2、罐2、豆2、勺3、豆盖1，铜鍪2、勺1、镜1、带钩1、洗1、棺饰7、鋬耳1，铁剑1	西汉早期
M8	158°	竖穴土坑	3.1×3-1			陶仓2、罐1	新莽至东汉早期
M9	140°	长方形砖室墓	3.36×3.4-0.9				东汉时期
M10	137°	长方形砖室墓	3.36×3.26-0.92				东汉时期
M11	255°	竖穴土坑	3.3×2.6-2	单椁		陶鼎2、盒1、壶1、罐1、盆1、器盖1，铜泡钉2，石斧1	西汉中期
M12	235°	竖穴土坑	4.86×3.64-1.7	一棺一椁		陶盆5、甑3、罐17、钵7、仓11，釉陶鼎2、盒4、壶2、盂2、盆1、博山炉2、灯2、魁2、簋2、卮1、器盖3、勺1，铜壶1、洗2、鍪2、釜1、量1、泡钉1、铜耳杯鋬手2，铁釜2、削1、钩3，铜钱161枚	新莽至东汉早期
M16	75°	长方形墓道砖室墓	墓道：0.8×1.9-0.3 墓室：6.4×3-1.2				东汉时期
M17	40°	竖穴土坑	4.08×2.95-1.3			陶豆1	西汉晚期

续表

墓号	墓向	形制	尺寸 （长×宽-深）	葬具	葬式	随葬器物（件）	时代
M20	83°	长方形墓道洞室墓	墓道：3.75×1.7−1 墓室：3.25×1.75−1.4				东汉时期
M22	215°	竖穴土坑	2.98×2.7−1.2	一棺一椁		陶鼎1、盒1、壶1、罐2、钵1、勺2、鼎耳1，铁釜1、铲1，漆器1	西汉早期
M23	340°	竖穴土坑	4.2×3.2−2				西汉时期
M24	80°	竖穴土坑	4.8×4.1−2.6	一棺一椁	头东	陶鼎4、盒1、壶5、钫1、罐6、瓮3、甑1、盆4、钵2、豆2、仓15、勺1、器盖1，铜弩机2、鐏2、扣1、指环1、泡钉8，铁戟1、剑1、刀1、棺钉2	西汉晚期
M26	235°	竖穴土坑	3.5×2.1−1.5	单椁			西汉时期
M27	75°	岩坑竖穴	2.7×1.8−0.9				西汉时期
M28	75°	竖穴土坑	3.2×2.1−1.9			陶器盖1、钵1、勺2，铜钱10枚	西汉时期
M30	163°	长方形墓道砖室墓	墓道：0.4×1.8−1.06 墓室：4.36×3.1−3.3			陶仓1、钵1，釉陶壶1、壶盖1、鼎盖1、魁1、卮1、博山炉盖1、灯1、勺1，铁刀1、棺钩2，铜钱1枚	西汉晚期
M31	88°	竖穴土坑	4×2−1.7	单棺	仰身直肢、头东	陶罐1、豆1、钫1	西汉早期
M32	92°	竖穴土坑	3.2×3−1.5	一棺一椁		陶鼎3、盒3、壶3、豆3、罐3、甑2、盆2、釜2、勺3、匏勺1，铜釜1、镜1、泡钉4、洗1，铁削1、剑1，铜钱49枚	西汉早期
M33	92°	竖穴土坑	3.8×4.5−1.76	一棺一椁	仰身直肢、头东	铜剑1、箭镞3，铁锄1，陶豆1、釜1、鼎4、壶1、盒2	西汉时期
M34	165°	竖穴土坑	4.1×2.65−0.8		俯身直肢、头南	陶鼎1、盒1、壶3、器盖1、盖纽1、釜1、甑2、盆1、罐2、钵3、仓4、仓盖2，铜钱7枚	西汉中期
M36	72°	竖穴土坑	3×2.6−1.1				西汉时期
M38	160°	长方形墓道砖室墓	前室：3.2×3.36−0.9 后室：3.14×3.18−1.6			陶鼎2、盒3、壶2、罐6、盘4、盆2、甑3、仓4、钵4、碗1、卮1、匜1、勺3、杯2、釜4、豆1、器盖2，釉陶盒2、壶2、鼎1、盆2、盂6、杯2、博山炉3、炉盖2、灯3、勺3、器盖2，琉璃耳珰2	新莽至东汉早期
M39	139°	竖穴土坑	3.15×3.1−0.6			陶仓2	西汉时期
M40	65°	竖穴土坑	3.3×2.2−0.8		头东	陶壶1、洗1、釜1、甑1、盘2、钵3、仓10、罐1、勺1、器盖1，釉陶鼎1、盒2、盘1、魁1、卮1、灯1、博山炉盖1，铜釜1、杈1、棺饰1、泡钉7，铜钱80枚	西汉晚期

续表

墓号	墓向	形制	尺寸（长×宽-深）	葬具	葬式	随葬器物（件）	时代
M43	95°	长方形墓道砖室墓	墓道：1.2×1.5-1.8 墓室：3.2×3.4-2.1			釉陶壶3、壶盖1、盂4、洗1、魁3、杯3、盘3、匏勺2、勺1、匜4、豆3、博山炉盖2，陶罐5、仓14、壶6、釜1、甑4、盆1、钵17、杯1、器盖6、陶俑14、盘1、瓮1，铜釜1、帽饰1、指环1，银镯3，石圭1，铜钱83枚	东汉中晚期
M46	355°	破坏严重				石圭1	东汉中晚期
M47	160°	砖券洞室墓	墓室：4×3.5-1.54			陶罐2、豆1、仓5、钵4、陶俑8、盆2、灶1、甑1，釉陶器盖3、釜1、杯2，铜簪1，铜钱5枚	东汉中晚期
M48	190°	破坏严重				陶罐1、盘1、陶俑2，釉陶壶2，铜钱41枚	东汉中晚期
M49	78°	竖穴土坑	3.9×3-1.4			陶盘1、耳杯11、罐2、瓮4、仓9、钵7，豆2、器盖2、壶2、甑1、釉陶盂3、壶1、豆1、瓮1、灯1、博山炉1，铜矛1、泡钉2，铁刀1，石圭1	西汉晚期
M50	159°	竖穴土坑	3.9×3-0.5			陶罐8、瓮3、仓27、钵8、甑1、灶1、釜3、碗2、盒2，釉陶鼎2、盒2、壶4、盂2、盘2、盆3、杯2、魁1、卮2、匜1、灯5、博山炉4、勺1、器盖1，铜泡钉7、铜饰6，铁刀3、锸1、棺钩1，铜钱63枚	新莽至东汉早期
M51	135°	竖穴土坑	3.4×2.1-0.6			陶器盖3	西汉时期
M52	172°	竖穴土坑	4.2×3.6-2.2			陶鼎3、盒4、壶1、釜2、甑3、盆1、罐2、仓3、钵3，残片1，铜甑1，铜饰件1，石圭1	西汉中期
M53	161°	竖穴土坑	3.4×2.8-1.74×2.0			壶2、盆1、鼎4、罍1、豆4	战国
M54	168°	长方形墓道砖室墓	墓室：3.6×3.4-2.1				东汉时期
M55	150°	竖穴土坑	2.8×1.8-1.6			陶鼎1、盒1、壶1、罐3、甑1、豆1、仓6、钵2，铜钱5枚	西汉中期
M59	60°	长方形墓道砖室墓	墓道：2×0.9-1.85 墓室：3.1×1.9-2.05			铜镜1、铜钱296枚	新莽至东汉早期
M64	110°	长方形墓道石室墓	墓道：2.2×1.2-0.6 墓室：2.8×1.9-0.6				东汉中晚期
M70	350°	竖穴土坑	2.4×1.4-0.4			陶豆1、罐1	西汉早期
M72	190°	竖穴土坑	4.3×3.4-1.2	双棺		陶鼎3、盒5、壶8、盘2、盆9、罐12、甑4、仓27、钵8、灶2，铜带钩2、饰件1，银器1，石饰2，铁剑2，铜钱70枚	西汉晚期

续表

墓号	墓向	形制	尺寸 （长×宽-深）	葬具	葬式	随葬器物（件）	时代
M73	198°	竖穴土坑	3.1×1.9-0.3			陶鼎1、盒1、壶1、豆2、器盖1、勺2	西汉早期
M74	60°	竖穴土坑	3.2×3-1.08	两棺一椁	头东偏北	陶鼎1、罐4、壶2、釜1、盒1、豆1、盆5、器盖1、甑1、瓮1、勺1、钵12、仓20、陶纽饰1，釉陶鼎1、盆2、盒1、博山炉2、釜1、壶1、豆1、灯1、魁1、勺1、奁1、器盖2、铜泡钉2、棺饰3、带钩1、圆环形器1，铁锸1、削1、棺钩2，铜钱25枚	西汉晚期
M76	138°	长方形墓道砖室墓	墓室：8.5×2.6-1			陶罐1、灶1、器盖1、陶俑1	东汉中晚期
M78	160°	竖穴土坑	2.5×1-0.85		仰身直肢、头南	陶罐2	西汉早期
M79	130°	长方形砖室墓	2.4×2.36-1				
M80	35°	竖穴土坑	1.87×0.84-1.68			陶罐2	西汉早期
M81	33°	竖穴土坑	3×2.4-1.1			陶鼎2、豆4、壶2、罐5、盆3、钵5、盒3、釜5、甑3、匏勺1、勺2、器盖1、鬲1，铜鍪1、矛1、镞1、勺1，铁削1，铜钱40枚	西汉早期
M87	57°	竖穴土坑	2.8×1.5-0.9	单棺	仰身直肢、头东北	陶鼎1、罐2、豆2、壶1、盒1、匏勺1、勺1，铁釜1	西汉中期
M88	184°	长方形墓道砖室墓	墓道：1.6×1.84-1.3 墓室：3×2.12-1.3		仰身直肢、头南	陶碗3、罐2，铜钱24枚	东汉中晚期
M89	188°	长方形墓道砖室墓	墓道：1.73×2.36-1 墓室：3.74×3-1.96			陶仓5、钵5、灶1、碗2、陶俑14、罐1、甑3、盆1，釉陶盂1、器盖1，铜环2，铜钱13枚	东汉中晚期
M90	195°	长方形砖室墓	3.08×2.22-0.45			陶片3、陶俑1、钵1，铁棺钩1，铜钱16枚	东汉时期
M91	182°	长方形墓道砖室墓	墓道：宽2.06×2.7 墓室：3.3×3.36-2.7			陶盒5、罐5、仓16、灯1、瓮4、甑5、釜1、钵2、勺3、碗3、器盖10、支架1、盆2、灶1，釉陶鼎1、盒3、壶6、杯3、盂4、樽1、灯3、器盖2、耳杯16、洗3、盘5、魁5、博山炉3、盆2、案2，铜带钩2、环1、泡钉3，铁棺钩1、削1，铜钱114枚	新莽至东汉早期
M93	10°	长方形墓道砖室墓	墓道：1.0×1-1.7 墓室：3.52×1.9-2.76	单棺	仰身直肢、头南	陶钵3、罐1、釜1、杯1、甑1，釉陶壶1、灯2，铜鍪1，铁支架1、釜1、棺钩1，铜钱6枚	东汉中晚期

续表

墓号	墓向	形制	尺寸 （长×宽-深）	葬具	葬式	随葬器物（件）	时代
M94	162°	长方形墓道砖室墓	墓道：3.7×2.8-2.1 墓室：5×3.9-1.72			陶钵8、仓11、罐8、釜2、甑4、盒2、壶2、卮1、魁1、盆1、圭1、碗1、器盖2，釉陶盒4、博山炉5、盂2、盘2、壶1、卮1、鼎2、簋1、勺1、洗1、灯1，铜洗4、钫1、饰件1、棺饰4、钵1，铜钱135枚	新莽至东汉早期
M95	183°	长方形墓道土坑墓	墓道：6.5×4.2-3.35 墓室：4×4.2-3.35			陶钵3、釜6、灯3、仓2、甑3、勺1、魁1、盘1、罐1、房1，釉陶釜1、壶3，铁支架1，铜钱30枚	东汉中晚期
M97	50°	长方形墓道土坑墓	墓道：1.4×1.78-1 墓室：2.7×3-1	单椁		陶罐3、鼎1、甑1、豆1、钵1、釜1、盒1、勺1，铁釜1、削1，铜钱5枚	西汉中期
M98	50°	竖穴土坑	2.7×2.7-2.4			陶仓1、罐1、壶1、鼎1、盒2、釉陶盘1，铜钱20枚	新莽至东汉早期
M100	40°	竖穴土坑	2.6×1.2-0.6	单棺	头东北	陶罐2、鼎1、勺1、盒1、壶1、豆1、甑1、釜1，铜带钩2、勺1，铜钱3枚	西汉早期
M101	183°	长方形墓道砖室墓	墓道：2.2×1.7-1.5 墓室：2.9×3.9-1.72			陶罐10、甑3、仓2、钵1、器盖2、灯2、陶俑8，釉陶壶5，铜镞1，铁剑1，铜钱3枚	新莽至东汉早期
M103	273°	竖穴土坑	3×2-2.2	单棺	头东北	陶鼎2、壶2、豆2、盒2、勺2、匏勺1，铜勺1，铁壶1	西汉早期
M105	93°	竖穴土坑	2.6×1.86-0.8	单棺	头向东	陶鼎1、盒1、壶1、勺1、匏勺1、豆1、甑1、罐1、钵1，铜钱29枚	西汉中期
M106	240°	长方形墓道砖室墓	墓道：2.5×1.5-2.56 墓室：3.5×2.7-2.18			陶豆2、罐2、甑1、钵9、仓8、器盖4、陶俑1，釉陶鼎1、壶1、罐1、盘2、盂2、盆1、簋1、灯1、博山炉1、勺1、器盖1，铁削1、剑1、棺钩1，铜泡钉2、铜衔镳1、盖弓帽1，铜钱119枚	东汉中晚期
M109	55°	竖穴土坑	3.3×2-2.6		仰身直肢、头东	陶鼎3、豆2、钫2、盒1、罐1、釜1、甑1、勺1、匏勺1、壶1，铁釜1	西汉早期
M110	50°	竖穴土坑	3.1×2.1-1.7	单棺		陶鼎1、壶2、豆2、盒1、簋1、勺1、匏勺1、器盖1	西汉早期
M111	135°	长方形墓道砖室墓	墓室：3.3×3.2-2.1	单棺		陶罐1、钵4、釜7、甑3、仓8、器盖2、碗3、灯3、勺1，釉陶壶5、钵1、盂2、灯2、杯1、器盖1，铜耳杯6、鋬1，铁器3，银指环1，琉璃耳珰1，铜钱4枚	东汉中晚期
M114	50°	竖穴土坑	3.65×2.36-0.6	单棺			西汉时期
M116	298°	竖穴土坑	2.2×1-1		头西	陶罐2	西汉早期
M117	288°	竖穴土坑	2.9×1.9-0.96	单棺	直肢	陶鼎2、豆4、壶2、盒2、匏勺2、勺1	西汉早期
M119	150°	长方形墓道砖室墓	墓道：宽2.14×1.32 墓室：3.15×3.35-1.26	单棺		陶釜2、豆1、罐1、甑1、仓1、碗1、壶1，釉陶灯2、杯1，铜钱7枚	东汉中晚期

续表

墓号	墓向	形制	尺寸 （长×宽-深）	葬具	葬式	随葬器物（件）	时代
M120	72°	竖穴土坑	3.55×1.3-0.5			陶盒1、豆1、盆1、壶1、罐6、钵5、仓2、甑1，铜釜1，铁釜1，石片1	西汉晚期
M127	5°	竖穴土坑	2.36×2.26-0.8				西汉时期
M131	265°	竖穴土坑	4.55×3.6-2.8				西汉时期
M132	177°	长方形墓道砖室墓	墓道：1.2×0.6-0.58 墓室：2.63×2.58-2			陶豆2、盒1	西汉晚期
M133	330°	竖穴土坑	4×3.5-3.8			铜钱5枚	西汉时期

附表三　马沱墓地六朝墓葬统计表

（单位：米）

墓号	墓向	形制	尺寸（长×宽-深）	葬具	葬式	随葬器物（件）
M25	125°	长方形砖室洞室墓	墓室：4.1×1.8−3.6			瓷罐1
M42	150°	砖室墓	墓室：残长2.9×1.6−2.6			瓷碗1、四系罐1，玉猪饰1，银钗1，铁斧1
M45	130°	长方形竖穴墓道砖室墓	墓道：1.8×1−0.9 墓室：3.9×1.8−0.8			陶釜1、甑1、罐2，瓷盘口壶2、四系罐2、碗7，铜钱16枚
M56	140°	长方形双室竖穴砖室墓	东侧：3.18×0.96−0.74 西侧：3.38×0.96−0.74			东侧：陶罐1、钵1、釜1；西侧：陶钵1、釜1，银戒指1，铜镜1，铁剑1、削1
M57	170°	长方形竖穴砖室墓	3.3×1.84−0.7		头南	陶釜1，铜镜1，铜钱80枚，贝壳1枚
M58	172°	长方形竖穴砖室墓	3.6×2−0.8		头南	陶盆1、钵2，铁刀1，铜钱102枚
M60	166°	长方形竖穴砖室墓	3.26×0.98−0.96		仰身直肢、头南	陶钵2，瓷盏1，铁镰1，铜钱35枚
M61	168°	长方形竖穴砖室墓	2.84×1.04−0.44		仰身直肢、头南	陶盆1，瓷盏1，铜镜1、环2，石符镇1，铁削1，棺钉1，钱币19枚
M62	34°	长方形竖穴砖室墓	3.1×1.9−0.8			
M66	112°	长方形竖穴砖室墓	3.1×1.9−0.7			陶罐1，瓷四系罐3，铜镜1，银钗1，铁削1，铜钱98枚
M67	331°	长方形竖穴砖室墓	2.9×0.8−0.54			铜镜1，铜钱125枚
M68	70°	长方形竖穴砖室墓	3.4×1.5−0.8			铜钱18枚
M69	72°	长方形竖穴砖室墓	3.2×1.4−0.5			瓷碗1，铜镜1，铜钱126枚

附表四　马沱墓地唐代墓葬统计表　　（单位：米）

墓号	墓向	形制	尺寸（长×宽-深）	葬具	葬式	随葬器物（件）
M96	0°	竖穴土坑	2.2×0.76-0.52	单棺	仰身直肢、头北	瓷罐1、碗1，石块1，铁棺钉1
M99	135°	长方形竖穴墓道土洞墓	墓道：2.1×1.1-0.95 墓室：2.3×1.35-0.9		仰身直肢、头北	陶罐1，瓷碗1，石符镇3，铁铲1，铜钱1枚
M108	155°	长方形竖穴墓道土洞墓	墓道：2.2×1.3-0.8 墓室：2.5×1.3-0.8			瓷罐1，石符镇2
M128	125°	长方形竖穴墓道石券结构墓	墓道：3×1.7-2 墓室：4.1×1.56-2.2			瓷罐3、盂1、碗1，铁棺钉数枚，铜饰件1、铜钱1枚
M130	154°	长方形竖穴墓道石券结构墓	墓道：3×1.24-1.4 墓室：4.36×2.1-2.8			瓷罐2、瓶1，石鼠1，铜钱3枚

附表五　马沱墓地汉代墓葬出土钱币统计表

<table>
<tr><th rowspan="2">墓葬</th><th rowspan="2">名称</th><th rowspan="2">数量（枚）</th><th rowspan="2">种类</th><th rowspan="2">数量（枚）</th><th colspan="5">尺寸（毫米）</th><th rowspan="2">重量（克）</th></tr>
<tr><th>直径</th><th colspan="2">穿径</th><th colspan="2">肉厚</th></tr>
<tr><td rowspan="4">M2</td><td rowspan="4">五铢</td><td rowspan="4">总计908，可辨858</td><td>郡国五铢</td><td>685</td><td>23.5 ~ 27.31</td><td colspan="2">8.76 ~ 11.76</td><td colspan="2">0.51 ~ 1.84</td><td>1.55 ~ 5.52</td></tr>
<tr><td>三官五铢</td><td>42</td><td>23.6 ~ 25.78</td><td colspan="2">9.36 ~ 11.05</td><td colspan="2">0.66 ~ 1.96</td><td>1.68 ~ 3.56</td></tr>
<tr><td>宣帝五铢</td><td>173</td><td>23.71 ~ 26.64</td><td colspan="2">9.08 ~ 11.42</td><td colspan="2">0.51 ~ 1.93</td><td>1.77 ~ 3.79</td></tr>
<tr><td>昭帝五铢</td><td>8</td><td>24.64 ~ 25.94</td><td colspan="2">9.99 ~ 11.19</td><td colspan="2">0.62 ~ 1.06</td><td>2.44 ~ 4.6</td></tr>
<tr><td rowspan="4">M3</td><td rowspan="4">五铢</td><td rowspan="4">76</td><td>郡国五铢</td><td>48</td><td>24.4 ~ 25.95</td><td colspan="2">9.6 ~ 11.19</td><td colspan="2">0.7 ~ 1.17</td><td>2.6 ~ 4.22</td></tr>
<tr><td>三官五铢</td><td>16</td><td>25.01 ~ 26.14</td><td colspan="2">9.83 ~ 11.17</td><td colspan="2">0.66 ~ 1.22</td><td>2.94 ~ 4.76</td></tr>
<tr><td>宣帝五铢</td><td>2</td><td>24.91 ~ 26.27</td><td colspan="2">10.5 ~ 10.84</td><td colspan="2">0.67 ~ 0.91</td><td>2.31 ~ 3.57</td></tr>
<tr><td>昭帝五铢</td><td>10</td><td>24.64 ~ 25.94</td><td colspan="2">9.99 ~ 11.19</td><td colspan="2">0.62 ~ 1.06</td><td>2.44 ~ 4.61</td></tr>
<tr><td rowspan="5">M12</td><td>五铢</td><td rowspan="5">161</td><td>五铢</td><td>8</td><td>25.98 ~ 26.24</td><td colspan="2">9.6 ~ 11.21</td><td colspan="2">0.48 ~ 1.14</td><td>2.35 ~ 3.86</td></tr>
<tr><td>货泉</td><td>货泉</td><td>106</td><td>20.4 ~ 27.52</td><td colspan="2">5.34 ~ 9.08</td><td colspan="2">0.54 ~ 1.41</td><td>1.63 ~ 4.16，以3左右最多</td></tr>
<tr><td>大泉五十</td><td>大泉五十</td><td>27</td><td>26.45 ~ 28.97</td><td colspan="2">8.58 ~ 10.23</td><td colspan="2">0.8 ~ 1.89</td><td>4 ~ 8.8</td></tr>
<tr><td rowspan="2">大布黄千</td><td rowspan="2">大布黄千</td><td rowspan="2">20</td><td>通长（毫米）</td><td>首长（毫米）</td><td>首宽（毫米）</td><td>穿径（毫米）</td><td>足长（毫米）</td><td rowspan="2">8.39 ~ 11.91</td></tr>
<tr><td>54.26 ~ 56.92</td><td>12.73 ~ 14.84</td><td>14.62 ~ 17.27</td><td>4.19 ~ 6.18</td><td>13.06 ~ 18.36</td></tr>
<tr><td>M28</td><td>半两钱</td><td>10</td><td>四铢半两</td><td></td><td>23.18 ~ 24.23</td><td colspan="2">7.35 ~ 9.12</td><td colspan="2">0.8 ~ 1.82</td><td>0.86 ~ 3.85</td></tr>
<tr><td rowspan="2">M32</td><td rowspan="2">半两钱</td><td rowspan="2">49</td><td>秦半两</td><td>5</td><td>22.19 ~ 23.25</td><td colspan="2">6.55 ~ 9.16</td><td colspan="2">0.44 ~ 0.89</td><td>0.82 ~ 2.08</td></tr>
<tr><td>四铢半两</td><td>44</td><td>22.44 ~ 24.87</td><td colspan="2">7.01 ~ 9.5</td><td colspan="2">0.44 ~ 1.26</td><td>0.85 ~ 4.33</td></tr>
<tr><td rowspan="3">M34</td><td rowspan="3">五铢</td><td rowspan="3">7</td><td>郡国五铢</td><td>1</td><td>25.21</td><td colspan="2">10.5</td><td colspan="2">0.82</td><td>3.83</td></tr>
<tr><td>昭帝五铢</td><td>2</td><td>25.29 ~ 25.59</td><td colspan="2">10.63 ~ 10.87</td><td colspan="2">0.68 ~ 1.04</td><td>2.51 ~ 2.86</td></tr>
<tr><td>宣帝五铢</td><td>4</td><td>25.35 ~ 25.74</td><td colspan="2">10.54 ~ 10.82</td><td colspan="2">0.87 ~ 1.16</td><td>3.01 ~ 4.23</td></tr>
<tr><td rowspan="5">M40</td><td rowspan="5">五铢</td><td rowspan="5">80</td><td>郡国五铢</td><td>25</td><td>24.31 ~ 25.86</td><td colspan="2">10.04 ~ 11.24</td><td colspan="2">0.64 ~ 11.24</td><td>2.27 ~ 4.32</td></tr>
<tr><td>昭帝五铢</td><td>14</td><td>22.43 ~ 25.72</td><td colspan="2">8.89 ~ 10.72</td><td colspan="2">0.58 ~ 0.96</td><td>2.30 ~ 3.27</td></tr>
<tr><td>宣帝五铢</td><td>13</td><td>24.53 ~ 26.13</td><td colspan="2">9.89 ~ 10.77</td><td colspan="2">0.61 ~ 1.01</td><td>2.51 ~ 3.95</td></tr>
<tr><td>三官五铢</td><td>7</td><td>24.81 ~ 25.8</td><td colspan="2">9.32 ~ 10.62</td><td colspan="2">0.79 ~ 1.04</td><td>2.75 ~ 3.69</td></tr>
<tr><td>西汉晚期</td><td>21</td><td>23.39 ~ 25.81</td><td colspan="2">10.12 ~ 10.66</td><td colspan="2">0.53 ~ 1.15</td><td>2.66 ~ 3.54</td></tr>
</table>

续表

墓葬	名称	数量（枚）	种类	数量（枚）	尺寸（毫米）			重量（克）
					直径	穿径	肉厚	
M43	半两	83		2	24.72 ~ 25	9.75 ~ 10	0.68 ~ 0.74	1.83 ~ 2.48
	五铢		五铢	32	22.71 ~ 26.72	8.98 ~ 11.68	0.61 ~ 1.02	1.6 ~ 3.47
			磨郭五铢	25	20.17 ~ 24.1	8.7 ~ 10.34	0.58 ~ 1.3	0.84 ~ 2.27
			剪轮五铢	23	13.45 ~ 26.07	7.77 ~ 10.16	0.47 ~ 1.42	0.29 ~ 1.15
	货泉			1	22.78	7.42	1.12	3.22
M47	五铢	4	五铢		25.48 ~ 25.97	9.65 ~ 11.01	0.63 ~ 0.77	1.8 ~ 2.54
		1	铁五铢		33.16	9.11	3.1	11.43
M48	五铢	41	五铢	17	23.77 ~ 26.3	8.97 ~ 11.24	0.46 ~ 1.28	1.54 ~ 3.47
			宣帝五铢	6	25.15 ~ 26.3	9.72 ~ 10.2	0.62 ~ 0.78	1.97 ~ 2.82
			西汉晚期	6	25.12 ~ 26.3	9.5 ~ 1.2	0.6 ~ 0.78	1.97 ~ 2.82
			磨郭五铢	6	23.77 ~ 24.13	8.97 ~ 10	0.67 ~ 1.28	1.64 ~ 2.57
			西汉早期	6	24.79 ~ 26.06	9.82 ~ 11.24	0.48 ~ 0.85	1.54 ~ 2.85
M50	五铢	63	五铢	36	24.26 ~ 26.7	9.22 ~ 11.23	0.6 ~ 1.37	1.51 ~ 4.52
	大泉五十		大泉五十	27	25.94 ~ 28.96	7.54 ~ 11.09	0.50 ~ 1.4	2.21 ~ 5.81
M55	五铢	5			25.66 ~ 26.16	9.94 ~ 10.21	0.73 ~ 0.97	2.32 ~ 2.59
M59	五铢	296		270	16.38 ~ 20.21 ~ 26.8	8.55 ~ 18.23	0.54 ~ 1.25	1.09 ~ 3.91
	货泉			24	21.17 ~ 23.67	6.25 ~ 8.43	0.37 ~ 1.03	1.83 ~ 3.03
	大泉五十			2	26.56 ~ 27.93	9.81 ~ 10.92	0.56 ~ 0.93	3.10 ~ 3.75
M72	半两	70		2	23.63 ~ 24.25	7.62 ~ 8.87	0.90 ~ 0.96	2.05 ~ 2.37
	五铢			68	24.35 ~ 26.47	9.30 ~ 11.36	0.59 ~ 1.25	1.70 ~ 4.21
M74	五铢	25			24.04 ~ 26.22	9.06 ~ 10.28	0.53 ~ 1.38	2.72 ~ 4.32
M81	五铢	40			24.93 ~ 26.19	9.43 ~ 10.03	0.80 ~ 1.38	3.0 ~ 4.61
M88	五铢	24		22	23.78 ~ 27.24	9.67 ~ 9.94	0.56 ~ 1.78	1.46 ~ 2.72
	大泉五十			2	23.78 ~ 27.95	8.23 ~ 9.67	0.56 ~ 0.64	1.46 ~ 3.65

续表

墓葬	名称	数量（枚）	种类	数量（枚）	尺寸（毫米）			重量（克）
					直径	穿径	肉厚	
M89	五铢	13		13	23.5 ~ 26.43	8.4 ~ 10.26	0.52 ~ 1.23	1.51 ~ 3.37
M90	五铢	16		15	22.77 ~ 26.39	7.4 ~ 10.12	0.35 ~ 0.88	1.85 ~ 3.39
	货泉			1	26.98	10.4	1.02	3.73
M91	五铢	114		50	24.85 ~ 26.93	8.9 ~ 10.8	0.60 ~ 1.37	2.34 ~ 4.35
	货泉			24	21.85 ~ 24.16	5.6 ~ 7.36	0.35 ~ 1.4	1.61 ~ 3.38
	大泉五十			40	24.5 ~ 28.54	7.45 ~ 10.18	0.32 ~ 1.67	2.51 ~ 5.44
M93	五铢	6		6	25.32 ~ 26.37	8.89 ~ 10.01	0.85 ~ 0.9	2.46 ~ 3.71
M94	五铢	135		37	22.93 ~ 26.75	8.07 ~ 10.67	0.42 ~ 1.29	1.60 ~ 4.88
	货泉			41	21.06 ~ 24.24	5.33 ~ 8.72	0.44 ~ 1.78	1.65 ~ 4.34
	布泉			3	21.59 ~ 25.65	8.28 ~ 9.69	0.63 ~ 1.14	2.73 ~ 1.1
	大泉五十			54	24.2 ~ 29	7.72 ~ 11.5	0.43 ~ 1.45	1.4 ~ 8.38
M95	五铢	30			21 ~ 27.2	8.38 ~ 10.2	0.5 ~ 1.45	1.65 ~ 3.22
M97	半两	5		2	22.79 ~ 23.4	7 ~ 8.78	0.82 ~ 1.72	1.70 ~ 4.84
	五铢			3	24.5 ~ 26.38	7 ~ 10.5	0.82 ~ 1.08	1.70 ~ 2.92
M98	货泉	20		3	21.59 ~ 25.65	5.33 ~ 8.72	0.44 ~ 1.78	1.65 ~ 4.34
M100	半两	3			22.54 ~ 23.2	7.25 ~ 8.36	0.66 ~ 0.87	1.63 ~ 2.39
M101	五铢	3			25.3 ~ 25.88	9.36 ~ 9.55	0.6 ~ 0.68	2.62 ~ 2.7
M105	五铢	29	五铢	6	23 ~ 26.51	9.62 ~ 10.5	0.63 ~ 0.98	1.59 ~ 2.9
			剪轮五铢	23	15.2 ~ 20.1	8.4 ~ 9.43	0.35 ~ 0.88	0.27 ~ 0.76
M106	半两	119		1	22.54	8.75	1.12	2.24
	五铢			92	23.79 ~ 26.95	8.35 ~ 11.29	0.35 ~ 1.15	1.88 ~ 4.13
	货泉			26	21.65 ~ 25.56	6.4 ~ 9.95	0.34 ~ 1.97	1.49 ~ 3.47
M111	五铢	4			25.47 ~ 25.8	9.15 ~ 10.2	0.56 ~ 1.68	1.92 ~ 3.1

续表

墓葬	名称	数量（枚）	种类	数量（枚）	尺寸（毫米）			重量（克）
					直径	穿径	肉厚	
M119	五铢	7			23.65 ~ 26.22	8.89 ~ 10.18	0.54 ~ 1.03	1.65 ~ 3.32
M133	五铢	5			23.79 ~ 26.95	8.35 ~ 11.29	0.35 ~ 1.15	1.88 ~ 4.13

注：①本表统计钱币均为出土汉代钱币；②参与统计的钱币以保存相对完好、可辨认且具有统计价值者为标准，不可辨认或朽蚀严重、不具有统计价值者未进行统计；③为减少误差，钱币统计是以电子卡尺测量尺寸、电子天平测量重量进行，但因钱币多朽蚀严重，故测量数值与钱币原有数值仍有偏差，故本统计仅供参考

后　记

云阳马沱墓地是长江三峡库区重庆市段为配合三峡工程建设抢救发掘的一处重要墓葬区。在发掘期间和结束之后，曾陆续发表过多篇年度简报或部分墓葬的发掘简报或报告，本书是重庆市云阳县马沱墓地考古发掘资料全面公布和研究成果的集中展现。

云阳马沱墓地的考古发掘、资料整理及报告编写工作是由张建华同志主持完成的。参加发掘的人员有当时郑州市文物考古研究所（现郑州市文物考古研究院）张建华（领队）、信应君、于宏伟、李扬、秦德宁、高赞岭、王广才、王辉、刘纯昊以及修复技工冯福庆、李恩圆、贺凤莲、郭现军、王相峰，云阳县文物保护管理所程红坤、肖京、湛红雁、杨迪、孙紫峰等同志；河南省社会科学院考古研究所李龙、王建华也先后参加了发掘工作。发掘工作得到重庆市三峡办、重庆市文化局王川平、刘豫川和重庆市文物考古研究所（现重庆市文物考古研究院）邹后曦以及云阳县文物保护管理所陈源林、刘扶林、张顺等先生的大力支持。时任郑州市文化局副局长刘河明，文物处处长于小兴，副处长郭书营、李二楷等领导也先后亲临发掘工地指导。时任郑州市文物考古研究所所长张松林、副所长王文华对发掘工作给予了大力支持，王文华副所长多次前往工地指导，并做了大量协调工作。

云阳马沱墓地的考古发掘、资料整理及报告编写工作全程由张建华（领队）主持完成。先后参与报告编写工作的有张建华、郭晓宇（郑州商都遗址博物院）、丁大涛（郑州嵩山文明研究院）、周要港（河南省文物考古研究院）、信应君（河南南水北调博物馆）、秦德宁（郑州市文物考古研究院）、张羽（河南博物院）。具体分工如下：张建华（第一、七章，马沱墓地考古发掘大事记），周要港、丁大涛（第二至四章），秦德宁、张羽、郭晓宇（第五、六章，附表一至五），张建华、周要港对全书各章节进行了审定。

书中线图主要由张建华、李扬、高赞岭、秦德宁绘制，高宏女士承担了全部线图的描绘；遗迹照片由张建华拍摄，器物照片由刘彦锋拍摄，胡永庆、张羽等对书稿进行了初步编排，科学出版社郝莎莎女士为本书的编辑和出版付出了辛勤劳动，郑州市文物考古研究院院长杜新女士、郑州商都遗址博物院院长郭磊女士对报告编写工作给予了大力支持。在此谨向为云阳马沱墓地发掘、资料整理和报告出版提供支持和付出辛劳的各有关单位和个人表示衷心感谢！

本报告编写工作历时较长，且囿于作者水平有限，报告难免存在错谬，真诚希望批评指正。

编　者

2025年4月

1. 马沱墓地全景

2. 发掘现场

马沱墓地全景和发掘现场

1. 铜剑（M65：1）

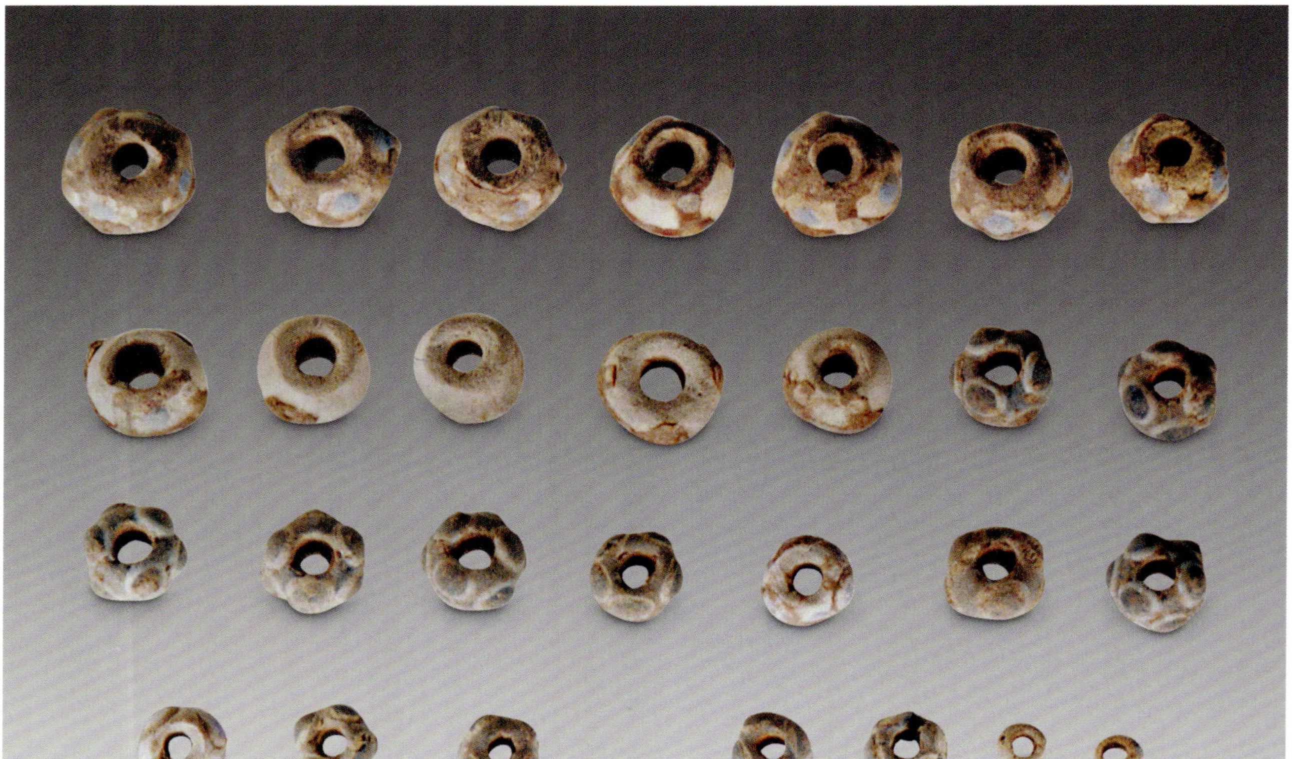

2. M75出土料珠

马沱东周墓葬出土铜剑和料珠

1. 铜戈（M77：3）

2. 铜戈（M77：11）

3. 铜矛（M77：1）

4. 铜矛（M77：13）

5. 铜鐏（M77：6）

6. 铜铃（M77：2）

M77随葬铜器

1. 铜剑（M82：1）

2. 铜剑（M85：1）

3. 铜剑（M129：1）

6. 铜棺饰件（M102：1）

4. 铜盘（M112：1）

5. 铜矛（M85：17）

7. 铜饰件（M102：2）

马沱东周墓葬出土铜器

1. 铜鋬（M1：3）

2. M2墓底情况（南—北）

M1随葬铜鋬和M2墓底情况

1. 釉陶鼎（M2：108）

2. 釉陶壶（M2：86）

3. 釉陶壶（M2：70）

4. 釉陶釜（M2：23）

5. 釉陶甑（M2：72）

6. 釉陶甑（M2：72）

M2随葬釉陶器

1. 铜钫（M2：88）

2. 铜钫（M2：88）

3. 铜蒜头壶（M2：104）

4. 铜蒜头壶（M2：104）

5. 铜釜（M3：28）

6. 铜钫（M3：30）

M2、M3随葬铜器

1. M6墓底全景（南—北）

2. M6随葬品出土情况（南—北）

M6墓底全景及随葬品出土情况

1. 铜剑（M6∶1）

2. 铜矛（M6∶2）

3. 铜矛（M6∶4）

4. 铜鍪（M7∶5）

5. 铜鍪（M7∶7）

M6、M7随葬铜器

1. 铜戈（M6：10）

2. 铜戈（M6：11）

3. 铜戈（M6：5）

4. 铜戈（M6：6）

5. 铜戈（M6：7）

6. 铜戈（M6：8）

M6随葬铜戈

1. 釉陶鼎（M12：62）

2. 釉陶鼎（M12：62）盖

3. 釉陶鼎（M12：68）

4. 釉陶鼎（M12：68）盖

5. 釉陶壶（M12：55）

6. 釉陶壶（M12：56）

M12随葬釉陶器

1. 釉陶盂（M12：46）

2. 釉陶盂（M12：60）

3. 釉陶盒（M12：35、M12：36）

4. 釉陶盆（M12：42）

5. 釉陶博山炉（M12：47）

6. 釉陶灯（M12：65）

M12随葬釉陶器

1. 釉陶魁（M12：40）

2. 釉陶魁（M12：67）

3. 釉陶簋（M12：53）

4. 釉陶簋（M12：59）

5. 釉陶卮（M12：20）

6. 釉陶勺（M12：37）

M12随葬釉陶器

1. 铜壶（M12：2）

2. 铜洗（M12：64）

3. 铜鋬（M12：91）

4. 铜釜（M12：54）

5. 铜量（M12：50）

6. 铁釜（M12：69）

M12随葬铜器和铁器

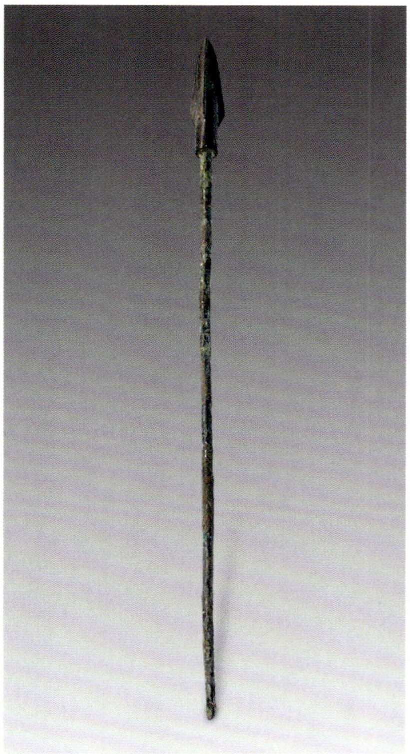

1. 铜镞（M33：3）

2. 铜剑（M33：2）

3. 铜镞（M33：4、M33：5）

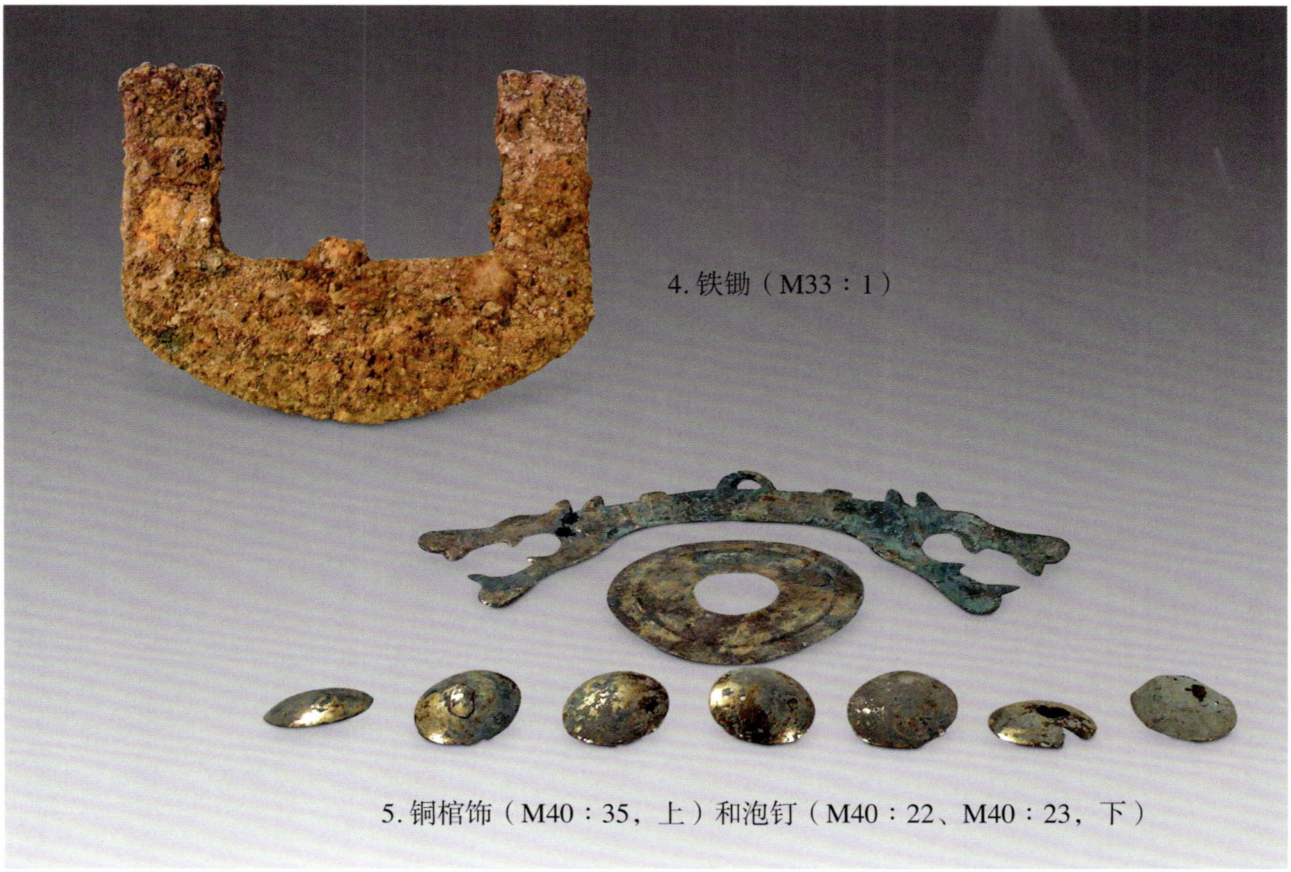

4. 铁锄（M33：1）

5. 铜棺饰（M40：35，上）和泡钉（M40：22、M40：23，下）

M33、M40随葬铜器和铁器

1. 釉陶鼎（M38：55）

2. 釉陶盒（M38：35）

3. 釉陶壶（M38：53）

4. 釉陶盆（M38：23）

5. 釉陶杯（M38：70）

6. 釉陶博山炉（M38：38）

M38随葬釉陶器

1. 釉陶鼎（M40：1）

2. 釉陶盒（M40：18）

3. 釉陶盘（M40：4）

4. 釉陶魁（M40：15）

5. 釉陶卮（M40：19）

6. 釉陶灯（M40：13）

M40随葬釉陶器

1. 釉陶壶（M43：55）盖

2. 釉陶壶（M43：55）

3. 釉陶壶（M43：92）

4. 釉陶魁（M43：40）

M43随葬釉陶器

1. 男立俑（M43：79）

2. 女立俑（M43：82）

3. 说唱俑（M43：84）

4. 抚耳俑（M43：81）

M43随葬陶俑

1. 驾驭俑（M43：89）

2. 陶狗（M43：86）

3. 陶鸡（M43：91）

4. 陶子母鸡（M43：47）

5. 铜釜（M43：1）

M43随葬器物

1. 武士俑（M47：3）

2. 顶罐俑（M47：30）

3. 吹奏俑（M47：7）

4. 跪坐俑（M47：23）

5. 抚耳俑（M47：24）

6. 陶鸡（M47：28）

M47随葬陶俑

1. 釉陶鼎（M50：16）

2. 釉陶鼎（M50：31）

3. 釉陶盒（M50：47）

4. 釉陶灯（M50：22）

5. 釉陶壶（M50：3）

6. 釉陶勺（M50：18）

M50随葬釉陶器

1. 釉陶鼎（M74：26）

2. 釉陶盆（M74：18）

3. 釉陶博山炉（M74：19）

4. 釉陶灯（M74：31）

5. 釉陶魁（M74：2）

6. 釉陶勺（M74：1）

M74随葬釉陶器

1. 铜鍪（M81：17）

2. 铜矛（M81：24）

3. 釉陶盒（M91：37）

4. 釉陶壶（M91：93）

5. 釉陶盂（M91：44）

6. 釉陶盂（M91：82）

M81、M91随葬器物

1. 釉陶壶盖（M91：8）

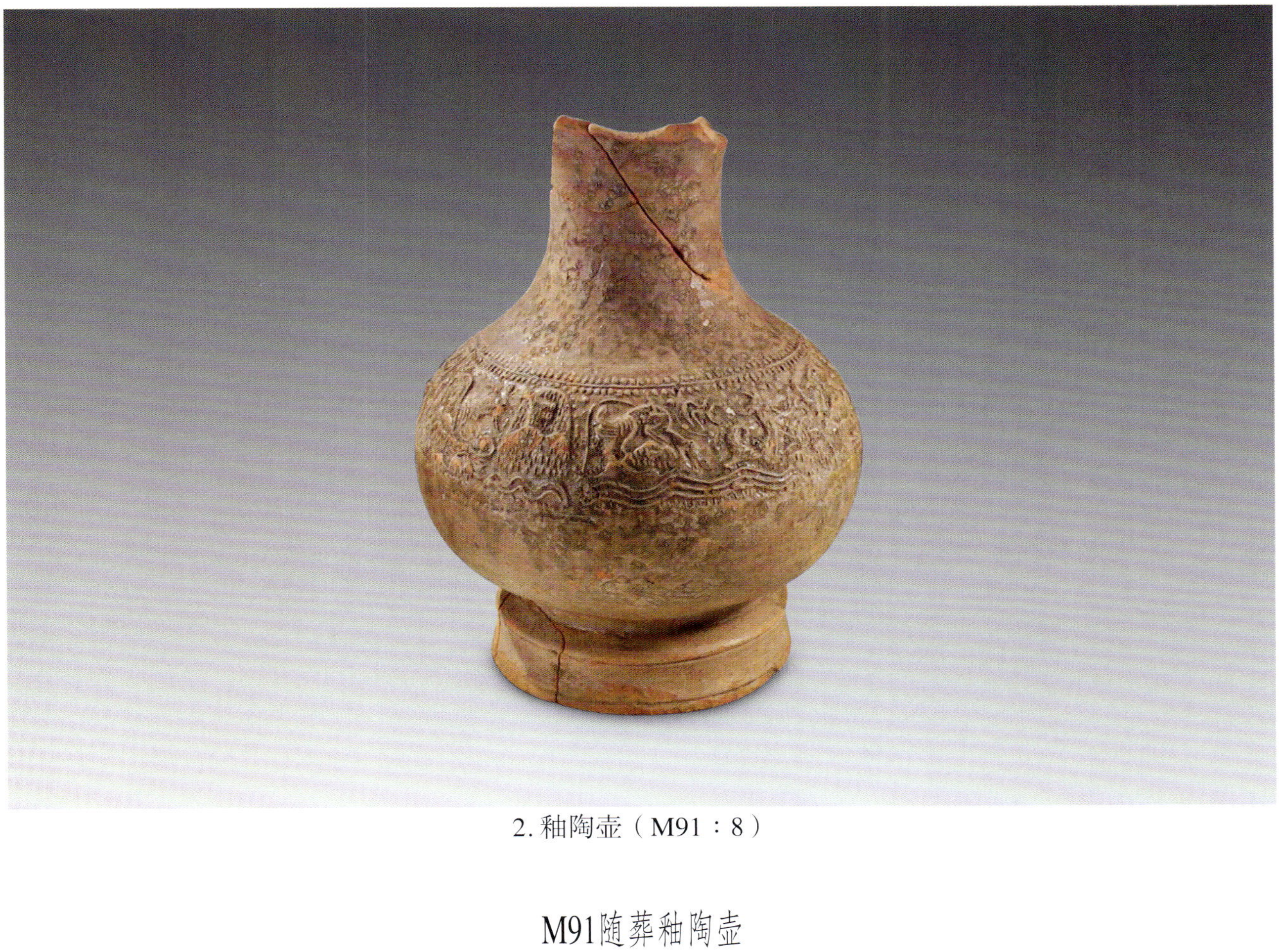

2. 釉陶壶（M91：8）

M91随葬釉陶壶

1. 釉陶灯（M91：13）

2. 釉陶灯（M91：89）

3. 釉陶洗（M91：91）

4. 釉陶盘（M91：117）

5. 釉陶魁（M91：86）

6. 釉陶博山炉（M91：81）

M91随葬釉陶器

1. 釉陶鼎（M94：45、M94：49）

2. 釉陶鼎盖（M94：49）

3. 釉陶盒（M94：23）

4. 釉陶盒（M94：28、M94：55）

5. 釉陶壶（M94：70）

6. 釉陶博山炉（M94：57）

M94随葬釉陶器

1. 釉陶盂（M94：43）

2. 釉陶盘（M94：56）

3. 釉陶勺（M94：53）

4. 釉陶洗（M94：38）

5. 铜洗（M94：14）

6. 铜钫（M94：8）

M94随葬釉陶器和铜器

1. 釉陶鼎（M106：28）

2. 釉陶盘（M106：49）

3. 釉陶盂（M106：45）

4. 釉陶盆（M106：7）

5. 釉陶簋（M106：29）

6. 釉陶灯（M106：10）

M106随葬釉陶器

1. 釉陶壶（M111：38）

2. 釉陶壶（M111：40）

3. 釉陶壶（M111：46、M111：48）

4. 釉陶盂（M111：54）

M111随葬釉陶器

1. 盘口瓷壶（M45：9）

2. 四系瓷罐（M45：10）

3. 瓷碗（M45：4、M45：6、M45：3）

4. 瓷碗（M45：8、M45：7、M45：5）

M45随葬瓷器

1. 瓷罐（M128：3）

2. 瓷罐（M128：4）

3. 瓷罐（M128：5）

4. 瓷盂（M128：6）

M128随葬瓷器

1. M41墓底情况（南—北）

2. 铜矛（M41：2）

3. 铜剑（M41：28）

M41墓底情况及随葬铜器

图版二

1. 陶壶形鼎（M41：8）

2. 陶豆（M41：21）

3. 陶尊缶（M41：5）

4. 陶敦（M41：16）

5. 陶盉（M41：4）

6. 陶浴缶（M41：3）

M41随葬陶器

1. 陶鼎（M44：1）

2. 陶鼎（M44：3）

3. 陶豆（M44：4）

4. 陶豆（M44：10）

5. 陶壶（M44：2）

6. 陶浴缶（M44：6）

M44随葬陶器

图版四

1. M71全景（东—西）

2. 陶鬲（M71：2）

3. 陶罐（M71：4）

M71全景及随葬陶器

1. M75墓底情况（南—北）

2. 陶鼎（M75：8）

3. 陶鼎（M75：22）

M75墓底情况及随葬陶器

图版六

1. 陶豆（M75：6）

2. 陶豆（M75：25）

3. 陶壶（M75：16）

4. 陶敦（M75：10）

5. 陶浴缶（M75：11）

6. 陶盉（M75：23）

M75随葬陶器

1. M77墓底情况（东—西）

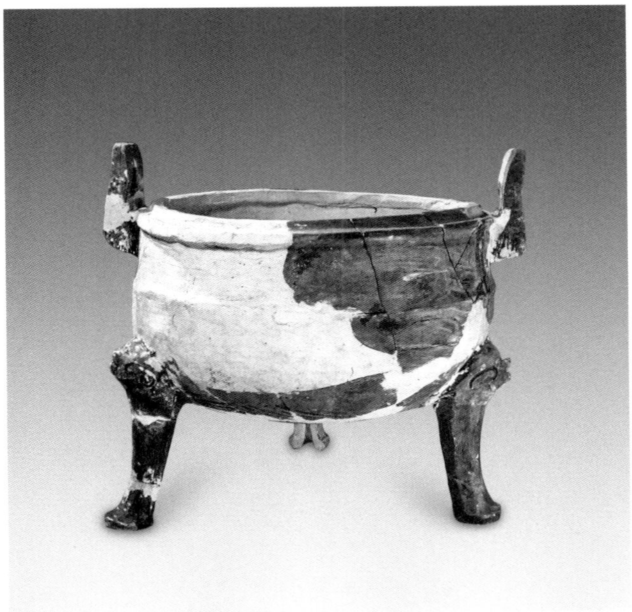

2. 陶鼎（M77：27）

3. 陶敦（M77：31）

M77墓底情况及随葬陶器

1. M84全景（西—东）

2. M85墓底情况（北—南）

M84全景和M85墓底情况

1. M86墓底情况（南—北）

2. M102墓底情况（北—南）

M86、M102墓底情况

1. M112墓底情况（北—南）

2. M115墓底情况（北—南）

M112、M115墓底情况

1. 陶鼎（M115：7）

2. 陶豆（M115：9）

3. 陶敦（M115：6）

4. 陶壶（M115：4）

5. 陶壶（M115：10）

6. 陶盘（M115：14）

M115随葬陶器

1. M121墓底情况（东一西）

2. M122墓底情况（北一南）

M121、M122墓底情况

1. M124墓底情况（东—西）

2. 陶鼎（M124：6）

3. 陶鼎（M124：7）

M124墓底情况及随葬陶器

1. M126墓底情况（北—南）

2. 陶鬲（M129：4）

3. M129墓底情况（南—北）

M126、M129墓底情况及随葬陶器

1. M1墓底情况（北—南）

2. 陶罐（M1：5）

3. 陶釜（M1：4）

M1墓底情况及随葬陶器

1. 陶盒（M2：78）

2. 陶圜底罐（M2：11）

3. 陶圜底罐（M2：87）

4. 陶折肩折腹平底罐（M2：121）

5. 陶折肩折腹平底罐（M2：126）

6. 陶弧肩弧腹罐（M2：39）

M2随葬陶器

1. 陶盆（M2：77）

2. 陶釜（M2：120）

3. 陶灶（M2：119）

4. 陶瓮（M2：100）

5. 陶豆（M2：98）

6. 陶仓（M2：47）

M2随葬陶器

图版一八

1. M3墓底情况（东—西）

2. 陶鼎（M3：11）

3. 陶鼎（M3：12）

M3墓底情况及随葬陶器

1. 陶鼎（M3：54）

2. 陶盒（M3：39）

3. 陶盒（M3：40）

4. 陶壶（M3：19）

5. 陶壶（M3：42）

6. 陶壶（M3：43）

M3随葬陶器

1. 巴式陶釜（M3：56）

2. 陶釜（M3：37）

3. 陶甑（M3：17）

4. 陶罐（M3：13）

5. 陶罐（M3：21）

6. 陶盆（M3：9）

M3随葬陶器

1. M4墓底情况（东—西）

2. 陶壶（M4：1）

3. 陶壶（M4：2）

M4墓底情况及随葬陶器

1. M7发掘现场（北—南）

2. M7墓底情况（南—北）

M7发掘现场及墓底情况

1. 陶鼎（M7：15）

2. 陶盒（M7：21）

3. 陶盒（M7：23）

4. 陶壶（M7：17）

5. 陶罐（M7：14）

6. 陶罐（M7：16）

M7随葬陶器

1. M12墓底情况（南—北）

2. 陶大口深腹盆（M12：75）

3. 陶甑（M12：12）

M12墓底情况及随葬陶器

1. 陶浅腹盆（M12：24）

2. 陶甑（M12：49）

3. 陶甑（M12：63）

4. 陶甑（M12：63）

5. 陶罐（M12：45）

6. 陶罐（M12：52）

M12随葬陶器

图版二六

1. 陶罐（M12：15）

2. 陶罐（M12：78）

3. 陶罐（M12：81）

4. 陶罐（M12：85）

5. 陶罐（M12：87）

6. 陶罐（M12：92）

M12随葬陶罐

1. 陶仓（M12：22）

2. 陶仓（M12：16）

3. 陶仓（M12：74）

4. 陶仓（M12：13）

5. 陶仓（M12：86）

6. 陶仓（M12：93）

M12随葬陶仓

图版二八

1. M24墓底情况（东—西）

2. 陶鼎（M24：11）

3. 陶鼎（M24：12）

M24墓底情况及随葬陶器

1. 陶壶（M24：8）

2. 陶壶（M24：15）

3. 陶钫（M24：22）

4. 陶罐（M24：17）

5. 陶罐（M24：21）

6. 陶罐（M24：25）

M24随葬陶器

1. 陶罐（M24：29）

2. 陶瓮（M24：19）

3. 陶甑（M24：56）

4. 陶甑（M24：56）

5. 陶盆（M24：10）

6. 陶盆（M24：33）

M24随葬陶器

1. 陶盆（M24：47）

2. 陶豆（M24：18）

3. 陶仓（M24：24）

4. 铜鐏（M24：6、M24：7）

5. 铜弩机（M24：49）

6. 铁戟（M24：48）

M24随葬器物

1. 陶鼎（M32：9）

2. 陶鼎（M32：27）

3. 陶盒（M32：7）

4. 陶盒（M32：23）

5. 陶壶（M32：12）

6. 陶豆（M32：24）

M32随葬陶器

1. 陶罐（M32：25）

2. 陶罐（M32：28）

3. 陶盆（M32：34）

4. 陶釜（M32：13）

5. 陶釜（M32：31）

6. 铜镜（M32：16）

M32随葬器物

图版三四

1. M34墓底情况（南—北）

2. 陶壶（M34：6）

3. 陶釜（M34：9）

M34墓底情况及随葬陶器

1. 陶盆（M34：23）

2. 陶仓（M34：14）

3. 陶甑（M34：4）

4. 陶甑（M34：4）

5. 陶甑（M34：8）

6. 陶甑（M34：8）

M34随葬陶器

1. 釉陶盒（M38：13）

2. 釉陶壶（M38：12）

3. 陶鼎（M38：58）

4. 陶壶（M38：52）

5. 陶罐（M38：65）

6. 陶罐（M38：67）

M38随葬陶器和釉陶器

1. M40墓底情况（南—北）

2. 陶壶（M40：5）

3. 陶洗（M40：8）

M40墓底情况及随葬陶器

1. 陶釜（M40：2）

2. 陶甑（M40：20）

3. 陶盘（M40：17）

4. 陶仓（M40：6）

5. 陶仓（M40：36）

6. 陶罐（M40：9）

M40随葬陶器

1. M43券顶情况（东—西）

2. M43墓底情况（西—东）

M43券顶和墓底情况

1. 釉陶盂（M43：30）

2. 釉陶盂（M43：66）

3. 釉陶盘（M43：32）

4. 陶罐（M43：8）

5. 陶罐（M43：24）

6. 陶小口圜底罐（M43：5）

M43随葬陶器和釉陶器

1. 陶仓（M43：31）

2. 陶盆（M43：95）

3. 陶甑（M43：78）

4. 陶甑（M43：78）

5. 陶钵（M43：7）

6. 陶钵（M43：23）

M43随葬陶器

1. M49墓底情况（东—西）

2. 釉陶盂（M49：13）

3. 釉陶博山炉（M49：12）

M49墓底情况及随葬釉陶器

1. 陶耳杯（M49：22、M49：26～M49：32）

2. 陶圜底罐（M49：5）

3. 陶瓮（M49：36）

4. 陶仓（M49：2、M49：18）

5. 陶仓（M49：40、M49：42）

M49随葬陶器

1. M50墓底情况（东—西）

2. 釉陶灯（M50：64）

3. 釉陶盒（M50：38）

M50墓底情况及随葬釉陶器

1. 釉陶盂（M50：102）

2. 釉陶盘（M50：57）

3. 釉陶盆（M50：42）

4. 釉陶魁（M50：66）

5. 釉陶灯（M50：65）

6. 釉陶壶（M50：6）

M50随葬釉陶器

1. 陶罐（M50 ： 23）

2. 陶罐（M50 ： 25）

3. 陶圜底罐（M50 ： 50）

4. 陶圜底罐（M50 ： 39）

5. 陶瓮（M50 ： 1）

6. 陶瓮（M50 ： 51）

M50随葬陶器

1. 陶仓（M50：13、M50：80、M50：85）

2. 陶仓（M50：82、M50：70、M50：95）

3. 陶仓（M50：90、M50：83、M50：94）

M50随葬陶仓

1. 陶仓（M50：91、M50：77）

2. 陶仓（M50：98、M50：74、M50：75）

3. 陶仓（M50：99、M50：68、M50：81）

M50随葬陶仓

1. 陶甑（M50：4）

2. 陶甑（M50：4）

3. 陶灶（M50：12）

4. 陶釜（M50：20）

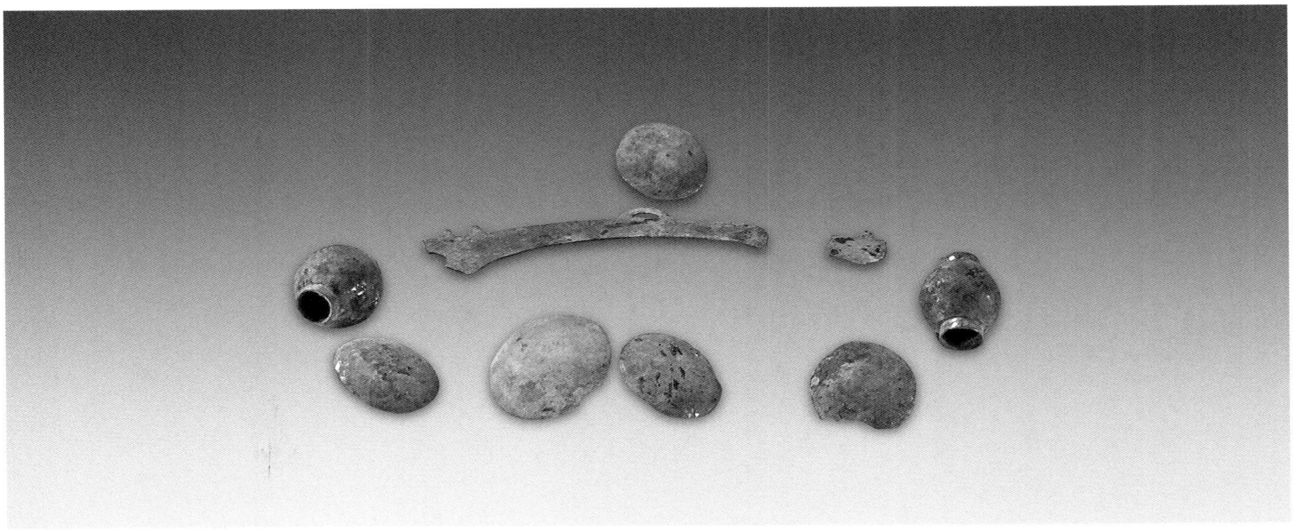

5. 铜泡钉（M50：28）、铜饰件（M50：19）

M50随葬器物

1. M52墓底情况（南—北）

2. 陶鼎（M52：24）

3. 陶鼎（M52：25）

M52墓底情况及随葬陶器

1. 陶盒（M52：5）

2. 陶盒（M52：6）

3. 陶盒（M52：7）

4. 陶壶（M52：14）

5. 陶釜（M52：1）

6. 陶釜（M52：2）

M52随葬陶器

1. 陶甑（M52：17）

2. 陶甑（M52：18）

3. 陶罐（M52：9）

4. 陶仓（M52：10）

5. 铜甑（M52：4）

6. 铜甑（M52：4）

M52随葬陶器和铜器

1. 陶鼎（M55：12）

2. 陶盒（M55：2）

3. 陶壶（M55：4）

4. 陶罐（M55：1）

5. 陶罐（M55：16）

6. 陶仓（M55：3）

M55随葬陶器

1. M72墓底情况（南—北）

2. 陶鼎（M72：2）

3. 陶盒（M72：70）

M72墓底情况及随葬陶器

1. 陶盒（M72：39、M72：14、M72：46）

2. 陶罐（M72：82）

3. 陶蛋形罐（M72：84）

4. 陶仓（M72：32）

5. 陶灶（M72：57）

M72随葬陶器

1. M74墓底情况（北—南）

2. 陶鼎（M74：66）

3. 陶壶（M74：34）

M74墓底情况及随葬陶器

1. 釉陶盆（M74：6）

2. 釉陶盒（M74：5）

3. 釉陶釜（M74：23）

4. 釉陶壶（M74：9）

5. 釉陶豆（M74：21）

6. 釉陶奁（M74：38）

M74随葬釉陶器

1. 陶罐（M74：40）

2. 陶罐（M74：55）

3. 陶瓮（M74：28）

4. 陶仓（M74：59）

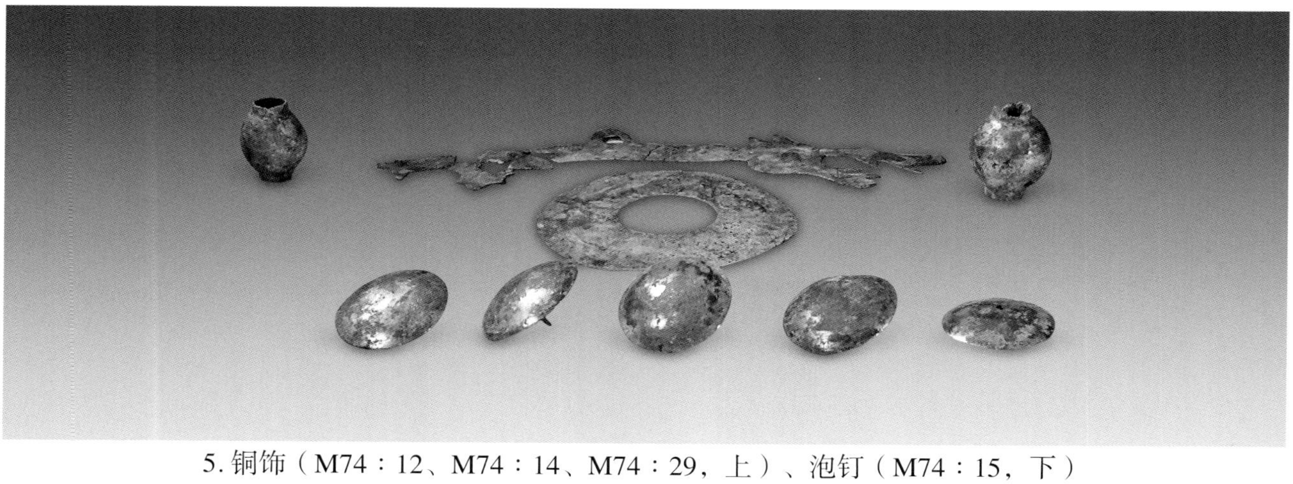

5. 铜饰（M74：12、M74：14、M74：29，上）、泡钉（M74：15，下）

M74随葬器物

1. M78墓底情况（北—南）

2. M80墓底情况（北—南）

M78、M80墓底情况

1. M81墓底情况（东—西）

2. 陶鼎（M81：21）

3. 陶鼎（M81：33）

M81墓底情况及随葬陶器

1. 陶盒（M81：26）

2. 陶盒（M81：37）

3. 陶壶（M81：3）

4. 陶壶（M81：29）

5. 陶罐（M81：22）

6. 陶罐（M81：27）

M81随葬陶器

图版六二

1. 陶罐（M81：36）

2. 陶钵（M81：8）

3. 陶钵（M81：41）

4. 陶盆（M81：43）

5. 陶甑（M81：19）

6. 陶甑（M81：19）

M81随葬陶器

1. M87墓底情况（北—南）

2. 陶罐（M87：1）

3. 陶罐（M87：4）

M87墓底情况及随葬陶器

1. M88墓底情况（南—北）

2. M89墓底情况（南—北）

M88、M89墓底情况

1. M91墓底情况（西—东）

2. 陶瓮（M91：45）

3. 陶甑（M91：88）

M91墓底情况及随葬陶器

1. M93券顶（北—南）

2. M93墓底情况（南—北）

3. 陶罐（M93：5）

4. 釉陶壶（M93：3）

M93券顶、墓底情况及随葬器物

1. M94券顶（北—南）

2. M94墓底情况（西—东）

M94券顶和墓底情况

1. 陶壶（M94：71、M94：27）

2. 陶仓（M94：47）

3. 陶罐（M94：48）

4. 陶罐（M94：72）

5. 陶魁（M94：54）

6. 陶甑（M94：51）

M94随葬陶器

1. 釉陶壶（M95：2）

2. 陶甑（M95：3）

3. 陶甑（M95：6）

4. 陶罐（M97：7）

5. 陶罐（M97：8）

6. 陶罐（M97：9）

M95、M97随葬釉陶器和陶器

图版七〇

1. M98墓底情况（南—北）

2. 釉陶盘（M98：3）

3. 陶罐（M98：2）

M98墓底情况及随葬陶器与釉陶器

1. M101券顶（北—南）

2. M101墓底情况（南—北）

M101券顶和墓底情况

1. 釉陶壶盖（M101：2）

2. 釉陶壶（M101：8）

3. 陶甑（M101：12）

4. 陶罐（M101：27）

5. 陶仓（M101：15）

6. 陶猪（M101：1）

M101随葬釉陶器与陶器

1. M106券顶（西—东）

2. M106墓底情况（西—东）

M106券顶和墓底情况

1. 陶罐（M106：25）

2. 陶仓（M106：13）

3. 陶仓（M106：41）

4. 陶盒（M109：1）

5. 陶钫（M109：13）

6. 陶釜（M109：11）

M106、M109随葬陶器

1. 陶罐（M111：44）

2. 陶甑（M111：39）

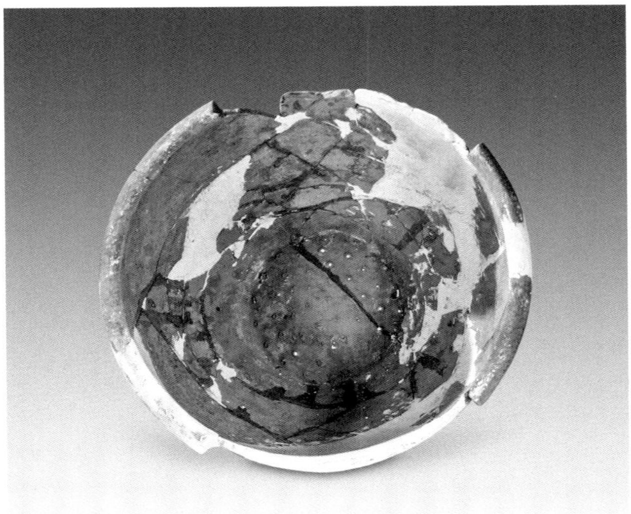

3. 陶甑（M111：55）

4. 陶仓（M111：1）

5. 陶仓（M111：10）

6. 陶仓（M111：27）

M111随葬陶器

1. M117墓底情况（北—南）

2. M120墓底情况（南—北）

M117、M120墓底情况

1. 陶壶（M120：11）

2. 陶仓（M120：13）

3. 陶豆（M120：2）

4. 陶盒（M120：1）

5. 陶盆（M120：10）

6. 陶罐（M120：20）

M120随葬陶器

1. M45墓底情况（东南—西北）

2. M56墓底情况（南—北）

M45、M56墓底情况

1. 陶釜（M45∶13）

2. 陶甑（M45∶12）

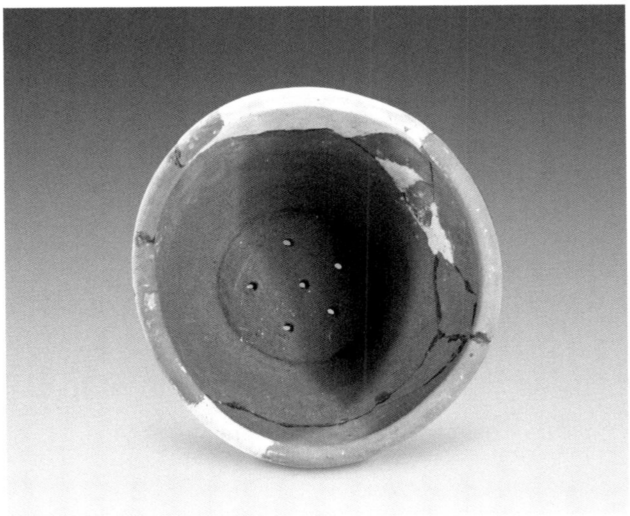

3. 陶甑（M45∶12）

4. 陶罐（M45∶14）

5. 陶罐（M45∶15）

6. 四系瓷罐（M45∶11）

M45随葬陶器和瓷器

1. M57墓底情况（北—南）

2. M58墓底情况（北—南）

M57、M58墓底情况

1. M60墓底情况（北—南）

2. M61墓底情况（北—南）

3. 瓷盏（M60：2）

4. 陶钵（M60：3）

M60、M61墓底情况及M60随葬器物

图版八二

1. 陶盆（M61：1）

2. 石符镇（M61：6）

3. M67墓顶情况（南—北）

4. M67墓底情况（南—北）

M61随葬器物和M67墓顶、墓底情况

1. M96墓底情况（东—西）

2. M99墓底情况（北—南）

M96、M99墓底情况

1. M128墓底情况（南—北）

2. M130墓底情况（北—南）

M128、M130墓底情况

www.sciencep.com
（SCPC-BZBEZH27-0040）
ISBN 978-7-03-082020-4
9 787030 820204 >
定 价：298.00元